Manfred Dahlmann

Das Rätsel des Kapitals
Zur Kritik der politischen Ökonomie

Gesammelte Schriften
in sieben Bänden
Herausgegeben im Auftrag des
Instituts für Sozialkritik

Band 3

Gesammelte Schriften
3

Manfred Dahlmann Das Rätsel des Kapitals
Zur Kritik der
politischen Ökonomie

Herausgegeben von
David Hellbrück und Gerhard Scheit

Inhalt

Vorbemerkung der Herausgeber   9

Kapitel 1: Das Geld und seine Wissenschaft   11

    Ökonomie als System einer ›vollständigen Induktion‹ 18
    Warenzirkulation und Äquivalenz 22
    Datenerfassung 27
    Zur Einheit in der Differenz von Produktion und
    Zirkulation: das Zeitproblem 32
    Das Wesen des Geldes 36
    Einheit und Differenz im Geld:
    die Geldmengensteuerung 39
    Die Arbeitszeit 43

Kapitel 2: Die Mechanismen der Preisbildung   49

    Die ›bloße‹ Expansion 58
    Angebot und Nachfrage, Grenznutzen, Konkurrenz 60
    Ökonomische Gesetze 64

Kapitel 3: Geld als Ware   69

    Das Kreditgeld 71
    Die Bonität 76
    Das Buchgeld 78
    Die Submärkte 85

Kapitel 4: Der Preis als Maß   91

    Die Quellen der Inflation 93
    Die Maße für Wachstum und Inflation 97
    Das Maß für Leistung 100

Kapitel 5: Die Subjekte der politischen Ökonomie   105

    Die Unternehmen: Zur inneren Logik des
    ökonomischen Gleichgewichts 111
    Der Staat: Ökonomisch-historische Bestimmung 116
    Die Konsumenten: Das Verschwinden der Ware 126

Kapitel 6: Der Markt und seine Ideologie: der Satz der Identität — 141

Das Rätsel des Wachstums 149
Wert, Mehrwert und Profit 153
Staatsgeld und Eigentum 157
Kapitalismuskritik als Ideologie 162
Die Verschiebungen des Identitätsbegriffs 167
Tauschwertidentität und Gebrauchswert 174
Warenidentität und Rationalisierung 177

Kapitel 7: Kapital, Geld und Wert — 183

Die Verwandlung von Geld in Kapital 185
Die Wesensbestimmung des Kapitals 193
Kapital und Zeit 201
Wert und Arbeit 206
Relativer Mehrwert 214
Kapital als überempirisches, dennoch
messbares Verhältnis 215

Kapitel 8: Die Kapitalreproduktion — 221

Produktivität 223
Kapitaldynamik und Marktkonkurrenz 225
[Das Geldrätsel] 228
Die Lösung des Geldrätsels 230
Der Arbeitsfetisch 233
Die Durchschnittsprofitrate 235
Der tendenzielle Fall der Profitrate 237

Kapitel 9: Der Staat des Kapitals — 243

Identitätsdenken und Staat 245
Autarkieoption und Volksstaat 247
Gewalt und Autorität 250
[Entwurf einer »Zusammenfassung der Reflexion
auf den Begriffsbildungsprozess«] 250

Kapitel 10: Sozialpsychologie des Kapitals　　253

    Hofstaatler und Mittellose 255
    Das MS-Biotop 259
    Die Öffentlichkeit 262

Kapitel 11: Das Massenbewusstsein　　271

    Zeit und Geschichte 273
    Der Monotheismus 275
    Rolle der Technik für das moderne
    Massenbewusstsein/Benjamin 279

Kapitel 12: Die Mystik des Kapitals als Wahn　　281

    Rationalismus und Rationalität 283
    Nominalität und Realität 286
    Unzulässige Argumentationsmuster 289
    Aktualität: Volksstaat und Krise 294
    Krise des Kapitals 298

Finanzkrise und deutsche Kriegskasse. [Vorbemerkung
und erstes Kapitel der ursprünglichen Konzeption]　　299

    Vorbemerkung 301
    Weltsouverän Kapital 304
    Zur Dynamik deutscher Außenhandelspolitik 308
    Logik des Krieges 315

Gedankensplitter. [Aus den Jahren 2016 und 2017]　　321
Gedankensplitter. Aus [der] Erstfassung　　339

Anhang: Artikel und Gespräche　　367

    Marx als Fetisch [2011]　　369
    Deutsches Geld [2012]　　375
    Der Euro und sein Staat [2015]　　381
    Manfred Dahlmann/Gerhard Scheit: Diskussion zu
    Der Euro und sein Staat [2015]　　385
    Manfred Dahlmann/Gerhard Scheit: Autarkie ist
    Regression [2017]　　399

Manfred Dahlmann / Christian Thalmaier:
Anmerkungen zur Logik und Geschichte des Kapitals
Ein Gespräch. 1. Teil [2017]   409

   Abstraktion vom Gebrauchswert 411
   Arbeit und Wert 417
   Theorie und Kritik 419
   Das reale Verschwinden des Gebrauchswerts 424
   Abstraktion und Konkretion 425
   Anschauung und Logik 428
   Anschauung und Geschichte 430
   Arbeitsproduktivität und Krise 432
   Leistungszwang und Konkurrenz 434
   Ausbeutung und Herrschaft 436
   Kritik als Verwerfung 439

Manfred Dahlmann / Christian Thalmaier:
Anmerkungen zur Logik und Geschichte des Kapitals
Ein Gespräch. 2. Teil [2017]   445

   [Scheiß Arbeit und abstrakte Arbeit] 447
   [Ausbeutung und Äquivalententausch] 449
   [Rechnen statt *trial and error*] 450
   [Der Imperialist und der Hegemon] 451
   [Aschenbecher und Flasche beziehungsweise Gott,
   Gottsohn und Heiliger Geist] 454
   [Rose oder Nelke] 457
   [Abaelard oder Althusser] 459

Literaturverzeichnis   463

Editorische Nachbemerkung   467

Drucknachweise   469

Vorbemerkung der Herausgeber

So wenig sie auch rezipiert wurden – sei's im akademischen Betrieb, unter traditionellen Marxisten oder selbst den Autoren der Neuen Marx-Lektüre – die Arbeiten von Manfred Dahlmann zur Kritik der politischen Ökonomie zählen zum Wichtigsten, was in der Nachfolge des Marxschen Werks seit den 1980er Jahren geschrieben wurde.

Der hier vorliegende dritte Band der Gesammelten Schriften enthält das letzte große – leider unabgeschlossene – Projekt, an dem der Autor nach 2012, nach der sogenannten Eurokrise also, arbeitete und stellt – so fragmentarisch die letzten Teile auch geblieben sein mögen – nicht nur etwas wie eine Synthese seiner früheren Versuche dar, die insbesondere an Alfred Sohn-Rethel anknüpfen. Die vorliegende Schrift ist vor allem auch im Zusammenhang mit seinen neueren Arbeiten zu Souveränität und »Gegensouveränität« zu sehen: als ein großangelegter Versuch, diese Unterscheidung im Hinblick auf Marx zu begründen.[1] Damit zeigt dieser Band, auf welche Weise heute – da allenthalben die Sehnsucht nach Autarkie wächst und ›Globalisten‹ verteufelt werden – die Kritik der politischen Ökonomie fortzuführen wäre.

David Hellbrück / Gerhard Scheit
Wien, im Juli 2020

---

[1] Das hier zu nennende umfangreiche Buch des Autors über *Freiheit und Souveränität. Kritik der Existenzphilosophie Jean-Paul Sartres* erschien 2013 und wird als Band 1 in die Gesammelten Schriften aufgenommen; der Aufsatz über *Souveränität und Gegensouveränität. Zum Unterschied zwischen amerikanischer und deutscher Form negativer Vergesellschaftung* (Bahamas 41/2003; wiederabgedruckt in: Feindaufklärung und Reeducation. Kritische Theorie gegen Postnazismus und Islamismus. Hrsg. v. Stephan Grigat. Freiburg 2006) ist für Band 5 der Gesammelten Schriften vorgesehen. Siehe hierzu die Angaben zur Ausgabe am Ende des vorliegenden Bands.

Kapitel 1   Das Geld und seine Wissenschaft

Ökonomie als System einer ›vollständigen Induktion‹ 18
Warenzirkulation und Äquivalenz 22
Datenerfassung 27
Zur Einheit in der Differenz von Produktion und
Zirkulation: das Zeitproblem 32
Das Wesen des Geldes 36
Einheit und Differenz im Geld:
die Geldmengensteuerung 39
Die Arbeitszeit 43

Das Geld und seine Wissenschaft   Der zentrale Vorwurf, der gegen die Theorien der verschiedensten nationalökonomischen Schulen erhoben wird, ist so alt wie praktisch folgenlos geblieben, trotz all seiner Berechtigung: In ihren Modellen quantifizierten sie ›in Wahrheit‹ qualitative, was heißt politische (oder gar psychologische) Prozesse und Entscheidungen, und stülpten der Wirklichkeit theoretische Konstruktionen über, die zwar logisch konsistent und mathematisch lösbare Probleme implizieren mögen, aber praxisfern, was sich unter anderem daran zeige, dass ihre Voraussagen nur höchst selten stimmen und Krisen in ihnen wie äußere Naturereignisse über das angeblich wohlgeordnete, sich selbst reproduzierende System hereinbrechen, statt deren Ursachen als im System selbst liegend begreifen zu können. Diese Kritiker einer Quantifizierung und Rationalisierung hypostasierenden Nationalökonomie verfehlen aber die sachliche Berechtigung für deren Methoden, ganz abgesehen davon, dass die von ihnen angebotenen Alternativen auch nur im Entferntesten beanspruchen könnten, wirklichkeitsgetreuer zu sein oder die Gründe für Krisen, geschweige die Synthesis von Ökonomie und Politik, adäquater zur Darstellung bringen zu können – worin Marxisten sich unter diesen Kritikern nur besonders hervortun.

Jedem, der die bestehende Gesellschaft nicht als Hort von Freiheit und Gerechtigkeit betrachtet, dürfte klar sein, dass Herrschaft und Ausbeutung in ihr etwas mit ihrer Ökonomie zu tun hat, also nicht allein politisch oder sonst wie (anthropologisch, moralisch, historisch usw.) bedingt ist. Linke Kapitalismuskritiker verweisen sofort auf *die* Arbeit, deren Ausbeutung und Unterdrückung das ökonomische System organisiere und berufen sich dabei auf Marx. Beides, nämlich dass die Funktionsweise der Ökonomie des Kapitals in der Arbeit ihre Letztbestimmung habe, wie auch die Behauptung, Marx lege dies seiner Kritik der politischen Ökonomie zugrunde, ist aber von Grund auf falsch. Mag sein, dass der Ausdruck ›abstrakte Arbeit‹ – zweifellos einer der zentralen Begriffe bei Marx – unglücklich gewählt worden ist, weil er Missverständnisse in Bezug auf seinen

Arbeitsbegriff geradezu provoziert, nicht streiten aber kann man, hat man auch nur den ersten Abschnitt des *Kapitals* einigermaßen sorgfältig genug gelesen, darüber, dass Marx mit diesem Ausdruck eine Maßeinheit entfaltet, also eine Formbestimmung liefert, die von ihrem Gegenstand: eben *der* Arbeit, abstrahiert.[1] Die ›abstrakte Arbeit‹, der Begriff, der unter Marxisten zu so unglaublichen gedanklichen Kapriolen geführt hat, dass vor ihnen jede katholische Theologie verblasst, misst, wie jeder Maßstab, etwas, was in der Maßeinheit nicht enthalten sein darf; kein Maß kann sich selbst messen. Abstrakte Arbeit misst denn auch etwas ganz anderes als Arbeit, und zwar, in der Definition von Marx: die gesellschaftlich im Durchschnitt verausgabte *Zeit*, die notwendig war, um eine Ware herzustellen. Die abstrakte Arbeit (als Messung von Zeit) wird so zum Maß der konkreten, die von Marx nun ebenfalls abstrakt, aber in einem ganz anderen Sinne, definiert wird als Verausgabung von »Herz, Nerv, Muskel, Sinnesorgan usw.«[2] oder auch, dies komprimierend, als Arbeits*kraft*;[3] sie misst also etwas von dieser Kraft Grundverschiedenes,[4] auch wenn

---

1   Bedingt durch die Wahl, in seiner Darstellung des Kapitals vom Abstrakten (also Einfachen, allerdings keineswegs auch ›Vereinfachten‹) zum Konkreten (Zusammengesetzten) aufzusteigen, unterscheidet Marx explizit zunächst nicht zwischen Wert und Preis. Dies verführt die überwiegende Mehrzahl seiner Interpreten (die einen, die ›Marxisten‹, affirmativ, die anderen, die Nationalökonomen, ablehnend) dazu, seine Bestimmung des Warenwerts als substantiell misszuverstehen (im Sinne von ›die Arbeit ist die Substanz des Werts‹) und eben nicht als ›bloße‹ Maßeinheit – obwohl bei näherem Hinsehen seine Darlegungen zum Arbeitsbegriff besonders im 1. Abschnitt des *Kapitals* ständig um das Maß und die Einheit des Werts kreisen; und vor allem: eine Maßeinheit schon logisch unmöglich Substanz von irgendetwas sein kann. Hätte Marx die nach ihm entwickelten Ökonomietheorien gekannt (und deren ›Tricks‹, mithilfe derer sie den Wert umstandslos im Preis glauben aufgehen lassen zu können), hätte er es seinen Interpreten bestimmt weniger leicht gemacht, ihn misszuverstehen.
2   [Die Stelle, die M. D. hier aus dem ersten Band des *Kapitals* zitiert, lautet: »Hirn, Muskel, Nerv, Hand usw.« Karl Marx: Das Kapital, Erster Band. Karl Marx; Friedrich Engels Werke. MEW. Berlin 1956 ff. Bd. 23, S. 58.]
3   Die je grundverschiedene Bedeutung dieser beiden Verwendungsweisen des Ausdrucks ›abstrakt‹ haben den jungen Alfred Sohn-Rethel Anfang der 1920er Jahre auf den Gedanken gebracht, den er sein Leben lang leider vergeblich in die Kritische Theorie hat einbringen wollen, nämlich den, dass in den Wertgleichungen von Marx nichts Geringeres als das kantsche Transzendentalsubjekt auf den Begriff gebracht worden ist, was aufgrund der Marxschen Ausdrucksweise aber allzu sehr im Dunklen verblieben sei.
4   Und zwar in derselben Form, wie das Meter (heutzutage) definiert ist als die Strecke, die das Licht in einer bestimmten *Zeit* zurücklegt. Die Geschichte des ›Urmeters‹ zeigt die Schwierigkeiten auf, die entstehen, wenn man Maß und Inhalt zu eng aufeinander bezieht; eine Entwicklung, die beim Geld noch längst nicht abgeschlossen ist, wie alle Versuche zeigen, es wieder an das Gold anzubinden.

der Ausdruck ›Arbeit‹ sich in dem einen ebenso findet wie dem anderen, von ihm diametral unterschiedenen.

Über *die* Arbeit, also die Arbeit *sans phrase*, lässt sich philosophisch sehr viel Relevantes aussagen: Zum Beispiel dass sie, anders als die Ökonomen, wenn sie Ausflüge ins Philosophische unternehmen, glauben – im Unterschied zur Natur, der Technologie, gar zum Kapital –, der einzige der von ihnen so genannten Produktionsfaktoren ist, der Dingen einen Wert überhaupt (der Möglichkeit nach) verleihen kann. Aber als solche spielt sie im System der Ökonomie – und deshalb auch im 1. Abschnitt des *Kapitals* – alles andere als eine tragende Rolle, und als konkrete Arbeit (als Weise also, in der *die* Arbeit einzig empirisch erscheinen kann) gilt sie Marx, wie er nicht müde wird zu betonen, als Rohstoff wie andere auch.[5] Das Problem, das die Nationalökonomen mit diesem Begriff der ›abstrakten Arbeit‹ von Marx haben, ergibt sich denn auch gar nicht aus ideologischen oder gar klassentheoretisch bedingten Motiven, sondern sie behaupten schlicht und einfach: Wir brauchen diese Marxsche Maßeinheit nicht, denn mit dem Preis, wie immer der auch zustande gekommen sein mag, liegt uns eine in jeder Hinsicht ausreichende Maßeinheit, wie Marx sie erst mühsamst entwickelt, längst vor.

Ihre Fixierung auf einen substantiellen Arbeitsbegriff verleitet die Linke dazu, dass sie ihren Gegensatz zu den Nationalökonomen nahezu ausschließlich an deren angeblichem Primat der Zirkulations- über die Produktionssphäre festmacht; womit sie ihr vollständig auf den Leim geht. In der Unterscheidung zwischen Produktion und Zirkulation (von Waren, Geld oder Kapital) von einem Primat des einen über das andere zu sprechen, macht in der Sache aber überhaupt keinen Sinn (und sich dabei auf Marx zu berufen, hat keinerlei philologische Basis), zumal dabei unter den Tisch zu fallen droht, dass neben diese beiden Sphären mit der Konsumtion und Distribution[6]

---

5 Besonders in den Darlegungen zum *Doppelcharakter der in den Waren dargestellten Arbeitskraft* geht es ja gerade um den Doppelcharakter des Gebrauchswerts der Ware Arbeitskraft als gesellschaftlicher Basis der Entstehung von Mehrwert; also um die Abgrenzung der abstrakten von der konkreten Arbeit (und von *der* Arbeit erst recht). Zum Verständnis der Marxschen Ausdrucksweise in dieser Überschrift, wonach in der Ware sich Arbeit »darstelle«, muss man berücksichtigen, dass wir uns heute nur schwer vorstellen können, wie etwas sich ›darstellen‹ kann, und das auch noch in doppelter Gestalt, was empirisch gar nicht erscheint. Der Hegelianer Marx kannte die, dem erst nach ihm entstehenden Positivismus geschuldeten empiristischen Verformungen unseres Denkens einfach noch nicht.

6 Gerade über die Distributionssphäre besteht die allergrößte Verwirrung innerhalb der Linken, weswegen an dieser Stelle schon angegeben werden soll, dass sie sich natürlich nicht allein auf die Prozesse erstreckt, die in der Nationalökonomie

zwei weitere (›gleichberechtigte‹) treten, dank der die Gesamtheit des Ökonomischen erst zu erfassen ist. Was immer man der vorherrschenden Nationalökonomie zum Vorwurf machen kann, dass sie eine dieser Sphären in ihren Theorien vernachlässige (auch wenn sie diese Unterscheidung so gar nicht trifft), kann ihr unmöglich angekreidet werden. Vielmehr wird dieser Vorwurf für die Linke zum viel zu eng geratenen Schuh, was sich nur besonders eklatant daran zeigt, dass sie das Zentrum aller Produktion: deren betriebswirtschaftliche Organisierung, ganz anders als die Nationalökonomie, so gut wie überhaupt nicht auch nur zur Kenntnis nimmt.[7] Was sie unter Produktion versteht, erschöpft sich in Abstraktionen, denen die tatsächliche Funktionsweise des Kapitals vollkommen aus dem Blick gerät, was schließlich dazu führt, dass sie zu den begrifflichen Grundlagen aller Sphären des Ökonomischen – also vor allem zum Geld, Staat und Recht – gar nicht erst vordringt und infolgedessen deren Existenz vollständig affirmiert und legitimiert.

Deutlichstes Indiz für ihr Versagen ist, dass es ihr bisher nicht gelungen ist nachzuweisen, worin denn die Überlegenheit des Marxschen Maßstabs gegenüber dem der Nationalökonomen besteht. Marxisten, die am Begriff der abstrakten Arbeit festhalten, gibt es mittlerweile denn auch nur noch wenige, und sie wirken, nimmt man einige Vertreter der so genannten Neuen Marx-Lektüre aus, wie Leute, die einer fixen Idee oder einem Spleen verfallen sind. Besonders schlimm wird deren Humbug, wo sie etwa jede Umgestaltung der Produktionsgrundlagen (Fordismus, IT-Technologie) als Revolutionierung der kapitalistischen Produktionsweise entweder verteufeln oder bejubeln (als ob derartige Umgestaltungen nicht von Beginn an das Salz in der Suppe des Kapitals wären), aber kein Wort über die nationalsozialistische Wirtschaftspolitik und die ihr immanente Vernichtung der Juden verlieren, die tatsächlich eine Qualität

unter dem Stichwort Allokation verhandelt werden (wozu nicht nur die Staatstätigkeit, sondern auch die endgültige Zusammensetzung der arbeitsteilig zwischen den Unternehmen produzierten Waren zu einer endgültig konsumierbaren zu verstehen ist), sondern erst recht all die gerade von der Linken ausgehenden Versuche, den Staat politisch dazu zu bringen, seine Macht dahingehend auszunutzen, am Markt vorbei (oder ihn ›korrigierend‹) Einfluss auf die Resultate des Ökonomischen zu nehmen.

7 Auch in dieser Hinsicht bildet Sohn-Rethel die wohl einzig relevante Ausnahme, selbst wenn ihm hier, besonders was die Behandlung des Taylorismus betrifft, eklatante Fehleinschätzungen unterlaufen sind. [Siehe hierzu etwa Alfred Sohn-Rethel: Technische Intelligenz zwischen Kapitalismus und Sozialismus. In: Ders: Geistige und Körperliche Arbeit. Theoretische Schriften 1947–1990. Bd. 4.1. Hrsg. v. Carl Freytag u. a. Freiburg; Wien 2018, S. 469–500.]

der Ökonomie des Kapitals historisch zutage gefördert hat, die eine Affirmation seiner Grundlage (die Synthesis von Staat und Geld) für alle Zeiten und in all ihren Erscheinungsweisen verbietet.

Den Beweis zu führen, dass der Marxsche Maßstab ökonomischer Prozesse dem der Ökonomen (also dem Preis) überlegen ist, und nicht nur das: sondern er notwendig ist, um das Kapital in der historischen Besonderheit seiner Existenz überhaupt begreifen zu können,[8] ist alles andere als einfach – das kann auch anders nicht sein, denn sonst bliebe unerklärlich, warum er so gut wie nirgendwo Beachtung findet. Um diese Schwierigkeit in den Griff zu bekommen, sei der Versuch unternommen, die Richtung in der Darstellung, die Marx, wenn auch aus sehr guten Gründen, im *Kapital* gewählt hat, in gewisser Weise umzukehren, indem wir mit der Darstellung des ökonomischen Systems als Ganzem beginnen. Von diesem ausgehend sei dann, je nach Notwendigkeit in der Sache, zum Abstrakten vorgedrungen, auf dem das System aufbaut: den zur zweiten Natur erhobenen Begriffen Geld, Staat, Recht usw. im Allgemeinen; Markt, Konkurrenz, Wachstum, Produktivität, Krise und Kapital usw. im Besonderen.[9] Es wird sich bei diesem Vorgehen herausstellen, dass sich

---

8 Was darauf hinausläuft, den Ökonomen zeigen zu können, dass sie mit ihrem Maßstab nicht messen, was zu messen sie vorgeben, also in etwa das tun, was ein Physiker täte, würde er versuchen, Temperatur in Zentimetern zu messen. Was die Sache mit den Maßeinheiten vielen so unverständlich macht, ist, dass das Messen von Temperatur mit einem Raummaß ja alles andere als prinzipiell unmöglich ist (jedes Thermometer belegt, dass dies möglich ist) – zumal man heutzutage in den Naturwissenschaften allseits bemüht ist, alle Maßeinheiten in ein System (mit der Zeit als deren Basis) zu fassen, um sie auseinander einfacher ableiten zu können. Aber kein Naturwissenschaftler käme auf die absurde Idee, Zeit und Raum deshalb (weil das Raummaß das Zeitmaß nominell zur Basis hat) real als identisch zu setzen. Genau das hätte Ökonomiekritik zu beweisen: dass sich die Ökonomen nämlich mit dem Preis als Maßstab von vornherein um die Möglichkeit bringen, zwischen Wert und Preis überhaupt zu unterscheiden, eine Differenz also zu erfassen, die der (auch in ihrem ›Aufeinanderbezogensein‹) zwischen Raum und Zeit in der Physik durchaus vergleichbar ist.

9 Es geht [an dieser Stelle] nicht um Philosophie, es sei aber zum Verständnis kurz erläutert, worin die Abgrenzung des Ökonomischen (und Politischen) vom Erkenntniskritischen besteht: Die politische Ökonomie zeigt auf, dass in ihr die formale Deduktionslogik und alle Empirie tendenziell aufgeht, sich darin aber so etwas wie ein ›metaphysischer Raum‹ konstituiert, repräsentiert in den hier genannten und vielen weiteren Begriffen, deren Realitätsgehalt sich deshalb nur spekulativ im Hegelschen Sinne – oder als Frage nach der Bedingung der Möglichkeit im kantschen – erschließen lässt. Dass der Positivismus jeder Couleur, also nicht nur der der Ökonomen, von diesem ›Raum‹ nichts wissen will, also quasi sein Denken in einem vorkantschen Zustand verharrt beziehungsweise dorthin ständig regrediert, macht ihn zum Gegenstand der Kritik.

die Unlösbarkeit der allermeisten ›Unzulänglichkeiten‹ des Systems, wie sie in der Öffentlichkeit verhandelt werden, darstellen lässt, ohne dabei auch schon auf den Marxschen Maßstab zurückgreifen zu müssen.[10] Denn, und daran schon scheitern alle Ökonomen: das Ganze der Ökonomie lässt sich – gegen allem ersten Anschein – analytisch eben nicht aus dem Verhalten seiner Teile (oder Elemente) erschließen (oder auch umgekehrt: das Verhalten der Teile nicht aus der Existenz des Ganzen),[11] mit welchem Maß auch immer man misst, mit welchen Methoden und Definitionen auch immer man vorgeht.[12]

Ökonomie als System einer ›vollständigen Induktion‹ Der Hauptgrund dafür, dass die Ökonomen – auch und gerade diejenigen, die

[10] So weit es geht, wird deshalb in der Darstellung auf die Begrifflichkeit zurückgegriffen, die bei den Ökonomen und in den Medien gängig ist. [Die im Folgenden von M. D. gegebenen Hinweise entsprechen noch der von ihm ursprünglich geplanten Einteilung des Buchs.] Um die Klärung der hier zu verhandelnden Phänomene und deren politischen Implikationen wird es im zweiten Teil gehen [Kapitel 2: Die Mechanismen der Preisbildung]. Es wird sich dabei herausstellen, dass wir den Marxschen Maßstab der abstrakten Arbeit erst wirklich benötigen, wenn wir uns der Notwendigkeit gegenübersehen, den Kapital- vom Geldbegriff präzise abzugrenzen, was in einem dritten Teil [Kapitel 3: Geld als Ware] geschehen soll. Erst von hier aus (also vom Ende der Analyse des ökonomischen Systems aus) kann die gängige Begrifflichkeit als insgesamt unzureichend nachgewiesen werden. (Der vierte Teil, in dem es um die deutsche, also auf volksstaatliche Autarkie hinauslaufende Variante einer Krisenlösungsstrategie geht, erschien vorab in: sans phrase 1/2012. [Siehe in diesem Band das Kapitel »Finanzkrise und deutsche Kriegskasse«.])
[11] Eine der möglichen Formen, in der sich dieses notwenige Scheitern als dem System immanent darstellen lässt, hat Alfred Sohn-Rethel in den 1920er Jahren am Beispiel der Grenznutzentheorie (in: Von der Analytik des Wirtschaftens zur Theorie der Volkswirtschaft. Frühe Schriften. Hrsg. v. Carl Freytag und Oliver Schlaudt. Freiburg 2012), andere in seinen Analysen zum Faschismus (siehe unter anderem: [Die deutsche Wirtschaftspolitik im Übergang zum Nazifaschismus. Analysen 1932–1948. Hrsg. v. Carl Freytag u. Oliver Schlaudt. Freiburg; Wien 2015]) vorgestellt.
[12] Das heißt: Selbst wenn jeder (etwa weil er ein Existenzgründungsseminar besucht hat) weiß, dass jede noch so schöne Geschäftsidee im Nichts verpufft, wenn man nicht fähig ist, sie in die Form zu gießen, die diese Idee erst marktfähig macht, bleibt etwas für alle Ökonomen äußerst Missliches offen: Obwohl alle, die auf den Märkten Erfolg haben, ja genau dieses Erfordernis befolgt haben, lässt sich immer noch nicht aus der Gesamtheit ihrer Aktivitäten eine das Allgemeinwohl (oder den ›Reichtum‹ der Gesellschaft, siehe dazu unten, Anm. 38) befördernde, (etwa in solchen Seminaren) didaktisch vermittelbare Strategie ermitteln, die dafür sorgt, dass der individuelle Erfolg mit irgendeinem nationalen (oder noch allgemeineren) übereinstimmt – an die ›unsichtbare Hand‹ glauben heutzutage nur noch die Wenigsten.

dem Weberschen Wertfreiheitspostulat[13] verpflichtet sind, denen der Vorwurf einer Voreingenommenheit gegenüber einer ›falschen‹ Realität also nicht gemacht werden kann – das Auseinanderfallen zwischen dem Ganzen und seinen Teilen[14] so fraglos hinnehmen,[15] dürfte die Einfachheit und Konsistenz einerseits, die Universalität andererseits sein, in der dieses System Wirklichkeit erfasst. Es beruht in seinem Zentrum zweifellos auf dem Prozess der Zirkulation von Waren (knappen Wirtschaftsgütern, in der Terminologie der Ökonomen) und Geld, und baut schlicht darauf auf, dass sich in dieser Zirkulation alle anderen ökonomischen Prozesse (also die in Produktion, Distribution und Konsumtion, in wenn auch je verschiedener und vielfach komprimierter Form) einen Ausdruck verschaffen. Oder anders: was nicht in irgendeiner Form diese Zirkulationssphäre durchläuft, ist ökonomisch nicht existent. Jedenfalls, was diese Zirkulation betrifft, haben die Modellkonstruktionen der vorherrschenden Nationalökonomie denen aller anderen Wissenschaftsdisziplinen, und gerade den Naturwissenschaften im engen Sinne, eines voraus: die Basis, von der sie ausgehen, brauchen sie sich nicht hypothetisch, oder gar spekulativ, zurechtzulegen, wie etwa die Physik in ihren verzweifelten Bemühungen, alle Kräfte in einer einheitlichen zusammenzufassen, sondern sie liegt ihr empirisch unmittelbar vor. Mittels einfachster logischer Überlegungen, die jeder rational nachvollziehen kann, können von der empirischen Basis der Ökonomen ausgehend Schlüsse gezogen werden, um deren Anerkennung als allgemein geltende keine (nicht-ignorante) Kritik herumkommt.[16]

13 [Siehe hierzu Max Weber: Die ›Objektivität‹ sozialwissenschaftlicher und sozialpolitischer Erkenntnis. Gesammelte Aufsätze zur Wissenschaftslehre. Hrsg. v. Johannes Winckelmann. Tübingen 1988.]
14 In der allgemeinen Systemtheorie etwa eines Niklas Luhmann [siehe: Die Wirtschaft der Gesellschaft. Frankfurt am Main 1994] wird das durchaus goutiert – führt aber gerade hier nicht zur Infragestellung des Systemaufbaus als solchem. [M. D. fügte an dieser Stelle als Anmerkung für einen eventuell noch nötigen Einschub hinzu: »Abgrenzung zur Unterscheidung von Universalismus und Partikularismus?«]
15 Dies, wie auch alles andere, was die schöne Systematik stört, wird meist umstandslos einem ›Fehlverhalten‹, insbesondere des Staates, zugeschrieben. Allerdings wechseln die Ökonomen in der Definition dessen, was ein Fehlverhalten denn ausmacht, ihre Meinung bekanntlich mindestens so oft wie ihr Hemd.
16 Gerade dem Alltagsbewusstsein bleibt unerfindlich, warum die Ökonomie genau der einfachen Logik, die ihr entspringt, in Wirklichkeit gar nicht folgt – also, so die Schlussfolgerung, liegt der Fehler eben nicht im System, sondern in dessen Umwelt: Die Politik, die Gier der Spekulanten, die Juden sind schuld.

Selbstredend ist Kritikern der politischen Ökonomie wie Hans-Georg Backhaus[17] Recht zu geben darin, dass die Nationalökonomen, welcher Ausrichtung auch immer, keinen Begriff von ihrem zentralen Gegenstand, dem Geld, haben. Kaum einer von ihnen unterzieht sich überhaupt der Mühe, etwa die Merkwürdigkeit begrifflich aufzuschließen, dass Geld funktional in so verschiedenen, um nicht zu sagen: einander strikt entgegengesetzten Erscheinungsweisen – als Zirkulationsmittel, Wertmaß, Wertaufbewahrungsmittel usw. – auftritt; man nimmt dies einfach hin. Solcherart (Selbst-) Reflexion auf das ›Wesen‹ einer Sache steht bei ihnen, ihrem positivistischen Anspruch entsprechend, von vornherein im Verdacht metaphysischer Konstruktion, die nicht nur Spekulation und Ideologie die Tore öffne, sondern zudem sachlich weder einen praktischen Nutzen noch einen theoretischen Erkenntnisgewinn bringe. Außerdem wisse doch jeder, der mit Geld hantiert, intuitiv, was Geld ›als solches‹ ist, und eine Reflexion auf diese Evidenz dürfte kaum mehr hervorbringen, als vorbewusstes Handeln ins Bewusstsein zu heben, betreffe also die Ökonomie als Wissenschaft nicht.

Wissenschaftslogisch gesehen besitzt die Wissenschaft von der Ökonomie gerade mit dem Geld als ihrem Leitmedium in der Tat einen unschätzbaren Vorteil gegenüber den Naturwissenschaften.[18] Die Physik etwa muss für ihren Gegenstand, die Natur, nicht nur erst noch eine Reihe von Einheiten – nominal oder normativ: aber in jedem Fall in einem immer problematisch bleibenden Verhältnis zur Realität – definieren: muss also dasselbe tun, was Marx für die Ökonomie mit dem Begriff der abstrakten Arbeit unternommen hat.

---

17 [Hans-Georg Backhaus: Dialektik der Wertform. Untersuchungen zur Marxschen Ökonomiekritik. Freiburg 1997.]

18 Spätestens seit der ›Neomonetarismus‹ mit der letzten Finanzkrise in die Fußstapfen all seiner Vorgänger getreten ist und sein Debakel erlebt hat, vertritt jeder einzelne Ökonom an den Universitäten seinen eigenen Eklektizismus, was für ihn den Vorteil hat, dass noch weniger seiner Kollegen als vordem die abstrusen Formeln, mit denen er seine Theorien unterlegt, auf ihre Validität überprüfen. Sie vereinigen sich dann offen ideologisch in der ›Alternative für Deutschland‹ (AfD) und man kann den Politikern fast dankbar sein, dass sie über die angemaßte Kompetenz, die diesen Volkswirtschaftlern in den Medien noch zugesprochen wird, einfach hinweggehen.

Gäbe es diesen wissenschaftslogischen Vorteil (so sehr im Intuitiven er auch verbleibt) nicht, könnte man kaum erklären, warum sich die Nationalökonomie nicht längst in Luft aufgelöst hat und in eine reine Hilfswissenschaft für die Unternehmen (wie etwa die Ingenieursstudiengänge und die Betriebswirtschaftslehre sowieso) aufgegangen ist.

Ökonomie als System einer ›vollständigen Induktion‹ 21

Zudem benötigen die Naturwissenschaften, um Naturgesetze formulieren zu können, die (als wie vorläufig auch immer bestimmte) Definition eines endlichen Ganzen (etwa eines aus kleinsten Elementen bestehenden Universums, die einem ›Urknall‹ ihre Entstehung verdanken), innerhalb dessen Grenzen ihre Einheiten erst etwas Bestimmtes (also Endliches) messen können. Beides hat der Ökonom nicht nötig: Geld (verstanden als Ausdruck der Gesamtheit der für ›Güter‹ bezahlten Preise) ist von seiner ›Natur‹ her ›knapp‹, also endlich, und so ist es logisch vollkommen korrekt, – zu einem bestimmten Zeitpunkt – das Ganze (des Geldes) zugleich als (dessen) Einheit zu setzen. Von daher sieht sich der Ökonom mit hervorragenden Gründen berechtigt anzugeben – vorausgesetzt natürlich, es gelingt seiner Wissenschaft, alle ökonomisch relevanten Daten empirisch zu erfassen, was aber, da es sich, so viele es auch sein mögen, immer um endliche handelt, prinzipiell möglich ist –, welche Veränderungen sich in den Perioden zwischen den Datenerhebungen ergeben haben, um daraus dann, das ist ja das Ziel jeder Wissenschaft, die allgemeinen Gesetzmäßigkeiten zu eruieren, die die ökonomischen Prozesse exakt beschreiben und einen abgeschlossenen Raum vorgeben, in dem auf diese technologisch Einfluss zur Erreichung allgemein bestimmter Ziele (etwa ein Allgemeinwohl, in Abgrenzung also zu den partikularen Interessen der Wirtschaftssubjekte) ausgeübt werden kann.

Damit, dass die Entdeckung solcher Gesetze, noch vor allem anderen, vorausgesetzt, wenigstens eine (in ihrer Evidenz mit vernünftigen Gründen nicht zu bestreitende) Gleichgewichtsbedingung (wie in der Physik das Kräftegleichgewicht oder den Energieerhaltungssatz) zu kennen, dank der Deduktionen in der Form mathematischer Gleichungen erst (das heißt mit der Aussicht auf die Erkenntnis von Gesetzen) möglich ist, haben die Ökonomen ebenfalls kein Problem. Denn nimmt man einfach das Geld, das in einem bestimmten Zeitintervall insgesamt (als Einheit und Ganzes zugleich, als Preissumme aller Güter) existiert, auf die eine Seite einer Gleichung und auf die andere all die Güter, die zum selben Intervall zu einem bestimmten Preis ihre Besitzer gewechselt haben, ist zweifellos genau solch ein, für Deduktionen notwendiges Gleichgewicht formuliert,[19] das es erlaubt, gemessenen Veränderungen auf der einen Seite

---

19 Die Formulierungen der Ökonomen für diese Gleichgewichtsbedingung lauten anders; sie nehmen durchweg Bezug auf die ›Gesetze des Marktes‹. Aber das ist an dieser Stelle ohne Belang.

mathematisch exakt entsprechende Veränderungen auf der anderen zuordnen zu können.[20]

Die Ökonomie stellt sich – für den, der sie von allem ›Subjektiven‹ getrennt betrachtet – als geschlossenes System dar und deshalb hat sie ein Problem nicht, das aller sonstigen Wissenschaft die größten Mühen bereitet: sie kennt kein Induktionsproblem. Naturwissenschaftler müssen aus einem prinzipiell offenen System (der Natur) theoretisch erst ein geschlossenes konstruieren und sind deshalb darauf angewiesen, in der Praxis oder per Experiment, empirisch erst noch *a post*[21] zu verifizieren, ob die theoretisch ermittelten Gesetze auf den besonderen Fall tatsächlich anwendbar sind. Jeder Logiker weiß: aus noch so vielen Daten allein lässt sich in einem offenen System kein einziges allgemeingültiges Gesetz ermitteln. Die Ökonomie dagegen bildet den absoluten Sonderfall einer Wirklichkeit, deren induktive Datenerhebung es ohne jede weitere Verifikation erlaubt, allgemeingültige Urteile zu fällen. In der Wissenschaftslogik nennt man diesen (deduktiven) Sonderfall das Verfahren der vollständigen Induktion.

So wahr es ist, dass – wie die Kritik der politischen Ökonomie von Marx ausweist –, in dieses System mit der Identifizierung von Preis und Wert ein gravierender Fehler quasi eingebaut ist, der es von innen sprengt, so wenig ist es der Kritik nach Marx gelungen, darzulegen, worin denn die Immanenz dieses Fehlers besteht. Dass gerade der Begriff der abstrakten Arbeit die Existenz dieser Ökonomie (in all ihren Aspekten, und das heißt eben auch und gerade: die möglichst umfassender Konkurrenz aller Marktsubjekte gegeneinander, die Preisbildung als Resultat des Ausgleichs von Angebot und Nachfrage, und vieles andere mehr) voraussetzt, dass also ohne sie dieser Maßstab ohne jede Relevanz ist, das wollen aber diese Kritiker einfach nicht begreifen, sondern statten ihn mit einer Substanz (*der* Arbeit) aus, die in einem Jenseits des ökonomischen Systems stünde.[22]

Warenzirkulation und Äquivalenz In der Ökonomie geht es, umgangssprachlich und allgemein, um kaufen und verkaufen, oder

20 Dass es den Ökonomen nicht gelungen ist, ein einziges allgemeingültiges Gesetz zu entdecken, das über Banalitäten hinausgeht, die man schon immer kannte (etwa die, dass, wenn man zu viel Geld in Umlauf bringt, eine Inflation droht), vermag die Faszination, die von diesen gegebenen Systemvoraussetzungen ausgeht, kaum zu mindern.
21 [M.D. schreibt in eigentümlicher Abkürzung oder Abwandlung des kantischen *a posteriori* stets *a post.*]
22 Wer diesen inneren Zusammenhang zwischen Gegenstand und Kritik missachtet, ist dem Positivismuskritiker vergleichbar, der seine Kritik positivistisch begründet.

besonders: um den Einsatz möglichst geringer Mittel zur Erreichung eines möglichst hohen Erlöses. Auch wir wollen unsere Darstellung mit so etwas wie einer Definition beginnen,[23] die den Kern des Ökonomischen (was hier im Sinne des oben Ausgeführten bedeutet: als Zirkulationssphäre im Zentrum allen Ökonomischen stehend) folgendermaßen bestimmt: In ihr werden eindeutig identifizierbare Gegenstände, die auch ideeller Natur sein können (etwa Informationen oder Ideen)[24] und sich im Besitz einer (Rechts-)Person befinden, auf eine andere übertragen und diese kann dann über sie nach freiem Ermessen verfügen. Diese Übertragung findet – so will es das Recht und so wollen es auch die Besitzer – zwischen beiden Personen auf ›Augenhöhe‹ statt, das heißt: So sehr die eine Person der anderen in anderen Beziehungen als diesem einzelnen Akt der Übertragung (statusmäßig, traditionell oder sonst wie bedingt) übergeordnet sein mag, die Übertragenden gelten rechtlich als einander gleichgestellt, oder anders, salopp gesagt: die Ausübung von unmittelbarer Gewalt ist hier nicht vorgesehen.[25]

Die erfolgte Besitzübertragung also gilt uns als Kern eines jeden Tauschaktes. Daraus folgt unmittelbar: prinzipiell kann jeder empirisch identifizierbare Gegenstand (oder allgemeiner, was nur eine andere Ausdrucksweise desselben Sachverhaltes darstellt: jedes wissenschaftlich ermittelbare Datum) zum Tauschobjekt werden. So sehr

23 Mit wissenschaftlichen Definitionen zu arbeiten, ist die Sache kritischer Theorie normalerweise ganz und gar nicht. Aber der zur Debatte stehende Gegenstand, die Ökonomie, erfordert es geradezu, bis zu einer bestimmten, andernorts darzulegenden Grenze, hier eine Ausnahme zu machen.
24 Diese kann man zwar durchaus auch einzeln verkaufen (beziehungsweise kaufen). Aber üblicherweise werden sie in einen Text (in einer wissenschaftlichen Zeitschrift, einem Buch oder einem Internetblog) komprimiert (oder ausufernd) verpackt.
25 Kommt es hier zu einem Konflikt zwischen dem rechtlichen und dem ökonomischen Prinzip, etwa bei Diebstahl, Raub oder Betrug, dann gilt in ökonomischer Hinsicht der Besitzwechsel zwar als vollzogen: So hat der Bestohlene (zumindest wenn er zu einer Bilanzbuchhaltung verpflichtet ist) diesen Vorfall nicht nur der Polizei zu melden, sondern auch in seiner Buchführung zu berücksichtigen, er kann in der Folge aber (da dieser Besitzwechsel nicht auf der Ebene von Gleichheit und Freiheit stattgefunden hat und ihm somit das Eigentumsrecht, das erst eine volle Verfügungsgewalt über einen Gegenstand garantiert, ungeschmälert verblieben ist) versuchen, die Besitzübertragung rückgängig zu machen, und dann diesen Buchungsvorgang wieder stornieren.
  Man kann das Ökonomische selbstredend auch anders definieren: Bezieht man in diese Definition aber nicht unmittelbar Staat (und mit ihm die Gewalt) und Recht (und das unterscheidet dann doch unsere von allen anderen) und, darin angelegt, eine bestimmte, nämlich wissenschaftliche Form der Erkenntnis mit ein, verfehlt man die Realität, in die die Ökonomie eingebettet ist, von vornherein.

das Recht (und also der Staat) darum bemüht ist, in diese Tauschakte qualitativ einzugreifen: etwa indem es den Handel mit menschlichen Organen als ›sittenwidrig‹ verbietet, bestimmte Objekte (Waffen, Drogen, Kinderarbeit) als Gegenstände des Tauschs auszuschließen versucht oder das Vertragsrecht – denn jeder Tausch setzt Vorbereitungen voraus: neben der Herstellung einer Warenidentität (deren Produktion), die Feststellung der Identität des Besitzers[26] – mit dem Ziel ausgestaltet, dass es in den Tauschakten ›gerecht‹ (also ethisch und politisch korrekt) zugehen möge: Kein Recht, kein Staat kann verhindern, dass Menschen sich – in dieser Form einer Identitätsbildung entlang beliebiger Objekte – als Tauschende, also als Gleiche und Freie,[27] gegenübertreten. »Getauscht wurde schon immer«, meint Adorno zu Recht.[28]

Die Schwierigkeit besonders für Linke, dieser Bestimmung des Wesens aller Tauschakte zu folgen, besteht weniger darin, dass hier von den gesellschaftlichen Verhältnissen abstrahiert wird,[29] in die sie eingebettet sind (und die Adorno davon sprechen lassen, dass es einen Äquivalententausch in Wahrheit gar nicht gebe: schließlich wird immer gegeneinander Ungleiches – und das immer auch von Ungleichen – getauscht), sondern dass sie so formuliert ist, als existiere das Geld (durch das hindurch das an sich Ungleiche erst gleich gemacht wird) noch gar nicht. Dies aber ist ein Irrtum. Marx deckt diesen auf, indem er die Genesis des Geldes logisch,[30] das kann hier nur heißen: rein analytisch-deduktiv aus Tauschakten ›ableitet‹[31], die das Geld gerade nicht zu implizieren scheinen, um so zu zeigen, dass Geld selbst im einfachsten Tausch immer auch schon enthalten ist. Da wir, wie einleitend ausgeführt, die Richtung der Analyse in gewisser Weise umkehren wollen, müssen wir, bevor wir aus dieser anderen Richtung zum, wie sich zeigen wird: selben Resultat wie Marx in der Bestimmung des Wesens des Geldes kommen, zunächst

---

26 Wozu es unter anderem gehört festzustellen, durch welche Eigentumsrechte die Verfügungsgewalt über den Besitz eventuell eingeschränkt ist.
27 Zur Unterscheidung dieses formalen Begriffs von Freiheit von einem inhaltlichen, wie auch sonst zu den erkenntnistheoretischen Implikationen der zentralen ökonomischen Begriffe, siehe Manfred Dahlmann: Freiheit und Souveränität.
28 Auch die ›Gabe‹, wie das Geschenk, stellt einen solchen Tausch im Sinne einer Besitzübertragung dar. Der Bezug auf Freiheit und Gleichheit tritt dabei zwar in vollkommen anderer Weise auf als beim Diebstahl, aber der Akt der Übertragung jedenfalls ist auch hier diesen Rechtsprinzipien vorgeordnet.
29 In solcherart Abstraktionen lässt sich die Linke von Niemandem überbieten.
30 Im *Kapital* unter 3. *Die Wertform oder der Tauschwert* im Kapitel *Die Ware*, S. 62–84.
31 Hier stimmt der Ausdruck ›Ableitung‹, den man ansonsten in Bezug auf Marx natürlich nur sehr eingeschränkt verwenden kann.

einige weitere Phänomene der entwickelten kapitalistischen Ökonomie abhandeln.

Als Erstes und Wichtigstes ist festzustellen: die Beziehungen, die Menschen in Tauschakten eingehen, sind immer von Grund auf vollkommen andere als die, denen sie ansonsten unterworfen sind. Letztere beruhen auf Autorität (in der Gewalt, mehr oder weniger offen, immer enthalten ist), die Tauschakte hingegen auf – logisch-formal unterstellter, aber deswegen noch lange nicht auch irrealer – Äquivalenz; wenn auch beschränkt auf die (raumzeitlose) Beziehung der beiden an dem Tauschakt beteiligten (juristischen) Personen.

In dieser Äquivalenz der Besitzer untereinander (also bezüglich ihrer gesellschaftlichen Stellung) ist aber auch eine Äquivalenzbestimmung der Objekte, die den Besitzer wechseln, logisch unmittelbar, das heißt: analytisch (notwendig) enthalten. Zeigen lässt sich dies, insofern bestimmte Tauschakte sich als Kette darstellen lassen.[32] In dieser Kette wechseln bestimmte Gegenstände mehrfach ihre Besitzer, bis sie erst bei dem anlangen, der sie endgültig verbraucht. Soweit wir mit diesen Ketten von kapitalistischen Austauschbeziehungen auch entfernt sind, es gilt: sobald vergegenständlichte Objekte gegen andere (von rechtlich gleichgestellten juristischen Personen) mit dem Ziel getauscht werden, das Erworbene nicht unmittelbar für sich zu konsumieren, sondern (womöglich auch in ›überarbeiteter‹ Form) wiederum gegen andere einzutauschen, sprechen wir von einem Äquivalententausch.[33] Um es mit Marx zu sagen: in einer Kette von Tauschakten, in der ein identisch mit sich selbst verharrender Gegenstand[34] mehrfach auftritt, nimmt dieser (welcher immer das sei) Wertausdruck an, das heißt: Diese Ware fungiert in dieser Kette – abseits all ihrer Qualitäten – als ein rein quantitativ zu betrachtender ›Wert‹ insofern, als er anderen beteiligten Waren ein

---

32 Wie sie etwa auch schon unter Kaufleuten im europäischen Mittelalter (und erst recht in der Antike, aber auch sonst auf der Welt) existiert hatten.
33 Wenn ein Bauer das von ihm selbst produzierte Getreide verzehrt, ein Handwerker sich einen Hammer zum eigenen Gebrauch herstellt, dann findet natürlich keine Besitzübertragung statt. Was aber nicht heißt, dass dieser ›Eigenverbrauch‹ nicht von ökonomischem Interesse ist (siehe auch unten, Anm. 43): Denn hier steckt ein Potential, das, wenn der Bauer oder Handwerker dazu gebracht werden können, (›sein‹) Getreide als Brot oder den Hammer von anderen zu beziehen, ökonomisch fruchtbar gemacht werden kann. Georg Lukács, dem man hier folgen kann, bezeichnet diese Weise der Erhöhung der Anzahl ökonomische Akte als Universalisierung der Warenform. Davon abzugrenzen wäre die von Paul Mattick betonte Expansion der Produktion, die aber eine Bestimmung des Kapitalbegriffs voraussetzt, wie er uns erst im dritten Kapitel zur Verfügung stehen wird.
34 Ab jetzt kann man im Grunde erst den Begriff der Ware verwenden.

(wenn auch zunächst noch so unbestimmtes) Maß verschafft. »20 Ellen Leinwand sind 1 Rock wert«, sagt Marx und schreibt auch, diese Aussage in eine Gleichung überführend: »20 Ellen Leinwand = 1 Rock« – unter der Bedingung, dass Leinwand (oder Rock) auch noch für Anderes (Tee, Weizen, Gold etc.) in dieselbe Form gebracht werden können.[35]

Zwar dürfte diese von Marx (reichlich unvermittelt) vorgenommene Ineinssetzung der beiden Schreibweisen (schon in der »einfachen Wertgleichung«) einer der Gründe dafür sein, dass viele Interpreten die logischen Implikationen der Marxschen Geldbestimmung missverstehen;[36] hier war aber nur zu zeigen, dass Marx den Äquivalententausch in derselben Weise bestimmt wie wir: Bei jedem Tausch von Ware gegen Ware, in dem sich ein allgemeines Maß (ein objektiver, vom Prinzip her, quantitativ bestimmbarer *Wert* in strikter Abgrenzung zu einem subjektiven, libidinös besetzten) zur Geltung bringt (in dem also die Ware nicht am Ende einer Kette steht, an dem sie den quantitativen Bezug verliert und in Qualität auf-, was heißt: in die Konsumsphäre übergeht)[37], handelt es sich um Äquivalententausch und dieser scheint als solcher dann tatsächlich umstandslos formalisierbar zu sein durch ein Gleichheitszeichen, denn er enthält ein (rein) formales Moment allgemeinster Gleichheit, so qualitativ verschieden die Waren auch sind, so unterschiedlich sich

---

35 [Marx: Das Kapital, Erster Band, S. 63.]
36 Der Unterschied zwischen beiden Schreibweisen besteht, kurz gesagt, darin, dass in der Aussage, dass die Ware A soundsoviel *wert* ist, noch eine libidinöse Bindung (und also nicht nur, worauf Marx sich allein bezieht, eine, die darin besteht, Resultat – konkreter – Arbeit zu sein) angesprochen ist, die im Gleichheitszeichen dann aber nicht mehr erscheint. Dieser Schritt vom Inhaltlichen zum Formalen beinhaltet – neben dem einer Verschiebung (siehe zu diesem Begriff Dahlmann: Freiheit, wie Anm. 27) – natürlich auch einen historischen Prozess; dass dieser real stattgefunden hat, können wir hier unterstellen, ohne ihn näher ausführen zu müssen; wir konzentrieren uns auf die logischen Implikationen. [M. D. notierte sich, dass hier noch ein präziserer Verweis auf das Verhältnis von Geschichte und Struktur zu machen wäre. Wir wollen es mit einem Verweis auf M. Ds. Aufsatz *Geschichte und Struktur. Diskussion zu Rosdolsky, Schmidt und Puder* aus sans phrase 8/2016 belassen.]
37 Diesem Ende steht natürlich ein ökonomisch ebenso nicht erfasster, qualitativer Anfang gegenüber: die Natur. In der Forderung einer ›Nachhaltigkeit‹ aller ökonomischer Aktivitäten wird versucht, diesen Kreislauf zu schließen, und so eine Ökonomie zu betreiben, die ohne Beraubung der ersten Natur um diese Rohstoffe auskommt. Das ist schön für die Natur. Aber bezeichnenderweise ist hier von dem wesentlichen, dieser Natur abgerungenen Rohstoff keine Rede: der menschlichen Arbeitskraft. Sie gilt als von vornherein ›nachhaltig‹ erzeugt, denn schließlich stellt die Ökonomie denjenigen, die diesen Rohstoff verausgaben, erst die Mittel zur Verfügung, ihren Leib zu reproduzieren.

die Voraussetzungen und Folgen der Resultate der einzelnen Tauschakte qualitativ auch darstellen.

In nicht-kapitalistischen Verhältnissen bleibt diese Äquivalenz weitestgehend implizit, gewinnt selbst im Kaufmannsstand keine tragende, gesellschaftliche Allgemeinheit, denn die Tauschketten fallen immer wieder abrupt in sich zusammen, stoßen selbst in den ›reichsten‹[38] Imperien und Stadtstaaten (oder bei sogenannten Handelsvölkern, wie den Phöniziern, oder Handelszusammenschlüssen wie der Hanse) immer wieder an unüberwindliche politische Grenzen. Vor allem funktionierte die Herstellung der getauschten Objekte nach eigenen, nicht von einer universalisierten Warenzirkulation konstituierten Gesetzen; sie mochten noch so sehr allein für den Austausch produziert worden sein, die Arbeit mochte noch so sehr Lohnform angenommen haben und das Geld eine noch so bedeutsame Rolle spielen: das Kommando über die Produktion haben diese Kaufleute oder sonstigen Agenten der Geldzirkulation nicht und werden sie nie, auch im Kapitalismus nicht, erlangen. Sondern dieses übernimmt darin ein ganz neuer, zuvor vollkommen unbekannter Charaktertyp: der Unternehmer. Oder anders, von heute aus, das heißt aus der Perspektive gesellschaftlicher Synthesis gesehen: Zirkulation und Produktion, Konsumtion und Distribution der Arbeitsprodukte traten in nicht-kapitalistischen Vereinigungen, wenn überhaupt, nur eher zufällig in einer inneren (was heißt: personifizierten oder institutionell verankerten) Verbindung untereinander auf.

Datenerfassung Um diese Synthesis aller Sphären, wie sie im Unterschied zu anderen Verhältnissen heutzutage (und zwar komprimiert auf der Ebene der Zirkulation) existiert, darstellen zu können, sei unterstellt, es existiere so etwas wie ein (staatlich vollkommen unabhängiges, den ›Datenschutz‹ gewährleistendes) Weltamt für Statistik, und jeder Bürger meldet dieser Institution (ohne Ausnahme und ohne Bedenken) all seine tagtäglichen Akte, die, wie oben

---

38 Spätestens hier muss klar gestellt werden, dass es uns, mit Marx, in all dem, was über das Ökonomische ausgeführt wird, darum geht, die spezifische Form aufzuklären, in der in einer kapitalistisch produzierenden Gesellschaft Reichtum erscheint. (Joachim Bruhn ist hier vollkommen Recht zu geben, wenn er feststellt, dass Marx seine Darstellung keinesfalls mit der Analyse der Ware, sondern der Problematisierung des Begriffs vom Reichtum beginnt; siehe dazu den ersten Satz des *Kapitals* [sowie Joachim Bruhn: Warum können Marxisten nicht lesen? Vortrag, gehalten im Jahr 2012.]) Hier geht alle Qualität in Quantität auf: Diesen realzynistischen Wahnsinn des Kapitals (als solchem) sollte der Leser also immer im Hinterkopf haben.

als Zentrum des Ökonomischen definiert, eine Besitzübertragung zur Folge haben. Diese Behörde ermittelt daraus dann eine Weltgesamtrechnung (im Folgenden Welt-GR), die das, was in Deutschland ›volkswirtschaftliche Gesamtrechnung‹ heißt (und im Englischen, der Sache sehr viel entsprechender: *national account*), auf der Basis empirischer Einzelakte erstellt und nicht, wie heute der Fall, auf der Basis der an den Staat (vor allem von den Unternehmen) gemeldeten, in Bilanzen beziehungsweise Steuererklärungen zuvor schon aggregierten Daten.[39]

Eine der Meldungen an dieses Weltstatistikamt könnte etwa so aussehen: Ich (die Rechtsperson mit der Identifikationsnummer xy) habe heute, den 12.9.2013, um 16.23 Uhr, 1 Kühlschrank der Firma Siemens, vom Typ S 602, im Kaufhof (also der Rechtsperson mit der Identifikationsnummer yz), für den Preis von 213 Euro erworben.

---

39 Es kann dabei nicht um die Frage gehen, ob eine solche Welt-GR die ökonomische Situation exakt, verzerrt oder gar ideologisch reproduziert. Die aus ihr abgeleiteten Schlüsse können sowohl in ihren empirischen Grundlagen als auch theoretisch modellierten Voraussetzungen immer kritisiert und in ihrer Validität angezweifelt werden. Wer sich auf die Diskussion darum kapriziert, die statistischen Datenerhebungen realitätsgerechter zu gestalten als das bisher schon geschieht, hat sich auf ein Gleis begeben, das ihn von einer Kritik der politischen Ökonomie entfernt.
Für alle Verfahren, die Qualität mathematisch operationalisieren, gilt: Ihre Aussagekraft betrifft nie die Sache selbst, sondern kann allein die Veränderungen erfassen, die sich in der Sache innerhalb eines bestimmten Zeitraumes zugetragen haben. So kann man, wenn man etwa ein Bruttoinlandsprodukt zu zwei verschiedenen Zeitpunkten mit genau denselben Verfahren und Datenerhebungsmethoden (welche immer das auch seien) misst, zweifelsfrei feststellen, dass es um ein (wie auch immer bestimmtes, jedenfalls in Geldeinheiten ausgedrücktes) Maß gestiegen oder gefallen ist. Was in diesem Zeitraum qualitativ in der Gesellschaft vorgegangen ist, entzieht sich dieser Betrachtungsweise von vornherein; ist Sache qualitativer Interpretation in Wissenschaft, Politik und Medien (der Öffentlichkeit, siehe unten [auf den Seiten 262 ff., Kapitel 10, insbesondere]), wo dann stillschweigend aber unterstellt wird, man könne überhaupt aus logisch-deduktiv, wie korrekt auch immer ermittelten Daten Inhalte heraus lesen. Dies jedoch ist zweifellos eine Fähigkeit, die eine Gabe voraussetzt, von der ein Nostradamus nur träumen konnte. Dass die Experten, besonders die an den Universitäten lehrenden Ökonomen, diese Gabe besitzen – aus Quantität Qualität herauslesen zu können –, wird jedoch in dieser Gesellschaft allseits fraglos unterstellt. Dabei hängen doch selbst die vielfältigen Versuche solcher Firmen wie Amazon, aus Nutzerprofilen auf Persönlichkeitsmerkmale zu schließen, ohne qualitative Angaben vollkommen in der Luft.
Wir gestehen dagegen umstandslos zu, über diese Gabe nicht zu verfügen, und konzentrieren uns allein auf die von den Statistikern zur Verfügung gestellten Quantitäten. Dabei gehen wir allerdings noch einen entscheidenden Schritt weiter, indem wir deren Aggregierungen in ihre einzelnen Bestandteile (in ihre Atome oder zumindest Moleküle, könnte man sagen) analytisch so weit es geht zu zerlegen suchen.

Man sieht: Diese Informationen kann ich direkt dem Kassenbon entnehmen, den ich im Geschäft erhalten habe. Dort steht aber noch mehr, nämlich dass ich für diesen Kühlschrank auch Umsatzsteuer in Höhe von 40,47 Euro entrichtet habe. Doch das ist noch nicht alles: Aus dem Kassenzettel geht ebenfalls hervor, wie ich bezahlt habe: mit meiner Bankkarte. Der Gesamtbetrag wird also auch auf meinem Kontoauszug in den nächsten Tagen abzulesen sein. Das hier konstruierte Weltstatistikamt erhielte für diesen einfachen Akt (den Kauf eines Kühlschranks) somit eine Vielzahl von Datensätzen: Ich melde ihm den Kauf, meine Bank die Bezahlung und das Geschäft teilt seine Meldung gar in drei Datensätze auf: erstens, den Verkauf an mich, zweitens, dass ich Umsatzsteuer entrichtet habe, wodurch ihm eine Verbindlichkeit gegenüber dem Staat entstanden ist, und drittens, dass auf seiner Bank das Geld eingegangen ist, das von meinem Konto abgebucht wurde. Schon dass hier mit dem Staat eine dritte Rechtsperson aufgetaucht ist, zeigt an, dass dieser einfache Kauf mit noch weiteren Datensätzen verbunden ist: Irgendwann meldet das Geschäft, dass es seine Verbindlichkeit gegenüber dem Staat eingelöst hat, und der Staat, dass er die (von mir entrichtete) Umsatzsteuer erhalten hat. Wenn wir uns nun dem Kühlschrank selbst zuwenden, wird die Sache mit diesem einfachen Kauf erst recht komplex: Das Geschäft hat ihn ja von einem Hersteller erworben und bei dem sind eine Unmasse an Datensätzen angefallen, die alle dieser fiktiven Behörde zu melden wären, deren Aufzählung wir uns ersparen.

Wenn nun, wie unterstellt, alle Akteure all ihre ökonomisch relevanten, so weit wie möglich in ihre Grundbestandteile zerlegten Aktionen korrekt melden, kommen wir in rasendem Tempo auf eine ungeheuer große Anzahl von Datensätzen, die dem Weltstatistikamt vorliegen, die aber alle in einer inneren, wenn auch noch so mittelbaren Verbindung zueinander stehen, und das eben nicht nur (sondern in dieser Betrachtungsweise noch gar nicht) vermittelt über den Preis, sondern allein über ihre qualitativen Bestimmungen (Zeitpunkt; Erwerber/Veräußerer; Warenart, -menge, -qualität; Gegenkonto[40]), die

---

40 In dieser Spalte wäre zu vermerken, ob es sich um eine Barzahlung, eine Überweisung, eine Anlageinvestition, eine Verbindlichkeit oder Forderung oder Weiteres handelt. In der praktizierten Bilanzbuchhaltung geht man, um das hier zu Vermerkende korrekt erfassen zu können, natürlich anders vor, was aber nichts am Prinzip dieser Einteilung ändert. (In dieser Spalte ›steckt‹ im Grunde die oben angesprochene Unfähigkeit der Linken, Betriebswirtschaft und Gesamtökonomie aufeinander zu beziehen.) Aber wir veranstalten hier kein Seminar in korrekter doppelter Buchführung, weswegen wir es mit der Einfügung dieser Spalte in dieser Hinsicht genug sein lassen können.

allerdings in eine bestimmte Form, nämlich die in ihre kleinsten Elemente zerlegte Warenform (also in einzelne empirisch erfassbare Daten)[41] gebracht worden sind.

Wobei wir bisher ja nur von einer sehr übersichtlichen Gruppe von Waren geredet haben: nämlich gegenständlich-körperlich vorhandene wie Kühlschränke, Autos, Lebensmittel etc. Hinzuzuzählen sind aber noch die Waren, über die nicht zu einem bestimmten Zeitpunkt, sondern kontinuierlich verfügt wird, wie etwa die so genannten Produktionsmittel: Rohstoffe, Maschinen, die Anwendung und Entwicklung von Technologien, die Ablauforganisation in der Verwaltung, sonstige Logistiken. Dann kommen die Dienstleistungen und sonstigen für die Produktion notwendigen Waren hinzu (wobei wir die Arbeitskraft schlicht schon oben implizit den Rohstoffen zugeordnet haben): etwa Leasinggebühren, Mieten, Patente, Lizenzen. Einen eigenen, höchst bedeutsamen Markt bildet die Imagepflege (Werbung, Design, Sponsoring), dessen Bezug auf solche Waren wie einen Kühlschrank kaum zu berechnen, in deren Preisgestaltung aber zweifellos eingegangen ist. Keinesfalls zu vergessen natürlich der gesamte Bereich des Finanzsektors: Kredite, Versicherungen, Renten, worunter auch der gesamte Markt fällt, der für die Gesundheit zuständig ist: in ihm sind die Übergänge zwischen all den anderen ›Märkten‹ (Konsum, Produktionsmittel, Dienstleistungen, Finanzsektor usw.) nur äußerst schwer festzulegen. Dann noch die Schwarzarbeit, das private Verleihen von Geld, Prostitution und Drogenhandel usw. (Denn wie gesagt: der Datenschutz ist gewährleistet.) Aber auch wer ein Buch schreibt, im Fernsehen eine Talkshow moderiert oder an ihr teilnimmt, dessen Aktionen lassen sich eindeutig identifizieren und sind wiederholbar, was heißt: sie lassen sich – vom Grundsatz her – in die Form eines Besitzwechsels (der aus vielen verschiedenen Akten bestehen kann) kleiden, für dessen Zustandekommen ein Preis bezahlt wurde.[42]

Bevor man sich über die Unsinnigkeit einer derartig umfassenden, in jede Einzelheit gehenden statistischen Datenerfassung mokiert, sollte man sich der Beantwortung der Frage stellen, welche seiner Akte

---

41 Wobei die Spalte, die die Warenart erfasst, sich gegenüber allen anderen dadurch auszeichnen muss, reproduzierbar zu sein – sonst kann man schlichtweg nicht von einer Ware sprechen.
42 Wenn zum Beispiel ein Prominenter von einem Journalisten über dessen Privatleben ausgefragt wird, konstituieren die Informationen, die am nächsten Tag in der Zeitung dieses Interview reproduzieren, einen Tauschakt auch dann, wenn für das Interview selbst kein Preis vereinbart war.

man einer solchen Behörde eigentlich nicht zu melden hätte – und ob sie als solche nicht längst die empirische Grundlage einer jeden Messung etwa des ›Sozialprodukts‹ eines jeden (zumindest kapitalistisch entwickelten) Staates sind.[43] Doch wir wollen und brauchen es, was eine Welt-GR und deren universelles Potential betrifft, gar nicht zu übertreiben: Wenn wir die (bis jetzt noch) allgemein zugänglichen Stoffe, die zwar zur Erstellung von Waren notwendig sind, aber (noch) keinen Preis haben (etwa die Atemluft oder das lexikalische beziehungsweise von Forschungsinstituten der Allgemeinheit zur Verfügung gestellte Wissen) unberücksichtigt lassen, mindert das die zentrale und universale Bedeutung, die diese Gesamtrechnungen für das ökonomische System des Kapitals von vornherein haben, in keiner Weise.

Die Grenzen zwischen Potentialität und Aktualität sind in der Zirkulationssphäre jedenfalls fließend – auch wenn sie fast nur eine Richtung der Verschiebung kennen: die der Universalisierung. Allein zur Abgrenzung des Ökonomischen von dem, was es *nicht* ist (die gleich vorgenommen wird), müssen wir die Differenz zwischen Potential und Realität als Einheit betrachten. Ansonsten reicht es, wenn wir die Welt-GR – auf die wir im Folgenden immer wieder zurückkommen, weil sie die operationalisierbaren Daten des ökonomischen Ganzen, auch und gerade heute schon, repräsentiert –[44] auf der Basis definieren, dass sie all die Daten enthält, die jedem Tausch immanent sind und für die, als Waren qualitativ bestimmt, ein Preis

---

43 Um es drastisch auszudrücken: Jeder Geschlechtsakt, der in gegenseitiger Übereinstimmung ausgeübt wird, stellt einen ökonomisch relevanten Vorgang dar, der in eine wirtschaftliche Gesamtrechnung aufgenommen werden kann. Es fließt zwar kein Geld, aber es findet ein Austausch von Gefühlen statt, die sich – auf welcher Grundlage auch immer – quantitativ bewerten lassen, dem also ein Preis zugewiesen werden könnte. In diesen Arten von ›Austausch‹ steckt jedenfalls ein Potential für eine Universalisierung, von dem zu behaupten, es würde nie genutzt werden, zumindest voreilig genannt werden kann. (Um gar nicht erst davon zu reden, dass, über die Konsumsphäre vermittelt, intime Beziehungen längst Warenform angenommen haben, auch wenn diese sich in Preisen noch nicht darstellen lassen. Dagegen allerdings ist, wenn sie denn tatsächlich autoritativ vermittelte Beziehungen ersetzen, noch am allerwenigsten einzuwenden.) Facebook führt ja seit längerem schon vor, wie man Freundschaftsbeziehungen so aggregieren kann, dass sie tatsächlich eine Geldzirkulation ganz im Sinne des oben definierten Äquivalententauschs generieren. In der Erfassung der in zwischenmenschlichen Beziehungen entäußerten Gefühle liegt, nachdem die Kulturindustrie darin an ihre Grenzen gestoßen zu sein scheint, jedenfalls ein noch aufzuschließendes Potential der Universalisierung der Warenform.

44 Sie stellt den ›Kuchen‹ dar, auf dessen Distribution (zu wessen Gunsten auch immer) sich alle ökonomisch inspirierten Argumente politisch beziehen.

ermittelt worden ist beziehungsweise werden kann;[45] und das sind schon heute mehr als genug. Entscheidend für den gesamten ökonomischen Prozess ist, dass ich darin als Käufer und Verkäufer, als Anbieter und Nachfrager zugleich (wenn auch in unterschiedlichen Zeiträumen) auftreten muss, der seine Entäußerungen in die Warenform gießt, damit eine Chance besteht, dass es zu einem Besitzwechsel kommt, der als solcher dann – wie vermittelt und aggregiert auch immer – Eingang in die nationalen Gesamtrechnungen findet. Wer sich dem verweigert, kann in dieser Gesellschaft nicht überleben.

In der hier konstruierten, fiktiven Basistabelle der Gesamtrechnung eines Weltstatistikamtes stünden diese qualitativen Bestimmungen (bei Marx: die Gebrauchswertbestimmungen), für jeden Datensatz in dieselbe Form gebracht, jedenfalls allesamt auf der linken, während jeweils auf ihrer rechten Seite der Preis vermerkt wäre, der den Daten auf der linken *äquivalent* ist.

Zur Einheit in der Differenz von Produktion und Zirkulation: das Zeitproblem Indem wir zur Erstellung einer Welt-GR den Akt des Tausches von seinen (gesellschaftlichen) Voraussetzungen abgegrenzt

---

45 Die Verfahren, mit denen dieser Preis (also der, der empirisch gar nicht ermittelt worden ist, und das gilt für Nachbarschaftshilfe, ›Schwarzarbeit‹, das so genannte ›Vitamin B‹ und all das damit Zusammenhängende, aufgrund dessen die meisten Geschäfte erst zustande kommen, ganz genauso) ermittelt werden kann, geben die Steuerbehörden längst vor: Wenn in einem Büro zum Beispiel ein Kaffeeautomat angeschafft wird, an dem die Angestellten sich frei bedienen können, muss, von Prinzip her, jede Tasse Kaffee, die sich einer holt, mit einem Preis versehen werden, der diesem zuerst als Einkommen (für das Steuern zu bezahlen sind) zugerechnet wird, um ihn ihm dann als Ausgabe (als ob er diesen Kaffee in einem Café getrunken hätte) anzurechnen, die zwar steuerlich ohne Belang ist, aber nun dem Betrieb, in dem dieser Kaffee konsumiert wird, als Einnahme zugeschlagen wird, für die dieser selbstredend wiederum Steuern zu entrichten hat. Erst dann kann er diese Kaffeemaschine als ›Betriebsausgabe‹ absetzen – und damit Steuern ›sparen‹.

Ähnliches gilt für alle Versuche, Tauschringe zu initiieren, die angeblich ohne Geld auskommen oder mit selbst geschöpftem (dem Chiemgauer, den Bitcoins usw.) operieren. Für die Finanzämter, also den Staat – und das ist der Grund, warum er diese ›revolutionären‹ Umtriebe kopfschüttelnd oder nachsichtig lächelnd duldet –, ist es ein Leichtes, das in diesen Tauschakten selbstredend immer auch implizit zirkulierende Geld offen zu legen und als Preis darzustellen. Steuerprüfer sind grundsätzlich berechtigt, vor allem wenn sie den Verdacht haben, dass Leistungen zu gering abgerechnet wurden oder darüber keine Aufzeichnungen vorgelegt werden, die entsprechenden Preise zu schätzen (dafür gibt es sogar Tabellen). Wenn der Bürger meint, die Schätzung sei zu hoch, hat er das zu beweisen: und das ist nur möglich, wenn er das Geld in die Tauschakte als Vermittlungsinstanz einschiebt. [M. D. merkt an dieser Stelle an, dass der Weltmarkt hier noch einzuführen wäre.]

haben, haben wir, und dies geschieht bei jeder Datenerfassung, von der realen Zeit abstrahiert, in der dieser derart gemessene Akt tatsächlich stattfindet (und selbstredend auch dem Raum). Alle Wissenschaftler, also nicht nur Statistiker haben dieses Problem: Wie die Geschwindigkeit eines Körpers so findet die Verfügung über einen Besitz, um den es in den Tauschakten ja immer geht, in Zeit und Raum statt, messbar sind aber nur einzelne empirische Ereignisse, die natürlich auch in Zeit und Raum stattfinden, in deren Erfassung aber (wie bei einem Fakt beziehungsweise einer Tatsache) Zeit und Raum sich quasi zu einem Punkt so verdichten (gegen Null gehen), dass sie aus ihm herausfallen. Deshalb ja benötigt jeder Physiker, der raumzeitliche Vorgänge erfassen will, immer mindestens zwei Messpunkte eines kontinuierlich ablaufenden (›stetigen‹) Prozesses, um gesicherte Urteile fällen zu können.

Der Bezug zur Zeit, den die Statistiker haben, die eine Gesamtrechnung erstellen, ist zunächst also derselbe wie in aller Wissenschaft, wo sie auf statistische Messungen zurückgreift, aber ein vollkommen anderer, wo es um die von ihnen gemessene Realität geht. Ökonomen behandeln alle Besitzübertragungen vom Grundsatz her gleich; und zwar so, als ob in ihnen immer nur ein Gegenstand wie ein Kühlschrank den Besitzer gewechselt hätte. Die Zeit spielt hier nur als das Intervall eine Rolle, das zwischen den Zeitpunkten, an denen die gemeldeten Tauschakte stattgefunden haben, abgelaufen ist, nicht jedoch in Bezug darauf, auf welche Zeiträume die real damit verbundene Verfügungsgewalt sich bezieht.

Wenn zum Beispiel ein Grundstückseigentümer einem Unternehmen das Recht verkauft, auf dessen Boden Eisenerz abzubauen, geht dieser Vorgang in die Gesamtrechnung zwar ein, nämlich immer zu genau den Zeitpunkten, in denen das Unternehmen die Lizenzgebühren, die dafür anfallenden Steuern und die Anwaltsgebühren bezahlt hat, aber die für das Unternehmen mit diesem Erwerb vor allem relevanten Dinge: der Zeitraum, wie lange er das Erz abbauen (lassen) darf, die Höchstmenge, bei deren Überschreitung neue Gebühren fällig werden, die Umweltschutzauflagen usw., also die vertragliche Ausgestaltung der Besitzübertragung, erscheinen in keiner Gesamtrechnung.

Dass mit dieser nur als Ereignis und nicht als Prozess ausgewiesenen Behandlung der Verfügungsgewalt aber nicht auch die ökonomische Irrelevanz der in realer Zeit ablaufenden Prozesse verbunden ist, erweist jedoch jeder erste Blick in ein Handelsgesetzbuch. Denn dieses verlangt von den Unternehmen, alle Vorgänge genauestens zu dokumentieren, die den von ihnen gemeldeten (präziser: buchhalterisch erfassten) Ereignissen zugrunde liegen – damit die Finanzbehörden prüfen können, ob etwa in der Meldung: ›Lizenzgebühren bezahlt‹ nicht ein Preis angegeben wurde, der von den üblichen abweicht; denn das lässt den Verdacht der Steuerhinterziehung aufkommen.

In ganz besonderer Weise wird der spezifische Zeitbezug der Ökonomen dort zum Problem, wo Geld nicht als bloßes Zahlungsmittel zwischen die Waren tritt, sondern selbst zur (wiederum über Geld vermittelten, mit einem Preis versehenen) Ware wird, also bei den Finanzdienstleistungen: den Krediten, Versicherungen, Renten usw. In einer Gesamtrechnung erscheint etwa ein Kredit lediglich in Form etwa des Buchungssatzes: ›Die Deutsche Bank hat am 12.11.2013 der Firma Müller 30 000 Euro als Kredit überwiesen‹. Die Bedeutung, die dieser qualitativ für die Ökonomie hat, erschließt sich aus dieser Form noch weit weniger als aus einer Warenart wie einem Kühlschrank. Im Nachhinein eingeholt werden kann diese aber auch hier, weil sowohl die Bank als auch die Firma Müller verpflichtet sind, bei Verlangen dem Finanzamt die Unterlagen vorzulegen, aus denen hervorgeht, wie hoch Zinsen und Laufzeit sind, und vor allem: welche Sicherheiten die Firma der Bank abgetreten hat. Denn diese werden auch in Preisen quantifiziert und diese Besonderheit: dass in der Ökonomie des Öfteren auch eine Bewertung stattfindet, ohne dass eine tatsächliche (sondern nur eine potentielle) Besitzübertragung stattgefunden hat, wird, wenn es um den Kapitalbegriff (und darin die Krise beziehungsweise die Inflationsgefahr) geht, noch wichtig werden.[46]

Fassen wir zusammen und beantworten wir in der Form eines Zwischenresümees die oben gestellte Frage danach, was ökonomisch eigentlich *nicht* von Relevanz ist und in einer Welt-GR keinen, wie auch immer aggregierten Eingang findet. Die Antwort lautet: Nichts von dem, was wir empirisch erfassbar entäußern, ist davor gefeit, in ihr keinen Niederschlag zu finden, wenn man nur, von der Zirkulationssphäre ausgehend, tief genug in die Produktions-,

---

46 Wenn wir hier so etwas wie eine Welt-GR konstruieren, könnten wir diese natürlich gleich so formalisieren, als ob all die Daten, die für die Gesamtökonomie von Bedeutung sind, diesem Weltstatistikamt direkt übermittelt würden, ein Rückgriff auf die Unternehmen also überflüssig wird. In der Tat, möglich ist das, aber sie wäre, an dieser Stelle vorgestellt, so ausufernd, dass man vor lauter Bäumen keinen Wald mehr erkennen könnte.

Konsumtions- und Distributionssphäre eindringt.[47] Auf den ersten Blick übrig bleiben im Grunde nur die Gedanken, Gefühle und Motive, die wir (noch) nicht öffentlich gemacht haben.[48] Und darin enthalten, aber das Wichtigste: übrig bleiben ›nur‹ die persönlichen Beziehungen, die wir zu Autoritäten haben, also die, die sich nicht in einen, noch nicht einmal potentiellen Tauschakt auflösen lassen.

Es handelt sich bei diesem Übriggebliebenem um all die Beziehungen, die Gewaltverhältnisse konstituieren[49] – sie werden von der Ökonomie *a priori* ausgeschlossen, und eine ganze Armada von Politikern, Wissenschaftlern und sonstigen Experten will uns weismachen, dass der Gewalt kein Spielraum mehr für Herrschaft und Ausbeutung bliebe, würden wir denn nur all unsere zwischenmenschlichen Verhältnisse in die ökonomische Form gießen (was wir ja im Grunde schon längst machen). Und so behaupten sie in aller, Unschuld suggerierenden Aufdringlichkeit: Alle Ängste vor der Irrationalität unserer Mitmenschen, auch und gerade vor Leuten, die mit Gewalt drohen, ließen sich auf dem Verhandlungswege lösen. Man müsse nur lange genug verhandeln, bis der Preis ermittelt ist, nach dessen Zahlung jeder Gewalttäter zum Friedensengel (und jede Diktatur und Tyrannei zum friedliebenden Musterstaat) wird und auf die Ausübung seiner Autorität verzichtet. Doch in gleicher

---

47 Auch von hier aus lässt sich die Panik beurteilen, die besonders mal wieder die Deutschen erfasst hat, als sie erfuhren, dass Geheimdienste doch tatsächlich in der Lage sind, ihre E-Mails zu lesen. Nicht nur also, dass der keinen interessierende Kram, den sie darin verfassen, ihnen weit heiliger ist als all die ansonsten so hoch gehaltenen freiheitlich-demokratischen Grundrechte, sondern es interessiert sie auch nicht die Bohne, dass ihr Staat, wenn er denn wollte, ausgehend von der Gesamtrechnung, über sie alles in Erfahrung bringen könnte, was es über sie, jeden Einzeln betreffend, nur zu wissen gibt – die Hauptsache ist ihnen, die Amerikaner können zu (für was auch immer) Schuldigen erklärt werden.

48 Hier spätestens dürfte der Einwand erhoben werden, dass ein Angebot, das auf keine Nachfrage stößt, ja keinen Niederschlag in einer Gesamtrechnung finde. Das aber, dass nämlich ein Angebot, das warenförmig korrekt gemacht worden ist, was auch heißt: es einen marktgerechten Preis verlangt, nicht nachgefragt wird, gilt in der Ökonomie als ausgeschlossen. Darüber kann man sich lustig machen – und danach sich überlegen, wie man seine Angebote auf dem Arbeitsmarkt so umformuliert, dass sie auf eine Nachfrage treffen; und also diesen Ökonomen praktisch Recht geben.

49 Beziehungsweise in die Konsumsphäre verschoben worden sind, um die die Ökonomen sich solange nicht kümmern, bis die Gewehre, die ein Staat ›ordentlich‹ gekauft und zur Aufstandsbekämpfung eingesetzt hat, einem anderen zum Kauf wieder angeboten werden. Was im Konsum verschwindet – dazu zählt auch die Abnutzung von Gewehren – verschwindet von der Bildfläche der Ökonomie. Aber auch diese Entwertung wird damit alles andere als ökonomisch irrelevant (dafür gibt es in der offiziellen Gesamtrechnung auch eine Kategorie: die Abschreibung).

Weise wie Staat und Recht, so ist die Gewalt in jedem ökonomischen Datensatz enthalten und dies betrifft gerade die Gewalt, die sich unterhalb der öffentlich wahrnehmbaren, empirischen Erscheinungsformen abspielt (etwa in der Familie, besonders deutlich bei den verschleierten Frauen, aber natürlich auch in jedem Betriebsalltag), was bekanntlich so weit geht, dass die Unterdrückten sich in diesem ›metaphysischen Raum‹ mit den Aggressoren ganz besonders identifizieren. Die Gewalt, die in den für die nationalen Gesamtrechnungen erhobenen Datensätzen ausgeschlossen ist, die also in ihm nicht erscheint, steckt in den Voraussetzungen, die den universalisierten Warentausch erst ermöglichen:[50] in den Besitzern, in der Warenart und deren Produktion, in Staat und Recht, in jedem seiner Elemente, mit der einen Ausnahme: dem Geld – und das ist das Besondere an ihm, das alle derart fasziniert, dass sie übersehen, dass in ihm, dem Geld, zwischen Logik und Erscheinung eine fatale Differenz steckt, die die Logik der Gewaltlosigkeit der Tauschakte permanent in ihr genaues Gegenteil verkehrt.

Das Wesen des Geldes Wir haben bis jetzt zwar die Form ermittelt, in der die Ökonomie sich auf der Basis einer kapitalistischen Produktionsweise statistisch darstellt (als Gesamtheit der empirischen menschlichen Entäußerungen, in denen Gewalt suspendiert erscheint), aber von der wichtigsten Größe, die dieser Gesamtheit erst ihre Synthesis gibt, dem Geld, wissen wir kaum mehr, als dass es in jedem Datensatz (in der Form von Preisen) vorhanden ist. Und mehr wollen die Ökonomen vom Geld im Grunde auch nicht wissen.

Um mehr zu erfahren, unterstellen wir, die Welt-GR werde wie oben projektiert erstellt. Die Masse der zu verarbeitenden Datensätze ist enorm, die Rechnerkapazitäten zu deren Verarbeitung müssen ungeheuer groß sein, sie hat aber, wie einleitend ausgeführt, einen ungeheuren Vorteil gegenüber sonstigen Operationalisierungen auf der Ebene wissenschaftlicher Grundlagenforschung: sie ist nicht unendlich. Die Statistiker müssen jetzt daran gehen, diese Sätze so zu sortieren und zu aggregieren, dass sich eine Gesamtsicht ergibt, die

---

50 Das System der Tauschakte tritt neben die als System unmöglich zu bezeichnenden Akte der direkten, auf Gehorsam beruhenden Beziehungen der Subjekte untereinander. Autorität und Tausch bilden eine Antinomie wie Freiheit und Notwendigkeit, Sein und Sollen (Sein und Werden), Begriff und Sache usw., das heißt, sie treten in der empirischen Realität nur zusammen auf, als in Relation zueinander stehend, obwohl doch in den einzelnen Tauschakten die ihnen immanente Gewalt gar nicht erscheint (so wenig wie in den Waren, nach Marx, die in ihnen sich ›darstellende‹ Arbeit).

überschaubar ist und die Hoffnung beflügelt, Bewertungen zu erlauben beziehungsweise Entwicklungen zu beschreiben, die über solche hinausgehen, die nicht sowieso schon jeder kennt.[51]

Als ersten, und in seiner Sinnhaftigkeit unmittelbar einleuchtenden Schritt dürfte das Weltstatistikamt daran gehen, die Währungseinheiten, in denen die Preise angegeben sind, zu vereinheitlichen. Wir setzen dabei natürlich voraus, dass es sich bei allen vorkommenden Währungen um konvertible handelt – das dürfen wir auch, denn ansonsten könnte man sich eine derart globale Weltbehörde gar nicht erst vorstellen –, und also gilt es, die Währungskurse zu ermitteln, um alle Preise auf eine Einheit (die wir im Folgenden Weltgeld, abgekürzt WG, nennen wollen) zu bringen.[52]

Natürlich ist das einfacher gesagt als getan, denn schließlich wechseln die Devisenkurse ständig. Also auch hier, bei dieser Umrechnung: Zum größten Problem gerinnt die Berücksichtigung der Zeit. Nur wenn ich einen Zeitraum definiere, auf den bezogen ich die Daten (und das betrifft nicht nur die Devisenkurse, sondern die Preise erst recht) ordne, komme ich zu sinnvollen Resultaten. Den Ökonomen bleibt deshalb, um ihr Zeitproblem zu lösen, nichts anderes übrig als für jede bestimmte Abfolge von Zeitintervallen (üblicherweise ein Wirtschaftsjahr)[53] eine gesonderte Tabelle zu erstellen.[54]

51 Wenn man diese Welt-GR etwa nach den Steuernummern sortiert, erhält man sofort eine Übersicht darüber, für was eine (juristische) Person wie viel eingenommen oder ausgegeben hat. Man kann im Grunde dann auch genau angeben, wie viel Geld diese zu einem bestimmten Zeitpunkt auf ihrem Konto hatte und wie viel in ihrer Geldbörse. Und derartige Sortierungen können natürlich für jedes andere Element des Datensatzes ebenfalls vorgenommen werden. Von der Aussagekraft all der auch schon aus einer heutigen Gesamtrechnung eruierbaren Profile können Unternehmen wie Google nur träumen.
52 Dazu braucht man natürlich eine Basisgröße: Hier kann man sich eine x-beliebige Währung aussuchen oder so vorgehen wie bei der Einführung des Euro; das ist sachlich vollkommen gleichgültig. Ökonomisch betrachtet dient diese ja auch allein dem reibungsloseren Funktionieren der Geldzirkulation und soll unberechenbare Währungsschwankungen (und die Spekulation mit ihnen) sowie die nicht unerheblichen Kosten für den Geldumtausch vermeiden (nimmt also für ein begrenztes Gebiet dieses WG im Grunde vorweg). Politisch stellt sich das (wie ansonsten so gut wie immer im Verhältnis von Politik und Ökonomie) etwas anders dar.
53 Statistisch-logisch gilt natürlich: je kleiner die Zeiträume der erfassten Daten, umso exakter erfassen sie die in ihnen ablaufenden Prozesse und umso weniger müssen sie auf (immer problematische, aber unmöglich zu vermeidende) Durchschnittsgrößen zurückgreifen. Auf besonders kurze Zeitintervalle angewiesen sind hier vor allem die Geldmengentheoretiker.
54 Das größte Problem einer Welt-GR wäre deshalb die Erstellung einer Anfangsbilanz, das heißt die Bewertung des zu ihrem Beginn vorhandenen Geld- und

Als nächstes müssen die Statistiker unbedingt berücksichtigen, dass sie ja jeden Datensatz doppelt vorliegen haben: einmal so, wie sie sich für den Erwerber, zum anderen wie sie sich aus der Sicht des Veräußerers einer Ware darstellen. Ob es sich bei dem gemeldeten Tauschakt um einen Kauf oder Verkauf handelt, lässt sich aber recht leicht ermitteln, und entsprechend teilen wir die Tabellen in zwei Teile: Auf den einen entfallen alle Datensätze, die eine Veräußerung betreffen (diesen Teil kann man mit ›Einnahmen‹ überschreiben), auf den anderen all diejenigen, in denen es um einen Erwerb geht (darüber kann man ›Ausgaben‹ setzen). Wir bilden von beiden Spalten die Summen (der nun ja in der Währung WG ausgedrückten Preise) und stellen, wenn wir alles richtig gemacht haben, fest: Beide Summen sind – in jeder der für einen bestimmten Zeitraum erstellten Tabelle – exakt gleich groß. Dieses Faszinosum doppelter Buchführung können wir an dieser Stelle beiseitelassen, uns interessiert zunächst ein anderes – und das ist bezeichnenderweise eines, das Ökonomen völlig kalt lässt.

Um dieses Faszinosum aufzuklären, das uns nichts weniger erlaubt als zu ermitteln, was – ganz in Übereinstimmung mit dem Marx auf den eingangs zitierten Seiten – das Geld seinem Wesen nach ist, reicht es, wenn wir uns einen Teil (Einnahmen oder Ausgaben) nur einer der Tabellen (also für nur ein einziges Zeitintervall) vornehmen und stark vereinfachen: Wir benötigen lediglich die Mengenangabe einer Ware und deren Bezeichnung, fassen gleichartige Waren zusammen und addieren sowohl deren Mengen als auch die entsprechenden Preise und berechnen den Durchschnittspreis für eine Ware (etwa ein Kühlschrank). Weil wir ja, wie oben gezeigt, von einem Äquivalententausch ausgehen, setzen wir nun zwischen Ware und Preis, wie Marx, ein Gleichheitszeichen. Jetzt erfolgt eine Operation, die etwas anspruchsvoller ist als bloßes Addieren oder

---

Sachvermögens (einschließlich etwa der Forderungen und Verbindlichkeiten, die die Personen gegeneinander, rechtlich einklagbar, haben). Wir können für unsere Zwecke aber einfach unterstellen, die Weltstatistiker könnten mit der Stunde Null beginnen.

Die Deutschen, die ja behaupten, sie hätten nach dem Nationalsozialismus – mit der Einführung der DM – in ähnlicher Weise schon einmal ganz von vorn begonnen, können hier keinesfalls als historisches Beispiel solch einer Stunde Null herangezogen werden; ganz im Gegenteil. Sie liefern das Beispiel dafür, wie man seine Anfangsbilanz so frisieren kann, dass in ihr die Werte (und das gilt erst recht für die politischen und moralischen), die das ›Wirtschaftswunder‹ ermöglichten, unter dem Deckel gehalten werden können, damit die Gläubiger glauben, man wäre pleite. (Siehe dazu Gerhard Scheit: Die Meister der Krise. Über den Zusammenhang von Menschenvernichtung und Volkswohlstand. Freiburg 2001.)

Dividieren, aber dennoch von jedem Hauptschüler nachvollzogen werden kann: Wir ermitteln, wie viel von einem Kühlschrank man für einen einheitlichen Betrag, etwa 100 WG, (im Durchschnitt des betreffenden Zeitintervalls) hat erwerben können. Und das machen wir für jeden anderen Datensatz genauso, bringen also alle Waren auf einen Preis von 100 WG. Nun, das erlaubt einem jeder Mathematiker, können wir jede 100 WG durch irgendeine andere Ware ersetzen, was wir solange treiben können, bis alle Preisausdrücke verschwunden sind. Wir erhalten eine Kette von Äquivalenzgleichungen, in der jeder Ausdruck mit jedem anderen, bezogen auf das Gleichheitszeichen, identisch ist, oder, in den Worten von Marx: hier kann jede Ware zum Wertausdruck einer jeden anderen werden.

Doch wo ist das Geld geblieben? Da bleibt nur eine Antwort: es ist in das Gleichheitszeichen ›gerutscht‹.[55] Daraus folgt: Geld ›an sich‹ besitzt weder Qualität noch Quantität, sondern lediglich eine Form (die Gleichheit) und einen Inhalt (die in Tauschakten den Besitzer gewechselt habenden Waren[56]). Qualität und Quantität erlangt Geld erst, sobald es seinen ›Sündenfall‹ erlebt hat: nämlich zu einem empirischen Ding wird, das man messen und beurteilen kann; sobald es also, jetzt historisch gesehen, dem Gleichheitszeichen entwachsen und zur Münze (beziehungsweise selbst zur Ware) geworden ist.

Einheit und Differenz im Geld: die Geldmengensteuerung Dem, der meint, dieser deduktiv geführte Beweis sei zu weit hergeholt, verfehle somit die Realität, ist in einem Punkt Recht zu geben: Wir haben einen für das Verständnis der Kritik der politischen Ökonomie von Marx unverzichtbaren Schritt unterlassen. Denn wir unterscheiden zwischen der Währungseinheit (also WG) und *dem* Geld (also zwischen Preis und Wert) bisher lediglich der Absicht nach. Aber diese Differenzierung lässt sich nachholen und bildet den Kern aller weiteren Begriffsbestimmungen, die wir auf der Grundlage der Erkenntnis, dass Geld nichts anderes ist als der Repräsentant der

---

55 In aller Deutlichkeit: es geht um die Wesensbestimmung des Geldes, nicht des Kapitals. [Siehe dazu die beiden folgenden Kapitel in diesem Buch.] Anteile dieses Geldes müssen sich erst noch in Kapital verwandeln. Wenn die Ökonomen den Ausdruck Kapital verwenden, wird jedenfalls nur von den wenigsten überhaupt zwischen Geld und Kapital unterschieden, und auch wo dies geschieht, wird der Kapitalbegriff dermaßen unspezifisch verwendet, dass er so unbestimmt bleibt wie das Geld bei ihnen ja auch.
56 An dieser Stelle kann nur die einzig korrekte, also die Marxsche Bezeichnung verwendet werden; die Alternativen: Güter, Produkte, Erzeugnisse usw. sind für die Explikation dieser Logik viel zu unpräzise definiert.

Gleichwertigkeit zweier (x-beliebiger) Waren (bezogen auf ein Drittes, eben den *Wert*: der, wie sich zeigen wird, als Geldwert sich allein mithilfe der Marxschen Arbeitswertgleichung erfassen lässt), dann vornehmen können.

Zwischen dem Geld, das Repräsentant des Gleichheitszeichens im Tauschakt ist, und dem ›Geld‹, das ich in der Tasche trage (und also auch dem, das hier die Einheit WG besitzt) besteht ein wesentlicher, schon benannter Unterschied: das erste lässt sich nicht quantifizieren, im Gegensatz zu letzterem, und daraus folgt: Obwohl doch die Quantifizierung (zur Unterscheidung bestimmter Preishöhen) eine der Hauptfunktionen allen Geldes ist: bei unserer Bestimmung des Wesens des Geldes ist genau diese (zusammen mit dem Geld) verschwunden. Tatsächlich: rein logisch betrachtet ist Geld nichts als eine Beziehung (die zwischen zwei Waren, deren Wert als gleich gilt). Empirisch erscheint das Geld hingegen als Ding, und erst als solches ist es quantifizierbar und vermag im Vergleich zwischen den Waren auch die (quantitative) Differenz auszudrücken, die zwischen ihnen besteht. Was Marx für die Ware feststellt, sie sei ein »vertracktes«, »sinnlich-übersinnliches Ding«, gilt für das der Ware logisch immanente und gleichzeitig von ihr getrennt empirisch erscheinende ›Ding‹ Geld erst recht.[57] Noch nie hat jemand ›das‹ Geld gesehen oder gar in der Hand gehabt. Was er in der Hand hatte, war eine Münze aus einem bestimmten Material; aus welchem auch immer. Oder es war ein Stück Papier, mit einer Reihe von Symbolen versehen. Und was er (mit seinen Augen, noch vor dem Hinzutreten seines Verstandes) sieht, wenn er seine Kontoauszüge betrachtet, ist auch kein Geld ›als solches‹, sondern eine auf die Einheit ›1‹ zurückführbare Zahl, versehen mit einer Bezeichnung für diese Einheit: sei es Euro, Dollar oder Yen (oder hier: WG), also in eine Währung transformiertes Geld.[58]

Das Geld ist jedenfalls alles andere als der bloß nominale Oberbegriff aller ›Gelder‹ (also: Währungseinheiten), die empirisch erscheinen. Wäre *das* Geld nichts als eine rein gedanklich konstruierte Universalie, dann wäre es beliebig vermehrbar. Bezöge es sich nicht auf eine Gleichheit, die ihm ein unüberschreitbares, immanentes Maß *eineindeutig* (ein treffender und ›schöner‹ Ausdruck aus der Mathematik) vorgibt, dann könnte sich letzten Endes jeder sein (empirisches, reales) Geld selber drucken. Zumindest den Staat könnte nichts daran hindern, sich das Geld, was er zu brauchen glaubt,

---

57 [Marx: Das Kapital, Erster Band, S. 85.]
58 Die (innere) Notwendigkeit dieser Transformation des Geldes in eine Währung allein schon macht im Übrigen die (äußere) Existenz des Staates notwendig.

einfach zu drucken:[59] Macht er dies aber (und das gilt für alle Privaten erst recht), wird er bald merken, dass ihm die Inflation einen Schnitt durch all seine Rechnungen macht.[60]

Beim Staat, oder präziser: bei der Institution, die dafür zuständig ist, dass der Ökonomie genau die Menge an empirischem Geld (also einer Währung) zur Verfügung steht, die die Transaktionen der Besitzübertragung reibungslos funktionieren lässt, ›lastet‹ tatsächlich die Verantwortung, dafür zu sorgen, dass sich zwischen empirischem und logischem Geld eine möglichst geringe Differenz ergibt. Wo von ›Geldwertstabilität‹ die Rede ist, ist im Grunde diese Identität von Logik und Empirie gemeint, auch wenn diese Unterscheidung im Geldbegriff selbst gerade den Fanatikern des ›Stabilitätsgedankens‹ ein Buch mit sieben Siegeln ist. Doch selbst wenn dem anders wäre, und das gilt dementsprechend auch für uns: Das Wissen um die Einheit in der Unterscheidung zwischen logischem und empirischem Geld kann einem bei der Lösung des Problems, die richtige Geldmenge zu bestimmen, überhaupt nicht weiterhelfen.[61]

Man kann, wenn überhaupt, und das liegt in der Sache selbst, nur *a post* ermitteln,[62] was zu einem möglichst genau bestimmten Zeitintervall[63] in der Vergangenheit die wohl korrekte Geldmenge gewesen wäre. Uns kann es (das ist unser Vorteil) aber nicht darum

---

59 Und die Privaten auch nicht: Denn sobald Geld empirisch existiert, fungiert es immer auch als Wertaufbewahrungsmittel und kann als solches ge- oder verfälscht werden – von wem oder wie auch immer.

60 Kein Souverän, und hieße er Gott, ist in der Lage, Geld einfach zu drucken, ohne damit eine früher oder später ausbrechende Finanzkrise zu provozieren.

61 Alles Wissen von den logischen Prämissen der Ökonomie erlaubt nur Erkenntnisse über die Form, in der diese Gesellschaft sich organisiert, Erkenntnisse, die sich in dieser Gesellschaft, und in einer anderen erst recht, praktisch-positiv nicht verwerten lassen. [M. D. notierte sich hier: »In Anmerkung: Verweis auf Öffentlichkeit und Praxis?« Siehe dazu: S. 262 ff., Kapitel 10.]

62 Zumal, was die ganze Sache in seiner Komplexität exponentiell erhöht, von dem hier vor allem auch noch zu berücksichtigenden Wachstum (das zu ermitteln im Grunde der vorrangige Zweck der Erstellung einer Gesamtrechnung ist) noch längst nicht die Rede ist.

63 Wie jeder weiß: ein und derselbe Geldschein wandert unter Umständen sehr schnell von Hand zu Hand, dient, als ein und dieselbe Geldmenge (und das, je größer das Intervall gewählt wird, um so öfter) vielfältigen Transaktionen als Zahlungsmittel: eine einfache Addition der Produktpreise zur Bestimmung der notwendigen Geldmenge würde schon von daher immer zu einem eindeutig falschen Ergebnis führen. Dasselbe falsche Ergebnis ergibt sich, wenn nicht hinreichend berücksichtigt wird, dass Geldscheine in Geldbörsen stecken, also erst später als Zahlungsmittel genutzt werden – dieses Geld ist dem Kreislauf, wenn auch nur zeitweise, entzogen. Und da gibt es noch eine Vielzahl weiterer (von den realen Umlaufzeiten bedingter) Probleme.

gehen, die Probleme der Geldmengentheorie zu lösen; das können wir keinesfalls besser als die dafür bestallten Ökonomen. Und wir vergeben uns gar nichts, wenn wir konzedieren, dass die so genannten Währungshüter in den letzten vier Jahrzehnten höchst erfolgreich gewesen sind, schließlich lag die Inflationsrate nahezu durchgängig in den entwickelten kapitalistischen Ländern bei den allseits angestrebten zwei Prozent; auch wenn wir den Verdacht nicht loswerden können, dass dieser Erfolg weniger auf den hochkomplexen mathematischen Formeln beruht, mit denen sie ihre Maßnahmen zur Erhaltung der ›Geldwertstabilität‹ unterlegen, sondern vielmehr auf der höchst einfachen *trial and error*-Methode.[64]

Wir können uns jedenfalls den Luxus leisten, einfach zu unterstellen, dass das Problem der Geldmengensteuerung gelöst worden ist, was, wenn wir die hier konstruierte Welt-GR zugrunde legen, bedeuten würde, dass die Summe aller Preise – in Addition aller in jeder für ein bestimmtes Zeitintervall erstellten Tabellen – immer dieselbe ist.[65] In dieser, für das Funktionieren der Ökonomie notwendigen Geldmenge (ausgedrückt in einer exakten Zahl: es *ist* einfach weder zu wenig noch zu viel ›Geld‹, also ›Sein‹[66], vorhanden) finden auch wir genau die Einheit zwischen logischem und empirischem Geld (zwischen Wert- und Preissumme) vor, und der obige Einwand, dass

---

64 Verbunden mit einer Menge psychologischer Taschenspielertricks: Jede Pressekonferenz, auf der die Währungshüter ihre Entscheidungen über die künftige Höhe der so genannten Leitzinsen bekannt geben, gibt davon Zeugnis. Warum dem so ist, können wir allerdings erst näher erläutern, wenn wir die Funktion der Kredite im ökonomischen System erörtern. [Siehe dazu den Beginn von Kapitel 3: Das Kreditgeld.]
65 Anders, logisch entschlüsselt, ausgedrückt: Wenn die Geldmengensteuerung exakt funktioniert, dann ist ausgeschlossen, dass Preisänderungen darauf zurückzuführen sind, dass die Geldmenge (in unzulässiger Weise, also nicht im ›Gleichschritt‹ mit der Universalisierung der Warenform) verändert worden ist. Mit anderen Worten: diese Preisänderungen finden dann die ihr jeweils entgegengesetzten Veränderungen (aus plus wird minus, aus Soll Haben, und jeweils umgekehrt) in anderen Datensätzen (ohne hier unbedingt in ihrem Bezug aufeinander identifizierbar zu sein: sie verteilen sich auf viele weitere oder sind in einigen wenigen aggregiert), sodass die Geldsumme, die der Ökonomie am Beginn eines Intervalls zur Verfügung stand, an dessen Ende dieselbe (plus oder minus der zulässigen Veränderungen) geblieben ist. Es sei denn, es hat in dieser Zeit ein reales Wachstum (siehe auch Anm. 62) stattgefunden – aber das schließen wir ja zunächst noch aus. Dazu an dieser Stelle nur noch so viel: Nur wenn man das exakte Funktionieren der Geldmengensteuerung unterstellt, kann man von diesem Wachstum sagen, dass es sich um ein reales (und nicht bloß nominales, inflationsbedingtes) handelt.
66 Der Verweis auf Heideggers Begriff vom Sein (und damit verbunden: den der Seinsvergessenheit oder den des Seins zum Tode) darf hier einfach nicht fehlen, auch wenn dies nicht weiter ausgeführt werden kann.

bei uns Logik und Realität auseinanderfalle, was die Geldbestimmung betrifft, ist entkräftet.[67]

Ist die Einheit von logischem und empirischem Geld gegeben, ist Geld also nichts als Zirkulationsmittel, das einzig zwischen die Waren tritt und lediglich deren Maß darstellt, dann kann es solch ein Krisenphänomen wie das einer Inflation nicht geben. Wie immer diese entsteht, was immer man unter ihr auch versteht: In einer Inflation ist der Geldwert nicht stabil – so heißt es allseits, durchaus korrekt, auch wenn einem keiner sagen kann, was denn unter dem Wert (im Ausdruck Geldwert) überhaupt zu verstehen sei. Nicht nur das: Nimmt man das oben erwähnte Faszinosum der doppelten Buchführung hinzu, natürlich nicht auf einzelne Betriebe, sondern den Zirkulationsprozess (von Waren und Geld) insgesamt bezogen – was ja nichts anderes heißt, als dass die Ausgaben des einen immer auch die Einnahmen des anderen sind, und umgekehrt –, dann herrscht in der Zirkulation vollkommenes Gleichgewicht[68] und der Traum aller Ökonomietheorien scheint wahr geworden.[69]

Die Arbeitszeit Bis hier, wo es um die Grundzüge der Erfassung und Auswertung der ökonomisch relevanten Daten geht, kann von Kapital noch keine Rede sein und es wird auch noch lange nicht Gegenstand werden.[70] Und selbstredend erfolgt die statistische Erfassung

67 Das heißt keineswegs, dass auch für die einzelnen Waren ab nun Wertgröße und Preishöhe identisch wären, ganz im Gegenteil. Aber wenn das logische Geld mit der Summe aller Preise identisch gesetzt werden kann – so nur theoretisch das auch möglich ist –, dann gibt es keinen begründeten Einwand mehr gegen den obigen Beweis, in dem das Geld logisch als Repräsentant des Gleichheitszeichens aller Wertgleichungen ermittelt wurde. Logik und Empirie fallen nicht mehr auseinander.
68 Darin, die Notwendigkeit dieses Gleichgewichts nicht zu beachten, scheitern alle Projekte der Linken wie der Rechten: Jeder Versuch, einen Dreh anzuwenden, dieses Gesetz für sich außer Kraft zu setzen, muss in einer volksstaatlichen Katastrophe enden. Die Gründe dafür können wir erst später erklären. [Siehe dazu insbesondere den Abschnitt »Die Unternehmen: Zur inneren Logik des ökonomischen Gleichgewichts« in Kapitel 5.]
69 Ein Traum, der natürlich auch religiös-messianistisch auftreten kann: als Erlösung der Welt von allem Übel.
70 Kapital ist, um es an dieser Stelle in seiner allgemeinsten Form (mit Marx) vorweg zu formulieren, die Umformung der Kette Ware–Geld–Ware in Geld–Ware–Mehr-Geld, worin dann die Ware, also die Gebrauchswertseite, den Charakter einer rein abstrakten Voraussetzung annimmt, also gegenüber ihren qualitativen Bestimmungen gleichgültig wird. [Siehe dazu auch Kapitel 7.] Was heißt: Nun wird produziert allein um der Produktion willen, was dazu führt, dass man die Ware in der Formel auch gleich ganz weglassen kann: Genau das ist es, was jeder Geldbesitzer, der Zinsen für das Ausderhandgeben seines Geldes

der Arbeitskraft in einer jeden nationalen Gesamtrechnung nur in der gleichen Form wie die anderen, hier abgehandelten zeitlichen Prozesse, in denen ein real zugrunde liegendes Zeitintervall in ein einzelnes, in sich zeitloses Ereignis transformiert wird.[71] Die Ökonomen sehen keinerlei Grund, menschliche Arbeit in einer anderen Weise zu behandeln als Grundstücke, Rohstoffe, Kredite usw., in denen die Zeit der Verfügungsgewalt über sie die besondere Qualität dieser Waren für das ökonomische Ganze ausmacht. Es ist eine von vornherein vergebliche Liebesmüh', ihnen erklären zu wollen, warum wir, was die Arbeitskraft betrifft, darauf bestehen wollen, in jeden einzelnen der einer Gesamtrechnung zur Verfügung gestellten Datensatz, sofern er sich auf den Verkauf einer Ware bezieht, eine Spalte einzufügen, in der die Zeit erfasst wird, die notwendig war, um die hier den Besitzer wechselnde Ware herzustellen, beziehungsweise – was insbesondere, aber längst nicht nur die Ware Geld betrifft – einen Gegenstand so aufzubereiten, dass er auf eine Nachfrage trifft.[72]

Diese Zeit zu erfassen, stellt kein unlösbares Problem dar, man muss nur tief genug in die innere Betriebsorganisation eines Unternehmens eindringen,[73] wo allerdings die für die Herstellung eines

---

erwartet, in seinem Denken vollzieht: Er schreibt sich ein unverlierbares Recht auf arbeitsloses Einkommen zu und dieses steht weit über allen Grund- und Menschenrechten; es konstituiert letztere geradezu. (Siehe den vorab veröffentlichten Teil dieses Beitrags in: sans phrase 1/2012. [Siehe Kapitel »Finanzkrise und deutsche Kriegskasse«.])

71 Etwa: Frau Meier hat für November 2013 ein Gehalt von 2000 Euro erhalten. Also auch hier gilt: Wenn ein Ökonom, oder das Finanzamt, wissen will, welchen Inhalt ein solcher Buchungssatz betrifft, fragt er bei den Unternehmen nach: Dort liegen alle benötigten Daten – bis hin zu den Arbeitsverträgen – vor.

72 Auch die Ware Arbeitskraft benötigt eine derartige Aufbereitung, deren Inanspruchnahme von Zeit man durchaus messen kann. Lange aufhalten sollte man sich mit solchen Einzelheiten aber nicht, denn für das, was mit der Einführung dieser Spalte geleistet werden soll, spielen sie eine untergeordnete Rolle. Bedeutsam ist hier eher der Grund, warum die Ökonomen der Erfassung der Arbeitszeit vehement widersprechen würden: Denn sie stellt in ihren Augen so etwas wie eine Doppelbuchung desselben Falls dar (denn sie ist im gemeldeten Gehalt ja schon einmal enthalten), die zudem das Äquivalenzprinzip verletzt, steht ihr doch kein Preis gegenüber. Dazu kann man nur sagen: Sie haben Recht; doch genau das ist von uns gewollt.

73 Wenn wir von Unternehmen sprechen, meinen wir natürlich nicht nur Großbetriebe, sondern jede juristische Person, die Aufwendungen mit dem unmittelbaren Ziel erbringt, daraus ein Produkt zu erzeugen, das ihm Einnahmen verschafft und als solche Produktionsmittel in den Verkaufspreis Eingang finden. Die Marxsche Feststellung, dass ein Arbeiter Lebensmittel konsumiert, um sich den Verkauf seiner Arbeitskraft zu ermöglichen, ist natürlich vollkommen korrekt,

Produktes notwendig gewesene Arbeitszeit quasi zu den Betriebsgeheimnissen gehört; wie die Rezeptur, mit der ein Getränk hergestellt worden ist. Selbst den Staat geht diese Größe (anders als die vertraglichen Ausgestaltungen der Verfügungszeit) nichts an. In dieser Hinsicht, also der Messung dessen, was ihn wie viel an Zeit ›gekostet‹ hat, ist und bleibt jeder Unternehmer alleiniger Herr des Verfahrens.

Nicht ohne Grund bekommen Angestellte eines Unternehmens oft einen Schock, wenn sie erfahren, dass es sich Berater ins Haus geholt hat, die den Betriebsablauf aus ›externer‹ Perspektive unter die Lupe nehmen sollen. Denn die verraten der Unternehmensführung in ihrem Abschlussbericht kaum, dass (und wo) es an den Kosten sparen kann – das weiß das Unternehmen meist selbst am besten. Sondern dass die Stelle, die Frau Meier innehat, nicht den geringsten Einfluss auf die Herstellung der verkauften Produkte gehabt hat. Oder dass Abteilungsleiter Schmidt sich zwar ein funktionierendes Team zusammengestellt hat, das auch Resultate erzielt, die aber in den verkauften Produkten keinen Niederschlag gefunden haben. Oder dass die Logistik des Produktionsablaufes Umwege enthält, die unnötig Arbeitszeit in Anspruch nehmen. Und als ganz besonders misslich für das Unternehmen erweisen sich all die Fälle, in denen die produzierten Dinge keine Abnehmer gefunden haben: auch die dafür aufgebrachte Zeit ist vertan. Gerade also weil diese Berater eine andere Maßeinheit zugrunde legen als den Preis, den die Arbeitskraft kostet,[74] und die libidinösen Bindungen nicht haben, die in

> genauso wie es korrekt ist, das Studium als Investitionskosten in eine künftige Karriere zu betrachten. Aber diese ›Aufwendungen‹ sind betriebswirtschaftlich mit der Bezahlung des Arbeitslohnes (oder der Vergütung des Vorstandspostens) abgegolten, und können in einer Gesamtrechnung vom Prinzip her nicht erfasst werden, weil das zu einseitigen Buchungen führen würde. (Und es so weit mit einer Welt-GR zu treiben, dass in ihr neben der aufgewendeten Arbeitszeit etwa auch noch, oder gar anstelle dessen, ein CO_2-Ausstoß der Aktivitäten der Weltbürger eine eigene Spalte erhält, ist uns ebenso fremd wie den Ökonomen, denn sie sind von Grund auf ideologisch motiviert: Derartige Ersatzwährungen, worunter auch die Sicherung von Arbeitsplätzen zu rechnen wäre, konstruieren, und da sind wir uns mit wohl allen Ökonomen einig, eine Realität, in der nicht der Mensch, sondern eine Abstraktion von ihm, etwa *die* Natur oder *die* Kultur, zum Bezugspunkt von Reichtum und Wohlstand gemacht wird.)

74 Dass die Entlassung von Angestellten Kosten einspart, ist von vornherein klar. Aber diese Einsparung ist aus der hier zur Debatte stehenden Perspektive (der Messung der Zeit) eine logische Folge, nicht das unmittelbare Ziel. Selbst wenn etwa die Gewerkschaft (von der jeder Arbeitsplatz behandelt wird, als sei er seinem Inhaber wie ein Beamtenposten auf Lebenszeit verliehen worden) nachgewiesen hat, dass die Kostenersparnis der Entlassung an anderer Stelle die Kosten über die ersparten hinaus steigen lässt, wird kein Manager (sofern er ›durchsetzungsfähig‹

einem Unternehmen immer mit dem ›Besitz‹ (und erst recht der ›Vergabe‹) einer Arbeitsstelle verbunden sind, kommen sie zu, für die Angestellten (die ja unbedingt arbeiten wollen beziehungsweise müssen, was auch immer sie tun sollen) oft alles andere als grundlos befürchteten Ergebnissen.[75] Kurzum: wir wollen auch die Zeit erfassen, die ein jeder bis zu genau dem Zeitpunkt für die Herstellung genau der Ware aufgebracht hat, in dem sie (im an das Weltstatistikamt gemeldeten Tauschakt) den Besitzer wechselt. Es geht uns dabei einzig um die einfache, objektive, an der Uhr ablesbare Zeit, also unabhängig davon, wer an welcher Stelle, auf welcher Stufe der Hierarchie diese Zeit verausgabt hat.[76]

ist) sich von für notwendig erachteten Entlassungen abbringen lassen. Denn den wesentlichen Unterschied zwischen einem Menschen und einer Maschine kennt auch jeder Unternehmer, dieses Wissen ist also nicht den Humanisten vorbehalten: Mit Maschinen kann man ganz anders ›umspringen‹ als mit Menschen. Da spielen die (zunächst) eventuell höheren Kosten der Ersetzung von Menschen durch Technologien so gut wie keine Rolle.

75 Es gibt natürlich eine Vielzahl von Kostenarten (die Aufrechterhaltung von Produktionskapazitäten etwa, die aufgrund der aktuellen Nachfrage nicht, aber eventuell in Zukunft genutzt werden können, bis hin zur Imagepflege des Unternehmens), die man in ihrem direkten Beteiligtsein an dem Markterfolg eines Produkts nicht messen kann. Wenn nun ein Unternehmen kalkuliert, wie teuer ein Kühlschrank sein muss, damit wenigstens seine Produktionskosten gedeckt sind, dann darf es natürlich nicht nur die Aufwendungen erfassen, die dem Kühlschrank unmittelbar zuzuordnen sind, sondern muss die sogenannten Gemeinkosten (also auch die Kosten für die Reinigung der Betriebsgebäude und viele andere mehr) anteilmäßig auf den Kühlschrank umlegen. Und zu diesen Kosten gehören eben auch all die Aktivitäten, die das Unternehmen erbracht hat, aber erfolglos geblieben sind, also zur Erstellung der verkauften Waren unnötig waren. Bezieht es diese nicht in die Preisgestaltung der erfolgreich umgesetzten Waren mit ein, sind Verluste die zwangsläufige Folge.

Auf dieser kalkulatorischen Ebene ist tatsächlich noch Zeit ›Geld‹. Vom Resultat her gesehen, der so genannten Nachkalkulation, die nach dem Verkauf der Kühlschränke erfolgt, ergeben sich aber gerade bezüglich dieser Gemeinkosten Erkenntnisse, die dazu führen, dass die nächste ›Generation‹ von Kühlschränken zu signifikant geringeren Kosten und, hier spaltet sich die Gleichung Zeit = ›Geld‹ auf, in weniger Zeit produziert werden kann. (Wohlgemerkt, wir reden hier noch längst nicht von einer Steigerung der Produktivität, sondern höchstens von Rationalisierung. [Siehe hierzu den Abschnitt »Produktivität« in Kapitel 8.])

76 So geht natürlich auch die Zeit der ›Reinigungskraft‹ in diese Berechnung mit ein und die des Kreditsachbearbeiters, die des Steuerprüfers usw. Diese Zeit ist bei jeder zum Verkauf gelangten Ware angefallen, auch der Dieb musste Zeit aufwenden, um den Diebstahl begehen zu können. Die tatsächlich für die Erzeugung eines Produkts aufgebrachte Zeit zu messen, und von der Zeit abzugrenzen, die umsonst aufgebracht wurde, ist einem jeden Betriebswirtschaftler jedoch jederzeit möglich: denn eine derartige Zuordnung ist für ihn alltägliches Brot, siehe das zur Erfassung der Gemeinkosten in der vorigen Anm. [75]

Geschieht dies, können wir folgende Berechnung durchführen: Wir addieren alle diese Zeiten und setzen sie gleich der Preissumme. Nun ermitteln wir (mithilfe eines einfach zu erstellenden PC-Programms), welcher Anteil davon in jedem einzelnen Datensatz dem dort vermerkten Anteil an Arbeitszeit entspricht, und tragen ihn in einer neuen Spalte ein. Was wir am Ende in dieser Spalte vor uns haben, ist nichts anderes als der in der Einheit WG ausgedrückte *Wert* einer jeden Ware, wie Marx ihn (im Ausdruck abstrakte Arbeit) bestimmt.

Was auf den ersten Blick auffällt: Wert und Preis haben höchstens zufällig denselben Betrag; ansonsten ergeben sich oft die gewaltigsten Unterschiede. Sofort aber, und das in aller Deutlichkeit, zu warnen ist vor einer Interpretation dieser Unterschiede, die besonders linken Ökonomen reflexhaft von den Lippen geht: Bei diesen so ermittelten Maßzahlen handele es sich um die ›wahren‹ Warenwerte, im Gegensatz zu den auf Märkten ermittelten Preisen. Diese Interpretation ist formal und erst recht inhaltlich falsch: Formal, weil es sich bei der Gleichung, mit der wir die Arbeitszeitwerte ermittelt haben, um eine mit zwei Unbekannten handelt.[77] Um sie überhaupt lösen zu können, muss man eine Unbekannte durch eine eindeutig lösbare Gleichung ersetzen, wofür aber etwas anderes als die Preissumme der Gesamtrechnung nicht zur Verfügung steht.[78] Woraus folgt: Ohne die auf den Märkten ermittelten Preise (deren Summe, in der fixierten Geldmenge repräsentiert, erst den Übergang zu den Wertquanten algebraisch erlaubt) ist der von Marx ermittelte Maßstab des Werts (die abstrakte Arbeit also) sinnlos, weil er dann auf einzelne Waren gar nicht angewandt werden kann.

Inhaltlich nicht nur falsch, sondern geradezu absurd ist diese Interpretation, und politisch zudem höchst gefährlich, weil sie unterstellt, es sei überhaupt möglich, den ›wahren‹ Wert einer Sache, gegründet auf die Arbeitszeit oder sonst etwas, zu fixieren.[79] Dies ist anders als durch politische Setzung aufgrund einer letztlich willkürlichen Entscheidung eines Souveräns unmöglich, einem zudem, der über die übermenschliche Gabe verfügt, im Vorhinein zu wissen,

---

Ausgeführte: Da spielt es für ihn keine Rolle, auf welchen Maßstab (›Geld‹ oder Zeit) er zurückgreift.
77 Die Grundgleichung lautet formalisiert: x Std. ›abstrakte Arbeit‹ = y WG.
78 Woraus die Unlösbarkeit des die Marxisten besonders in den 1970er Jahren umtreibenden Transformationsproblems schon unmittelbar folgt.
79 Genau dies wirft Marx der so genannten objektiven Arbeitswertlehre von Adam Smith beziehungsweise David Ricardo ja auch vor.

wer morgen welche Bedürfnisse haben wird und was er zu ihrer Befriedigung aufzuwenden bereit ist.

Dass dies alles andere als ein Plädoyer für die ›freie Marktwirtschaft‹ darstellt, sondern eine ihr adäquate Kritik erst erlaubt, wird in den nächsten Kapiteln deutlich zu machen sein. Hier konnte allerdings schon gezeigt werden, dass Marx mit seinem Begriff der abstrakten Arbeit eine nicht-tautologische Bestimmung des Geldwerts vorlegt: Fragt man einen heutigen Ökonomen, was Geld denn wert sei, fällt ihm mehr als die Angabe der Zinsen, die das Leihen von Geld kostet, nicht ein. Würde er die Frage wirklich beantworten, käme er zu keinem anderen Resultat als dem, dass 100 Euro eben 100 Euro wert seien. Mit Marx hingegen lässt sich sagen: zum Zeitpunkt xy war 1 WG genau 10 Minuten gesellschaftlich im Durchschnitt notwendige Arbeitszeit wert. Es wird sich erweisen,[80] dass ohne diese – und zwar: globalisierte – Wertbestimmung sich weder ein adäquater Begriff vom Kapital noch einer von den ihm immanenten Krisen gewinnen lässt, also diesbezüglich das gleiche festgestellt werden muss wie schon für den Wert des Geldes.

---

80 [Siehe dazu insbesondere den Abschnitt »Das Maß für Leistung« in Kapitel 4.]

Kapitel 2   Die Mechanismen der Preisbildung

Die ›bloße‹ Expansion 58
Angebot und Nachfrage, Grenznutzen, Konkurrenz 60
Ökonomische Gesetze 64

Die Mechanismen der Preisbildung So spröde wie der Titel, so wenig unterhaltsam ist der Gegenstand, um den es im Folgenden geht. Das *Kapital* von Marx konnte wohl nur deshalb zur ›Bibel‹ des Arbeiterbewegungsmarxismus avancieren – die bekanntlich kaum einer wirklich bis zu Ende gelesen hat –, weil man in dieses Werk eine Spannung hineingeheimnisst hat, die dort gar nicht vorzufinden ist, denn bei dem gesellschaftlichen Verhältnis Kapital, dieser »ökonomischen Scheiße« (Marx), handelt es sich um das alltäglichste und deswegen auch langweiligste Thema, das vorstellbar ist, und sich nicht, erst recht nicht in Power-Point-Präsentationen, in didaktisch-unterhaltsamer Form darstellen lässt, ohne sich unmittelbar an dem Gegenstand – zu dem die Langeweile gehört, wie zum Krimi die Action – zu vergehen.

Das verheerendste Resultat jener revolutionstheoretisch aufgeladenen Geheimniskrämerei (die vor allem, und das macht das Ganze noch vertrackter, von Autoren betrieben wird, die das *Kapital* wissenschaftlich rekonstruieren wollen, also die in ihm vorzufindenden Hegelschen und theologischen Bezüge rationalisieren) ist, dass der Begriff der abstrakten Arbeit (und die auf ihn direkt bezogenen Prozesse: Profit und Produktivität) aufgefasst wird, als könne er für sich selbst stehen; so, als stelle er – analog etwa dem, wie das Trinitätsdogma den Katholiken den Zugang zu ihrem Begriff von Gott gestattet – den Schlüssel zu den Geheimnissen der säkularen Welt (des Seins) dar; und nicht ›nur‹ zum Begreifen des Kapitals, also der Totalität, mit der wir es, im zutreffendsten Sinne: stündlich in unserem Alltag zu tun haben.

Der Begriff der abstrakten Arbeit löst jedenfalls kein einziges Problem, das Sozialisten, Kommunisten oder Philosophen mit ihrer Welterklärung eventuell haben, und auch kein einziges, das der hat, der irgendjemanden dazu bewegen möchte, zum Gegner des Kapitals zu avancieren, sondern schlichtweg (und einzig) das zentrale Problem aller gern von Linken so geschmähten ›bürgerlichen‹ Ökonomen: Denn letzteren gelingt es nicht, die von ihnen ermittelten

Daten in ihr eigenes Theoriengebäude so zu integrieren, dass sich das Ganze der Ökonomie als Einheit darstellen lässt.

Dieses Misslingen hat die verschiedensten Gründe; auch – allerdings eher selten – politisch-ideologische (und intellektuelle Unfähigkeit gehört am allerwenigsten dazu). Entscheidend ist, dass Marx diesen Ökonomen mit seiner Bestimmung der abstrakten Arbeit einen Vorschlag macht, wie *sie* ihre innertheoretischen Probleme (quasi ›mit einem Schlag‹) lösen können. Dass sie diesen Vorschlag (obwohl ihnen bis heute kein besserer eingefallen ist) nicht aufgreifen, hat natürlich ebenfalls die verschiedensten Gründe (unter anderem den, dass auch sie, wie die Linken, den Begriff der abstrakten Arbeit revolutionstheoretisch missverstehen). Zumindest für den Ideologiekritiker sollte dieser Stellenwert der abstrakten Arbeit in der Darstellung bei Marx aber unbedingt zur Folge haben, dass er sich zur Begründung seiner Kapital-Kritik, so wenig wie auf Religion, so wenig auf diesen Begriff – wie die Kategorien der politischen Ökonomie insgesamt – positiv beziehen darf: denn deren Kritik kann, wie die der Religion, nichts weiter sein als die Voraussetzung aller Kritik. Das heißt: So wie man religiösen (und moralisierenden) Marotten früher oder später erliegt, wenn man deren Voraussetzungen nicht hinreichend reflektiert hat, reproduziert man in seinem Denken und Handeln die Ideologeme der gängigen, falschen ökonomisch-politischen Praxis, wenn man das Durchdringen ihrer Funktionsbedingungen von sich fernhält.

Das Folgende stellt einen Parforce-Ritt durch zentrale Theoreme der Ökonomietheorien dar, der das Ziel verfolgt, trotz des nur zur Verfügung stehenden knappen Raums dennoch möglichst deutlich werden zu lassen, worin diese Theorien ihre eigenen Ansprüche nicht einlösen und – das kann naturgemäß dann erst gegen Ende geschehen – inwiefern der Marxsche Vorschlag dies (aber auch nicht mehr!) leistet. Dass sich bei dieser Form der Darstellung die Langeweile, die sich in jedem (besseren) Lehrbuch der Ökonomie unweigerlich ausbreitet, eher potenziert, muss dabei in Kauf genommen werden. Der Autor kann nur hoffen, dass hinter dem Gähnen das Erschrecken darüber spürbar bleibt, wie wenig gerade die Linken (darin weit hinter den Ökonomen zurückbleibend) von dem Gegenstand wissen, den sie zu bekämpfen vorgeben: dem Kapital.

Der globale Austausch von Waren, mit dem Geld als ihn vermittelndes Glied, und erfasst in einer (fiktiven) Weltgesamtrechnung (Welt-GR)[1], ist der Hort eines seit Beginn der Neuzeit sich

---

1 Siehe dazu Kapitel 1.

universalisierenden Denkens, des Rationalismus, der, so sehr er auch früher schon existierte, auf dieser Basis mit dem Anspruch auftritt (und seitdem auch erst auftreten kann), die Welt als Ganze – wenn auch in strikter Abgrenzung von der in ihr weiter existierenden Irrationalität – erfassen zu können. Der Einzelne, sofern er Waren- oder Geldbesitzer ist, tritt mit anderen Besitzern in Kontakt, mit dem allseitigen Ziel, Akte auszuführen, in denen die Ware des einen in den Besitz des anderen übergeht. Könnte man aus diesen Akten das Geld komplett streichen, dann wechselten allein (natürlich voneinander verschiedene) Waren ihre Besitzer. Da dieser Besitzwechsel aber, ob mit oder ohne Beteiligung des Geldes, freiwillig geschieht, tritt – also auch dort, wo Geld empirisch gar nicht erscheint[2] – logisch unweigerlich zwischen die Akteure ein Drittes, Ungleiches gleich setzendes, rein geistiges Äquivalent, das – sobald das Geld als staatlich-institutionell garantierte Währung existiert – als (von vornherein, und nicht anders interpretierbarer: gerechter) Preis erscheint.

Aufgrund der Freiwilligkeit der Tauschakte steht fest, dass die Warenbesitzer je für sich einen Vorteil erzielt haben, sonst hätten sie den Akt nicht vollzogen. Erhebt man die einzelnen Akte ins Allgemeine, kann nur gelten: Da alle Tauschenden je für sich einen Vorteil erlangten, ist auch der Wohlstand aller an den Tauschakten Beteiligten gestiegen;[3] es sei denn, es gab Akteure, die sich der Marktrationalität verweigert, also Gewalt angewendet, betrogen, kurz: sich nicht an die herrschende Rechtsordnung gehalten haben.

Das in diesen Tauschakten zirkulierende Geld (allein als Zirkulationsmittel, als Geld als solches, betrachtet) stellt dabei zunächst nur die Maßeinheit (von uns WG genannt) sowie die Preishöhe für die im (ideell als zeitlos gedachten) Akt erscheinende Äquivalenz zur Verfügung (es fungiert wie das Heideggersche Sein im Status reiner Nominalität und als real Seiendes zugleich). Grundlage dafür ist, dass in der Welt-GR von der Voraussetzung her ein Gleichgewicht

---

2 Etwa auch in einer ›bloß‹ Informationen austauschenden, öffentlichen Kommunikation.
3 Wie jeder Flüchtling, der unter Lebensgefahr die Mauern zu überwinden versucht, die ihm eine Einreise in die westlichen Staaten verwehren, beweist, lässt sich die Anziehungskraft dieses Wohlstands auf die Bewohner in allen anderen Erdteilen nur mit blankem Zynismus als (Kolonialismus und Imperialismus geschuldete) bloße Übernahme westlicher Ideologie erklären. Form und Inhalt ›westlicher‹ Reichtumsbildung werden diesen Flüchtlingen auch nicht vom ›bösen‹ Westen vorenthalten, sondern von den in den Staaten, aus denen sie fliehen, Herrschenden (und den im Westen mit ihnen kooperierenden, meist der Linken zuzurechnenden Politikern).

zwischen Ware und Geld, je in der Summe betrachtet, herrscht. Die Grundfrage aller, auf einem universalisierten Äquivalententausch beruhenden, Ware-Geld-Zirkulation zielt dementsprechend darauf zu beantworten, ob und wie sich diese stetige Steigerung des individuellen wie des Allgemeinnutzens messen lässt, und zwar nicht in qualitativen, subjektiven Kategorien, sondern mit derselben objektiven Maßeinheit, die auch die Preishöhe misst: also dem Geld.

Dass dies möglich ist, erscheint uns heute als vollkommen selbstverständlich. Doch schon ein erster Blick in die Welt-GR zeigt: Die Ausgaben des Einen sind immer die Einnahmen Anderer – und natürlich umgekehrt; ein darüber hinausgehendes Mehr oder Weniger lässt sich nirgendwo auffinden. Der zweite Blick ergibt ein weiteres, wenn auch ebenso banales, nichtsdestotrotz allgemeingültiges Gesetz, das der Messbarkeit dieses Nutzens eklatant widerspricht: Keiner hat mehr ausgeben können, als er (zuvor!) eingenommen hatte. So komplex die Welt-GR auch sein mag: Jede Geldausgabe des Einen ermöglicht es Anderen erst, ebenfalls Geld auszugeben. Weil diese Ware-Geld-Zirkulation nur in ihrer inneren Ausgestaltung nahezu unendlich teilbar ist, aber insgesamt (zu einem bestimmten Zeitpunkt gemessen) ein Gleichgewicht[4] bildet, dessen Elemente (das sind die Warenquanten einer- und die Geldquanten andererseits) empirisch endlich sind, können, wie im ersten Kapitel gezeigt, die Ökonomen von ihrem Gegenstand mit besserem Recht als sogar Physiker behaupten, er sei mathematisch zu erfassen – und da liegt es nahe, doch noch nach einem Weg zu suchen, Nutzen[5] ebenfalls in Geld messen zu können.

Der Weg dorthin setzt natürlich an mit dem Umstand, dass Geld, sobald es empirisch (also als Währung) erscheint, nicht als Zirkulationsmittel fungiert und es somit zugleich auch sein ganz anderes ist:[6] nämlich Wertaufbewahrungsmittel. Geld zirkuliert quasi in

---

4 Wenn wir von Zirkulation sprechen, ist – etymologisch nicht ganz korrekt – nicht immer auch von einem Kreislauf die Rede: Wie anhand der Interpretation der Wertgleichungen von Marx ausgeführt, kann es sich auch um Kettenglieder (siehe etwa die Bestimmung des Äquivalententauschs dort) handeln, deren Anfangs- und Endglied noch nicht zu einem Kreis geschlossen sind – was für Waren, die die Stadien vom Rohstoff bis zum konsumierbaren Endprodukt durchlaufen, sowieso selten der Fall sein dürfte. Es ist, primär beim Geld natürlich, erst noch zu klären, ob und worin die Zirkulation in Tauschketten sich auch als Kreislauf darstellen lässt.

5 Marx fasste, was die Ökonomen zusammenfassend Nutzen nennen, zum einen unter den Begriff des Gebrauchswerts, dann aber auch unter den – davon bei ihm klar unterschiedenen – des Profits.

6 Und nicht nur eine seiner ihm – auf welche Weise auch immer – anhaftenden Funktionen, wie die Ökonomen meinen.

Nullzeit: in der messbaren Zeit ist es hingegen Wertspeicher, der darauf wartet, in Zirkulationsgeld verwandelt zu werden. Diese ständige Transformation des Geldes[7] zwischen seinem Sein: zeitlos prozessierend Wert zu repräsentieren, und seinem In-die-Welt-geworfen-worden-Sein: das heißt für eine gewisse, messbare Zeit einem etwas Wert-Seienden ein objektives Maß zu verschaffen, wird von den klassischen und modernen Ökonomen zu nutzen versucht, um auch dem individuellen wie allgemeinen Nutzen ein Geldmaß zuzuteilen.

Gegen den ersten Anschein ist der Erfolg dieser Operation alles andere als gesichert. Zumal das Geld, bevor es wie heute zum zentralen Maß von Reichtum wurde, zwar alles Mögliche gemessen haben mag, aber kaum, für das damalige Verständnis: ›wirklichen‹ Reichtum. Geld galt als mit einem allzu flüchtigen Wesen ausgestattetes Mysterium: Wenn es nicht unmittelbar für den Erwerb von Gütern verwendet wurde, hatte es möglichst rasch zumindest in Gold (oder andere Edelmetalle, wenn es nicht selbst schon aus solchen bestand) verwandelt zu werden, wollte man dem in ihm aktuell aufgespeicherten Wert Dauerhaftigkeit verleihen. Ansonsten wandelte man es möglichst rasch in andere, Reichtum weitaus beständiger garantierende Güter um: in Grundeigentum, Gebäude, Schmuck, Kunstwerke, aber auch Tempel oder Kirchen und natürlich Kriegsgerät und Befestigungsanlagen. Nicht nur wo, wie etwa im Römischen Reich und deutlicher in China, Geld als Geld durchaus schon im heutigen Sinne (als nicht selbst aus an sich werthaltigen Stoffen bestehend: als Papiergeld etwa) existierte, galt der bloße Besitz von viel Geld eher als Tölpelei (oder teuflische, im abendländischen Mittelalter im Juden fixierte Strategie von Demiurgen) denn als kluger Weg, zu Reichtum zu gelangen. Und wenn bis zurzeit der Klassiker der politischen Ökonomie (also bis etwa zu Adam Smith) gefragt wurde, wie denn der kulturelle (oder sonstige) Reichtum gegenwärtiger oder vergangener Zeiten zustande gekommen war, gab es alle möglichen Antworten: kluge Herrscher, geschickte Heerführer, fleißige Untertanen,

---

7 Eine Transformation, die sich recht eigenartig vollzieht, nämlich in einem gedanklichen, raum- und zeitlosen Akt, einem Akt, der er aber nicht wäre, erschiene er nicht doch auch in Raum und Zeit. Dieses Mysterium einer sich in Nullzeit vollziehenden Zeit lässt sich folgendermaßen illustrieren: Bei Bargeschäften dauert die Geldübergabe seine Zeit und findet im Raum statt, bei Überweisungen ist solch eine Übertragung zeitlich kaum noch zu messen (der Raum weitet sich sogar aus). Empirisch bleibt, trotz der absoluten Trennung zwischen Geldumlauf und Wertspeicher, die Geldmenge in der Summe immer dieselbe: Zeit und Raum spielen – was diese empirische Größe betrifft, dem Begriff von Empirie somit eklatant widersprechend – keinerlei Rolle.

göttliche Fügungen bis hin zu solch einfachen wie Glück, aber Geld kommt in diesen Antworten, wenn überhaupt, nur negativ konnotiert vor – so groß seine Rolle bei Herstellung und Erwerb dieser Reichtümer (also nicht bloß unmittelbare Gewalt oder Raub) auch damals schon gewesen sein mochte.

Doch auch seit Beginn der Neuzeit – bis heute anhaltend – wird der nationale und sonstige Wohlstand auf qualitative, Geld und Waren vorausgehende Bedingungen gegründet, die ihn in letzter Instanz erst ermöglichten: klimatische oder auf das Vorhandensein von Rohstoffen beruhende Bedingungen (seit den Physiokraten), bevölkerungssoziologische (wie schon bei den Malthusianern), merkantilistische und militärische Voraussetzungen (Stichworte: Kolonialismus und Imperialismus) und, dies ganz besonders: die effektive, meist wird gesagt: ausbeuterische Nutzung von Arbeitskräften (wie zum Teil noch bei den Klassikern der politischen Ökonomie). Es wird später zu zeigen sein, wie und warum diese qualitativen – im Grunde: politischen – Bestimmungen auch heute noch in die Ökonomie (wie ungewollt auch immer) Eingang finden (schließlich geht es um *politische* Ökonomie)[8], aber, um auf die Welt-GR zurückzukommen, also die Ware-Geld-Zirkulation: In ihr hat jede Qualität ihr (Geld-)Maß und so sollte auch die in (oder aus) der Zirkulationssphäre sich ergebende Reichtumsbildung (man sagt heute eher: Vermögensbildung, früher nannte man das Schatzbildung) sich in Geld darstellen lassen. Der neu aufgekommene Rationalismus verlangte es geradezu, um es in Anlehnung an den ersten Satz des *Kapitals* auszudrücken, dass der ungeheuren Warensammlung, als die

---

8 In jedem Tauschakt ist Ökonomisches und Politisches und, in letzterem enthalten, Rechtliches unmittelbar impliziert. Und umgekehrt: Allem Recht und aller Politik, so weit sie empirisch heutzutage erscheint, ist das Ökonomische inhärent. Wie Jean-Paul Sartre aber einmal ausführte: Wenn etwas immer nur zusammen auftritt, kann daraus noch längst nicht gefolgert werden, dass man es nicht trennen könne. Im Gegenteil: Die Einheit, hier die politische Ökonomie, kann als solche nur begriffen werden, wenn die Differenzen, die sich in ihr synthetisieren, zuvor genau herausgearbeitet worden sind. (Dass man Politik und Ökonomie dennoch nie ›rein‹ je für sich behandeln kann, ohne Verweise im einen auf das andere, sollte aber auch klar sein, weswegen auch wir ohne diese im Folgenden nicht auskommen können.) Zu dieser politischen Dimension der Ökonomie gehört insbesondere, dass sich im Verlauf der Ware-Geld-Zirkulation ›Reichtum‹ (in Waren und in Geld) quasi von Natur aus an bestimmten Punkten aufhäuft (konzentriert). So sehr die Gründe dafür auch ökonomischer Natur sind, sie lassen sich nicht aus der Welt-GR ermitteln, und interpretiert werden kann dieser Prozess sowieso nur politisch, wie alle Machtkonzentration und -verteilung, weswegen wir diese Konzentration (und Zentralisation) erst im nächsten Kapitel 3 abhandeln, in dem es um die Distributionssphäre geht.

im Kapitalismus der allgemeine Reichtum erscheint, ein objektives Wertmaß zugerechnet werden kann. Und diese Zurechnung wird ja auch in allen heutigen Staaten vorgenommen, sobald deren Sozialprodukt (SP)[9] gemessen wird.[10] Das rein quantitativ, in Geld gemessene SP (oder auch: Nationaleinkommen) gilt heute allseits (neben allen weiter existierenden sonstigen, aber auf Qualität sich berufende Größen) als der für den mittlerweile erreichten Wohlstand der Gesellschaft entscheidende Maßstab.

So fragwürdig – inhaltlich gesehen – die Aussagekraft des SP auch sein mag: Wer diese mit dem schlichten Postulat einfach beiseite wischt, man habe gesellschaftlichen Reichtum nur qualitativ zu beurteilen, verfehlt die Realität und macht sich mit Reaktionären jeglichen Kalibers gemein, denen der ›Reichtum‹ des Vaterlandes wichtiger ist als die tatsächlichen Lebensbedingungen der Einzelnen. Verwiesen sei nur darauf, dass alle empirisch beobachtbare Tätigkeit Eingang in die Welt-GR und somit auch in das aus ihr gewonnene SP findet, woraus folgt, dass, wenn es denn einen messbaren Nutzen überhaupt gibt, er dort auch quantitativ seinen Niederschlag finden muss.[11] Und was immer das SP real messen mag: jedenfalls steigt es stetig,[12] ganz im Sinne der Logik, dass, wenn jeder Tauschende nur deshalb tauscht, weil dies ihm einen Vorteil erbringt, dann auch allgemein der Wohlstand (zu verstehen als Begriff, der den individuellen

---

9 Heute wird dies meist Brutto- beziehungsweise Nettoinlandsprodukt genannt, wir bleiben bei der alten Bezeichnung, besonders weil wir bei der Erstellung der Welt-GR von der Existenz von Staaten, also des Außenhandels, bewusst zunächst abstrahieren.

10 Zu beachten ist, dass, um aus unserer fiktiven Welt-GR eine dem SP vergleichbare Größe zu ermitteln, nur die Preise berücksichtigt werden dürfen, die von Endverbrauchern bezahlt worden sind; denn in ihnen ist, und das ist auch korrekt, all der Warenkonsum preislich enthalten, den Unternehmen für die Herstellung dieser beim Verbraucher schließlich landenden Endprodukte getätigt haben.

11 Die früher weitaus intensiver als mittlerweile noch unternommenen Versuche, im konjunkturellen Auf und Ab der Ökonomie – also auf der qualitativen Seite – gesetzmäßig beschreibbare Konstanten zu entdecken (dazu zählt auch die Entdeckung sogenannter langer, von der technologischen Entwicklung ausgehender Wellen unterhalb der Konjunkturen), kranken allesamt daran, dass die meisten der jeweils produzierten Warenarten und deren Qualitäten kontingent – also äußerst schwer untereinander vergleichbar – sind. Entdeckt wurden solche Gesetzmäßigkeiten bisher jedenfalls keine; vielmehr gilt der Grundsatz: Alle qualitativen Bestimmungen und Entscheidungen, von welcher Seite und in welcher Hinsicht auch immer vorgenommen, können sich nur innerhalb der quantitativen, vom Geld gestifteten Spielräume der Ware-Geld-Zirkulation bewegen: wo die Monetaristen Recht haben, haben sie es halt.

12 Wenn es sinkt, spricht man von einer Krise und die Staatsbürger werden nervös bis panisch.

Nutzen verallgemeinert) zunehmen muss.¹³ Diese Steigerung, üblicherweise Wachstum genannt, erzeugt den für kapitalistisch produzierende Gesellschaften charakteristischen ›Reichtum‹ – wenn auch nur im von Marx angesprochenen, als Erscheinung gefassten, Hegelschen Sinne,¹⁴ wobei natürlich besonders infrage steht, bei wem er schließlich landet. Die alles entscheidende Frage jedoch ist zuvor: Was misst das im SP sich darstellende Wachstum?¹⁵

Die ›bloße‹ Expansion Es gibt eine Reihe von Umständen, die das Messen von Wachstum beeinträchtigen beziehungsweise verfälschen. Ausschließen wollen wir als erstes, dass in es auch eine ›bloße‹ Expansion (beziehungsweise Kontraktion) der Ware-Geld-Zirkulation eingeht. Diese Abgrenzung erfolgt bei den Ökonomen nur indirekt – und bei deren linken Kritikern, mit der Ausnahme von Paul Mattick,¹⁶ so gut wie gar nicht –, da sie die Maßzahl für den Prozess, der für uns bei der Bestimmung des Wachstumsbegriffs zentral werden wird, die Produktivität, zwar (wenn auch völlig anders als wir) ermitteln, aber dem SP dann doch so eingegliedert lassen, dass sich die Produktivitätssteigerung von der ›bloßen‹ ökonomischen Expansion kaum unterscheiden lässt.¹⁷

Das hat, neben methodischen, der Vereinfachung der Datenerhebung geschuldeten, durchaus ideologische Gründe, denn politisch geht es, zumindest seit es mit der Vollbeschäftigung auch in den kapitalistisch entwickelten Staaten seit Ende der 1960er Jahre

---

13 Natürlich gibt diese Steigerung zunächst allein eine Erhöhung der Preissumme zum Zeitpunkt der Messung gegenüber einem früheren wieder. Dass der Erhöhung der Preissumme auch eine Erhöhung der ›Warensammlung‹ entspricht, können wir im Grunde allein aus Anschauung wissen; Letzteres ohne Rückgriff auf Geld beurteilen zu wollen, bleibt zumeist – wie das Auffinden-Wollen konjunktureller Gesetzmäßigkeiten – in nichtssagenden, willkürlich ausgewählten, exemplarischen Fällen hängen.

14 Es ging bisher also nicht um das Adam Smith zugeschriebene berühmt-berüchtigte Diktum von der ›unsichtbaren Hand‹: Dies setzt einen Einblick in die produktiven Grundlagen des Kapitals voraus, von denen wir, solange es irgend geht, abstrahieren wollen.

15 Und zwar unabhängig davon, ob es das, was die Ökonomen mit ihm vorgeben zu messen, wirklich misst, oder das, was es misst, richtig misst.

16 [Siehe dazu: Paul Mattick: Marx und Keynes. Die Grenzen des »gemischten Wirtschaftssystems«. Frankfurt am Main 1971.]

17 Zum besseren Verständnis sei der Grund, warum wir darauf bestehen, diese Expansion nicht dem ›realen‹ Wachstum zuzuschlagen, hier vorab formuliert, obwohl sich die Berechtigung dazu im vorliegenden Kapitel noch nicht ausweisen lässt: diese Expansion generiert, wie die Ware-Geld-Zirkulation ebenso wenig, das, was Marx Profit nennt.

vorbei ist, an zentraler Stelle darum, das Wachstum mit der Schaffung von Arbeitsplätzen in eine möglichst unmittelbare Beziehung zu bringen.[18] Natürlich, wenn jemand fünf ›Langzeitarbeitslose‹ einstellt, die für ihn spezielle Schrauben herstellen, er die dafür notwendigen Maschinen und Rohstoffe bereitstellt und für diese Schrauben Käufer findet, dann hat er zweifellos Arbeitsplätze neu geschaffen. In der Welt-GR stellt sich dieser Vorgang aber, von der Geldseite her – also von den Arbeitsplätzen und den produzierten Waren zunächst abgesehen –, so dar, dass dieser Unternehmer die Ausgaben, die er zur Produktion der Schrauben getätigt hat, zuvor dem Geldkreislauf entzogen haben muss – sodass das Geld möglicherweise an anderer Stelle fehlt, um dort Arbeitskräfte zu beschäftigen (oder sonstige Ausgaben zu tätigen). Er muss zuvor, so kann man es auch sagen, Einnahmen gehabt haben, die für andere Ausgaben – an ihn statt an andere – waren. Wenn er, dem widersprechend, dennoch gesamtgesellschaftlich die Zahl vorhandener Arbeitsplätze erhöht haben sollte[19]: Auf Kosten der Einnahmen Anderer geht diese qualitative Expansion von Arbeitsplätzen und Waren einzig nur dann nicht, wenn entweder seine Einnahmen oder seine im Voraus geleisteten Ausgaben (seine ›Investitionen‹), anderen Quellen entstammen als der existierenden, im Umlauf

---

18 Arbeitsplätze sind damit zu so etwas wie einer Ersatzwährung mutiert, in der der Erfolg einer Politik sich darstellen ließe. Die Formel ›Wachstum schafft Arbeitsplätze‹ mag logisch noch so weit hergeholt und empirisch längst widerlegt sein – vielmehr ist nachweislich genauso gut das Gegenteil der Fall (die Formel also sinnlos) –, aber mit den Politikern ist auch den Ökonomen klar, dass ein Wachstum, das ohne qualitative Bestimmung ist, der Bevölkerung nur schwer als Vermehrung ihres ›Reichtums‹ zu verkaufen ist. Und die Gewerkschaften, besonders mal wieder in Deutschland, haben, statt sich auf ihre eigentliche Aufgabe zu konzentrieren: möglichst hohe Löhne ›herauszuschlagen‹, sich vor allem dem Kampf um den Erhalt von Arbeitsplätzen gewidmet; damit in Kauf nehmend, dass sie in der Konsequenz nichts anderes fordern als ihre Verbeamtung, was heißt: ihre (und ihrer Mitglieder) Eingliederung in ihren größten Feind: den Staat. (Denn, das lehrt alle Erfahrung: je weitgehender diese Eingliederung gelingt, umso überflüssiger und störender erscheint dem Staat die Einflussnahme der Gewerkschaften; nach dem Motto der ehemaligen Staaten des realen Sozialismus: Was brauchen wir staatlich unabhängige Gewerkschaften; unser aller Staat sorgt sich doch schon genug um uns. Und die Nationalsozialisten haben bekanntlich, ohne auf nennenswerten Widerstand zu stoßen, mit diesem Motto von Beginn ihrer Herrschaft an in aller brutalen Konsequenz ernst gemacht.)
19 Und, ebenso notwendig: er gleichzeitig die Warensumme (bezogen auf Menge oder Art oder beidem) erhöht hat, auch wenn dies, wenn überhaupt (siehe oben [Anfang des Kapitels]), nur schwer zu ermitteln ist. (Das für diese Ermittlung wohl einzig sinnvolle Verfahren behandeln wir am Ende dieses Kapitels.)

befindlichen Geldmenge.[20] Ist eine dementsprechend ›sprudelnde‹ Geldquelle vorhanden, dann ist die Aktivität dieses Unternehmers als Expansion, die wir nicht dem Wachstum zurechnen wollen, zu bezeichnen. Denn dann findet – wie der Welt-GR leicht zu entnehmen ist –, aufgrund der weiterhin geltenden Gleichgewichtsbedingung zwischen Waren und Geld lediglich eine Umverteilung statt, ein Prozess, der praktisch an jedem Ort ständig stattfindet, ohne dass (im Ganzen) ein über die Einzelakte hinausgehender Nutzen quantitativ messbar wäre.

Eine ›bloße‹ Expansion, kein (im engen Marxschen Sinne) ›wirkliches‹ Wachstum, das zudem nicht auf die normalen konjunkturellen Schwankungen auf Seiten der Warenproduktion zurückzuführen ist, findet in der Ökonomie zusammengefasst dort statt, wo mit einer Ausweitung der gesellschaftlich zur Verfügung stehenden Geldmenge (ausgedrückt in einer Steigerung der Preissumme aller getauschten Waren) eine in derselben Höhe sich preislich ausdrückende Ausweitung (beziehungsweise Vertiefung)[21] der Warenproduktion (möglicherweise verbunden mit der Nutzung von Arbeitskräften, die zuvor auf dem Arbeitsmarkt keine Arbeit fanden) einhergeht.[22]

Angebot und Nachfrage, Grenznutzen, Konkurrenz Wir kommen nun zur nächsten, für das SP zentralen Größe, die als Ursache für das gemessene Wachstum auszuschließen ist: die Inflation.[23] Das Gelddrucken durch den Staat (oder sonst eine Institution) drängt sich

20 Eine besondere Form der Finanzierung einer Expansion stellt die Erhöhung der Umlaufgeschwindigkeit des Geldes (insbesondere des Kreditgeldes) dar. (Siehe dazu unten, Anm. 58 und 64.)
21 Begrifflich haben wir im ersten Kapitel die Universalisierung (als das Ausweiten der Warenform auf Gegenstände und Tätigkeiten, die noch außerhalb der Marktbeziehungen stehen) von einer Expansion, in der es allein um die Steigerung der Menge und Arten der produzierten Waren geht, abgegrenzt. Dies ist, was die Preisbildungsmechanismen betrifft, unnötig; hier kann Expansion für beides stehen.
22 Ist dies der Fall, dann wäre das der Produktion von zusätzlichem, absoluten Mehrwert zuzurechnen, die aber mit einer Ausweitung der Geldmenge einhergehen muss, um einem Wachstum – nicht im Marxschen, sondern im Sinne der Ökonomen – überhaupt zugerechnet werden zu können. Man muss an dieser Stelle unbedingt hinzufügen: das kostengünstigste Instrument, mit dem sich eine auf Arbeit gegründete Expansion bewerkstelligen lässt, ist und bleibt die Zwangsarbeit. (Die hier vorgelegte Bestimmung von Expansion wird sich uns als ökonomische Basis eines sich – auf der Grundlage universalisierter Warenform – herausbildenden Volksstaates darstellen, siehe dazu [im vorliegenden Band: »Finanzkrise und deutsche Kriegskasse«].)
23 Was deren Ausschließung anbetrifft, befinden wir uns – anders als bei der Berücksichtigung der Expansion – ganz in Übereinstimmung mit den Ökonomen.

als nächstliegende Quelle einer jeden Expansionsfinanzierung auf, allerdings stellt sie eine dar, die allseits als Teufelswerk gilt, da sie mit Notwendigkeit zur Inflation führe, woraus folge, dass das Geld seinen Wert[24] verliere.[25] Denn wenn ein Staat Geld druckt und dieses (etwa indem er mit diesem ›frischen‹ Geld seine Beamten bezahlt) in die Ware-Geld-Zirkulation einspeist, dann – und das gilt nicht nur als so etwas wie ein Naturgesetz, sondern ist auch ein tief in die menschliche Erfahrung eingegangenes Phänomen – ist ein Verlust der Geldwertstabilität die Folge. Das dadurch hervorgerufene Inflationspotential wird manifest, sobald es den Tauschenden (welchen wo auch immer) gelingt, dieses vom Staat (oder wem sonst auch immer) in den Geldkreislauf zusätzlich eingespeiste Geld mittels Preiserhöhungen abzuschöpfen.[26]

Normalerweise sind steigende (oder fallende) Preise noch lange kein Zeichen von Inflation (oder Deflation). Um diese ›natürlichen‹ Preisbewegungen von den inflationär bedingten abgrenzen zu können, muss man sich auf ein Gebiet begeben, das von den Ökonomen am ausführlichsten und bis in die hintersten Winkel hinein ›beackert‹ worden ist: die Mechanismen der Preisbildung. Bisher haben wir den Preis lediglich als das Dritte behandelt, durch das hindurch die ›Tauschpartner‹ ungleiche Waren als dem Wert nach identisch ausweisen. Doch die Annahme, heutzutage handelten Käufer und Verkäufer die Preise autonom von ihrer Umwelt aus (so vereinzelt

24 Sachlich anzumerken ist hier, dass, wie im ersten Kapitel gezeigt, die Ökonomen aber gar nicht sagen können, was unter dem Wert des Geldes überhaupt zu verstehen ist.
25 Bezogen auf die für die Ökonomietheorien unverzichtbare Gleichgewichtsbedingung zwischen Ware und Geld muss dem Missverständnis – das gerade in der Öffentlichkeit immer wieder erzeugt wird – in aller Deutlichkeit entgegen getreten werden, die Inflation stelle die Störung eines Gleichgewichts dar. Im Gegenteil: sie stellt das Gleichgewicht zwischen Preissumme und Gesamtheit aller getauschten Waren erst her – wenn auch in einer unerwünschten Höhe auf der Geldseite. Mathematisch ist es zugegebenermaßen gleichgültig, wie ich dieses Verhältnis zwischen Ware und (Zirkulations-)Geld erfasse, aber es ist entscheidend für die Konsistenz der Theorie.
26 Was alles andere als gesichert ist: Nochmals, weil für das Verständnis der Unterscheidung von Expansion und ›realem‹ Wachstum entscheidend: Inflationäre Auswirkungen hat zusätzlich in Umlauf gebrachtes Geld nur, wenn die Tauschenden, obwohl sie ihre Preise erhöhen, dennoch weiterhin auf Abnehmer ihrer Waren treffen und sich so – das lässt sich unmittelbar durch einen Blick auf die Welt-GR veranschaulichen – das gesamtgesellschaftliche Gleichgewicht (zwischen Waren und zirkulierendem Geld) einstellt; nun aber mit Preisen, die insgesamt um den Betrag höher sind, der aus dieser zusätzlichen Quelle geflossen ist (und also keine Expansion stattgefunden hat).

das auch noch vorkommen mag), ist nicht nur naiv bis absurd, sondern offensichtlich falsch. Selbstredend richten sich diese Preise in der Höhe an denen der Konkurrenten aus, die diese für vergleichbare Waren (v)erlangen. Auch die allgemein bekannte Bedeutung, die Angebot und Nachfrage für die Preishöhe haben, braucht hier nicht näher behandelt zu werden; die hier wirksamen, und von den Ökonomen bis in jede Einzelheit untersuchten Mechanismen können schlicht als korrekt wiedergegeben anerkannt werden.

Was die reine Lehre des Liberalismus aber in ihrer Fixierung auf die so genannte Angebotsorientierung[27] gerne unterschlägt: Jeder Preis hat eine untere, absolute Grenze, die dieser Orientierung reichlich enge Grenzen setzt. Denn rational wirtschaften lässt sich bekanntlich nur, wenn die Unternehmen[28] auf ihren Märkten zumindest die Kosten erlösen, die ihnen bei der Herstellung der von ihnen angebotenen Waren entstanden waren. Aber es existiert auch – und das wurde von den Ökonomen recht spät, erst gegen Ende des 19. Jahrhunderts mit der Grenznutzentheorie, entdeckt[29] – eine obere Grenze der Preisgestaltung, deren Nichtbeachtung zu vermeidbaren Fehlkalkulationen führt: Nimmt man alle potentiellen Käufer der von einem Unternehmen angebotenen Ware zusammen, ergibt sich ein Budget, das die obere Grenze der Preissumme markiert, die mit dieser Ware höchstens zu erzielen ist (wobei dies natürlich auch die von der Konkurrenz verlangten Preise mitberücksichtigen muss). Besonders in Bezug auf Privatkonsumenten zusätzlich zu beachten

---

27 Was meint: jedes Angebot finde, korrekt gestaltet, auch eine Nachfrage. Wobei die Umkehrung: dass jede (kaufkräftige) Nachfrage auch ein Angebot findet, zwar als sehr viel plausibler anzusehen ist, uns aber auch nicht weiter beschäftigen soll: Entscheidend sind die Grenzen, innerhalb derer solche Verallgemeinerungen überhaupt erst Geltung beanspruchen können.

28 Ein Unternehmen kann natürlich auch ein Einzelner sein, im Grunde stellt jeder, der etwas auf dem Markt anbietet, ein solches dar. In Abgrenzung zum postmodernen Spektakel, jedes Subjekt als »Unternehmer seiner selbst« (Ulrich Bröckling etwa [siehe Ders.: Das unternehmerische Selbst. Soziologie einer Subjektivierungsform. Frankfurt am Main 2007]) zu fassen, wollen wir darauf bestehen, dass es zwischen Ich-AGs und Unternehmen, die die Arbeitskraft Anderer nutzen, einen Unterschied ums Ganze gibt, ein Ganzes, das den Unterschied zwischen Affirmation und Kritik markiert. (Dieser Unterschied spielt allerdings, solange wir uns in der Immanenz der Ökonomietheorien bewegen, in der Tat eine eher untergeordnete Rolle.)

29 Ökonomen erfassen und beschreiben in ihren Theorien generell Prozesse erst, nachdem sie sich in der Realität längst etabliert haben. Auch darin unterscheiden sie sich von ihren Kollegen aus den Naturwissenschaften: sie behandeln ausschließlich etablierte historische Entwicklungen, geben diese aber als ontologische aus. Naturwissenschaftler haben diese Ideologie nicht nötig.

ist, welchen Anteil von ihrem Einkommen sie – im Durchschnitt – bereit sind, für diese Waren aufzuwenden.[30] Hieraus ergeben sich hoch komplexe Berechnungen, mit denen besonders die Studenten der Wirtschaftswissenschaften traktiert werden, wobei aber auch hier festgestellt werden kann: So abstrus einem manches erscheint, praxisfern sind die meisten der so ermittelten Formeln nicht, denn sie werden in den Unternehmen durchaus erfolgreich angewendet.

Der allseits von den Ökonomen geteilte und allgemein bekannte (von linken Theoretikern aber meist für bloßes Hirngespinst ausgegebene) Idealzustand all dieser Preisbildungsmechanismen zusammengenommen[31] besteht darin, dass zwar alle Unternehmen darum bemüht sind (und sein müssen), den höchstmöglichen Preis (das Optimum, grenznutzentheoretisch gesprochen) für ihre Waren zu erzielen, dass aber die Konkurrenz um die für die entsprechenden Warengruppen insgesamt jeweils zur Verfügung stehenden Budgets dazu führt, dass sich die Unternehmen gezwungen sehen, ihren Produktionskosten eine obere Grenze zu setzen.[32] Die vom Konkurrenzdruck ausgehende Ausrichtung aller Unternehmen auf das optimale

30 Ein Endverbraucher, zum Beispiel vor die Wahl gestellt, auf Kosten seiner Ausgaben für ein teures Auto mehr Geld für die Wiederherstellung seiner Gesundheit aufzuwenden, dürfte sich durchweg für Letzteres entscheiden. Aus diesem Beispiel erklärt sich zwanglos, warum die Gewinnspanne (über die wir bis hier, wohlgemerkt, ansonsten und mit voller Absicht noch kein Wort verloren haben) etwa in der Pharmaindustrie, im Vergleich zu anderen Branchen, so eklatant hoch ist.

31 Die Produktionskosten, die Preise der Konkurrenz, Angebot und Nachfrage, Grenznutzen usw. bilden neben der daraus sich ergebenden Ermittlung der Preis-Leistungs-Optimierung ein zwar kaum zu entwirrendes, aber reales Knäuel an Bestimmungen, die den Preis einer Ware wenn nicht eindeutig determinieren, so doch der Willkür in der Preisfestsetzung, je nach Warenart, mehr oder weniger enge Grenzen setzen. Was aber keineswegs heißt, dass damit unsere Feststellung, dass die Preise auf Äquivalententausch beruhen, außer Kraft gesetzt wäre. Denn natürlich gilt weiterhin uneingeschränkt: kein Tausch fände statt, wenn in ihm nicht der erlöste Preis als den getauschten Waren äquivalent erachtet würde (und beide Seiten sich nicht nach dem Tausch ›reicher‹ zumindest fühlten als zuvor).

32 Wobei, um der Praxis gerecht zu werden, hier noch zwischen den für die Produktion unbedingt notwendigen und sonstigen unterschieden werden muss. Erstere sind berechenbar, letztere (etwa die Ausgaben für Werbung, Image, Repräsentation nach außen) mögen noch so wichtig und notwendig sein, und nehmen einen breiten, von den Finanzämtern meist auch als Betriebsausgaben anerkannten Raum ein, haben aber, wie auch ein Gewinn, keinen Einfluss auf die Bestimmung der untersten Grenze des Marktpreises, die dann erreicht wird, wenn es auf den Märkten hart auf hart zugeht. Und was diesen Gewinn betrifft, so schwer es Linken auch fällt, das zu verstehen: er ist für die Unternehmen, wenn sie Preise kalkulieren, ein Kostenfaktor (unter vielen anderen), kein zentrales Motiv ihrer Tätigkeit: Bei Unternehmen handelt es sich schließlich um abstrakt-funktionale Gebilde; Motive können nur leibliche Individuen haben.

Preis-Leistungs-Verhältnis stellt so, und das behaupten die Ökonomen alles andere als von vornherein zu Unrecht, ein Gleichgewicht zwischen Kosten und Einnahmen in der Praxis her, das dem entspricht, das der Ware-Geld-Zirkulation ›von Natur‹ aus eigen sei.[33]

Ökonomische Gesetze Diesem den Ökonomen gespendeten Lob muss aber sofort ein Tadel – von Kritik kann auf dem bisherigen Stand der Darstellung noch lange nicht gesprochen werden – an die Seite gestellt werden. Wenn wir nämlich unterstellen, dass der Staat, oder die neben ihm institutionalisierten Währungshüter, sich strikt an das Verbot halten, einfach Geld zu drucken – und diese Unterstellung ist alles andere als wirklichkeitsfern –,[34] dann muss man sich fragen, wie es zu den Inflationsraten, die jedes Jahr gemessen werden, überhaupt kommen kann.

Als Ausweg aus diesem Dilemma, eine Inflation empirisch feststellen zu müssen, aber aus dem System heraus, in dem man denkt, sie nicht erklären zu können, galt lange Zeit die so genannte Lohn-/Preisspirale. Deren Geltung lässt sich einigermaßen plausibel aber nur aufrecht erhalten, wenn man von allem abstrahiert, was man ansonsten Richtiges zu den Mechanismen der Preisbildung ausführt: eine Erhöhung von Preisen (ob von Löhnen oder sonst etwas) ist wie deren Fallen ein vollkommen normaler Vorgang innerhalb der Ökonomie und kann, wenn ihr kein von außen in die Zirkulationssphäre eindringendes Geld zugrunde liegt, nicht zu einer Inflation führen, sondern höchstens dazu, dass Anderen die Einnahmen fehlen, über die sie ansonsten ihre ökonomischen Aktivitäten finanziert hätten.[35]

33 Die Linke hält die Dynamik, die dieser Konkurrenz entspringt, für illusionär, für im Grunde überflüssig oder gar Teufelswerk, zumindest für nicht sonderlich erwähnenswert. Aber auch alles andere als antikapitalistisch gesinnte Geister glauben, im Namen der Gerechtigkeit dafür plädieren zu müssen, dass die Produktionspreise unmittelbar den Marktpreisen (also Endverbrauchspreisen) zu entsprechen hätten, ohne dass dazu eine vermittelnde Instanz wie der ›freie‹ Markt (oder gar ein Finanzsektor) hinzutreten müsse. Wie dann aber verhindert werden kann, dass die Unternehmen ihre Preise, statt auf einem gesellschaftlich optimalen Niveau, willkürlich festsetzen, bleibt deren Geheimnis. Oder aber, und dann wird es ganz schlimm bis gefährlich, sie schanzen diese Vermittlungsrolle dem Staat zu, der die Unternehmen zu einer von ihm festgesetzten Preishöhe zwingt. [Siehe dazu auch das Kapitel »Finanzkrise und deutsche Kriegskasse«.]
34 Denn es ist zum Beispiel in Deutschland seit der Währungsreform 1948 wohl tatsächlich nicht mehr vorgekommen, dass der Staat Ausgaben nicht aus Steuern (oder Krediten), sondern aus der Druckerpresse finanziert hat.
35 Es findet eine Umverteilung statt, in der Tat. Die Einnahmen der Lohnarbeiter steigen auf Kosten zunächst des Unternehmens, das sie bezahlt. Von dort aus breiten sich dann die erhöhten Kosten (wie bei den Lohnempfängern die Einnahmen

Lohnsteigerungen, wie alle anderen Preissteigerungen,[36] führen zunächst (in ihren unmittelbaren Auswirkungen auf die Unternehmen) also zwar zu allen möglichen – konjunkturell bedingten – Änderungen (von einer Kontraktion der Warenproduktion über Preisänderungen bis hin zur Verlagerung der ökonomischen Aktivitäten auf andere Stellen).[37] Wenn man aber nun entsprechend der Lohnsteigerungen die Geldmenge erhöhen (also Geld drucken) würde, und diese Erhöhung punktgenau an den Orten in den Geldkreislauf einspeisen könnte, die aufgrund der Lohnsteigerungen – am Ende der Ausbreitung der Auswirkungen dieser Änderungen in der Welt-GR – Einnahmen nicht mehr erzielen, die sie ansonsten gehabt hätten,[38] führten auch Lohnsteigerungen direkt und unmittelbar zu einer inflationsneutralen Expansion.

Die Erhöhung der Lohnkosten (aktuell ganz besonders die Einführung eines Mindestlohns in Deutschland)[39] gilt dessen ungeachtet, neben und zugleich mit der Inflation, allgemein als die Ursache allen ökonomischen Übels. Dies ist ökonomisch so irrational wie ansonsten nur noch das unbedingte Festhalten an dem Arbeitsplatz, den man gerade besetzt, seitens der Lohnabhängi-

aber auch) über die gesamte Welt-GR hin aus. Wer behauptet, er könne voraussagen, bei wem dann die Kostenerhöhung (oder die Einnahmenerhöhung auf Seiten der Arbeiter) letztlich lande, kann gleich behaupten, er könne exakt die Wassertropfen, die er mit einem Eimer Wasser in den Rhein geschüttet hat, irgendwo im Atlantik wieder auffinden.

36 Aber nicht nur die, sondern erst recht alle Entscheidungen der Konsumenten, eine bestimmte Ware, die sie früher bei A gekauft haben, aus welchen Gründen auch immer, von nun an bei B zu erwerben.

37 Es zählt bekanntlich zu den Dogmen der Ökonomietheorien, dass der Markt dafür sorge, dass alle benötigten Waren produziert werden. Über- oder Unterproduktion sind aus dieser Sicht vorübergehende Erscheinungen, die sich verflüchtigen, sobald die in den Preisentwicklungen enthaltenen Informationen richtig interpretiert werden. Nichts als Pech für den Hungernden, dass die Information, kein Geld zu haben, um sich etwas zu essen kaufen zu können, keinen Eingang in irgendwelche Preisberechnungen findet.

38 Was allerdings, anders als linke Keynesianer glauben machen wollen, praktisch so gut wie ausgeschlossen ist, eben weil die künftige Verteilung dieser Lohnsteigerung auf die anderen Marktsubjekte unmöglich vorauszusagen ist. Es sei denn, man setzt auf den Staat, auf dass er die Lohnabhängigen zwingt, dieses Geld nicht in Alkohol, Glücksspiel oder sonstige ›unproduktive‹ Ausgaben umzusetzen, oder, was heute die gesamtökonomisch kontraproduktivste Verwendung wäre: gar zu sparen, sondern sie sich zum Beispiel darauf beschränken, mit dem erhöhten Lohn allein unausgelastete Produktionskapazitäten in Anspruch zu nehmen.

39 Die Argumente dagegen entsprechen in ihrer Struktur exakt denen, die früher gegen das Verbot der Kinderarbeit und die gesetzliche Festlegung auf den Achtstundentag vorgebracht wurden.

gen.⁴⁰ Was hier am Beispiel der Lohnkostensteigerungen vorgeführt wurde, ließe sich an jedem anderen von Ökonomen und Politikern im Gestus absoluter Gewissheit behaupteten Ursache-Wirkungs-Mechanismus in der Ökonomie aufzeigen. Denn so sehr die Ökonomen sich auch bemüht haben, allgemeingültige Gesetze zu ermitteln, aufgrund derer sich eindeutige Wenn-dann-Folgerungen innerhalb der Ware-Geld-Zirkulation herstellen lassen: kein einziges wurde je von ihnen entdeckt.⁴¹ Wenn Ökonomen von notwendigen Folgen (meist politischer), auf die Ökonomie bezogener Entscheidungen reden, handelt es sich um Dogmen oder, freundlicher ausgedrückt, um Möglichkeiten zu bestimmten Entwicklungen, die jedoch alles andere als – wie ein (logisch-mathematisch begründetes) Gesetz es verlangt – notwendig sind.⁴²

So lange nicht politisch (also mit Gewalt oder dem Recht) in die Entscheidungsfreiheit von Konsumenten wie Produzenten eingegriffen wird – und das gilt, solange zu Geld und Staat keine vernünftige Alternative existiert, völlig zu Recht als höchst legitimationsbedürftiger Eingriff in die Freiheit der Individuen, mit ihrem Geld

40 Natürlich darf hier der Hinweis nicht fehlen, dass die weit überwiegende Mehrheit in dieser Gesellschaft ohne Arbeitsplatz nur schwer überleben könnte: Das stimmt natürlich, aber was immer man der Ökonomie auch für Zwecke zuschreiben mag, der Zweck, das Überleben von Menschen zu sichern, gehört nicht dazu, er wird ihr politisch-ideologisch zugeschanzt.

41 Das oft Gesetz genannte Steigen von Preisen, wenn die Nachfrage (bei gleichbleibendem Angebot) steigt, und umgekehrt, stellt, und das natürlich auch in all seinen weiteren Fassungen, eine bloße Ableitung aus der Gleichgewichtsbedingung zwischen Preisen und Waren dar, ist also kein wirkliches, für sich selbst stehendes Gesetz, aus dem sich notwendige Entwicklungen, also Prognosen ermitteln ließen. Dasselbe gilt für alles, was über Beziehungen ausgesagt wird, die sich auf die Konkurrenz oder den Grenznutzen beziehen: Entweder gewinnen sie ihre Geltung nur aus der vorausgesetzten Gleichgewichtsbedingung oder aber sind so banal wie nur noch die Aussage, dass der, der über kein Geld verfügt, auch keines ausgeben kann.

42 Für sich betrachtet und auf seine Voraussetzungen beschränkt (logisch geht es um das Wenn in der Folgerung: wenn p, dann q [p und q stehen für zwei verschiedene Aussagen, in diesem Fall ist p die hinreichende Bedingung für q]), gelten auch die von den Ökonomen behaupteten Gesetze durchaus absolut. Da aber in der Ökonomie diese Bedingungen, anders als in der Logik, keine Abstrakta darstellen, sondern historisch-real vorzufinden und deshalb kontingent sind (also nicht, wie in der Physik, in Konstanten fixiert werden können), kann man von einem Gesetz im Grunde nicht sprechen, und erst recht nicht von einer nur relativen Geltung (das ergäbe Sinn nur, wenn innerhalb des Gesetzes eine Relation die Geltung unmittelbar beeinflusst). Niemand anderer als Marx hat die begriffliche Auflösung dieses Dilemmas vorgegeben, als er die absolute Geltung des stetigen Falls der Profitrate (unter bestimmten Bedingungen und in Abhängigkeit von kontingenten Faktoren) als *Tendenz* formulierte.

machen zu können, was ihnen beliebt –, lassen sich nur die Folgen von Entscheidungen für die unmittelbar Beteiligten exakt angeben, und diese Konsequenzen gehen einzig auf die Banalität zurück, dass die Einnahmen des einen die Ausgaben anderer sind (und umgekehrt).[43] Schon der unmittelbar folgende Schritt, nun nachzeichnen zu wollen, wie die in der jeweiligen Umgebung der unmittelbar Betroffenen mittelbar von Preisänderungen Betroffenen reagieren werden, ist schon so gut wie unmöglich – und das Geflecht der Beziehungen der Tauschenden untereinander wird spätestens mit dem dritten Schritt in der Nachverfolgung dermaßen komplex, dass jeder Reduktionsversuch sich nur auf (äußerst fragwürdige) Spekulationen stützen kann.[44] Allgemein wäre festzuhalten: Jede bewusst vorgenommene Maßnahme zur Steuerung der Ökonomie hat in der Freiheit der Geldeigentümer eine Grenze,[45] die jede gesicherte Prognose über die Auswirkungen politischer Entscheidungen auf das Ganze der Ökonomie (besonders ihr Wachstum) verunmöglicht.[46]

---

43 Darauf zielt aller Lobbyismus in der Politik, sobald es dort ums ›liebe Geld‹ geht: Es gilt, mit allen rhetorischen Tricks (möglichst ohne die rationale Form zu verletzen) zu begründen, warum das Geld, das der Staat ausgibt, oder dessen Verteilung er regelt, besser bei mir als anderen ›aufgehoben‹ ist.

44 Selbstredend lassen sich manche politischen oder ökonomischen Maßnahmen in ihren Auswirkungen messen (etwa die Auswirkungen der deutschen Sparideologie auf die Binnennachfrage) – auch wenn selbst das seltener ist, als man gemeinhin glaubt, und vor allem: Kosten-Nutzen-Evaluierungen in den seltensten Fällen überhaupt stattfinden. Das Dilemma bleibt: nämlich dass es kein Gesetz gibt, das die Auswirkungen bestimmter Entscheidungen auf die Ökonomie als Ganzer (die etwa das Wachstum oder die Inflationsrate betreffen) zu prognostizieren erlaubt.

45 [M. D. notierte sich hierzu: »Öfter aufnehmen?«]

46 Jene Freiheit, daran sei erinnert, ist die gesellschaftliche Basis aller ökonomischen Prozesse; doch sie bildet zugleich eben auch die Grenze, über die hinaus es nicht möglich ist, mehr als Banalitäten über ökonomische Notwendigkeiten von sich geben zu können. (Was keinen, der über Ökonomie redet, daran hindert, zu behaupten, im Besitz der Kenntnis solcher Notwendigkeiten zu sein.) Oder anders: Mit jeder Formulierung eines Gesetzes geraten Ökonomen unweigerlich in Widerspruch zu den Prämissen ihrer Theorie.

Kapitel 3   Geld als Ware

Das Kreditgeld 71
Die Bonität 76
Das Buchgeld 78
Die Submärkte 85

Das Kreditgeld Auf unserem, von der Gesamtökonomie ausgehenden – bisher reichlich erfolglosen – Weg, den Gegenstand zu ermitteln, den das Wachstum des SP misst, und dabei die Quellen von Inflation aufzufinden, sollen nun die Unternehmen näher betrachtet werden, vor allem im Hinblick auf die Vorgänge dort, die in der Welt-GR nicht erfasst sind. Die zentrale Aufgabe eines jeden Unternehmens ist es, Waren zu beziehen, um sie so aufzubereiten, dass sie auf dem Markt Käufer finden. Sieht man auf die Warenarten, die dieser Verarbeitung unterzogen werden, fällt schon beim ersten Blick in die Welt-GR auf, dass sehr oft Geld den Besitzer wechselt, welches nicht als Zirkulationsmittel oder Wertspeicher fungiert, sondern die Stelle einnimmt, die ansonsten einer (konsumierbaren) Ware zukommt:[1] Das Geld ist hier – in der Form von Krediten – selbst zur Ware geworden.[2]

[1] Wenn wir im Folgenden von Warenproduzenten beziehungsweise Warenproduktion sprechen, sind die Unternehmen gemeint, die außerhalb des Finanzsektors Waren für den Konsum aufbereiten. Kaum rein zufällig ist es sprachlich äußerst schwierig, diese Abgrenzung exakt zu fassen, ohne diesen Finanzsektor gegenüber den anderen Sektoren als weniger realen oder bedeutsamen, als ›bloß‹ virtuellen usw. zu diskriminieren. (Bei anderen Differenzierungen: Arbeits-, Immobilienmarkt etc. stellt dies kein Problem dar.) Auch unsere Ausdrucksweise kann man so auslegen, als ob für uns der Finanzsektor an der Herstellung von Waren nicht beteiligt wäre; das aber ist, wie nicht zuletzt aus dem Kontext deutlich werden sollte, auf keinen Fall intendiert. Aber jedes Mal, wenn die Umwelt des Finanzsektors angesprochen werden soll, höchst umständlich dazusetzen zu müssen, dass sich die Abgrenzung lediglich auf die *Warenart* Geld bezieht, ist auch keine befriedigende Lösung.
[2] Wir behandeln wohlgemerkt das Geld längst noch nicht als Kapital, also nicht als das Geld, für dessen Zirkulation laut Marx die Formel G–W–G' gilt, sondern verbleiben im Rahmen der so genannten ›einfachen Warenzirkulation‹, für die die Formel W–G–W kennzeichnend ist. Nur dass für das erste W hier das Geld (statt einer Ware wie Leinwand) steht, das zum Beispiel von einer Bank bei Sparern eingesammelt wurde, und für das zweite W dann der Kredit, der Anderen mithilfe des Gesparten gewährt wurde. Wobei dann das G in der Mitte der Formel für die Kosten steht (üblicherweise Zinsen genannt), die der Bank bei dieser Vermittlung entstanden sind.
  Bliebe man bei dieser Betrachtungsweise stehen (wie nahezu alle Ökonomen, mit den berühmten Ausnahmen), dann könnte die Geschichte der Ökonomie (wie dann auch die des Staates und aller anderen gesellschaftlichen Bereiche, besonders

Das ist alles andere als erstaunlich; und historisch gesehen ist das Schuldenmachen sehr viel älter noch als die Transformation des Zirkulationsgeldes in Münzgeld. Die Warenform (und also das Potential, real zur Ware werden zu können) ist dem Geld (und mit ihm auch allen Schulden) ebenso inhärent wie jedem anderen (materiellen wie ideellen) Gegenstand. Historisch neu an der Geldware, die in der Welt-GR als getauscht aufgezeichnet wird, ist jedoch, dass es sich dabei (davon gehen wir zunächst erst einmal aus) ausschließlich um Geld handelt, das der Zirkulationssphäre nicht von außen zugeflossen ist, sondern jemandem *gehört*, der es (zuvor) als Wertspeicher genutzt hat. Das Geld macht, wo es zur Ware wird, also eine zweite Transformation durch, die ihrer Quelle ebenso konträr gegenübersteht wie die, sich aus einem Zirkulations- in ein Wertaufbewahrungsmittel zu verwandeln: Die Basis, die das ermöglicht, ist auch hier die Verzeitlichung, allerdings eine andere als die, die es zum Wertspeicher macht: Blieb die Zeitdauer, in der es als Wertspeicher dient, dem Besitzer überlassen, so wird bei jenem Kreditgeld zwischen ihm und einem Unternehmen aus dem Finanzsektor (Banken, Versicherungen, Rentenkassen usw.) ein zeitlich befristeter Vertrag geschlossen, der diese Freiheit beschränkt. Für diese Zeit wechselt das Kreditgeld also den Besitzer – und der ehemalige Sparer, der das Geld der Zirkulation vorenthalten hatte, wird zum ›bloßen‹ Eigentümer, das heißt, er kann während dieser Zeit über sein Eigentum nicht mehr frei verfügen, sondern überlässt diese Gewalt (wie immer vertraglich detailliert geregelt) dem neuen Besitzer.

Dieser neue Besitzer kann das Geld natürlich nicht beliebig ›verkonsumieren‹ (Geld kann man sowieso nicht essen), denn er muss es dem Eigentümer nach der vereinbarten Zeit zurückzahlen (und das auch noch mit einem Aufschlag: zumindest den Zinsen, denn ohne solch einen Aufschlag findet sich kaum ein Sparer bereit, ›bloßer‹ Eigentümer ›seines‹ Geldes zu sein). Sondern, so die Theorie,[3]

die technologische Entwicklung und die Wissenschaft) bis in die Gegenwart hinein als bloße Evolution gelesen werden. In dieser gibt es dann vom Anfang der Menschheitsgeschichte an einen Prozess (der natürlich gewaltige Rückschritte beinhalten kann) hin zu der heutigen Universalisierung und Globalisierung der Warenform, in denen dann die früher nur stellenweise angelegte Gleichgewichtsbedingung der Ökonomie lediglich ihre Vervollständigung gefunden hätte. Unterschlagen wird damit der historische Sprung in die Kapitalformel, ein Sprung, der auch mit noch so viel Hegelscher Gedankenakrobatik weder logisch – als dem Geld wesentlich immanent – noch als in der Geschichte evolutionär angelegt dargestellt werden kann.

3 Die erst von Keynes aus Eingang in die Ökonomietheorien gefunden hat und ebenfalls eine Realität erfasst, die sich längst zuvor konstituiert hatte.

Das Kreditgeld 73

er sammelt es (von vielen ›Kleinsparern‹ etwa)⁴ ein, um es dann, an anderer Stelle, wieder der Ware-Geld-Zirkulation zuzuführen; es auf diesem Umweg also wieder in Zirkulationsgeld zurückzuverwandeln und so seiner ›eigentlichen‹⁵ Bestimmung wieder zuzuführen. Diese Funktion des Kreditgeldes ist historisch absolut neu, auch wenn sie – obwohl von den Ökonomen erst zu Beginn des 20. Jahrhunderts in seiner zentralen Bedeutung für die Geldzirkulation entdeckt – existiert, seit es den Kapitalismus gibt.⁶ Um dies zu illustrieren, können wir auf das Beispiel des obigen Schraubenfabrikanten zurückgreifen. Woher auch immer er das Geld hat, das er vorschießen muss, um die Schraubenproduktion überhaupt erst in Gang setzen zu können: Es handelt sich um einen Kredit.⁷ Denn sollte er diesen Vorschuss (seine Investitionen) nicht über die Einnahmen aus

4 In dieser Hinsicht, zumindest in Deutschland, fand die Vervollständigung dieser Entwicklung erst in den 1960er Jahren statt, als man die Lohn- und Gehaltsempfänger (mit dem ›Zwang‹ des besseren Arguments) dazu brachte, sich ein Bankkonto einzurichten.

5 Man kommt bei dieser Form der Darstellung um zentrale Kategorien der Heideggerschen Philosophie einfach nicht herum.

6 Die Frage, ab wann es den gibt, ist natürlich nicht auf eine Jahreszahl festzulegen. Um diesen Zeitraum, mit allen Vorbehalten natürlich, einzugrenzen: Einige Jahrzehnte, bevor Marx das *Kapital* schrieb, lag der Kapitalismus in vollständiger Entfaltung historisch vor (so radikal alle Veränderungen seitdem auch ausgefallen sein mögen: sie stellen nichts als Variationen, Erweiterungen und Intensivierungen der damals schon vorhandenen Grundelemente dar). Die Genesis seiner Grundelemente, und ihre Zusammenführung zum Kapital, gehen – besonders was die geistigen Voraussetzungen, weniger die so genannte ›ursprüngliche Akkumulation‹ betrifft – bis weit in die Geschichte des westlichen Abendlandes (und zwar: *nur* diese) zurück. [Siehe dazu den Band 6 der Gesammelten Schriften M. Ds.]

7 Dies ist eine Kreditart, die ihre Vorläufer natürlich im Lieferantenkredit und den darauf aufbauenden Wechselgeschäften hat, aber eine vollkommen neuartige Qualität aufweist: Als Kapital gewährt der Unternehmer sich diesen Kredit selbst (woher immer auch das Geld dafür stammen mag: aus Eigen- oder Fremdmitteln, wobei, laut Marx, zumindest anfangs der aus Banditentum und Raub entstammende Anteil reichlich hoch gewesen sein dürfte). [Siehe hierzu das 24. Kapitel, »Die sogenannte ursprüngliche Akkumulation«, in Marx: Das Kapital, Erster Band, S. 741 ff.]

[M. D. notierte sich zur Fußnote, dass in der Anmerkung auf Jacques Le Goff verwiesen werden soll. Die Herausgeber gehen davon aus, es handelt sich um einen Verweis auf das Buch *Wucherzins und Höllenqualen. Ökonomie und Religion im Mittelalter* (aus dem Französischen von Matthias Rüb. Stuttgart 1988). Le Goff untersucht dort das neue ökonomische Prinzip des Geldverleihens, das sich seit dem 12. Jahrhundert im christlichen Abendland installierte und womit er die Entstehung des Kapitalismus datiert. (Siehe dazu auch die vorige Fußnote.) – Joachim Bruhn schenkte das Buch M. D. zu seinem Geburtstag, wie einem kleinen Begleitschreiben zu entnehmen ist, das sich im Buch noch fand.]

den von ihm später verkauften Schrauben wieder zurückerhalten (weil die Preise nicht realisiert werden können, die es erlauben, zumindest die vorgeschossenen Produktionskosten zu decken), dann hätte er mehr ausgegeben als eingenommen – ein Fall, den es, so wie wir bisher argumentiert haben (zumindest sobald man aus der Welt-GR die Kredite, als eine Einnahmequelle wie alle anderen auch, herausnimmt)[8], so gar nicht geben kann. Für die Zeit aber, bis dieser Kredit wieder zurückgezahlt wird, ist der Grundsatz, dass keiner mehr ausgeben kann, als er eingenommen hat, dank des Finanzsektors, zumindest zeitlich stark relativiert. Ein Käufer von Waren kann jedenfalls, wird ihm ein Kredit gewährt,[9] mehr ausgeben als

8 Diese Herausnahme und ihre gesonderte Betrachtungsweise findet sich wieder in der Trennung der Buchhaltung eines jeden (größeren, in jedem Fall Arbeitskräfte nutzenden) Unternehmens in einen Teil, der ›Gewinn- und Verlustrechnung‹ genannt wird, und einen anderen, Finanzbuchhaltung genannt, deren Einheit dann erst die Bilanz ergibt.
  Wie schon im ersten Kapitel betont, muss man, um die ökonomischen Prozesse wirklich erfassen zu können, die Vorgänge in einem einzelnen Unternehmen, was die dortige Organisation der Produktionsabläufe betrifft, von dem schließlichen Eingang in die Zirkulationssphäre strikt trennen. (Diese Abläufe unterscheiden sich von Betrieb zu Betrieb: Sie lassen sich nicht, wie die Datensätze der Welt-GR, umstandslos vom Einzelbetrieb ablösen und gesondert von ihm aggregieren.) Man kann es auch so sagen: Natürlich geht auch die Produktionssphäre (wie die von Distribution und Konsumtion) in die Welt-GR ein, aber dies allein aus kaufmännischer Perspektive.
  Auch in den Daten, die in die Gesamtbilanz eines solchen Unternehmens eingehen, sind die Produktionskosten natürlich enthalten. Doch selbst wenn man diese Bilanz genauestens analysiert, kann auch kein Experte (so wenig wie die Finanzämter) allein aus ihr schließen, wie es ökonomisch wirklich um dieses Unternehmen bestellt ist: Dazu muss er ›in den Betrieb selbst hineingehen‹, sich die dort vorhandenen (oder unterlassenen) Aufzeichnungen ansehen. Und das gilt eben ganz besonders für die Vereinbarungen, die das Unternehmen mit seinen Kreditgebern (und Eigentümern) geschlossen hat.
  In der Jahresabschlussbilanz wird man im Übrigen, meist am Ende, eine Zahl finden, deren Kennzeichnung den Namen ›Kapital‹ trägt. Diese Zahl ist, das weiß jeder Buchhalter, für die ökonomische Situation des Unternehmens ohne Aussagekraft; sie stellt mit anderen Worten nichts Handfestes dar; die Ertragskraft des Unternehmens, sein Vermögen und seine Schulden sind an anderen Orten (und das nicht nur in den Sparten Forderungen und Verbindlichkeiten, sondern auch in den Abschreibungen, Rückstellungen, Verlustvorträgen usw.) dargestellt. Und mit Kapital, im Marxschen Sinne, hat diese Ziffer erst recht wenig zu tun. Aber sie kann einen Eindruck davon vermitteln, was ein Unternehmen seinen Eigentümern, wer immer das auch sei, *schuldet*, was sie also investiert haben, um die in der Gewinn- und Verlustrechnung aufgeführten Erträge zu erwirtschaften.
9 Nur als kleiner Hinweis am Rande: Man kann es mit sprachlichen Analogien auch übertreiben, aber dass der Ausdruck Kreditgewährung – etwa seit den letzten drei Jahrhunderten – einiges mit dem zu tun hat, was man seitdem auch als

Das Kreditgeld

er zuvor der Ware-Geld-Zirkulation (außerhalb des Finanzsektors) entnommen hat. Doch das Eigentümliche (man kann auch sagen: das Vertrackte) an Krediten – was sie von anderen Einnahmen grundsätzlich unterscheidet –, ist nun einmal: sie müssen zurückgezahlt werden.[10] Deshalb kann auch der Kreditumlauf, anders als manche Geldumlauftheoretiker (also Monetaristen) meinen, wenn alles normal abläuft, keine Auswirkung auf die Geldmenge haben, denn das Kreditgeld entstammt – ›ursprünglich‹ – keiner anderen Quelle als genau demselben Geldumlauf und fließt dahin wieder zurück. Stark betroffen (und das aber ist durchweg erwünscht) von dieser Ausweitung des Kreditgeldes (auf Kosten des Geldes, das als Wertaufbewahrung fungiert) ist allerdings die Warenproduktion:[11] Dank des Kredites werden Waren produziert, die ansonsten (höchstwahrscheinlich)[12] gar nicht erst hergestellt worden wären.[13]

Gewährung von Rechten bezeichnet, also etwas zu tun hat mit dem (neuen) Souverän, sollte nicht vorschnell von der Hand gewiesen werden.

10 Die Ökonomen, die sich für die Gesamtökonomie zuständig fühlen (auf Deutsch: die Volkswirtschaftler), beachten diesen Unterschied vom Prinzip her sehr nachlässig: Jeder Tausch, welcher Ware auch immer, der einen Preis erzielt hat, ist für die einen *per se* ein mit realen Waren gedeckter, das heißt von vornherein inflationsneutraler Tausch; und so auch jeder Kredit. Für die anderen, etwa wo es um die ›Rettungspakete‹ in den letzten Jahren geht, handelt sich bei diesen Krediten um so etwas wie einen (vom Steuerzahler angeblich gezahlten) Zuschuss (also ein Geschenk) oder, schlimmer noch, um gedrucktes, also (potentiell) inflationsgenerierendes Geld. [Siehe dazu den Aufsatz »Deutsches Geld« im Anhang dieses Bandes.] Beide Seiten tun, nach außen wenigstens, so, als sei der für Kredite wesentliche Zeitbezug vernachlässigbar. (Näheres dazu siehe unten, Anm. 19.)

11 Bei einem Konsumentenkredit ist das anders: Er erlaubt es lediglich, die Warenkonsumtion zeitlich vorzuziehen – und in der Folge dessen dann den Unternehmen, ihre Waren früher auf dem Markt abzusetzen.

12 Dies auch in Zukunft meist nicht. Um zur Illustration wiederum den Schraubenfabrikanten zu bemühen: Das Geld für seine Investitionen braucht er jetzt; in ein paar Jahren dürften sich seine Kunden längst anderweitig beholfen haben.

13 Analog dem Problem mit der Umlaufgeschwindigkeit des Geldes, das den Geldtheoretikern es so schwierig macht, die im Umlauf befindliche (und notwendige) Bargeldmenge zu messen (denn ein Geldschein vermittelt eine Vielzahl von Tauschakten), haben sie ein Problem mit dem Geld, das für eine gewisse Zeit vom Finanzsektor (als Kredit) den Warenproduzenten (oder auch den Endkonsumenten) zur Verfügung gestellt wird. Von einer wirklichen Geldquelle kann hier natürlich nicht gesprochen werden, aber dennoch wird die Warenproduktion gesteigert. Und hier gilt zudem die Gleichung, dass, je kürzer die Zeit ist, in der dieses Geld wieder in den Finanzsektor zurückfließt, um von dort aus möglichst umgehend wieder neu ausgegeben zu werden, mit ein und demselben Geld immer mehr Waren produziert werden können. Aber diese Probleme der Geldmengentheorie brauchen uns (wie im ersten Kapitel ausgeführt) ja nicht zu interessieren,

Die Bonität Die Möglichkeit, mittels Einnahmen aus Krediten das, so könnte man es nennen: haushaltspolitische Grundpostulat alles Ökonomischen – nicht mehr ausgeben zu *sollen*, als man selbst unmittelbar (durch seine eigene ›Leistung‹) der Ware-Geld-Zirkulation entnommen hat – zumindest zeitweise (ohne irrational oder gegen das Recht verstoßend zu handeln) außer Kraft setzen zu können, hat zwar jeder Marktteilnehmer, aber offensichtlich differieren diese diesbezüglich untereinander stark: Der Begriff, der diese Unterschiede feststellt, ist die Bonität. Es ist offensichtlich, dass ein Staat von der Voraussetzung her eine andere Bonität genießt als ein Privatverbraucher und die Unternehmen wiederum anders eingeschätzt werden. Auch für die Bezifferung dieser Bonitäten haben die Ökonomen höchst ausgefeilte Instrumentarien entwickelt, die, wie deren Statistiken, im Detail jederzeit angefochten, aber in den allgemeinen Resultaten in ihrer Validität nur Einzelfälle betreffend infrage gestellt werden können.

Die Orte, von denen aus diese Einschätzung der Bonität vorgenommen wird, befinden sich natürlich im Finanzsektor – sie ist unverzichtbarer Teil der Aufbereitung der Geldware für den Markt. Schließlich soll, so das Ideal, das Kreditgeld nur dorthin fließen, wo sichergestellt ist, dass es zu den Eigentümern (den Sparern), nach Ablauf der mit ihnen vereinbarten Zeit, wieder zurückfließt. Was immer man gegen die Fachleute aus dem Finanzsektor vorzubringen hat: bislang funktioniert diese Rückzahlung (trotz einiger Krisen und normalen, mal mehr mal weniger mit Insolvenzverfahren verbundenen Fehlallokationen) erstaunlich zuverlässig – andernfalls hätten sich die Geldeigentümer längst massenhaft einer Besitzübertragung ihrer Wertspeicher in Kreditgeld verweigert.

Das so schlecht beleumundete Finanzsystem aus der angeblich ›wirklichen‹ Reichtum generierenden ›Realwirtschaft‹ herauslösen zu wollen, es als ein System darzustellen, das sich verselbständigt habe und die produktive Wirtschaft ersticke, ist jedenfalls absurd:

> und die durch die Steigerung der Umlaufgeschwindigkeit des Geldes bewirkte Ausweitung der Warenmenge können wir umstandslos der ›bloßen‹ Expansion (in manchen Zeiten natürlich auch der Kontraktion) zurechnen.
> Eine weitere, der Umlaufgeschwindigkeit des Geldes analoge, aber einem völlig anderen Prozess entstammende Geldquelle (die auch an die Zeit, aber in einer wiederum anderen Form gebunden ist), liefert die Produktivitätssteigerung: die ist aber noch kein Thema. Für all diese Geldquellen gilt jedoch, was auch für das Anwerfen der Gelddruckmaschinen gilt: Als Inflationsquelle überhaupt interpretierbar werden sie erst dann, wenn sie auf keine, das inflationäre Potential wieder ›aufsaugende‹ Expansion treffen.

Die Bonität 77

Erst dank dieses Finanzsystems gelingt es, indem das bei den Einzelnen akkumulierte Speichermedium Geld eingesammelt und in allgemein-gesellschaftliches Zirkulationsgeld rückverwandelt wird, die Ware-Geld-Zirkulation in einen in sich abgeschlossenen (Geld-) Kreislauf zu überführen.[14] Nur aufgrund des im Finanzsektor vermittelten Kreditumlaufs verblieb, historisch gesehen, die Geldzirkulation nicht in der althergebrachten Falle persönlicher Abhängigkeiten, nicht in unmittelbaren Gewaltverhältnissen, die in allen Zeiten vor (und neben) der kapitalistischen Produktionsweise eine sich stetig steigernde Warenproduktion verhindert haben (und sie weiterhin verhindern, etwa in den islamisch geprägten Ländern).[15]

Natürlich: es gibt Probleme, die dieser Sektor generiert, und diese resultieren logisch aus der Zeit, an die das Kreditgeld (im Unterschied zum Geld als Zirkulations- oder Wertaufbewahrungsmittel, für die,

14 Die Formel, die dafür entwickelt wurde, dass nämlich die Sparquote der Investitionsquote äquivalent sei, geht wiederum wohl auf Keynes zurück, und war für Zeiten, in denen so genannter Kapitalhunger bestand, auch einigermaßen plausibel. Von diesem Hunger ist die Ökonomie heute allerdings schon lange weit entfernt. (Das hindert aber keinen, dennoch zu behaupten, dass erhöhtes Sparen – womit vor allem auch steigende Gewinne gemeint sind – automatisch mit einer Erhöhung der Investitionsquote verbunden wäre.)

15 Wer bedenkt, wie bis in die Neuzeit hinein mit Schuldnern umgegangen wurde, und was heute noch die mafiöse Abhängigkeit von Privatgläubigern bedeutet, sollte die rechtlich mittlerweile weitgehend entpersönlicht geregelten Insolvenzverfahren zu schätzen wissen.

Bei diesem Thema, in dem es um die Überführung persönlicher Abhängigkeiten in gesellschaftliche (Gewalt-) Verhältnisse geht, muss unbedingt die diesem immanente Beziehung der Wirtschaftssubjekte zu den Juden angesprochen werden, was hier in einer Fußnote geschehen kann, weil dies an anderen Orten im Umfeld der Veröffentlichung dieses Artikels ausreichend geschieht. [Gemeint ist die Zeitschrift sans phrase, gilt aber auch für den ça ira-Verlag.] Hier also nur so viel: Selbstredend war schon der Antijudaismus blanke Demagogie (oder, in heutigen Begriffen: Rassismus und Ideologie), aber, bezeichnenderweise beginnend in der Mitte des 19. Jahrhunderts, als das Kreditsystem sich in seiner gesellschaftlichen Allgemeinheit immer deutlicher herausbildete, transformierte sich dieser Antijudaismus in den Antisemitismus: Hier wird dann, im Juden und niemandem sonst, nicht mehr der äußere Feind als angeblich die ideale ständische Ordnung zerstörende Kraft bestimmt, sondern als der Feind, der die Ordnung von innen heraus zersetzt. Personifiziert wird damit die – mit der Entfaltung des kapitalistischen Kreditsystems verbundene – Entwicklung, die aus unmittelbarer Abhängigkeit von Autoritäten ein komplexes System apersonaler, gesellschaftlicher Abhängigkeiten generiert. Und von Deutschland ausgehend wurde dieser innere Feind nahezu in ganz Europa vernichtet – auf diese ›Leistung‹ sind alle bis heute stolz, etwa wenn sie sich an den ›Erfolgen‹ der deutschen Wirtschaft begeistern: an Wirtschaftswunder, Exportweltmeisterschaft, Sozialpartnerschaft.

wie gezeigt, je ein anderer Zeitbezug in Anschlag zu bringen ist) unauflöslich gebunden bleibt. Die Bonität eines potentiellen Kreditnehmers hat immer zwei Zeit-Komponenten: Die eine betrifft die Zukunft und zieht immer so etwas wie einen Wechsel auf die Absetzbarkeit seiner Warenaufbereitung auf dem Markt. Jedem Banker gilt das als höchst riskantes Unterfangen, das man lieber Privaten überlässt[16] –, obwohl doch genau diese Vermittlung in die produktiven Bereiche der Ökonomie das Ziel aller Kreditvergabe sein soll. Der Ausweg[17] – und hier liegt das zentrale Problem aller Kreditvermittlungen –, den er im Einklang mit der Bankgesetzgebung wählt: Er greift zur Absicherung der Kredite auf das in der Vergangenheit akkumulierte Vermögen des Kreditnehmers zurück. Bei diesem handelt es sich um Sach- und Geldwerte (Grundstücke, Gebäude, Maschinen, Warenbestände usw. einerseits, festgelegte Spareinlagen über Aktien- und Devisenbestände bis hin zu Kunstwerken andererseits), die von diesem Kreditnehmer auf Dauer (die über die Kreditlaufzeit jedenfalls hinausgeht) dem Waren- oder Geldmarkt entzogen wurden (hier als konsumiert gelten und deshalb in der Welt-GR nicht mehr auftauchen). Die Idee hinter dieser Absicherung ist ja sehr gut nachzuvollziehen: Der Wertaufbewahrer (vulgo: der Sparer), auf den jeder Kredit in letzter Instanz zurückgeht,[18] soll vor dem Verlust seines Geldes geschützt werden, indem, wenn ein Kredit doch platzen sollte, mit der dann erfolgenden Inanspruchnahme des in der Vergangenheit akkumulierten Vermögens des Kreditnehmers eine Wertmasse zur Verfügung steht, die ihm dennoch den Erhalt seiner eingebrachten Wertaufbewahrungsmasse garantiert, oder anders, schlichter: die Bank jederzeit zahlungsfähig bleibt.

Das Buchgeld Das Problem aller Bonitätsermittlung entsteht nicht dadurch, dass im Falle des Platzens eines Kredits abgeschriebene

---

16 Das ist von Land zu Land unterschiedlich; die Risikobereitschaft – vor allem der Privaten – in den USA soll bekanntlich höher sein als in Deutschland. Hier hat man zwar versucht, etwa über Existenzgründungsdarlehen, die von der Kreditanstalt für Wiederaufbau (KfW), also letztlich vom Staat, abgesichert sind, die Risikobereitschaft anzuheben, aber nur mit mäßigem Erfolg.

17 Wir sehen davon ab, dass fast immer auch versucht wird, den Erfolg in der Vergangenheit einfach in die Zukunft fortzuschreiben; ein das Sicherheitsgefühl zwar erhöhendes, aber alles andere als das Risiko bedeutsam minderndes Verfahren.

18 Die Kreditvergabe der Nationalbanken an die Geschäftsbanken stellt in gewisser Weise eine Ausnahme dar, aber jene unternehmen alles bilanztechnisch Mögliche, damit es so erscheint, als wäre auch das von ihnen ausgegebene Geld (zumindest in der Vergangenheit) aus realen Tauschakten auf den Märkten hervor gegangen – und entstamme somit nicht dem Anwerfen der Druckerpresse.

Das Buchgeld 79

Gegenstände wieder in die Ware-Geld-Zirkulation eingeführt werden: Das passiert, etwa bei Rohstoffen, ständig, erst recht beim Handel mit gebrauchten Waren. Das Problem entsteht, weil diese (an die Kreditgeber abgetretenen, verpfändeten) Vermögenswerte zwar beliehen worden sind und so aus ihnen (betriebswirtschaftlich, vom einzelnen Wirtschaftssubjekt her gesehen: zeitlich befristet)[19] Geld geschöpft wurde, sie aber eben *nicht* auf den Markt (in die originäre Ware-Geld-Zirkulation) geworfen werden und ihnen also kein ›echtes‹ Preisäquivalent gegenübersteht, sondern nur das in den Aufzeichnungen der Unternehmen des Finanzsektors und deren Bilanzen (dort aber meist sehr unkenntlich untergebracht) verbuchte Geld (deswegen die Bezeichnung Buchgeld).[20]

Problematisch und besonders für die so plausible Formel der Äquivalenz von Spar- und Investitionsquote geradezu fatal ist: Das bei den Sparern eingesammelte und in Kredit transformierte Geld muss

---

19 Gesamtökonomisch hingegen hebt sich diese zeitliche Befristung im Finanzsektor, teilweise wenigstens, ja tatsächlich auf: Denn zurückgeflossene Kreditgelder werden, so schnell wie möglich (davon hängt der ökonomische Erfolg der Bank schließlich ab), wieder in neue (meist an andere Kreditnehmer vergebene) verwandelt. Dies erzeugt den Anschein, als sei dadurch der Zeitbezug des Kreditgeldes – im Ganzen – aufgehoben, was aber, betriebswirtschaftlich gesehen, eindeutig falsch ist. (Die denn in Anm. 10 angesprochene Nachlässigkeit der Ökonomen sitzt also diesem Anschein auf.) [Siehe dazu auch den Aufsatz »Deutsches Geld« im Anhang dieses Bandes.]
20 Nehmen wir als Beispiel den mittelständischen Hausbesitzer, der auf seine Immobilie eine Hypothek aufgenommen hat. Dazu musste er das Haus (und das Grundstück, auf dem es steht) der Bank abtreten. Zu sagen, es gehöre ab nun der Bank, ist billige Polemik und sachlich wie rechtlich falsch, denn selbstredend ist sein Haus nur in genau der Höhe von der Bank belastet, die der Restschuld des Kredites entspricht, den der Eigentümer von der Bank erhalten hat. Nur: es muss allseits gewusst werden, wie hoch der Wert von Haus und Grundstück zu beziffern ist. Der aber steht nicht ein- für allemal fest, sondern ist primär von der Entwicklung des Immobilienmarktes, aber auch ansonsten von vielen, um nicht zu sagen: nahezu allen Faktoren abhängig, die die Ökonomie insgesamt sich ständig in ihren Wertfixierungen (nicht in ihrer Struktur) wandeln lassen. Und das gilt natürlich für alle Vermögenswerte, die dem Finanzsystem zur Absicherung von Krediten abgetreten worden sind: Sie müssen ständig neu, den aktuellen Marktwerten angepasst werden.
Diese Bewertung kann natürlich nicht willkürlich geschehen, die Bankenaufsicht (und die Finanzämter) haben ein (mehr oder weniger) strenges Auge darauf. Aber die Spielräume sind enorm – weswegen die Gestaltungsfreiheit durch die Bilanzbuchhalter legendär und für den Außenstehenden kaum nachvollziehbar ist. Wichtig für uns ist: Diese Bewertungen dringen im Detail nicht nach außen; gehen nicht in die Welt-GR ein: In dieser erscheint nur der tatsächlich erzielte Preis für das Grundstück des obigen Hauseigentümers, den es beim Kauf – oder in der Zwangsversteigerung: nach Platzen des Kredites – erzielt hat.

keinesfalls an warenproduzierende Unternehmen, also an solche wie den obigen Schraubenfabrikanten, weitergeleitet werden; vielleicht haben die ihren Investitionsbedarf längst aus anderen Quellen finanziert (oder sehen sich außerstande, die Rückzahlung und die verlangten Zinsen an ihre Kunden weiterzugeben). Kein Kreditgeber kann und wird verlangen, dass Kredite nur unmittelbar zur Warenproduktion in Anspruch genommen werden dürfen.[21] Jeder Kreditnehmer kann sie, sofern er hinreichend Sicherheiten beibringt, umstandslos auch zur privaten Warenkonsumtion verwenden.[22] Die Art der Verwendung eines Kredits (innerhalb der Warenproduktion oder -konsumtion) führt ja auch keineswegs zu irgendwelchen Störungen im ökonomischen Gesamtgefüge, denn sie betrifft allein die *Warenarten*, also die qualitative Seite, auf die diese (kreditbedingte) Expansion des Zirkulationsgeldes entfällt. Aber, und jetzt beginnt das Problem eklatant virulent zu werden: Ein Schuldner kann einen neuen Kredit auch dazu verwenden, einen alten zurückzuzahlen, um so (im Grunde) die Frist zu verlängern, innerhalb der er seinen älteren hätte zurückzahlen müssen.[23] Also was, wenn das Kreditgeld – aufgrund

21 Und wenn dennoch verlangt wird, den Kredit an bestimmte Zwecke zu binden: Nichts ist einfacher als das Geld, das man für Investitionen ursprünglich vorgesehen hatte, so auf andere Ausgaben zu verteilen, dass nun, nachdem der Kredit bewilligt ist, alles so aussieht, als würden damit genau die Zwecke verfolgt, für die er gewährt worden ist. Das ist auch die Krux aller zweckgebundenen Subventionen und Fördermittel – die sich besonders eklatant und mit schlimmen Folgen bei der so genannten Entwicklungshilfe zeigt: Dank dieser ›Hilfe‹ können die Herrschenden dieser Staaten dem dortigen, wie rudimentär auch immer funktionierenden, ökonomischen System Geld entziehen und für sich (also für Waffen oder Konten in der Schweiz) anlegen: die Entwicklungshilfe füllt das der so der Ökonomie entnommene Geld ja wieder auf.
22 Verfügt ein Unternehmen über genügend Bonität, dann kann es natürlich Kredite auch zu dem Zweck aufnehmen, seine Produktionskapazitäten zu erweitern, obwohl dies, von der aktuellen Marktlage her gesehen, gar nicht opportun ist. Es schafft sich damit aber, solange die Nichtauslastung keine Verluste einfährt, einen Produktions-Puffer, der ihm in Zukunft sehr zugute kommen kann. (Wenn zum Beispiel ein Immobilienunternehmen es sich leisten kann, ein Drittel seiner Gebäude leer stehen zu lassen – weil der Markt für die vermieteten es mühelos erlaubt, die Kosten für diesen Leerstand in die erlösten Mieten einzupreisen –, sieht das nur nach außen aus, als handele dieses Unternehmen irrational; das Gegenteil ist der Fall. Denn sobald die Nachfrage steigt, ist er jedenfalls schneller als alle Konkurrenten auf dem Markt und macht ›schöne‹ Gewinne.)
   Die Übernahme der DDR durch die BRD bietet übrigens das Protobeispiel für die Abhängigkeit der Inflationsentwicklung von der Auslastung der Produktionskapazitäten: Hätte man bei der Einführung der D-Mark in der DDR auf solche Überkapazitäten nicht zurückgreifen können, bliebe unerklärlich, warum es in der Folge nicht zu einem nennenswerten Anstieg der Inflationsrate gekommen ist.
23 Die exemplarische Vorlage dafür gibt der Staat ab: Zwar tilgt er ständig Kredite, nimmt aber zugleich neue auf, (bisher wenigstens) meist in noch größerer Höhe

Das Buchgeld 81

vorhandener Bonität – weder in die Produktion noch die Konsumtion ›gesteckt‹ wird, sondern auf Dauer allein im Finanzsektor, dort in sich selbst zirkulierend (oder auch fest angelegt), verbleibt?[24] Dies funktioniert natürlich nur solange, wie die Bonität der derart ihre Kredite ›streckenden‹ Schuldner reicht. Analog zur Berechnung des oberen Grenzwertes in der Preisgestaltung lässt sich bei jedem Kreditnehmer eine obere Grenze der Bonität ermitteln[25] – so

als er getilgt hat (die Kennzeichnung dafür nennt sich Neuverschuldung). Was dem Staat recht ist, ist den Unternehmen, gerade denen aus dem Finanzsektor, aber schon lange billig. Und gerade letztere, das muss bei alldem immer mitbedacht werden, sind beileibe nicht nur Kreditgeber, sondern, und das erst recht, Kreditnehmer: nicht nur bei den Nationalbanken, sondern auch bei anderen Finanzinstituten, also ihren Konkurrenten.

24 Man kann dieses dort verbleibende Geld, im Anschluss an die Wertkritik von Robert Kurz (die es, wenn auch nur für kurze Zeit, geschafft hat, bis in die Bastionen der ›bürgerlichen‹ Ökonomie vorzudringen) Casino- oder Spielgeld nennen. Was diese Wertkritik aber übersieht: Zwar sammelt sich hier ein Krisenpotential an. Aber ob dieses auch virulent wird, hängt von Umständen ab, die politisch, jedenfalls nicht aus der Ökonomie allein, vorgegeben werden. Der Casinokapitalismus ist, an sich betrachtet, keinesfalls ein Phänomen, das dem Kapitalismus ein Ende bereitet, sondern, ganz im Gegenteil, eines, das sein Weiterleben (wie lange, kann dahingestellt bleiben) sichert.

Was die Ausdrücke Casinokapitalismus und Spielgeld nicht zuletzt so unzulänglich macht, ist deren Bezug auf die Glücksspiele, die ansonsten (in wirklichen Casinos bis hin zum Lotto) stattfinden: Die Gewinnchancen und -höhen der Wetten im Finanzsektor sind ungleich höher, die Spielregeln von einem selbst beeinflussbarer, der Einfluss Dritter (Staat, Buchmacher, Mafia), anders als in den offiziellen Casinos, kaum vorhanden, so dass der Vergleich schon von dieser Seite her hinkt.

25 Allgemein gilt für deren Bemessung: wer weiß, dass es ihm auf den Finanzmärkten (unter Einsatz seiner bisher angehäuften Vermögenswerte) jederzeit möglich ist, günstig an Kreditgeld zu kommen (was heißt, dass die Kosten für diesen Kredit unter den Erlösen liegen, die sich mit der Verwendung des Kreditgeldes, sei es im eigenen Unternehmen, sei es auf sonstigen Märkten, erzielen lassen), handelte irrational, würde er diesen Kredit nicht in Anspruch nehmen. Zumal des Weiteren gilt: Im Grunde muss jedes Unternehmen seine Bonität immer ›bis zum Anschlag‹ ausreizen: Denn die Konkurrenz schläft bekanntlich nicht, und man muss gewappnet sein, wenn diese ihrerseits all ihre Mittel einsetzt, um auf seine Kosten Marktanteile zu erobern. (Zur ›Not‹ gründet man als Autohersteller mit einem aus seiner Bonität zufließenden Geld selbst eine Bank und kann so, unter anderem, auch an den im Finanzsektor kursierenden, einem ansonsten verschlossenen Einnahmequellen partizipieren und sich eine zusätzliche Geldquelle erschließen.)

Außerdem gilt: Da keiner dem Geld ansehen kann, woher es stammt (verwiesen sei auf das obige Beispiel mit dem Schütten eines Eimers Wasser in den Rhein, [siehe Kapitel 2, Anm. 35]), interessiert es keinen Menschen, ob jemand mit dem Geld, das er ihm überlässt, seine Bonität eventuell überzogen hat. Sobald Rechnungen bezahlt und Verbindlichkeiten eingelöst werden, also keine Zahlungsunfähigkeit festgestellt werden kann, geht alles seinen normalen Gang. Dass sie

sehr in diese Berechnungen auch höchst subjektiv bleibende Faktoren immer mit einfließen.²⁶ Anders als beim Grenznutzen aber gilt hier: So genau die Berechnungen auch sein mögen,²⁷ die Grundlage

> zuvor schon ›dem Grunde nach‹ bestanden hat, wird erst in einem Insolvenzverfahren festgestellt (droht dann allerdings unter den Straftatbestand der Insolvenzverschleppung zu fallen). Einen (guten) Manager zeichnet jedenfalls aus, dass er ständig an der Bonitätsgrenze agiert, und sich deshalb dauernd ›mit einem Bein im Gefängnis‹ befindet. (Womit hier selbstredend keineswegs dazu aufgerufen werden soll, für diese ›armen‹ Manager Mitleid zu empfinden: sie sind sich dieses Risikos bewusst und werden fürstlich dafür entlohnt.)
>
> Dass es neuerdings gerade deutsche Großkonzerne trifft (VW; Deutsche Bank), denen in letzter Zeit nachgewiesen wurde, dass besonders sie sich an die globalen ›Spielregeln‹ nicht halten, kann man als Bestätigung dafür lesen, dass auch deutsche Globalisierer sich noch längst nicht von dem typisch deutschen Minderwertigkeitskomplex gelöst haben: Wenn alle die Spielregeln extensiv auslegen, kann ich nur gewinnen, wenn ich zu ihrer direkten Verletzung übergehe.

26 Die Behandlung der Eurokrisenstaaten seit der letzten Finanzkrise bietet bezüglich der Behandlung dieser Bonitätsgrenzen das beste Anschauungsmaterial: Urplötzlich fiel es Bankern und Politikern wie ›Schuppen von den Augen‹, dass einige EU-Staaten ›über ihre Verhältnisse‹ gelebt, was heißt, ihre Bonität überzogen hätten und dies auf die Bonität der anderen EU-Staaten übergreifen kann. Oder, dieses Übergreifen anders ausgedrückt: Wenn ein erheblicher Teil von fälligen Krediten nicht mehr in das Finanzsystem zurückfließt, bekommen alle der dort Agierenden ein riesiges Problem, denn es droht, dass auch sie ihre Gläubiger bald nicht mehr befriedigen können (und das sind eben nicht nur andere Banken, sondern vor allem all diejenigen Privaten, die ihr Eigentum der Bank abgetreten haben). Und so blieb der berühmt-berüchtigten Troika gar nichts anderes übrig, als die Krisenstaaten zu zwingen, diese Kredite weiter zu bedienen und es nach außen hin so aussehen zu lassen, als zahlten sie ihre Schulden: und zwar nicht mittels Aufnahme neuer Kredite – denn dazu reichte die Bonität nicht mehr –, sondern mit ›realem‹ Geld: dem aus der Warenproduktion, was für Staaten heißt: aus Steuereinnahmen. (Der alte Spruch, dass, wenn deine Schulden bei der Bank nur groß genug sind, im Falle deiner Zahlungsunfähigkeit nicht du ein Problem hast, sondern deine Bank, stimmt längst nicht mehr, denn du bekommst es heutzutage recht bald nicht nur mit deiner Bank, sondern auch mit deinen Mitbürgern zu tun, die dir ankreiden, dass sie wegen deiner Zahlungsunfähigkeit ihr Geld zu verlieren drohen.) Was dies für die Lebenswirklichkeit der Bevölkerung bedeutet, interessiert keinen, und das ist angesichts der Alternative: sofortiger Bankrott Aller oder perspektivische Sanierung nicht weiter verwunderlich, gemäß dem Motto: Sterben müssen wir sowieso, aber warum schon heute? Wichtiger ist, was den Staaten, die dazu gezwungen worden sind, die Tilgung von Schulden zur vordringlichen Aufgabe ihrer Politik zu erklären, als Gegenleistung versprochen wird: die Wiederherstellung beziehungsweise Aufrechterhaltung ihrer Bonität. Und diese Aussicht überzeugt einen jeden Staat weit eher als irgendwelche Folgen daraus für die Bevölkerung. Und, wie man sieht: bis jetzt funktioniert diese Art der Krisenlösung recht gut (wie vor noch nicht allzu langer Zeit schon der Thatcherismus und die Reagonomics, auch wenn diese Strategie nicht auf die Bonität des Staates, sondern die der Unternehmen bezogen war).

27 Einfach ist es allerdings keineswegs, die Bonität korrekt zu messen (zumal die Akkumulation neuer Vermögenswerte in die Bewertung ständig mit einzubeziehen

Das Buchgeld 83

aller Bonität beruht auf nicht berechenbarem Vertrauen,[28] so sehr es auch in die gängigen Rationalisierungen (von den Ökonomen: die Politiker sind hier ehrlicher) verpackt wird.[29] Und das führt zwangsläufig dazu, dass sich das Kreditgeld, das im Finanzsektor verbleibt, in immer höhere Dimensionen ausweitet.

Ökonomen behaupten nun, dass die Zinsen, die ein Kredit den einen kostet und dem anderen einbringt, dafür sorgen, dass das Leihen und Verleihen von Geld von sich aus danach dränge, auf welchen Umwegen auch immer, auf die Warenproduktion bezogen zu bleiben, denn schließlich seien Zinsen nichts anderes als Kosten, die über die Preisgestaltung auf dem warenproduzierenden Markt (wie die Kredite selbst letztlich auch) wieder eingenommen werden müssen.[30] Wir können diesen Ökonomen in der Hinsicht sogar noch

wäre), man braucht jedenfalls einen privilegierten Zugang zu den Vorgängen, die normalerweise unter das fallen, was für Außenstehende unter das Betriebsgeheimnis fällt (siehe dazu auch unten [Kapitel 4, Anm. 7]). Normal Tauschende – wie auch, wenn es zu Streitfällen kommt, die Gerichte – sind bezüglich der Bonitätsermittlung meist auf den Grundsatz von ›Treu und Glauben‹ angewiesen.

28 Weswegen die Bonität der USA immer höher eingeschätzt werden wird als die Chinas, aller empirischen ökonomischen Daten zum Trotz, und die Deutschlands höher als die der anderen europäischen Staaten (mit Ausnahme Großbritanniens vielleicht, das sich aber nach dem Brexit um diese Überlegenheit selbst zu bringen droht): denn in Bonitätsabwägungen gehen, darauf beruht Vertrauen nahezu a priori, macht- beziehungsweise hegemonialpolitische Erwägungen immer mit ein.

29 Sehr aufschlussreich für den Begriff von Bonität im Zusammenhang mit staatlicher Macht ist die von Adam H. Müller 1816 vorgelegte Geldtheorie (*Versuche einer neuen Theorie des Geldes mit besonderer Rücksicht auf Großbritannien*, Jena 1922), die in weiten Teilen, von den Ökonomen kaum beachtet, den modernen nominalistischen Monetarismus antizipiert, und den damaligen Erfolg Großbritanniens auf den Weltmärkten, wohl zurecht, mit der dort sich immer mehr durchsetzenden Loslösung des Geldes von der Golddeckung begründet. Interessanterweise ersetzt Müller das Gold schlicht durch die Bonität, die ein Staat auf sich vereinigt, und leitet daraus die Notwendigkeit eines ständischen Hofstaates ab, in der jeder Bürger an seinem Platz die Bonität des Ganzen zu vermehren habe (weswegen die verbreitete Kennzeichnung seiner Geldtheorie als romantische ihre Berechtigung hat). Unschwer ist hinter dieser Theorie die idealisierte Verfasstheit der habsburgischen Monarchie zu entdecken – ein Ideal, das auch heutzutage noch nicht überwunden ist, wie sich bei vielen Eurokritikern und Autarkiebefürwortern zeigt. [Siehe zum Hofstaat auch die Abschnitte »Gewalt und Autorität« in Kapitel 9, »Hofstaatler und Mittellose« in Kapitel 10, »Der Monotheismus« in Kapitel 11 sowie »Aktualität: Volksstaat und Krise« in Kapitel 12.]

30 Dass dies ein äußerst schwaches Argument ist, zeigen die seit der letzten Finanzkrise verstärkt unternommenen Versuche, die Bonitätsermittlung, insbesondere bei den im Finanzsektor tätigen Unternehmen, aber auch den Kreditaufnahmen der EU-Staaten, rechtlich auf einem Niveau zu halten, das unterhalb der sich auf den Märkten herausbildenden Bonität liegt, was natürlich darauf hinausläuft, den deutschen Wahn, mit mehr oder willkürlich festgesetzten Kennziffern die

bis dahin folgen, dass die Zinshöhe selbstredend denselben Preisbildungsmechanismen unterliegt wie alle anderen Preise auch.[31] Das Problem aber ist: Nichts kann verhindern, Bonität vorausgesetzt, dass auch diese Zinszahlungen sich im Finanzsystem selbst generieren; salopp: auch die Zinsen mit der Aufnahme neuer Kredite bezahlt werden.

Auch ohne nähere Erörterung jenes Einwandes seitens der Experten muss festgestellt werden, dass diese sich mit ihrer Auffassung erneut eines eklatanten Verstoßes gegen die Empirie schuldig machen: Ein Wievielfaches an Geldumlauf im Finanzsektor im Vergleich zu der Geldmenge, welche die Warenproduzenten zur Vorfinanzierung (und die Endverbraucher für die aktuelle, von ihrer Bonität her mögliche Befriedigung ihres Konsumbedarfs) benötigen, zurzeit existiert, ist umstritten – und korrekt nicht zu messen; dass es sich bei diesem im Finanzsektor mittlerweile akkumulierten (also dort fest angelegten oder die Anlageform immer mal wieder wechselnden) Geld aber um ein Vielfaches der Geldmenge handelt, die die aktuelle Ware-Geld-Zirkulation vermittelt, und das, würde es zum Zweck des unmittelbaren Warenverbrauchs verwendet, recht bald zu einer Inflation sondergleichen führen muss, kann von keinem bestritten werden (und wird es auch nicht, obwohl von diesem Inflationspotential in der Öffentlichkeit nie die Rede ist).[32] Und es handelt sich

---

Ökonomie unter Kontrolle halten zu können, europaweit durchzusetzen. Es ist nicht schwer vorauszusagen, dass der Stolz des deutschen Finanzministers, keine neuen Schulden mehr zu machen, sich bald erledigt haben wird, denn das Nichtausschöpfen vorhandener Bonität heute erhöht nur den Spielraum für neue Kredite morgen.

Die Aufnahme von Krediten seitens des Staates mit dem beliebten Argument zu denunzieren, sie belaste künftige Generationen, ist jedenfalls absurd. Als ob diese so dumm wären, auf die Ausnutzung der ihr zur Verfügung stehenden Bonität zu verzichten und sich allein damit beschäftigte, die von der vorigen Generation aufgenommenen Kredite zu tilgen.

[31] Wir wollen auch gar nicht daran herummäkeln, dass die Zinshöhe, welche die Nationalbanken von den Geschäftsbanken verlangen (die sich auf diese Weise mit ›frischem‹, aber eben nicht: frisch gedrucktem) Geld versorgen, sich nur äußerst vermittelt dem Markt verdankt. Offen eingestanden wird ja auch von den Währungshütern, dass sie mit der Festsetzung dieser Zinshöhe den Marktgesetzen eben nicht unterliegen, sondern – sei es aufgrund hochkomplexer Formeln, sei es, wie wir (siehe das erste Kapitel) vermuten, aufgrund von *trial and error* – sie korrigierend beeinflussen.

[32] Die Rede ist allein davon, dass eine Inflation dieses Vermögen entwertet, explizit wird nicht, dass es genau dieses Vermögen ist, das eine Inflation (wenn auch, bisher, nur potentiell) erst generiert.

hierbei, um das immer wieder zu betonen, nicht um eine Fehlallokation, gar eine Folge des Fehlverhaltens von irgendwem, sondern um eine durch und durch logisch folgerichtige Entwicklung, deren Grund darin liegt, die Geldware (wie die Arbeitskraft, das Grundeigentum, die Rohstoffe) von den theoretischen Prämissen her als Ware wie jede andere zu behandeln.[33] Hinzu kommt allerdings auch ein politisch-historischer Faktor: Denn im Interesse der Sparer (die infolge einer Inflation vollkommen zurecht ihr Vermögen entwertet sehen) hatte sich alle Welt – von weit rechts bis ganz weit links – spätestens ab Mitte der 1970er Jahre entschieden, die Inflation als – alle anderen weit in den Schatten stellendes – Hauptübel ökonomischer Fehlentwicklungen zu bekämpfen.[34]

Die Submärkte Was es damit auf sich hat, dass sich in Geld bewertetes Vermögen, also Buchgeld, als Kreditgeld wiederfindet, das weder bei den Unternehmen noch den sonstigen Warenkonsumenten Verwendung findet, zeigt sich besonders deutlich bei Aktien. Die Bewertung des Aktienvermögens (das *nicht* gehandelt wird, sondern meist in einem Depot liegt, also Bonität repräsentiert), *basiert* zwar auf der Grundlage der Börsenentwicklung dieser Aktien, stellt aber keineswegs selbst einen Preis dar. Dem Buchgeld wird eine derartige, börsenvermittelte Bewertung nur (oder: vor allem) deshalb so gerne zugrunde gelegt (besonders bei den Investment-Bankern), weil sie gemeinhin als quasi objektiv[35] gilt, wohingegen die Beurteilung des Werts von nicht an solchen Börsen gehandelten Sicherheiten sehr viel subjektiver ist – selbst wenn ihr noch so strenge, oft auch gesetzlich vorgegebene Kriterien zugrunde liegen.

Was keiner bedenkt, der von Krise spricht, wenn Aktien- oder sonstige Kurse ›einbrechen‹ (oder Investment-Banker ihre Wetten ›in den Sand‹ setzen): Unmittelbare Auswirkungen auf die

33 Im Grunde kann man gar nicht anders, denn täte man das nicht, bräche der Geldkreislauf sofort in sich zusammen und mit der kapitalistischen Reichtumsproduktion hätte es ein jähes Ende.
34 Das ›magische Viereck‹ (hohes Wachstum, geringe Inflation, hohe Beschäftigung, ausgeglichene Leistungsbilanz) – die bis dahin besonders in Deutschland virulente, gar mit Verfassungsrang versehene Formel für die Definition des ökonomisches Gleichgewichts –, war damit in eine bloße Rangfolge seiner Komponenten überführt: mit der Inflationsbekämpfung als absolut vorrangigem, der ausgeglichenen Leistungsbilanz als eher nebensächlichem Ziel.
35 ›Quasi‹, weil dieser Bewertung zwar Tauschakte zugrunde gelegt werden (die, die am Stichtag der Bewertung an der Börse stattgefunden haben), die aber natürlich ohne direkte Beteiligung der im Depot lagernden Aktien stattfindet.

Ware-Geld-Zirkulation können solche Crashs keine haben. Denn in ihnen ändert sich weder an der Geldumlaufmenge noch in der Warenproduktion irgendetwas,[36] der in der Welt-GR erfasste Umlauf von Waren und Geld funktioniert grundsätzlich unabhängig von börsenmäßig (oder ähnlich) erfassten Kursnotierungen, es verändert sich – wie bei jeder Preisänderung – allein bei den für die Kurse maßgeblichen, real stattfindenden Tauschakten die Distribution von Geld auf die Marktsubjekte.[37] Selbst noch dann, wenn in der Folge solcher Einbrüche Kredite von Warenproduzenten platzen – da die auf der Basis von Börsennotierungen aus der Vergangenheit abgetretenen Sicherheiten nun an Wert verloren haben, und dies zu Insolvenzen führen kann –, ist das zwar schlecht für die davon Betroffenen: aber die gesellschaftlich-allgemeine Geldmenge verändert sich dadurch ebenso wenig, es ändern sich – wie bei jeder Insolvenz, aber längst nicht nur in deren Folge – Art, Menge und Ort der Warenproduktion, die sich, und das ist schließlich allseits erwünscht, nun den neuen Verhältnissen konjunkturell anpasst.

Allein die *Vorstellung* der Geld- und Vermögenseigentümer davon, was ihr Eigentum, in Waren ausgedrückt, *wert* ist, passt sich in solchen Crashs den neuen Verhältnissen an.[38] Erst, wenn die Vermögensbesitzer angesichts des Umstandes, dass ihr Vermögen (vor allem das dem Finanzsektor abgetretene) sich in Luft aufzulösen droht,[39] in Panik geraten – und all ihre noch bestehenden Ansprüche an das

---

36 Feststellen lässt sich nur: Urplötzlich häufen sich die Verkäufe von Aktienbesitzern, die Aktien für eine Preishöhe abgeben, die weit unter dem Preis liegt, den sie gekostet haben. Aus der Perspektive der Welt-GR haben sich aber – und darauf muss, weil dies ständig übersehen wird, immer wieder hingewiesen werden – nichts als Preise geändert und den konjunkturellen Bedingungen angepasst; es hat ein Vorgang stattgefunden, der in seiner Alltäglichkeit kaum zu übertreffen ist.

37 Was normalerweise sich schleichend vollzieht (mit für Einzelne immer existentiellen Folgen), erfolgt in solchen Crashs abrupt und für viele Einzelne zugleich. Dank der sich auf solche Spektakel fokussierenden Medien entsteht daraus natürlich recht schnell eine Panik. [Siehe dazu den Abschnitt »Die Öffentlichkeit« in Kapitel 10 sowie Kapitel 11 mit dem Titel »Das Massenbewusstsein«.]

38 Um mit Arthur Schopenhauer zu reden: Die Welt als Vorstellung (im Besitz eines bestimmten Vermögens zu sein) passt sich der Welt als Wille (das meint bei ihm: dem im Einzelwillen zur Erscheinung kommenden Anteil am ›realen‹ Wert des gesellschaftlichen Gesamtvermögens) an.

39 Was für die Schuldner nicht unbedingt heißt, dass sich ihre Schulden proportional verringern würden: die bleiben, werden sie nicht endgültig abgeschrieben, meist ›in den Büchern‹ stehen oder werden (an Inkassounternehmen etwa) verkauft, bis er stirbt und seine Erben die Erbschaft ausschlagen. Nur bei einer inflationären Geldentwertung profitieren die Schuldner dem proportional, was die Vermögensbesitzer verlieren.

Finanzsystem (ihre Titel, so der *terminus technicus*), wo es irgend geht, zu Bargeld[40] machen wollen, das sie unter der Bettdecke vergraben[41] oder, schlimmer noch, es möglichst schnell in (konsumierbare) Waren umzusetzen versuchen, zeigen sich umso verheerendere Auswirkungen, je länger diese Panik anhält: der Geldumlauf steigt, die Wirtschaft boomt eventuell sogar zunächst – denn sie reizt nun all ihre Produktionskapazitäten aus, weil die Nachfrage nach Waren aller Art rasant ansteigt. Schnell aber sind deren Grenzen erreicht und dann (und erst dann!) hat die Inflation freie Bahn.[42] Das im Finanzsektor geparkte Geld wird zu einer sprudelnden Quelle frischen Geldes, deren Ergiebigkeit – anders als dann, wenn ein Staat Geld einfach druckt – völlig unkontrolliert die Geldmenge aufbläht.[43]

40 Und dies nun – weil die Bank, bei der man ansonsten dieses Bargeld deponiert, zahlungsunfähig zu werden droht – in Bargeld im hergebrachten Sinne.
41 Hat man noch Hoffnung, dann lässt sich natürlich das betroffene Geld auch in eine andere Bank oder Währung verschieben, was aber am Prinzip nichts ändert.
42 Schon hier kann in aller Deutlichkeit festgestellt werden, was im Grunde erst vollständig dargestellt werden kann, wenn der Begriff des Kapitals bestimmt worden ist: Selbstredend erlebt ein in Panik geratener Vermögensbesitzer eine Krise. Es geht aber an der Sache (dem Krisenbegriff) völlig vorbei, aus dieser subjektiven Befindlichkeit umstandslos auf die allgemeine Lage der Ökonomie zu schließen: Die Phänomene, die heute unter dem Begriff Finanzkrise abgehandelt werden, verdecken, um ein Ergebnis unserer Darlegungen an dieser Stelle zu antizipieren, nur das zugrundeliegende Produktionspotential, das vom Markt nicht abgerufen wird, und verschieben den Zeitpunkt, zu dem dies als Krise auch manifest wird – weil auch die Bonitätsgrenzen, die das verschleiern, irgendwann überschritten sein werden – auf später. (Damit, dass die nicht nur vorgestellten, sondern realen Krisen des Kapitals ihren empirisch adäquaten Ausdruck allein in einer Überproduktion von Waren finden, und also nicht etwa in einer Unterversorgung der Bevölkerung oder gar im Finanzsektor, gehen wir mit den Marxisten, die sich von der marxschen Ökonomiekritik noch nicht vollständig verabschiedet haben, konform.)
43 Die daraus resultierende Panik gilt es, unter allen Umständen politisch-ideologisch zu verhindern: Dafür liefert die letzte Finanzkrise Beispiele *en masse*. Genannt seien nur die so genannte Bankensanierung auf Zypern – die beinahe als Schuss nach hinten losgegangen wäre – und die Drohung des damaligen Euro-Gruppen-Vorsitzenden (so etwas wie ein Finanzminister der Euro-Staaten) Jean-Claude Juncker an den Finanzsektor, dann, wenn die dort Verantwortlichen die Spekulationen (Wetten) gegen den Euro nicht unterbinden, ohne Rücksicht auf irgendwelche ökonomietheoretischen Prämissen oder gesetzliche Vorgaben die Druckerpresse anzuwerfen – die hingegen ihren Zweck erreicht hat. Gegen die Masse an Geld, die der Finanzsektor an Spiel- oder auch sonstigem Geld in den Ring werfen kann, um damit, für sich gewinnbringend, die meisten EU-Staaten in die Pleite zu treiben, ist im Grunde zwar kein Kraut gewachsen. Gegen Gelddruckmaschinen aber ist auch jede Spekulation machtlos: die dadurch initiierte (so leer die Drohung auch bleiben mag) Geld- und Vermögensentwertung droht alle Wetter (und die Geldbesitzer insgesamt) zu Verlierern werden zu lassen.

Dasselbe wie für Aktien gilt selbstredend für all die Derivate, die auf ihnen aufbauen, all die Optionsgeschäfte, also die Wetten, die da abgeschlossen werden. Nicht nur das: alle möglichen anderen Submärkte[44] – von Anleihen, Devisen, Immobilien, Rohstoffen, Arbeitskräften und Sonstigem – unterliegen denselben Mechanismen, wenn auch natürlich bezogen auf deren Besonderheiten: Ausgegeben werden sie mit mehr oder weniger unmittelbaren Bezug auf real existierende Vermögen: bei Aktien ist es der Erwerb eines Anteils an einem Unternehmen, bei Devisen wird eine Währung in eine andere getauscht, bei Staatsanleihen darauf vertraut, dass der Staat jederzeit in der Lage ist, das ihm geliehene Geld aufgrund seiner Steuereinnahmen wieder zurückzuzahlen. Doch was das Geld *wert* ist, das man da im Vertrauen darauf anlegt, es nicht nur vollständig, sondern mit einem Zins- oder sonstigen Aufschlag (mit dem man, bei einem Steigen der Börsenkurse etwa, ja fest rechnet) zurückzuerhalten, hängt davon ab, ob diese reinen Bewertungsmärkte die eigenen Vorstellungen (vom *Wert*-Sein seines Vermögens; und das gilt für den Arbeitsmarkt ganz besonders) bestätigen oder nicht; Vertrauen ist und bleibt hier die entscheidende Kategorie.

Ohne vermittelten Bezug auf den Zentral-Markt sind diese Submärkte, ist das Vertrauen, das sich hier generiert (oder auch nicht), sowieso nie – die hier stattfindenden Prozesse ergänzen die Mechanismen normaler Preisbildung und funktionieren auf derselben Basis[45]: Angebot und Nachfrage, Konkurrenz, Grenznutzenermittlung sind die entscheidenden Bestimmungsgründe auch der hier sich generierenden Maßhöhen. Verallgemeinert und objektiviert werden auf diesen Submärkten – wie natürlich auch, und erst recht, die Politik einer ist –, bildlich gesprochen, nur die Verhandlungen, die früher auf allen Märkten (vergleichbar dem, was heute noch auf den Basaren die Touristen fasziniert) jedem Tauschakt vorangingen; sie wurden quasi

---

44 Ein zugegebenermaßen von uns neu geschaffener Begriff, der darauf verweisen soll, dass die Ökonomen qualitative Unterscheidungen zwischen den Märkten begrifflich ebenso unzureichend treffen wie zwischen Warenarten.
45 Nochmals, um ein Missverständnis auszuschließen, das sich immer einzuschleichen droht, sobald von Geld die Rede ist: Bei beidem, dem Buchgeld (als Bezifferung von Bonität) und dem Zirkulationsgeld, handelt es sich allein um *vorgestelltes*: das zirkulierende erscheint als Währung unmittelbar empirisch, während das Buchgeld diesen Schritt in die Empirie (man kann auch sagen: seine Nagelprobe) immer noch erst vor sich hat (sollte es zu dessen Inanspruchnahme, etwa beim Platzen von Krediten, denn kommen).

in diese virtuellen Märkte[46] ausgelagert und deren Entwicklung gibt den Unternehmen nicht zuletzt eine weitere unverzichtbare Basis für die Ermittlung der Preishöhen, die sie für die von ihnen produzierten Waren verlangen können, um rational zu wirtschaften.

---

46 Diese gängige Bezeichnung für das, was hier Submärkte genannt wird, ist so verkehrt nicht, solange unter dieser Virtualität kein Gegensatz, sondern nichts weiter als eine (notwendige) Ergänzung zur (empirischen) Realität der in der Welt-GR erfassten Tauschakte verstanden wird.

Kapitel 4 Der Preis als Maß

Die Quellen der Inflation 93
Die Maße für Wachstum und Inflation 97
Das Maß für Leistung 100

All die im Finanzsektor beschäftigten Banker, Broker oder auch Spekulanten (bis hin zu den Vertretern von Hedgefonds) verfolgen im eigenen Interesse nur ein einziges Ziel: das ihnen entgegengebrachte Vertrauen nicht zu enttäuschen. Doch kein Vermögen ist davor gefeit, von Bewertungen auf Submärkten – die die Bemühungen der ›Finanzjongleure‹ konterkarieren – verschont zu bleiben. Und die allermeisten Geldeigentümer wollen das auch gar nicht: denn in normalen Zeiten ist die Regel die, dass sich ihr Vermögen in der Folge dieser Jongliererei im Vergleich zu bloßen Spareinlagen sehr viel schneller erhöht. Wie dem auch sei: All diese Bewertungen haben jedenfalls keine unmittelbaren Auswirkungen auf das ökonomische Gleichgewicht, sondern allein auf die realisierte Preishöhe (letztlich, je weiter man in die Fertigungstiefe eindringt: aller) Waren – mit den damit verbundenen, vollkommen normalen Auswirkungen entweder auf andere Waren oder die Höhe des den Wirtschaftssubjekten als Wertspeicher dienenden Geldes.[1]

Die Quellen der Inflation Als potentielle Quelle für Inflation haben wir zwar das im Finanzsektor kursierende, von den Bankern und ›Spekulanten‹ verwaltete Buchgeld ausgemacht, sobald es (spontan

---

[1] Mittelbar beeinflussen die Bewertungen auf den Submärkten natürlich die Entscheidungsgrundlagen der ökonomischen Subjekte. Aber diese Beeinflussung macht aus diesen deshalb noch lange keine (*homini oeconomici* genannte) Automaten, deren Verhalten berechenbar wäre – so liebend gerne die Ökonomen (und Börsengurus) das auch so hätten. Diese Entscheidungen folgen der ökonomischen Rationalität nur sehr bedingt: Wie in jede Verhandlung über eine Preishöhe gehen erst recht auch in diese Submärkte libidinöse Bindungen und Erwartungen und vor allem auch: politisch bedingte, auf Macht und Status beruhende Entscheidungen mit ein und werden hier preislich (im Sinne von: ›als ob‹ ein realer Tausch stattgefunden hätte) bewertet. (Jeder politische Vorgang, wie weit entfernt er von ökonomisch relevanten Vorgängen auch sein mag, kann im DAX zu Veränderungen führen.) Realisiert wird dieser Preis aber erst in genau dem Augenblick, in dem er tatsächlich gezahlt wird: das Aktienpaket seinen Besitzer gewechselt, die Devisen umgetauscht, die Rohstoffe verkauft, die mit den Gewerkschaften ausgehandelten Löhne bezahlt worden sind.

und unkontrolliert) in Zirkulationsgeld verwandelt wird.[2] Möglicherweise ist eine kontinuierliche Transformation von Buchgeld in ›Geld als solches‹ tatsächlich heute eine der Hauptquellen für die – seit Jahrzehnten nur noch vor sich dahindümpelnde – aktuelle Inflationsrate.[3] Genau wissen kann das aber kein Ökonom und wir können das erst recht nicht: denn die Daten der Welt-GR lassen es, wie wiederholt dargelegt, noch nicht einmal zu, die im Umlauf befindliche (und notwendige) (Bar-)Geldmenge genau zu messen, woraus allein schon unmittelbar folgt, dass man ebenso wenig exakt messen kann, wie viel ›von außen‹ in die Geldzirkulation eingegangen ist. Was für alles Geld gilt, das einen Tausch vermittelt: um ihm ansehen zu können, welchen Zwecken es zuvor gedient hat oder welchen Einnahmequellen es entstammt, gilt auch und erst recht für das Buchgeld: Um empirisch entscheiden zu können, ob in der Warenproduktion zirkulierendes Geld zuvor (und zu welchem Anteil) eine virtuelle (also ›bloße‹ Bewertungs-)Funktion (oder welche andere) innehatte, braucht es mehr als hellseherische Fähigkeiten – rational ist das von Grund auf unmöglich, so sehr auch die Unterscheidung zwischen Geld als solchem, Geld als Wertspeicher und Kreditgeld begrifflich notwendig ist, um die vom Geld vermittelte Realität erst im Ganzen erfassen zu können.

Eine weitere Geldquelle, bei der es (neben dem Gelddrucken durch den Staat) allerdings eindeutig ist, dass sie für eine inflationäre Erhöhung der Geldmenge unmittelbar verantwortlich sein *kann*, haben wir ebenfalls schon angedeutet: Wenn ein Kredit platzt, und der Gläubiger, meist eine Bank natürlich, es sich leisten kann, diesen

2 Dass Bankkunden ihre Konten plündern, wenn ihnen ein Verlust droht, und sie damit das Problem nicht lösen, sondern, wenn nicht auslösen, so doch verschärfen, ist ein uraltes Problem. Erklärungsbedürftig ist eher der Umstand, warum es seit etwa dem Zweiten Weltkrieg zu solchen Panikreaktionen so selten gekommen ist. (Womit nicht gesagt werden soll, dass die ›guten‹ Gründe für diese Panik entfallen sind, im Gegenteil: Um zu erahnen, was es bedeutet, wenn diese Gründe lediglich gesellschaftlich institutionalisiert, also von den Individuen dorthin verdrängt worden sind, braucht es keine psychoanalytischen Vorkenntnisse.)

3 Es handelt sich dann jedenfalls um eine recht neue Quelle: Einen derartigen Überschuss an Geldware hat es zu früheren Zeiten nicht gegeben, zu Zeiten also, als dennoch (wahrscheinlich auch gerade deswegen, weil) die Inflationsrate sehr viel höher war als heute. Jedenfalls muss die Zufuhr an ›frischem‹ Buchgeld in den Finanzsektor in den letzten vier Jahrzehnten weit über diesem ›Abfluss‹ (in die Inflation) gelegen haben; sonst wäre dessen Vervielfachung nicht zu erklären. Die Vermutung liegt nahe, dass ohne diese Quelle keine Inflations-, sondern nurmehr eine Deflationsrate gemessen werden könnte. Wie dem auch sei: bei all dem wäre natürlich auch noch die Distribution des realen, von uns noch längst nicht hinreichend bestimmte Wachstum zu berücksichtigen.

Kredit einfach abzuschreiben, ohne damit gleichzeitig seine Schuldner zu belasten,[4] dann steigt die Geldmenge um diesen abgeschriebenen Betrag. Denn der Kredit wurde als Zirkulationsgeld in Umlauf gebracht; es wird dort im Verlaufe der Zeit zur Einnahme sehr vieler anderer, ist in deren Eigentum übergegangen und sie werden sich hüten, es wieder herauszugeben; ganz abgesehen davon, dass diese neuen Eigentümer gar nicht mehr auffindbar sein dürften. In nahezu jeder Insolvenz (was heißt: der Insolvente hat mehr Ausgaben als Einnahmen gehabt, was er durch Kredite finanziert hat, die er nun nicht mehr zurückzahlen kann) platzen derartige Kredite. Belastet deren Abschreibung im Finanzsektor kein Vermögen von Privaten oder warenproduzierenden Unternehmen,[5] dann steigt die Geldmenge (die Preissumme in der Welt-GR) jedenfalls an. In normalen Zeiten dürften die Auswirkungen dieser Quelle auf eine inflationäre Entwicklung allerdings äußerst gering und kaum zu messen sein. Auch wenn in die Insolvenz eines größeren Unternehmens viele andere mit hineingezogen werden, kommt es kaum zu einem signifikanten Anstieg der Inflation: Die Waren, so weit sie marktfähig sind, Pleite gegangener Unternehmen werden bald von anderen produziert und nach einem kurzen Konjunktureinbruch geht es wie gewohnt weiter.

Anders verhält es sich, wenn Unternehmen aus dem Finanzsektor (oder gar der Staat) ihrerseits die eigene Bonität überreizen und sie zahlungsunfähig werden, also ihnen die Insolvenz droht. Ginge dabei nur Buchgeld verloren und könnte man deren Insolvenzfolgen von der Warenproduktion fern halten, bliebe natürlich auch in diesem Fall alles ökonomisch in bester Ordnung (selbst wenn politisch-ideologisch natürlich ›die Hütte brennen‹ würde) und das Inflationspotential könnte weiterhin unter Kontrolle gehalten werden.[6]

---

4 Bilanztechnisch heißt dies: diese Bank kann als Gegenbuchung für diese Abschreibung Buchgeld in Anschlag bringen; sie nimmt einfach eine Neubewertung der ihr abgetretenen Vermögenswerte vor. (Natürlich geht das letztlich auch auf Kosten ihres Gewinns: aber diese Kosten sind, wenn die Bank rational wirtschaftet, über die Zinsen, die Gebühren, die Rückstellungen usw. zuvor – aufgrund von Erfahrungswerten – längst eingepreist worden, schmälern also deren ›Gewinnerwartung‹ nicht.)

5 Lieferanten, die ihre Rechnungen nicht mehr bezahlt bekommen, Private, die ihr Geld direkt dem nun Insolventen verliehen haben, haben nichts als Pech gehabt; auf die Geldmenge hat dieses ihr Pech – so wenig wie das mit ihm direkt verbundene, unmittelbar proportionale Glück anderer – keinen Einfluss.

6 Die, mal wieder von Deutschen besonders vehement eingeforderte institutionelle Trennung der Bankgeschäfte in einen normalen und spekulativen Teil läuft letztlich auf eine ›Trockenlegung‹ dieser Funktion des Finanzsektors hinaus, will

Aber diese Begrenzung ist tatsächlich nur schwer möglich; auch die gestalterische Freiheit der Bilanzbuchhalter hat ihre Grenzen. Nicht zuletzt wird etwa eine Bank überhaupt erst in eine derartige Schieflage geraten, sobald es ihr nicht mehr möglich ist, die Rückzahlung der Einlagen der Geldeigentümer zu garantieren.[7] Eine Inflation droht aber selbst bei solchen Zusammenbrüchen im Finanzsektor nicht unmittelbar, sondern lediglich (zunächst jedenfalls) eine ganz normale Überproduktionskrise, was heißt, die Kapazitätsauslastung der Unternehmen geht zurück, weil die dort produzierten Waren die Käufer nicht mehr finden, die diese ansonsten ›auf Pump‹ gekauft hätten – und dies kann natürlich zur Insolvenz dieser Unternehmen führen. Erst in der Folge dann, wenn es zu den berühmt-berüchtigten Kettenreaktionen[8] kommt, kann eine Überproduktionskrise sich auch in einer, eventuell gar galoppierenden Inflation einen Ausdruck verschaffen.

Die Entwicklungen auf den Submärkten gelten jedenfalls – und diese ›Evolution‹ ist keinesfalls wieder rückgängig zu machen (es sei denn, der Staat verbietet die Existenz von Börsen und damit letztlich die von Märkten überhaupt) – als die entscheidenden Indikatoren für die zukünftige gesamtwirtschaftliche Entwicklung, womit man (dann doch) Virtualität mit Realität verwechselt und sich wundert, warum die aufgrund der Entwicklungen auf diesen Submärkten erstellten Prognosen (und die damit verbundenen Erwartungen) mindestens ebenso wenig valide sind wie die, welche die künftige Entwicklung des SP betreffen.[9] Oder anders: Politiker, Anleger und

    also das Rad der Geschichte zurückdrehen: Die für den Kapitalismus wesentliche Funktion des Kreditgeldes, gespeicherten Wert in die Warenproduktion zu leiten, soll dem Finanzsektor genommen und von jemand anderem erfüllt werden: Mit diesem Anderen kann (in Deutschland, in den angelsächsischen Ländern ist das bezeichnenderweise grundlegend anders) nur der Staat gemeint sein.
7 Das Bankgeheimnis, wie immer mittlerweile aufgeweicht, wie das Steuergeheimnis und der Datenschutz insgesamt sollen verhindern, dass Außenstehende Einblick in die tatsächliche ökonomische Situation einer Bank (aber das gilt für alle Unternehmen gleichermaßen) bekommen. Und das ist auch gut so: Denn würden diese Außenstehenden über die innerbetrieblichen Vorgänge stets vollständig informiert sein, wären wohl unzählige Insolvenzverfahren die unmittelbare Folge, Verfahren, die in Gang gesetzt werden würden, bevor es zu einer tatsächlich festgestellten Zahlungsunfähigkeit (Bonitätsüberschreitung) kommt und von vornherein verhindern würden, dass ein Unternehmen ›auf die Beine‹ kommt.
8 Die allesamt in der Vorstellungswelt der Marktsubjekte, zu denen natürlich auch die für Währungsfragen in der Politik Verantwortlichen gehören, ihre Basis haben, also nicht in den realen ökonomischen Verhältnissen.
9 Es ist schon fast ein Allgemeinplatz, dass noch nie eine Prognose über die künftige wirtschaftliche Entwicklung auch nur einigermaßen, das heißt innerhalb der

ihre Berater, Wirtschaftsjournalisten und alle anderen Marktsubjekte wundern sich – und das zeigt, wie tief die Verkehrungen des logisch zwar folgerichtigen, aber die Realität gerade deshalb verfehlenden Denkens mittlerweile in den Köpfen verankert sind –, warum sie mit ihren Prognosen (Erwartungen) auf die Prognosen, die die Ökonomen in bezug auf die Ware-Geld-Zirkulation erstellen (vor allem das Wachstum und die Inflation betreffend),[10] noch weiter daneben liegen als diese selbst.

Die Maße für Wachstum und Inflation Sich bei Ökonomen um eine Erklärung für diese (und viele anderen) eklatanten Fehlberechnungen zu bemühen, ist aussichtslos. Sie stellen schlicht (und wie gezeigt: besser geht es auch kaum), bezogen auf den im Geld repräsentierten Warenwert aller in einem bestimmten Zeitraum produzierten Waren, also in der Ermittlung des SP, fest, dass es ein – sich in einem Mehr an inflationsneutralem Geld[11] ausdrückendes – Wachstum (oder, wenn auch sehr viel seltener, dessen Ausbleiben)[12] gibt. Um dieses Wachstum zumindest inflationsbereinigt messen zu können, sollten sie aber, denkt man sich, zumindest wissen, woher eine Inflation stammt, welche Faktoren sie generiert usw.: denn messen kann

---

wissenschaftstheoretisch akzeptablen Fehlerquoten, korrekt war. Man mag es als nebensächlich erachten, wenn statt 2% prognostiziertem nur 1,5% Wachstum erreicht werden: der Fehlerquotient beträgt aber nun einmal 25%, und das auf nur ein einziges Jahr bezogen, was bei den Geldsummen, um die es dabei geht – um vom wissenschaftlichen Anspruch, mit dem die Ökonomen auftreten, ganz zu schweigen – dermaßen enorm ist, dass der Verdacht, hier würde ein aus der Vergangenheit intuitiv ermitteltes ›Bauchgefühl‹ mit hohem mathematischen und forschungsintensiven Aufwand in die Zukunft verlängert, kaum auszuräumen ist. Dasselbe Problem mit ihren eigenen wissenschaftlichen Ansprüchen haben allerdings oft auch Naturwissenschaftler, etwa die, die sich mit der künftigen Klimaerwärmung beschäftigen – wenn auch der Zeitraum bei ihnen sehr viel weiter gefasst ist als bei den Ökonomen. Wie dem auch sei: würde etwa die Quantenphysik nur annähernd solche Fehlerquoten bei ihren Messungen akzeptieren, gäbe es sie als ernst zu nehmendes Teilgebiet der Physik wohl kaum noch.

10 Unmittelbar ablesbar an der medialen Aufregung, die alle umtreibt, sobald es darum geht, auf die Bekanntgabe der neuen Leitzinsen der Nationalbanken zu warten. [Siehe hierzu den Abschnitt »Die Öffentlichkeit« in Kapitel 10.] Hier kann man sogar von Prognosen in der dritten Potenz sprechen. (Darauf, dass es in all diesen Prognosen natürlich auch um das Phänomen der *self-fulfilling prophecy* geht, sei hier nur hingewiesen: es ist offensichtlich und für den wissenschaftlichen Anspruch der Ökonomen von vornherein fatal.)

11 Das natürlich nur den genannten potentiellen Quellen der Geldschöpfung entstammen kann.

12 Was sprachlich in den (von vielen belächelten) Bezeichnungen Nullwachstum oder Minuswachstum seinen Ausdruck findet.

man natürlich, was man will, aber wenn man nicht weiß, was man misst, kann man sich das Messen auch sparen. Allein auf der Grundlage einer national erhobenen, wirtschaftlichen Gesamtrechnung (eine andere systemisch konsistente Basis für ökonomische Messungen gibt es nicht) ist es aber, wie anhand unserer Welt-GR gezeigt, unmöglich, Inflation überhaupt festzustellen, denn man kann nicht nachvollziehen, ob das Geld, das der Käufer über den alten Preis hinaus bezahlt, dem ›alten‹ Geldkreislauf, seiner Expansion oder (immer nur: potentiell!) inflationsgenerierenden Quellen entstammt.

Jeder weiß jedoch, und erfährt es alltäglich: diese Inflation gibt es. Und sie hat es immer gegeben, zieht man die sehr viel selteneren Zeiten der Deflation ab – vor der aktuell die Währungshüter aber große Angst haben.[13] Also, und das ist der einzige Ausweg aus diesem Dilemma: man definiert die Maßeinheit für Inflation entlang genau dieser alltäglichen Erfahrung; und vergisst wieder einmal einfach alles, was man ansonsten über die Preisbildungsmechanismen herausgefunden hat. Das heißt, man stellt einen, wie immer für repräsentativ erachteten Warenkorb zusammen (auf den sich die Ökonomen nach vielen Verhandlungen einigen), und ermittelt die Preissumme für diese Waren. Für denselben Warenkorb macht man das zu einem späteren Zeitpunkt. Ist die Preissumme dann höher, hat man die Inflations-, ist sie niedriger, die Deflationsrate ermittelt, die aus dem ermittelten SP herausgerechnet werden muss, um dessen ›reales‹ Wachstum[14] zu ermitteln.[15]

Letztlich wichtiger als eine korrekte Ermittlung des allgemein-gesellschaftlichen Wachstums ist ja auch die politische Bedeutung

13 Die Deflation gilt als eher noch schlimmeres Übel als die Inflation. Das ist zwar geldtheoretisch nicht zu begründen (und wird es auch nicht), denn für die Deflation gilt ganz einfach genau dasselbe wie für die Inflation, nur mit umgekehrten Vorzeichen (ist bei dem einen zu viel, so bei dem anderen zu wenig Geld in Umlauf). Psychologisch ist der Unterschied enorm und für das Wachstum fatal: Je höher die Inflationserwartung, umso schneller ist man bestrebt, sein Geld in Waren umzusetzen, und so befeuert man zumindest die ›bloße‹ Expansion. [Siehe dazu den Abschnitt »Die ›bloße‹ Expansion in Kapitel 2.] Die Deflationserwartung bewirkt das Gegenteil: die Konsumenten halten ihr Geld beisammen und warten ab, bis die Waren mit weniger Geld zu erwerben sind, was dann aber die Deflation sich beschleunigen lässt und die Wartezeit wiederum verlängert; usw.
14 Wenn auch, daran sei erinnert, ununterschieden in expansive oder produktive Anteile. [Siehe dazu den Abschnitt »Die ›bloße‹ Expansion in Kapitel 2.]
15 Wem das im Ganzen als inkonsistentes, das falsche Ineinssetzen von Birnen und Äpfeln weit übersteigendes Verfahren vorkommt, der hat ganz Recht: Eine innere Logik, die diese Methode, die Inflation aus dem Wachstum herauszurechnen, mit der Wirtschaftstheorie, gleichgültig in welcher Fassung, verbindet, gibt es nicht. Aber es funktioniert; und das ist allein entscheidend.

einer solchen, der sonstigen Theorie aufgesetzten Ermittlung der Inflationsrate. Denn nun kann jeder Einzelne validieren, ob seine Vorstellung vom Warenwert seines Geldes der von den Ökonomen gemessenen Realität entspricht. Und ermitteln, ob die von ihm auf den Märkten erzielten Einnahmen (besonders die aus Löhnen und Zinsen) tatsächlich – also in Waren ausgedrückt – gestiegen sind, ob er also Erfolg gehabt hat. Bei seinen alltäglichen Einkäufen kann er sich nun jederzeit die Korrektheit seiner Vorstellung veranschaulichen und ein Blick in die Preislisten für größere Anschaffungen zeigt ihm an, ob sein Vermögen, in Geld ausgedrückt, tatsächlich gewachsen ist. Zwar bleibt immer eine Unsicherheit: denn bei der so ermittelten Inflationsrate handelt es sich um einen Durchschnittswert – zumal infrage steht, ob der zugrungegelegte Warenkorb auch dem entspricht, den der Einzelne vor Augen hat, wenn er an den Wert seines Geldes denkt – aber damit kann man allseits, wie die letzten Jahrzehnte zeigen, ›leben‹.

Sachlich, also qualitativ gesehen ist es im Grunde auch recht ›vernünftig‹, bei der Bestimmung der Inflationsrate sich möglichst eng auf die Waren zu konzentrieren, die vom privaten Endverbraucher konsumiert werden, ja sogar die Definition von Inflation überhaupt auf diese Auswirkung hin auszurichten und die restlichen Prozesse (in der Produktion, auf den Geldmärkten, bei der Geldschöpfung) sowie die Antwort auf die Frage nach der ursächlichen Quelle dabei weitgehend sich selbst zu überlassen. Und die in unserer Gesellschaft alles überragende Frage nach einer Praxis, die unerwünschten Wirkungen entgegenzuwirken vermag, ist mit dieser einfachen (wenn auch sehr konstruiert vorgenommenen) Maßbestimmung der Durchschnitts-Inflationsrate ebenfalls allseits zufriedenstellend beantwortet: seit langem schon gilt für die kapitalistisch entwickelten Staaten das Prinzip, dass die Inflationsrate 2 % nicht überschreiten sollte,[16] und dieses Ziel wird auch seit vier Jahrzehnten nahezu vollkommen erreicht, und zwar hauptsächlich, indem man die Nationalbanken (auch gesetzlich) auf die Erhaltung der Geldwertstabilität festlegte und politisch-ideologisch bei der Begründung aller ökonomischen Entscheidungen so tut, als sei diese Stabilität die absolute Voraussetzung des Erreichens auch aller anderen Ziele (Wachstum, Sichern und Schaffen von Arbeitsplätzen, allgemeiner Wohlstand etc.).

---

16 Aber, um der Gefahr der Deflation zu begegnen: auch nicht signifikant unterschritten werden sollte.

Dem Rationalismus jedenfalls, der aus dem rationalen Verhalten der Einzelnen die Rationalität des Ganzen (in der Ökonomie: die Steigerung des Allgemeinwohls) folgert, scheint Genüge getan. ›Reales‹ Wachstum, also die Steigerung seines Wohlstandes, heißt für den an der Erstellung des Welt-GR Beteiligten, also jeden von uns: Dieses gibt es tatsächlich und in Geld messbar auch für uns persönlich, sobald wir zum jetzigen Zeitpunkt für dasselbe (also das um die Inflationsrate ›bereinigte‹) Geld, im Vergleich zu früheren Zeitpunkten, mehr Waren erwerben können. Oder, besser und präziser ausgedrückt: Für dieselbe Leistung, die ich in einem (oder als) Unternehmen erbringen muss, um ein bestimmtes Quantum Geld zu erhalten, kann ich mit eben diesem selben Geld – und von dieser Seite her gesehen spielt die Inflation noch nicht einmal eine Rolle – mehr Waren erwerben als zu einem früheren Zeitpunkt. Ist dies der Fall, dann hat es (für mich persönlich jedenfalls) ein Wachstum gegeben. Ist dies auch gesellschaftlich (oder für viele beziehungsweise der Mehrheit meiner Mitbürger) der Fall, kann man von einem allgemeinen Wachstum (oder, wem das denn eine Herzensangelegenheit ist, auch von einem Steigen des nationalen ›Reichtums‹) sprechen – abstrakt ausgedrückt in der Prozentzahl, die bei den Ökonomen das Wachstum des SP beziffert.[17]

Das Maß für Leistung Sehr viel entscheidender als eine derartige Bewertung des Wachstums ist allerdings die Beurteilung der Leistung, die der Einzelne bei der Umformung von Waren zu erbringen hat, damit sie einen Tauschwert erlangen.[18] Ohne eine solche Leistung,

---

17 Da die Ökonomen zwischen Expansion und Produktivität bei der Berechnung des SP nicht trennen, bleibt ihr Verweis auf die Steigerung der Produktivität, die auch in dieses Maß ›realen‹ Wachstums mit eingegangen sei und es erkläre, hilflos. Es gilt vielmehr: Das von ihnen gemessene stetig steigende Wachstum stellt ein Mysterium dar, das sich aus der Ware-Geld-Zirkulation einfach nicht erklären lässt. Zumal, wie sich zeigen wird, die Produktivität zur Steigerung des Wachstums rein gar nichts beiträgt, sondern im Gegenteil: Denn berücksichtigt man sie gesondert, dann dürfte das Wachstum (allein von der Geldseite, nicht der Warenmenge her betrachtet) nicht steigen, sondern müsste sinken. [Siehe hierzu auch den ersten Teil des Gesprächs zwischen M. D. und Christian Thalmaier im Anhang des Buches.]

18 Das Geld, das jemand bei sich als Einnahme verbucht hat, kann ihm uneingeschränkt als sein Eigentum im Grunde nur deshalb gelten, weil er dessen Erhalt als (vollkommen gerechte) Gegenleistung für eine von ihm erbrachte Leistung legitimieren kann. Ohne diese Legitimation beruhte dieses Geld, nicht zuletzt rechtlich gesehen, auf Betrug oder gar Raub (zumindest auf Veruntreuung oder sei es auch nur Missbrauch).

so das wohl alle anderen in den Schatten stellende Dogma aller Ökonomen und Politiker, kein Wachstum, kein Erfolg (noch nicht einmal ein Erhalt des einmal Erreichten).[19] Die obige Gleichsetzung zwischen Leistung und Geld (für den Ankauf von Waren) stimmt ja auch dann, wenn ich von derselben Warenmenge ausgehe, und nur die Leistung, die ich für deren Erwerb aufbringen musste, geringer ist. Und für den Fall einer Minderung des Wohlstandes gilt umgekehrt dasselbe. Was die Definition dieses Begriffes von Leistung betrifft, geht man jedenfalls unter Ökonomen schlicht und einfach somit genauso vor, wie bei der Definition der Maßeinheiten für Preis[20], Wachstum und Inflation: Kann ich der Zirkulationssphäre Geld für mich entnehmen, dann habe ich – das mag überzogen polemisch klingen, aber darauf läuft der unter Ökonomen wie Politikern, und im Alltagsverstand erst recht, gängige Leistungsbegriff hinaus – eine dieser Geldmenge entsprechende Leistung erbracht.

In dieser Allgemeinheit formuliert wird natürlich weder ein Ökonom noch – und das erst recht nicht – ein Politiker das so stehen lassen wollen. Denn das hieße, dass auch Diebstahl und Raub, Betrug und Veruntreuung unter diesen Leistungsbegriff fallen würden und auch Sozialhilfeempfänger eine Leistung erbrächten.[21] Wie offen ideologisch konstruiert das im Leistungsbegriff Implizierte dennoch immer daher kommt, erweist sich spätestens, wenn Geldeinnahmen aus Zinsen oder Aktienverkäufen bis hin zu Gewinnen aus Glücksspielen jeder Art völlig selbstverständlich als Erlös aus einer Leistungserbringung (aufgrund der Zurverfügungstellung von Geld, von Risikobereitschaft, Geldeinsatz im Glücksspiel) gelten, bei Sozialhilfeempfängern aber sofort der Verdacht des Missbrauchs zur

---

19 Sprachlich und sachlich kommt die zentrale Bedeutung des Leistungsbegriffs für die Ökonomie darin zum Ausdruck, dass SP und Nationaleinkommen (auf Deutsch: Volkseinkommen) sich zwar auf der Sache nach durchaus Unterschiedliches beziehen: Das SP erfasst die Summe aller Endverbrauchspreise, das Nationaleinkommen bezieht sich auf die steuerlich erfassten Einnahmen der Staatsbürger im Inland: als von ihnen erbrachte Leistung. Im Resultat ändert sich nichts, da es sich nur um Varianten der Messung ein und derselben Sache handelt.
20 Und Wert: als mit dem Preis einfach identisch Gesetztes.
21 Der Grundsatz ›Fordern und Fördern‹, die gesamte Hartz-IV-Gesetzgebung und Praxis soll sicherstellen, dass tatsächlich eine Leistung in Geld aufgewogen wird, die über das Ausfüllen von Anträgen hinausgeht. Dabei erbringt doch, was natürlich keiner offen zugeben mag, jedes Wirtschaftssubjekt schon allein qua seiner Staatsbürgerschaft (sofern er sie ›besitzt‹, natürlich) eine Leistung, die über die, Konsument zu sein (im Grunde auch eine Leistung), noch hinaus geht: Er ist zur Loyalität gegenüber seinem Staat verpflichtet, was spätestens dann manifest wird, wenn er als Soldat für sein Vaterland zu sterben bereit sein muss.

Debatte steht. Weder an dieser noch an anderer Stelle wollen wir uns aber über solche Inkonsistenz moralisch empören, sondern einen ›konstruktiven‹ Vorschlag machen und Leistung wie folgt definieren: Wenn ich als (oder in einem) Unternehmen, den gesetzlichen Vorschriften entsprechend, daran mitgewirkt habe, Waren herzustellen, die einen kaufkräftigen Konsumenten gefunden haben, habe ich eine Leistung erbracht, deren Äquivalent der Betrag an Geld ist, den ich dafür erhalten habe.

Werfen wir nun einen Blick in die Spalte, die wir, wie im ersten Kapitel näher ausgeführt, in die Welt-GR – gegen alle gängige Praxis – eingeführt haben, nämlich die, in der die Zeit erfasst ist, die jeder Einzelne für die Aufbereitung der Waren aufgebracht hat, die einen Käufer gefunden haben, in der also das erfasst ist, was Marx abstrakte Arbeit genannt hat, dann kann ich meine in der Welt-GR erfassten Zeiten addieren, meinen Einnahmen aus demselben Zeitraum gegenüberstellen und erhalte nun eine Bestimmung von Leistung, die zumindest operationalisierbar ist und die, so sehr auch sie natürlich ideologisch interpretiert werden kann, dennoch alle Ansprüche, die man an Objektivität in Bezug auf ökonomische Prozesse nur stellen kann, eindeutig erfüllt. Und der besondere Vorteil dieser Messung: Die Leistungen werden direkt untereinander vergleichbar; ansonsten bliebe nur ein tautologisches Maß der Art, dass 1 (in WG gemessene) Einheit Leistung nun einmal gleich 1 WG sei; auch wenn diese Art der Messung den Vorteil hat, in seiner Inhaltsleere und nichtssagenden Aussagekraft der gängigen tautologischen Geldwertbestimmung analog zu sein.

So schwer es Sozialisten auch fallen mag, hier nicht sofort in riesiges Gezeter zu verfallen, weil diese Leistungsmessung doch eindeutig zeige, wie ungerecht es in unserer Gesellschaft zugehe – ›verdient‹ der eine in einer Stunde (manchmal noch weniger) gesellschaftlich im Durchschnitt notwendiger Arbeitszeit doch dasselbe wie der, der dafür 2000 Stunden seiner Lebenszeit hingeben muss –, seien sie auch und gerade angesichts dieser Maßzahl gewarnt; wie sie schon am Ende des ersten Teils gewarnt wurden, die Marxsche Bestimmung des Geldwerts über die abstrakte Arbeit als Bestimmung irgendeines ›wahren‹ Werts misszuverstehen. Was dort über diese abstrakte Arbeit ausgeführt wurde, gilt für dieses Maß von Leistung erst recht: Diese Maßzahl ist vollkommen sinnlos, wenn ihr nicht der gesamte, bis hier dargestellte Prozess der Preisermittlung zugrunde gelegt wird; sie lässt sich von der Existenz des Kapitals nicht ablösen. Wer seine Kritik im Rückgriff auf den Begriff der abstrakten

Arbeit begründet (wie immer kritisch er persönlich diesem Begriff auch gegenüberstehen mag), leistet keine Kritik, sondern setzt auf die Fortexistenz des Kapitals – oder noch Schlimmeres.

Kapitel 5   Die Subjekte der politischen Ökonomie

Die Unternehmen: Zur inneren Logik des
ökonomischen Gleichgewichts 111
Der Staat: Ökonomisch-historische Bestimmung 116
Die Konsumenten: Das Verschwinden der Ware 126

Die Subjekte der politischen Ökonomie Die Sphäre der Zirkulation, das heißt die Gesamtheit der in einer (fiktiven) Weltgesamtrechnung (Welt-GR)[1] erfassten Tauschakte, bildet eine Einheit,[2] in der zwischen quantitativen Preisausdrücken auf der einen und qualitativen Bestimmungen der verschiedensten Warengattungen und arten auf der anderen Seite eine Äquivalenzbeziehung besteht. In ihr verliert die Beurteilung der Qualität der auf der Warenseite versammelten Gegenstände (einschließlich der für ihre Produktion notwendigen Waren)[3]

[1] Siehe zur Klärung der ökonomischen Grundbegriffe das erste Kapitel. Im zweiten bis vierten Kapitel ging es mir um die Mechanismen der Preisbildung. Im vorliegenden fünften Kapitel wie auch in dem nächsten Kapitel steht die ökonomische Rolle des Staates im Zentrum. Im Kapitel sieben und acht wird abschließend der Kapitalbegriff bestimmt. [Hier folgt M. D. noch seinem ersten Plan (Stichwort »abschließend«). In der nächsten Anm. scheint er den Plan dann gleich wieder zu sprengen, wenn er davon spricht, dass abschließend das Verhältnis von Gewalt und Tausch am Ende der Darstellung überhaupt erst noch geklärt werden müsste. Siehe dazu auch die editorische Nachbemerkung der Herausgeber im Anhang des Buches.]

[2] Zur Erinnerung: vom Prinzip her kann in diese Welt-GR jeder empirisch beobachtbare Akt Eingang finden, also als Tauschakt erfasst werden, dank dem jeder objektivierte Gegenstand mit einem Preis versehen werden kann. Oder anders: Es gibt kein unmittelbar als identisch Seiendes Wahrgenommenes und technisch Reproduzierbares, das nicht Warenform annehmen kann. Dem wäre all das gegenüberzustellen, was ebenso wirklich ist, aber, weil es keine Warenform annehmen, dem Ökonomischen nicht zugerechnet werden kann: die Libido, die Gewalt, die Autorität, die Moral, die Ästhetik, die Logik, die Erkenntnis, die Erfahrung. Bewusst sehen wir uns, soweit es irgend geht, von dieser nicht-ökonomischen Wirklichkeit zu abstrahieren. Inwieweit auch sie (auf einer höheren, die Warenförmigkeit übersteigenden Abstraktionsebene) von der Logik des Tausches durchdrungen ist, soll erst am Ende dieser Darstellung erörtert werden und kann naturgemäß auch nur dargestellt werden, wenn man weiß, wie die äußere Welt ökonomisch (was heißt: über Tauschakte vermittelt) sich reproduziert.

[3] Dieser Herstellungsprozess geht in die Welt-GR nicht unmittelbar ein, doch ließe sich aus den in ihr erfassten Daten umstandslos ermitteln, welche Tauschakte das Unternehmen A vorgenommen hat, bevor es die Ware an die Konsumenten N hat veräußern können. Sonderlich aussagekräftig wäre eine derartige Sortierung der Datensätze der Welt-GR aber nicht. (Wie an entsprechender Stelle dargestellt, muss allerdings während der Ermittlung des Sozialprodukts diese

ihren subjektiv-beliebigen Charakter,[4] da sich den einzelnen Waren[5] (und deren vorangegangener Produktion) eindeutig ein der Geldseite entsprechendes Quantum zuordnen lässt. Genau diese Möglichkeit, Qualität jederzeit und allerorten quantitativ ausdrücken und damit Subjektivität in Objektivität aufgehen lassen zu können,[6] bildet das

Unterscheidung getroffen werden, damit in es nur der Endverbrauch von Privaten – oder vom Staat – eingeht.) Wie ebenfalls schon gezeigt: um die Produktionsbedingungen adäquat darstellen zu können, muss man zusätzlich auf die Aufzeichnungen in den Unternehmen zurückgreifen. Insofern stimmt die linke Kritik an der gängigen Nationalökonomie, dass diese in ihrer Fixierung auf die Zirkulationsebene von diesen Produktionsbedingungen weitgehend abstrahiert. Dieser Kritik wäre aber, auf dem bisherigen Stand unserer Darstellung, entgegen zu halten, dass dieser Abstraktion weder ideologische noch methodisch-prinzipielle Ursachen (oder gar klassenkämpferisch-ideologische Motive) zugrunde liegen. Denn die Daten liegen (zumindest in den Unternehmen und potentiell auch den Finanz- oder Statistikämtern) vor, doch man benötigt sie einfach nicht, um den zentralen Zweck einer Gesamtrechnung: die Messung des Sozialprodukts und dessen Wachstums, zu erfüllen.

Indem wir in die Welt-GR eine eigene Spalte für die Arbeitszeit eingefügt haben, die auf die Produktion der Waren entfallen ist, haben wir, darin Marx folgend, eine innere Beziehung von Produktion und Zirkulation ausgewiesen, die es zwar erlaubt, den Geldwert nicht tautologisch zu bestimmen, aber darauf allein lässt sich keine Kritik an der Nationalökonomie gründen, sondern dies stellt bis hier nicht mehr als eine Ergänzung ihrer Datenerhebungsverfahren dar. Diese Kritik ist erst geleistet, wenn wir die Begriffe Profit und Produktivität bestimmt haben und zeigen können, dass deren Messung die Phänomene von Grund auf sprengt, die von den empirisch erhobenen Daten erfasst werden.

4 Der allen Waren, werden sie allein als Gebrauchswerte gefasst, eigen ist.
5 Man muss, aus begriffslogischen Gründen, betonen, dass es sich bei Waren um Vergegenständlichungen (Objektivierungen) im Sinne Hegels handelt; dieser Begriff somit keine nominale Definition darstellt – und auch keine so genannte Realdefinition, wie sie Wissenschaftstheoretiker, unter gewissen Umständen, als eine Form der Begriffsbildung akzeptieren.
6 Anzuzeigen ist an dieser Stelle, dass Frank Engster (Das Geld als Maß, Mittel und Methode. Das Rechnen mit der Identität der Zeit. Berlin 2014) ein monumentales Werk vorgelegt hat, an dem zunächst sehr bemerkenswert ist, dass in ihm eine Marxinterpretation vorgelegt wird, die ernst macht damit, dass es Marx in der Wertformanalyse, also bei der logischen Herleitung des Geldes, in erster Linie darum geht, mit dem Geldbegriff ein Maß zu entwickeln, das es erlaubt, alle Qualität als Quantität auszudrücken und zu operationalisieren. So offensichtlich das ist, so vernachlässigt wurde von der bisherigen Marx-Philologie, dass die vom Geld zur Verfügung gestellte Maßeinheit kein mehr oder weniger relevanter Randaspekt des Marxschen Werkes darstellt, sondern in dessen Zentrum steht. So weit gehen wir mit Engster konform. Indem dieser aber nun das Geld ausdrücklich so fasst, als sei es von Marx dem Hegelschen Geist logisch analog entfaltet worden, wird es zu einem sich gar seiner selbst bewussten Super-Subjekt, aus dem sich alle Objektivität herausetzt. Das hat neben einigen Kapriolen bei der Marxinterpretation schwerwiegende Folgen für den Kritikbegriff, die so von uns keinesfalls akzeptiert werden können, da sie auf die postmoderne und im Kern existentialontologische

Faszinosum, das dem Rationalismus – und das beileibe nicht auf die Ökonomie beschränkt – eine substantiell-materielle[7] und deduktiv operationalisierbare, das heißt berechenbare Basis verschafft.

Was die Geldseite der Welt-GR betrifft, so haben wir die für sie zentralen Differenzierungen in den vorangegangenen Teilen herausgearbeitet: Das Geld als solches (als es selbst, logisch betrachtet) ist Zirkulationsmittel (man kann auch sagen: überempirisches Medium), das empirisch in Form einer Währung (wie eine Ware: also dinglich)[8]

> Akzeptanz einer angeblich transzendental unüberschreitbaren Seinsstruktur hinauslaufen. Relevant für den vorliegenden Beitrag ist Engsters Werk also vor allem deshalb, weil es, obwohl hier wie dort das Messen im Zentrum steht, zeigt, wie gegensätzlich die Resultate trotzdem ausfallen können. Oder anders: Engster beweist ungewollt, dass der hegelianisierenden Interpretation von Marx mehr oder weniger enge Grenzen gesetzt sind. Diese betreffen vor allem den Ausgangspunkt der Darstellung und das heißt die Frage, ob der Geldbegriff so etwas wie eine *prima philosophia* Hegelscher Provenienz beinhaltet oder ob nicht vielmehr vom Tauschakt auszugehen ist, der für Engster – und hier bleibt er dem traditionellen Marxismus vollständig verhaftet – nur einen (statt von Arbeit vom Geld herausgesetzten) Oberflächenschein konstituiert. Um sich von Adorno und Sohn-Rethel abzusetzen, die (wie wir) ihrer Kritik die Tauschakte in der Zirkulationssphäre zugrunde legen, verwendet Engster mehr als ein Drittel seines Werkes darauf, sich von diesen beiden abzusetzen und zeigt (nicht allein nur) darin, ohne es offen zu sagen, an, dass er den Kritikbegriff der Kritischen Theorie für von der Postmoderne überholt erachtet. [Die umfangreiche Kritik an Frank Engster erscheint im Band 4 der Gesammelten Schriften von M. D.; ein Vorabdruck findet sich in drei Teilen in der Zeitschrift *sans phrase* ab 15/2019.]

7 Auf dieser materiellen Basis bauen die grundlegenden Idealismen der bürgerlichen Gesellschaft auf: Die Universalität der Menschenrechte; die Begriffe von Freiheit, Gleichheit, Gerechtigkeit; die Gewaltenteilung, die Selbstverwirklichung des Individuums usw. Damit ist keineswegs gesagt, dass alle Ethik oder Moral sich aus dieser Basis ableiten ließe (oder gar lassen sollte). Der Humanismus etwa, wie in Kapitel 6 ausgeführt wird, verdankt seine Entstehung gerade der Unfähigkeit des Rationalismus, einen Begriff von Vernunft zu entwickeln. (Der existentialontologische Antihumanismus, der ein durchgängiges Kennzeichen postmoderner Diskurse ist und sich in dieser Haltung besonders radikal-rebellisch dünkt, ist deshalb Ausdruck seiner konsequent gegen alle Vernunft und Rationalität, also gegen jeden Begriff von Wahrheit gerichteten Ideologie.)

8 Die nominalistischen Geldtheorien in ihrer Fixierung auf den Nachweis der Überflüssigkeit einer dinglich-substantiellen Deckung des Geldes durch Edelmetalle (oder sonst was) kranken allesamt nicht an dem Makel, dass sie logisch (und erst recht historisch) falsch lägen, im Gegenteil. (Auch wenn die Einschränkung gemacht werden muss, dass die korrekte Logik gegen eine falsche Praxis wenig ausrichten kann: Wenn Staaten oder Währungsexperten glauben oder von relevanten Teilen der Bevölkerung zu dem Glauben ›gezwungen‹ werden, dass Geld durch Gold gedeckt sein muss und so Krisen verhindert würden, hat die Logik kaum eine Chance.) Der Makel liegt darin, dass die Geldnominalisten die Bedeutung verkennen, die es hat, wenn Geld (das zuvor in der Tat nichts anderes als ein Kreditsystem darstellte und auch heute noch so interpretiert werden kann) auch

erscheint und in dieser Erscheinungsweise als Wertspeicher fungiert, der in Kreditgeld überführt werden kann und als solches den Geldkreislauf schließt, sobald der Kreditnehmer es in Zirkulationsmittel retransformiert hat. Dem Kreditgeld immanent ist wiederum das Buchgeld (polemisch: Spielgeld), das sich auf Submärkten (etwa für Aktien, Devisen, Rohstoffe, Arbeitskräfte) als Vermögen (oder: Reichtum) konstituiert und zunächst bloß in der Vorstellung (als Aktie etwa nur ›auf dem Papier‹)[9] existiert und finanzökonomisch als Bonität (oder auch: Vertrauen) begrifflich objektiviert ist. Dieses Buchgeld ist letztlich dafür verantwortlich, dass dem Geldkreislauf ständig etwas passiert, was logisch als von der Voraussetzung her ausgeschlossen gilt: Denn unter der Bedingung, dass es keine Instanz gibt, die Geld einfach druckt (das heißt Geld in Umlauf bringt, das nicht durch einen Tauschakt – in dem eine ›Leistung‹ identifiziert werden kann – gedeckt ist), kann ›eigentlich‹ immer nur dieselbe Geldmenge existieren.[10] Tatsächlich aber expandiert (oder kontrahiert) die Geldmenge beständig auch dann, wenn diese Bedingung erfüllt ist; es kommt zu an sich ausgeschlossenen inflationären (oder deflationären) Entwicklungen und dafür sind die Bewertungen auf den Submärkten, denen kein realer Tauschakt zugrunde liegt, die entscheidende Ursache.[11]

dinglich (historisch zuerst in Münzform) erscheint. Für das Bewusstsein hat es jedenfalls enorme Auswirkungen, wenn etwas, das eine Relation *ist*, als Ding erscheint. (Der theologische Begriff für dieses Mysterium ist der der Transsubstantiation.) Diese Verkennung unterläuft sowohl Engster (Das Geld als Maß, Mittel und Methode), bei dem die empirische Erscheinungsform im Grunde gar keine Rolle spielt, als auch Felix Martin (Geld, die wahre Geschichte. Über den blinden Fleck des Kapitalismus. Stuttgart 2014), dem man ansonsten nicht nur konzedieren muss, dass er die luftigen Höhen der realitätsblinden Ratschläge an die Politik für ein ›neues‹ Kredit- und Finanzsystem sonstiger Geldnominalisten weitgehend vermeidet, sondern auch, dass er der wohl erste (früher hätte man gesagt: bürgerliche) Ökonom ist, der zeigen kann, wie in der Auseinandersetzung um die Währungshoheit sich (seit der Neuzeit) die Beziehung zwischen Staat und Gesellschaft (dazu Näheres unten, [Kapitel »Finanzkrise und deutsche Kriegskasse«]) als politischer Kampf um die Kontrolle des Staates durch die Bürger darstellt.

9   Ein anderes Beispiel ist der Submarkt Arbeitskraft: Jeder Einzelne hat eine Vorstellung vom Preis, den die Zurverfügungstellung seiner Arbeitskraft hat. Ohne die Aushandlungsprozesse zwischen Gewerkschaften und Unternehmensverbänden (mit einer mehr oder weniger direkten Beteiligung des Staates), hätte diese Vorstellung aber keine Bewertungsgrundlage. Ökonomisch erfasst in einer Gesamtrechnung wird jedoch nur der tatsächlich (sei es als Lohn, Managervergütung oder sonst was) gezahlte Betrag.
10 Mathematisch ausgedrückt: so viele Geldquanten in Umlauf sein mögen, die Summe aller beträgt immer exakt 1.
11 Neben den Veränderungen bei der Umlaufgeschwindigkeit des Geldes. Siehe auch dazu das zu den Problemen der Geldmengentheoretiker in den anderen

Die Unternehmen: Zur inneren Logik des ökonomischen Gleichgewichts In jeder Vorstellung von Geld, was heißt: in der Verknüpfung von Geld (als solchem) mit dessen *Wert*, korrespondiert in den individuellen Bewusstseinen – je unterschiedlich – eine Menge an bestimmten Warenarten, die als dem vorgestellten Geldquantum äquivalent gedacht[12] wird. Wenn wir den Blick auf diese Warenseite werfen, so wie sie in unserer Welt-GR erfasst ist, ergibt sich sofort, dass hier zwei Einteilungen koexistieren, die sich fundamental unterscheiden. Da sind zum einen die Waren selbst; je wiederum unterschieden nach Menge, Gattung, Art und Qualität, und zum anderen die Adressen der Subjekte, die diese Waren »auf die Märkte getragen« (Marx) oder sie dort erworben haben. Was diese Subjekte betrifft, lassen sie sich unmittelbar wiederum in drei eindeutig zu unterscheidende Gruppen unterteilen: Da ist zum einen die der Endverbraucher, deren Warenkonsum die Konsumtionssphäre bildet und zu der heutzutage jeder auf unserer Welt lebende Mensch gehört, zum anderen die Gruppe, deren Subjekte der Produktionssphäre zuzuordnen sind, also die Unternehmen.[13] An diesen beteiligt sind wir alle in irgendeiner Form zwar auch – denn ansonsten könnten wir nicht als Konsumenten auftreten, da wir das dafür notwendige Geld nicht hätten –, aber, und das gilt selbst für sogenannte Ich-AGs, wir treten in dieser Sphäre nicht als freie Individuen (nicht als gleiche und freie Tauschpartner) auf, sondern in institutionalisierter, entpersonalisierter Form,[14] sind also in Produktionseinheiten eingebunden, deren Aufgabe es ist, Waren so aufzubereiten, dass

---

Kapiteln Ausgeführte. [Siehe dazu den Abschnitt »Einheit und Differenz im Geld: die Geldmengensteuerung« in Kapitel 1.]

12 Statt ›gedacht‹ wäre wohl besser der Ausdruck ›empfunden‹ angebracht. Um dieser emotionalen Grundlage des vorgestellten Geldes gerecht zu werden, ermitteln Ökonomen, wie im ersten Kapitel gezeigt, mithilfe eines so genannten Warenkorbes die Inflationsrate. Sie müssen derart subjektivistisch vorgehen, weil sie nicht in der Lage sind (und gar nicht sein können), die Komplexität des Ware-Geld-Kreislaufes methodisch so zu reduzieren, dass eindeutig genug zwischen ›normalen‹ (konjunkturellen) und inflationsbedingten Preisschwankungen unterschieden werden kann.

13 Staatsbedienstete, Rentner, Sozialhilfeempfänger usw. sind natürlich nicht unmittelbar solchen Unternehmen zuzuordnen; sie erzielen ihre Einnahmen durch den Staat oder karitative Organisationen. Dieses Geld ist aber zuvor durch die Produktionssphäre hindurch gegangen. (Die in ihr reich gewordenen ›teilen‹ es mit den Armen.) Und bei denen, die Zinsen einnehmen, ist der nur vermittelte Bezug auf die Produktionssphäre evident. [Siehe dazu Anm. 41 im Kapitel »Finanzkrise und deutsche Kriegskasse«.]

14 Wir beziehen den Begriff der Person hier nicht auf das juristische, sondern das menschlich-leibliche Individuum.

sie am Ende in der Konsumtionssphäre landen können. Die dritte Gruppe nun, die weitaus kleinste, aber ökonomisch ebenso relevante, die Staaten, wird von den Ökonomen meist nur negativ behandelt.[15] Auch an dieser Gruppe, die der Distributionssphäre zuzurechnen ist, sind wir alle beteiligt, aber anders als in den beiden anderen ohne jedes Zutun unsererseits, nämlich allein schon dadurch, dass wir nur als Bürger eines Staates existieren.

Natürlich unterscheiden auch die Ökonomen zwischen Konsumtion, Produktion und Distribution. Nicht nur, was die Unternehmen (Finanzsektor, Industrie, Dienstleistung, Handel usw.) und die von ihnen produzierten Warenarten betrifft, sondern auch bezogen auf das Konsumentenverhalten und das Staatshandeln lassen die Statistiker kaum eine mögliche Differenzierung aus. Wer wissen will, wer, wo, wie viele, in welchen Zeiträumen, zu welchem Preis und mit welchen finanziellen Mitteln Autos produziert hat, wird garantiert in irgendeiner Statistik fündig. Doch die Frage, worin sich die ökonomischen Subjekte oder die Warengattungen – hier ganz besonders die Geldware[16] oder die Ware Arbeitskraft – von den anderen nicht nur ihren verschiedensten Zwecken und Funktionen gemäß, sondern auch ihrem Wesen nach, im Begriff selbst also, das heißt: ›unterhalb‹ ihrer empirischen (seinslogischen) Erscheinungsweisen, unterscheiden, spielt bei ihnen keine Rolle:[17] Schließlich unterscheidet sich im

15 Was nicht weiter verwunderlich ist, da in ihren Augen ja der Markt aus sich heraus die Distribution (Allokation) von Waren optimal regelt. Bei Nicht-Ökonomen dreht sich das Verhältnis um: Bei ihnen besitzt der Bezug auf die Distribution durch den Staat Priorität, er gilt ihnen also als negativ gegenüber der Ökonomie stehend. Beides zusammen ergibt dann das Spiegelspiel der politischen Ökonomie, in dem beide Seiten gegeneinander Recht wie Unrecht je zugleich haben. [Siehe hierzu die Diskussion zwischen M. D. und Gerhard Scheit über »Der Euro und sein Staat« im Anhang dieses Buchs.]

16 Obwohl dies aus dem bisher Entwickelten klar hervorgegangen sein sollte, seien vor allem orthodoxe Marxisten an dieser Stelle ausdrücklich darauf hingewiesen, dass wir mit dem Begriff Geldware nicht, wie Marx (zumindest überwiegend) nahelegt, eine aus der (zunächst: geldlosen) Warenzirkulation ausgesonderte Ware meinen, die dann die Rolle des Geldes übernimmt (also etwa das Gold), sondern das Geld als solches, das, erscheint es als zum Gegenstand objektiviert (ob als Schuldschein, Papier, Münze oder wie auch immer), dann selbstredend eben auch zur Ware werden kann – als Kredit vorzugsweise.

17 Das Unterlassen sachgerechter Differenzierungen setzt sich nicht nur fort, wo die Konsumtion nicht in der Hinsicht differenziert wird, ob sie in Unternehmen und von Endverbrauchern vorgenommen wird (siehe unten [Kapitel 6, 9 und 10]), sondern auch in Politik und Recht, wo zwischen allem Möglichen (empirisch Realen) unterschieden wird, nur nicht gemäß der begriffslogischen Unterschiede, die in den zentralen Kategorien Ware und Geld angelegt sind, woraus dann das für Politik und Recht charakteristische, nahezu unauflösliche Knäuel an beliebig

Grunde Alles von Allem, und als positivistische Empiriker, die alle Statistiker sind, halten sie Verallgemeinerungen für bloße Definitionsfragen und schlagen eine spekulative Arbeit am Begriff – die einer Logik folgt, die über die positivistische hinausgeht – umstandslos der wissenschaftlich unzulässigen Metaphysik zu.[18]

Diese ›Arbeit‹ kann nur im Kontext logisch aufeinander bezogener Begriffe erfolgen, also nicht gesondert dargelegt werden. Ausdrücklich hinzuweisen ist jedoch auf den Realitätsverlust, zu dem die Weigerung, innerhalb von Warengattungen und Geldarten begriffslogische, also die nominalen Definitionen metaphysisch transzendierende Unterscheidungen zu treffen, unweigerlich führt. Dies lässt sich am deutlichsten an der zwar nicht nur, aber vor allem in Deutschland grassierenden Sparideologie demonstrieren: Geht man von den Daten unserer Welt-GR aus[19] und nimmt deren Ware-Geld-Gleichgewicht zur logischen Grundlage, dann gilt uneingeschränkt das Gesetz: Je weniger man ausgibt, umso mehr Geld steht einem zur Verfügung. Und je mehr die Subjekte in dieser Weise sparen, umso größer fällt die Menge an Geld aus, die ihnen zur Verfügung steht. Wenn alle, also Privatkonsumenten, Produzenten und – das erst recht – der Staat sich zur Sparsamkeit verpflichten, dann muss der (in Geld ausgedrückte) Wohlstand der Bürger, Unternehmen und Staaten in genau dem Maße steigen, in dem sie sparen;[20] das ist gar nicht anders möglich. Fatal ist jedoch, und das folgt aus einem Gesetz, das mindestens ebenso banal und allgemeingültig ist wie jenes: Alles Geld, das nicht möglichst umgehend in die Zirkulation wieder eingeht,[21] verringert die Einnahmemöglichkeiten

---

füllbaren Worthülsen auf den verschiedensten Definitions- und Abstraktionsebenen entsteht.

18 Sie machen die Definitionen zwar von einem Zweck abhängig, doch dieser gilt ihnen – worin sie natürlich vollkommen im Recht sind – als formallogisch nicht weiter ableitbar. (Es sei denn sie konstruieren sich einen *homo oeconomicus* oder greifen, wie dies – nachdem diese Konstruktion trotz aller sophistischen Finessen ihre Realitätsblindheit selbst vor der Bundeskanzlerin nicht mehr verdecken kann – aktuell unter den Ökonomen immer weitere Kreise zieht, auf die ältesten Kamellen behavioristischer Theoriebildung zurück.)

19 Worin wir, um das wiederholt zu betonen, (potentiell zumindest) die Gesamtheit allen beobachtbaren Verhaltens der Wirtschaftssubjekte erfasst haben.

20 Dasselbe gilt natürlich für das Postulat der Kosteneinsparung: Kosten sind unbedingt zu vermeiden; logisch heißt aber auch diese Vermeidung natürlich nichts anderes, als dass Anderen Einnahmen dann fehlen.

21 Das Ideal ist also auch hier, wie bei der Umlaufgeschwindigkeit des Geldes, die Nullzeit. [Siehe hierzu Joachim Bruhn: Echtzeit des Kapitals, Gewalt des Souveräns. Deutschlands Zukunft in der Krise. Online abrufbar unter www.ca-ira.net.]

anderer Subjekte. Deren (zumindest potentieller) Wohlstand also muss in genau dem Maße sinken, wie der der Sparer steigt. Von hier, also dem Ganzen aus gesehen ist jedes Sparen kontraproduktiv. Woraus folgt: alles Sparen ist gesamtökonomisch ohne Sinn, wenn das Ersparte nicht augenblicklich in Waren umgesetzt – also eben doch wieder ausgegeben wird.

Dieses der Zirkulationssphäre unauflöslich eigene, antinomische Verhältnis gleichrangiger ›Logiken‹ zeigt sich auch dort, wo es um das der Sparideologie immanente Postulat der so genannten Haushaltsdisziplin geht. Die Grundsätze einer ›ordentlichen Haushaltsführung‹ einzuhalten wird umstandslos von allen Wirtschaftssubjekten (privaten, betrieblichen, staatlichen) gleichermaßen verlangt, ungeachtet dessen, dass die ›Haushaltsführung‹ der Individuen, je nach der Sphäre, in der sie agieren, sich begriffslogisch fundamental voneinander unterscheiden muss. Den Ausgangspunkt des gängigen Begriffs von einem Haushalt[22] liefert der Endkonsument (die berühmte schwäbische Hausfrau): Für ihn gilt das unüberschreitbare Gesetz, dass er nicht mehr ausgeben kann, als er zuvor eingenommen hat.[23] Dieses Gesetz führte jedoch zu hanebüchenen Folgen, würde es tatsächlich auch von Unternehmen und Staaten angewandt.

Unternehmen können – und müssen, wollen sie ›überleben‹ – die von ihnen erworbenen Waren in einer völlig anderen Weise konsumieren als Endverbraucher. Rein physisch gesehen ist dieser Verbrauch natürlich derselbe, aber von der Geldseite her kehrt sich das Verhältnis um: Die Kosten des Verbrauchs verschwinden in einem Unternehmen nicht, denn das dafür aufgebrachte Geld verdoppelt sich bei ihnen quasi: in real an den Verkäufer bezahltes einerseits und in kalkulatorisches Geld[24] andererseits insofern, als es in den Preis eingeht, der vom Endkonsumenten der im Unternehmen produzierten Ware (v-) erlangt wird. Der ›Haushalt‹ des Unternehmens ist also so strukturiert, dass die von ihm vorgenommenen (woher

---

22 Es scheint somit, als könne man die Ökonomie auch heute noch mit den Kategorien von Aristoteles analysieren. Veränderungen, etwa in der Struktur der Haushalte, erscheinen dann als evolutionäre Veränderung beziehungsweise Steigerung von Komplexität. Aber damit wird man nicht nur dem Sprung in ein ökonomisch ganz Anderes nicht gerecht, den die Genesis des Kapitals historisch bedeutete, sondern noch nicht einmal den Prozessen, wie sie (nach diesem Sprung) an der empirischen ›Oberfläche‹ jedermann sichtbar erscheinen.
23 Der Konsumentenkredit kompliziert die Sache nur marginal.
24 Dieses ›kalkulatorische Geld‹ kann man als eine weitere, von den Ökonomen unzureichend ausdifferenzierte Geldart auffassen.

und wie auch immer vorfinanzierten)[25] Ausgaben von den anderen Marktsubjekten refinanziert werden, sobald sie die von ihm produzierte Ware bezahlt haben.[26] Oder anders: Ein Unternehmen gibt Geld aus, um Geld einzunehmen, ein Privatkonsument nimmt Geld ein, um es auszugeben. Dieser gravierende Unterschied wird übertüncht, wenn beide Sphären als gleichermaßen dem Prinzip ordentlicher Haushaltsführung unterliegend dargestellt werden.[27] Und erst recht betrifft diese Umkehrung den Begriff des Sparens: Ein Endverbraucher kann sich, prinzipiell jedenfalls, jeder Ausgabe enthalten; ein Unternehmen kann sich derartiges Sparen keinesfalls leisten, ohne sich selbst preiszugeben.[28]

Bevor wir zum Staat kommen, bezüglich dessen die Rede von ordentlicher Haushaltsführung und Sparsamkeit besonders krasse Blüten treibt, soll, das bisher Ausgeführte zusammenfassend, noch kurz darauf eingegangen werden, was die Verweigerung einer über Empirie und Formallogik hinausgehenden Begriffsbildung in der

---

25 Bei dieser Vorfinanzierung handelt es sich immer um einen (möglicherweise sich selbst gewährten) Kredit: der wird in der Betriebswirtschaft Kapital genannt. (Dass dieser so definierte Begriff die Sache nur unzureichend trifft, ist schon im zweiten Kapitel erwähnt worden.) Diese Möglichkeit, auf Kapital (in welcher Bestimmung auch immer) zurückgreifen zu können (und zu müssen), unterscheidet die Unternehmen von Privatkonsumenten und Staaten fundamental; auch das wird in der öffentlichen Rede von (Kosten) Sparen unterschlagen – und das, obwohl jedem diese Differenz geläufig ist.
26 Immer vorausgesetzt natürlich, das kalkulatorische Geld transformiert sich auf den Märkten in reales. Auch hier gilt: eine Vergegenständlichung wird erst zur Ware, sobald sie einen Tauschakt zur Folge hat. Gemeint ist hier natürlich die kapitalistisch produzierte Ware: Der Ausdruck Ware gehört zu einer Reihe zentraler Begriffe (etwa Individuum, Arbeit, Wert, Staat und viele weitere mehr), die die ihnen adäquate Bestimmung erst mit der Existenz des Kapitals erhalten, aber historisch so eng mit ihren jeweiligen Vorläufern verbunden sind, dass es, will man, was die Vorgeschichte des Kapitals betrifft, nicht in eine Kunstsprache verfallen, sprachlich nahezu unmöglich ist, diese historische Spezifik im Terminus selbst zum Ausdruck zu bringen (siehe dazu insbesondere das zum Gesellschaftsbegriff Ausgeführte, [Anm. 7 in diesem Kapitel]).
27 Ein kurzer Blick in eine Unternehmensbilanz zeigt, dass das ›Haushaltsbuch‹, das zu führen Verbraucherberater den Privatkonsumenten so sehr ans Herz legen, höchstens mit der dortigen Gewinn- und Verlustrechnung strukturell vergleichbar ist. Die Bilanz selbst hat mit solch einem ›Buch‹ nicht das Geringste zu tun.
28 Es kann rationalisieren, und im Zuge dessen auch ›sparen‹. Aber dieses Rationalisieren kann mit dem Postulat des Sparens schon deshalb nicht gemeint sein, weil man ja allseits durchaus zwischen beidem zu unterscheiden vermag, und dementsprechend das eine mit dem anderen nur irrtümlicherweise verwechseln kann. (Wobei an dieser Stelle der Hinweis notwendig ist, dass Rationalisierung etwas anderes meint als das, was wir unter Produktivitätssteigerung verstehen werden. [Siehe dazu Kapitel 8.])

Ökonomie für das Bewusstsein der Individuen bedeutet: Deren Verstandestätigkeit spaltet sich, entsprechend der Antinomie zwischen dem Verlangen nach individueller Reichtumsmehrung einerseits und der damit unweigerlich verbundenen Reichtumsminderung bei anderen Individuen andererseits[29] auf in die eine, die darauf gerichtet ist, möglichst unmittelbar bestimmte Waren (das kann natürlich auch Geld sein) libidinös zu besetzen und sich anzueignen, und die andere, diese Besetzung in rational vermittelter Form zu organisieren, das heißt sich auf die von der Zirkulationssphäre vorgegebenen Verhältnisse einzulassen. Beides ist gleichermaßen rational[30], beides wird gleichermaßen allseits verlangt und beides schließt sich gleichermaßen gegenseitig aus.[31] Mit dem Staat nun existiert eine Instanz, die verspricht, neben anderen Antinomien auch diese in Einheit aufzulösen. Der Staat greift zur Einlösung dieses Versprechens vermittelnd in den Ware-Geld-Kreislauf ein; er tritt als unmittelbar gesetzten Zwecken verpflichteter Distributor an die Stelle der Distribution, die sich auf den Märkten ›automatisch‹ vermittelt herstellt.

Der Staat: Ökonomisch-historische Bestimmung In Bezug auf die ökonomische Rolle des Staates ist vorab klarzustellen, dass dieser sowohl als Endkonsument (etwa wenn er Panzer kauft) und auch als

---

29 Im Vorgriff auf die Bestimmung des Kapitalbegriffes [Kapitel 7] sei hier schon angesprochen, dass dem Kapital – aus Ökonomen verschlossen bleibenden Gründen – die Fähigkeit eigen ist, diese Logik zu sprengen. Bis wir dies zur Darstellung bringen können, müssen wir dem allgemeinen Bewusstsein folgen, dem diese Logik als allgemeingültig gilt. Und wo dieses Bewusstsein überall Betrug am Werke sieht, besonders dort, wo es glaubt, von gierigen Bankern und Hedgefonds um ›sein‹ Geld und ›seine‹ Arbeitsplätze betrogen zu werden, kann man unterstellen, dass es im Grunde weiß, dass nicht es betrogen wird, sondern dass sein Festhalten an einmal ergatterten Einnahmequellen es ist, was Anderen den Zugang zu ihnen verbaut. Auch wenn ihn natürlich deswegen kein schlechtes Gewissen plagt – sein Betrugsvorwurf beruht auf Projektion.
30 Aber natürlich keinesfalls vernünftig: Vernunft kann es nicht geben, wo das Eine in derselben Sache vermittlungslos so richtig ist wie sein Anderes. (Wie dies etwa bei Foucaults Machtbegriff der Fall ist, da hier die Macht in derselben Raumzeit als Ganzes und als Teil – neben anderen Teilmächten – zugleich existieren soll. (Verweis auf meine Foucault-Arbeit. [M. D.: Das Rätsel der Macht. Michel Foucaults Machtbegriff und die Krise der Revolutionstheorie. Freiburg; Wien 2018. Siehe hierzu insbesondere das erste Kapitel der Arbeit, »Die Existenz der Macht: Foucaults Nominalismus«.])
31 Darauf geht die von Marx polemisch hervorgehobene innere Spaltung der bürgerlichen Rechtsperson in Bourgeois und Citoyen zurück. [Siehe dazu Karl Marx: Zur Judenfrage. In: Karl Marx; Friedrich Engels Werke. MEW. Berlin 1956 ff. Bd. 1.]

Der Staat: Ökonomisch-historische Bestimmung

Unternehmen (in welcher Form immer: unmittelbar als Eigentümer oder als Inhaber von Unternehmensanteilen) in Erscheinung tritt.[32] Die diesbezüglich in der Öffentlichkeit endlos geführte Debatte über Sinn und Unsinn der Privatisierung (oder Verstaatlichung) von Unternehmen kann jedoch keine allgemeingültige Antwort finden, denn entweder ein Unternehmen ist auf dem Markt konkurrenzfähig, und dann ist völlig unerheblich, wer die Eigentümer sind – oder es handelt sich um eines, das staatlicherseits dem Markt mehr oder weniger entzogen worden ist.[33] Wenn dieses nicht für den Markt, sondern nur für den Staat produziert, ist es im Grunde kein Unternehmen, sondern nur eine besondere Abteilung des Staatsapparats im Ganzen.[34] Und wenn es als solches für den Markt produziert, aber auf ihm wegen seiner Sonderstellung die Rolle eines Monopolisten innehat, ist das ein Problem, das nicht auf staatliche Unternehmen beschränkt ist, stellt also einen Fall für das Kartellrecht oder die Anti-Monopol-Kommission dar. Über die gesamtökonomischen Vor- und Nachteile[35] von Monopolen (staatlichen oder sonstigen)

32 [Notiz von M. D.: »Darauf hinweisen, dass hier vom Staat des Kapitals die Rede ist: eine ideale Konstruktion des Bürgertums, das in der Lage ist, den Staat in seiner Souveränität zu beschränken. Von seiner inneren Logik her ist dieser Staat aber zuallererst Volksstaat [...]« Siehe dazu Kapitel 9.]
33 Die Frage, ob Krankenhäuser, militärische Dienstleistungen, polizeiliche Befugnisse, Gefängnisse u. v. a. m. prinzipiell besser in öffentlicher oder privater Hand liegen sollten, hat noch keiner hinreichend beantworten können. Gegen jedes Beispiel für die eine Auffassung lassen sich immer auch welche für die andere finden. Das trifft nicht nur auf die ökonomische, gesamtwirtschaftliche Rationalität zu: Was die Qualität etwa der Leistungen eines Krankenhauses betrifft, kann ins Feld geführt werden, dass diese nicht davon abhängt, ob sie in privater oder öffentlicher Regie geführt werden, sondern von der Gesetzgebung und deren Durchsetzung (oder, was ja im Grunde die Hauptbeschäftigung etwa der Legislative der EU ist: von der Normierung bestimmter Qualitätsstandards). Die Unterscheidung ist solange ohne Belang, wie die qualitativen Standards einem (globalen) Konkurrenzdruck (dessen Teil ja auch die Öffentlichkeit sein kann) unterliegen, nicht also von einem (Volks-) Staat autark festgelegt werden. [Siehe hierzu den Aufsatz »Autarkie ist Regression« im Anhang des Buches.]
34 Es ist so, wie wenn Unternehmen sich die von ihnen mit einem Gebrauchswert versehenen Produkte, statt sie auf dem Markt einzukaufen, selbst produzieren. (Auch hier kann nur von Fall zu Fall beurteilt werden, ob dieses oder das Andere: also das Outsourcing, rationaler ist.)
35 Gegen die vorherrschende Meinung haben Monopole eben nicht von vornherein nur Nachteile für die Verbraucher; ihr Potential, Preise für die von ihnen produzierten Waren und die ihrer Zulieferer willkürlich festsetzen zu können, wird weit überschätzt, denn auch sie sind bei ihrer Preisgestaltung auf eine Optimierung des Grenznutzens angewiesen und vom Weltmarkt abhängig: Ihres Monopols sicher sein können sie nur, solange das Preisniveau ihrer Warenproduktion eine Grenze nicht überschreitet, ab der sich in dieser Welt dann doch jemand findet,

ist allerdings sowieso das letzte Wort noch längst nicht gesprochen; allgemeingültige Antworten sind auch diesbezüglich nicht zu haben, sondern erst im Nachhinein, also nach der Zerschlagung eines Monopols kann festgestellt werden, ob, bei gleicher Qualität, die von diesem zuvor hergestellten Waren dank der nach der Zerschlagung erwarteten Wirkungen der Konkurrenz billiger geworden sind – also ein messbarer Vorteil zu verzeichnen ist. Und dieses Ergebnis wird einmal so, in anderen Fällen auch wieder anders ausfallen.

Es gibt aber noch einen weiteren, politisch äußerst wichtigen Grund für einen Staat, ein Unternehmen den Marktgesetzen zu entziehen, vor allem mittels der berühmt-berüchtigten Subventionen. Hier tritt er in einen Gegensatz zur Markt-Ökonomie. Bei diesem Abschotten bestimmter Unternehmen von den Unwägbarkeiten des Marktes geht es ihm darum, bestimmte, seinerseits für wichtig erachtete Produktionskapazitäten, fast immer mit dem Hinweis auf

> der günstiger als sie produzieren kann – es sei denn, sie schützt ein Staat; aber dann müssen sie früher oder später ihren Markt auf dessen Staatsgebiet begrenzen, was heutzutage bei fast allen Monopolen mit Selbstliquidation gleichzusetzen wäre. Noch stärker überschätzt wird deren politisches Gestaltungspotential (oder auch das von Oligopolen): Wie groß ihr Einfluss auf eine staatliche Gesetzgebung ist, hängt von den historischen Umständen und den Waren ab, die sie produzieren; selbstredend wird ihre Meinung durchweg eher Gehör finden, als das kleinerer Unternehmen oder gar der einzelnen Staatsbürger. Aber kein Monopol kann die Grenze zwischen Ökonomie und Politik so weit aufheben, dass dadurch die bürgerliche Gesellschaft (so sie denn existiert: in den islamischen Staaten etwa kann davon keine Rede sein, so sehr auch diese vom Weltmarkt abhängig sind) ihren liberal-kapitalistischen Charakter verliert. (Dass besonders Friedrich Pollock hier Fehleinschätzungen unterlaufen sind, denen die Kritische Theorie nahezu insgesamt aufgesessen ist, sollte man nicht ›unter den Teppich kehren‹.) Und was die gesellschaftliche Macht betrifft, die ein Monopolist wie beispielsweise Microsoft ausübt, kann man ebenfalls nur feststellen, dass deren Grundlage – dass fast jeder auf dessen Betriebssystem zurückgreifen muss, will er sich umständliche Konvertierungen ersparen –, wie bei aller bloßen Normierungsmacht, nicht nur Nachteile hat.
>
> Die geradezu hysterische Aversion, die aktuell besonders unter sich links verstehenden Staats- und Wutbürgern gegen das geplante Freihandelsabkommen der EU mit den nordamerikanischen Staaten (CETA/TTIP) im Schwange ist, verwechselt, in typisch deutscher Manier (die bekanntlich auch in allen anderen Ländern zuhause sein kann), den Versuch, sich auf bestimmte Normen zu einigen, mit der Preisgabe nationaler Souveränität (die im Grunde ja nur zu begrüßen wäre): Die gesamtökonomischen Vorteile solcher Abkommen interessieren sie jedenfalls ›nicht die Bohne‹, sie verteufeln allein die Nachteile, die ihnen durch den Verlust ihrer bisherigen, von ›ihrem‹ Staat garantierten Privilegien drohen (etwa die den deutschen Geist ach so beflügelt habende Buchpreisbindung) – wie die Zünfte im Mittelalter, als die ihre autoritären Strukturen vor deren Auflösung durch das Kapital retten wollten.

die Erhaltung von Arbeitsplätzen begründet, auf dem eigenen Territorium zu halten.[36] An dieser Stelle interessiert uns allerdings allein die ökonomische Bestimmung des Staates, die ihn von Privatkonsumenten und Unternehmen von Grund auf, also wesenslogisch, unterscheidet. Und diesbezüglich gilt: die ökonomische Besonderheit des Staates besteht darin, dass er seine Einnahmen nicht aus dem Verkauf von Waren erzielt, sondern aus Steuern.[37]

Mit diesem Begriff der Steuer haben wir eine weitere Geldart angesprochen, die neben das Geld als solchem, das Geld als Zirkulations- oder Wertaufbewahrungsmittel, das Kredit- und Buchgeld und das kalkulatorische tritt: als Staatsgeld. So sehr der moderne Staat sich auch verpflichtet fühlt, seine Steuererhebung rational, das heißt auf der Grundlage einer von ihm erbrachten Gegenleistung zu begründen: Hinter jeder Steuer steht sein, dem Bürger legal nicht zur Verfügung stehendes Gewaltpotential; woraus folgt: Überall, wo in der Welt-GR ein ›Tauschakt‹ auftaucht, der anzeigt, dass Steuern bezahlt worden sind, müssen wir davon ausgehen, dass hier Geld den Besitzer wechselt, das, ungeachtet aller Bezeichnungen, die dieser auf der Grundlage von Zwangsabgaben erfolgte ›Tausch‹ trägt,[38] nicht freiwillig unter einander als gleich Geltenden erfolgt ist,[39] sondern sich einem, infolge unzähliger Rationalisierungen verdrängten Gewaltverhältnis verdankt; von einem Äquivalententausch bei diesem Akt also keine, oder nur sehr vermittelt (als Kauf von ›Sicherheit‹

---

36 Der Geldfluss der Unternehmen, die Orte, von denen aus sie mit Geld und Waren handeln, lassen sich nur schwer auf ein bestimmtes Territorium fixieren; das ist bei den Produktionsstätten weitaus einfacher.
37 Zunächst nur der Einfachheit halber, und weitgehend in Übereinstimmung mit dem gängigen Bewusstsein (dem gemäß der Staat ständig ›unser‹ Steuer-Geld verschwende), subsumieren wir unter diesen Begriff, neben den Kranken-, Renten- und sonstigen Versicherungen, auch die Staatsanleihen und Kredite, die der Staat zur Finanzierung seines Haushalts aufnimmt. Wir schließen somit nur die Einnahmen aus, die er aus einer Tätigkeit als Unternehmer generiert. Wir werden im Folgenden, besonders aber in Kapitel 6 sehen, dass diese Subsumtion auch begriffslogisch eine Grundlage hat.
38 Nur zur Orientierung und um empirisch zu zeigen, wie nebensächlich diese Bezeichnungen sind: die Staatsquote liegt in den kapitalistisch entwickelten Staaten nahezu durchgehend, also gleichgültig welcher ökonomisch-politischen Richtung die jeweiligen Regierungen sich verpflichtet fühlen und über welche Steuerarten und Abgaben deren Staat seine Ausgaben finanziert, bei etwa 50 %.
39 Zumal berücksichtigt werden muss, dass der Staat keinen Konkurrenten im Inneren hat, was ansonsten Gleichheit und Freiheit der Wirtschaftssubjekte zumindest absichert. (Die Verteufelung dieser Konkurrenz ist seit je das politische Steckenpferd von Linken wie Rechten gemeinsam.)

etwa) die Rede sein kann.[40] Oder anders, ›wertfrei‹ gefasst: der Staat entzieht der Zirkulationssphäre, genauer: den darin agierenden Unternehmen und Privatkonsumenten, mit seinen Steuern Geld. Aber nicht, um es irgendwohin verschwinden zu lassen, sondern im Gegenteil: um es dieser Zirkulation wieder zuzuführen. Die einfache, aber gar nicht so einfach zu beantwortende Frage ist: Warum lassen die anderen Wirtschaftssubjekte, die ja keine Gelegenheit auslassen, über die Erhebung von Steuern herzuziehen,[41] sich das gefallen?

Wir kommen hier um eine historische Bestimmung des Staatsbegriffes nicht herum, wollen sie aber so kurz als irgend möglich halten. Dazu müssen wir den Begriff in Anspruch nehmen, um den sich alles dreht, den wir aber auch in diesem Kapitel noch nicht bestimmen werden: den des Kapitals (also noch eine Geldart). In der Geschichte des westlichen Abendlandes tauchten, aus welchen Gründen auch immer, mit dem Beginn der Neuzeit jedenfalls Menschen auf, denen es gelang, Geld in Kapital zu verwandeln. Diese fanden mit dem Staat eine Institution vor, die, ansonsten hätte ihr Unternehmen keinen Erfolg haben können, aus den verschiedensten historisch-kontingenten Gründen zu schwach (oder auch nicht willens) war, ihrem Treiben, dass einer wundersamen Geldvermehrung glich, die Grenzen zu setzen, die zuvor jeder Staat einem solchen Treiben gesetzt hätte,[42] die aber umgekehrt von diesen ersten Kapitalisten

---

40 Staats- und verfassungsrechtlich kann man natürlich darangehen, das Verhältnis zwischen Bürger und Staat in Analogie zum bürgerlichen Vertragsrecht zu fassen. Das beliebte Argument gegen solche Konstruktionen, ein solcher Vertrag sei nirgendwo empirisch zustande gekommen, sticht jedenfalls nicht (hier so wenig wie gegen die Vertragskonzeptionen etwa von Thomas Hobbes oder Jean-Jacques Rousseau): Oft genug werden auch Verträge zwischen Äquivalente tauschenden Rechtspersonen als Zustandegekommen unterstellt, ohne dass sie bewusst einen solchen geschlossen hätten. Vertragsfreiheit bedeutet aber nicht zugleich auch Gewaltfreiheit – Äquivalententausch jedoch immer. Wir verweisen deshalb nochmals auf unsere Bestimmung des Tauschaktes in Abgrenzung von jeder Gewalt (und Autorität) im ersten Kapitel und halten hier fest: der Äquivalententausch geht logisch (nicht empirisch-zeitlich) jedem Vertrag voraus.
41 Diese Aversion gegen Steuerzahlungen führt bei nicht Wenigen zu einem Fanatismus, unter allen Umständen Steuern sparen zu wollen, so dass sie, sobald ihnen Steuerersparnisse versprochen werden, bereit sind, an diese Verkäufer Preise in rational ansonsten nicht zu rechtfertigender Höhe zu zahlen.
42 Die Herrscher in diesen Staaten hätten eine solche Akkumulation von Geld in privater Hand (dabei den antiken Philosophen, und hier vor allem Platon zustimmend) sofort als Bedrohung empfunden, und selbst wenn nicht, sich kaum der Versuchung enthalten, sich diesen Reichtum unmittelbar mit Gewalt anzueignen. Nur zur Erinnerung: einen Justizapparat, der dem Staat solche Aneignungen (mit

auch gebraucht wurde, damit sie ihren Geschäften nachgehen konnten. Denn dem Staat entspringt eine Macht, über die kein Geld der Welt verfügt: er besitzt die Gebietshoheit, das heißt er verfügt über einen geografischen Raum, den er militärisch, also mit Gewalt, von äußeren Mächten, deren Gebietsansprüchen, Beute- oder Raubzügen, abschirmen, und im Inneren (ob mit denselben gewaltsamen Mitteln oder ohne sie spielt keine Rolle) dann auch – innerhalb verschiedenster, traditionell-kulturell, politisch und ökonomisch, personell und institutionell vorgegebener Grenzen – ausgestalten kann.[43] Die erste Gewalt, die nach außen, gilt absolut: und auf diese waren die ersten Kapitalisten bedingungslos angewiesen. Zwar konnten damals reiche Bürger mit ihrem Geld sich diese Gebietshoheit auch erkaufen, und haben das des Öfteren auch versucht: Aber sie schufen damit, das liegt in der Natur der Sache, wie immer sie das auch drehten und wendeten, eine über Gebietshoheit verfügende Institution, die man umstandslos Staat nennen muss, und die sich anders organisiert sowie aus anderen Motiven agiert als die Bürger, wenn sie sich ihre Welt aufbauen: denn jene entspringt, aufgrund welcher Umstände sie auch entstanden ist, der Gewalt, nicht dem Geld.

Aber, wie gesagt, diese staatlich-gewaltförmig organisierte Gebietshoheit gilt nur nach außen absolut: nach innen ist sie relativ. Historisch haben es die Bürger zuerst wohl in England (und kurz

---

Erfolg) hätte verbieten können und eine Bevölkerung, die die Steuererhebung auf eine parlamentarisch-gesetzliche Grundlage gestellt hätte, hat es vor der Neuzeit nirgendwo gegeben. Dort hing es allein von der ›Klugheit‹ des Herrschers oder dessen Verwaltern ab, wie und in welcher Höhe seine Untergebenen besteuert wurden.

43 Die Diplomatie der modernen Staaten folgt immer noch dieser Logik, auch wenn sie ihr eine rationale Form überstülpen muss. Dazu im Kapitel 6/9 Näheres. (Der erste Denker, der diese Verbindung konsequent durchbuchstabiert hat, war Niccolò Machiavelli.) Das entscheidend Neue an dieser Verknüpfung von Ratio und Diplomatie ist, dass man (beginnend wohl mit dem Scheitern der napoleonischen Eroberungskriege und bis heute andauernd) allseits versucht, die je aktuell fixierte Hoheit auf den Territorien als Status quo festzuschreiben, um Territorial-Kriege zu verhindern, und die auf ihnen agierenden Staaten sich im Gegenzug untereinander zusichern, sich in deren ›innere Angelegenheiten‹ (ihre ›Souveränität‹) nicht einzumischen. Erfolgreich war diese Strategie offensichtlich ganz und gar nicht, aber wohl alternativlos, sonst wäre den Völkerrechtlern und Völkerbundfanatikern bestimmt mal etwas Besseres eingefallen. Für uns entscheidend ist: diese Staatslogik tritt zwar empirisch immer zusammen mit der Logik des Ökonomischen kombiniert auf, prozessiert aber aus eigenem, von der rationalen Logik autonomem Antrieb.
  [Notiz von M. D.: »Diplomatie als weiteren Submarkt einführen! Abgleichen mit VI!« Siehe dazu das Kapitel: »Finanzkrise und deutsche Kriegskasse«.]

danach, wenn auch zunächst auf mehr oder weniger kleinere Gebiete beschränkt, auf dem europäischen Kontinent) geschafft, im Inneren eines nach außen abgesicherten Staates diesen, was dessen finanzielle Handlungsfähigkeit betrifft, von sich abhängig zu machen. Es wäre historisch alles andere als korrekt zu sagen, dass dies gelang, weil jeder Staat Geld braucht.[44] Wir brauchen uns aber auch diesbezüglich auf die vielfältigen historischen Besonderheiten nicht einzulassen, es reicht die Feststellung: Immer mehr Staaten Europas im Übergang zur Neuzeit benötigten, um existieren zu können, Geld, und zwar genau solches, das sich zuvor im Tausch Ware gegen Geld als *werthaltig* erwiesen hatte.[45] Damit war der Parlamentarismus geboren: Ein Teil der Geldsumme, die die Bürger erwirtschaftet haben, überlassen sie dem Staat zwar nicht freiwillig, aber aus ›Einsicht in die Notwendigkeit‹ – und das auch nur unter der Voraussetzung, dass er ihnen im Parlament darlegt, was er mit dem ihm überlassenen Geld ›anzustellen‹ vorhat. Den Rest der Geschichte und insbesondere die daraus sich entwickelnden Formen der Gewaltenteilung kann man in jedem Lehrbuch der Geschichte – oder sollte das wenigstens können – nachlesen.

44 Vorkapitalistische Staaten haben sich immer zu helfen gewusst, wenn sie Geld benötigten. Aber eher druckten sie sich das selber, verringerten dessen Edelmetallgehalt, erbeuteten es bei anderen oder entledigten sich ihrer Gläubiger gewaltsam, als sich in eine Abhängigkeit von ihren Bürgern zu begeben. [Notiz von M D.: »Abgrenzung vom Volksstaat«.]
45 Die Bürger Europas (warum nur hier, und nicht in anderen Gegenden auch, ist eine der vielen von den Ökonomen und Historikern offen gelassenen Fragen, die auch wir hier nicht beantworten können, sondern einer eigenständigen historischen Studie überlassen müssen. [Notiz von M. D.: »Verweis auf meine Abaelard-Arbeit.« Siehe Band 6 der Gesammelten Schriften von M. D.]) waren damals untereinander so stark vernetzt (und sind es heute natürlich, und das weltweit, noch weit intensiver), dass sie sich eigene Währungssysteme schaffen konnten, auf die die Staaten kaum Einfluss hatten. Diese Systeme beruhten allerdings selten auf Geld in dinglicher Form, wie die von den Staaten ausgegebenen Währungen, sondern auf allen möglichen Arten von Schuldscheinen. Näheres, auch über die Versuche der Staaten, hier zu einem Kompromiss zu kommen, damit ihnen die Geldquellen nicht versiegen, findet sich bei Martin (Geld, die wahre Geschichte (wie Anm. 8 [in diesem Kapitel]), bei dem sich auch die interessante Information findet, dass entgegen der gängigen Meinung die Forderung, dass Geld durch Gold gedeckt sein müsse, so alt gar nicht ist, sondern erst von John Locke vehement erhoben worden ist, der damit – wider besseres Wissen von der logischen Unsinnigkeit dieser Forderung – im Interesse des Bürgertums die inflationären Staatsausgaben ›deckeln‹ wollte. (Und diesem Locke folgt dann implizit auch Marx mit seiner reichlich ambivalenten Antwort auf die Frage, ob das Geld, um werthaltig zu sein, von Gold gedeckt sein muss. Siehe auch das oben in Anm. 16 [dieses Kapitels] Ausgeführte.)

Festzuhalten ist: Staat und Gesellschaft gehen, so eng verschlungen die Beziehungen dieser Bereiche sich auch durchdringen, seit der Neuzeit nie ineinander vollständig auf. Der Staat sichert die Gebietshoheit nach außen und fixiert im Inneren juristisch, auf welcher – von ihm selbst gesetzter, traditionell übernommener oder den Bürgern vorgegebener – Basis sich die gesellschaftlichen Beziehungen der Individuen gestalten. Was die Bürger der Neuzeit ihm, in ihrem eigenen Interesse, bis zu einem gewissen Grade zudem freiwillig zugestehen, ist das Gewaltmonopol: so weit es die Rechte garantiert, die den Äquivalententausch gesellschaftlich verallgemeinern.[46] Dem Staat der Neuzeit ist ansonsten in der Gestaltung seiner inneren Beziehungen zur Gesellschaft ökonomisch aber eine unüberschreitbare Grenze gesetzt: ihm selbst ist es nicht möglich, die Werthaltigkeit des Geldes, das er zu seiner Existenz benötigt, unmittelbar und dauerhaft zu garantieren.[47] Dafür, dass diese Grenze erst allgemein gilt, seit ein kapitalistischer Weltmarkt existiert, gibt es die verschiedensten historischen Gründe. Der entscheidende ist, dass die Bürger, je mehr sie auf einem überstaatlich organisierten Markt agieren, Mittel und Wege finden, die Tauschakte und deren Zahlungsvorgänge, bis hin zur Absicherung der Verbindlichkeit eingegangener Verträge, dann, wenn ein Staat sich ›querstellt‹, auch in eigene Regie nehmen können. Für unsere Zwecke aber reicht es hin, ganz im Sinne liberalistischer Theorien davon auszugehen, dass die Staatsbürger wissen, dass ihr Staat in seiner ökonomischen Existenz letztlich von ihren Aktivitäten abhängig ist.[48]

---

46 Ansonsten nehmen auch die modernen Staatsbürger eine gewaltsame Durchsetzung ihrer Rechte liebend gern selbst in die Hand. Und treffen dafür allseits auf Verständnis – selbst in der Judikative; in der Kulturindustrie sowieso.

47 Der Staat hat vielfältige Möglichkeiten der Einflussnahme auf die Geldwertstabilität, aber er sägt an dem Ast, auf dem er sitzt, je mehr er in die Freiheit der Bürger, mit ihrem Geld machen zu können, was sie wollen, eingreift, was heißt: wenn er die Zirkulation von Ware und Geld an einzelnen Stellen unterbricht oder gar für ganze Warengattungen (etwa für Produktionsmittel oder Immobilien) unterbindet. (Wie lange es dann dauert, bis der Ast dann bricht, und ob überhaupt, lässt sich allerdings nie vorhersagen.)

48 Das gilt selbst für Deutschland: auch wenn man dessen Bürgertum ein diesem Wissen entspringendes Selbstbewusstsein weitestgehend bis heute absprechen muss. Demgegenüber wussten die Nationalsozialisten durchaus von ihrer Abhängigkeit vom Geld der Volksgenossen, auch wenn sie diese in vielfältiger Weise zu unterlaufen trachteten. In Staaten wie Russland und China stellt sich diese Abhängigkeit in wiederum anderer Form dar, aber auch hier kann jedenfalls von einem Bürgertum, das sich einer Abhängigkeit des Staates von ihm bewusst wäre und daraus ›Kapital‹ zu schlagen bemüht ist, keine Rede sein.

Auf dieser Basis können wir zu den Steuern und ihrer ökonomischen Bedeutung zurückkommen. Denn die Frage nach dem Grund der Bereitschaft der Unternehmen und Privatkonsumenten, diese zu zahlen, hat eine erste Antwort gefunden: Nur auf diese, den Staat ökonomisch alimentierende Weise lässt sich im Inneren der Raum offen halten, in dem sie[49] auf der Basis eines möglichst universell geltenden Äquivalententauschs agieren können. Doch die Gefahr, dass ein Staat seine Gebietshoheit und das daraus entstehende Gewaltpotential – in Verbindung mit seinem Anspruch auf das Gewaltmonopol – ausnutzt, um sich per Steuererhebung und Gesetzesmacht am Vermögen der Unternehmen und Privaten zu bereichern, ist, Gewaltenteilung hin, Parlamentarismus her, immer gegeben. Womit wir wieder bei den Begriffen des Sparens und der Haushaltsdisziplin angelangt wären, nun allerdings auf den Staat bezogen: In deren Kern geht es um die Bändigung dieser Gefahr;[50] im Hintergrund steht – wie unausgesprochen auch immer – das Ideal des berühmt-berüchtigten ›Nachtwächterstaats‹, der der Geldzirkulation nur das Geld entnehmen soll, das er für seine Kernaufgaben unbedingt benötigt.

Ordentliche Haushaltspolitik heißt für den Staat also: Auskommen mit dem, was der Bürger ihm an Steuern überlässt, und die Aufforderung zu Sparen verlangt von ihm: nur Ausgaben zu tätigen, die der Bürger als sinnvoll abgesegnet hat.[51] Der Staat gilt jedenfalls als Akteur, der, wie die Bürger selbst, an Einnahmen generiert, was er irgend kann, dem allerdings von vornherein unterstellt wird,

49 Und auch der Staat selbst: als Konsument.
50 Auch Unternehmen wird ständig unterstellt, sie würden ihre Kunden ›abzocken‹; aber hinter ihnen steht kein Gewaltapparat, und das scheint deren ›Abzocke‹ weniger schlimm zu machen als die des Staates. Obwohl doch dieser Logik gemäß das Gegenteil der Fall sein müsste: der Staat erhebt seine Steuern aufgrund von Gesetzen, die seine Einnahmen transparent machen, die Unternehmen lassen sich bezüglich ihrer Preiskalkulationen grundsätzlich nicht ›in die Karten sehen‹.
51 Der Begriff, der auf diesen Sinn bezogen meist verwendet wird, ist der des ›ausgeglichenen Haushalts‹, den der Staat vorzulegen habe. Wörtlich genommen ist dieser Begriff inhaltsleer, denn einen unausgeglichenen Haushalt kann es, solange der Staat zahlungsfähig bleibt, gar nicht geben. Gemeint ist jedoch inhaltlich, dass der Staat möglichst keine Schulden machen soll. Eine rationale Erklärung für dieses Postulat hat aber bisher noch niemand vorlegen können. Denn auch wenn er sich verschuldet, erfüllt er schließlich nur die ihm ökonomisch zugewiesene Rolle, politisch in die Vermittlungen der Waren-Allokation einzugreifen, um sie gemäß unmittelbaren Zwecken zu gestalten. Im Begriff des ausgeglichenen Haushalts spricht sich somit das reaktionäre Ressentiment gegen das Kreditwesen überhaupt aus. Ohne Kreditgeld aber ist keine Ökonomie, und eine Marktwirtschaft erst recht nicht, zu haben.

dass seine aktuellen Einnahmen den Wert seiner Gegenleistungen immer übersteigen; er also ein Schmarotzer ist – von dem sie aber nicht lassen können, weil sie zu ihrem Schutz auf Gedeih und Verderb auf ihn angewiesen sind; zumindest das hat jeder Staat mit der Mafia gemeinsam.

Doch es hat sich mittlerweile, wenn auch meist nur unter Experten für Ökonomie und Politik (beim gesunden Menschenverstand ist dies noch nicht recht angekommen) herumgesprochen: der Staat entnimmt der Zirkulation mit seinen Steuern nicht nur einfach Geld, sondern gibt es in voller Höhe wieder in sie zurück. Gleichgültig was er tut: er gibt das Geld, das er eingenommen hat, wieder aus,[52] handelt in dieser Hinsicht also nicht anders als Private und Unternehmen; ungeachtet dessen, dass er, im Unterschied zu diesen, verpflichtet ist, seine Ausgaben vor der Allgemeinheit zu rechtfertigen. Vom Prinzip her distribuiert der Staat Geld auf bestimmte Warenarten, welche auch immer[53]: Woraus folgt, dass er entscheidet, welche Subjekte aufgrund seiner Ausgaben Einnahmen erzielen, und welchen deshalb seine Ausgaben als Einnahmequelle versagt bleiben. Er macht also nichts anderes als jedes Unternehmen und jeder Private, nur dass er, anders als die Unternehmen, seine Ausgaben nicht auf Käufer ›abwälzen‹ kann, und, anders als die Privatverbraucher, seine Einnahmen nicht aus einer von den Märkten anerkannten (und als solche bezahlten) Leistung erzielen muss.

Lang und breit ließe sich darüber diskutieren, welche Staatsausgaben nun sinnvoll sind, welche nicht – und die Streitereien darum finden täglich allüberall statt. Die Bühne dafür ist das Parlament, vorbereitet werden die dortigen Debatten in den Medien (in Deutschland hat seit längerem die *Bild*-Zeitung die *Frankfurter Allgemeine* in der Vorgabe der Themen abgelöst) und an den Stammtischen. Für all diese ›Diskurse‹ gilt: Exakt dasselbe, was der Einzelne als Citoyen für sinnlos erachtet, wird er, wenn er damit sein Geld verdient, als

---

52 Das selbst dann, wenn er spart. Irgendwo hat er das Ersparte ja ›angelegt‹: Keiner wird es gutheißen, wenn er das gesparte Geld nur hortet oder einfach im Ofen verbrennt. (Obwohl er dies, folgt man etwa Keynes, eigentlich müsste, nachdem er sein Ziel, mit dem Drucken von Geld die berühmten Multiplikatoreffekte auszulösen, erreicht haben sollte.)

53 Auch die Sozialhilfe kann als Warengattung aufgefasst werden: wie das Sicherheitsbedürfnis, das die Kosten für den Polizeiapparat rechtfertigt. (Wie bei Staatsausgaben generell wird aber gerade bezüglich der Empfänger von Staatsgeld das Fehlen einer Gegenleistung zu einem für die sich als ehrbar empfindenden Bürger bis zur Weißglut umtreibenden Politikum, gerade unter denen, die weder arbeiten noch Steuern zahlen.)

Bourgeois seinen potentiellen Kunden als Non-plus-Ultra anpreisen. Diese einem jeden Staatsbürger nahezu genetisch implementierte Heuchelei soll uns nicht weiter interessieren, wir stellen lediglich fest: Der Staat organisiert nicht nur die Gebietshoheit (nach außen wie nach innen), sondern ist zudem eine durch und durch ökonomische Instanz, die darauf ausgerichtet ist, wie Unternehmen und Private, der Zirkulation möglichst viel Geld zu entnehmen,[54] um möglichst viele (und hohe) Ausgaben tätigen zu können.

Die Konsumenten: Das Verschwinden der Ware Wenn wir uns auf den Äquivalententausch beziehen, leugnen wir, wie schon mehrfach

54 Der Staat folgt mittlerweile ebenfalls betriebswirtschaftlichen Vorgaben und hat deshalb ›gelernt‹, seine Einnahmemöglichkeiten gemäß der Grenznutzentheorie zu optimieren. Wie an entsprechender Stelle schon vermerkt: So dumm, seine Bonität nicht voll auszureizen, und also die ihm zugänglichen Kredite nicht voll auszunutzen, kann der Staat nur zeitweise sein (wenn er damit etwa das Vertrauen in seine Zahlungsfähigkeit befördern kann). Wenn es darauf ankommt, in Krisen etwa, und erst recht in einem Krieg, wird er sie voll ausnutzen. Der Versuch der Thatcherregierung in den 1990er Jahren, eine Kopfsteuer einzuführen, ist ein interessanter Sonderfall, der allerdings nicht, wie man annehmen könnte, darauf verweist, dass der britische Staat sich damit aus der Abhängigkeit von den Märkten befreien wollte, um in vorkapitalistische Zustände zu regredieren, sondern im Gegenteil: um den Staat auf einen ökonomischen Zwerg herunterzufahren und die anderen Akteure vom Staat unabhängiger zu machen. Ob solche ›Kuren‹, könnten sie denn durchgesetzt werden, tatsächlich erfolgreich wären, ist höchst fraglich, denn was immer der Staat für Ausgaben tätigt: er sorgt, je mehr Geld ihm zur Verfügung steht, umso mehr zumindest für eine Universalisierung der Warenform und eine Expansion der Ware-Geld-Zirkulation sowie für eine schnellere Umlaufgeschwindigkeit des Geldes. (Denn im Gegensatz zu den Privaten als auch den Unternehmen ist der Staat ›von Natur aus‹ weniger dazu disponiert, von seinen Einnahmen einen größeren Teil ›auf die hohe Kante‹ zu legen.) Doch den tatsächlichen Erfolg etwa einer signifikanten Kürzung der Staatsausgaben (verbunden mit einer Steuersenkung für die Bürger) könnte man erst beurteilen, wenn sich dieser messen ließe. Ein solches, allgemeingültiges Maß für den Erfolg staatlichen ökonomischen Handelns haben die Ökonomen (und Politiker erst recht) aber bisher noch nicht entwickelt. Das gilt auch für die Hoffnung der Keynesianer, dass der Staat Multiplikatoreffekte erzeugen könnte, die sich unmittelbar auf die Steigerung des Sozialprodukts auswirkten. Das kann sein oder auch nicht: tatsächlich bewiesen und gemessen worden sind die noch nirgends (sondern allenfalls in Modellen verifiziert worden) und somit ist ein solcher Effekt erst recht nicht politisch zu antizipieren. Es ist hier so wie immer in der Politik: Man vertritt im Gestus absoluter Gewissheit eine Meinung (die man als Urteil verkauft). Setzt sie sich durch, zeitigt aber nicht den vorausgesagten Erfolg, wird man schon Umstände und Schuldige finden, die diesen verhindert haben (wenn, was selten genug der Fall ist, eine derartige Evaluierung von in der Vergangenheit getroffenen Entscheidungen in der Öffentlichkeit überhaupt stattfindet).

hervorgehoben, keineswegs, dass es den Subjekten, insbesondere den Unternehmen, in ihrem Ziel, möglichst hohe Einnahmen zu erzielen, immer auch darum geht, Gewinne zu machen, die ihren Reichtum vermehren. In unserer Gesellschaft wird jederzeit von allen versucht, das Äquivalenzprinzip zu verletzen, also den Anderen zu übervorteilen. Außerdem geben wir selbstredend unumwunden zu, dass man unter heutigen Bedingungen nur selten noch davon sprechen kann, dass einem Tauschakt überhaupt Preisverhandlungen zur Ermittlung des beiderseits akzeptierten Preises vorangegangen sind[55] – besonders die Preise für Endverbraucher sind vom Verkäufer nahezu durchgängig vorgegeben. Des Weiteren lässt sich natürlich darauf verweisen, dass etwa bei Verträgen zwischen Unternehmen und Arbeitskraftbesitzern kaum von Freiwilligkeit die Rede sein kann, sondern – vor allem, wenn Letztere nur so ihr Leben reproduzieren können – auf Gewalt beruhen. Nicht zuletzt kann kaum von Äquivalenz die Rede sein, wenn Geldbesitzer darauf spekulieren, dass ein Staat seine Kredite in Kürze nicht mehr bedienen kann: Diese Spekulation allein schon kann den Bankrott dieses Staates zu einer *self fulfilling prophecy* machen; und was für Staaten gilt, gilt für Spekulationen über die drohende Insolvenz von Unternehmen erst recht. Doch all dem gehen beiderseits Reflexionen voraus, die mit tatsächlich geführten Verhandlungen gemeinsam haben, dass sie auf eine unmittelbare libidinöse Besetzung zielen. Diese Besetzung wird von beiden Seiten antizipiert; und diese Antizipation funktioniert so, als ob verhandelt werden würde. Sie ist hier wie dort bei Käufer und Verkäufer – wie in tatsächlich stattfindenden Verhandlungen – entgegengesetzt ausgestaltet: der eine will eine Ware in Besitz nehmen, der andere die seinige ›los werden‹; beide zugleich aber sind fest überzeugt, damit dem anderen einen Vorteil für sich abgerungen zu haben, der sich ohne diesen Tausch nicht eingestellt hätte. Zwar gehen natürlich auch und gerade mit der Libido – egal von welcher Seite – immer Autoritätsverhältnisse in Kauf- oder Verkaufsentscheidungen mit ein, bis hin zu mehr oder weniger unterschwelligen Drohungen mit Gewalt. Von Äquivalenz kann somit solange nicht die Rede sein, wie wir uns auf empirischer, psychologischer oder politischer Ebene bewegen, solange also nicht, bis der Tauschakt real

---

55 Verwiesen sei hier auf unsere Ausführungen in Kapitel 4, [Abschnitt *Die Quellen der Inflation*], denen gemäß sich diese Verhandlungen zu einem Großteil in die Submärkte verlagert haben: das betrifft aber nicht den Endverbraucher, der seine Lebensmittel im Supermarkt bezieht.

vollzogen ist.⁵⁶ Von da an aber, und das muss man immer wieder betonen, interessiert weder die Ökonomen, noch Marx, noch uns, und den Markt erst recht nicht im Geringsten mehr das konkrete Verhalten der Wirtschaftssubjekte und deren Motivation. Der in seiner zentralen Bedeutung allseits verkannte Clou der Marxschen Argumentation, um die Herkunft des stetig steigenden (Waren-)Reichtums kapitalistisch produzierender Gesellschaften zu erklären,⁵⁷ besteht ja gerade in der Unterstellung, dass allgemein Äquivalententausch tatsächlich stattfindet, was heißt: dass das Gleichgewichtsmodell der Ökonomen – so wie es unserer Welt-GR zugrunde liegt – allgemeingültig gilt.⁵⁸

Auf der Basis dieser für alle Ökonomie der Neuzeit zentralen Voraussetzung wollen wir an dieser Stelle wie angekündigt⁵⁹ auflösen, warum wir, immer wenn wir von einer Äquivalenz in der Ware-Geld-Zirkulation gesprochen haben, bisher begrifflich nicht präzise genug differenziert haben. Denn Waren lassen sich zwar jederzeit in Geld ausdrücken (und umgekehrt). Aber sobald man Waren und Geld in der Welt-GR voneinander getrennt betrachtet, kann von einer vollständigen Zirkulation, das heißt einem geschlossenen Kreislauf nur beim Geld (als Zirkulations-, Wertaufbewahrungsmittel, Kredit- und nun auch Staatsgeld) die Rede sein. Von der Warenseite her betrachtet, bilden die Tauschakte aber nur eine Kette (meist Fertigungstiefe genannt), deren Endglied auf einen Konsumenten trifft, der ein Waren-Endprodukt verbraucht, das heißt, diese Ware spielt, bei diesem angelangt, in der Welt-GR keine Rolle mehr – verschwindet aus ihr ohne jeden Rest.⁶⁰ Man kann dies in

---

56 Im Vollzug aber ist die Äquivalenz gegeben – ansonsten fände der Akt nicht als freiwilliger unter Gleichen statt.
57 Also eines *nicht nur* allein in Geld ausgedrückten Reichtums, um den es allen offiziell zu gehen scheint: Gerade das: dass man, ohne es zu bedenken, Geld vor Augen hat, aber Waren meint, macht nicht zuletzt das Mysterium des Kapitals (und dessen Faszination) aus.
58 Nochmals, zur Verdeutlichung wiederholt: es sind die Ökonomen, die hier von einem Modell zu sprechen belieben. Unsere Argumentation läuft darauf hinaus, das der Ware-Geld-Zirkulation immanente Gleichgewicht als Realität begreifen zu müssen, die ihre empirische Erscheinungsform transzendiert: hier also weder von Modell noch von Konstruktion (anders als etwa in der Physik) sprechen zu können, sondern auf die Metaphysik Kants rekurrieren zu müssen, auf ein Denken also, das im positivistischen Wissenschaftsbetrieb verpönt ist.
59 [Kapitel 2, Anm. 4.]
60 Soweit sie in das Vermögen des Verbrauchers eingeht, kann sie eine Bonität begründen – die aber erscheint in einer Gesamtrechnung nicht. Und wenn diese Ware, etwa ein Auto, vom Endverbraucher nach einer gewissen Zeitspanne wieder in die Ware-Geld-Zirkulation eingeführt wird, bildet dieser Akt nur das

das kurze, aber in seinem Aussagewert kaum zu überschätzende Diktum fassen: Waren werden verbraucht,[61] Geld dagegen nicht.[62] Das Gleichgewichtsmodell steht somit von Anfang an auf ›wackeligen‹ Füßen, ohne aber darum falsch zu sein. Korrekt ist es, betrachtet man die Welt-GR als (horizontalen) Querschnitt eines bestimmten Zeitraums. Es ›wackelt‹ mehr oder weniger arg, wenn man Geld und Waren je getrennt über eine Reihe gemessener Zeiträume hinweg (vertikal) analysiert. Und das hat nicht nur schwerwiegende Folgen für das Ausbrechen ökonomischer Krisen, sondern auch für die allgemeine Bestimmung der ökonomischen Tätigkeiten der Subjekte – über das hinaus, was wir bisher ausgeführt haben.[63]

Denn als allgemeines Ziel aller Aktivitäten, die in der Welt-GR erfasst sind, muss im Grunde gelten: Waren werden allein zu dem Zweck produziert, dass sie aus der Zirkulation – und das möglichst

Anfangsglied einer neuen Kette; Anfangs- und Endglied dieser Ketten bleiben getrennt. Auch das Recycling, vor allem von Rohstoffen – also der Traum aller Ökologen, die auf diese Weise glauben, neben der Geschlossenheit des Geldkreislaufs ließe sich auch ein analoger Warenkreislauf (den sie sich in die Natur hinein halluzinieren) installieren – schließt diese Kette nicht zu einem Kreis. Der Rohstoff, woraus immer gewonnen, steht am Anfang, der Verbrauch am Ende der Warenproduktion; eine Natur, in der nichts verbraucht wird, sondern alles Produzieren nur der Aufrechterhaltung ihrer Kreisläufe dient, kann man sich zwar vorstellen – diese Vorstellung ist zweifellos dem Kreislauf des Geldes nachgebildet –, aber in ihr kommt der Mensch in der seine Natur überschreitenden Besonderheit nicht mehr vor. Und diesem reaktionären Unfug gegenüber gestehen wir uns zu, auch einmal die Ökonomen zu loben, soweit sie sich auf ihn nicht einlassen.

61 Sie verbrauchen sich natürlich auch aufgrund ihrer Natur, also selbst dann, wenn man sie gar nicht nutzt; die allermeisten jedenfalls. Mit Einschränkungen gilt das auch für die Geldware (den Kredit): Sie wird verbraucht, sobald ein Kredit zurückgezahlt ist. Da dieser von den Kreditinstituten aber sofort an andere weitergegeben werden dürfte, denn davon ›leben‹ sie, wirken Kredite wie eine Ausweitung der Geldmenge.

62 Es sei denn, es wird durch eine Inflation entwertet. Hinzuzufügen ist: und solange, wie schon im zweiten Kapitel angesprochen, nicht die Regeln doppelter Buchführung – bewusst – verletzt werden. Das ist aber nur bei Insolvenzen des Öfteren der Fall dann, wenn Geld bilanztechnisch – endgültig – abgeschrieben wird (es also keine Vermögensmasse gibt, die hier als Gegenbuchung dienen kann und auch ein Inkassobüro zur Geldeintreibung nicht oder vergeblich beauftragt worden ist). Ansonsten nur in mehr oder weniger spektakulären Einzelfällen, etwa wenn (Bar-)Geld auf Dauer der Zirkulation entzogen wird, weil es verbrannt worden ist oder sich herausgestellt hat, dass es sich um Falschgeld handelt.

63 Mit diesem Hinausgehenden verweisen wir auf Marx und verlassen die Ausgangsformel der einfachen Warenzirkulation Ware – Geld – Ware, um nun zur Kapitalformel Geld – Ware – Mehr-Geld, und letztlich Geld – Mehr-Geld, überzugehen. Aber, wie auch bei Marx und im Gegensatz zu fast allen bisherigen Marxinterpretationen: dieser Übergang selbst unterstellt noch keinen Begriff vom Kapital. Und das soll durch unsere Form der Darstellung deutlicher werden als bei Marx.

schnell – auch wieder verschwinden.[64] Denn aller Reichtum, aller Wohlstand, aller Gewinn, aller Erfolg bemisst sich in Geld.[65] Produkte und sonstige ökonomische Resultate, die nicht in Geld verwandelt werden können, sind wertlos, also weder Waren noch Repräsentanten von Reichtum. Genau dieser allgemeine, von der abstrakt-vermittelten, politisch-bewusst ungesteuerten Ökonomie vorgegebene allgemeine Zweck: Geld langfristig in privater Hand zu akkumulieren, ohne es dabei der Zirkulation vorzuenthalten, einerseits, Waren dagegen möglichst kurzfristig zu verbrauchen oder zu verkaufen, weil Reichtumsvermehrung nur als Geldvermehrung ›sinnvoll‹ dargestellt werden kann, andererseits, kann unmöglich von einer auf Unmittelbarkeit ausgerichteten Zwecksetzung[66] als sinnvoll akzeptiert werden. Und deshalb besteht die Bevölkerung eines vom Geld seiner Bürger finanziell abhängigen Staates fast durchweg aus lauter auf ihn schimpfenden Antikapitalisten, die von ihm verlangen, sich von den Marktzwängen zu lösen, Antikapitalisten allerdings, die in Panik geraten, sobald der Markt nicht reibungslos funktioniert – und sich vor ihren Augen das Geld plötzlich in Nichts aufzulösen droht, mit dessen Einnahme und Stabilität sie fest gerechnet hatten. Umstandslos mutieren sie dann zu glühenden Verfechtern der Geldwertstabilität und fordern vehement ein, die Marktgesetze, das Gleichgewicht, also die Vermitteltheit von Ware und Geld strikt zu beachten.

Auf diesem Markt aber gilt der eherne Grundsatz: Warenproduktion muss zwar sein; ohne Waren als Geld-Äquivalent verliert das Geld seinen Wert.[67] Dem Markt ist es jedoch vollkommen gleichgül-

64 Dem gängigen Bewusstsein und auch den allermeisten Nationalökonomen gilt die Gewinn- (oder Profit-) Maximierung als oberstes Ziel allen ökonomischen Handelns. Mag ja sein, dass dies tatsächlich das primäre Motiv der involvierten Individuen ist, aber es ist eben ein an deren Libido unmittelbar angebundenes, nicht das gesellschaftlich tatsächlich verfolgte, abstrakt vermittelte Ziel. Ganz abgesehen davon, dass wir bis hier im Grunde noch gar nicht wissen, woraus ein Gewinn (oder Profit) sich generiert, der nicht auf der Übervorteilung Anderer beruht.
65 Wie im zweiten Kapitel ausgeführt: es geht um die alles andere als einfache Aufgabe, auch Wachstum und Wohlstand objektiv und stochastisch korrekt in Geld auszudrücken.
66 Siehe auch dazu die eingangs getroffene Unterscheidung [kurz vor dem Abschnitt »Der Staat: Ökonomisch-historische Bestimmung« in diesem Kapitel] zwischen unvermittelter Objektbesetzung und rational-marktkonform vermittelter.
67 Die Geldware, also der Kredit (siehe Anm. 16 [in diesem Kapitel]), stellt natürlich auch diesbezüglich eine Besonderheit dar. Aber die haben wir schon im zweiten Kapitel behandelt, hier kann von ihr abgesehen werden. Für die Ökonomen ist die Geldware jedenfalls (spätestens seitdem Anfang der 1970er Jahre mit der monetaristischen Wende auf jede Natur-Substanz zur Gelddeckung verzichtet wurde) eine Ware wie jede andere auch.

tig, welche Gattungen, Arten oder Qualitäten von Waren produziert werden; Hauptsache sie finden so schnell als möglich Abnehmer, die sie libidinös besetzen (die einen Gebrauchswert für sie, welchen auch immer, haben). Was dem Antikapitalisten, der sich über die Missachtung qualitativer Maßstäbe gegenüber rein quantitativen so erbost, nicht in den Kopf will, und so unsinnig ihm die Produktion und gleichzeitige Verschwendung bestimmter Waren erscheint, dieser Unsinn hat den gesamtökonomischen Sinn, die Geldzirkulation möglichst unterbrechungslos am Laufen zu halten.[68] Und davon lebt schließlich auch er und mit ihm alle anderen, die sich über Herstellung, Kauf und Verkauf bestimmter Waren und vor allem die Geldgier der Mitbürger echauffieren: Würde nicht laufend auch das produziert, das zu kaufen sie für unsinnige Verschwendung (natürlicher, monetärer oder ideeller) Ressourcen halten, würden wahrscheinlich auch die Waren gar nicht erst hergestellt, die sie persönlich für sinnvoll erachten – zumindest, wie wir noch feststellen werden, nicht für den Preis, für den sie aktuell zu haben sind. Ökonomisch gesehen verwandelt sich jedenfalls die negative Konnotation, die dem Begriff Kosten im gängigen Sprachgebrauch immer anhaftet, gesellschaftlich ins Positive. Nochmals: Kosten sind Einnahmen für Andere und als solche machen sie Geld werthaltig,[69] egal, um welche es sich handelt.

Das gilt für die Staatsausgaben erst recht. Das politische System, das über sie entscheidet, stellt einen Submarkt dar wie die Börse, der Devisenhandel, der Rohstoff- oder Arbeitsmarkt, der ebenso wie diese je eigenen Regeln folgt. Und wie auf den anderen Submärkten werden auf dem politischen über die real stattfindenden Tauschakte hinausgehende Bewertungen vorgenommen, Bewertungen, die allen Subjekten zur Grundlage ihrer Entscheidungen dienen, bestimmte Waren zu einem bestimmten Preis zu kaufen (oder zu verkaufen) oder nicht.

Wenn der Staat entscheidet, Geld für bemannte Weltraumfahrt auszugeben oder für Rüstungsgüter, ist also ökonomisch gesehen

68 Genau diesem Aufrechterhalten der Zirkulation dient ja gerade die Geldware Kredit. Ihre Perhorreszierung unter den meisten Linken (im Anschluss an die im Kern antisemitische Geldtheorie von Silvio Gesell etwa) beruht auf Ressentiment (und unter Ressentiment ist immer zu verstehen, dass das Objekt, gegen das dieses sich richtet, bedingungslos zu verschwinden hat; ein Ressentiment kann man jedenfalls nicht mit Verhandlungen, also ›diskursiv‹ oder gar mit Geld beseitigen).
69 Genauer: Die Verwandlung von Einnahmen in Kosten (und umgekehrt) soll dafür sorgen, dass es sich beim umlaufenden Geld um gedecktes handelt und nicht um solches, das ein Inflationspotential birgt.

die Frage nachrangig, ob diese Ausgaben ›Sinn‹ ergeben oder gar ›vernünftig‹ seien. Es geht zuvörderst darum, dass es nicht allein den Privatkonsumenten und Unternehmen überlassen bleiben soll, wie sich das vorhandene Geld verteilt, sondern dass der Staat einen Teil dieser Distribution wahrnimmt; aus welchen Motiven heraus, ist ökonomisch vollkommen gleichgültig. Und jeder Staatsbürger, jedes Unternehmen will ein Stück von dem vom Staat zu verteilenden Kuchen abbekommen – auch ihnen geht es dabei ganz und gar nicht darum, ob ihrem Anspruch ein ausweisbarer allgemeiner Sinn zugrunde liegt.[70]

Ebenso wenig wie der Sinn einer Staatsausgabe spielt es ökonomisch eine Rolle, ob ihr Zweck tatsächlich erfüllt wird. So misslich es ist, wenn eine Brücke in der Landschaft steht, die Jahrzehnte auf ihren Anschluss an eine Straße wartet: Der Bauunternehmer, die Arbeiter, die diese Brücke gebaut haben, die Zulieferer, die am Bau beteiligt waren, haben ihr Geld erhalten, und somit erfüllte dieses für sie ausgegebene Geld seinen obersten Zweck: es zirkulierte. (Umso besser, wenn nicht nachgewiesen werden kann, dass dabei Korruption und Vetternwirtschaft eine Rolle gespielt haben, aber gesamtökonomisch wäre auch das unerheblich.) Dasselbe gilt für Flughäfen, deren Fertigstellung sich jedes Jahr um ein weiteres verzögert, für exorbitante Kostensteigerungen geplanter Projekte während ihrer Implementierung usw.[71] Und Gleiches für jede Katastrophenbewältigung: Deren Sinn mag außer Frage stehen, aber nationalökonomisch geht es auch hier allein um die (dem Verdacht des Partikularismus möglichst entzogene) Verteilung von Geld.[72]

70 Keine Frage: eine konsistente Argumentation kann hilfreich sein, ein Stück vom Kuchen zu ergattern. Meist dürfte jedoch eine ansprechende Verpackung des Anliegens, verbunden mit dem selbstsicher vorgetragenen Verweis auf eine vorhandene Nachfrage, eher zum Erfolg führen.

71 Schön, wenn ein staatliches Projekt funktioniert, es also seinen ideellen Zweck erfüllt. Aber nationalökonomisch spielt das keine Rolle. Die Politiker und deren Parteien erlangen mit dieser Erfüllung eventuell eine künftig nutzbare Reputation, und auch die diese funktionierenden staatlichen Investitionen nutzenden Bürger (Investitionen des Staates sind etwas anderes als das, was auch in den Unternehmen so bezeichnet wird, denn diese haben im Gegensatz zu jenen etwas mit Kapitalakkumulation zu tun) gewinnen einen psychischen Mehrwert. Sie erlangen eine Befriedigung, wenn sie Straßen nutzen, Hallenbäder frequentieren können; und so vorteilhaft das ist: es stärkt – ökonomisch gesehen – bestenfalls die Loyalität zu ihrem Staat und kann eventuell ihren Widerwillen gegen Steuerzahlungen mindern. [Notiz von M. D.: »Begriff der Investition in Anmerkung ausführen: auch in Bezug auf private, etwa in die eigene Ausbildung«.]

72 Es ist allgemein bekannt, gibt allerdings meist nur Anlass zur Ironisierung, dass die Bewältigung von Unglücken einen nicht unbeträchtlichen Teil zur Höhe des

Eine weitere Möglichkeit staatlicher Intervention besteht darin, die Unternehmen auf ein politisch-gesellschaftlich vorgegebenes Allgemeininteresse zu verpflichten: das Aufhalten des Klimawandels, die Energiewende, den Naturschutz. Objektiver Sinn und Zweck in ökonomischer Hinsicht ist aber auch hier, unabhängig von jeder persönlichen Intention, das Aufrechterhalten und die Erweiterung der Ware-Geld-Zirkulation.[73] Der Irrtum, besser der Wahn, in dem wir Bürger leben, wenn wir uns über den Sinn und Unsinn von Staatsausgaben echauffieren, besteht darin, dass wir überzeugt sind, dass, wenn der Staat kein Geld für einen in unseren Augen unsinnigen Bahnhof ausgibt, wir von dem von ihm zu verteilenden Kuchen etwas mehr abbekommen als wir ansonsten zu erwarten haben. Aber der politische Submarkt lässt sich so wenig (oder auch: nur so weit) wie die anderen steuern und dessen Entwicklungen lassen sich nicht prognostizieren.[74] Keiner weiß oder kann auch nur einigermaßen abgesichert abschätzen, was mit dem Geld passiert, das der Staat aufgrund meiner erfolgreichen Proteste gegen eines seiner Vorhaben für dieses nicht ausgibt. (Es kann jedenfalls alles auch noch ›schlimmer‹ kommen.)

Gerade weil es dem Staat gesamtgesellschaftlich um die Aufrechterhaltung der Geldzirkulation geht (und ökonomisch nur gehen kann), ist auch ein Umstand, der, obwohl schon immer gegeben, von den Ökonomen wieder erst recht spät (in etwa zeitgleich mit der Entstehung der Grenznutzentheorie) erkannt wurde, wiederholt hervorzuheben:[75] Neu zum Gegenstand der Theorie wurde,

> Sozialprodukts beiträgt. Die Ironisierung verdeckt die Erkenntnis, um was für ein widervernünftiges System es sich bei dieser Marktökonomie im Gesamten handelt. (Dessen ungeachtet wird jeder zugeben müssen, dass diese Katastrophenbewältigung umso besser funktioniert, je kapitalistisch entwickelter ein ökonomisches System ist.)
> 73 Verwiesen sei auf die von keinem geleugnete Tatsache, dass alles Handeln in dieser Gesellschaft auf die Ökonomie bezogen ist: Was in ihr keine Beachtung findet, findet auch nicht statt. [Notiz von M. D.: »Vorgriff auf Öffentlichkeit als Filter.« Siehe dazu den Abschnitt »Die Öffentlichkeit« in Kapitel 11.] Das lernt jeder Idealist recht bald, sobald er sich ernsthaft mit der Verwirklichung seiner Ideale auseinandersetzt.
> 74 Die Ursache dafür ist natürlich, dass alle politischen Entscheidungen auf einem Konsens beruhen müssen, der alle Interessen beinhaltet, diese also nicht einer allgemeinen Richtschnur folgend ›vorsortiert‹, und der unbedingt notwendig ist, damit die Gesellschaft als Ganze den Staat, vermittelt über die Ware-Geld-Zirkulation, in ihrer Abhängigkeit behalten kann.
> 75 Schon zu Zeiten von Marx hatte man erkannt, dass eine Gesetzgebung, die ausnahmslos für alle Unternehmen gleich verbindlich ist und bei allen durchgesetzt wird, die also keinem einen Konkurrenzvorteil bringt, durchaus in der Lage ist,

dass die Wirtschaftssubjekte, die ihre Arbeitskraft den Unternehmen zur Verfügung stellen, auch und gerade in den Zeiten, die sie nicht mit Arbeiten verbringen, einen äußerst wichtigen Faktor in der Ware-Geld-Zirkulation spielen, denn schließlich verbrauchen sie kapitalistisch produzierte Waren als Endkonsumenten und tragen so zum Funktionieren der Geldzirkulation alles andere als unerheblich bei. Woraus unmittelbar folgt: Was für die Unternehmen zweifellos ein Nachteil ist: hohe Lohnkosten, ist gesellschaftlich willkommen, wenn sie zusätzliches Geld dessen Begriff entsprechend zirkulieren lassen, und weitere Waren der Ware-Geld-Zirkulation entziehen.[76] Und dasselbe gilt nicht nur für die, die arbeiten: Solange ein Staatsbürger lebt, leistet er infolge seines Warenkonsums auch seinen Beitrag zum Funktionieren der Ökonomie, woher auch immer er die Einnahmen generiert, die er dafür aufwendet.[77] Selbst die

    das Los der Arbeiter zu verbessern; und um solche Verbesserungen handelt es sich beim Gesetz zum Achtstundentag, zum Verbot der Kinderarbeit usw. Wie selten und unnötigerweise vermittelt aber die Erfahrung mit diesen Gesetzen Eingang in die Gesetzgebung Deutschlands findet, zeigte sich erneut in den endlosen Debatten um den Mindestlohn, und den vielen Ausnahmen, die dann, als das Gesetz schließlich doch zustande kam, gleich mit in es hineingeschrieben wurden. In Deutschland hat man noch nicht recht verstanden, was Gleichheit vor dem Gesetz bedeutet, und verlangt gerade deshalb, jede politische Entscheidung (auch wenn es sich um bloße Normierungen oder Absichtserklärungen wie das Einhalten von Verschuldungsgrenzen handelt) in ein Gesetz gießen zu müssen. Besonders widersinnig geht es immer dann zu, wenn das Schreckgespenst der internationalen Wettbewerbsfähigkeit gegen solche Gesetze ins Feld geführt wird: Als ob die deutschen auf dem Weltmarkt wettbewerbsfähigen Unternehmen ihre Angestellten besonders niedrig entlohnen würden. Empirisch ist das gerade Gegenteil der Fall.

76 Hier noch abgesehen davon, dass hohe Lohnkosten zur Produktivitätssteigerung zwingen können – die ist noch nicht Thema. Auch bezüglich dieser Lohnkosten geht es um das allseits beliebte Spiegelspiel der Politik, in dem beide Seiten gleichermaßen Recht wie Unrecht haben, und sich unmöglich ein Konsens finden lässt, weil vom Einzel- zum Gesamtinteresse (und umgekehrt) logisch kein Weg führt – außer man haut den Knoten mal mit einem Gesetz einfach durch, auf dass irgendwann auch der Bourgeois erkennt, dass von diesem Gesetz der Citoyen in ihm letztlich (das heißt die Person als Ganze) profitiert. Deutschland ist, das weiß man längst, was liberal-dogmatische Prinzipien betrifft, seit je ›päpstlicher als der Papst‹; angelsächsischer Pragmatismus auch und gerade im Recht war Deutschen immer schon äußerst verdächtig, um nicht zu sagen: minderwertig.

77 Sein Überleben verdankt etwa der Sozialhilfeempfänger also nicht den Idealen der Menschenrechte; eine solche Auffassung verwechselt Voraussetzung mit Folge. Sondern umgekehrt: die Menschenrechte haben überhaupt nur einen Kurs auf dem politischen Markt, weil sie dem Äquivalententausch entsprechen und ohne jene dieser nur eingeschränkt funktioniert. Beides legt es nahe, den Sozialhilfeempfänger nicht einfach sich selbst zu überlassen. Man sollte aber diesbezüglich nicht vergessen zu erwähnen, dass Armee und Gefängnis zur Absorption

schlimmsten Diktaturen leisten sich heutzutage deshalb meist den ›Luxus‹, auf den Arbeitsmärkten nicht zu verwendende, betriebswirtschaftlich gesehen überflüssige Staatsbürger zu alimentieren.[78]

Die einfachste und effektivste Möglichkeit, Waren aus dem Markt verschwinden zu lassen, wäre natürlich deren bewusste Zerstörung, noch bevor sie – ihrer ersten Natur gemäß – den Weg alles Irdischen gehen.[79] Dass in der Zerstörung eine produktive Kraft verborgen liegt, ist schon lange bekannt.[80] Einem bewussten Verfolg dieser Strategie stehen natürlich gewaltige, in den Bewusstseinen verankerte Hindernisse entgegen, sodass kein Ökonom oder Politiker es wagen kann, offen zu einer bewussten Vernichtung aufzurufen oder dem Verschwindenlassen noch funktionierender Gebrauchsgegenstände[81] das Wort zu reden.[82] Diese Zerstörung muss also wie eine Naturkatastrophe über die Gesellschaft hereinbrechen, und die Vorlage dafür bildet natürlich ein Krieg, nach dessen Ende das Sozialprodukt

der ökonomisch Überflüssigen auch eine allseits beliebte Möglichkeit darstellen, ihrer Herr zu werden, ohne sie als Warenkonsumenten im Nichts verschwinden lassen zu müssen.

78 Mag sein, dass auch die Senkung der Kriminalitätsrate, eine Schwächung der politischen Opposition, also eine Verstärkung der Loyalität seiner Bürger zu ihm ein weiteres Motiv des Staates ist, Sozialhilfe zu gewähren. Ökonomisch jedenfalls trägt auch sie dazu bei, die Wirtschaft in Gang zu halten. Umstritten bleiben solche Zahlungen aber immer: denn das Prinzip, dass eine Geldeinnahme auf einer Leistung beruhen muss, ist dadurch in Frage gestellt (Stichwort: Leistungsgesellschaft). Aber dem Erfindungsreichtum der Sozialbehörden, diese in irgendeiner Form abzuverlangen, sind kaum Grenzen gesetzt, auch wenn deren Ideen meist schlicht auf den Zwang zur Ableistung ›gemeinnütziger Arbeit‹ hinauslaufen. [Notiz von M. D.: »Verwendung des Begriffs der Überflüssigen/Mittellosen.«]

79 Mit dem Begriff der Abschreibung hat die Betriebswirtschaftslehre ein Verfahren entwickelt, das diese Abnutzung in Geld ausdrücken soll. Jeder Bilanzbuchhalter weiß, wie wenig hier Absicht und Realität übereinstimmen und wie sich diese Differenz für verschiedenste Formen der Steuerersparnis nutzen lässt.

80 Joseph Schumpeter nannte sie »schöpferische Zerstörung« und bezog sie wohl als erster (Anfang der 1940er Jahre) direkt auf die Ökonomie. [Siehe Joseph A. Schumpeter: Capitalism, Socialism and Democracy. Harper, New York; London 1942.]

81 Das historisch beste Beispiel dafür, was passiert, wenn Gebrauchsgegenstände von ihrem qualitativen Nutzen und nicht ihrem quantitativen Wert her beurteilt werden, stellt der ehemalige ›real existierende Sozialismus‹ bereit: Ihm fehlte die Dynamik des kapitalistischen Westens unter anderem deshalb, weil kein bei Verstand seiender Planwirtschaftler einsehen kann, warum ein Gegenstand nicht solange genutzt werden soll, bis er endgültig verbraucht ist. Der kapitalistische Markt funktioniert aber ganz anders, und gerade deswegen effektiver. Auch das ist ein Mysterium, das nicht nur von linken Staatsfetischisten nur allzu gern verdrängt wird.

82 Das gilt selbstverständlich nur für ›eigene‹ Gebrauchswerte: die des äußeren wie inneren Feindes stellen natürlich keine Hindernisse für einen solchen Aufruf dar.

einen neuen Aufschwung nehmen kann, der aber angesichts der modernen Waffentechnologie als Strategie der Krisenbewältigung nur sehr begrenzt einsetzbar ist,[83] da man die Zerstörung schwer auf das Verschwinden bloßer Gebrauchsgegenstände (Maschinen, Gebäude, Konsumwaren, Kulturgüter usw.) begrenzen und den Rest (die Menschen, was auch heißt: die Verwaltung, die Rechtsprechung, die Technologie, die Ausbildung) verschonen kann.[84] Natürlich werden auch für gesamtökonomisch nützliche, für viele Individuen aber äußerst missliche und leidvolle Geld- und Vermögensentwertungen, für die der Markt (und seine Submärkte) verantwortlich ist (vor allem infolge einer hohen Inflation oder der Insolvenz von Unternehmen) immer auch persönlich Schuldige gesucht und gefunden. Solange es aber den staatlichen Akteuren gelingt, sich von der unmittelbaren Verantwortung für diese (in sich notwendigen) Krisenbewältigungen freizusprechen (und das gelingt in einer Gesellschaft, die sich über den Markt abstrakt vermittelt, so gut wie immer), lassen sich Schuldzuweisungen kontrollieren und abfedern. Zur Not lenkt man sie auf einen äußeren Feind, opfert oder reorganisiert Teile des Staatsapparats oder gibt Bevölkerungsgruppen zum Pogrom frei.

Bisher ging es nur um das Verschwinden von Waren aus der Ware-Geld-Zirkulation. Wir haben im vorigen Kapitel schon ausgeführt, dass die aus der aktuellen Ware-Geld-Zirkulation verschwundenen Waren, so weit sie nicht tatsächlich verbraucht, sondern in das Vermögen der Konsumenten (bei Privaten, Unternehmen und Staaten gleichermaßen) eingegangen sind, sich ökonomisch wie eine (einem staatlicherseits veranlassten Anwerfen der Gelddruckmaschine

---

83 Damit ist nicht gesagt, dass eine solche Zerstörung unmittelbar als Lösung einer ökonomischen Krise je bewusst geplant worden sei: Wie die Produktivkräfte, die für die Kapitalakkumulation verantwortlich sind, so viel hier vorab, nur hinter dem Rücken der Subjekte sich entfalten, so setzt sich auch diese Zerstörung und der sich selbst überlassene Verfall riesiger, noch funktionsfähiger Produktionsstätten (wie er in jeder Industrieregion westlicher Staaten zu besichtigen ist, selbst wenn viele in Kulturparks umgewandelt wurden) durch. Und nicht zu vergessen: auch die Entstehung des Kapitals selbst verdankt sich keiner bewussten Tat, sondern fand ebenfalls hinter dem Rücken aller Subjekte statt. Spätestens seit den Religionskriegen im Westen, und heute weltweit, wird aber die Zerstörung (und Vernichtung) von Produktionskapazitäten allseits auch als Mittel der Wahl, also bewusst, angewandt, um sich so den Besitz des vom Kapital (abstrakt) produzierten Reichtums anzueignen. Warum und wie das ›funktioniert‹, wird ein zentrales Thema der folgenden Kapitel [Kapitel 6, 9 sowie »Finanzkrise und deutsche Kriegskasse«] sein.

84 Dafür, was erhalten bleiben muss, damit es nach einer umfassenden Zerstörung zu einem ›Wirtschaftswunder‹ kommen kann, liefern historisch Deutschland und Japan die besten Beispiele.

vergleichbare) Geldvermehrung auswirken kann, wenn sie eine Bonität begründen, aufgrund der Kredite gewährt werden. Das daraus sich generierende Inflationspotential muss einerseits unter Kontrolle gehalten werden – und dies ist den Währungshütern im letzten halben Jahrhundert zweifellos gelungen –, andererseits sollte die Inflationsrate keinesfalls gegen Null gehen, denn nicht zuletzt sie motiviert die Endverbraucher, ihr Geld nicht zu horten (also eben *nicht* zu sparen), sondern es in Waren umzusetzen, sodass sie aus der Zirkulation verschwinden können.[85]

Der zentrale und von uns schon hervorgehobene, für die aktuelle Krisenentwicklung maßgebliche Fakt (und dieser wird kaum noch geleugnet, auch wenn öffentlich nicht darüber geredet wird) ist: Nicht zuletzt der Erfolg der Antiinflationspolitik hat dazu geführt, dass die Geldmenge mittlerweile ein Vielfaches der Preissumme der aktuell produzierten Warenmenge ausmacht.[86] Eine Hauptaufgabe der aktuellen Politik besteht zweifellos darin, den Eigentümern des von Grund auf überflüssigen Geldes das Vertrauen zu vermitteln, dass sie trotz dieses Inflationspotentials darauf rechnen können, ihr Geld in Zukunft in genau die Waren tauschen zu können, die sie glauben, zum aktuellen Zeitpunkt damit erwerben zu können.[87] Wie dieses Vertrauen mit der rigiden deutschen Sparideologie generiert werden kann (und soll), wurde an anderer Stelle dargelegt.[88] Hier geht es darum, deutlich darauf hinzuweisen, dass es politischen Akteuren grundsätzlich unmöglich ist, gesamtökonomisch notwendige Maßnahmen zur Vermeidung von Krisen, sei es die Entwertung von Geld, sei es die Zerstörung von Waren, bewusst strategisch in Angriff zu nehmen. Beides geschieht entweder hinter dem Rücken aller Akteure oder gar nicht – es sei denn, man kann Notwehr gegen einen äußeren oder inneren Feind als Rechtfertigung in Anspruch nehmen.[89] Und was das Geld betrifft: Es entwertet sich sowieso nur,

---

85 Aktuell ist ja der Horror unter Währungs- und Finanzexperten vor einer Deflation allgegenwärtig: denn mit ihr droht eine Kaufzurückhaltung der Verbraucher, die jedem Wachstum den Garaus zu machen droht, da die Geldzirkulation sich stetig verlangsamt.
86 Die Angaben der Ökonomen schwanken zwischen dem Acht- und Zwanzigfachen.
87 Im Grunde geht es, anders gesagt, darum, diese Eigentümer überflüssigen Geldes davon abzuhalten, alle zugleich die Probe aufs Exempel zu machen. Denn dann wäre eine galoppierende Inflation die notwendige Folge.
88 [Verweis auf »Finanzkrise und deutsche Kriegskasse« in diesem Band.]
89 Mit den Juden, und heute zudem ihrem Staat, hat man sich einen inneren (in deren Verbindung mit Bolschewismus und Liberalismus zugleich auch äußeren) Feind halluziniert, dessen Freigabe zur Vernichtung als Krisenlösungsstrategie

mit den wenigen, andernorts vermerkten Ausnahmen, ›automatisch‹, also in der Form von Naturkatastrophen oder Schicksalsschlägen, entweder in einer Inflation oder dann (was allerdings nur das Buchgeld betrifft)[90], wenn Submärkte (wie der Aktien-, Devisen- oder Immobilienmarkt) kollabieren.[91] Und in deren Crash wird der politische Submarkt unweigerlich mit hineingezogen. Politiker, die für eine bewusste Entwertung von Geld (oder Waren) plädieren würden, weil sie deren Notwendigkeit im Interesse des ökonomischen Ganzen erkannt haben, stünden von vornherein mit zumindest einem Bein in einer psychiatrischen Anstalt.[92]

Bleibt noch zu erwähnen, dass diesem Dilemma auf der Zirkulationsebene in der Produktionssphäre eine Produktion um der Produktion willen (oder im Politischen, also der unmittelbaren Distribution: das Funktionieren um des Funktionierens willen) funktional äquivalent ist. Produziert werden muss, egal was. Hauptsache das Produzierte wird schnellstmöglichst verbraucht und es entsteht – in der Zirkulation – aus Geld Mehr-Geld. Jede damit jedoch unweigerlich verbundene Störung des ökonomischen Gleichgewichts zwischen Geld und Ware erzeugt dann geradezu den Zwang, sie verschwörungstheoretisch einem Sündenbock in die Schuhe zu schieben – denn eine rationale Lösung ist auf der Basis des Äquivalententauschs nicht zu haben.[93]

Wir kommen zu diesem Resultat absoluter Widersinnigkeit kapitalistischer Produktionsweise[94] – die im Nationalsozialismus nur

    sich der Zustimmung (oder zumindest der Gleichgültigkeit dieser Feindbestimmung gegenüber) in der Bevölkerung gewiss sein kann.
90 Siehe dazu Kapitel 3, Abschnitt: »Die Submärkte«.
91 Bis dahin wird die Geldentwertung, dank rigider Sparmaßnahmen in den Staatshaushalten, auf später verschoben. Umverteilt wird dabei das Staatsgeld in die Hände der Geldeigentümer, was jedem klar ist. Es gibt zwar theoretisch eine Unzahl an Alternativen, aber praktisch traut sich bisher kein Staat, solche nur ernsthaft zu erwägen. Denn das hieße, das Ziel aller Individuen, die Akkumulation von Reichtum in Geldform, den Gesamt-›Sinn‹ der Ökonomie also, zu verraten. Und diesen bewussten Verrat kann sich kein Politiker leisten; die Bürger würden sich das keinesfalls gefallen lassen.
92 Und bei solchen, die etwa in der letzten Finanzkrise dafür plädierten, auch Großbanken Pleite gehen zu lassen, handelt es sich um Apokalyptiker, die, wie Terroristen allen Kalibers, darauf hoffen, als Urheber dieses Terrors in den Augen der von ihm Betroffenen die größte Kompetenz zu besitzen, diesem Terror auch ein Ende bereiten zu können.
93 Wer gerechte oder gar ›faire‹ Preise fordert, trägt damit nicht nur Eulen nach Athen, sondern reitet sich und alle anderen immer tiefer in das Dilemma hinein, behält dabei aber sein gutes Gewissen.
94 Auch das ein Begriff, den wir bewusst bisher noch gar nicht bestimmt haben.

ihre dieser Widervernunft adäquate Form gefunden hat –, ohne auf die zentralen Begriffe der Kritik der politischen Ökonomie von Marx zurückgegriffen zu haben; auch wenn wir zugegebenermaßen den Gang der Darstellung auf diese hin ausrichten. Und so haben wir bis hier nur die Dilemmata der Ökonomietheorien mit ihrem Gegenstand beschrieben, und diesen Gegenstand nur so, wie er sich jedem Empiriker darstellt und wie er dem Bewusstsein der Akteure erscheint.[95] Wir wissen, dass für alle ökonomischen Prozesse allein das Verhalten der Subjekte (Privatkonsumenten, Unternehmen, Staaten) entscheidend ist.[96] Aber wir wissen noch nicht, wie sich dank ihrer wie auch immer ausfallenden Entscheidungen hinter aller Rücken reales, also von Universalisierungen der Warenform, Expansionen der Geldmenge, Rationalisierungen des Verhaltens, staatlichen Ressourcenallokationen und Investitionen (in Infrastruktur, Bildung usw.) nicht verursachtes Wachstum generiert. Und somit auch nicht, worin die Krisen dieses Wachstums und aller sonstigen ihre letzte (erste) Ursache haben.

---

95 Von demselben Bewusstsein in seiner Erscheinung aber geleugnet wird – aus Angst vor der Wahrheit, die auf die Angst vor der Freiheit (Sartre) gründet. Deshalb muss der Kritiker, bevor er seiner Aufgabe gerecht werden kann, dem Bürger zuerst immer noch erklären, wie sein Geschäft überhaupt funktioniert.
96 Bei alldem, das muss immer wieder gesagt werden, handelt es sich nicht um Machtfragen, denn in der Macht ist die Gewalt immer impliziert; das wissen auch die Adepten von Foucault und Nietzsche, selbst wenn sie damit meist hinter dem Berg halten, besonders wo es ihnen darum geht, den Kampf zur Verflüssigung der Macht im Kollektiv (in der Gemeinschaft usw.) gegen die vereinheitlichende Macht (des Kapitals, des Staates, der Psychiatrie, des Geldes oder sonst einer) zu verharmlosen. Sondern es geht um eine Einflussnahme, die auf der Basis des Äquivalententauschs – also in der von Staat und Recht garantierten, realen, Abstraktion von Gewalt und Autorität – erfolgt.

Kapitel 6 Der Markt und seine Ideologie: der Satz der Identität

Das Rätsel des Wachstums 149
Wert, Mehrwert und Profit 153
Staatsgeld und Eigentum 157
Kapitalismuskritik als Ideologie 162
Die Verschiebungen des Identitätsbegriffs 167
Tauschwertidentität und Gebrauchswert 174
Warenidentität und Rationalisierung 177

Der Markt und seine Ideologie: der Satz der Identität Wenn wir, den bisherigen marxologischen Theoriebildungen widersprechend, zur Rekonstruktion der Marxschen Kritik der politischen Ökonomie die empirischen Tauschakte – in deren Abfolge das Geld in einem geschlossenen Kreislauf zirkuliert, worin bestimmten Geldquanten äquivalente (beliebige) Waren eine Verarbeitungskette vom Rohstoff bis zu ihrem Verbrauch durchlaufen (beides von uns erfasst in einer fiktiven Weltgesamtrechnung, abgekürzt: Welt-GR) – nicht nur zum Ausgangs-, sondern durchgängig auch zum Referenzpunkt unserer Begriffsbildungen nehmen, handelt es sich nicht um einen didaktischen Trick, der die komplexe ökonomische Realität – beziehungsweise gar die von Vielen als schwer verständlich empfundene Begrifflichkeit von Marx – auf alltäglich vorgenommene, einfache Handlungen reduzieren soll, sondern es geht um weit mehr.

Zur Darstellung dieses ›Mehr‹ müssen wir die Empirie und die Logik, in der die Ökonomietheorien (in einer, wie im ersten Kapitel ausgeführt: mehr als berechtigten Berufung auf den Kern naturwissenschaftlicher Modellbildung) ihre Daten strukturieren, nicht, wie bisher schon des Öfteren, nur stellenweise verlassen, sondern sind von nun an auf Begriffsbildungsverfahren[1] an-

---

[1] Dieser Ausdruck legt nahe, uns ein instrumentelles Verhältnis bei der Bestimmung der Beziehung von Begriff und Gegenstand, Sprache und Bedeutung, Allgemeinem und Besonderem zu unterstellen. Doch es ging gerade in den philosophischen Auseinandersetzungen der Vorgeschichte des heutigen instrumentellen Denkens – im Platonismus wie im Aristotelismus sowie den Versuchen, die dort auftauchenden Differenzen zu überwinden – genau um solcherart Verfahren, die zwar mit Instrumentalisierung im wissenschaftlich-methodischen Sinne nichts zu tun hatten, in denen es aber doch um etwas ging, das man nur als Auseinandersetzung um Begriffsbildungsverfahren bezeichnen kann: Die in der Hochscholastik ausgetragenen Konflikte um die Realität von Universalien, intellektuell vor dem Hintergrund des augustinischen Trinitätsbegriffs und politisch-historisch des Investiturstreits gelesen, stellten die Bedingung der Möglichkeit erst bereit, im westlichen Abendland, und nur hier, die wissenschaftliche (also die alle Mannigfaltigkeit auf eine einheitliche, auf Praxis ausgerichtete Methode reduzierende) Denkform verallgemeinern zu können. Dies gehört zwar, wie vieles andere auch,

gewiesen, die den logischen Positivismus überschreiten. Und das für jede der beiden Seiten der Welt-GR: Zum einen also müssen wir deren Geldseite begriffslogisch transzendieren, denn aus ihr lässt sich nicht erklären, wie es zu einem ökonomischen, in Geld gemessenem Wachstum kommen kann, zum anderen auch deren Warenseite, denn aus ihr ergeben sich, neben Anderem, vor allem die Motive nicht, die die ökonomischen Subjekte bewegen, sich in die Ware-Geld-Zirkulation in genau der Weise einzufügen, wie sie dies heutzutage allüberall tun. Warum dieser Schritt ins (zweierlei) ›Transzendentale‹ gerade auf dem bis hier erreichten Stand der Darstellung erfolgt, und nicht etwa erst, wenn der Kapitalbegriff bestimmt worden ist, oder nicht gar schon von Anfang an – was, folgt man der Logik Hegels, diesen Schritt in die Transzendenz dem Grunde nach überflüssig machen würde, da diese jedem logischen Schritt immanent ist – ist zugegebenermaßen nicht unmittelbar einsichtig. Denn dem so genannten Hegelmarxismus – dem wir weit eher verbunden sind als dem ›wissenschaftlichen Sozialismus‹, dem jede Transzendenz suspekt ist – sind alle Versuche zum Scheitern verurteilt, eine dem Kapital adäquate Begrifflichkeit zu entfalten, wenn diese sich nicht vom Resultat, also dem Kapitalbegriff her, bestimmt.[2] Im vorliegenden Kapitel der Entfaltung der ökonomischen Grundbegriffe geht es also neben der Reflexion auf das eigene Vorgehen um den Ideologiebegriff – und das ist

zu den Themen, die hier nicht gesondert verhandelt werden können, aus diesem historischen Hintergrund aber beziehen wir die Rechtfertigung für die Verwendung dieses Ausdrucks. [Siehe hierzu auch Band 6 der Gesammelten Schriften von M. D.]

2 Die Marxsche Darstellung, so die Unterstellung, expliziere durchgängig das logisch schon Implizierte. Dass dies in der Konsequenz auf eine *prima philosophia* hinausliefe, wird gar nicht erst problematisiert. Ob Hegels Philosophie des Geistes die Kriterien einer prinzipiell abzulehnenden *prima philosophia* tatsächlich erfüllt, kann hier dahingestellt bleiben. Die Antwort hängt davon ab, wie man den Begriff der Negation beziehungsweise der Vermittlung (und daraus folgend: den der Synthese) versteht: als logisch *und* historisch sich vollziehende Entwicklung, in welche die individuierten Bewusstseine sich früher oder später, ob sie wollen oder nicht, einpassen müssen (ob also alle Bestimmungen des Geistes dieser Entwicklung immanent sind und nur noch entdeckt und entfaltet werden können), oder als im Verfahren der Negation synthetisierte Vermittlungen, die im Aufsteigen zum Absoluten Brüche überwinden müssen, die den Geist als solchen erst bestimmen. (Nach allem, was man von Hegel weiß, entspricht die zweite Lesart kaum seinem Selbstverständnis. Aber das ist für diese Interpretation auch nicht notwendig, denn es reicht, wenn auf diese Weise, also im Verzicht auf jede geschichtsphilosophische Implikation, das in der Begriffslogik Hegels Unhintergehbare – und sei es gegen ihn selbst – akzeptiert wird.)

unabdingbar, sobald man die empirisch-formallogische Ebene der Ökonomie überschreitet.³

Allgemein gesprochen und auf den Punkt gebracht zugleich: Es geht um die Identität von Warenform und Denkform (im Sinne Alfred Sohn-Rethels), eine Identität, die sich, wie alle wesentlichen Begriffe, in den Köpfen zwar nur in einer kapitalistischen Gesellschaft allgemein konstituiert, woraus aber, anders als der Hegelmarxismus meint, nicht gefolgert werden kann, dass zum Nachvollzug der Genesis und Wirkungsweise dieser Begriffe ein bestimmter Begriff vom Kapital notwendig ist; sondern eher ist festzustellen: Der entfaltete Kapitalbegriff, begriffen als Voraussetzung aller Erkenntnis, dürfte das Erkennen der Gründe, die zu den Ideologien kapitalistischer Vergesellschaftung führen, behindern. Zumindest droht dann unter den Tisch zu fallen, dass die Subjekte (und dazu zählt natürlich auch jeder Kritiker des Kapitals), dem materialistischen Ideologiebegriff zufolge, *mit Notwendigkeit* falsch denken, und die Kritik der Illusion anheimfällt, sie brauche diesen Subjekten nur die ›Wahrheit‹ zu sagen, und schon hätte sich ihre Aufgabe erledigt.

Eingangs noch zwei Vorbemerkungen, eine historische und eine philologische: Die einzelnen Bestimmungen unserer Differenzierungen der Ware-Geld-Beziehungen finden sich allesamt – in je verschiedenen Gegenden, zu je unterschiedlichen Zeiten – in vorkapitalistischen Verhältnissen ebenfalls. Die innere Logik der Zirkulationssphäre, die unserer Darstellung als substantiell-materielle Basis⁴

3   Vgl. in dieser Hinsicht auch die Debatten um den Kritikbegriff: Die hegelmarxistische Auffassung, dass die adäquate Darstellung der Realität zugleich deren Kritik leiste, lässt sich historisch spätestens seit dem Nationalsozialismus und philosophisch seit Heidegger nicht mehr aufrecht erhalten. (Siehe dagegen das Buch von Frank Engster: Das Geld als Maß, Mittel und Methode.) [Siehe hierzu auch Band 4 der Gesammelten Schriften von M. D., in denen sich eine explizite Auseinandersetzung mit Frank Engster befindet.]

4   Dieser ›Basis‹ ist, wie in den vorherigen Kapiteln dargelegt, der Rationalismus (inklusive dessen Bezug etwa auf die Ideale von Freiheit, Gleichheit, Brüderlichkeit) als ideeller ›Überbau‹ quasi eingeschrieben. Wenn wir damit auf einen Begriff zurückgreifen, der für den Traditionsmarxismus zentral ist, übernehmen wir selbstverständlich die Verformungen nicht, die er dort erfahren hat. (Würde man bei der Wahl seiner Termini die andernorts ihnen zugeschriebene, abweichende Bedeutung als maßgeblich auch für die eigene Verwendung ansehen, liefe das auf den Unfug hinaus, ständig neue kreieren zu müssen. Und das müsste dann erst recht für solche Begriffe wie Kapital, Wert, Arbeit, Profit usw. gelten.) Wenn wir von Basis sprechen, schließt das jedenfalls die Auffassung aus, dass sie den (ihr adäquaten) Überbau aus sich heraus erzeuge. Dieser Basis (ihrem Überbau natürlich auch nicht) kann eine Subjektrolle unmöglich zugesprochen werden. Ebenso

kapitalistischer Vergesellschaftung unterlegt ist, existiert hingegen allein in der kapitalistisch sich reproduzierenden Gesellschaft. Auf den spezifischen Gegenstand hin, von dem dieses Allgemeine: die historisch bestimmte, weltweit durchgesetzte gesellschaftliche Reproduktion des individuellen Leibes in der Neuzeit, ihren Namen bezieht, also den ökonomisch bestimmten Begriff des Kapitals, richtet sich natürlich auch unsere Darstellung aus. Wir folgen also Marx durchaus, soweit dieser feststellt, dass die Anatomie des Affen erst von der Anatomie des Menschen her begriffen werden kann – womit er aber unmöglich gemeint haben kann, dass der Anatomie des

> wenig darf man sie als Kennzeichnung einer über das Kapital hinausweisenden Gegebenheit auffassen: Es hat sich wohl mittlerweile allseits herumgesprochen, dass eine Vorstellung wie die, der Kapitalismus entfalte die Produktivkräfte, auf deren ›Basis‹ dann ein ihr adäquater ›sozialistischer‹ Überbau installiert werden müsse, nur als geschichtsphilosophische Verirrung denunziert werden kann.
>
> Ausführlich einzugehen wäre in diesem Zusammenhang auch auf die Begriffe Materialismus und Substanz, mittels derer wir die Basis des Kapitals philosophiegeschichtlich einordnen, was an dieser Stelle unmöglich auch nur annähernd hinreichend geschehen kann. Apodiktisch und in aller Verkürzung dazu nur so viel: Unserem Materialismusbegriff liegt der (natürlich: geistig-ideelle) Bezug auf die empirischen Tauschakte zugrunde. Was den Substanzbegriff betrifft, gehen wir von der auf den ersten Blick höchst merkwürdigen Bestimmung aus, die Marx ihm gibt, wo er die ›abstrakte Arbeit‹ als Substanz des Werts ins Spiel bringt (siehe insbesondere im *Kapital* [Erster Band. Karl Marx; Friedrich Engels: Werke.] MEW Bd. 23, S. 74). Weiter entfernt von der tradierten Bedeutung dieses Begriffes (vor allem bei Aristoteles, von den Naturwissenschaften erst recht) als Marx kann man den Substanzbegriff kaum fassen. Denn, wie dargelegt, die abstrakte Arbeit bezeichnet letztlich nichts anderes als ein rein geistiges, nominales Konstrukt, das keine weitere Bestimmung hat als die, eine Messung zu erlauben. Der Kern dieses Konstrukts besteht darin, dass mittels der abstrakten Arbeit von Arbeit ja gerade abstrahiert wird. (Marxisten verstehen das Adjektiv abstrakt oft als so etwas wie eine Eigenschaft der Arbeit, so als ob etwas Abstraktes Attribut von irgendetwas überhaupt sein könnte. Zum Begriff der abstrakten Arbeit siehe auch Kapitel 1.) Daraus folgt aber ja nicht, dass der Bezug auf Arbeit – die man, folgt man dem traditionellen Verständnis, als eine Substanz, das hat der Arbeiterbewegungsmarxismus ausgiebig vorgeführt, durchaus begreifen könnte – mit der Konstruktion der Maßeinheit ›abstrakte Arbeit‹ logisch im Nichts verschwunden wäre; nur: Sie bestimmt den Wert nicht positiv, sondern strikt negativ: als ein *nicht mehr* im Wert Enthaltenes. Marx scheint jedoch dieses ›Nichts‹ oft – immer etwa dort, wo er sprachlich den Tauschwert qualitativ auf Arbeit statt auf (Arbeits-)Zeit bezieht – wieder zu einem (positiven) Etwas zu machen. Auf die darin angelegte Problematik wird unten [Kapitel 7] näher eingegangen. (Verfolgt man die Diskussionen um den Substanzbegriff, wie sie unter den Philosophen in den Jahrzehnten vor Marx geführt wurden, zu nennen wäre hier insbesondere Spinoza, dann dürfte die Berechtigung für unsere Auffassung von der Marxschen Substanzbestimmung einsichtiger werden als es auf den ersten Blick den Anschein hat. [Siehe dazu auch den Beitrag *Marx als Fetisch* im Anhang des vorliegenden Bandes.])

Affen die Anatomie des Menschen auch historisch voraus gegangen wäre. Die Realität (anders als das Begreifen) kapitalistischer Vergesellschaftung geht – historisch und logisch – der korrekten Bestimmung des Kapitalbegriffes voraus und lässt sich deshalb auch vom Kapitalbegriff abgelöst darstellen.[5]

Kaum ein Hegelmarxist dürfte ernsthaft noch der Hegelschen Geschichtsphilosophie verpflichtet sein, doch hat dies bei ihnen nicht dazu geführt, das Verhältnis von Logik und Geschichte neu zu erfassen. Geschichte ist ihnen der Logik des Kapitals immanent und sie unterschlagen damit, dass keine Logik sich aus sich selbst in ihrer Geltung begründen kann. Dazu bedarf es des geschichtlichen Bezugs. (Umgekehrt gilt natürlich dasselbe: Die Darstellung historischer Geschehnisse ist ohne Bezugnahme auf Logik – in der das eine aus dem anderen sich in einer anderen als rein zufälligen Weise ergibt – sinnlos.) Logik und Geschichte begründen sich gegenseitig, und das ist nur möglich, wenn das eine aus dem anderen nicht hervorgeht, sondern sie einander, vom Begriff her, ausschließen, also ein geistig-spekulativ zu überbrückender Bruch ihr Verhältnis

---

[5] Im Grunde geht es um die Spezifik, in der in unserer Gesellschaft Allgemeines und Besonderes (reproduziert im Verhältnis von Logik und Geschichte) aufeinander bezogen wird. Dies kann am Begriff der (technischen) Rationalisierung exemplifiziert werden: Rationalisiert wird allüberall – und wurde es auch in vorkapitalistischen Produktionsweisen. (Ebenso wie schon immer getauscht, gearbeitet, geherrscht, Gewalt ausgeübt worden ist.) Alles kommt, wie immer wieder zu betonen ist, darauf an, ob es gelingt, das für die kapitalistische Verkehrsform historisch Spezifische in derart ›überhistorisch‹ gültigen Begriffen herauszuarbeiten. Dazu sei an dieser Stelle eine Folgerung aus dem noch gar nicht [wie in Kapitel 7] bestimmten Kapitalbegriff antizipiert: Dass die Kapitalakkumulation auf Rationalisierung, spezifischer: auf die darin angelegte Produktivitätssteigerung zurückgeht, ist evident. Man erfasst das Spezifische kapitalimmanenter Rationalisierung aber nur, wenn man zwischen (technischen) Problemlösungen im allgemeinen und den (historisch) für das Kapital besonderen unterscheidet. Dies führt dann zur Unterscheidung zwischen Technik und Technologie: Für ersteres ist die Ausrichtung auf Erfahrung (oder auch: die Methode des *trial and error*) zentral, Letzteres wird, von *individuell-leiblicher* Erfahrung abgelöst, an Schreibtischen entwickelt: auf der Basis empirisch ermittelter Daten, deren Bezug zueinander sich aus einer rein nominal bestimmten, nichtsdestotrotz (beziehungsweise gerade deswegen) allgemeingültigen Logik ergibt. Wenn es um die Bestimmung des Kapitalbegriffes gehen wird, wird das, was wir unter ›abstrakter Arbeit‹ verstehen, zu diesem Technologiebegriff in ein Verhältnis zu setzen sein [siehe Kapitel 7 und 8]. (Es geht also um die schon oft in Angriff genommene Erklärung des im Grunde unübersehbaren Aufeinanderbezogenseins – bis hin zum Aufeinanderangewiesensein – der historischen Entwicklung von Kapital und Naturwissenschaft, deren logische Nachzeichnung jedoch über den Stand, den sie bei Sohn-Rethel schon hatte, bisher nirgendwo hinaus gelangt ist.)

zuinander bestimmt. Diese Brücke, also die Vermittlung, oder salopp: das begriffliche Ineinanderschieben, hier von Logik und Geschichte, hebt einen solchen Bruch, anders als Hegel meinte, nicht auf[6], kann uns aber, und da ist Hegel zuzustimmen, begreiflich machen, wie wir in unserem Denken mit solcherart Brüchen ›fertig zu werden‹ uns bemühen.[7]

Philologisch wäre festzustellen, dass der vorliegende Teil der Entfaltung der zentralen Grundbegriffe der politischen Ökonomie sich auf der Ebene befindet, auf der Marx seinen berühmten ideologiekritischen, die ökonomische Immanenz transzendierenden Einschub, das *Fetischkapitel*, formuliert hat – das ja auch bei ihm der Darstellung der Verwandlung von Geld in Kapital vorangeht. Die im Folgenden näher begründete Schlussfolgerung aus dessen Gliederungsaufbau lautet: Die ideologischen Bestimmungen, in denen die ökonomischen Subjekte sich und ihre materielle Reproduktion wahrnehmen, gehen der ökonomisch konsistenten Kapitalbestimmung voraus.

6 [Notiz von M. D.: »Verweis auf Aufhebung im dreifachen Sinne.«]
7 Was das Verhältnis von Logik und Geschichte betrifft, kann auch auf die von Engels nach dem Tod von Marx initiierte Auseinandersetzung innerhalb des Marxismus um den historischen Stellenwert der Wertformanalyse hingewiesen werden: Sie folgt, anders als Engels meinte, weder dem historischen Verlauf, noch, wie dessen Kritiker anführen, allein logischen Implikationen, sondern enthält in jedem ihrer Schritte logische wie historische Bezüge. Der Nachvollzug letzterer, den wir hier nicht leisten können, könnte zeigen, worauf die Geltung basiert, auf die Marx sich berufen kann. [Notiz von M. D.: »In Anmerkung einfügen die von David (Hellbrück) gefundene Stelle bei Engels.« In dem Artikel *Wie man Marx nicht übersetzen soll* polemisiert Engels im Jahr 1885 gegen John Broadhouse, einen der englischen Übersetzer des Marxschen *Kapital* und erklärt, dass er Marx grob entstelle, wenn er statt wie Marx von der »geschichtlichen Tat« von »einem Werk der Zeit« schreiben würde. Fraglos wäre so die für Engels wichtige Geschichtsphilosophie gestrichen worden, und »die verschiedenen mannigfachen Gebrauchsweisen der Dinge zu entdecken« – wie es bei Marx heißt –, erschiene nur noch als ein Werk des Zufalls oder – wie wohl M. D. sagen würde – begründe sich auf Voraussetzungen, die jenseits der Gebrauchsweisen in der Denkform zu suchen wären. Im weiteren Verlauf gesteht dann Engels unfreiwillig seine Unkenntnis ein, wenn er – in geschichtsphilosophischer Absicht – behauptet, dass es Marx nie um ein Maß gegangen sei, sondern einzig und allein um »geschichtlichen Fortschritt«. M. D. hatte mit seiner Notiz vermutlich daran gedacht, auch hier das Problem einer historischen und logischen Darstellung des Kapitals noch zu explizieren. (Siehe dazu Friedrich Engels: Wie man Marx nicht übersetzen soll. In: Karl Marx; Friedrich Engels Werke. MEW. Berlin 1956 ff. Bd. 21, S. 231 f.)]
  (Dabei hätte es insgesamt um die Darstellung der politisch-ideologischen Voraussetzungen zu gehen, die historisch gegeben sein mussten, damit die ›ursprüngliche Akkumulation‹ – und das nur im westlichen Abendland – überhaupt stattfinden konnte.) [Notiz von M. D.: »Verweis auf gesonderte Abaelard-Arbeit.« Die Arbeit wird als sechster Band der Gesammelten Schriften von M. D. erscheinen.]

Die Kenntnis der Wesensbestimmungen des Kapitals mag ein befriedigendes Gefühl intellektueller Überlegenheit verschaffen. Doch macht dieses Gefühl spätestens dort blind für die Realität, wo die Ware-Geld-Zirkulation zu einem ›bloßen‹ Oberflächenphänomen gerinnt, das von Grund auf von der Kapitalreproduktion bestimmt sei. Der von nahezu allen Marxisten bisher vertretene Primat der Produktions- über die Zirkulationssphäre (das gilt natürlich auch für den umgekehrten Fall, der in der kritischen Theorie manchmal zu finden ist) ist, wie in den anderen Kapiteln ausgeführt, sachlich und logisch nicht zu halten – Zirkulation und Produktion, wie auch Distribution und Konsumtion sind je getrennte Sphären auf derselben Ebene kapitalistischer Realität, die sich in vielfältigster Weise durchdringen, ohne dass einer der Primat vor einer anderen zugesprochen werden könnte.

Das Rätsel des Wachstums Auf der Basis unserer (fiktiven) Welt-GR ließe sich vom Prinzip her jeder ökonomisch relevante Vorgang (was dem Grunde nach heißt: alles empirisch beobachtbare menschliche Verhalten)[8] eindeutig rekonstruieren. Nicht nur das: Insofern allen

---

8   Der unmittelbaren Gewaltausübung kommt, wie der Gewalt überhaupt, eine Sonderrolle zu. Gewaltakte können natürlich empirisch erfasst werden, ohne dass dies unmittelbar Eingang in unsere Konstruktion einer Welt-GR fände. Es geht aber zentral um den Äquivalententausch, dessen Charakteristikum es nun einmal ist, von aller Gewalt (real) zu abstrahieren. Das Wiedereinholen dieser Gewalt, die eben auch in jedem Äquivalententausch allgegenwärtig ist, in der Reflexion ist eine Aufgabe, die unser Thema (die Kategorien der Kritik der politischen Ökonomie) überschreitet und auf die deshalb im Verlauf seiner Darstellung nur stellenweise verwiesen werden kann. (Am Ende werden wir versuchen, zumindest in einem kurzen Abriss die innere Verbindung von Gewalt und Ökonomie zu erfassen.) Jedenfalls gilt: wenn auch nicht in jeder von Menschen gegen Menschen ausgeübten Gewalt, so ist doch im Reden über Gewalt in dieser Gesellschaft der Bezug auf die politische Ökonomie, wie unterschwellig auch immer, stets präsent. Fatal ist dabei, nimmt man einige meist US-amerikanische Konservative (und die Politik des israelischen Staates) aus, dass in diesen ›Diskursen‹ die Logik des Äquivalententauschs (also das Aushandeln von allseits akzeptierten Preisen) sich als Allheilmittel zur Lösung aller Probleme empfiehlt und damit übersehen wird, dass die Logik des Krieges umso wirksamer sich durchsetzt, je tiefer sie der ökonomischen Logik ein- und untergeordnet wird – etwa in den (Friedens-) Verhandlungen zwischen Staaten, aber auch in der Konkurrenz zwischen den Unternehmen oder den Auseinandersetzungen unter Rackets.
    Gerhard Scheit geht, siehe etwa seinen Beitrag *Verdrängung der Gewalt, Engagement gegen den Tod* (Teil I in sans phrase 1/2012; Teil II in sans phrase 3/2013), die Beziehung von Gewalt und Ökonomie von der anderen Seite: dem Souveränitätsbegriff, seiner Beziehung zu Staat und Recht und dessen Fortwirken in den aktuellen Verhältnissen, also historisch an. Dies sei hier nur angeführt, um deutlich

Tauschakten zugrunde zu legen ist, dass zwischen der gekauften Ware und dem dafür gezahlten Preis von Käufer wie Verkäufer zugleich (in deren je individuellen Köpfen) eine in diesem Preis fixierte Äquivalenzbeziehung *konstituiert* worden ist, kann man nur zu dem Schluss kommen, dass die Gesamtheit aller Tauschakte, bezogen auf das Geld als Tauschmittel, nichts anderes als ein Nullsummenspiel ins Werk setzt.[9] Könnte man die Komplexität der zwar ungeheuer zahlreichen, nichtsdestotrotz endlichen Tauschakte auf Ursache-Wirkungs-Beziehungen reduzieren – was theoretisch möglich sein müsste, aber in den ökonomischen Modellen schlichtweg nicht verifiziert werden kann –, hätte sich im Resultat zu ergeben, dass die Teilrationalität (mit möglichst geringen Ausgaben ein Höchstmaß an Einnahmen zu erzielen) nahtlos in eine Gesamtrationalität (die Steigerung des Gemeinwohls) einmündet.[10] Diese Prämisse aller Verfechter des ›freien Marktes‹ hat somit einen gravierenden Schönheitsfehler: Könnte die Ökonomie deterministisch (also empirisch und formallogisch korrekt) rekonstruiert werden, dürften die Ökonomen nicht messen, was messen zu können ihren ganzen Stolz ausmacht und ihren Hymnen auf die Segnungen des Marktes das Futter gibt: nämlich ein reales Wachstum.[11]

---

zu machen, dass es verschiedene Zugänge gibt, Gewalt und Ökonomie in ein Verhältnis zu setzen; Hauptsache man verweigert sich der Versuchung, das eine als bloßen Ausdruck des anderen zu fassen.

9 Wenn Geld in einem ununterbrochenen Kreislauf zirkuliert, bleibt es ›mit sich selbst identisch‹ – als eine 1, die sich in beliebig viele Quanten unterteilen lässt, deren Summe aber nie etwas anderes als dieselbe 1 ergeben kann. [Notiz von M. D.: »In Anmerkung: Wiederholung von oben!« Siehe dazu den Abschnitt »Einheit und Differenz im Geld: die Geldmengensteuerung« in Kapitel 1.]

10 Wir reden, um dies klarzustellen, nicht von Vernunft: Vernunft und Rationalität gehen in der bürgerlichen Gesellschaft zwar eine (fatale) Verbindung ein, entstehen aber aus grundverschiedenen Quellen. Diese Differenz lässt sich am Zweckbegriff ausweisen: Der Rationalismus erachtet Zwecke als (anthropologisch oder wie ansonsten auch immer) real vorgegeben, die Vernunft fragt nach den Kriterien, gemäß der die leiblichen Individuen sich Zwecke setzen (oder setzen sollten).
    [Notiz von M. D.: »Verweis auf Dialektik der Aufklärung!«]

11 Historisch muss auf den Umstand verwiesen werden, dass der Kapitalismus – vom westlichen Abendland ausgehend – sich nie und nimmer hätte globalisieren können, wäre ihm dieses Wachstum nicht als sein spezifisches Kennzeichen (als eben *nicht* auf Raub und Ausbeutung beruhend) eingeschrieben. Auch dies darzulegen erfordert eine ausführlichere historische Untersuchung, als hier geleistet werden kann, es sei daher nur die historische Tatsache angeführt, dass die für eine unmittelbar imperialistische Ausweitung des Herrschaftsbereichs erforderlichen Ressourcen (bezogen etwa auf das Militär und dessen Waffentechnik sowie die Möglichkeiten zu deren Produktion und Finanzierung unter einer zentralisierten Macht) im Übergang vom Mittelalter zur Neuzeit in nahezu allen Gegenden der damaligen Welt

Das Rätsel des Wachstums

In der Tat: auf der Basis einer von allen (systemtheoretisch gesprochen: umweltbedingten) ›Störfaktoren‹ bereinigten Messung der ökonomischen Aktivitäten lässt sich nicht nachzeichnen, wie Wachstum zustande kommt. Und so werden (seit Beginn der Neuzeit) immer wieder dieselben fruchtlosen Debatten darüber geführt, auf welch externe Ursachen (oder eine Kombination davon) das Wachstum zurückzuführen sei: bevölkerungssoziologische, klimatische, bildungspolitische, nationale, psychologische – und so weiter und so fort. Diese, meist in so genannte Produktionsfaktoren zerlegten naturhaften oder ideellen Bedingungen üben ihre Wirkungen aber nur auf die Warenproduktion, insbesondere auf die Verfügungsgewalt über die Produktionsbedingungen aus. Sie wirken sich damit auf die quantitative Seite, also die Zirkulation und Distribution des Geldes, selbstredend zwar aus, sei es direkt in Preisen oder vermittelt über Submärkte – können aber eben nicht für das sich – auf das Ganze der Ökonomie bezogene – vermehrende Geld verantwortlich gemacht werden.[12] Die Warenseite der Gesamtrechnung dem gegenüber unterliegt ständig einem, ihre Qualität beeinflussenden Veränderungsprozess im Einzelnen wie im Allgemeinen, zudem subjektiv-politischen Bestimmungen und libidinösen Besetzungen, und von ihr haben wir festgestellt, dass sie zwar notwendig ist, in ihrer Gestaltung aber dem alleinigen Zweck dient, die Voraussetzungen zu schaffen, aus Geld Mehr-Geld (in der Marxschen Formel: G – G') werden zu lassen.[13] Von der Warenseite her jedenfalls lässt sich nicht erklären, wie Letzteres gelingen kann.[14]

weit größer waren als in Westeuropa. (Das gilt besonders für das arabische Reich und später das osmanische erst recht. Daraus dann zu folgern, die islamische Welt sei für die Entwicklungen im westlichen Abendland prägend gewesen, ist grober, philoislamistischer Unfug.) Woraus eben auch folgt: Mit (kolonialistischer oder imperialistischer) Gewalt allein hätte sich der Kapitalismus nicht globalisieren können.
[Notiz von M. D.: »Verweis auf Reinhard! Und auch Verweis auf Gouguenheim.« Gemeint ist hier vermutlich Wolfgang Reinhard: Die Unterwerfung der Welt. Globalgeschichte der europäischen Expansion 1415–2015. München 2016, und Sylvain Gouguenheim: Aristoteles auf dem Mont Saint-Michel. Die griechischen Wurzeln des christlichen Abendlandes. Aus dem Französischen von Jochen Grube. Darmstadt 2011.]

12 Diese Änderungen der Voraussetzungen der Warenproduktion werden ›eingepreist‹, so lautet der saloppe, diesen Sachverhalt erfassende Ausdruck. (Wo nicht, sind sie, wie die Atemluft oder das Klima – noch – kostenlos zu haben.) Das auf diese Veränderungen zurückgehende Sinken oder Steigen von Preisen führt jedenfalls lediglich zu einer Umverteilung der vorhandenen Geldmenge.
13 Vgl. das zum Verschwinden der Waren in Kapitel 5 [Abschnitt: »Die Konsumenten: Das Verschwinden der Waren«, S. 126 ff.] Ausgeführte.
14 Nur dem Anschein nach stellt die von einigen Marxisten vorgelegte Erklärung (siehe auch diesbezüglich Engster: Das Geld, wie Anm. 3 [in diesem Kapitel]), der

Man kann, worum es geht, vereinfacht und anschaulich auch so ausdrücken: Würde man alle Gewinne und Überschüsse, die die ökonomischen Subjekte im Laufe eines Jahres erzielt haben, addieren und davon die Verluste anderer subtrahieren, ergäbe sich ein positiver Betrag, der ein ›Mehr‹ an Geld repräsentiert, ein ›Mehr‹, das sich, unter der Prämisse des Äquivalententauschs, unmöglich ergeben kann.[15] Wäre man religiös, könnte man es bei dieser wundersamen

> gemäß die Verbilligung der Reproduktionskosten der Ware Arbeitskraft infolge der Industrialisierung der Landwirtschaft – und der sonstigen für diese Kosten verantwortlichen Produktionszweige – für das »Geld heckende Geld« (Marx) ursächlich sei, keine auf eine externe Qualität ausweichende Lösung des Geldrätsels dar. Abgesehen davon, dass diese ›Arbeitsproduktivität‹ – wenn auch nur neben anderen Faktoren: Kapital, Boden, Bildung usw. – auch die nicht-marxistischen Ökonomen zur Erklärung des Wachstums ja gelten lassen, jene sich von diesen also nur darin unterscheiden, dass sie die Arbeitsproduktivität zur einzigen Quelle der Erzeugung eines Mehr an Geld erklären: entlohnt wird, wie von uns betont, von den Unternehmen ›nur‹ die Arbeits*kraft*, und diese gilt ihnen als eine Ware wie andere Rohstoffe auch. Ihr Preis geht in den Endverbrauchspreis genauso ein wie der für Strom, Gas oder Öl; die Besonderheit seines Zustandekommens spielt keine Rolle: Hauptsache, er generiert sich in der Konkurrenz auf ›freien‹ Märkten – also auf der Basis des Äquivalententauschs. Dass zur Entlohnung der einzelnen Arbeitskräfte (allerdings alles andere als durchgängig) auf deren Arbeits*zeit* Bezug genommen wird, ist der Praktikabilität und zum Teil der Tradition geschuldet: denn die Arbeitskraft entzieht sich – wie etwa auch die Ideen, die in der Ökonomie zu Produktivitätssteigerungen führen – einer direkten physikalischen Messung. Das macht zwar eine ihrer Besonderheiten gegenüber anderen Rohstoffen aus (denn sie kennt, anders als diese, und wie die Daten der Welt-GR oder jedes naturwissenschaftliche Modell, keine eindeutig identifizierbaren, diskreten Elemente, die eine formallogische Operation erst ermöglichen, folgt also dem Satz der Identität nicht; dazu siehe weiter unten [im Abschnitt »Warenidentität und Rationalisierung« dieses Kapitels]), aber nicht ihre Bedeutung für die kapitalistische Produktionsweise. Kurzum: könnte der unmittelbare Bezug auf die Arbeitskraft das Geldrätsel lösen, hätte dies für alle gleichartigen Waren (aus dem Energiesektor etwa) ebenfalls zu gelten – in der Konsequenz würde diese Auffassung also der Theorie der Produktionsfaktoren Recht geben. (Die Behauptung im Übrigen, der ›Westen‹ lebe auf Kosten der Ausbeutung der Ressourcen der Dritten Welt, beruht im Grunde auf dieser Theorie der Produktionsfaktoren, geht jedenfalls nicht auf den Marxschen Begriff vom Kapital zurück.) Natürlich hat des Rätsels Lösung – wie sich zeigen wird, sobald der Kapitalbegriff bestimmt ist – etwas mit ›Arbeit‹ zu tun. Alles kommt aber darauf an, welche (vom Prinzip her: eindeutig messbaren) Größen man ihr zugrunde legt, sodass sich die Konstitution des Mehr an Geld (formal) logisch konsistent herleiten lässt.
>
> 15 Was dieses ›Mehr‹ an Geld anbelangt, muss natürlich darauf hingewiesen werden, dass es einer Äquivalenzumformung (strukturell der analog, die Marx in der Wertformanalyse vornimmt) bedarf, um es in einer Gesamtrechnung darstellen zu können. Denn wenn die Geldmenge im laufenden Jahr konstant geblieben ist, kann sich dieses ›Mehr‹ (im Vergleich zum vorangegangenen Wirtschaftsjahr) ja unmöglich in Geld, sondern nur in einem Mehr an Waren ausdrücken. Dieses

Geldvermehrung belassen und sie als so etwas wie ein Gottesgeschenk freudig annehmen. Doch das widerspricht jedem Begriff von Vernunft und so wollen wir uns bemühen, die Gründe herauszufinden, warum es zu diesem eklatanten Missverhältnis im Verlauf der ökonomischen Prozesse auf der Geldseite kommt.[16]

Wert, Mehrwert und Profit Wir sind keinesfalls klüger als die Ökonomen; auch uns ist es unmöglich, mit empirisch-positivistischen Methoden dieses Rätsel zu lösen. Wir müssen diese Methodik also überschreiten, ohne dabei jedoch auf ›Produktionsfaktoren‹, oder gar auf vermeintliche Substanzen – wie *die* Arbeit bei den Traditionsmarxisten – zurückzugreifen, das heißt wir müssen einen Weg finden, der uns erlaubt (um das oben Gesagte noch einmal etwas anders zu formulieren), dennoch in der mit dem ›Geld als solchem‹[17] gesetzten Immanenz (rein) quantitativer Bestimmungen zu verbleiben. Bei der Durchführung werden wir nicht mehr auf die den vorherrschenden Ökonomietheorien entnommenen Begriffsbestimmungen zurückgreifen, sondern auf die zentralen Marxschen. Dies nicht nur, um uns schlussendlich doch noch in Übereinstimmung mit der Begrifflichkeit des *Kapitals* zu bringen, sondern vor allem, um auch terminologisch deutlich zu machen, dass wir uns auf einer die empirisch-positivistische Begrifflichkeit überschreitenden Ebene befinden. Es wird also, wenn von nun an über die ökonomischen Verhältnisse im Ganzen zu handeln ist, nicht mehr von Preisen, sondern von Wert die Rede sein. Und dementsprechend nicht mehr von Wachstum und Gewinnen oder Überschüssen, sondern von Mehrwert und Profit.

> Problem lässt sich aber in gleicher Form auflösen wie die Ermittlung der Lösungsmenge von Gleichungen: Setzt man die Warenmenge, die in der vergangenen Wirtschaftsperiode produziert worden ist, mit dem Geld gleich, das dieser in der laufenden äquivalent ist, hat man dieses Mehr an Geld sofort ermittelt.
>
> Bezogen auf die gängige Praxis können wir auf die vorigen Kapitel zurückgreifen und rekapitulieren, dass ständig eine Ausweitung der Geldmenge stattfindet, wofür eine Reihe koexistierender Varianten verantwortlich ist, denen allerdings gemeinsam ist, dass sie für die hier zur Debatte stehende Geldvermehrung gerade nicht verantwortlich sind, sondern sie ›verdecken‹. Die Kernaussage bleibt jedenfalls richtig, vor allem unter Berücksichtigung des zum Bedeutungslos-Werden aller (Waren-) Qualität Ausgeführten: Dem Kapitalismus kommt die mysteriöse Eigenschaft zu, aus Geld – ohne Einbuße an *dessen* Werthaltigkeit (also nicht der der Waren) – mehr Geld erzeugen zu können.

16 Der Terminus Missverhältnis wäre also in dem strikten Sinne zu verstehen, dass – für einen bestimmten Zeitraum – die Addition der Summanden real gemessen (›urplötzlich‹, ohne ersichtlichen Grund) größer ist als die algebraisch errechnete Summe derselben Summanden.
17 Zur Bestimmung siehe insbesondere Kapitel 1, S. 38 f.

Zentral für den Übergang von Preisen zum Wert ist, dass die Summe aller Preise identisch zu setzen ist mit der Wertsumme. Das ist das (einzig) Gemeinsame zwischen diesen beiden Ausdrücken und stellt sicher, dass der Wertbegriff in die empirische Realität der Ware-Geld-Zirkulation eingebunden ist. Der entscheidende Unterschied besteht darin, dass Preise und Wert sich an grundverschiedenen Orten generieren: Preise bilden sich auf den Märkten (unter maßgeblicher Beteiligung der verschiedensten Submärkte), dem Wert hingegen wird – im Einklang mit Marx – die verausgabte Arbeitszeit zugrunde gelegt, die für die Aufarbeitung der auf den Märkten tatsächlich verkauften Waren gesellschaftlich im Durchschnitt notwendig aufgebracht worden ist, und für die wir in der Welt-GR eine besondere Spalte eingeführt haben – die es bei der Ermittlung des Sozialprodukts durch die amtlichen Statistiker (aus, in ihrer Perspektive: berechtigten Gründen) nicht gibt. Wie an entsprechender Stelle ausgeführt: Preis und Wert weichen, auf einzelne Waren bezogen, nicht nur oft weit, sondern auch höchst zufällig nicht voneinander ab.[18]

Was den Mehrwert betrifft, legen wir einfach fest, dass er die Differenz bezeichnet, die sich ergibt, wenn man von der Wertsumme

18 Kapitel 1, S. 46 f. [Zu diesem Satz notierte M. D.: »(Die folgende) Anmerkung ist so wichtig, dass sie in den laufenden Text integriert werden sollte!«] Spricht man vom Wert statt von Preisen – und würde man jenen gemäß unserem ›Vorschlag‹ tatsächlich messen – wird die für die Darstellung der Ökonomie als Ganzer unverzichtbare Differenz zwischen Waren als Endprodukten und solchen, die zu deren Fertigung benötigt worden sind, aufgehoben. Die Gesamtsumme der in einem Wirtschaftsjahr aufgebrachten Arbeitszeit ergäbe sich durch einfache Addition; würde also unmittelbar die Gesamtheit des Ökonomischen quantitativ zwar repräsentieren, aber die Differenz zwischen Konsum- und Produktionssphäre nicht mehr zum Ausdruck bringen. (Die Statistiken, die diese ›Arbeitsproduktivität‹ erfassen, gibt es ja auch und sind leicht zugänglich; aber sie können, wie das in Geld gemessene Wachstum, nur deren Existenz belegen, zur Erklärung ihrer Herkunft tragen sie nichts bei.)

Viele Marxisten hängen diesbezüglich dem Irrglauben an, man könne die Vorgänge im Produktionsprozess auch in Wertgrößen statt in Preisen messen. Das führt zu einem Spiritualismus, der zum Beispiel unterstellt, in den Produktionsmitteln sei vergangene Arbeitszeit gespeichert, die dann sukzessive an die mit ihnen produzierten Waren abgegeben werde. So sehr sie sich auch auf Marx dabei berufen können, der diesem Spiritualismus oft zumindest Futter gegeben hat: ein Medium, das Arbeitszeit speichern könnte, muss erst noch erfunden werden. Ein Blick in die Preiskalkulation eines beliebigen Unternehmens zeigt in aller Klarheit, wie die Übertragung der Herstellungskosten auf Waren tatsächlich vorgenommen wird: auf der Basis von Preisen, in denen rein gar nichts gespeichert ist, sondern die gespeichert worden sind: nämlich in den Büchern – heute den Rechnern – der Unternehmen.

den Geldbetrag subtrahiert, der für die Abgeltung der erbrachten Arbeitszeiten (diese wird bei Marx mit der Variable ›v‹ erfasst) aufgebracht worden ist.[19] (Keinesfalls handelt es sich bei diesem Mehrwert etwa um die Summe aller Unternehmensgewinne – wie er von Vulgärmarxisten oft missverstanden wird.) Mit Profit ist das Geld[20] angesprochen, das Kapitalgeber über das von ihnen für die Warenproduktion vorgeschossene hinaus – nach der Realisierung der Warenverkaufspreise – erhalten. Auch hier sind die messbaren Größen ohne Belang, entscheidend ist allein die Orientierung der Kapitalgeber an einer, wie immer auch ermittelten, gesellschaftlich sich durchsetzenden Durchschnittsprofitrate.[21]

19 Auf der Grundlage unserer Welt-GR könnte man auch diesen Betrag recht genau ermitteln: Ein Erkenntnisgewinn ergäbe sich nicht.
  Anders als Marx unterscheiden wir also nicht von Beginn an zwischen absolutem und relativem Mehrwert. Das ist unserem Aufbau der Darstellung geschuldet. Mehrwert bezeichnet im Grunde, solange bis auch wir diese Unterscheidung treffen, allein das, was Marx unter absolutem Mehrwert versteht, wobei wir hier, siehe unten Näheres [Kapitel 7], den Mehrwert auf der Basis seines Geldausdrucks, und nicht, wie Marx, der Arbeitszeit bestimmen.
20 Wir reden auf dieser Ebene von Geld allein in einem nominal-allgemeinen Sinne, nicht spezifiziert in Preisen oder Geldarten beziehungsweise -funktionen. Dies können wir uns erlauben, weil eine empirische Verifizierung aufgrund der Natur der Sache sowieso unmöglich ist.
21 Wie (Tausch-)Wert und Mehrwert dient auch der Begriff des Profits der Vereinfachung komplexer Realität. Er fasst die verschiedensten Zinsarten, im Grunde alle möglichen Arten ›arbeitslosen Einkommens‹ zusammen. Man kann, wie verschiedentlich schon betont, empirisch unmöglich zurückverfolgen, aus welchen Quellen das, was als Zins, Dividende, Gewinn, Miete, Gebühr usw. bezeichnet wird, real stammt. Jedenfalls hat der, der sein Geld unmittelbar in Unternehmen investiert (ob als Privater, Bank, Versicherung oder Hedgefonds), eine recht genaue Vorstellung davon, welche Renditen – über die anderen, weniger risikoreichen, hinaus – sich durchschnittlich bei Investments in die ›Realwirtschaft‹ erzielen lassen. (Zum Begriff des Durchschnitts siehe Manfred Dahlmann: Freiheit und Souveränität, S. 48 ff.)
  [Zu diesem Absatz in der Anm. notierte M. D.: »In die Einleitung?«] Wir folgen Marx – und der mit diesem auch nur einigermaßen vertraute Leser wird das nicht erst bezüglich dieser Begriffe natürlich längst bemerkt haben – alles andere als wort- oder (was *Das Kapital* betrifft) auch nur werkgetreu. So haben wir ja schon in den vorigen Kapiteln Vieles in die Darstellung eingearbeitet (das Kreditwesen, die Bedeutung der Umlaufgeschwindigkeit des Geldes und Weiteres), das Marx erst nach der Bestimmung des Kapitalbegriffes erörtert. Grundsätzlich benötigt die Rekonstruktion der Marxschen Kritik den Nachweis, dass sie den Vorgaben der Autorität Marx folgt, nicht: Das einzige Kriterium ihrer Wahrheit ist die (den leiblichen Individuen) äußere, im Gegensatz zur natürlichen: gesellschaftliche Realität. Und hinsichtlich des Aufbaus der Darstellung ist darauf verweisen, dass auch Marx mit dem von ihm im *Kapital* gewählten alles andere als zufrieden war. Besonders was dessen dritten Band betrifft, geht die vorliegende Form der

Mit dieser Begrifflichkeit setzen wir uns also keinesfalls (wie Marx natürlich auch nicht) über die empirischen Gegebenheiten, die in Preisen, Wachstum, Gewinnen, Zinserträgen usw. gemessen werden, hinweg und konstruieren eine irgendwie geartete, ›höhere‹ Wahrheit hinter jenen Phänomenen. Wir wollen damit ›lediglich‹ so etwas wie einen überempirischen, quasi-metaphysischen Raum[22] öffnen, einen Raum, der die Bedingungen der Möglichkeit erkennen lässt, die das Rätsel geldimmanenter (Selbst-) Vermehrung lösen.[23]

Wie schon zugegeben: natürlich geht es auch um Vereinfachung (beziehungsweise Komplexitätsreduktion); Preise setzen sich aus vielen unterschiedlichen Kostenarten und Markteinflüssen zusammen, Gewinne entstehen aus unterschiedlichsten Quellen, Wachstum ist nur mittels höchst problematischer Berechnungen zu messen: Die Statistiker müssen die Inflation ausschließen, die Umlaufgeschwindigkeit des Geldes berücksichtigen, die erfolgten Geldsteuerungsmaßnahmen einarbeiten, die Kreditaufnahmen und innerbetrieblichen Rücklagen, den Außenhandelseinfluss – und nicht zuletzt: die Abschreibungen – abgrenzen, und müssten auch die Expansion[24] ausnehmen. Wert, Mehrwert und Profit dagegen werden nicht gemessen und brauchen auch nicht gemessen zu werden, weil es sich bei diesen Bestimmungen – und damit gehen wir philosophisch quasi von Kant zu Hegel über – um (Wesens-) Begriffe handelt, die empirisch (Hegelsch: seinslogisch) in anderer Form, mit anderen Bezugsgrößen (eben als Preis, Gewinn und Wachstum) erscheinen[25]

> Darstellung bekanntlich weit eher auf Engels als auf ihn zurück und wir halten es nicht für völlig aus der Luft gegriffen, dass Marx den Abschluss seines Werks immer wieder verschob, weil er erkannte, dass, je näher er dem Konkreten kam, es immer dringlicher wurde, dessen Voraussetzungen, also den Aufstieg vom real Abstrakten, in veränderter Form darzustellen: was einen Arbeitsaufwand erforderte, den aufzubringen ihm nicht genügend Lebenszeit mehr zur Verfügung stand.

22 Zum Begriff siehe vor allem Kapitel 1, Anm. 9.
23 Strukturell gehen wir also vor wie Kant, wenn dieser das Transzendentalsubjekt und die Kategorien a priori als – überempirisch notwendig vorauszusetzende und logische Gewissheit begründende – Bedingungen ermittelt, aufgrund der allgemeingültige Urteile (insbesondere Naturgesetze) überhaupt erst möglich werden. Wo wir den Begriff Konstitution verwenden, zielen wir auf dieses Kantische Verfahren – im Unterschied zum gängigen Gebrauch, der meist dann von Konstitution spricht, wenn überspielt werden soll, dass man sich nicht entscheiden kann, ob es sich bei den zur Debatte stehenden Voraussetzungen des Erkennens um Ursachen, Gründe, Konstruktionen, Bedingungen oder Ähnliches handelt.
24 Siehe dazu insbesondere das im Abschnitt »Die ›bloße‹ Expansion« in Kapitel 2 Ausgeführte.
25 Umfangslogisch gesehen, das darf nicht außer Acht gelassen werden, werden von diesen überempirischen Begriffen aber doch dieselben empirischen Vorgänge in

(und nur als solche auch gemessen werden können[26]). Selbstredend ist nicht zu leugnen, dass wir damit spekulativ (natürlich auch dies: im Hegelschen Sinne)[27] vorgehen: Ob diese Spekulation unser Ziel, das Rätsel des Kapitals, aus Geld ein Mehr an Geld erzeugen zu können, ohne auf qualitative (also: subjektiv zumindest beeinflusste) Bestimmungen Bezug nehmen zu müssen, erreicht, kann sich erst vom Ende her zeigen. Zuvor sind jedoch noch Folgerungen aus dem bisher Entwickelten darzulegen.

Staatsgeld und Eigentum Keineswegs lässt sich behaupten, dass den vielen Autoren, die sich in den letzten Jahrhunderten über die Synthesis der ökonomischen Subjekte zu einer Einheit ihre Gedanken gemacht haben, entgangen wäre, dass die Handlungen der Einzelnen weder real noch logisch in ihrem gesellschaftlichen Ganzen aufgehen.[28] Da dieses Auseinanderfallen immanent – mit den ih-

ihrer Gesamtheit erfasst; es wird also nicht, wie in wissenschaftlichen Theorien üblich, von Teilbereichen, die sich der Theorie (noch) nicht fügen, abstrahiert.

26 Mit dieserart Messung, also einer rein nominalen, hat Hegel allerdings nichts zu schaffen. Das Maß ist ihm in seiner *Wissenschaft der Logik* Synthese aus Qualität und Quantität und bildet in dieser Vermitteltheit die Kriterien für die Wahrheit von Urteilen aus. Die Entwicklung von Maßeinheiten und die Messung ihrer Größen unabhängig von der Qualität des zu Messenden gilt ihm als so etwas wie eine Beschäftigungstherapie für erbsenzählende Analytiker, die die Feststellung, dass der Kreis rund ist, für Erkenntnis halten.

27 Im Gegensatz zu diesem hegelsch-spekulativen Vorgehen steht das hypothetische der Wissenschaften. Dieser lässt sich am einfachsten auf den Nenner bringen, dass für Wissenschaftler die Hypothese: Gott existiert, solange als mögliche Wahrheit gelten kann, bis sie widerlegt worden ist, während diese Behauptung, der Hegelschen Begriffslogik zufolge, solange ›bloße‹, irrelevante (oder auch: nichtige) Spekulation bleibt, bis ihr Wahrheitsgehalt erwiesen ist. Uns geht es um diese Wahrheit; von ihr reden lässt sich dann, wenn die ihr, über die Korrektheit der Daten und der formallogischen Verknüpfungen hinaus, zugrunde gelegte Spekulation im Verlauf ihrer begrifflichen Entfaltung der spekulative Charakter abgesprochen und im Maße dieses Absprechens Realitätsgehalt zugesprochen werden kann. Auch aus dieser Gegenüberstellung von Hypothese und Spekulation folgt, dass es sich bei unserem Übergang in einen (quasi-) metaphysischen Raum keinesfalls um eine der gängigen theoretischen Modellkonstruktionen handelt. Deren Realitätsgehalt ist, zumindest was die Sozialwissenschaften betrifft, von Grund auf in höchstem Maße – ganz gegen deren Selbstverständnis – spekulativ, und deren Spekulation ist, weil unaufgelöst bleibend, bestenfalls irrelevant; ansonsten schlichtweg ideologisch. (Näheres auch hierzu weiter unten [vor dem Abschnitt »Kapital und Zeit« in Kapitel 7].) [Notiz von M. D.: »Verweis auf Nominalismus?«]

28 Die Unerklärlichkeit der Herkunft des Wirtschaftswachstums aufgrund des Auseinanderfallens von Makro- und Mikroebene stellt nur so etwas wie die Vorlage für analog unüberbrückte Brüche in wohl allen Wissenschaften dar. Verwiesen sei exemplarisch auf die Soziologie, die es schlichtweg nicht schafft, Handlungs- und

nen zur Verfügung stehenden theoretischen Mitteln – nicht lösbar war, verfielen nahezu alle diese Autoren auf die ja durchaus naheliegende (zweifellos religiös präformierte) Idee, sich eine überhistorische Struktur, oder, was auf dasselbe hinaus läuft, umgekehrt, einen evolutionären historischen Prozess zu konstruieren, der die realgesellschaftliche Synthesis (was für uns heißt: die universalisierte Ware-Geld-Zirkulation) transzendiert.²⁹ Mit dieser Feststellung greifen wir die Frage auf, die Marx im *Fetischkapitel* implizit auch aufgeworfen hat, die nämlich, ob das ›Versagen‹ der Theoretiker der bürgerlichen Gesellschaft weniger einem intellektuellen Unvermögen als vielmehr der materiellen Basis dieser Gesellschaft selbst zuzuschreiben ist.³⁰ Wir gehen also zur Ideologiekritik über und wollen zunächst die gesellschaftspolitischen Implikationen zweier weiterer

> Systemtheorie konsistent in eine Einheit zu übersetzen und zur ›Lösung‹ dieses Problems in den letzten Jahren auf ein einfaches Mittel zurückgreift: Sie redet über das Dilemma einfach nicht mehr. Auf die Idee, dass die (wissenschaftliche) Denkform es ist, die diese Aporien produziert und deren Auflösung zugleich verhindert, kommt man als Wissenschaftler einfach nicht (und darf es auch nicht, weil man ansonsten kein Wissenschaftler mehr ist).

29 Die andere Lösung des Problems, die Einheit der Gesellschaft auf den Begriff zu bringen, besteht darin, das Recht als Instanz zu begreifen, das diese Einheit herstelle. Darauf, dass dies alles andere als eine Lösung ist, sondern auf anderer Ebene das Dilemma nur reproduziert, kann hier nicht direkt eingegangen werden, sondern muss sich aus dem Kontext ergeben. Das Gleiche gilt für die Religion, die ihr zugeschriebene Durchsetzung einer Moral beziehungsweise die daraus abgeleiteten säkularen Ethiken, die angeblich den Zusammenhalt des Ganzen garantieren würden. Das mag früher sogar der Fall gewesen sein: Mit dem Entstehen des Kapitals aber entsteht eine neue, vollkommen anders konstituierte Synthesis: die in der Ware-Geld-Zirkulation angelegte. Dass diesbezüglich die Aufklärung, insbesondere deren linker, sich als materialistisch verstehender Teil, versagt hat, insofern deren Religionskritik auf halbem Wege stecken geblieben ist – was zu dem heutigen Zustand geführt hat, dass alle Religionskritik mittlerweile als Zerstörung der Grundlagen friedfertigen Zusammenlebens und jede Blasphemie als Aufruf zur Gewalt denunziert wird, der Idealismus also auf ganzer Linie den Sieg davon getragen hat – soll jedoch zumindest angesprochen worden sein. (Zur Unfähigkeit des Rechts, die Einheit der Gesellschaft auf den Begriff zu bringen, und dem Versagen der Materialisten in der Religionskritik siehe das demnächst im ça ira-Verlag erscheinende Buch von Jörg Finkenberger: Staat oder Revolution. [Kritik des Staates anhand der Rechtslehre Carl Schmitts. Freiburg 2015.]) [Notiz von M. D.: »In Anmerkung: Begriff der gesellschaftlichen Synthesis: Moral/Ethik, Religion. Komplett reformulieren. Verweis auf Teil VI?« Der Verweis bezieht sich auf das vorweg erschienene Kapitel »Finanzkrise und deutsche Kriegskasse«, das M. D. noch zu einem oder mehreren Kapiteln über den Staat ausbauen wollte, siehe Kapitel 9 bis 12 sowie die editorische Nachbemerkung der Herausgeber.]

30 [Notiz von M. D.: »Verweis auf Stangneth!« Gemeint ist: Bettina Stangneth: Böses Denken. Reinbek 2016.]

Begriffe erörtern, deren Rolle in der Ware-Geld-Zirkulation den Weg dafür ebnen kann, zeigen zu können, welchen Vorgaben diese Theoretiker folgen, um an eben denselben dann zu scheitern.

Der Preis, den der Endverbraucher zahlt, enthält all die Preise, die andere Subjekte gezahlt haben, um die Ware so aufzubereiten, dass sie bei jenem anlangen konnte. Ein ganz besonderer Empfänger dieser Zahlungen war das ökonomische Subjekt Staat: In einem jeden Endverbrauchspreis enthalten sind all die vielen Arten von Steuern beziehungsweise Zwangsabgaben an irgendwelche Institutionen.[31] Aber nicht nur große Teile der Ausgaben der Konsumenten fließen dem Staat zu, zusätzlich zahlen sie ja auch Steuern auf die Einnahmen, die sie dem Geldkreislauf haben entnehmen können.

Wir wollen keinesfalls in das wutbürgerliche Gejammer über die ›Abzockerei‹ des Staates einstimmen, im Gegenteil. Vielmehr geht es darum, dass es ökonomisch keinen rationalen Grund gibt, warum der Staat es sich mit den unzähligen Steuerarten, die er erhebt, so kompliziert macht, um zu ›seinem‹ Geld zu kommen. Könnte er doch mit viel einfacheren Mitteln nicht nur zu demselben Geldquantum kommen wie derzeit, sondern das auch noch in einer Weise, in der die Bürger gar nicht unmittelbar bemerken, dass sie überhaupt Steuern zahlen.

Dies könnte in der gleichen Weise geschehen wie der, in der die Bürger generell gar nicht erst auf die Idee kommen, dass sie mit jedem einzelnen Euro ihrer Ausgaben all die Kosten begleichen, die, von wem an wen mit welcher Begründung auch immer gezahlt, in

---

31 Siehe dazu die Bestimmung des Staatsgeldes besonders in Kapitel 5, Anm. 37. Die Mehrwertsteuer, von der dem Konsumenten auf einer Rechnung oder Quittung mitgeteilt wird, dass er sie zahlt, macht ja nur einen Teil dieser Steuern aus. Die Rede davon, dass die Unternehmen angeblich zu wenig Steuern zahlen, ist jedenfalls ohne Grundlage: Die Zwangsabgaben, die sie zahlen, werden in jedem Fall, wie hoch oder niedrig sie auch immer sein mögen, an die Endverbraucher weitergeleitet. Das heißt natürlich nicht, dass den Unternehmen Höhe und Arten der Steuern gleichgültig sind: Es handelt sich um Kosten, und die, das liegt in diesem Begriff, sind prinzipiell zu minimieren, gleichgültig um welche Kostenarten es sich handelt. Und erst recht natürlich den Staaten können die von den Unternehmen an sie tatsächlich gezahlten direkten Steuern nicht egal sein. Sie stehen allerdings vor dem Problem, dass die weltweit agierenden Unternehmen (also die, bei denen am meisten zu ›holen‹ wäre) sich, wenn auch unter extensiver Ausnutzung buchhalterischer Gestaltungsmöglichkeiten (ohne also die Steuergesetze zu verletzen), weitgehend frei aussuchen können, in welchem Staat sie welche Erlöse versteuern: Darüber zu lamentieren in einer Welt, in der ein Jeder jedes ihm auftuende Schlupfloch nutzt, um Steuern zu ›sparen‹, ist Heuchelei.

den Unternehmen angefallen sind.[32] Der Staat könnte zum Beispiel von jedem Unternehmen, das an Endverbraucher verkauft, verlangen, dass es in seine Verkaufspreise einkalkuliert, die Hälfte davon an den Staat abführen zu müssen – und im Gegenzug auf alle von ihm ansonsten eingezogenen Gelder verzichten. Im Resultat ergäben sich natürlich Verschiebungen im aktuellen Preisgefüge der Waren, es gäbe Gewinner und Verlierer infolge dieser ›Reform‹, aber die Auseinandersetzungen um sie wären, könnte sie durchgesetzt werden, bald ›Schnee von gestern‹; schließlich ändert sich dieses Gefüge sowieso laufend. Die verwaltungstechnischen Vorteile wären jedenfalls enorm; und nicht zu vergessen: Die so end- wie nutzlosen Konflikte der Bürger um die vielen und aus ihrer Sicht immer ungerecht verteilten Steuerlasten hätte endlich ein Ende.[33]

Aber eine solche Steuerreform läge weder im Interesse des Staates noch, und das erst recht nicht: der Bürger. Mehr noch: so rational sie ökonomisch wäre, sie ist auf der Basis der gegebenen gesellschaftlichen Synthesis nicht zu verwirklichen. Denn die Bürger müssen das Geld, das sie einnehmen oder ausgeben, als ihr privates Eigentum betrachten, über das sie souverän verfügen können. Nur wenn der Staat sie per Steuererhebung zwingt, ihm einen Teil ›ihres‹ Geldes zu überlassen, können sie ihn als ›ihren‹ Staat begreifen (und er sie als ›seine‹ Bürger). Zahlten sie dagegen die Steuern nicht

32 Nicht nur die schlichteren Gemüter unter den Konsumenten glauben, ein ›gerechter‹ Preis sei dadurch definiert, dass er nur die Kosten enthält, die allein etwa für die Rohstoffe und den unmittelbaren Herstellungsprozess aufgewendet wurden, seien also gestaltet, als ob ein ›gutes‹ Unternehmen nur die Preise für solche ›Vorleistungen‹ an ihn weitergibt, die den Produktionsprozess unmittelbar betreffen. (Und das im Zuge der Ökologisierung der Ökonomie vertretene Postulat ›fairer‹ Preise erweckt den reichlich komischen Eindruck, man zahle dem Hersteller einen über die Marktpreise hinausgehenden Betrag; in Wirklichkeit erhofft man sich damit natürlich, beim Endverbraucher einen höheren als den üblichen Preis herausschlagen zu können, von dem man dann ›gnädigerweise‹ einen Teil an die Hersteller weiterleitet. Es geht also natürlich auch hier um eine bestimmte Distribution von Geld im Sinne von Gewinnmaximierung, nicht um ›Fairness‹.) Als ganz besonders verwerflich empfindet er, dass auch auf Banken, Makler, viele Zwischenhändler und all die sonstigen ›Vermittler‹ – die also, die angeblich nicht ›arbeiten‹ – ein Anteil an dem von ihm bezahlten Preis entfällt. In einem haben diese Leute durchaus recht: Der Anteil in den Preisen, der auf die unmittelbare Herstellung entfällt, wird durchweg geringer. Doch, und das entgeht nicht nur ihnen: umso rätselhafter wird damit doch die Tatsache, dass es dennoch, insgesamt gesehen, zu einer »Verwohlfeilerung« (Marx) der Waren kommt, oder anders: zu einem sich steigernden Wachstum.

33 Und die Unterstellung, im Verschieben von Geldern an Banken oder ›Pleitestaaten‹ verschwende der Staat das Geld ›seiner‹ Bürger, gehörte endlich auch der Vergangenheit an.

mehr – empirisch nachvollziehbar – ›aus ihrer Tasche‹, sondern nur noch als vermittelt und unausgewiesen in den Warenpreisen enthalten, dann erlischt die Bindung, die Staat und Bürger ökonomisch miteinander verschweißt,[34] oder, in anderen Worten: die bürgerliche Gesellschaft hörte auf zu existieren.[35]

Dem Bürger erscheint Geld durchweg als Wertaufbewahrungsmittel; nur als solches kann es mit einem Wert verbunden und als Eigentum überhaupt begriffen werden.[36] Die von uns ins Auge gefasste Steuerreform hingegen würde auf die Funktion des Geldes als Tauschmittel zielen, das empirisch (als im Besitz des Staates befindlich) zwar erscheint, logisch aber, wie die Wertformanalyse gezeigt hat, im Tauschakt – wie alles Geld – nichts anderes ist als ›Geld als solches‹, das weder örtlich noch zeitlich eindeutig fixiert werden und deshalb auch nicht von irgendjemandem als ›sein‹ Eigentum erachtet werden kann: Als Tauschmittel ist es – sobald es in einem ›unendlichen‹, also weder Anfang noch Ende kennenden Kreislauf zirkuliert – unmittelbar gesellschaftlich.[37]

34 Bezüglich dieser Bindung zwischen Staat und Bürger des Weiteren anzumerken ist, dass kein Staat sich bisher – obwohl dies ihm, etwa für die Bekämpfung der Kriminalität (die, neben der ihr immanenten Gewalt, bekanntlich immer auch etwas mit Steuerhinterziehung zu tun hat), äußerst gelegen kommen müsste und es ihm ohne großen Aufwand möglich wäre – getraut hat, das Bargeld vollständig abzuschaffen. Denn wenn der (auch noch so anständige) Bürger sich nicht mehr hinter der Anonymität des Bargeldverkehrs verstecken kann, fühlt er sich in seiner Verfügungsgewalt über ›sein‹ Geld beschnitten und wird Mittel und Wege finden, um seinen Zahlungsverkehr unabhängig vom staatlich kontrollierbaren, bargeldlosen Geldverkehr abzuwickeln: Davor muss wiederum der Staat sich schützen, denn dann kommt er nicht mehr an ›sein‹ Geld. Und allein deshalb gibt er überhaupt noch Bargeld aus, respektiert (in Grenzen) Datenschutz und Bankgeheimnis und nimmt die dadurch ermöglichte Kriminalität als ›Kollateralschaden‹ in Kauf. (Die aber bringt den Bürger wieder gegen seinen Staat auf; und so weiter und so fort.)
35 Zudem ließe sich nur schwer der Eindruck vermeiden, das Staatsgeld nähme am Wirtschaftskreislauf real nicht mehr teil, was heißt: es handele sich bei ihm nicht mehr um durch eine Leistungserbringung gedecktes Geld, also um einen Verstoß gegen die zentrale Prämisse ökonomischer Gleichgewichtstheorien. (Vgl. zu diesem Verhältnis von Bürger und Staat auch die Hinweise in Kapitel 5, Anm. 45.)
36 Selbstredend weiß er, dass es auch Tauschmittel ist: nutzt er es als solches, erscheint es ihm aber auch nur als Repräsentant von Wert: als Verminderung beziehungsweise Vermehrung seines Vermögens.
37 Im Geld selbst vollzieht sich somit schon eine Trennung, die Traditionsmarxisten nur vor Augen tritt, wo sie die kapitalistische Produktionsweise thematisieren: Wenn sie feststellen, die Produktion erfolge gesellschaftlich, die Aneignung ihrer Resultate aber privat, haben sie natürlich Recht. Doch die Differenzierung von Gesellschaftlichkeit und Privatheit geht im Geld der in der Produktion logisch voraus: Der Kritik dieser Produktionsweise hätte also eine Kritik des Geldes voranzugehen; eine solche sucht man bei diesen Marxisten aber vergebens.

Wie der Staat – der die Währungseinheit festlegt[38] – so ist also auch die Existenz von Privateigentum im Allgemeinen unmittelbar im Geld mitgesetzt. Keineswegs generieren sich Staat und Eigentum in all ihren Bestimmungen aus dem Geld; das zu behaupten wäre grober Unfug.[39] Aber in einer universalisierten Ware-Geld-Zirkulation ist das Geld der materialisierte Träger[40] der – zumindest grundlegenden – Vorstellungen, die die Bürger sich von ihrem Staat und ihrem Eigentum machen. Doch, und das ist entscheidend: Indem diese Vorstellungen qualitative Bestimmungen in sich aufnehmen, die die mit der Ware-Geld-Zirkulation gesetzte empirisch-logische Rationalität überschreiten,[41] lassen sie sich in einen Gegensatz zur Ökonomie setzen, der die genetische Verbindung zwischen ökonomischer Rationalität und deren außerökonomischen Voraussetzungen und Bedingungen überdeckt.[42]

Kapitalismuskritik als Ideologie Jeder Einzelne, der mit ›Geld als solchem‹ tagtäglich umzugehen hat, und das ist seit langem (spätestens seit Mitte des 19. Jahrhunderts) jeder auf dieser Erde lebende Mensch,[43]

38 Natürlich kann er, wie das heute nahezu überall der Fall ist, die Währungshoheit in eine Institution auslagern, die mehr oder weniger unabhängig von den staatlichen Gewalten agiert. Dies ist aber bestenfalls als ein fragiler Kompromiss im prinzipiell konfliktgeladenen Verhältnis zwischen Bürger und Staat anzusehen: Ohne die staatliche Gewalt (insbesondere das von ihm durchgesetzte Recht) im Hintergrund stünde diese Hoheit auf verlorenem Posten.
39 Wie den Staat und das Recht (den Tausch, die Arbeit, den Wert usw.) findet die bürgerliche Gesellschaft auch das Eigentum historisch vor, dringt aber, wie unten [Kapitel 7] gezeigt wird, begriffslogisch in das Vorgefundene ein; ordnet es ihrer Synthesis unter (oder zumindest ein).
40 Träger natürlich in einem übertragenen Sinne; in Analogie etwa zu einem Denkmal, das ja auch als Träger bestimmter Vorstellungen fungiert. Was dieses Denkmal zu denken aufgibt, entspringt natürlich nicht ihm selbst, sondern muss zuvor vom Betrachter in ihm identifiziert worden sein. [Notiz von M. D.: »Verweis auf Merkur/Kognitionswissenschaft.« Gemeint ist hier vermutlich der Artikel »Was ist noch mal Wirklichkeit?« von Dirk Baecker aus der September-Ausgabe der Zeitschrift Merkur von 2017.]
41 Dieses Überschreiten wird unten als Rationalisierung bezeichnet. Natürlich ist hier nicht die technische, wie oben (in Anm. 5), angesprochen, sondern eher die, die auch in der Psychoanalyse eine zentrale Rolle spielt. Die zweifellos bestehende innere Verbindung dieser beiden Fassungen des Begriffs können wir hier nicht ausführen, sondern müssen dies dem Leser überlassen.
42 Man kann es nicht oft genug wiederholen: Jeder Tauschakt beruht auf autoritativen, gewaltförmigen Voraussetzungen. Von ihnen wird in den Tauschakten (real) abstrahiert.
43 Geld kennt bekanntlich keine nationalen, staatlichen oder sonstigen Grenzen; angesprochen ist dabei aber natürlich nur das Geld als solches. Erscheint es als Währung, lässt es sich durchaus innerhalb von Grenzen halten – so sehr dies auch

nimmt nicht nur an den Vorstellungen teil,[44] die das Geld in Bezug auf Begriffe wie Staat und Eigentum, sondern auch bezogen auf alle Allgemeinbegriffe generiert, soweit sie einen Bezug auf die Ökonomie mehr oder weniger deutlich zumindest implizieren – worunter vor allem das Recht zu zählen wäre. Alle Staats- und Rechtsordnungen dieser Welt sind in ihren strukturellen Grundzügen – aller Unterschiede, vor allem was die Regelung der Verfügungsgewalt über das Eigentum und den Aufbau staatlicher Strukturen[45] betrifft, zum Trotz – auf die Ware-Geld-Zirkulation bezogen.[46] Und so verhält es sich dementsprechend auch mit dem an erster Stelle stehenden Ziel aller Ökonomie: der Steigerung des ›Reichtums‹ – verstanden in der Fassung, die Marx ihm im ersten Satz des *Kapitals* gibt. Dieser Begriff ist vom Geld als solchem in der Neuzeit von Grund auf bestimmt – auch wenn er in ihm nicht, wie im Grunde kein einziger Begriff, vollständig aufzugehen vermag.[47]

jeder ökonomischen Rationalität widerspricht. (Darauf wird im Kapitel 9 näher eingegangen.)

44 Was diese Teilhabe betrifft, wäre es gar nicht so verkehrt, dabei an die platonische Ideenlehre zu denken, nur dass natürlich die Quelle der Partizipation an den Ideen nicht dem göttlichen Himmel entspringt, sondern der mit der universalisierten Ware-Geld-Zirkulation gesetzten Realität.

45 Wir wollen hier keinesfalls dem allgemein verbreiteten Missverständnis Vorschub leisten, die funktionierende Kapitalreproduktion setze eine liberal-pluralistische Staats- und Rechtsverfassung voraus. Erstere ermöglicht Letzteres nur: ob diese Möglichkeit auch realisiert wird, die Kapitalreproduktion also nicht etwa in einem autoritär-diktatorischen Polizeistaat (oder allgemein: einem Volksstaat) stattfindet, hängt vom Engagement der Bürger, den Staat unter ihrer Kontrolle halten zu wollen, ab. [Notiz von M. D.: »Verweis auf Gerhard Scheit.«] Offen bleiben muss auch die Frage, welche staatsrechtliche Verfasstheit der Gesellschaft die für die Produktion von Mehrwert optimalen Voraussetzungen liefert: Empirisch lässt sie sich jedenfalls nicht beantworten. Dafür, wie sich die Verfasstheit des Staates im Verhältnis zur Ökonomie real gestaltet, sind sowieso nicht die abstrakten Voraussetzungen der Ökonomie des Kapitals entscheidend, sondern die Reaktionen der ökonomischen Subjekte auf Krisen. Der Begriff der Krise aber kann erst bestimmt werden, wenn begriffen worden ist, was Kapital ist.

46 Alle bisherigen Versuche, sich vom Weltmarkt abzukoppeln oder dessen Einfluss auf die Binnenwirtschaft zumindest zu kontrollieren, sind nicht nur gescheitert, wie besonders der sich als Sozialismus verstehende Staatskapitalismus zeigte, sondern gingen allesamt mit der Bevormundung über die Bedürfnisse der Bürger durch den Staat und einem Niedergang der Ökonomie (in Relation zur globalisierten) einher. Deutschland und Japan bis zum Zweiten Weltkrieg sind weitere Beispiele für dieses Scheitern, wobei aber betont werden muss, dass diese, im Unterschied zum Staatskapitalismus, sich den kapitalerzeugten, globalisierten Reichtum mit allen ihnen zur Verfügung stehenden Mitteln einverleiben wollten und nur militärisch gestoppt werden konnten.

47 Zum Begriff des Reichtums siehe insbesondere Kapitel 1, Anm. 38.

In Somalia versteht man unter Reichtum natürlich etwas ganz anderes als in Deutschland, aber eine seiner unter kapitalistischen Bedingungen wesenslogischen Bestimmungen ist allüberall dieselbe: die des (potentiell) stetigen Wachstums der sowieso schon »ungeheuren Warensammlung« (Marx). An diesem will jeder Mensch dieser Welt beteiligt sein; und das mit jedem Recht. Aber das ist überhaupt nur möglich, wenn er sich als Leistungserbringer[48] in den globalen Ware-Geld-Kreislauf eingeklinkt hat, um an das Geld zu kommen, das er als Konsument wieder ausgeben kann. Den allermeisten Menschen ist aber nun einmal zwar nicht der Zugang als solcher[49] verwehrt, doch sie können dabei für sich nicht die Geldmenge realisieren, die es davon zu sprechen erlaubt, dass sie in einem angemessenen – das heißt ihnen ein den gesellschaftlichen Möglichkeiten entsprechendes Leben erlaubenden – Maß auch an der kapitalerzeugten Reichtumsverteilung oder gar -steigerung teil hätten.

Diese ›Verlierer‹ können sich diesen Missstand nur damit erklären, dass die von ihnen erbrachte Leistung nicht angemessen honoriert wird und ihnen von anderen – nämlich denjenigen, die den Reichtum unter sich aufteilen: den Unternehmen und den Staaten, die fast alle im Westen beheimatet oder zumindest von ihm abhängig sind – vorenthalten wird. Uns aber interessiert hier die politische Dimension dieser Auffassung und deren Realitätsgehalt (noch) nicht, sondern wir wollen schlicht darauf aufmerksam machen, dass in Bezug auf diese Reichtumsverteilung von deren Kritikern nicht mit betriebswirtschaftlichen, sondern mit makroökonomischen Begriffen operiert wird, die sich – vom Prinzip her, nichtsdestotrotz unzulässigerweise – nahtlos in die Marxschen übersetzen lassen: Redet man statt von Reichtum von Mehrwert, statt von Leistung von Arbeit und statt von Konzentration des Geldes in den Unternehmen von Profit, hat man die Grundbegriffe einer Gesellschaftskritik beisammen, wie sie ausgeübt wird, seit diese Gesellschaft als kapitalistische bezeichnet wird. Folgt man dieser Kritik, dann ist der Mehrwert (der Reichtum) von Arbeit erzeugt und wird von den Unternehmen als Profit den Arbeitenden vorenthalten: Und deshalb sei es vollkommen korrekt, davon zu sprechen, dass die, die der Ware-Geld-Zirkulation einen geringeren Anteil entnehmen können als andere, ausgebeutet werden.

So formuliert ist diese Kritik pure Ideologie. Denn die – selbstredend unmöglich zu leugnende – Tatsache, dass der Reichtum (in

48 Zum Begriff der Leistung siehe insbesondere Kapitel 2, S. 100 ff.
49 Nochmals: Geld als solches kursiert – in welcher Währung und wie angebunden an andere auch immer – in allen Staaten dieser Welt als ein und dasselbe Geld.

Geld oder Waren gemessen) in vollkommen absurder, jeder Vernunft Hohn sprechenden Weise auf die ökonomischen Subjekte verteilt ist,[50] wird darin mit Begriffen erklärt, die das Rätsel des Wachstums als gelöst betrachten. Bei uns aber sind die hier infrage stehenden Begriffe (Arbeit, Wert, Mehrwert, Profit) allein auf den Äquivalententausch bezogen:[51] Und in diesem gibt es nun einmal

[50] Weniger von Ausbeutung als eher von Übervorteilung (einige nennen es auch Betrug) bezüglich dieser Verteilung gehen die aus, die die Marktwirtschaft (oft als nicht ideale, dennoch beste aller möglichen ökonomischen Formen) zwar affirmieren, aber die ungleiche Verteilung des Reichtums als zu lösendes Problem durchaus wahrnehmen. Beliebt ist hier die Formel von der ›Gerechtigkeitslücke‹, die politisch geschlossen werden müsse. Über die Erfolgsaussichten dieser Politik brauchen wir nicht zu reden, hingewiesen sei nur darauf, dass dieser Auffassung gemäß die Ökonomie als Nullsummenspiel (zum Begriff siehe oben, [im Abschnitt »Das Rätsel des Wachstums« dieses Kapitels bei Anm. 9]) aufgefasst wird, woraus in der logischen Konsequenz folgt, dass jeder erzielte Überschuss letztlich auf eine Übervorteilung im Warentausch zurückzuführen sei. Auf diese Unaufrichtigkeit (so würde Sartre dieses Denken nennen, der Alltagsverstand müsste hier von Heuchelei sprechen), das Gewinnstreben (in einem wie auch immer gefassten ›gerechten‹ Rahmen) zu goutieren, aber im Grunde davon auszugehen, dass jeder Gewinn auf Übervorteilung beruht, wird uns erst im nächsten Teil, in dem es um das ökonomische Verhältnis der Staaten untereinander geht, näher beschäftigen; sie muss hier, wo es um Ideologie geht, aber zumindest angesprochen worden sein.

[51] Anders verhält es sich zugegebenermaßen bei Marx etwa dort, wo es um den *Doppelcharakter der in den Waren dargestellten Arbeit* geht. Er bestimmt den Mehrwert in diesem Abschnitt des *Kapitals* als die Differenz, die sich aus dem für Unternehmen und deren Angestellten (es gibt gute historische Gründe, hier nicht mehr von Kapitalisten und Arbeitern zu sprechen, die auch von vielen heutigen Marxisten anerkannt werden) unterschiedlichen Gebrauchswert der Ware Arbeitskraft ergibt: Anders als bei uns oben spielt bei ihm das Geld in dieser Definition (noch) keine Rolle – sie erfolgt im Aufbau des *Kapitals* ja auch vor dessen Bestimmungen. Marx nimmt deshalb allein Bezug auf den (Tausch-)Wert, was für ihn hier heißt: auf die verausgabte Arbeitszeit, deren Gebrauchswert für die Unternehmen evident ein vollkommen anderer ist als für ›abhängig Beschäftigte‹. Indem die Unternehmen nun so erscheinen, dass sie sich die dem Mehrwert entsprechende Arbeitszeit (und nicht, wie bei uns: das ihnen allgemein zur Verfügung stehende Geld) aneignen, liegt die Folgerung nahe, dass der Mehrwert nichts anderes sei als der quantitative Ausdruck der allgemein herrschenden Ausbeutung, der die Kapitalisten die Arbeiter unterwerfen.

Und daraus ergibt sich unmittelbar auch die nächste, für den Arbeiterbewegungsmarxismus zentrale Schlussfolgerung: die Klassenspaltung. Sie ergibt sich daraus, dass Kapitalisten im Gegensatz zu den Arbeitern über die Produktionsmittel verfügen, die die Produktion von (relativem) Mehrwert erst erlauben. Wir wollen und können hier nicht diskutieren, inwieweit die Marxsche Argumentation problematisch ist (zum Problem des ›Doppelcharakters‹ siehe vor allem die Arbeiten von Hans-Georg Backhaus [insbesondere Ders.: Dialektik der Wertform. S. 154]), sondern nur festhalten: Mit Beidem, Ausbeutung und Klassenherrschaft, führt Marx qualitative Begriffe in die Kritik der politischen Ökonomie ein, deren

keine Ausbeutung oder Herrschaft (oder Klassenunterschiede), sondern hier gilt die Freiheit und Gleichheit aller Tauschenden als unverzichtbare Voraussetzung.[52] Erst also nach der Lösung des Rätsels, wie aus handlungsbestimmter Äquivalenz systemisch bedingte Herrschaft erwächst, kann man erklären, was es mit dieser skandalösen Ungleichheit in der Verteilung des Zugangs zu den für das Überleben notwendigen Waren auf sich hat. Die linke Kapitalismuskritik erspart sich diese Mühe der immanenten Kritik.

Aber auch ihr Versagen beruht, so wenig wie das der ›bürgerlichen‹ Ökonomen, nicht allein auf intellektueller Faulheit: Diese Linke folgt nämlich auch nur den begriffslogischen Vorgaben, die in der Ware-Geld-Zirkulation angelegt sind.[53] Wir kommen damit zum entscheidenden Punkt der Sache, um die es der Kritik der politischen Ökonomie geht: Nämlich der Konstitution einer Begrifflichkeit, deren historische (das heißt: nur in einer kapitalistischen Gesellschaft existierende) Eigenart dazu führt, *mit Notwendigkeit*, also aus logisch korrekten Gründen, das Phänomen ökonomischen Wachstums nicht immanent, sondern nur im Verweis auf außerökonomische Bedingungen erklären zu können.[54] Der Grund dafür besteht

Bezug auf deren Basis: die Ware-Geld-Zirkulation, von ihm nicht hinreichend geklärt wurde. Jedenfalls können sie für das Entstehen realen Wachstums unmöglich ursächlich sein – was natürlich keineswegs heißt, dass sie obsolet wären, im Gegenteil: Wir behaupten hier ja auch lediglich, dass die Bestimmung dieser, Gewalt implizierenden Begriffe zur Lösung des Geldrätsels nichts beitragen.

52 Das betrifft, und darauf weist Marx immer wieder in aller Deutlichkeit hin, in ganz besonderer Weise die Arbeit: Ohne den Äquivalententausch auch und gerade bezüglich des Tauschs Arbeit gegen Lohn, also ohne freie Lohnarbeit, findet Kapitalakkumulation einfach nicht statt. In dieser Hinsicht ist also auch bei Marx von Herrschaft und Ausbeutung keine Rede.

53 Man kann dies, elaborierter und dennoch zugespitzter, auch so sagen: Die Notwendigkeit, in einen metaphysischen Raum eintreten zu müssen, um erklären zu können, was sich empirisch und formallogisch allein nicht erklären lässt, wird für sich selbst genommen, die materielle Realität somit verlassen, um ihr nun – in kritischer Absicht natürlich – reine Kopfgeburten (freundlicher: unaufgelöst bleibende Spekulationen) idealistisch entgegen zu halten.

54 Diese Kritik kennt nun einmal nur die Unterscheidung zwischen materieller Basis und ideellem Überbau, wobei Letzteres, wie immer verstanden, ersterem nachgeordnet ist. Das Ideelle ist aber vom Materiellen auf gleicher Abstraktionsebene getrennt: deswegen unser Ausdruck Unterbau statt Überbau. Und zu den außerökonomischen Gründen gehören natürlich auch alle Ressentiments bis hin zu den Verschwörungstheorien. Auf den Antisemitismus wäre dabei gesondert einzugehen, was – wie an anderer Stelle schon einmal ausgeführt – auch hier unterbleiben kann, da dies andernorts [in der Zeitschrift sans phrase sowie im ça ira-Verlag] geschieht. [Notiz von M. D.: »Nochmals: Stangneth«, siehe dazu Anm. 30 in diesem Kapitel.]

darin, dass die Einheit, die sich im Tauschakt in den Köpfen der Tauschenden als raumzeitlose, überempirische Äquivalenz von Ware und Geld einstellt, zu einem, sich im ›Geld als solchem‹ generierenden Träger all der Begriffe wird, in denen der Tauschende seine Welt erfasst. Doch diese Einheit selbst, also allein für sich betrachtet, ist, von ihrer Struktur her, *überhaupt gar kein Begriff* (weder im Hegelschen noch sonst einem Sinne); ihrer ›Natur‹ nach ist diese Einheit eine ›bloße‹ (reine, im Kantischen Sinne) Einheit mit sich selbst; sie ist ein ›Etwas‹, das man – alles andere als zufällig erst seit Beginn der Neuzeit[55] – mit dem Ausdruck Identität bezeichnet.

Die Verschiebungen des Identitätsbegriffs Das Geld entsteht, logisch und historisch, aus der Gleichsetzung zweier (verschiedener) Gegenstände im Tausch. Als empirisch erscheinender, dem Bewusstsein äußerlicher Gegenstand (ob dieser sich als Münze oder Geldschein unmittelbar anschaulich in meiner Tasche befindet oder bloß als Zahl auf meinem Kontoauszug erscheint, ist unerheblich) ist es der dingliche, mit sich selbst identische Ausdruck eines Verhältnisses zwischen den Subjekten,[56] das in der Reflexion diese seine (dingliche) Identität mit sich selbst auf die (ebenso dingliche) Natur der getauschten Gegenstände (und zwar *aller*, vollkommen unabhängig also von deren besonderer Qualität) verschiebt: Damit sind diese zu Waren geworden. Oder präziser: Indem sie durch das Geld – als ein abstrakt Identisches im konkret Nicht-Identischen – vermittelt werden,[57] nehmen Gegenstände Warenform überhaupt erst an. In

---

55 Zuvor hat es selbstredend diesen (Un-)Begriff von Einheit in den einzelnen Köpfen schon gegeben (jeder Mensch, egal wo und wann geboren, ›lernt‹ quasi über Nacht, was es mit der Identität des Geldes auf sich hat, sobald er mit ihm ›in Berührung‹ kommt), aber er spielte im verallgemeinerten Denken weder der Philosophen, Theologen, Priester und Dichter noch der Staatsmänner und Rhetoriker eine auch nur annähernd ›tragende‹ Rolle – mit einer ›kleinen‹, aber für die Entwicklung der abendländischen Denkform hin zur wissenschaftlichen wohl entscheidenden Ausnahme, auf die wir hier nur immer mal wieder verweisen können: das Trinitätsdogma der katholischen Kirche. [Notiz von M. D.: »Abgrenzung von JHW/Nirwana!«]

56 Um es wiederholt zu betonen, weil es im allzu Selbstverständlichen unterzugehen droht: Es geht dabei um Verhältnisse, die als gesellschaftliche bezeichnet werden können, sobald von einer universalisierten Ware-Geld-Zirkulation gesprochen werden kann.

57 In der Vorstellung von Geld sind die Waren immer auch präsent und *vice versa*; vgl. dazu insbesondere Kapitel 2, S. 98 f. Das Denken allerdings, wo es auf solch eine Differenz wie die zwischen Ware und Geld bewusst reflektiert, steht immer vor der Schwierigkeit, aus dem Zwang: im Bewusstsein immer das eine vor dem anderen denken zu müssen, nicht zugleich auch auf eine zeitliche, räumliche

dieser Form unterliegen sie dem ›Satz der Identität‹ (so der logische *terminus technicus*), ohne den sie den Produktionsprozess gar nicht hätten durchlaufen können, den ›Umweg‹ also gar nicht hätten nehmen können, der notwendig war, um (als Waren) schließlich auf die Märkte getragen werden zu können. Dem Bewusstsein erscheint diese, ausgehend vom Geld in die einzelnen Waren verschobene Identität als eine Identität *der Form nach*, die nun, prinzipiell gesehen, grundsätzlich alle Gegenstände des Bewusstseins ebenso erfassen kann.[58] Das hat enorme Konsequenzen für so gut wie alle Begriffsbildungen, die sich auf der materiellen Basis eines universalisierten Warentausches – also in unserer Gesellschaft[59] – vollziehen; und zwar unabhängig davon, ob das in den Begriffen Angesprochene tatsächlich auch als Ware produziert werden kann.

Nehmen wir als Beispiel den Begriff der Nation. Wohl jeder weiß intuitiv, was darunter zu verstehen ist, ist der Bezug auf ›unsere‹ Nation doch allgegenwärtig, und nahezu jeder richtet sein Verhalten (ob bewusst oder nicht) so aus, dass es – zumindest a post – einen Bezug auf die Nation ausweist, der er sich zugehörig fühlt.[60] Den-

oder kausale Abfolge zu schließen. Es wehrt in dieser Schlussfolgerung die Reflexion auf die Unmöglichkeit ab, Differentes denken zu können, ohne es – wie unbewusst auch immer – zugleich als ein *Eines* zu erfassen. (Als ein Eines also zumeist, dem ein Name, oder gar ein Begriff, erst noch zuzuteilen wäre.) Verwiesen sei auch hier auf das Trinitätsdogma der katholischen Kirche: wer ihr, wie früher etwa der Arianismus, oder heutzutage noch der Islam (wo dieser denn überhaupt Theologie betreibt), Polytheismus vorwirft (oder wie der Rationalismus: einen Verstoß gegen die Logik), hat sich diesem Denkzwang von vornherein unterworfen und verfehlt damit eine Realität, die in ihrer Totalität nur in Anerkennung des Hegelschen Diktums der Identität von Identität und Nicht-Identität (für die das Denken grundlegenden Begriffe) erfasst werden kann.

58 Wenn hier von Bewusstsein die Rede ist, ist dies nicht im psychoanalytischen Sinn zu verstehen, sondern so, dass das Bewusstsein, selbst wenn es algebraisch rechnet, unmittelbar auf eine Logik zurückgreift, ohne also auf diese zugleich auch bewusst zu reflektieren. Was dieses ›Einer-Logik-intuitiv-Folgen‹ mit dem Freudschen Begriff vom Unbewussten zu tun hat, und ob überhaupt etwas, wäre erst noch zu klären. [Notiz von M. D.: »Verweis auf Intuitionsbegriff in der formalen Logik.«] Das Gleiche gilt für den hier verwendeten Begriff der Verschiebung. [Notiz von M. D.: »In Anmerkung: Freud: Unbewusstes und Logik (assoziative und formale)«.]

59 Zur Vermeidung von Missverständnissen sei wiederholt: Wir behaupten keineswegs, dass der Identitätsbegriff erst in der Neuzeit, zugleich mit dem Kapital, entsteht. Zuvor hatte er aber die gesellschaftliche Relevanz wie heutzutage ganz und gar nicht: als für alle Begriffsbildung im Allgemeinen anzuwendendes Begriffsbildungsverfahren, ohne das Erkenntnis nicht möglich und alles sonstige Wissen dem Glauben (oder bloßer Meinung) zuzurechnen wäre. [Notiz von M. D.: »Nochmals: JHW/Nirwana: Zeichen in der Semiotik?«]

60 Das gilt auch und gerade für alle Kritiker nationaler Identität. Um diese kritisieren zu können, müssen sie deren Existenz zuvor akzeptiert haben.

noch hat keiner einem bisher zu sagen gewusst, welche Bestimmungen eine Nation überhaupt auszeichnen – außer der vielleicht, das eine jede eine Flagge hat, eine Nationalhymne und eine Fußball-Nationalmannschaft. Alle sonstigen Bestimmungen, die ihr Wesen ausmachen sollen (Sprache, Ethnie, Kultur, Tradition usw.), sind nicht dem Begriff selbst immanent, sondern werden ihm von außen hinzugefügt. Vor allem: Die Nation kann, obwohl der Sprachgebrauch das ständig unterstellt, nicht handeln, kann unmöglich Subjekt von irgendetwas sein und, ganz anders als dies von Ökonomen und Politikern unterstellt wird: kein Wachstum schöpfen.

So weit hergeholt es zunächst scheint: Analog zur Nation verhält es sich mit den Begriffen (Tausch-)Wert, Mehrwert und Profit, wie sie oben bestimmt wurden. Ihnen fehlt zwar die Intensität der identifikatorischen Besetzung, Verbreitung und Allgemeinverbindlichkeit, die die Nation auszeichnet:[61] Gemeinsam mit ihr ist ihnen aber, dass sich aus ihnen, allein für sich selbst betrachtet, logisch keine Folgerungen ziehen lassen.[62] Auch die Bestimmungen, die diesen

---

[61] Im Negativen fehlt auch diese Intensität nicht: Der Klage, dass es den Managern der Konzerne nur um Profitmaximierung ginge, dürften sich tatsächlich mindestens 99% der Bevölkerung anschließen. Mit der Realität hat das wenig zu tun: einen kompetenten Manager zeichnet vielmehr aus, dass er in der Lage ist, das vorliegende Zahlenmaterial unabhängig von derartig emotionalen Regungen und Motiven zu analysieren.

[62] Wenn Wissenschaftler ihre Kategorien und Begriffe *definieren*, gehen sie zu Beginn in gleicher Weise vor wie wir bei diesen Marxschen Begriffen. Sie laden eine Identität für sich selbst: die Sache, um die es geht, mit Bestimmungen auf. Das Problem ist, dass sie (als Wissenschaftstheoretiker oder -logiker) von der Form ihrer Definitionen behaupten, nur mittels dieses Verfahrens sei die empirische Realität theoretisch korrekt in Verallgemeinerungen zu erfassen. Ihre ›wertfreien‹, der wissenschaftlichen Objektivität verpflichteten Definitionen verdecken jedoch nur den höchst subjektiv-konstruktivistischen Charakter ihrer Theorien, die zwar hochgradig Objektivität für sich in Anspruch nehmen, aber, da sie von Sozialwissenschaftlern auch auf Gegenstände angewendet werden müssen, die im Inneren der Einzelnen ablaufen (also deren Motive, Kalküle, nicht-verbalisierten Zwecksetzungen usw. betreffen, um vom Unbewussten und den Triebregungen gar nicht erst zu reden), dem empirisch rekonstruierbaren Verhalten (auch in noch so ausgefeilten Interviews) nicht abgelesen werden können. Solcherart Absichten müssen sie den Subjekten spekulativ (oder hypothetisch) unterstellen – diese Spekulation wird in ihren Objektivität beanspruchenden Urteilen aber als solche nicht ausgewiesen. (Sozialwissenschaftler, die ehrlich sind, und sich deshalb der Urteilssprechung enthalten, geraten früher oder später in Konflikt mit ihrem wissenschaftlichen Anspruch: denn der verlangt objektive, allgemeingültige Urteile; ansonsten könnte Wissenschaft ihrem Existenzgrund nicht entsprechen, der darin besteht, Anleitungen für die Praxis liefern zu müssen.) Dass diese Form unausgewiesener Spekulation sich von Verschwörungstheorien nur äußerst schwer abgrenzen lässt, hat Luc Boltanski (Rätsel und Komplotte – Kriminalliteratur, Paranoia, moderne

ökonomischen Verallgemeinerungen zukommen, haben wir – dabei möglichst nahe an Marx angelehnt – (wer mag, kann sagen: konstruktivistisch) erst in sie hinein gelegt (für Preise und Gewinne gilt genau das nicht, denn bei ihnen handelt es sich unmittelbar um nichts als empirische Daten): wie ausgeführt mit dem Ziel, einen überempirischen Raum zu öffnen, der die quantitative Seite der Welt-GR nicht qualitativ überschreitet.[63]

Von wiederum anderer ›Natur‹ als die bisherigen Beispiele ist der Staatsbegriff. Denn ihm (wie dem Geld etwa ja auch) sind eine Reihe von (Wesens-) Bestimmungen immanent, die sowohl von Gegenwart bestimmt sind als auch auf historische Kontinuitäten zurückgehen und ohne die er nicht denkbar ist; etwa die, Hoheit über einen bestimmten geografischen Raum zu besitzen. Er ist also eine Einheit von ihm begrifflich unterschiedenen, ihr aber eigenen Differenzen. Doch hindert das, wie nicht nur positivistische Juristen und Politologen beweisen, keineswegs, auch den Staat eben nicht als solche Einheit, sondern als eine Identität aufzufassen, der ihre Bestimmungen nicht begriffslogisch immanent, sondern konstruktivistisch zugeschrieben werden.

Gesellschaft bei Sozialwissenschaftlern und Journalisten. Frankfurt am Main 2013) diagnostiziert und damit gezeigt, dass auch Verfechtern poststrukturaler Diskurstheorien (hier in der Nachfolge von Pierre Bourdieu), wenn sie denn auf die Realität (und nicht nur auf Diskurse) sich einzulassen bereit sind, zu richtigen Einsichten gelangen können. Wobei nicht übersehen werden darf, dass auch Boltanski sich weiterhin hütet, erkenntniskritisch zwischen Begriff und Sache, Logik und Geschichte, Subjekt und Objekt und weiteren jede Erkenntnis grundlegende Begriffen zu differenzieren, und um den Begriff der Vermittlung einen großen Bogen macht, worin er den Meisterdenkern der Postmoderne (Foucaults Analysen der Macht und Derridas Dekonstruktionstheorem vor allem) weiterhin seine Referenz erweist. Allerdings ist seit je klar, dass es sich bei Poststrukturalisten nicht um Verschwörungstheoretiker handelt, so wenig wie um Esoteriker; was aber nicht heißt, dass sie harmloser wären, im Gegenteil: Sie unterliegen der Kritik vielmehr gerade deswegen, weil sie, in der Nachfolge Heideggers, für die Realität eben nicht blind sind, sondern deren Negativität, wenn nicht direkt ins Positive verkehren, so doch in ihre falsche Auflösung treiben.

63 In dieser und vielerlei anderen Hinsichten ganz anders verhält es sich mit einem Oberbegriff wie dem Möbel: Diesem sind Tische, Schränke, Betten usw. unmittelbar immanent. Nimmt man die Universalien, wie sie in der Wissenschaft definiert werden, fallen solcherart Unterschiede in der ›Natur‹ von Begriffen allesamt schlichtweg unter den Tisch. (Der Form analog, wie von den Ökonomen, siehe die vorigen Kapitel, die verschiedenen Geldarten gar nicht erst erfasst werden.) Wenn man so will und in Verbindung mit dem oben zum Platonismus Ausgeführten [Anm. 1 in diesem Kapitel] kann man diesbezüglich davon sprechen, dass mit diesen Definitionsverfahren der Aristotelismus in die Moderne überführt worden ist.

Die Verschiebungen des Identitätsbegriffs 171

Stellt man die Begriffe Staat und Nation nebeneinander, ergibt sich ein interessanter historischer Aspekt: Seit der Herausbildung der Staaten der Neuzeit (und erst von da an) versagt es sich kein Land, sich neben den staatlichen Institutionen (Exekutive, Legislative, Judikative) auch noch eine konstitutionelle beziehungsweise präsidiale Institution zu erschaffen, die mit rein repräsentativen Aufgaben betraut ist (auch wenn beides oft in einer Person, einem Präsidenten etwa, in eins fällt). Diese Institution repräsentiert nichts als sich selbst, in derselben Form wie die ›nationale Identität‹, in die dann jeder die Bestimmungen hineinlegen kann,[64] die für ihn das ›Wesen‹ der personifizierten Repräsentanz ausmachen.[65]

Exakt dasselbe wie für den Begriff der nationalen Identität gilt für einen noch relevanteren spezifisch neuzeitlichen Begriff: den der Identität der Person. In das, was ich als meine Identität begreife, lässt sich alles Mögliche hinein legen: Ich bin Deutscher, männlich, heterosexuell, weiß, gesund, von Grund auf ehrlich usw. Keine dieser Bestimmungen ist aber in der mit der Ich-Identität allein angesprochenen tautologischen Bestimmung des ›Ich bin Ich‹ verankert und könnte als nähere Bestimmung meines (oder anderer) Ichs gelten oder gar dessen ansonsten nicht zu leugnende Besonderheit zweifelsfrei ›auf den Begriff‹ bringen.[66] Die ›Einheit‹, die wir Identität

---

64 Alles andere als zufällig ist für den Poststrukturalismus der inflationäre Gebrauch der Begriffe Repräsentanz, Symbol und Zeichen kennzeichnend. In ihnen erfasst er (die allein in der Moderne gegebene) Realität; das Ideologische an ihm besteht darin, dass diese Repräsentanz – wie ansonsten auch Nation oder Volk – zu einer ›Substanz‹ verrätselt wird, in der, wie in Heideggers Begriff vom Sein, Realität und Nominalität (zusammen mit allen weiteren dialektischen Entgegensetzungen) angeblich in Eins fielen und nur noch als Seiendes, oder, postmodernisiert: als Ereignis auftauchen, was heißt: die in der Reflexion zu bearbeitenden Brüche sind in der ontologischen Differenz als verschwunden gedacht.

65 Dem entspricht, dass man von einer staatlichen Identität, wenn überhaupt, in einem anderen Sinne spricht, nämlich eher in dem von Integrität: etwa dann, wenn der (moderne) Staat in bürgerkriegsähnlich gegeneinander operierende Parteien (also: Rackets) zu zerfallen droht. Aber, wie schon gesagt: über den Begriff der Krise kann noch nichts Substantielles ausgeführt werden.

66 Bei diesen Ich-Bestimmungen von einer sozialen Konstruktion zu reden, ist nicht nur aus materiellen Gründen verfehlt (Geschlechtsunterschiede beispielsweise sind selbstredend auch biologisch bestimmt), sondern ebenso vom Begriff des ›Sozialen‹ aus gesehen: Dieses kann nur die Fremdzuschreibungen erfassen; die von diesen prinzipiell unabhängigen Selbstzuschreibungen sind psychologischer ›Natur‹. Im Verhalten (inklusive natürlich aller ›Sprechakte‹) beobachten lässt sich nur das Resultat beider Komponenten, also deren (in sich vielfach vermittelte) Synthese. (Der altehrwürdige Behaviorismus erfasste diesen Sachverhalt zumindest noch in dem mittlerweile auch aus der Mode gekommenen Begriff der Blackbox.)

nennen, beruht – auch und gerade bezogen auf das Ich, das in jedem Menschen ein und dasselbe ist[67] – also auf derselben ›Struktur‹ wie die Identität, die wir als konstitutiv für den universalisierten Äquivalententausch ermittelt haben.

Die einzige Bestimmung, die diesem Identitätsbegriff immanent ist, ist (neben der, das er sich in alle Begriffe verschieben lässt) die zuvor genannte negative: die nämlich, dass sich aus ihm allein (wie aus keinem Datum) logisch rein gar nichts folgern lässt. Also auch von hier aus gesehen: Identität bezeichnet gar keine Einheit, denn als solche müsste sie in sich zu ihr Differentes enthalten, auf das sich logisch schließen, oder umgekehrt: von dem ausgehend sie sich ermitteln ließe.[68] Die sich im Tauschakt generierende Identität

[67] Gemeint ist hier natürlich das kantsche, philosophische Ich, dasjenige, das mich ständig begleitet; also, um dies nochmals zu betonen: nicht das psychologische. (Auch bezüglich Letzterem darf der Hinweis nicht fehlen, dass man Freuds Versuche, die Vorgänge im Ich begrifflich zu erfassen, nur dann gerecht wird, wenn man diese als ein von Wissenschaft und Philosophie sich ablösendes Verfahren der Begriffsbildung versteht. Ob Freud sich dessen auch bewusst war, ist nachrangig.) [Notiz von M. D.: »Verweis auf Stangneth!« Siehe Anm. 30 in diesem Kapitel.]

[68] Vollkommen ohne Bezug auf Differenz lässt sich allerdings auch diese ›Identität als solche‹ nicht darstellen. Verwiesen sei hierzu nicht nur auf Adornos Diktum »Identität ist Tod«, sondern auch die deduktionslogische Analytik (in Verbindung mit dem oben angesprochenen Zwang, Differentes im Denken in eine Abfolge überführen zu müssen): Will diese ihr grundlegendes Axiom, die (ein-) eindeutige Existenz von ›A‹ (als einem Diskretum), darstellen, muss sie auf eine Form wie ›A = A‹ rekurrieren. Das ›A‹ auf der linken Seite der Gleichung *ist* aber gerade nicht dasselbe wie das auf der rechten; es *ist* also etwas anderes als das, was es ausdrücken soll. (Ein besonders ›schönes‹ Beispiel dafür, wie aus formallogisch absoluter Äquivalenz im Zuge ihrer Ausformulierung etwas relativ ganz Neues entsteht, stellt im Übrigen Marx mit seiner Darstellung der Genesis des Geldes vor.) Unsere kursorischen Verweise auf das Trinitätsdogma werden dank dieser Bemerkung vielleicht ein wenig plausibler.

Von diesem Existenzaxiom aus lässt sich jedenfalls der Unterschied zwischen der neuzeitlichen und den vorangegangenen Denkformen ermessen: Weder ein Platoniker noch ein Aristoteliker wäre (und ist) je auf die Idee verfallen, korrektes Denken auf solch ein Axiom zu gründen. Denn, und das muss immer wieder betont werden: Aus dieser, auch im Identitätsbegriff eingeschlossenen ›Trinität‹ folgt, anders als im vorneuzeitlichen Denken, in der Theologie oder bei Hegel, logisch unmittelbar rein gar nichts; die unendliche Fülle all dessen, das mit sich selbst identisch ist, steht beziehungslos nebeneinander solange, bis wir in diesen Dinglichkeiten eine Logik entdecken (ohne sie zu konstruieren), die eine Reihe von ›Identitäten für sich‹ miteinander verknüpft, dialektisch gesprochen: vermittelt. Dafür, dass diese Verknüpfung nicht vollkommen willkürlich hergestellt werden kann, sondern einer Logik (welcher auch immer; auf jeden Fall einer anderen als der formallogischen) folgt, stellt die ›trinitarische Struktur‹ des Identitätsbegriffes die Bedingung der Möglichkeit bereit, deren Darlegung aber eine eigene Abhandlung erfordern würde (im Sinne des in Anm. 1 [in diesem Kapitel] zum

steht vollkommen für sich selbst, in genau derselben Weise, wie das Transzendentalsubjekt bei Kant.[69] Auf die von Alfred Sohn-Rethel entdeckte Genesis exakt dieses ›Subjekts‹ in der Gesamtheit aller Tauschakte können wir hier nicht näher eingehen; festzuhalten ist nur: Was der Begriff ›Identität als solche‹ meint, kann jeder intuitiv erfassen, äußerst schwierig aber ist es, ein solcherart als (mit sich selbst) identisch Gesetztes auch – wie in der Erkenntnistheorie Kants – als zentrales, konstitutives Moment allen (insbesondere des logisch korrekten, originär rationalen) Denkens zu begreifen. Da kaum einer sich der Mühe unterzieht, sich den Satz der Identität als konstitutiv für sein Denken vor Augen zu führen,[70] das ihn fest an die (funktionierende) Ware-Geld-Zirkulation kettet, verschiebt er das im Geld angelegte Mit-sich-selbst-Identische zum einen in alle Allgemeinbegriffe, in denen er sich und seine Welt erfasst,[71] ohne sich Rechenschaft darüber zu geben, inwieweit er sich damit für die Erfassung der materiellen Basis seiner Welt blind macht und durch Ideologie substituiert.[72] Zum anderen kettet er an diese Identität

Universalienproblem Ausgeführten). Der Positivismus jedenfalls lässt hier, und dies vollkommen im Einklang mit der Ware-Geld-Zirkulation, einzig die formale Logik gelten (um deren Überschreitung es uns ja geht). Genau das macht ihn blind für die kapitalkonstituierte Realität. Aber auch die Hegelsche Begriffslogik erfasst diese Realität nicht adäquat: einige der Gründe dafür werden in diesem Beitrag angeführt. (Und die Existentialontologie, in deren Tradition die Postmoderne sich nahtlos einordnet, treibt all das Falsche auf die Spitze insofern, als sie jede Bedingung der Möglichkeit zur Kritik der Gesellschaft nur als Moment ein und desselben Seins aufzufassen erlaubt.)

69 Es ist nichts als Bedingung der Möglichkeit von Erkenntnis (das meint: *konstituiert* sie), es ist somit nichts, was irgendetwas, wie der Hegelsche Geist dies jederzeit kann (oder vorgibt, dies zu können), aus sich heraus setzen könnte. (Bei den Kategorien a priori Kants handelt es sich ja auch nicht um aus dem Transzendentalsubjekt – oder auseinander; oder aus der Erfahrung ja von vornherein nicht – logisch deduzierbare Folgerungen, sondern um je für sich notwendige Setzungen, denen ›nur‹ gemeinsam ist, dass ohne sie die Naturgesetze keine allgemeine Geltung beanspruchen könnten und das Erlangen von Gewissheit prinzipiell unmöglich wäre.)

70 Mathematiker und Formallogiker bilden hier zwar Ausnahmen, aber für sie besitzt die Ökonomie, wie die gesellschaftliche Realität insgesamt, bekanntlich keine besondere Relevanz. (Woraus ihnen auch solange kein Vorwurf erwachsen kann, bis sie nicht das Gegenteil behaupten.)

71 Nur angedeutet sei hier, dass Hegel als Meister dieser Verschiebung gelten kann, wobei der Clou bei ihm darin besteht, diese Identität als bloß tautologisch (hier Kant radikalisierend) aus dem System seiner Logik von vornherein auszuschließen (siehe auch oben, Anm. 26) – obwohl doch gerade er diese Identität jedem seiner Begriffe (als das mit sich selbst Gleiche) zugrunde legt: aber eben grundsätzlich nur *zusammen* mit zusätzlichen Bestimmungen.

72 Das betrifft vor allem natürlich die dort herrschenden Gewaltverhältnisse.

Bestimmungen so, als ob sie ihr eigen wären, obwohl er sie einer (an sich beliebigen) Identität mit sich selbst nur zugeschrieben hat.[73]

Tauschwertidentität und Gebrauchswert Für unser Thema folgt aus diesem ›Ausflug‹ in das Identitätsdenken der Neuzeit: Die ideologischen Formen, in denen die Subjekte sich und der Welt eine ihnen verständliche Ordnung verschaffen, konstituieren sich in deren Bewusstsein sowohl was die begriffliche Erfassung der sinnlichen Wahrnehmung (die Empirie) betrifft als auch bezüglich der Logik, in denen diese Wahrnehmungen aufeinander bezogen werden (im Verstand, würde Kant sagen), auf einer Ebene der kapitalistisch verfassten Realität, auf der das Kapital begriffslogisch noch gar nicht erfasst ist. Gerade deshalb also kommt es zum Fetischcharakter der Warenform, von dem Marx handelt, und dessen allgemeines Kennzeichen es ist, dass Objekten und begrifflichen Verallgemeinerungen (wie bei den Theologen Gott) ein Subjektcharakter zugeschrieben wird, der ihnen (anders als dem Schöpfergott) aber unmöglich zukommen kann, da dies aller Erfahrung direkt widerspricht: In Verhältnissen, in denen die Warenförmigkeit im Zentrum steht, geht es zu, als ob ein Tisch tanzen, der Allgemeinbegriff Löwe wie ein wirklicher Löwe brüllen könnte, also als ob derartige Identitäten – von der Basis aus, von der her sie als nichts bestimmteres gelten können, als dass sie sich selbst bedeuten; also begriffen ohne die Beteiligung leiblicher Individuen, das heißt deren Erfahrungen – etwas aus sich heraus bewegen oder begrifflich bestimmen könnten; kumulierend dann bei Marx in seiner Charakterisierung des Kapitals als automatisches Subjekt, dem die wirklichen Subjekte sich (als Objekte) nahtlos einordnen, obwohl es, gleichgültig, was man unter *dem* Kapital versteht, praktisch, und logisch erst recht, unmöglich als Subjekt fungieren kann.

Vor allem die formale Logik (auf der Mathematik, Natur- und die sonstigen Wissenschaften beruhen, und mittels der es erst möglich wurde, Naturgesetze zu entdecken; die diese also *konstituiert*), setzt diesen, in der Ware-Geld-Beziehung materiell verankerten

---

73 Dazu ein zufällig ausgewähltes Beispiel: Der Verlag Klett-Cotta wirbt für ein Buch mit dem Titel *Geschwister* mit dem Satz: »Welche Facetten unseres Ichs wir kultivieren, wie wir uns in der Gesellschaft positionieren, welche Partner uns gefallen – unsere gesamte Identität hängt auch mit unseren Geschwistern zusammen.« Auf Anhieb ließen sich mindestens Hunderte weitere Bestimmungen angeben, die unsere derartig gefasste ›Identität‹ in gleicher Weise ausmachen könnten.

Identitätsbegriff voraus.⁷⁴ Aber keiner unserer Begriffe bleibt vom neuzeitlichen Identitätsdenken verschont. Und so wird natürlich auch die qualitative Seite der Ökonomie, für die die von den Subjekten ausgehende Fixierung der Waren als Gebrauchswerte *sine qua non* ist, der Identitätslogik unterworfen. Ihr zufolge erfasse ich die Ware, die ich – da sie mir, psychoanalytisch gesprochen, einen Lustgewinn verspricht – erwerben will, als mit sich selbst identisches Ding. Ökonomisch heißt das: Ich spreche der Ware einen qualitativen Wert in der Weise zu, als ob er ihr wie eine Natur-Eigenschaft anhaftet. In Wahrheit habe ich diesen Wert zuvor (dem Identitätsdenken folgend, also logisch-präreflexiv⁷⁵) natürlich in diese Ware erst hineingelegt. Sie mag eine Vielzahl von Eigenschaften haben – ein Wert (so wenig wie ein qualitativer natürlich auch ein quantitativer) geht aus ihr selbst unmöglich hervor. Und doch, in meiner Vorstellung unterstelle ich ja genau dieses: nämlich, dass der Wert jeder Warenidentität wie eine ihrer sonstigen Eigenschaften zukommt.⁷⁶

Der Wert- unterscheidet sich vom Preisbegriff also in einer weiteren Hinsicht fundamental: Bei der obigen Unterscheidung von Wert und Preis haben wir nur dessen quantitativ-objektive Dimension berücksichtigt, die, welche Marx als Tauschwert bezeichnet. Zwar ist diese Abgrenzung vom Gebrauchswert in einem strikten Sinne zu verstehen, nämlich in gleicher Weise rigoros als Bruch wie dem immer erst noch zu überbrückenden etwa zwischen Logik und Geschichte, Besonderem und Allgemeinem usw. Der Wertbegriff selbst bezieht sich aber (aus sich selbst heraus, logisch dem Staats- und Geldbegriff funktional äquivalent) auch auf eine Einheit, in der neben deren Bestimmungen als objektivem Maß für die Wertgrößen

---

74 Den Versuch Sohn-Rethels, das Geld als solches, sobald es in Münzform erschien (also mit Beginn des 6. Jahrhunderts v. Chr.), mit der Genesis der abendländischen Philosophie in Eins zu setzen, kann man zwar nicht als vollständig gescheitert beurteilen; das erlaubt die Validität der Belege, die er beibringt, nicht. Aber es gelingt ihm nun einmal nicht, die seinslogische Identität von Geld und antiker Ontologie von der ›Identität als solcher‹ historisch adäquat abzugrenzen, die erst mit der Neuzeit, also zugleich mit dem Kapital, sich als historisch spezifische Denkform verallgemeinert.
75 Vgl. dazu das in Anm. 58 Ausgeführte.
76 Auf der Basis dieser Vorstellung, deren Unhaltbarkeit Jedem, sobald man ihn darauf aufmerksam macht und er auf diese Weise also dazu gebracht werden kann, sie bewusst zu reflektieren, sofort einleuchtet und von der er dennoch – im Alltag – nicht lässt (und nicht lassen kann, da sie für seine Einbindung in das gesellschaftliche Ganze sorgt; siehe dazu auch den Beitrag von Leo Elser [Das exzessive und das ›anständige‹ Ressentiment. In: sans phrase 6/2015]), funktioniert das, was wir im Folgenden als Rationalisierung bezeichnen.

von Waren und neben den subjektiven Zuschreibungen individuell bestimmter Qualität und Relevanz[77] bestimmter Waren für mich als leiblichem Individuum, zudem der Wertbegriff im Allgemeinen begriffslogisch impliziert ist, also der Wertbegriff, der, von der Ökonomie abgelöst, der platonischen Ideenlehre entnommen sein könnte, allerdings, auf der Basis der Identitätslogik in der Neuzeit, beliebig bestimmte Ideale, moralische Prämissen und abstrakte Prinzipien verabsolutieren kann[78] – womit der Idealismus zu einer Ideologie wird, die ihre, die leiblichen Individuen zu einer Gesellschaft synthetisierende Basis, die Ökonomie, *mit Notwendigkeit* nicht erreicht.[79]

77 Hier wäre auf die enge innere Beziehung von Relevanz- und Wertbegriff, die sich der Ware-Geld-Zirkulation verdankt, hinzuweisen, eine Beziehung, die etwa immer dann unterschlagen wird, wenn mal wieder ein ›Werteverfall‹ beklagt werden soll, was keineswegs nur das Steckenpferd konservativer Geister ist. Selbstredend ist es nur skandalös zu nennen, wenn den ökonomischen Subjekten keine anderen Kriterien dafür, Wichtiges von Unwichtigem zu unterscheiden, zur Verfügung stehen, als die Zweck-Mittel-Rationalität. Aus deren Sicht gibt es zwischen dem Bedürfnis, den neuesten Daimler zu fahren und dem des Hungernden nach einem Stück Brot bestenfalls einen subjektiven, keinen objektiven Unterschied. Und ebenso ist die Beliebigkeit, in der poststrukturalistische Diskurstheoretiker (die hier in die Fußstapfen des kritischen Rationalismus treten) die Pluralität der Bedürfnisse, Interessen und Meinungen (meist irgendwelchen kulturellen ›Identitäten‹ zugeordnet) zum grundlegenden Prinzip gesellschaftlicher Beziehungen küren, nur als Kapitulation des Geistes vor den Zumutungen der Ökonomie zu denunzieren. Doch die Zurückweisung dieser Zumutungen führt, wie das aktuelle Erstarken autarker Bewegungen zeigt, nicht zur Kritik, sondern in die Katastrophe des Verlangens nach einem Souverän, der den Subjekten eine Hierarchie der Werte vorgibt und ihre Bedürfnisse in legitime und illegitime aufteilt.

78 Von diesem Gehalt des Wertbegriffes spricht Marx so gut wie nie explizit; er stellt zu Beginn des *Kapitals* vielmehr klar, dass er, wenn er von Wert spricht, nur den Tauschwert meint – und vom Gebrauchswert weitgehend zu abstrahieren beabsichtigt. (Wenn er ihn anspricht, etwa im Doppelcharakter der Ware Arbeitskraft, geht es ihm – siehe oben, Anm. 51 – um die schiere Selbstverständlichkeit, dass der Gebrauchswert dieser Ware für Arbeiter etwas anderes impliziert als für Kapitalisten. [Notiz von M. D.: »Verweis darauf, dass Backhaus hier Probleme sieht, die sich so einfach lösen lassen?« Siehe dazu Hans-Georg Backhaus: Dialektik der Wertform. S. 53 ff. und 273 ff.]) Aus dieser Absicht zur Abstraktion in seiner Darstellung folgt jedenfalls noch lange nicht auch, dass er die im Wertbegriff (dialektisch-begriffslogisch) unweigerlich implizierten ideellen Konnotationen gesellschaftlich für obsolet erachtet hätte.

79 Der Wert lässt sich also durchaus, ganz im Sinne Hegels, *auch* als Maß begreifen, in dem Qualität und Quantität sich in einer Einheit aufheben. (Wenn man diese Einheit mit dem Geld identifiziert, hat man den Grundgedanken Engsters, in: Das Geld als Maß, Mittel und Methode, vor sich.) So plausibel das dem Hegelmarxisten erscheint: Der Clou der Marxschen Argumentation, die auf das rational-nominale Messverfahren zielt, das dem dialektisch-begriffslogischen Maßbegriff äußerlich ist, wird von diesen Hegelmarxisten komplett verfehlt. (Und, dies

Um von der Philosophie zum Alltag überzugehen: Die Werbung gibt anschaulich Auskunft darüber, auf welche Weise Subjekte Waren als für sie werthaltig identifizieren und, davon ausgehend, ihre gesamte Ideenwelt dem Satz der Identität positiv unterwerfen. Die beworbene Ware übermittelt im Kern eine einzige, nackte Information, die schlicht und einfach lautet: Mich gibt es, ich existiere als Produkt des Unternehmens XY. Mehr an Information bedarf es nicht, der Rest besteht – mit der Zeit immer ausschließlicher – in einem arationalen, libidinös besetzten Appell an das Subjekt, sich mit dieser Identität zu identifizieren, das heißt, sie mit subjektivem Wert qualitativ[80] (man kann auch sagen: mit Substanz, allerdings in einem post-aristotelischen, wenn nicht gar existentialontologischen Sinne) aufzuladen. Dass diese Ware die verschiedenen Sphären der Ökonomie durchlaufen haben muss, um bei dem Käufer anzukommen, insbesondere die Ware-Geld-Vermittlungen, der sie ihre Existenz verdankt, spielt nicht die geringste (oder wenn doch, dann nur eine negativ konnotierte) Rolle.

Warenidentität und Rationalisierung Mit der Ware haben wir allerdings einen naturähnlichen Gegenstand vor uns, der dem Satz der Identität umstandslos gehorcht. Doch was den Waren mit dieser Unterwerfung geschieht: die projektive Identifikation mit ihnen als werthaltig für mich, vollzieht sich – ebenso wie die Verschiebung der Identität in sie hinein – ja ebenfalls in den Begriffen, deren jeweiliger Gegenstand gar keine Warenform annehmen kann, was, wie gezeigt, besonders bei der Nation, dem Staat, dem Wert (als Einheit von Gebrauchs- und Tauschwert), dem Ich usw. der Fall ist, aber natürlich für alle Allgemeinbegriffe gilt, welche die Verhältnisse betreffen, die den Tauschakten vorangehen: die gewaltförmigen, autoritativen Beziehungen der Subjekte untereinander, deren Motive, Moral, Ästhetik usw.[81]

Die für diese Form der Begriffsbildung charakteristische Abstraktion von den ökonomischen Vermittlungen und ihre Reduktion auf eine Identität als solche, mit der man sich emotional identifiziert

    am Rande: holt man dieses Außen in die Immanenz hinein, dann landet man, wie Engster nolens volens beweist, unweigerlich bei Heidegger.)
80 Alle anderen Informationen über Qualität und Quantität, vor allem der Preis, rücken, wenn sie überhaupt auftauchen, in den Hintergrund. Selbst etwa da, wo die Ware von sich sagt: »Ich bin billig«, geht es allein um das Versprechen auf einen Lustgewinn für den Konsumenten – nicht um originär ökonomisch-rationales Kalkül.
81 Darauf, dass die Psychoanalyse Freuds eine Begrifflichkeit entfaltet, die den metaphysischen Raum, um den es uns geht, in anderer Weise erschließt als Ökonomie, Wissenschaft oder Philosophie, kann wiederum nur hingewiesen werden.

(oder sich von ihr distanziert: das ist hier dasselbe), kurz: die Ausschaltung der Ware-Geld-Zirkulation als materiellem Träger des neuzeitlichen Identitätsbegriffes in der Reflexion erfolgt jedoch, ohne im Kommunizieren seiner persönlichen Identifikationen die in den Tauschakten sich generierende rationale Form zu verlassen; Zweck und Mittel, Vor- und Nachteile werden in allen ›Diskursen‹ ausgiebigst abgewogen, worum auch immer es der Sache nach geht,[82] das heißt letztlich: in allem gesellschaftlich akzeptierten Denken wird rationalisiert.[83] Dies ist die phänomenologische Bestätigung dafür, dass die Gesellschaft sich auf der Basis des Äquivalententauschs materiell synthetisiert – sich aber von dieser Synthese nur einen ideellen, ideologischen Begriff zu verschaffen vermag.[84]

82 Selbst die widersinnigsten Verhaltensweisen werden rationalisiert. (Wo nicht, soll der Vorwurf der Irrationalität sicherstellen, dass die ökonomische Rationalität nicht beschädigt wird.) Gegen das *positive thinking*, das allüberall als *idée fixe* grassiert, ist eine jede, der materialen Realität adäquate, kritische Reflexion auf das negative Potential dieser Gesellschaft (das ja, anders als Johannes Agnoli meinte, leider nicht nur kritisch, sondern auch reaktionär-affirmativ wirksam ist) chancenlos. [Siehe zu Agnoli Christoph Burgmer: Das negative Potential. Gespräche mit Johannes Agnoli. Freiburg 2002.]

83 Unendlich die rationalisierenden Erwägungen etwa darüber, ob eine Ware ihren Preis wert ist: Die rationale Form, in der diese angestellt werden, verdeckt jedoch, dass es im Kern um die Verallgemeinerung der Identifikationen geht – und die damit verbundene Bestätigung oder Vergrößerung des Marktanteils (das gilt natürlich für Politik und Kulturindustrie in besonderem Maße). Und selbstredend folgen nahezu alle Tätigkeiten gerade in den Unternehmen der rationalen Form in möglichst großer Nähe zur marktkonstituierten Rationalität. Doch wie jeder Betriebswirtschaftler weiß: der Erfolg etwa der Werbung lässt sich nicht eindeutig messen. Jeder Betrieb benötigt aber unbedingt ein Budget für sie, ansonsten würde er gar nicht erst wahrgenommen, wäre im Grunde also gar nicht existent. (Und was für die Unternehmen gilt, gilt für die Individuen, die sich, um überleben zu können, in die Ware-Geld-Zirkulation einklinken, also ihren ›Gesetzen‹ unterwerfen müssen, erst recht.) Aber die rationale Form, in der die Notwendigkeit für Werbung (einschließlich bezogen auf die Bedingungen ihrer Produktion, die so rational erfolgt wie alle Warenproduktion) auftritt, substituiert der realen Vermittlungen der Ökonomie durch den Einbezug libidinöser (selbstredend nicht offen ausgewiesener) Bindungen; kurz: ihr geht es um Rationalisierung. Oder anders, im Anschluss an das philosophisch Ausgeführte: Die rationale Form synthetisiert in vielfältigster Weise Qualität und Quantität und macht dadurch (zumindest) den Bruch unkenntlich, der in der Reflexion (kritisch) erst noch zu überbrücken wäre.

[Notiz von M. D.: »Noch in Anmerkung: Hier geht es um den psychoanalytischen Begriff der Rationalisierung: in Unterscheidung (und Einheit) zur ökonomischen Rationalität (Zweck/Mittel-Korrelation), der technischen/instrumentellen Rationalität (nicht, wie bei Marcuse: Vernunft) sowie dem (philosophisch/erkenntnistheoretischen) Rationalismus.«]

84 Von der Mystik über die Magie, die Astrologie bis hin zur Esoterik hat der Rationalismus unzählige Fetischformen, wenn nicht hervorgebracht, so doch ermöglicht,

Es gibt jedoch einen Indikator, der den Unterschied dieser ideell bedingten Rationalisierung von der originär ökonomischen, materiell bedingten Rationalität erfasst: letztere lässt sich exakt messen, bei ersterer scheitert jeder Versuch, sie exakt zu messen, an ihren qualitativ-subjektiven Implikationen. So sehr die Subjekte sich auch darum bemühen, Maße für ihre ideelle Gedankenwelt zu entwickeln, indem sie Alles und Jedes in allen möglichen Formen quantifizieren,[85] es existieren schlichtweg keine objektiven Messverfahren (und -einheiten), auf welche sie zurückgreifen könnten, um die Geltung ihrer

denen gemeinsam ist, dass sie die Grenzen, die von Empirie und (formaler) Logik dem rationalen Wissen-Können gesetzt sind (Stangneth loben in ihrem diesbezüglichen Rückgriff auf Kant! [Bettina Stangneth: Böses Denken]), missachten, und behaupten, den Stein der Weisen gefunden zu haben, der die Totalität mit (keiner anderen als) der rationalen Denkform zur Deckung bringt; die also behaupten, dass ihnen gelänge, was den institutionalisierten Wissenschaftlern, Politikern und Journalisten – aus verschwörerischen oder sonstigen Gründen – versagt sei. In den Wahn verschoben wird auf diese Weise eine angeblich für sich selbst stehen könnende Gewissheit (die im Grunde nur ein anderer Ausdruck für die Wirkung ist, die Identität als solche im Subjekt hervorruft), also das, wie Wittgenstein sagen würde: *Gefühl* absoluter Sicherheit, das für die Erkenntnis von Naturgesetzen in gewisser Weise ja nicht ganz ohne Berechtigung ist. Unterschlagen wird, und das passiert auch vielen Naturwissenschaftlern sehr oft, das Induktionsproblem: Denn auf dem Papier lässt sich alles Mögliche exakt konstruieren; es ist wertlos, wenn es sich nicht im Experiment bestätigen – beziehungsweise als Ware reproduzieren – lässt. Die Frage, ob das wie immer Konstruierte auch vernünftig ist, wird dabei allseits natürlich gar nicht erst gestellt. Obwohl auf den Praxisbegriff wegen seiner zentralen Bedeutung für diese gesellschaftliche Synthesis noch gesondert einzugehen sein wird, darf hier der Hinweis nicht fehlen, dass gerade er zu einem Fetisch avanciert ist vor allem auch insofern, als in ihm die rationale Form des Argumentierens sich geradezu prototypisch mit allem vereinigt, das als mit sich selbst identischer Inhalt auch nur im Entferntesten identifizierbar ist.

85 Legion bekanntlich die sozialwissenschaftlichen und psychologischen Methoden, quantifizierbare Maßstäbe für Befriedigung, Zufriedenheit, Glück, Schönheit usw. zu entwickeln. Für jede innerliche Regung gibt es Tests, die sie in irgendein Ranking überführt (wie dies etwa schon in angeblich so harmlosen Fragen wie der nach einer Lieblingsfarbe zum Ausdruck kommt). Egal, was zur Debatte steht: es wird unterschieden zumindest entweder zwischen primär und sekundär oder schlimm und weniger schlimm. (Das geht so weit, dass man auch unter Nationalsozialisten oder sonstigen Antisemiten glaubt Anständige entdecken zu können, die weniger schlimm wären als die Exzessiven, siehe dazu ebenfalls den oben schon erwähnten Beitrag von Leo Elser [Anm. 76].) Dass dort, wo rationale Messverfahren gar nichts zu suchen haben, Qualitätsurteile sich dennoch nicht aus subjektiven Befindlichkeiten, sondern aus objektivierbaren Kriterien zu ergeben hätten (hier wäre natürlich etwa sowohl Adornos ästhetischer Theorie als auch, in gewisser Weise, Hegels Maßbegriff zu folgen), wird, und das stellt tatsächlich einen Niedergang des Geistes seit Beginn der Aufklärung dar, noch nicht einmal mehr als Problem gesehen.

Maßstäbe auszuweisen.[86] Befriedigung kann sich nur im Subjektiven einstellen, an einem Ort also, wo jedes Anlegen eines quantifizierenden Maßes willkürlich ist, da in ihm der Satz der Identität keine Grundlage vorfindet, sondern nur in ihn projiziert werden kann. Um solche Projektionen handelt es sich etwa bei dem Überlegenheitsgefühl, das sich allgemein einstellt, wenn Deutschland Fußballweltmeister geworden ist, bei der allseitigen Freude, wenn die Partei, die man gewählt hat, auch an die Regierung gelangt ist, bei der Bestätigung, die jedermann in sich verspürt, wenn er vom Chef gelobt wird. Denn diese emotionalen Aufwallungen stehen allein für sich selbst und sind, warenförmig idealisiert und quantifiziert, nichts als Ausdruck der Vernunftwidrigkeit des ökonomischen Ganzen. Solcherart psychischer ›Mehrwert‹[87] lässt sich, rationalisiert, der betriebswirtschaftlichen Logik, an der auch alle Politik sich ausrichtet, zwar umstandslos subsumieren und diese Subsumtion erfolgt allgegenwärtig, erreicht aber die Basis nicht, auf der diese Logik sich konstituiert.

Rationalisierungen verdecken das Entscheidende, das auch der eingefleischteste Rationalist nicht offen zu legen bereit ist, denn das würde von ihm verlangen zuzugeben, dass es, auf der Basis der existierenden Ökonomie, unmöglich ist, die technisch längst vorhandenen Möglichkeiten zur Produktion der für die Reproduktion des Leibes aller Lebenden notwendigen Güter[88] zu realisieren. Ersterem,

---

86 Die Entfaltung *vernünftiger* Kriterien, die Wahrheit – verstanden als in einem bestimmten metaphysischen Raum befindlich, der die empirisch-logischen Datenerhebungsverfahren akzeptiert, aber transzendiert – ermitteln könnten, wird vom Rationalismus ja prinzipiell als dogmatisch oder totalitär denunziert. (Wobei, um hier nicht in den Verdacht zu geraten, der existentialontologischen Rationalitäts- und Technikkritik dann doch noch auf den Leim zu gehen, ausdrücklich betont werden soll, dass es auf gar keinen Fall um eine Überwindung des abendländisch-westlichen Vernunft- noch Rationalitätsbegriffes geht, sondern im Gegenteil: um deren begriffslogische, was natürlich heißt: universalistische Bestimmungen und deren Kritik, was etwas ganz anderes heißt als deren Dekonstruktion.)
87 Ein Begriff, der in den ökonomischen Wissenschaften mittlerweile Mode geworden ist. Das damit Angesprochene sollte allerdings ernst genommen werden: wenn auch nur auf der Basis der Massenpsychologie Freuds. Und nicht zuletzt wäre hier über die Angst zu reden, die sich einstellt, wenn man eine Identität mit anderen Bestimmungen auflädt als denjenigen, die in der Community, der man sich zugehörig fühlt, gängig sind.
88 Die Frage, um welche ›Güter‹ es sich dabei handelt, darf zu ihrer Beantwortung, auch das kann man nicht oft genug wiederholen, unter keinen Umständen einem Souverän, welchem auch immer, überlassen bleiben. Sie kann nur von der Vernunft, und dem ihr implizierten kategorischen Imperativ im Sinne von Marx und Adorno (siehe dazu Dahlmann: Freiheit und Souveränität, S. 381 ff.) einer Antwort zugeführt werden.

also den Rationalisierungen der Rationalisten (die das materiell Mögliche in fatal idealistischer Konsequenz für unmöglich – beziehungsweise Verschlimmerung des Bestehenden – erklären müssen), ist kaum beizukommen. Letzteres jedoch, nämlich dass Möglichkeit und Wirklichkeit weit auseinanderfallen, lässt sich objektiv-rational messen und die Gründe dafür lassen sich ermitteln, ohne zu rationalisieren – sobald wir wissen, was es mit dem Kapital ökonomisch auf sich hat.

Kapitel 7   Kapital, Geld und Wert

Die Verwandlung von Geld in Kapital 185
Die Wesensbestimmung des Kapitals 193
Kapital und Zeit 201
Wert und Arbeit 206
Relativer Mehrwert 214
Kapital als überempirisches, dennoch
messbares Verhältnis 215

Die Verwandlung von Geld in Kapital Dass Arbeiterbewegungsmarxisten mit den berüchtigten ersten 160 Seiten [der MEW-Ausgabe] (es sind, zieht man die Vorworte ab, 112), also dem I. Abschnitt des *Kapitals*, der uns in den vorigen Kapiteln – aufbauend auf einer fiktiven Weltgesamtrechnung (Welt-GR) – die Basis für die Bestimmung der ökonomischen Kategorien lieferte, so gut wie nichts anfangen können, ist nicht weiter verwunderlich. Doch um die nächsten 31 Seiten, also den gesamten II. Abschnitt, steht es noch schlimmer und deren Missachtung kennzeichnet nicht nur den traditionellen, sondern den Marxismus insgesamt, die Neue Marx-Lektüre eingeschlossen. Dabei sagt schon der Titel dieses Abschnitts – der von Marx dann zudem in der Kapitelüberschrift direkt darunter noch einmal wiederholt wird –, dass es sich bei dem hier auf wenigen Seiten Dargelegten um den Dreh- und Angelpunkt des gesamten Werkes handeln dürfte, denn er lautet: *Die Verwandlung von Geld in Kapital*.

Es ist erstaunlich, wie es linken Theoretikern in immer neuen Anläufen – die denen der Bibelexegeten in Umfang und Spitzfindigkeit vergleichbar sind – gelingt, die einfachen und klaren Implikationen schon des Wortlauts dieses Titels über den Haufen zu werfen. Eindeutig geht aus ihm unmittelbar zweierlei hervor. Zum einen: zentrale Voraussetzung für die Existenz des Kapitals ist die des Geldes[1] und nicht die Arbeit.[2] Und Marx stellt sogleich dar, in welcher Form

---

1 Das Geld ist das »letzte Produkt der Warenzirkulation« und »die erste Erscheinungsform des Kapitals«. (Karl Marx: Das Kapital, Erster Band, S. 161.) Explizit angesprochen ist von Marx hier das Geld als solches (als Identität mit sich selbst ohne weitere Bestimmung, siehe dazu die vorigen Kapitel, insbesondere Kapitel 6 [Abschnitt: »Die Verschiebungen des Identitätsbegriffs«]): Geld als Geld und Geld als Kapital unterscheiden sich zunächst nur durch ihre verschiedene Zirkulationsform.
2 Damit ist natürlich nicht bestritten, dass auch Arbeit, in historisch bestimmter Form: als ›freie‹ Lohnarbeit etwa, eine weitere Voraussetzung der Kapitalzirkulation ist, neben vielen anderen, vor allem historischen. Aber die Bestimmung des Kapitalbegriffs erfolgt bei Marx ausgehend vom Geld, so wie er es in dem Abschnitt zuvor bestimmt hat.

das Geld historisch existieren muss, damit es sich überhaupt erst in Kapital verwandeln kann. Diese Form haben wir – dabei die Marxsche Form der Darstellung so manches Mal durchbrechend und erweiternd – in den vorigen Kapiteln als universalisierten Kreislauf von Geld erfasst, in dem die Produktion von Waren zwar notwendige Bedingung ist, diese aber möglichst schnell aus der Ware-Geld-Zirkulation wieder zu verschwinden haben.[3] Zum Zweiten: wenn Geld sich in Kapital erst noch verwandeln muss, ist beides strikt auseinander zu halten, Hegelsch gesprochen: die Begriffe unterscheiden sich wesenslogisch. Um hier exemplarisch nur den gängigsten Irrtum aufgrund der Missachtung dieser Trennung zu benennen: Jemand mag noch so viel Geld besitzen, er hält kein Kapital in Händen.[4]

Dass Marx in diesem zweiten Abschnitt die einfache Zirkulation[5] in die des Kapitals überführt, ist auch Marxologen unübersehbar; sie scheitern jedoch durchweg an der Bestimmung des Verhältnisses,

---

[3] Zu Letzterem siehe insbesondere Kapitel 5 [Abschnitt: »Die Konsumenten: Das Verschwinden der Ware«, S. 126 ff.].

[4] Es gibt noch ein Drittes, das aber nur am Rande erwähnt werden soll, weil es ein intensives Eingehen auf die geschichtlichen Voraussetzungen der Entstehung des Kapitals erfordern würde, auf die wir immer nur verweisen können: Der Begriff Verwandlung impliziert, dass das Geld das Kapital nicht logisch schon in sich enthält, sondern diese Logik historisch erst noch zum Geld hinzutritt. (Siehe dagegen Rudolf Wolfgang Müller: Geld und Geist. Zur Entstehungsgeschichte von Identitätsbewußtsein und Rationalität seit der Antike. Frankfurt am Main; New York 1977.) Andererseits verwendet Marx an gleicher (Marx: Das Kapital, Erster Band, S. 170) und anderer Stelle (ebd., S. 181) auch den Begriff der Entpuppung statt den der Verwandlung, ein Bild also, das eine andere Interpretation des Verhältnisses von Logik und Geschichte bezüglich des Kapitalbegriffs erlaubt. Wie dem auch sei, wir gehen generell davon aus, das zeigt auch das 24. Kapitel im *Kapital* über die ursprüngliche Akkumulation, dass Marx die Geschichtlichkeit logischer Beziehungen nicht in der Weise reflektiert hat, dass er sie explizit hätte machen können. Die gesamte Argumentation des *Kapitals* weist diesbezüglich nur aus, dass er, anders als in seinen Frühwerken, sich von der Hegelschen Geschichtsphilosophie gelöst hat. Wer daraus aber den Schluss zieht (prototypisch dafür: Louis Althusser [beispielsweise in: Das Kapital lesen. Reinbek 1972]), Marx hätte sich von der geschichtlichen Bestimmung seiner Begriffe im *Kapital* überhaupt verabschiedet, sei also zur Ontologie übergelaufen, blamiert sich schon bei oberflächlichster Lektüre. Wir sind jedenfalls der Auffassung, dass die ursprüngliche Akkumulation nur hat stattfinden können, weil im westlichen Abendland im Übergang zur Neuzeit historisch spezifische logische Denkformen und politische Umstände vorlagen, ohne die es, nirgendwo auf dieser Welt, je zur Verwandlung von Geld in Kapital gekommen wäre.

Logisch auf den Punkt gebracht lässt sich zum Verhältnis von Logik und Geschichte in der Wertformanalyse sagen: In jedem Tausch ist Geld (und Wert) impliziert; aber im Geld noch längst kein Kapital.

[5] So nennt er das von uns in der Welt-GR Erfasste; wir werden sie, wenn nicht ausdrücklich auch ein Warenbezug angesprochen ist, künftig kurz Geldzirkulation nennen.

in dem diese beiden Zirkulationsebenen zueinander stehen.[6] Der Grund dieses Scheiterns ist darin zu sehen, dass sie der hier von Marx vorgenommenen Kennzeichnung des Kapitals als einem »automatischen Subjekt« nicht die ihr zukommende Relevanz für die Marxsche Kritik insgesamt beimessen. Um die uns noch fehlende, aber alles entscheidende Bestimmung dessen, was Kapital seinem Begriff nach ist, vornehmen zu können, müssen wir uns der – von den bisherigen Marxphilologen umgangenen – Schwierigkeit stellen, dass das Kapital als ebenso dinglich, mit sich selbst identisch aufzufassen ist wie das Geld, aber empirisch als solches nicht erscheint, sondern ebenfalls nur als Geld, und darin dann die Dynamik generiert, die es als automatisches Subjekt fungieren lässt.

Geld und Kapital sind jedenfalls, trotz gemeinsamer Erscheinungsform, wesensmäßig verschieden. Die Synthesis, durch die hindurch das so Getrennte seine Einheit findet, ist, laut Marx, der Wert. Doch handelt es sich bei diesem nicht um den Begriff in der Bedeutung, wie er umgangssprachlich verwendet wird, etwa auch in der Marxschen Gleichung, dass 20 Ellen Leinwand 1 Rock *wert* seien,[7] und auch nicht in der, die wir zugrunde gelegt haben, als

---

[6] Die von ihnen zwar gestellten, aber nie hinreichend beantworteten Fragen etwa sind: Geht die erste in der zweiten auf? Hat die zweite den Primat über die erste? Ist die zweite historisch aus der ersten hervorgegangen, oder gar umgekehrt? Marx schreibt dazu: »Die Zirkulation des Geldes als Kapital ist dagegen [anders als die universalisierte Ware-Geld-Zirkulation, M. D.] Selbstzweck [es resultiert also nicht aus einem subjektiven Motiv, wie der Profitgier, M. D.], denn die Verwertung des Werts existiert nur innerhalb dieser stets erneuerten Bewegung.« (Ebd., S. 167.) Was diese ›Profitgier‹ betrifft, sei angemerkt, dass dieses Motiv zweifellos weit verbreitet ist, aber nicht die Selbstverwertung des Werts erklären kann. Und die Unternehmen tragen dieser Dynamik Rechnung, indem sie Gewinne bilanztechnisch wie Kosten behandeln.
  Marx schiebt, so kann man das vereinfacht ausdrücken, die Zirkulation von Kapital in die Ware-Geld-Zirkulation hinein. Real durchdringen sich beide ja auch bis fast zur Ununterscheidbarkeit. Es bleibt aber in logischer Hinsicht festzuhalten, dass ohne diese analytische Trennung von Geld- und Kapitalzirkulation das Kapital nicht in seiner Eigendynamik auf den Begriff zu bringen ist. In historischer Hinsicht weist die Marxsche Darstellung auch hier den Mangel auf, auf den wir schon öfters hingewiesen haben: Er kann nicht zeigen, was der materiell-genetische Grund war, der die Subjekte am historischen Beginn der Kapitalreproduktion – einzig im westlichen Abendland – dazu brachte, sich dieser historisch neuen Logik zu unterwerfen. Dieser Mangel dürfte für die Fehlinterpretationen des *Kapitals* zumindest ebenso verantwortlich sein wie die Marxschen Zugeständnisse an den populären, das heißt ontologischen Arbeitsbegriff.

[7] Hier ist der Wert zunächst nur ein anderer Ausdruck für Äquivalenz, siehe dazu auch den Begriff logisches Geld in Kapitel 1 [Abschnitt: »Einheit und Differenz im Geld: Die Geldmengensteuerung«, S. 39 ff.].

wir feststellten, dass der Geldwert sich in Waren ausdrücken lassen muss.[8] Sondern der Wertbegriff, der diese Synthese zwischen Geld und Kapital leistet, ist als objektivierte Arbeit zu begreifen. Es wird sich herausstellen, dass der Kapitalbegriff nur bestimmt werden kann, wenn ihm (und von hier aus dann auch dem Geld) der so bestimmte Wert zugrunde gelegt wird. Doch es gilt auch: nur vom Kapital aus gesehen erlangt diese Wertbestimmung ihre Berechtigung als zentrale Vermittlungskategorie der Kritik der politischen Ökonomie. Allein auf die Geldzirkulation bezogen ist die Unterscheidung zwischen Wert (in welcher Bedeutung auch immer) und Preis überflüssig; hier zählt nur das empirisch Vorfindliche und formallogisch eindeutig aufeinander Beziehbare, kumulierend in der allgemeinen Geltung des Satzes der Identität als logische Voraussetzung kapitalistischer Warenproduktion sowie im Gleichgewichtspostulat der Ökonomen.[9] Zwischen Wert und Preis lässt sich in der Zirkulationssphäre gar nicht sinnvoll unterscheiden – und deshalb ist den Ökonomen diese Differenzierung auch gleichgültig. Der Geld und Kapital synthetisierende Wert aber ist nichts empirisch Vorfindliches; und keine Ware, auch das Geld nicht, kein Rohstoff, und erst recht die konkrete, leiblich verausgabte Arbeit nicht, hat Wert an sich, kann deshalb auch nichts wertförmig ineinander vermitteln.[10] Der Wert, wie Marx

---

8 So insbesondere bei der Feststellung der Inflationsrate: Kapitel 4 [Abschnitt: »Die Maße für Wachstum und Inflation«, S. 94 ff.].
9 Ersteres wurde ausführlich im vorigen Kapitel [Abschnitt: »Die Verschiebungen des Idenitätsbegriffs«, S. 167 ff.] abgehandelt, zu letzterem siehe Kapitel 1 [Abschnitt: »Ökonomie als System einer ›vollständigen Induktion‹«, S. 18 ff.]. Um den Unterschied zwischen Geld- und Kapitalzirkulation schon hier in Bezug auf die ideologische Verfasstheit der Subjekte anzudeuten, sei darauf verwiesen, dass der Marxsche Fetischbegriff (siehe Kapitel 6 [Abschnitt: »Tauschwertidentität und Gebrauchswert«, S. 174 f.]) aus der Ware-Geld-Beziehung hervorgeht: Das Geld lässt Dinge erscheinen, als ob sie eine Seele hätten. Bezieht man das Kapital mit ein, wird der Fetisch zum Wahn.
10 An der Stelle zu Beginn des *Kapitals* (S. 52, wo Marx erstmals von Arbeit spricht, und zwar von »abstrakt menschlicher Arbeit«) führt er aus, dass Waren, rein als Tauschwerte betrachtet, »kein Atom Gebrauchswert« enthalten. Die Frage ist, ob dies für den Tauschwert selbst ebenso gilt. Die Antwort kann nur lauten: Die Gegenstände, die Warenform angenommen haben, welcher Art auch immer, beziehen ihren Tauschwert allein aus ihrer Warenförmigkeit, nicht aus ihrer Natur. Doch das scheint Marx anders zu sehen, wenn er zuvor schreibt: »Sieht man nun vom Gebrauchswert der Warenkörper ab, so bleibt ihnen nur noch eine Eigenschaft, die von Arbeitsprodukten.« In den Folgesätzen zieht er dann von diesen »Arbeitsprodukten« alle möglichen konkreten Arbeiten (Tischlerarbeit, Bauarbeit, Spinnarbeit) ab, bis nur noch »gleiche menschliche Arbeit, abstrakt menschliche Arbeit« übrig bleibt (die er dann als »Gallerte« bezeichnet, was die Eindeutigkeit, die traditionelle Marxisten in den hier verwendetet Arbeitsbegriff hinein

Die Verwandlung von Geld in Kapital

ihn zu Beginn seines Übergangs zum Kapital fasst, muss, um überhaupt zu existieren, natürlich auch erscheinen, aber er kann dies, wie das Kapital, nicht selbst, nicht als solcher, sondern nur in vermittelter Form. Und so erscheint er im Geld[11] empirisch als Preis,[12] als Kapital aber, und das macht das Verständnis des Marxschen Kapitalbegriffes so schwierig, in ganz anderer Form. Dessen Identität und Existenz bildet sich in einem quasi-metaphysischen,[13] vom Wert eröffneten Raum, der allerdings, das kann nicht oft genug betont werden, ohne universalisierte Ware-Geld-Zirkulation gar nicht existieren würde.[14]

Als das zuinnerst Identische in Geld und Kapital prozessiert der Wert aus sich selbst heraus, insofern ihm Mehrwert zugeführt wird. In den Worten von Marx: Als Kapital wird der Wert »das Subjekt eines Prozesses, worin er unter dem beständigen Wechsel der Formen von Geld und Ware seine Größe selbst verändert, sich als Mehrwert

lesen, zumindest arg relativiert). Diese (reine Nominal-) Abstraktion an den »Warenkörpern« von all ihrem »nützlichen Charakter« lässt den Schluss jedenfalls zu, dass ihnen nach der Abstraktion am Ende dann doch noch die »Eigenschaft« verbleibt, Produkt »menschlicher Arbeit« zu sein. Genau daran knüpft der Arbeiterbewegungsmarxismus in seinen Interpretationen des *Kapitals* an. Die Frage, ob Marx hier wirklich schon von ›abstrakter Arbeit‹ redet, und nicht nur eine erste Annäherung an diesen Begriff bloß ungeschickt formuliert, braucht uns nicht weiter zu beschäftigen, denn sachlich steht eines fest: Weder die konkrete noch die abstrakte Arbeit noch Arbeit überhaupt können real (materiell-substantiell) Eigenschaft von irgendetwas sein.

11 »Als das übergreifende Subjekt eines solchen Prozesses, worin er Geldform und Warenform bald annimmt, bald abstreift, sich aber in diesem Wechsel erhält und ausreckt, bedarf der Wert vor allem einer selbständigen Form, wodurch seine Identität mit sich selbst konstatiert wird. Und diese Form besitzt er nur im Gelde. Dies bildet daher Ausgangspunkt und Schlußpunkt jedes Verwertungsprozesses.« (Ebd., S. 169.)

12 Es sei daran erinnert, dass wir, um für diese Erscheinungsweise des Werts im Geld eine empirische Anbindung vorlegen zu können, bei der Erstellung der Spalte Arbeitszeit in unserer Welt-GR festgelegt haben, dass die Summe aller Preise gleich der Summe aller Werte ist. [Notiz von M. D.: »Marx-Zitat?« – »Der Wertausdruck einer Ware in Gold – x Ware A = y Geldware – ist ihre Geldform oder ihr Preis.« (Marx: Das Kapital, Erster Band, S. 110.)]

Nicht fehlen darf hier der Hinweis, dass es Alfred Sohn-Rethel war, der gezeigt hat, wie im Geld – von da an, seit es in Münzform existiert – ein soziales Verhältnis (das der Arbeitswert, siehe unten [Abschnitt »Wert und Arbeit« in diesem Kapitel], ja von Grund auf auch ist) empirische Gestalt angenommen hat, und er mit dieser genetischen Herleitung dem Verdinglichungsbegriff, anders als Georg Lukács, eine wirklich materialistische Grundlage verschafft hat. Allerdings soll dabei nicht verschwiegen werden, dass es Sohn-Rethel nicht gelungen ist, die Verwandlung von Geld in Kapital ebenso materialistisch nachzuzeichnen.

13 Zum Begriff siehe die vorigen Kapitel, zur ersten Annäherung Kapitel 1 [Anm. 9].

14 Und genau deswegen kann man die Darstellung der Ökonomie nicht mit dem Kapital beginnen, sondern nur mit dem Geld.

von sich selbst als ursprünglichem Wert abstößt, sich selbst verwertet. Denn die Bewegung, worin er Mehrwert zusetzt, ist seine eigne Bewegung, seine Verwertung also Selbstverwertung.[15] Er hat die okkulte Qualität erhalten, Wert zu setzen, weil er Wert ist. Er wirft lebendige Junge oder legt wenigstens goldne Eier.«[16]

Einige Seiten später bestätigt Marx in zugespitzter Form dann die Prämisse, die wir unserer Welt-GR unterstellt haben: den Äquivalententausch, als (logisch und historisch notwendige) Voraussetzung dieser Selbstbewegung des Werts: »Man mag es drehen und wenden, wie man will, das Fazit bleibt dasselbe. Werden Äquivalente ausgetauscht, so entsteht kein Mehrwert, und werden Nicht-Äquivalente ausgetauscht, so entsteht auch kein Mehrwert.[17] Die Zirkulation oder der Warenaustausch schafft keinen Wert.«[18] Dies wiederholt er auf der nächsten Seite, dabei das ungelöste Problem aller Ökonomen weiter präzisierend und auf den Raum verweisend, den wir als quasi-metaphysischen bezeichnet haben: »Es hat sich gezeigt, daß der Mehrwert nicht aus der Zirkulation entspringen kann, bei seiner Bildung also etwas hinter seinem Rücken vorgehn muß, das in ihr selbst unsichtbar ist.«[19] Es folgt unmittelbar anschließend dann der Satz, den alle Marxisten, die der Produktionssphäre den Primat zusprechen und die Zirkulationssphäre zu einem Oberflächenphänomen erklären, das sie – die einen mehr, die anderen weniger – für vernachlässigbar halten, überlesen oder verdrängen: »Kann aber der Mehrwert

---

15 Nur als nochmaligen Hinweis am Rande: Von Arbeit, in welcher Form auch immer, ist hier, bei der Bestimmung des Kapitals auf seiner allgemeinsten Ebene, explizit nicht die Rede. Es macht gerade den Clou der Marxschen Argumentation bezüglich des Arbeitsbegriffes aus, dass die Arbeit im Wertbegriff zwar implizit werden muss – Näheres dazu wiederum unten [Abschnitt »Wert und Arbeit« in diesem Kapitel] –, in ihrer spezifischen Form aber erst von der Kapitalzirkulation her explizert werden kann.
16 Marx: Das Kapital, Erster Band, S. 169.
17 In der Terminologie der Ökonomen kann man hier statt von Mehrwert durchaus auch von (realem) Wachstum sprechen; es sollte nur klar sein, dass man beides keinesfalls unmittelbar in eins setzen darf. [Siehe dazu den Abschnitt »Die ›bloße‹ Expansion« in Kapitel 2 sowie »Die Maße für Wachstum und Inflation« in Kapitel 4.]
18 Marx: Das Kapital, Erster Band, S. 177 f. Von überragender Relevanz wird diese Feststellung, dass Austausch keinen Wert schafft, beim Handel zwischen Staaten. Der Außenhandel ist der Ort, an dem die allgemeine Unbegriffenheit dessen, wie Mehrwert (und Wert) sich erzeugt, ideologisch die dollsten Blüten treibt – um hier den wohl treffenderen Ausdruck Wahn zu vermeiden. Aber darauf können wir erst eingehen, wenn der Kapitalbegriff vollständig bestimmt worden ist. [Siehe dazu das Kapitel 12 und »Finanzkrise und deutsche Kriegskasse«.]
19 Ebd., S. 179.

anderswoher entspringen als aus der Zirkulation? Die Zirkulation ist die Summe aller Wechselbeziehungen der Warenbesitzer.« Es folgt eine kurze, erläuternde Ausführung,[20] die mit der Feststellung endet, die jedem Marxisten, der die Produktionssphäre für relevanter hält als die der Zirkulation, erröten lassen müsste: »Es ist also unmöglich, daß der Warenproduzent außerhalb der Zirkulationssphäre, ohne mit anderen Warenbesitzern in Berührung zu treten, Wert verwerte und daher Geld oder Ware in Kapital verwandle.«[21]

Anschließend liefert Marx den kurzen, aber wichtigsten Absatz dieses zentralen Abschnitts des gesamten Werkes: »Kapital kann also nicht aus der Zirkulation entspringen, und es kann ebensowenig aus der Zirkulation nicht entspringen. Es muß zugleich in ihr und nicht in ihr entspringen.«[22]

Die Auflösung dieses Gegensatzes, der kaum noch als dialektischer, sondern eher als formallogischer Widerspruch (also einer *in adiecto*) zu fassen ist, formuliert Marx dann als das zentrale Problem seiner Bemühungen: »Die Verwandlung des Geldes in Kapital ist auf der Grundlage dem Warenaustausch immanenter Gesetze[23] zu entwickeln, so dass der Austausch von Äquivalenten als Ausgangspunkt gilt.[24] Unser nur noch als Kapitalistenraupe vorhandner

20 Auch in dieser gibt Marx übrigens den Arbeitswerttheoretikern, wie schon an vielen Stellen zuvor – beginnend [in der MEW-Ausgabe] auf Seite 52 (also schon der Seite 4 seiner Darstellung, als er den Begriff »abstrakt menschliche Arbeit« einführt, siehe auch Anm. 10) – die Vorlage, die ihnen erlaubt, ihn für sich in Beschlag zu nehmen: Erkenntnistheoretisch gesehen begeht Marx auch hier den Fehler, die Beziehung zwischen Arbeit und Wert unter kapitalistischen Bedingungen als evidente Selbstverständlichkeit vorauszusetzen, obwohl doch, wie unten zu zeigen sein wird [Abschnitt »Wert und Arbeit« in diesem Kapitel], die korrekte Erkenntnis der ›Natur‹ dieser Beziehung erst mit der (historischen) Bestimmung des Kapitalbegriffs möglich wird.
21 Marx: Das Kapital, Erster Band, S. 180.
22 Ebd. Genau das darzustellen, nämlich dass der kapitalistisch erzeugte Reichtum nicht in der Geldzirkulation entstehen kann, obwohl er nur dort sich realisiert, war der zentrale Zweck unserer vorigen Kapitel zu den Grundbegriffen der Kritik der politischen Ökonomie. Diese mussten so ausführlich ausfallen, weil im Grunde alle ökonomischen Theorien, Modelle und Kritiken, die gesamte ökonomische Praxis sowieso, die Geldzirkulation nie adäquat transzendieren, also nicht zum Kern der Sache vordringen.
23 Das kann sich auf nichts anderes beziehen als auf dieselben Gesetze, die auch die Ökonomen den Waren- und Geldmärkten entnehmen (neben dem Gleichgewichtspostulat die Mechanismen der Preisbildung, also vor allem der Einfluss des Verhältnisses von Angebot und Nachfrage bei der Bildung der Preishöhe sowie der Grenznutzen, siehe Kapitel 2 [Abschnitt: »Angebot und Nachfrage, Grenznutzen, Konkurrenz«]).
24 An dieser Stelle liefert Marx in einer Fußnote eine der wenigen Reflexionen auf sein eigenes Vorgehen. Sie klärt dieses aber kaum auf, sondern gibt eher seiner

Geldbesitzer[25] muss die Waren zu ihrem Wert kaufen, zu ihrem Wert verkaufen und dennoch am Ende des Prozesses mehr Wert[26] herausziehn, als er hineinwarf. Seine Schmetterlingsentfaltung muß

Unsicherheit bezüglich der Form seiner Darstellung Ausdruck. (Es sollte allgemein bekannt sein, dass Marx auch mit der letzten Fassung seiner Kritik der politischen Ökonomie noch längst nicht zufrieden war.) Wenn er hier von diesem Äquivalententausch behauptet, darin sei nur erfasst, dass die Kapitalbildung auch dann möglich sein muss, »wenn der Warenpreis gleich dem Warenwert« sei, ist kaum eine andere Interpretation möglich, als die, dass Marx davon ausgeht, dass es so etwas wie einen ›gerechten Preis‹ gäbe, nämlich einen, der dem (Arbeits-) Wert äquivalent ist. Wir gehen hingegen davon aus, dass jeder Warentausch seiner Natur nach immer ein Äquivalententausch ist, so wie davon, dass Wert und Preis, auf einzelne Waren bezogen, höchstens zufällig dieselbe Höhe haben.

Auch die weiteren Ausführungen in dieser Fußnote zum Durchschnittspreis – dem, wenn auch nur in »letzter Instanz« »der Wert der Ware« zugrunde läge – lassen bezüglich der Frage, in welcher Beziehung überhaupt der Wert zur Arbeit steht, Unsicherheit erkennen. Mir drängt sich besonders hier der Eindruck auf, dass Marx die Richtung, in die ihn seine Form der Darstellung treibt, selbst nicht ganz geheuer ist, und er immer dann auf den Arbeitswert (hier im Sinne des traditionellen Marxismus verstanden) zurückgreift, wenn er sich selbst vergewissern will, dass es in seiner Darstellung nicht – wie bei den von ihm so genannten Vulgärökonomen, zu denen heute die gesamte Zunft aller Ökonomen zählt – dazu kommt, ihn so zu verstehen, als schütte er in ihr ›das Kind mit dem Bade aus‹ und leugne jede Beziehung zwischen Arbeit und Wert. Dass diese Gefahr gar nicht besteht, wird uns unten [im Abschnitt »Wert und Arbeit« dieses Kapitels] zeigen. Mit solchen Verweisen auf den Arbeitswert provoziert er jedenfalls geradezu den falschen Arbeitsbegriff aller Arbeitswertlehren, die sich auf ihn berufen.

25 Wir wollen hier noch einmal das Bild der Verpuppung aufgreifen (siehe oben Anm. 4) und folgenden Vorschlag machen, um das Problem der Geschichtlichkeit der Logik im *Kapital* im Sinne von Marx einer Lösung zuführen zu können: Hat die Verwandlung von Geld in Kapital erstmalig (auf einem genügend großen Gebiet, von genügend vielen Unternehmern forciert, also eine ›kritische Masse‹ überschreitend) stattgefunden, dann verbreitet sich die darauf aufbauende neue Logik des Geldes ›wie von selbst‹, so dass von da an das Geld in das Bild der Raupe gefasst werden kann, die das Kapital als Schmetterling in sich enthält.
[Notiz von M. D.: »Ans Ende der Anmerkung: Verweis auf Reinhard! Es entsteht der Weltmarkt. Ab hier nicht mehr universalisierte Ware-Geld-Zirkulation???« Wolfgang Reinhard: Die Unterwerfung der Welt. Globalgeschichte der europäischen Expansion 1415–2015. München 2016.]

26 An dieser Stelle wird besonders deutlich, welche Vorteile sich Marx davon verspricht, noch nicht zwischen Arbeitswert und Preis zu unterscheiden. Würde man schon hier die tatsächlichen Verhältnisse in der Zirkulationssphäre, die Marx erst später einholen will, berücksichtigen, müsste man von Geldausdrücken (also Preisen und Gewinnen statt Werten) sprechen, was diesen Satz zu einem äußerst komplexen Gebilde aufblähen würde. Und zur Entschuldigung von Marx kann man ja durchaus mal anführen, dass er nicht ahnen konnte, dass seine späteren Interpreten sich schlichtweg weigern würden, seine Vereinfachung als solche wahrzunehmen, um dann Preis und Wert durchgängig als ein- und dasselbe anzusehen (und jede Abweichung als von Kapitalisten vollzogenen Betrug zu denunzieren).

in der Zirkulationssphäre und muß nicht in der Zirkulationssphäre vorgehn. Dies sind die Bedingungen des Problems. Hic Rhodos, hic salta!«[27]

Die Wesensbestimmung des Kapitals Nach dem Sprung in die Produktionssphäre – denn nur dort kann des Rätsels Lösung zu finden sein –, geht Marx das Problem des realen Wachstums (beziehungsweise die Frage, wie aus Geld Mehr-Geld erwachsen kann) unmittelbar mit der Untersuchung des Arbeitsprozesses an und beginnt mit der Analyse des Arbeitstages.[28] Wir gehen anders vor und nehmen wiederum einige Bedeutungsverschiebungen in den Marxschen Begriffen vor, werden aber zu denselben Resultaten kommen wie er.

Kapital haben wir bisher als eine besondere Art von Kreditgeld bestimmt: Eine Kreditart ist es selbst dann, wenn das Geld, das in Kapital verwandelt worden ist, aus Eigenmitteln eines Unternehmens stammt, denn es bekommt dieses Geld nach dem (erfolgreichen) Verkauf der Ware ja zurück. Das Geld, das als Kapital fungiert, bestimmen wir nun näher, indem wir nur das Geld berücksichtigen

27 Marx: Das Kapital, Erster Band, S. 180 f. Die hier gelieferte Zusammenstellung der Marx-Zitate erweckt den Eindruck ständiger Wiederholung. Dieser Eindruck ist richtig und lässt sich auf den gesamten hier zur Debatte stehenden Abschnitt des *Kapitals* verallgemeinern. Vielleicht ist das sogar der Grund, warum die Interpreten diesen so vernachlässigen. Doch sollten sie sich fragen, was denn hier ständig wiederholt wird und dies in einen fixierbaren Begriff zu gießen versuchen: Sie würden dann bemerken, dass dies im Grunde unmöglich ist – und genau dieses Bemerken ist unabdingbar um zu erkennen, was für ein Unwesen das Kapital seinem Begriff nach ist. Oder anders: Man kann Marx hier durchaus eine didaktische Absicht unterstellen. Denn das ständige Umkreisen Ein und Desselben, dessen Begreifen gar nicht möglich ist, soll dem Leser doch noch einen Begriff ermöglichen, auch wenn dieser nicht eindeutig, sondern höchstens in theologischen Metaphern bestimmt werden kann. [Notiz von M. D.: »Verweis auf das Nicht-Identische bei Adorno«.]

28 Das vorrangige Ziel von Marx ist es hier zweifellos, die Mehrwertrate mit der Ausbeutungsrate der Ware Arbeitskraft gleichzusetzen, um so seine Ausführungen zum Doppelcharakter des Gebrauchswerts der Ware Arbeitskraft empirisch verifizieren zu können. Wir halten diese Verifikation weder für falsch noch obsolet oder gar historisch überholt, sondern für sachlich nicht notwendig, um das Kapital als Ausbeutungsverhältnis charakterisieren zu können (siehe auch unten Anm. 42). Was wir allerdings entschieden bestreiten, ist die Auffassung, dass sich aus dieser Analyse des Arbeitstages (aus dem Verhältnis von bezahlter zur unbezahlten Arbeit) nicht nur die Bedingung der Möglichkeit der Mehrwertproduktion und nicht nur die Höhe der Mehrwertrate ergibt (das kann unmöglich bestritten werden), sondern auch die Höhe der Mehrwertmasse. (Woraus dann folgen würde, dass, je weniger Lohn die Unternehmen zahlen, die Mehrwertmasse umso höher ausfällt. Dafür gibt es keinerlei empirische Anhaltspunkte, weit eher nur solche für das Gegenteil.)

wollen, das in Unternehmen (und nur in ihnen, nicht von den beiden anderen ökonomischen Subjekten: dem Staat oder den Konsumenten) für Waren ausgegeben worden ist, die für sie notwendig waren, um die Waren zu produzieren, die sie dann in der Zirkulationssphäre verkauft haben.[29] Wobei wir, nicht zuletzt aufgrund unseres Vorgehens, eine Unterscheidung bezüglich der Unternehmen schon jetzt vornehmen, die Marx erst später ausarbeitet. Wir lassen alle Vorgänge unberücksichtigt, die rein distributiven Charakter haben, die also, von denen Marx – in dieser definitiven Form allerdings ausführlich erst im dritten Band des *Kapitals* durchgeführt – feststellt, dass sie, »beschränkt [sind auf ihre] wahre Funktion des Kaufens, um zu verkaufen – weder Wert noch Mehrwert [schaffen], sondern nur ihre Realisation und damit zugleich den wirklichen Austausch der Waren, ihr Übergehn aus der einen Hand in die andre, den gesellschaftlichen Stoffwechsel [vermitteln]«.[30] Ohne jede Relevanz ist für uns jedenfalls die übliche Einordnung der Unternehmen in Sektoren, etwa in die aus dem industriellen[31] in Abgrenzung zu solchen aus dem Finanz- oder Dienstleistungssektor.

29 Dieser Verkauf wird bekanntlich nur in seltenen Fällen auch von den Unternehmen organisiert, die diese Waren hergestellt haben. Dass zwischen Herstellung und Verkauf eine Vielzahl von Händlern, Maklern und sonstigen ›Dienstleistern‹ geschaltet ist, die daran ›gut‹ verdienen, ist dem gemeinen Verstande immer wieder Anlass, seinen Ressentiments freien Lauf zu lassen. Aber ohne deren Zwischenschaltung erführen die Unternehmen gar nicht ausreichend, welche Produkte sie produktiv herstellen können; geschweige dass die Waren ohne Zwischenhändler billiger würden, eher im Gegenteil.

30 Karl Marx: Das Kapital, Dritter Band. Karl Marx; Friedrich Engels: Werke. MEW. Berlin 1956 ff. Bd. 25, S. 293. Diese Nichtberücksichtigung folgt natürlich zwingend aus der Erkenntnis von Marx, dass der Mehrwert nicht in der Geldzirkulation entsteht. (Siehe auch das Zitat oben, Anm. 18. Diese nahezu wortgleiche Wiederholung im dritten Band bestätigt jedenfalls noch einmal, dass jede Überordnung der Produktionssphäre über die der Zirkulation sich auf Marx nicht berufen kann.)

Zuzugeben ist jedoch, dass Marx hier von mir unvollständig zitiert wird; sich betrifft aber eine andere Sache als die Frage nach einem Primat: Denn Marx spricht hier nicht von ›Vorgängen‹, sondern vom Warenhandlungs*kapital*. Die Berechtigung, auch bei dem Geld, das in den Tauschakten zwischen ›reinen Händlern‹ gewinnbringend zirkuliert, von Kapital sprechen zu können, zieht Marx daraus, dass auch diese Gewinne dem Mehrwert insoweit entstammen, als sie in die Bildung einer Durchschnittsprofitrate mit eingehen. Dies ist natürlich völlig korrekt, uns lehren aber die Erfahrungen mit dem ideologischen Gebrauch des Kapitalbegriffs, auf diese Überführung des Mehrwerts in eine Profitrate erst einzugehen, nachdem der Mehrwert hinreichend bestimmt worden ist, und auf den Begriff Kapital in den Fällen, in denen Geld lediglich sich in bestimmten Händen konzentriert oder der Gewinn des einen tatsächlich auf Kosten von Verlusten anderer geht, ganz zu verzichten.

31 Mit dieser Bezeichnung sind auch heute noch meist Industrieunternehmen gemeint, wie sie in der Mitte des 19. Jahrhunderts aus den Manufakturbetrieben

Die Wesensbestimmung des Kapitals 195

Darüber, welche Waren für die Herstellung einzelner, bestimmter neuer Waren notwendig waren – ob etwa auch die Werbung –, kann man sich endlos unterhalten. Diese ›Unterhaltung‹ wird in den Unternehmen, aber auch in der Öffentlichkeit in aller Ausführlichkeit geführt, ja, hier wird kaum je über etwas anderes als den (Un-)Sinn einzelner Ausgaben gestritten.[32] Es gibt ja auch in der Tat keinen zwingenden Grund, die Ausgaben des Staates etwa für die Infrastruktur, die Bildung etc., oder die von der Warenproduktion ausgehenden Umweltbelastungen nicht als Aufwendungen zu betrachten, die als Kosten in die Konsumwaren eingepreist zumindest werden sollten.[33] Doch diese Diskussionen um die Notwendigkeit der Beteiligung welcher Waren und Kosten mit welchem Anteil an der Warenproduktion insgesamt führen in eine Sackgasse, aus der man nicht mehr zum Kern der Sache vordringt.

Dazu muss von Grund auf begriffen werden, dass die Kapitalbestimmung von vornherein nur in gesellschaftlich-allgemeiner Form erfolgen kann,[34] und das heißt, dass das Kapital zwar nur auf der Basis der Tauschakte, die wir in der Welt-GR erfasst haben wollen, existieren, aber von hier aus nicht in seine einzelnen, tatsächlich notwendig gewesenen Elemente wieder zerlegt werden kann. Von der Welt-GR aus könnte zwar rekonstruiert werden, welche einzeln-konkreten Produktionsmittel mit welchem Anteil Eingang in die Produktion jeder einzelnen Ware gefunden haben – doch diese Rekonstruktion stellt kaum mehr als ein Glasperlenspiel dar, denn geht man so vor, wird die Frage nach der Notwendigkeit einzelner Waren

---

hervorgegangen waren. Sie spielen natürlich immer noch eine zentrale Rolle: Eine Bank kann (und will) keine Kühlschränke produzieren, aber, und das allein ist entscheidend, ein Großteil des Mehrwerts erzeugt sich heutzutage längst nicht mehr dort. Diese Erzeugung geht durch alle Branchen und Sektoren hindurch, so dass eine empirische Abgrenzung von Gewinnen, die der Geldzirkulation entspringen (die auf Kosten anderer gehen *müssen*), von denen, die sich der Mehrwertproduktion verdanken, schon aufgrund dieser Komplexitätserhöhung unmöglich geworden ist. Wobei man mit Fug und Recht schon bestreiten kann, ob die Beschränkung auf Industriebetriebe zu Zeiten von Marx der Realität entsprach; sie war allerdings plausibler als heute.

32 Oft genug auf der Basis einer sei es explizierten oder nur implizierten, in jedem Fall antisemitischen Unterscheidung zwischen raffendem und schaffendem Kapital.

33 Im Hintergrund steht dabei natürlich die Ideologie, der gemäß es prinzipiell möglich sei, den Äquivalententausch in einen Tausch zu überführen, der zugleich dem ethischen Postulat der Gerechtigkeit entspricht.

34 Siehe dazu auch die (vorläufigen) Bestimmungen der Begriffe Wert, Mehrwert und Profit in Kapitel 6 [Abschnitt: »Wert, Mehrwert und Profit«, S. 153 ff.].

für die Produktion obsolet, bestenfalls zweitrangig;[35] sie bezieht sich auf eine Vergangenheit, deren Bestimmungsmomente sich – dank dessen, dass ein jeder Wert nur Wert ist, *nachdem* er sich in der Geldzirkulation tatsächlich realisiert hat – laufend ändern.[36] Zur Kapitalbestimmung reicht es, inhaltlich gesehen, denn auch aus, nur zwei, allerdings grundverschiedene Warenarten – nochmals: nicht als konkret einzelne, sondern in ihrer gesellschaftlich-allgemeinen Form betrachtet – als notwendig anzusehen, um einen (in welcher Höhe auch immer bestimmten) Anteil des zirkulierenden Geldes als in Kapitalform zirkulierend erfassen zu können: die eine umfasst Waren dinglicher Natur, und zwar die, die Marx Produktionsmittel nennt,[37]

35 In den einzelnen Betrieben findet diese Rekonstruktion tatsächlich statt: als Nachkalkulation, der gemäß dann entschieden werden kann, auf welche Arten und Mengen dieser Waren man in Zukunft verzichten kann. Dies allerdings ist der (ökonomischen) Rationalisierung zuzuschlagen, findet also auf der Ebene der Geldzirkulation (siehe Kapitel 6 [Abschnitt: »Warenidentität und Rationalisierung«, S. 177 ff.]) statt, nicht auf der der Produktivität. So eng Rationalisierung und Produktivitätssteigerung auch ineinander verwoben sein mögen: Man muss sie begrifflich trennen, da es sich bei diesen beiden Verfahren um grundverschiedene handelt.

36 Könnte man die Kapitalbestimmung der Zirkulationssphäre entnehmen, bräuchte man ja gar nicht erst in die Produktionssphäre zu springen. Und ließe sich das Kapital nur als *A-post*-Bestimmung darstellen, also nicht auch als Wesensbegriff (wie als Identität an und für sich), könnte es kaum zur Kennzeichnung der Verfasstheit unserer Gesellschaft insgesamt herangezogen werden.

  Das Problem ist, dass man von den Investitionen, die ein Unternehmen tätigt, so gut wie niemals im Vorhinein wissen kann, ob sie sich ›rentieren‹, ob sich hier also Geld tatsächlich in Kapital verwandelt. Und dieses Wissen hat man deshalb nicht, weil man von den potentiellen Käufern nicht wissen kann, welche Ausgaben sie für was tätigen werden: Deren (Konsumenten-)Freiheit ist Voraussetzung und Resultat der Geldzirkulation zugleich; und somit auch Voraussetzung und Resultat der Kapitalreproduktion. (So gerne ein jedes Unternehmen es sähe, dass diese Freiheit bei seinen Kunden nicht existiert, deren Beschränkung würde an dem Ast sägen, auf dem es sitzt.)

37 Im Grunde reicht es, wenn wir schlichtweg nur das den Produktionsmitteln zurechnen, was als Weiterentwicklung traditioneller Werkzeuge angesehen werden kann, also Rohstoffe, Gemeinkosten, Technologien und Logistiken usw. nicht berücksichtigen. So wie wir in den vorigen Teilen das Geld in verschiedene Geldarten ausdifferenziert haben (wohl wissend, dass diese Einteilung, so gut sie auch begründet und so sachlich geboten sie sein mag, empirisch auf verlorenem Posten steht, da man dem Geld weder ansehen kann, welchen Zwecken es gedient hat, noch, welchen Geldarten es angehört), so kann man auch die Waren in Warenarten aufteilen. Dies wird (jeder Kontenrahmen in den Betrieben zeigt dies) tatsächlich auch gemacht. Wenn wir berücksichtigen, dass die Differenzierungen in den Betrieben (und den amtlichen Statistiken) von uns so nicht übernommen werden können (für dasjenige zum Beispiel, was wir als Produktionsmittel bezeichnen, gibt es dort keine auch nur annähernd entsprechende Kategorie), und

Die Wesensbestimmung des Kapitals 197

die andere kann nur von Menschen abgeliefert werden: die Ware Arbeitskraft.[38]

Was letztere betrifft, gilt bezüglich ihrer Notwendigkeit für die Herstellung einer Ware im Grunde das gleiche wie für Produktionsmittel. Jede ausführlichere Diskussion darum, welche konkret verausgabte Arbeit mehr, welche weniger notwendig war, welche mehr, welche weniger zur Kapitalbildung beigetragen hat, ufert mit Notwendigkeit aus und geht am Kern der Sache vorbei. Und dieser Kern ist ein Arbeitsbegriff, der von vornherein *nur*[39] in gesellschaftlich-allgemeiner Form erfassbar ist.[40]

Die erste Bestimmung, die Marx dieser Form gibt, ist deren Einfachheit.[41] Wir vereinfachen diese Bestimmung noch weiter, indem

---

dass die Übergänge zwischen den Warenarten noch weitaus fließender sind als in diesen Kontenrahmen (und Statistiken), geht die Sache auch in Ordnung und so haben wir das auch gehandhabt.

38 Bei Marx und besonders in der marxistischen Literatur insgesamt wird dieses Verhältnis in den Begriff von der ›organischen Zusammensetzung des Kapitals‹ gefasst. Wir verwenden hier den Begriff Produktivität, auch um uns, wo möglich, weiterhin an den gängigen Sprachgebrauch zu halten, wobei wir allerdings nicht zwischen Kapital- und Arbeitsproduktivität unterscheiden (und dies auch gar nicht trennen können), da die Produktivität sich ja erst aus dem Verhältnis von Kapitalgeld und (abstrakter) Arbeit ergibt. [Siehe zum Begriff der Produktivität auch den ersten Teil des Gesprächs zwischen Manfred Dahlmann und Christian Thalmaier im Anhang dieses Buchs sowie Gerhard Scheit: Wertgesetz, Weltmarkt und Judenhass. Über einige Voraussetzungen, den Wahn der Autarkie zu kritisieren. In: sans phrase 14/2019, S. 235.]
39 Diese Einschränkung ist äußerst wichtig, sie wird von Marxisten im Grunde nie gemacht, für sie ist gesellschaftliche Arbeit immer unmittelbar und zugleich auf individuell verausgabte Arbeit reduzierbar.
40 Besonders in den 1970er Jahren drehten sich nahezu alle Diskussionen in den marxistischen Lesekreisen um die Frage, welche Arbeiten denn als produktiv angesehen werden könnten. Ein besonders ›schönes‹ Beispiel ist die damalige Auseinandersetzung um einen Lohn für Hausarbeit.
41 Marx: Das Kapital, Erster Band, S. 59. Marx führt hier an, jedes Arbeitsquantum setze sich aus »einfacher Arbeit« zusammen, die komplizierte gelte, wie »die Erfahrung zeige«, als ein Vielfaches der einfachen. Er unterstellt hier tatsächlich eine Quantifizierbarkeit der Qualität in der Arbeit selbst. Genau das unterstellen auch die Ökonomen und Unternehmen, wenn sie behaupten, die Bezahlung der Arbeit erfolge gemäß ihrer Leistung. (Zu diesem Begriff siehe Kapitel 4 [Abschnitt: »Das Maß für Leistung«, S. 100 ff.].) Wir gehen dagegen davon aus, dass die Bewertung der Arbeit denselben Prozessen geschuldet ist, in denen auch die Preise aller anderen Waren festgelegt werden, also den in Kapitel 2 dargelegten Mechanismen der Preisbildung, wobei zuzugestehen ist, dass bezüglich der Arbeit politische und ideologische Einflüsse zusätzlich eine große Rolle spielen. Und gegen Marx wollen wir hier ins Feld führen, dass er hier, wenn er die Arbeitsquanten als der Arbeit immanent ansieht (nicht aber in ihrem Bezug auf die Zeit, dazu siehe unten), zu eng der Hegelschen Logik verpflichtet bleibt. Zumal, und das werden wir unten

wir nur die Verausgabung körperlicher (oder auch: Hand-) Arbeit berücksichtigen wollen.[42] Wir berücksichtigen also nur entäußerte Tätigkeiten, deren Resultate dinglich reproduzierbar vorliegen und also Warenform angenommen haben.[43] Natürlich ist uns vollkommen klar, dass gerade die geistige Arbeit überhaupt erst das Potential zur Verfügung stellt, kapitalistisch produzieren zu können. Ohne diese gäbe es keine Entwicklung der Technologie, ohne letztere keine immer produktivere Technik und ohne diese keine Kapitalzirkulation.[44] Aber auf die geistige Tätigkeit, und das ist entscheidend, kann der Satz der Identität – und das, obwohl gerade er ihr entspringt und so sehr er im Zirkulationsgeld seine *gesellschaftliche* Basis hat –,

zeigen [in Abschnitt »Kapital und Zeit«], das Quantum, von dem Marx spricht, nämlich als einer Maßeinheit, der noch keine Maßgröße zugeordnet ist, zugleich mit dem Satz der Identität, dem Tauschakt erst entspringt.

42 So schwer zu begreifen es dem Alltagsbewusstsein fällt: es geht bei der in Geld ausgedrückten Arbeit grundsätzlich nicht um die Frage einer wie auch immer zu verstehenden leistungsgerechten Bezahlung, gar um so etwas wie einen ›gerechten Lohn‹. Es geht allein um die Möglichkeit, Arbeit eindeutig und möglichst einfach messen zu können. Marx legt sich in dieser Sache nicht dermaßen eindeutig fest wie wir, die Interpretation etwa, dass die Arbeiter, da sie unbezahlte Mehrarbeit leisten, um den ihnen ›eigentlich‹ zustehenden Lohn betrogen würden, lässt er zumindest offen. Aber diese Interpretation, ob man ihr zustimmt oder nicht, gehört jedenfalls nicht in die Darstellung der ökonomischen Kategorien. Und politisch-historisch lässt sich hierzu nur feststellen, dass die klassenkämpferische Konzentration auf die Denunziation dieser unbezahlten Mehrarbeit in den Unternehmen zu rein gar nichts Gutem geführt hat; im Gegenteil: Geld und Staat, dank derer sich die Ausbeutung in den Unternehmen erst organisieren und realisieren kann, gerieten vollständig aus dem Blick und damit deren Kritik. Ich vermag auch nicht einzusehen, warum es dieser Denunziation der Mehrarbeit überhaupt noch bedarf, wenn man weiß, dass jede in dieser Gesellschaft verausgabte Arbeit darauf beruht, über seine Lebenszeit nicht mehr selbst bestimmen zu können, sondern sie an Andere abgetreten zu haben, und hege den Verdacht, dass diese Denunziation von Leuten betrieben wird, die auf die Abtretung meiner Lebenszeit an sie spekulieren.

43 Spontan tauchen angesichts solcher Beschränkungen auf derart bestimmte Arbeiten Fragen auf wie die, ob Tätigkeiten, die allein darin bestehen, bestimmte Abläufe zu beobachten, hier nicht auch berücksichtigt werden müssten. Nochmals: Es kommt auf die genaue Zuordnung konkreter Tätigkeiten überhaupt nicht an; es geht nicht um deren Beitrag zur Warenproduktion im Einzelnen, sondern nur in ihrer Gesamtheit. Dafür ist die Einteilung konkreter Arbeiten in qualitative Kategorien wie produktiv und unproduktiv unerheblich; sie müssen nur messbar und ihre Definition eindeutig sein.

44 Und ohne die naturwissenschaftliche Denkform als eine historisch spezifische Form geistiger Arbeit gäbe es auch keine innerbetriebliche Ablauf- und Aufbauorganisation, aufgrund der Produktionsmittel erst zur Arbeit in ein produktives Verhältnis gesetzt werden können. Und vieles andere mehr.

Die Wesensbestimmung des Kapitals

nicht wirklich angewandt werden,[45] und damit ist die geistige Arbeit nicht eindeutig messbar; sie ist zudem weder an einen Ort noch an bestimmte Zeiten gebunden, und deshalb auch als Ware nicht unmittelbar (sondern höchstens in einem Buch) reproduzierbar.[46] Ohne diese, der Warenform logisch immanente Messbarkeit – diese macht die ganze Besonderheit des Marxschen Sprungs von der empirisch-logischen Ebene der Geldzirkulation in die quasi-metaphysische der Produktion aus – blieben wir in der Spekulation stecken und könnten unserer Metaphysik das Präfix Quasi nicht voranstellen.[47] Für die Produktionsmittel ist die Sache klar: sie hatten einen Preis.[48] Und auch den zentralen Schritt für die Messung der

---

45 Da in der innerbetrieblichen Realität nicht zwischen geistiger und körperlicher Arbeit unterschieden wird, sondern, dem Anspruch nach, die Bezahlung einer jeden Arbeit ›leistungsgerecht‹ erfolgt, ergibt sich der Anschein, auch geistige Arbeit, besonders die ›Kreativität‹, ließe sich doch in Geld messen. Dass es sich um Ideologie reinsten Wassers handelt, braucht nicht näher ausgeführt zu werden.

46 Auch diese Differenzierung in geistige und körperliche Arbeit geht in letzter Instanz auf Alfred Sohn-Rethel zurück, dessen Begründung dafür unterscheidet sich allerdings von unserer. [Siehe dazu: Alfred Sohn-Rethel: Geistige und körperliche Arbeit. Theoretische Schriften. 1947–1990. Hrsg. v. Carl Freytag, Oliver Schlaudt, Françoise Willmann. Freiburg; Wien 2018.]
Völlig konform mit Sohn-Rethel sind wir darin, dass alle die unzähligen, besonders intensiv (bis fanatisch) in den 1970er Jahren unternommenen Versuche, Denk- und Bewusstseinsformen (oder gar -inhalte), vom Klassenbewusstsein bis hin zur wissenschaftlichen Denkform, aus der Stellung der Subjekte in der Produktion ab- oder herzuleiten, auf Sand gebaut sind und nur darauf schließen lassen, dass sich hier Intellektuelle von ihrem Intellektuellen-Dasein ›befreien‹ wollen, um sich klassenkämpferisch der ›Arbeiterklasse‹ anbiedern zu können. (Selbstredend legen Arbeiter in der Produktion ein anderes Verhalten an den Tag als Angestellte in der Verwaltung, aber diese Unterschiede in den Verhaltensweisen ließe sich um beliebig viele Gruppen erweitern. Bisher hat sich jedenfalls noch jede Soziologie blamiert, die Denkformen aus schichtenspezifischen Differenzierungen oder als allein auf Erfahrung beziehungsweise Erlernung beruhend eruieren will.)

47 Das Spekulative beim Sprung in die Produktionssphäre ist durchaus mit unseren alltäglich-reflexhaft oder auch begründet unternommenen Versuchen vergleichbar, vom äußeren Verhalten eines Mitmenschen auf dessen innere Beweggründe zu schließen. So wenig wir tatsächlich in dessen ›Kopf sehen‹ können, so wenig in die inneren Vorgänge der Kapitalproduktion. Doch oft genug liegen wir auch richtig und können uns dies vom Betreffenden bestätigen lassen. Aber selbst dann können wir uns nicht absolut sicher sein. Auch dass lässt sich auf das Kapital übertragen.

48 So klar ist die Sache allerdings dann nicht, wenn man den Produktionsmitteln nicht, wie die Betriebe, Preise, sondern, wie Marx, (in Geld ausgedrückte) Arbeitswerte zugrunde legt. (Zur Umrechnung der Arbeitswerte in Geldausdrücke siehe im Übrigen Kapitel 1 [Abschnitt: »Die Arbeitszeit«, S. 43 ff.]). Es gibt, wie wir sehen werden, gute Gründe für dieses Vorgehen. Doch viele seiner Ausführungen

Arbeit, die an der Kapitalbildung beteiligt ist, haben wir schon unternommen, als wir in unsere Welt-GR von Anfang an eine Spalte für die zur Produktion einer Ware (wie jetzt näher bestimmt: körperlich) aufgebrachte Arbeitszeit eingefügt haben.[49]

Um also das Spekulative möglichst klein halten zu können und um, das ist das Entscheidende, in die konkreteren Bestimmungen der Gesellschaftlichkeit des Kapitals[50] einsteigen zu können, postulieren wir also, dass es sich bei der Kapitalzirkulation um einen, wenn nicht wirklich gemessenen (oder auch real gar nicht messbaren), so doch zumindest prinzipiell messbaren Vorgang handeln muss. Einzulösen ist wie gesagt dieses Postulat jedenfalls nur, wenn die einzelnen Vorgänge darin, denen in der Geldzirkulation analog, dem Satz der Identität unterworfen werden können, also wie Waren zwar nicht technisch, aber zumindest formallogisch eindeutig[51] reproduzierbar

drehen sich darum, wie die für die Herstellung der Produktionsmittel aufgebrachte vergangene Arbeit sich in der Produktion auf die neu produzierten Waren überträgt. Aber auch noch so ausgefeilte Überlegungen können den Spiritualismus (siehe dazu auch Kapitel 6 [Anm. 18]) höchstens verdecken, der in solch einer Übertragung unweigerlich angelegt ist. Es ergibt sich jedenfalls keinerlei zusätzlicher Erkenntnisgewinn, wenn man, statt die realen Preiskalkulationen der Betriebe einfach zur Kenntnis zu nehmen, zu zeigen versucht, wie vergangene Arbeit in gegenwärtige einfließt.

49 Zur Erinnerung: Obwohl also diese Arbeit sich messen lässt, wird sie in den nationalen Gesamtrechnungen nicht gemessen, und dies nicht nur deshalb nicht, weil der Aufwand dafür jede Verhältnismäßigkeit in Bezug auf ihren Nutzen sprengen würde, sondern vor allem, weil keiner die Notwendigkeit für diese Messung einzusehen vermag.

50 Obwohl aller Welt der Begriff Gesellschaft ungeheuer leicht über die Lippen geht, oder gerade deswegen, kommt kaum jemand je auf die Idee nachzufragen, was denn darunter überhaupt zu verstehen ist. Als bloßer Oberbegriff für die Gesamtheit aller Individuen kann er kaum begriffen werden – denn dann könnte man bei dem Terminus Gesamtheit bleiben, bräuchte den der Gesellschaft also gar nicht. Er muss also etwas für diese Gesamtheit Spezifisches beinhalten. Historisch scheint die Sache recht klar: Hier hat sich im Laufe der Zeit durchgesetzt, von Gesellschaft dann zu sprechen, wenn es sich um eine bürgerliche handelt. Doch was macht eine Gesellschaft logisch zu einer bürgerlichen? Diese Frage können wir hier natürlich nicht hinreichend beantworten, sondern nehmen ein Ergebnis unseres Beitrages einfach vorweg: Eine bürgerliche Gesellschaft synthetisiert die Individuen durch das Kapital hindurch (und das ist etwas ganz anderes als eine bloße Zusammenfassung). Deswegen muss der Begriff der Gesellschaft ebenso spekulativ und unbegriffen bleiben wie der des Kapitals.

51 Hier bleibt uns also gar nichts anderes übrig, als der Wissenschaftslogik zu folgen, die mit Begriffsbestimmungen, wie wir sie vorlegen, wenig anfangen kann, sondern eindeutige Angaben der Definitionsmengen verlangt. In diesem Sinne ist die Auswahl der Menge der Produktionsmittel und der konkreten Arbeiten – die, um Kapital bilden zu können, in ein Verhältnis zu setzen sind – im Rahmen des hier begrifflich Dargelegten beliebig bestimmbar. Hauptsache diese Auswahl

sind. Wobei immer klar sein muss, dass dem »automatischen Subjekt« Kapital ein metaphysisch-theologischer Rest innewohnt, der sich in dieser Gesellschaft nicht ausschalten lässt.[52]

Kapital und Zeit Wie Marx wollen wir die für die Herstellung von Waren benötigten Produktionsmittel mit der Variablen ›c‹ und die

> bleibt über verschiedene Zeiträume hinweg gleich, denn so kann das Ziel, zumindest tendenzielle Veränderungen im Kapitalbildungsprozess abzubilden, erreicht werden. Wobei klar ist, dass die Maßgrößen, die sich so ergeben, nicht den realen Maßen (die ja, wie dargelegt, sowieso nicht gemessen werden können) entsprechen. Aber auf realitätsadäquate Maßgrößen kommt es ja sowieso nicht an, sondern einzig darauf, zu zeigen, dass nur auf der Grundlage dieses Verhältnisses das Rätsel der wundersamen Geldvermehrung gelöst werden kann.
>   [Notiz von M. D.: »In VI/VII auf die Verhältnisbestimmung achten!« Mit Teil VI und VII sind die geplanten, aber nicht mehr fertiggestellten Kapitel angesprochen.]

52 Diesen Rest, wie es oft geschieht (so auch Frank Engster [Das Geld als Maß, Mittel und Methode]) als einen theoretisch durchsichtig zu machenden ›blinden Fleck‹ zu bezeichnen, ist völlig verfehlt. Auf diesen Rest bezogen gibt es nichts zu theoretisieren, sondern nur zu kritisieren, also abzuschaffen. Und es ist gerade dieser Rest, in den das Kapital im Resultat aufgeht, der es erlaubt, unsere Gesellschaft allgemein (in ihrer Totalität) als kapitalistische zu bezeichnen und der sich mit allen nicht-ökonomischen Bestimmungen: dem Politischen, also dem Staat, dem Recht und der Gewalt, genauso wie mit dem Moralischen, dem Ästhetischen, dem Religiösen und dem Psychischen synthetisiert. (Die organisierte Gewalt wird nicht zufällig gerade dann zum wirklichen blinden Fleck der Darstellung, wenn man sich über jenen Rest hinwegtäuschen möchte.) [Notiz von M. D.: »Verweis auf Gerhard Scheit.« Gerhard Scheit: Der blinde Fleck der Kritischen Theorie und der Primat der Außenpolitik. In: sans phrase 7/2015.]
  Zu dieser für unser Verständnis der Ökonomie zentralen Abgrenzung hier noch so viel: Die in der Welt-GR erfassten Beziehungen der Subjekte untereinander haben wir die substantiell-materielle Basis der Gesellschaft genannt (Kapitel 6 [Anm. 4]). Die eben genannten nicht-ökonomischen Gegebenheiten wären demgegenüber einem ideellen Unterbau (und gerade nicht: einem Überbau) zuzurechnen, denen eine je eigene Logik, eine je eigene Geschichte zuzusprechen ist, die aber, und das ist die Schwierigkeit, vor der wir stehen, mit der Genesis des Kapitals eine Synthese mit eben diesem eingegangen sind, die es nur analytisch möglich macht, von diesem Unterbau zu handeln und dabei von dessen (natürlich je besonderen) Synthesen mit dem Kapital zu abstrahieren. Nochmals, damit dies nicht doch noch missverstanden wird: Es kann und darf nicht darum gehen, die Politik, die Moral, die Ästhetik usw. vom Kapital ›abzuleiten‹, oder ihm unter- oder einzuordnen, sie sind von ihm alles andere als existentiell abhängig, aber im Innersten mit ihm verbunden. Worin diese Verbindung besteht, kann nur am konkreten Fall dargestellt werden; hier gibt es keine theoretischen Vorgaben, an die man sich halten könnte. Die Vermittlungen, auf die die Erkenntnis dieser Synthesen allerdings zumindest reflektieren muss, sind die (vom Kapital, im Unterschied zu einer Gebrauchswertorientierung in dessen Vorgeschichte bedingten) Begriffe von Reichtum und Wert.

dafür benötigte Arbeitskraft mit ›v‹ bezeichnen.⁵³ Gleichgültig, welche Größen in welchen Maßeinheiten auf ›c‹ oder ›v‹ entfallen, wir erfassen damit die Wesensbestimmung des Kapitals formal: Es ist im innersten Kern nichts anderes als das quantitative Verhältnis der vom Prinzip her messbaren, aber nur in einem gesellschaftlichen, quasi-metaphysischen Raum existierenden Größen ›c‹ und ›v‹. Diese Kapitalbestimmung gilt es zu entfalten, denn dass damit das Rätsel der wundersamen Geldvermehrung gelöst ist, ist dieser einfachen Form unmittelbar natürlich längst noch nicht zu entnehmen.

Dazu ist zunächst einzugestehen, dass wir mit unserer Kapitalbestimmung lediglich zwei unterschiedliche Warenarten, also Qualitätsbestimmungen aufeinander bezogen haben und deshalb von einem Verhältnis, also einer bestimmten inneren Beziehung beider keine Rede sein kann.⁵⁴ Etwas weiter helfen kann uns die Tatsache, dass beide Größen in Geld ausgedrückt werden können, denn sie haben, gleichgültig um welche Qualitäten es sich handelt, auf jeden Fall einen Preis. Dies ermöglicht es, sie zu addieren und so auf eine Summe, die wir mit Marx ›C‹ (Kapital) nennen wollen, zu beziehen. Eine solche Addition erlaubt es aber nicht, ›c‹ + ›v‹ formallogisch korrekt auch als dynamisches, also in der Zeit zirkulierendes (laut Marx: selbstreproduktives) Verhältnis auszudrücken. Weder begriffslogisch noch empirisch kommen wir hier weiter, denn in den Produktionsmitteln einer- und der Arbeitskraft andererseits ist auch bei noch so großer geistiger Anstrengung kein Zeitbezug zu entdecken, der beiden identisch immanent wäre.⁵⁵

53 Marx ›definiert‹ diese Variablen anders, aber das erweist sich als unerheblich, sobald wir ›v‹ unten in ›v‹ und ›m‹ (Mehrwert) ausdifferenzieren.
54 Dass es sich bei beiden Bestimmungen um Waren handelt, kann hier nicht in Betracht kommen, denn das wäre tautologisch.
55 Und das leistet, siehe oben, eben auch die vergangene, oder, wie Marx sie oft auch nennt, tote Arbeit nicht.
  Moishe Postone (Zeit, Arbeit und gesellschaftliche Herrschaft. Eine neue Interpretation der kritischen Theorie von Marx. 2. Auflage. Freiburg 2010) hat es deshalb unternommen, das Kapital insgesamt als Entfaltung eines sich historisch entwickelnden Zeitbegriffs darzustellen, Frank Engster (Das Geld als Maß, Mittel und Methode) hat versucht, Marx so zu interpretieren, als habe er die Zeit als Arbeit und Geld von vornherein immanent begriffen. Wir können auf diese Interpretationen hier nicht näher eingehen und nur feststellen: Selbst wenn sie Marx richtig verstehen würden, könnte der Schluss daraus nur lauten, dass dann eben Marx den Bezug des Kapitals auf die Zeit nicht der Realität adäquat gefasst hat. Dass beide Autoren sich gezwungen sehen, sich ausführlichst von Sohn-Rethel und dessen Kritik an Marx abzugrenzen (wie auch von dem Begriff des Nicht-Identischen bei Theodor W Adorno), zeigt an, dass sie, trotz ihres je anderen Zeitbezuges, eines gemeinsam haben: Das Kapital soll, indem die Zeit in

Produktionsmittel, nimmt man sie in ihrer ›Natur‹, nutzen sich mit der Zeit ab: durch ihren Gebrauch oder, selbst wenn sie stillstehen, durch natürlichen Verfall. Man kann diese Abnutzung zwar auf die Arbeitskraft übertragen, und diesem Zynismus kann ein Realitätsgehalt gar nicht abgesprochen werden, aber es ist offensichtlich, dass in der Arbeit ein Zeitbezug angesprochen ist, der auf ›c‹ nicht angewandt werden kann. Im Grunde lässt sich die Arbeitskraft von den Produktionsmitteln nur eindeutig abgrenzen, wenn darauf rekurriert wird, dass für ›v‹ menschliche Lebenszeit, und nicht Abnutzung und Verfall, den Zeitbezug liefert.

Dieser zeitbezogene Unterschied setzt sich fort, wenn man Produktionsmittel und Arbeitskraft in Geld ausdrückt. Wie wir in den vorigen Kapiteln festgestellt haben: Waren, gleichgültig welche, und das gilt natürlich auch für die Arbeitskraft, existieren in der Ware-Geld-Zirkulation unter dem Verdikt ihres Verschwindens, das Geld hingegen hat sich selbst identisch zu bleiben.[56] Daraus folgt, dass das Geld, bezogen auf seine Umlaufgeschwindigkeit in der Zirkulation, besonders als Kredit- und Buchgeld sowie auf den Submärkten, also in seiner ihm eigenen Dynamik betrachtet, eine vom Produktionsprozess autonome Existenzweise ausbildet, aufgrund der sich die verschiedensten Zeitbezüge ergeben und sich sogar (wenn auch nur, solange nicht tatsächlich ›frisches‹ Geld in den Kreislauf eingespeist wird, virtuell) die umlaufende Geldmenge (und mit ihr der Warenkonsum) ausweiten lässt. Bedeutsamer noch ist, dass diese Autonomie der Geldzirkulation dazu führt, dass auch und gerade auf die Qualität der vorhandenen Produktionsmittel keine Rücksicht genommen wird. Was dem rationalen Verstande (der, wie in Kapitel 6 ausführlich dargelegt, in der Geldzirkulation seine Basis hat) als irrational gilt, nämlich dass man ein Produktionsmittel nicht solange nutzt, bis es unbrauchbar geworden ist,[57] ist in produktiven

es integriert wird, als ein Ganzes dargestellt werden, das sich ohne jeden Rest aus sich selbst reproduziert und nicht als automatisches Subjekt, das seine Dynamik aus der von ihm getrennten Zirkulationssphäre von den leiblichen Individuen bezieht.

56 Man kann es auch so sagen: die Warenproduktion (also die eine Seite unserer Welt-GR) bildet ein offenes, die Geldzirkulation (die jener äquivalente andere Seite) hingegen ein geschlossenes System; die Produktionsmittel bilden ein Glied in einer Kette – vom Ausgangs- bis zum (im Konsum verschwindenden) Endprodukt –, das Geld hingegen zirkuliert.

57 Von hier aus ergibt sich unmittelbar einer der wesentlichen Unterschiede der kapitalistischen Produktionsweise zu all ihren Vorläufern: Diese waren gebrauchswertorientiert; wo sie neue Werkzeuge entwickelten, folgten sie dem Prinzip des *trial and error*. Dass eine, nicht auf einen unmittelbar erkennbaren Nutzen, also

Unternehmen Alltag: Hier ersetzt jede neue Maschine, sobald sie eine Verbilligung der mit ihr produzierten Waren verspricht, sofort die alte – so funktionstüchtig diese auch noch sein mag.[58] Die Herkunft dieser Dynamik werden wir noch nachzuzeichnen haben, sie hat jedenfalls mit der Lebenszeit, auf welche die Arbeitskraft sich in ihrer Abgrenzung von den Produktionsmitteln bezieht, ebenso wenig zu tun wie die anderen Zeitbezüge des Geldes.

Und so bleibt uns im Grunde nichts anderes übrig als für die Kapitalformel einen Zeitbezug – nicht im Hegelschen, sondern im Sinne der Kantischen Kategorie *a priori* – einzuführen, den wir einfach unserem Geist entnehmen, und greifen umstandslos auf den (für uns heute) nächstliegenden, eindeutig identifizierbaren zurück: und das ist der physikalische.[59] Auch wenn wir diesen nicht als den zu messenden Größen gleichermaßen immanent darstellen können,[60]

> eine tauschwertorientierte Produktionsweise – deren ›Werkzeuge‹ sich nicht der Erfahrung, sondern der Anwendung abstrakt-physikalischer Gesetze verdanken – existieren könnte, war undenkbar. (Und deswegen kann man auch unmöglich davon sprechen, dass es sich bei der Genesis des Kapitals um eine evolutionäre Fortschreibung vorhandener Techniken und Logiken handelt, sondern muss von einem, sich hinter dem Rücken aller Akteure vollziehenden Sprung sprechen.)
>
> Daran, diesen Unterschied zwischen Gebrauchswert- und Tauschwertorientierung nicht nur zu ignorieren, sondern in der Ausrichtung ihrer Ökonomie auf den unmittelbaren Nutzen sich sogar in der Kapitalproduktion überlegen zu wähnen, scheiterte denn auch der reale Sozialismus kläglich. Wobei man natürlich konzedieren muss, dass ihm deshalb auch das Verständnis für die Zerstörung als produktive Kraft fehlte (siehe Kapitel 5 [Abschnitt: »Die Konsumenten: Das Verschwinden der Ware«, S. 126 ff.]).

58 Dieser Unterschied zwischen ökonomischer Ratio, die auf der Geldzirkulation basiert, und dem Durchbrechen dieser Rationalität, wo es um die Steigerung der Produktivität geht, das sich der Kapitalzirkulation verdankt, ist für den Kapitalismus – und die innere Widersprüchlichkeit der in ihm kursierenden Ideologien und Wahngebilde – konstitutiv. [Notiz von M. D.: »Abgleichen mit Ratio/Rationalismus in VI/VII«. Siehe den Abschnitt »Rationalismus und Rationalität« in Kapitel 12.]

59 Der (als solcher explizit ausgewiesene, systematisch relevante) Bezug der Arbeit auf diese Zeit erfolgt im ersten Band des *Kapitals* wie gesagt sehr spät, nämlich [in der MEW-Ausgabe] auf Seite 204, also erst nach dem Abschnitt über die Verwandlung von Geld in Kapital. (Siehe auch Anm. 41 [dieses Kapitels].) Frank Engsters Behauptung, die Zeit sei dem Arbeitsbegriff bei Marx von vornherein immanent [siehe Anm. 52 dieses Kapitels], ist somit aus der Luft gegriffen: Denn warum sollte Marx, wo er doch schon zuvor immer auch von Arbeitsquanten (als der Arbeit immanent) gesprochen hat, die Herkunft der Maßhöhe dieser Quanten (also die Zeit), ginge auch sie aus der Arbeit hervor, erst so spät thematisieren?

60 Hier sei noch einmal auf Engster verwiesen [siehe Anm. 52 dieses Kapitels], dem es zentral auch um diese Messbarkeit geht, der aber, hier Hegel folgend, von einem jeden Maß einfordert, dass es dem zu Messenden immanent sei, und sich deshalb, wie Hegel, über die szientistischen Messverfahren als tautologische

Produktionsmittel und Arbeit lassen sich für einen bestimmten Zeitraum in ein Verhältnis zueinander setzen.[61] Auf diese Zeit – als einem gemeinsamen Nenner dieser beiden Größen bezogen – ist somit festzustellen: Das Kapital (›C‹) setzt sich zusammen aus ›c‹ + ›v‹ (in Klammern, also als Summe), dividiert durch den Zeitraum ›t‹.

Nochmals: wir argumentieren in einem quasi-metaphysischen Raum, müssen also, anders als die Physiker in ihren Formeln, die in der Kapitalformel implizierten Bestimmungen bei eventuellen Umformungen oder Erweiterungen immer mitbedenken; wir können uns der Formallogik der Physiker, die ihnen ja jede Äquivalenzumformung unabhängig von den Inhalten erlaubt (vorausgesetzt natürlich, die Formel ist korrekt definiert) also nur annähern. Bezogen auf unsere Berücksichtigung allein der objektiven, auf der Uhr ablesbaren Zeit[62] bedeutet dies, dass jede Äquivalenzumformung unserer Formel

> Spielereien lustig macht. Indem Engster die Identität, ohne die ein Maß gar nicht denkbar ist, hier jetzt ganz anders als Hegel, als eine Identität auffasst, die der Zeit (und nur ihr) immanent sei, glaubt er, und hier ist sein Übergang zu Heidegger unübersehbar, mit dem Einschieben der Identität der Zeit in alles ökonomisch Seiende (Ware, Geld, Arbeit, Kapital usw.) eine ihm je immanente Maßzahl und -größe, und das zugleich in der ihnen adäquaten Zeitlichkeit, zurechnen zu können. Im Resultat will Engster darauf hinaus, nicht nur die Vermittlungskategorien der politischen Ökonomie, sondern die Kategorie der Vermittlung als solche zum Gegenstand der Kritik erklären zu können, und verhilft so dem Programm der Existentialontologie zur Durchsetzung, unaufhebbar antinomische Trennungen wie die zwischen Subjekt und Objekt, die, um begriffen werden zu können, einer Vermittlung bedürfen, für erledigt zu erklären, indem man sich in die totale Immanenz des Seienden im Sein (in der Identität der Zeit) begibt. Der Zeit mag Identität ja immanent sein (auf die Begründung Heideggers, warum das nur für die Zeit der Fall sei, wollen wir uns hier keinesfalls einlassen); in ihrer Identität messbar (objektiv, an und für sich selbst seiend) wird sie aber erst mit der Genesis der naturwissenschaftlichen Denkform und die hat die Basis ihrer Geltung (als allgemein verbindlich) in der Existenz des Weltmarktes. Von dort wird sie, wie jedes wissenschaftliche Maß, an die unterschiedlichsten Gegenstände, und zwar von außen, herangetragen.

61 Anhand unserer Welt-GR konnten wir die Notwendigkeit und die Problematik dieses Zeitraums anschaulich darstellen: Sie verlangt, dass der Zeitraum exakt definiert ist, in dem sie erhoben wird. In der betrieblichen Realität ist der Zeitraum der Datenerfassung meist das laufende Jahr, aber er ist beliebig bestimmbar, da er von außen an die Daten herangetragen wird.
    Besonders wo es Marx um die formalisierte Darstellung des tendenziellen Falls der Profitrate geht, wird deutlich, dass auch er keinen anderen als diesen bilanztechnischen, also äußerlichen Zeitbezug verwendet.
62 Dies ist eine Anspielung auf Einstein, der damit den Mythen entgegentreten wollte, die sich um seine Theorie von der Relativität der Zeit ranken. Allerdings, und das unterscheidet die Physik von der Ökonomie, von dieser Relativität reden kann man nur, wenn man die Zeit (und zwar genau die auf der Uhr ablesbare) als der Natur immanent ansieht. Das kann man sogar, wollen wir hier aber natürlich

in Bezug auf ›t‹, da den anderen Größen nicht immanent, sinnlos ist. Wenn uns bewusst ist, dass (und warum) wir die Zeit an das Kapitalverhältnis von außen herantragen (oder uns das im ›Hinterkopf‹ gegenwärtig halten), können wir das ›t‹ in der Formel auch weglassen, das heißt auf den Bruchstrich unter ›c‹ + ›v‹ verzichten und eben dennoch von einem (über eine bloße Addition hinausgehenden) dynamischen Verhältnis der beiden Summanden zueinander sprechen.[63]

Wert und Arbeit Ökonomen ist das Verhältnis, das das Kapital ist, alles andere als unbekannt, sie nennen es nur anders, nämlich Arbeitsproduktivität.[64] Doch neben dieser kennen sie alle möglichen weiteren Arten von Produktivität: die des (Geld-) Kapitals, des Bodens, der Natur usw., zusammengefasst in den so genannten Produktionsfaktoren. Nicht nur, aber auch um zeigen zu können, dass deren Begriff von Produktivität unterbestimmt (das heißt: zu allgemein, man kann auch sagen: zu schwammig formuliert) ist, kommen wir nicht darum herum, dem Verhältnis von Arbeit und Wert im Allgemeinen nachzugehen und eine philosophische Reflexion auf die Beziehung von Arbeit und Wert einzuschieben.[65]

Die von den Individuen als ihrem Leib äußerlich sinnlich wahrgenommenen Dinge haben alle möglichen, ihnen von ›Natur‹ aus

nicht, erkenntnistheoretisch mit guten Gründen bestreiten. Die Ökonomie jedenfalls kennt keine andere Zeit als die physikalisch absolute.

63 Bezüglich des Zeitbegriffs können wir, mit Sohn-Rethel, erkenntnistheoretisch auch darauf rekurrieren, dass für uns ja die einzelnen Tauschakte die Basis der Ökonomie bilden. Analysiert man den Tauschakt näher, in gleicher Weise wie wir ihm den Identitätsbegriff entnommen haben, dann ergibt sich ja auch, dass der so gewonnene Begriff Raum und Zeit (wie aller Erfahrung) vorausgeht, was Sohn-Rethel erlaubt, ihn mit dem Transzendentalsubjekt Kants zu identifizieren. Zum Problem wird dann aber tatsächlich, und das hat Sohn-Rethel nicht genügend bedacht, dass ohne den Einbezug der Zeit in die Gesamtheit der Tauschakte die Dynamik des Kapitals nicht erfasst werden kann. Man könnte es auch so sagen: So wie Hegels Geist die Isolation des Transzendentalsubjekts von zeitlichen, räumlichen und allen sonstigen Bestimmungen aufbricht, so das Kapital das Geld. Wir wissen jedoch, nicht zuletzt dank Marx, dass dieses komplette Überlaufen zu Hegel dem Kapital nicht adäquat ist (und im Hintergrund die Hegel-Kritik Heideggers lauert). Wir werden also zu zeigen haben, dass unsere (zugegebenermaßen szientistische) Fassung des Zeitbegriffs völlig ausreicht (wenn nicht gar die einzige mögliche Weise ist), die Dynamik des Kapitals zu erfassen.

64 Die sie auch anders messen, aber eben so wie ein Physiker, der Temperatur in Zentimetern misst. Wir haben hier die Marxsche Maßeinheit als der der Ökonomen überlegen zu erweisen (siehe Kapitel 1 [Anm. 8]).

65 Dies nicht zuletzt in der Absicht, einen Begriff von Arbeit vorzulegen, der es ausschließt, als Eigenschaft des Werts aufgefasst werden zu können.

zukommenden Eigenschaften (Härte, Schwere, Farbe; wobei hier die kantische Frage, welche Rolle der Verstand in deren Identifizierung spielt, unberücksichtigt bleiben kann); eine Eigenschaft haben sie auf keinen Fall, so oft genau diese ihnen aber zugerechnet wird: Sie haben ›an sich‹ keinen Wert.[66] Dieser Wert muss Objekten von Individuen zugeschrieben werden (oder anders: Der Wert muss von Individuen in diese Objekte verschoben worden sein). Diese Zuschreibung kann grundsätzlich nur in Form einer individuell beliebigen, vom Objekt autonomen Wertschätzung erfolgen; mit einer bezeichnenden Ausnahme, aus der heraus wir den Satz der Identität als im Äquivalententausch konstituiert begreifen: Objekte, die zum Tausch anstehen, setzen ein soziales System von Eigentumsbesitzern voraus. Kommt es zum Tausch eines solchen Objekts, dann wird ihm im Akt des Tausches von beiden Tauschenden bezüglich seines Wertes eine von beiden als identisch aufgefasste, allerdings in ihrer Höhe noch unbestimmte Quantität (vor allem noch kein Preis; die Existenz von Geld ist gar nicht erforderlich) zugeschrieben;[67] die Beliebigkeit individueller Wertschätzungen ist, für Objekte, die Warenform angenommen haben, somit relativiert, so dass man davon sprechen muss, dass im vollzogenen Tausch sich nicht nur der moderne Identitätsbegriff generiert – in dem Identität als reine Mitsichselbstgleichheit gesellschaftlich erst denkbar wird –, sondern mit ihr zugleich eine Objektivierung[68]

---

66 Auch dieser Begriff Wert ist zunächst in seiner umfassendst möglichen Bedeutung zu nehmen, also als Wert als solcher. Er schließt also, und das wird so gut wie immer übersehen, wenn es um dessen Bestimmungen geht, und sei deshalb wiederholt, auch die Relevanz ein, die Individuen einem Objekt im Vergleich zu anderen zuteilen; auch sie ergibt sich nicht aus den Dingen selbst. Dass diese Relevanz nicht allein von Autoritäten vorgegeben, sondern es den Subjekten, die sich von diesen Autoritäten gelöst haben, überlassen bleibt, woran (oder an wem) sie sich bei deren Zumessung orientieren, ist eines der die bürgerliche Gesellschaft von anderen unterscheidenden Charakteristika. Die Ablösung von einer Autorität, ohne diese durch eine andere zu ersetzen, würde außerhalb einer bürgerlichen Vergesellschaftung zum Ausschluss aus der Gemeinschaft führen.
67 Man kann sagen, dass es sich bei diesem Wertquantum um dasselbe handelt, was Marx mit dem Arbeitsquantum (siehe oben Anm. 41) vor Augen hat. Dies wird sich bestätigen, wenn wir nun zeigen, wie Arbeit und Wert sich vereinigen.
68 Erst von dieser ausgehend kann sich Subjektivität logisch überhaupt konstituieren. Denn erst wo diese Objektivität existieren, zwingt sie die Individuen zu einem (von ihr) bestimmten Verhalten und macht sie zu Subjekten.
 Was das in Bezug auf die Wertobjektivierung bedeutet, kann ermessen, wer bedenkt, dass dann, wenn genügend Menschen (eine ›kritische Masse‹) davon überzeugt sein sollten, dass Edelmetalle ›von Natur aus‹ werthaltig sind, und es durchsetzen, dass deswegen nur solche Metalle als Geld in Umlauf gebracht werden

des Werts als (die Wertschätzung transzendierende) Quantität stattfindet.⁶⁹

Auch die modernen Ökonomen (also die, die seit Ende des 19. Jahrhunderts publizieren) haben einen Begriff dafür, dass sich in dieser (Wert-)Objektivation⁷⁰ ein begrifflich bestimmtes, in seiner

> dürfen, müssen auch all die, die das für das halten, was es ist: nämlich Unfug, sich dem unterwerfen – ansonsten können sie nicht mehr am Geldverkehr teilnehmen und fallen aus der Gesellschaft heraus. (Dass solch eine ›kritische Masse‹ eine Objektivität vorgeben kann, der sich alle anderen einordnen müssen, ist auch aus der Politik hinreichend bekannt.) Und das lässt sich noch weiter treiben, etwa in Bezug auf Submärkte wie den Aktienmarkt. Hier kommt es ja nicht darauf an, wie ich, als Individuum, einzelne Aktien bewerte, sondern darauf, meine Kauf- (oder Verkaufs-)Entscheidungen davon abhängig zu machen, welche Bewertung andere vornehmen. Und wenn, was gar nicht so weit hergeholt ist, sich alle genau so verhalten wie ich, ergibt sich die Objektivität eines Aktienkurses möglicherweise aus keiner einzigen individuellen Bewertung, sondern allein aus Mutmaßungen eines jeden über Wertschätzungen aller anderen, einer Wertzumessung also, die keiner wirklich vorgenommen hat.

69 Christoph Türcke hat ein Buch zum Geldbegriff vorgelegt (Mehr! Philosophie des Geldes. München 2015), in dem er, nebenher die gängigen asketischen Klischees über angebliche Grenzen des Wachstums, ökologisch nachhaltiges Wirtschaften, den Konsum regionaler Produkte usw. virtuos bedienend, das Geld nicht nur, wie in der Alternativszene mittlerweile gängig, durchweg als Schuldverhältnis begreift (der Schuld entsprechend, die Mensch dem Schöpfergott gegenüber angeblich auf ewig hat), sondern auch unterstellt, dass alle Preisbildung allein auf Wertschätzungen beruht, also nicht von einer Objektivität vorgegeben wird, der die Individuen (nun als Subjekte) sich einpassen müssen. Geld, spätestens seit es als Münzgeld in die Welt gekommen ist, hat Wert aber nicht, weil es ein Schuldverhältnis repräsentiert: Auf ein solches ist es nur dann zurückzuführen, wenn es als Kredit gewährt worden ist. Und diese Schuld erlischt in genau dem Augenblick, in dem der Schuldner es zurückzahlt. Und der Preis einer Ware, so verhandelbar er auch sein mag, ist nicht das Resultat von Wertschätzungen, sondern ist objektiv vorgegeben von genau dem Augenblick an, in dem sich Käufer und Verkäufer auf ihn geeinigt haben. Worin diese Objektivität ihren tatsächlichen Grund hat, werden wir im unmittelbar Folgenden zeigen. [Gemeint sind die im Text anschließenden drei Absätze.]

70 Wir spielen hier auf den Begriff an, wie Schopenhauer ihn geprägt hat, wenn dieser – wie Kant, allerdings gegen diesen gerichtet – von der »Objektivation des Willens« spricht. Ersetzt man bei ihm den Willen durch den Wert, hat man recht genau vor sich, worum es uns hier geht.

Seitdem gibt es natürlich eine Vielzahl verschiedenster philosophischer Schulen, die diese eigenartige, nicht in der Natur vorfindliche, aber ebenso wenig von Menschen bewusst geschaffene Objektivität (die man auch Intersubjektivität nennen kann) in Abgrenzung von Kant (und Hegel) erschließen wollen: Genannt sei hier nur die analytische Philosophie, die ja auch, reichlich vergebens, hinter das Geheimnis kommen wollte, wodurch Sprache ihre allgemeinverbindliche Geltung erlangt. Gemeinsam ist allen, wie wir gleich sehen werden, dass sie dieses Verhältnis zwischen Individuum und allgemeiner Geltung nicht als ein historisch bestimmtes Verhältnis zwischen Wert und Arbeit fassen können und so auch

Höhe dennoch unbestimmtes Quantum herausbildet:[71] Sie nennen es Knappheit und berufen sich auf die Evidenz, dass Objekte, insbesondere Rohstoffe, Schmuck, Kunstwerke umso mehr kosten, je seltener sie sind, wohingegen allgemein zugängliche Objekte (zum Beispiel die Luft zum Atmen) den Objektivitätsstatus der Knappheit (noch) nicht erlangen. Die Ökonomen gestehen damit jedenfalls zu, dass den Preisbildungsmechanismen eine objektive Größe zugrunde liegt, die in ihnen nicht erscheint, und dennoch die Bedingung der Möglichkeit von Preisbildung ist – sie also überhaupt erst konstituiert – und geben ihr den Terminus Knappheit. Doch da die Ökonomen sich als Wissenschaftler verstehen, für die nur zählen sollte, was sich auch messen lässt, müssen sie sich die Frage gefallen lassen, wie sie diese Knappheit denn messen. Man erhält aber bezeichnenderweise keine auch nur einigermaßen plausible Antwort; was heißt: sie liefern uns keine Maßeinheit für Knappheit.[72]

Mindestens ebenso evident wie das Kriterium der Knappheit für zum Tausch anstehende Objekte ist aber, dass sie als knapp nur unter der Voraussetzung wahrgenommen werden können, insofern es jemanden gibt, der erstens die Verfügungsgewalt über sie hat[73] und zweitens bereit ist, diese Gewalt (freiwillig) einem Anderen (unter Inanspruchnahme einer Gegenleistung) zu überlassen.[74] Jede Form

nicht als Prozess, sondern als Sein missverstehen. (Siehe dazu auch [das direkt hier Anschließende] zum Begriff der Knappheit Ausgeführte.)
 Was keine Philosophie bisher (mit Ausnahme einiger Ausführungen Hegels, wenn man diese mit Marx liest) auch nur ansatzweise vor Augen bekommen hat, ist, dass sich aus dieser Objektivation mit dem Kapital eine gesellschaftliche Synthesis entfaltet (die vordem Sache des Staats, der Religion, der Moral war), die den Subjekten wie eine souveräne Macht gegenübertritt.

71 Es geht hier, um es in anderen Worten zu wiederholen, darum, erklären zu können, dass Waren überhaupt einen Preis haben, denn die Preisbildungsmechanismen (Konkurrenz, Angebot und Nachfrage, Grenznutzen, die Bewertungen auf den Submärkten, die Eingriffe des Staates) erfassen nur die Preishöhen, nicht das, worum sie ›kreisen‹ (das hier so genannte Quantum).

72 Abgesehen von dem Zirkelschluss, dass der Preis Repräsentant von Knappheit sei. Wie einem Preis die Information zu entnehmen ist, wie knapp das Gut tatsächlich ist, hat noch kein Ökonom verraten. Das ist auch vom Begriff her unmöglich: denn Knappheit ist ein (absoluter) Seinsbegriff; eine ihr zugehörige Maßeinheit, der sie als Prozess erfassen müsste, kann ihr nicht zugeteilt werden, denn sie lässt sich von außen immer vermindern oder erhöhen, und zwar: durch Arbeit.

73 Das beste und historisch wirkmächtigste Beispiel für solch eine Voraussetzung ist die Verfügungsgewalt über den Boden: Er muss, bevor er einen Wert, oder gar einen Preis, überhaupt haben kann, das Eigentum eines Subjekts sein.

74 Die von Marx so genannten Robinsonaden der Ökonomen, und die gibt es auch heute noch, missachten, dass Wertbildung nur auf der Basis eines sozialen Verhältnisses stattfinden kann. Und so eben auch die Arbeit wertlos ist, die man für

einer nur Menschen möglichen Handlung, in deren Folge es dazu kommt, dass die Verfügungsgewalt über eine Sache auf Andere auf dem Wege eines Tausches übertragen wird, wollen wir als Arbeit an und für sich, als Arbeit *sans phrase*, bezeichnen. Mag sein, das wir damit den Ausdruck Knappheit nur umformuliert haben,[75] aber so eröffnen wir die Möglichkeit, dem in Knappheit und Wert Identischen eine Maßeinheit, nämlich das von Marx so genannte, in seiner Höhe aber noch unbestimmte Arbeitsquantum, zuteilen zu können und schließlich auch eine Maßgröße.[76]

Bevor wir zu dieser Bestimmung übergehen, ist noch der entscheidende Schluss aus dieser erkenntnistheoretischen Reflexion auf den objektivierten Wert zu explizieren. Im Prozess seiner Objektivierung impliziert der Wert also immer auch einen Bezug auf Arbeit: Allerdings auf eine, die als solche in ihrer Form vollkommen (vor allem auch noch in ihrem Zeitbezug) unbestimmt ist – oder genauer: in einer Form, die in ihrer Erscheinungsweise nur geschichtlich (von außen) bestimmt sein kann, wo sie vom Wert autonom verausgabt wird. Wert und Arbeit müssen deswegen beide erst Warenform angenommen haben, damit sie eine innere Verbindung überhaupt eingehen können.[77] Mit der Entstehung des Kapitals konstituiert

sich selbst erbringt. Deshalb kann man den Arbeitsbegriff zwar als die seit der Ausstoßung des Menschen aus dem Paradies bestehende Naturnotwendigkeit des Menschen bestimmen, muss aber dann hinzu setzen, dass diese Arbeit erst eine Ökonomie konstituiert, sobald ihr historisch ein soziales Verhältnis zwischen getrennten und gleichen Einzelnen zugrunde liegt. (Weder innerhalb eines frühzeitlichen Stammes noch eines antiken Haushalts war diese Voraussetzung gegeben.)

75 Historisch steht allerdings fest, dass es die modernen Ökonomen waren, die den Begriff der Knappheit eingeführt haben, um diese Evidenz des Arbeitsbegriffs zu umschiffen, die für die Klassiker der Ökonomie noch vollkommen fraglos gegeben war. Und auch die Grenznutzentheorie, als sogenannte subjektive Wertlehre, war angetreten, die innere Verbindung von Arbeit und Wert für obsolet erklären zu können. Dass die objektive Wertlehre der Klassiker unzulässigerweise Wert und Arbeitszeit unmittelbar als Einheit, nicht als (geschichtliche) Synthesis von Verschiedenem begriff, hat Marx mit seiner Kritik insbesondere an David Ricardo und Adam Smith gezeigt. Aber, und das passt den Ökonomen ganz und gar nicht, er hat die innere Verbindung von Arbeit und Wert eben nicht vollständig gekappt.

76 Zu alldem benötigen wir, und das gilt für alle Begriffe, die wir bestimmen, den Identitätsbegriff, wie er im vorigen Kapitel aus der Geldzirkulation, in Abgrenzung von dem, was Hegel unter Identität und Maß versteht, entwickelt worden ist. Die in der Welt-GR erfassten Vorgänge sind also nicht nur Voraussetzung (und Resultat; und nicht nur, siehe das obige Marx-Zitat: »Ausgangs- und Schlußpunkt« [Anm. 11] dieses Kapitels) der Verwertung von Kapital, sondern auch die Bedingung seiner Erkenntnis. Diese Erweiterung verdanken wir nicht Marx, sondern Sohn-Rethel.

77 Nicht erfasst zu haben, dass der Wert in dieser Gesellschaft ohne diese innere Verbindung gar nicht mehr zu haben ist, ist es, was Hans-Georg Backhaus Georg

sich diese Form in einer historisch vollkommen neuartigen, nämlich quasi-metaphysischen Weise: als Objektivation von Arbeit in der Form eines gesamtgesellschaftlich bestimmten Werts. Eine präzisere Bezeichnung für diesen Wert als den, den wir dafür bisher schon verwendet haben, nämlich Arbeitswert, lässt sich nicht finden. Die Gefahr, dass dieser historisch bestimmte Begriff beim Leser mit dem ontologisch bestimmten der Arbeitswerttheoretiker verwechselt wird, müssen wir in Kauf nehmen; aber gerade in diesem Fall können wir es uns nicht leisten, ihnen die Begriffshoheit zu überlassen.

Doch wir müssen ja der Arbeit eine quantitative Bestimmung zuschreiben können, die den szientistischen Anforderungen an ein Maß genügt,[78] damit uns gelingt, was den Ökonomen mit ihrer Berufung auf Knappheit nicht gelingt. Was letztlich heißt: wir müssen den Arbeitswert in Form einer eindeutig bestimmbaren Maßeinheit wie Sekunde, Gramm oder Watt darstellen können. Hier liegt die zentrale Schwierigkeit der Bestimmung des Kapitals – und genau das, nicht weniger, aber auch nicht mehr, leistet der Begriff der abstrakten Arbeit von Marx,[79] dessen Notwendigkeit und Relevanz wir allerdings erst von hier aus erfassen können.[80] Geht man nun von diesem so bestimmten (aber eben auch nur so zu bestimmenden) Arbeitswert aus, dann ist der Schluss, dass Geldwert und Arbeitswert identisch gesetzt werden können (eine Identität, die Marx von Anfang an als gegeben unterstellt), alles andere als eine willkürlich-beliebige Spekulation.

Simmel vorwirft (siehe Hans-Georg Backhaus: Georg Simmels *Philosophie des Geldes*. In: sans phrase 7/2015), wenn dieser einen Wertbegriff entfalten will, der auch die innersten Regungen des Menschen erfasst. Und so lässt sich, wie Backhaus zeigt, recht schnell nachweisen, dass auch Simmel keinen anderen als diesen warenförmigen hat und dessen Behauptung, er erfasse auch die Tiefenschichten des Menschen, eine bloße Absichtserklärung bleibt.

78 Diese gelten Hegel als tautologisch, ein Maß ist ein Maß für ihn nur, wenn es sich aus der Qualität des Gegenstandes selbst ermitteln lässt. (Hegel begreift, so kann man es auch sagen, unter einem Maß das, was man im gängigen Sprachgebrauch eher ein Urteil nennt.)

79 So wie er von ihm in Abgrenzung von der objektiven Wertlehre der ökonomischen Klassiker formuliert worden ist und den wir als ›Vorschlag‹ an die Ökonomen gekennzeichnet haben, der deren Probleme mit ihrem Gegenstand zu lösen vermag. (Siehe Kapitel 2, S. 52.) Und erst darin, in diesem Begriff der abstrakten Arbeit, das ist angesichts des bisher zu den Begriffen Wert und Arbeit Vorgelegten nochmals zu betonen, kommt der Zeitbezug (also der rein physikalische) in die Arbeit (und in den Wert zugleich).

80 Der Begriff der abstrakten Arbeit lässt sich somit zwar in seinen einzelnen Bestimmungen vom Kapital unabhängig darlegen, aber erst vom Kapital ausgehend (von ihrer Einordnung in dessen Totalität her gesehen) begreifen.

Wenn wir nun auf die Kapitalformel zurückkommen, ergibt sich unmittelbar, warum diese allein auf der Basis des Arbeitswerts erstellt werden kann.[81] Würde man ›c‹ und ›v‹ in Preisen ausdrücken, wäre ihr Verhältnis zueinander von der Geldzirkulation bestimmt und nicht in der Produktion konstituiert; dieses Verhältnis, also das Kapital, verschwände zudem unidentifizierbar im riesigen Meer aller Preise für alle möglichen Waren. Genau das ist bei den Ökonomen ja auch der Fall, wenn sie, etwa über den Begriff der Arbeitsproduktivität, sich der einzig möglichen Erklärung für das statistisch gemessene Wachstum zumindest – und zugegebenermaßen – annähern.[82]

Doch bevor wir diesen philosophischen Exkurs hinter uns lassen, sei noch etwas ausgeführt, das in anderen Darlegungen des Kapitalbegriffs, wenn überhaupt, eine höchstens marginale Rolle spielt und auch bei uns im Folgenden implizit bleibt, weil es dem ideellen Unterbau, nicht der ökonomisch-materiellen Basis angehört: Die Unternehmen wissen zwar durchaus, dass es ohne Arbeit nicht geht, aber da die Arbeitskraft für sie nichts als ein Kostenfaktor ist, ist die Arbeit in ihrer Eigenschaft, einzige Quelle von (objektiviertem) Wert sein zu können, betriebswirtschaftlich gesehen so etwas wie ein der Umwelt zugehöriger Störfaktor, der möglichst aus dem Betrieb zu eliminieren ist.[83] *Die* Arbeit ist, anders gesagt, wo sie nicht

---

81 In den Marx, damit Missverständnisse provozierend, von Anfang an auch die Produktionsmittel (also ›c‹) fasst. Hier geht es jedoch allein um die Form, in der ›c‹ ausgedrückt sein muss, damit die Kapitalformel operationalisierbar wird, in keinem Fall um die Übertragung vergangener in gegenwärtige Arbeit, also nicht um Spiritualismus.

82 Diese Annäherung gelingt natürlich fast allen, die sich mit Ökonomie beschäftigen. Dass Produktivität und ihre Steigerung ihr eigen sind, ist offensichtlich. Nur die Frage, worin diese Produktivität besteht und wie man sie erfasst, beantwortet jede Schule, jede politische Gruppierung anders. (Und für sich nutzen will diese Produktivität natürlich jede Gruppierung: eine Forderung nach Abschaffung der Produktivität ist mir nicht bekannt. Umso seltsamer darum wirken die Kapitalismuskritiker, die das Kapital, aber nicht dessen Produktivität abschaffen wollen.) Hingewiesen sei hier nur auf einige marxistische Kritiker des Kapitals, die zumindest erkannt haben, dass es im Verhältnis der Arbeitswerte zu Preisen ein von ihnen so genanntes Transformationsproblem gibt. Schon der Terminus ›Problem‹ zeigt jedoch an, dass diese Marxisten es für lösbar erachten. Aber das ist nur möglich, wenn man die ökonomischen Kategorien solange verbiegt und für seine Zwecke zurechtzimmert, bis das Problem zwar als gelöst erscheint, vom Kapital dann aber, wie es real zirkuliert (als automatisches Subjekt), nichts mehr übrig geblieben ist.

83 Darauf wird zurückzukommen sein, wenn über den tendenziellen Fall der Profitrate, also die Krise des Kapitals zu reden ist. [Im letzten Abschnitt von Kapitel 8 geht M. D. darauf ein; siehe aber auch den ersten Teil des Gesprächs zwischen M. D. und Christian Thalmaier im Anhang des Buches.]

als unbedingt notwendiger Kostenfaktor integriert werden kann, ein Übel, das von seiner Natur her nichts als Probleme bereitet.[84] Das – daran sei erneut erinnert: hinter dem Rücken aller Akteure ablaufende – Programm, das der Verwandlung von Geld in Kapital zugrunde liegt, kann man also auf dieser abstrakt-allgemeinen Ebene auch so formulieren: Arbeit, in welcher Form auch immer sie erscheint, ist unter allen Umständen (natürlich im Rahmen innerbetrieblicher Rentabilität) so durch andere (physikalische) Kräfte zu ersetzen, dass möglichst wenig lebendige, von leiblichen Individuen verrichtete konkrete Arbeit (oder, wie oben benannt: Lebenszeit) in den Produktionsprozess eingeht.[85] Wo immer möglich, überlassen

[84] Arbeit, als unaufhebbare Auseinandersetzung des Menschen mit der Natur verstanden, kann nur als solch ein Übel aufgefasst werden – also auch als notwendige Folge der von den ersten Menschen im Paradies begangenen Erbsünde. Daran ändert auch unser oben anders spezifizierter Arbeitsbegriff nichts.

[85] Diesen Prozess der Ausschaltung lebendiger Arbeit aus dem Produktionsprozess in der Kapitalbildung moralisch zu denunzieren, statt ihn zu begrüßen, ist absurd. Jede körperliche Betätigung ist Mühsal – selbst und gerade dort, wo sich die Subjekte einreden, dank dieser Anstrengung (bezüglich ihres asketischen Verhaltens, ihrer sportlichen Betätigungen) steigere sich ihr Wohlbefinden. Wer also diesen Prozess der Ersetzung von Arbeit durch Technologie meint kritisieren zu müssen, weiß nicht, wovon er redet. Natürlich bestreitet kein bei Sinnen seiender Mensch, dass das Kapital Arbeitskraft ausbeutet, aber würde die Kapitalbildung auf der ständigen Steigerung dieser Ausbeutung, und nicht auf deren Ersetzung durch Produktionsmittel zurückgehen, müssten die Unternehmen immer mehr Arbeitskraft nutzen, statt sie einzusparen. Das Gegenteil ist so offensichtlich der Fall, dass alle diese Kapitalkritiker früher oder später in Verwirrung geraten, der sie nur Herr werden können, indem sie ins Lager derjenigen wechseln, die sie vordem als Ausbeuter bezeichnet hatten.
  Natürlich findet auch heutzutage allüberall eine Ausbeutung, die auf der Produktion von absolutem Mehrwert beruht, wo also tatsächlich gilt, dass der Mehrwert sich im gleichen Maße erhöht, je mehr Arbeit vernutzt wird. In Kapitel 2 [Abschnitt: Die ›bloße‹ Expansion«, S. 58] haben wir die ›bloße‹ Expansion, die auf absolutem Mehrwert basiert, von der Berechnung des realen Wachstums ausgeschlossen. Und die Produktion von absolutem Mehrwert wird noch äußerst wichtig werden, wenn wir in einem weiteren Beitrag [Kapitel 9] nochmals auf den Staat zu sprechen kommen müssen, denn der kann (als Volksstaat), anders als beim relativen, auf die Steigerung des absoluten Mehrwerts unmittelbar Einfluss nehmen. Und vor allem: Der weit überwiegende Teil neu geschaffener Arbeitsplätze beruht auf der Vernutzung absoluten Mehrwerts. Doch wo im vorliegenden Teil von Mehrwert (also im Zusammenhang mit Kapitalproduktivität) die Rede ist, ist nur der relative angesprochen, also der, der sich erhöht, gerade weil weniger Arbeitskraft genutzt wird. Wobei, wie sich auch bei Marx zeigt, von vornherein klar sein sollte, dass die Aufteilung der Mehrwertmasse (die sich, siehe unten [Abschnitt: »Kapital als überempirisches, dennoch messbares Verhältnis«], als solche, vom Prinzip her noch berechnen lässt) in den Teil, der auf absoluter, und den, der auf relativer Mehrwertproduktion beruht, empirisch unmöglich nachvollziehen lässt.

die Unternehmen daher den kostenmäßig nur schwer zu berechnenden Aufwand, die Arbeit, die nicht schon durch Produktionsmittel ersetzt worden ist, organisieren zu müssen, anderen: Zulieferern, Subunternehmen, dem Staat (vor allem was die Bereitstellung der Infrastruktur betrifft), den Scheinselbständigen auch dann, wenn ihnen die Gewerkschaften nachweisen, dass eine Festanstellung von Arbeitskräften ökonomisch rationaler wäre.[86]

Relativer Mehrwert So, wie wir die Kapitalformel bisher entwickelt haben, ist sie, folgt man Marx, schon auf den ersten Blick unvollständig. Denn bei ihm taucht eine weitere Größe auf, nämlich ›m‹, also der Mehrwert. Dieser muss in ihr gesondert berücksichtigt werden, denn da er, wie ausführlich in Marxschen Worten ausgeführt, nicht in der Geldzirkulation entsteht, muss er Eingang in die Formel finden, die den Kern des Produktionsprozesses erfasst – oder anders: lässt sich dessen Quelle nicht als Bestandteil der Warenproduktion nachzeichnen, dann kann man die Marxsche Kritik der politischen Ökonomie als gescheitert zu den Akten legen. Vollständig lautet die Formel also: ›C‹ ist die Summe von ›c‹ + ›v‹ + ›m‹ (dividiert durch ›t‹, wie wir natürlich auch bezogen auf ›m‹ im Hinterkopf hinzudenken müssen), wobei ›m‹, so wollen wir hinzufügen, eine vollkommen unbestimmte Variable darstellt, von der wir bis jetzt einzig wissen, was sie repräsentieren soll: nämlich die Lösung des Rätsels der wundersamen Geldvermehrung liefern zu können, und noch längst nicht auch, was sie tatsächlich repräsentiert.[87] Dementsprechend können wir es drehen und wenden wie wir wollen, ob mit oder ohne Marx – anders als bei den beiden anderen Größen findet sich in der empirischen Realität kein Geldausdruck, dem dieses ›m‹ unmittelbar zugeordnet werden könnte. Die Größe, die zur Illustration des Mehrwerts in der Literatur (von Marxisten wie Marx-Kritikern gleichermaßen) immer wieder herangezogen wird, der Unternehmensgewinn, kann sich, wie jeder Überschuss von Einnahmen über die Ausgaben, allein

---

86 Siehe dazu auch Kapitel 1 [Anm. 71].

87 Bei diesem ›m‹ handelt es sich, anders gesagt, um eine theoretische Konstruktion, die wissenschaftstheoretisch nicht nur vollkommen legitim, sondern, etwa in der Physik, unverzichtbar ist, um zu forschungsrelevanten Formeln zu kommen. Kann diese Formel im Experiment verifiziert werden, dann ist die darin eingebaute Konstruktion kein Konstrukt mehr, sondern beweist die Geltung der Formel insgesamt. Der Ökonomie steht aber die Möglichkeit, ihre Formeln experimentell zu verifizieren, nicht zur Verfügung: Sie hat nicht nur ein Induktionsproblem, das sich experimentell oder sonst wie nicht lösen lässt, denn sie *kann* sich nur auf Realität beziehen; ihre Modelle sind somit prinzipiell wert- beziehungsweise nutzlos.

in Geld ausdrücken – dessen Maßzahl aber auf Warenpreise zurückgeht, denn auch und erst recht der Unternehmensgewinn muss sich, bevor er als solcher im Unternehmen erscheint, in der Geldzirkulation erst realisiert haben, in der aber der Mehrwert, wie wir mit Marx festgestellt haben, *nicht* (jedenfalls nicht empirisch) erscheint. Und es wäre ja auch allzu einfach, ließe sich des Rätsels Lösung mit einem bloßen Austausch von Namen bewerkstelligen.

Doch wenn wir uns nun den formalen Überlegungen wieder zuwenden, warum man ›c‹ und ›v‹ keinen Preisausdruck, sondern nur den Marxschen Arbeitswert zugrunde legen kann, und daran erinnert, dass man Summanden nur addieren kann, wenn ihnen dieselbe Maßeinheit zugeordnet ist, dann können wir – und das, noch lange bevor wir überhaupt ermittelt haben, ob das ›m‹ in der Formel leistet, was es leisten soll – feststellen, dass sich Mehrwert nur in der Form des Arbeitswerts sinnvoll darstellen lässt. Und eben dies: nämlich weil Mehrwert produziert worden sein muss (weil ansonsten das Geldrätsel nicht zu lösen ist), aber anders als in der Maßeinheit von Arbeitswerten nicht denkbar ist, ist der alles entscheidende Grund dafür, warum das Kapital nur in (allein gesellschaftlich identifizierbaren) Arbeitswertquanten messbar – und nur in ihnen ökonomisch darstellbar – ist. Und daraus ergibt sich zwanglos auch, warum die Ökonomen, und mit ihnen die Politik und die Öffentlichkeit, keinen Begriff vom Kapital haben. Denn statt von diesen gesellschaftlich bestimmten Arbeitswertquanten reden sie, wo es sich um Arbeit dreht, immer nur von individuell erbrachten Leistungen.[88]

Kapital als überempirisches, dennoch messbares Verhältnis Marx war, das können wir ihm zuschreiben, ohne ihm Unrecht zu tun, von dem gleichen Ehrgeiz getrieben, wie alle Ökonomen der Neuzeit: Auch seine Kritik sollte durchgängig in operationalisierbaren Wertausdrücken gründen. Setzt man dabei aber Wert- und Preisausdruck auch bei der Bestimmung des Kapitalbegriffes in eins, dann droht unterzugehen, dass Geld- und Kapitalzirkulation zwar ineinander verschoben sind, aber auf je anderen Maßeinheiten aufbauen müssen. Trennt man sie, dann muss man offen zugeben und, das gebietet die philosophische Aufrichtigkeit (Jean-Paul Sartre), dann

---

88 Das ist eine der vielen Erscheinungsformen des Grundes, warum diese Gesellschaft unfähig ist, Teil und Ganzes, Besonderes und Allgemeines bis hin zu den verschiedensten, in den einzelnen Wissenschaftsdisziplinen (nur besonders in der Ökonomie) nebeneinander her existierenden Mikro- und Makroebenen ineinander aufgehen lassen zu können.

auch ausweisen, dass der Sprung in die (Quasi-) Metaphysik unvermeidbar ist.

Inwieweit es Marx gelungen ist, die Metaphysik in seiner Darstellung auf deren unvermeidbaren Kern[89] zu reduzieren, und die Größen, mit denen er operiert, tatsächlich in einen Status zu versetzen, der dem szientistischen Anspruch auf Messbarkeit genügt, können wir hier unmöglich im Detail untersuchen, ebenso wenig, ob die Operationalisierungen, die er vornimmt, bis in alle Einzelheiten hinein korrekt sind – was, wäre das der Fall, angesichts der Komplexität der Materie an ein Wunder grenzen würde und schon deshalb nahezu unmöglich ist, weil sich diese Komplexität bis heute vielfach potenziert hat. Uns reicht der Nachweis, dass Marx, was die Möglichkeiten der Formalisierung ökonomischer Prozesse betrifft, der aktuellen Realität – und das nachprüfbar – sehr viel näher kommt als alle heutigen Ökonomen zusammen, und geben uns mit der Angabe des Weges zufrieden, wie die Operationalisierung prinzipiell durchzuführen wäre. Von zentraler Bedeutung und unverzichtbar ist für uns dabei allerdings die (erkenntniskritische) Reflexion darauf, auf welchen kategorialen Differenzierungen sie beruhen muss.[90]

In diesem Sinne fortschreitend wollen wir den Kapitalbegriff weiterhin bestimmen als ein Verhältnis zweier Größen allein, nämlich Produktionsmittel und (abstrakte) Arbeit, können diese aber jetzt, wenn wir den Mehrwert miteinbeziehen, präzise bestimmen: Als die eine Bezugsgröße erfassen wir das Geld (in welcher Form auch immer, als Preis- oder Wertausdruck; man kann auch sagen: das Geld als Geld an sich), das die Unternehmen für Produktionsmittel einschließlich der Lohnkosten ausgeben, als andere die reine Arbeitszeit, die während deren Nutzung angefallen ist.[91] Auf die

---

89 Einen Kern, den man durchaus auch als theologischen bezeichnen kann, und über den sich, nochmals gesagt, die materielle Basis der Ökonomie mit dem ideellen Unterbau synthetisiert. [Notiz von M. D.: »In Anmerkung: Verweis auf Monotheismus«. Siehe dazu den Abschnitt »Der Monotheismus« in Kapitel 11 sowie M. D.: Was ist Wahrheit? Was materialistische Kritik? In: sans phrase 9/2016.]

90 Obwohl immer wieder angeführt, sei (weil in unserem Bewusstsein die wissenschaftliche Denkform so tief verinnerlicht ist, dass sie sich intuitiv, also unreflektiert durchsetzt) an dieser Stelle noch einmal darauf hingewiesen, dass wir generell auf die wissenschaftlich üblichen Nominaldefinitionen nicht zurückgreifen, sondern auch und gerade dort, wo es um Operationalisierbarkeit geht, uns eher um Differenzierungen bemühen, die der Wissenschaftstheoretiker Realdefinitionen nennt. Um Definitionen geht es uns im Grunde aber gar nicht, sondern, Hegelsch, um Begriffsbestimmungen; ansonsten unterscheiden wir zwischen Nominal- und Realabstraktionen.

91 Auch Marx nimmt diese Reduktion vor; doch in ihr unterscheidet er wiederum zwischen toter, beziehungsweise vergangener (oder aufgehobener) Arbeit und

Marxsche Kapitalformel bezogen,[92] haben wir diese damit darauf reduziert, dass wir auf eine einheitliche Maßeinheit verzichten und alles, was die Unternehmen in Geldquanten ausdrücken (also auch ›v‹, das heißt die angefallenen Lohnkosten) auf die eine Seite ziehen, und auf die andere, was in ›v‹ auf abstrakte Arbeit zurückgeht, die wir zusammenfassen mit der abstrakten Arbeit, auf die ›m‹ – schon der Form wegen – allein bezogen sein kann, weil sonst die Formel sinnlos wäre.

Kapital also ist nichts anderes als die Resultante aus dem Verhältnis der empirisch nachvollziehbaren Kosten für die Warenherstellung einerseits, zur abstrakten Arbeit andererseits, die weder als Kostenfaktor noch sonst wie als solche erscheint.[93] In den Worten von Marx (siehe oben [im Abschnitt »Kapital und Zeit« dieses Kapitels]): Im Kapital setzt sich der Wert zu sich selbst in ein Verhältnis: als Geldwert einer- und Arbeitswert andererseits – und *ist* dennoch beides in Einem. Erscheinen, und damit erkennbar werden kann dieses Verhältnis nur, indem die Waren (Produktionsmittel wie Endprodukte) in einer anderen Maßeinheit als in der des Arbeitswerts erscheinen, denn sonst wären Geld und Kapital dasselbe; der Wert hätte nichts zu vermitteln, würde also nicht objektiviert. Das heißt, nur weil alle Waren durch die Geldzirkulation hindurch müssen, um dort statt Arbeitswerten Preise zugerechnet zu bekommen, kann das Kapital (als automatisches Subjekt) überhaupt existieren. Ohne Geld- keine Kapitalzirkulation, und ohne Kapital- keine (universalisierte) Geldzirkulation (weder welt- noch binnenwirtschaftlich erst recht nicht). Und ohne kapitalistische Reichtumsproduktion zerfällt die Synthesis der (Welt-)Gesellschaft in ihre Einzelteile und kehrt in vorkapitalistische Gebrauchswertproduktion ›zurück‹ – bliebe allerdings dem technologischen Niveau des untergegangenen Kapitals verhaftet: Was das bedeutet, hat sich im Nationalsozialismus gezeigt.

lebendiger: Dies können wir so nicht akzeptieren, denn vergangene, also tote Arbeit kann selbst ein Gott, also auch das Kapital nicht mehr zum Leben erwecken.
92 Auf deren vollständige Fassung müssen wir besonders dann wieder zurückkommen, wenn es um den Krisenbegriff geht.
93 Genau diese Arbeit, die also gar nirgendwo als wirklich verausgabte auffindbar ist, dürfte diejenige sein, die Marx als Substanz des Werts entdeckt zu haben glaubt. Das müsste allerdings erst noch genauer untersucht werden. (Siehe dazu auch Gerhard Scheit: Die Substanz und der Leib. Über die Realabstraktion namens Arbeitskraft. In: sans phrase 4/2014 [in überarbeiteter Form in: Ders.: Kritik des politischen Engagements. Freiburg; Wien 2016, S. 170–213]).

Wenn wir nun auf unseren Exkurs zur Beziehung von Wert und Arbeit zurückkommen, können wir das zentrale Resultat der Kritik der politischen Ökonomie formulieren, das in allen Aussagen über kapitalistische Ökonomie zu berücksichtigen ist: Da etwas anderes als Arbeit Wert nicht objektiv quantifizieren kann – man kann auch sagen: da Geld (oder irgendetwas anderes als Arbeit *sans phrase*) unmöglich Wert schöpfen kann –, ergibt sich auch und gerade der Wert einer jeden Ware, gleichgültig, welchen Preis sie haben mag, vom Kapital aus gesehen, allein aus der gesellschaftlich im Durchschnitt notwendigen, körperlich verausgabten Arbeitszeit, die zu ihrer Herstellung während der Nutzung von Produktionsmitteln notwendig war.

Den Ökonomen mögen die Haare zu Berge stehen: aber wenn sie den vorliegenden Text aufmerksam genug gelesen haben, dürfte es ihnen äußerst schwer fallen, dieses Resultat als realitätsfern zurückzuweisen. Und deshalb können sie auch gegen die Folgerungen, die sich aus dieser Kapitalbestimmung ergeben, keine begründbaren Einwände erheben – vor allem dann nicht, wenn sich so das Hauptproblem aller Ökonomen: das Rätsel der wundersamen Geldvermehrung, lösen lässt.[94]

Dies müssen wir auf einen nächsten Beitrag verschieben, hier sei noch kurz zusammengefasst, was sich aus der wertvermittelten Synthese von Geld und Kapital bezüglich ihrer Operationalisierbarkeit ergibt: So gering die Aussagekraft des Arbeitswerts in den einzelnen Datensätzen unserer Welt-GR auch ist, und sie sich nur unerheblich steigert, wenn man für bestimmte Waren oder Warengruppen beziehungsweise arten Durchschnittswerte bildet,[95] sie ergibt sich dann, wenn man die Preise für Waren, die als Produktionsmittel dienen, sowie die Lohnkosten für deren Anwendung extrahiert, und ihnen die Arbeitszeit für die Waren gegenüberstellt, die insgesamt hergestellt worden sind. Führt man dies über mehrere gleich große Zeiträume mit den gleichen Waren durch, kann man die Raten messen,

---

94 Dass sich mit diesem Resultat kein einziges aktuell-praktisches ökonomisches Problem lösen lässt, ist uns und war auch Marx sonnenklar: der Vorwurf des Verstoßes gegen eine herrschende Praxis stellt gerade in dieser Sache keinen begründeten Einwand gegen Erkenntnis dar. Ohne diese Erkenntnis stellt unsere Berechnungsmethode der Produktivität (oder auch des Wachstums) zugegebenermaßen nur eine alternative Berechnungsmethode dar, die noch nicht einmal mit dem Anspruch auftreten kann, dass sie exaktere Daten liefere als die der Ökonomen.

95 Marx ist der Auffassung (siehe oben Anm. 24), dass sich im Durchschnitt betrachtet Preis und (in Geld gemessener) Arbeitswert einander annähern. Mag ja sein, aber das ist statistisch nicht zu belegen und diese Unterstellung ist für die Aussagekraft des Arbeitswerts auch nicht notwendig.

um die sich die Produktivität für sie verändert hat, und diese Raten dann auch so transformieren, dass für jede einzelne Ware festgestellt werden kann, inwieweit sie sich, in Preisen ausgedrückt, dank der Kapitalzirkulation verbilligt hat.[96]

Derart ermittelt werden können allerdings grundsätzlich nur Daten, die sich auf Anteile an der Mehrwertmasse beziehen. Wollte man sie insgesamt messen, müsste man (nach der Bereinigung der Welt-GR von allen Einflüssen, die, wie schon die Messung des realen Wachstums, die des Mehrwerts erst recht beeinträchtigen)[97] alle Zins-, Miet-, Unternehmensgewinne beziehungsweise -verluste etc.[98] addieren, und vor allem dann auch noch die Geldzuwendungen hinzurechnen, die der Staat oder die Kirchen, die karitativen Organisationen usw. an die Bürger umleiten, um deren Lebensunterhalt zu sichern (denn von wem dieses Geld auch immer aufgebracht beziehungsweise gespendet wird, es hat seine Quelle in den Unternehmen): die Sozialhilfe, die Zuwendungen an Beamte, Soldaten, Häftlinge usw. Der Gesamtbetrag würde dann den Mehrwert darstellen, der in der Kapitalzirkulation in einem bestimmten Zeitraum generiert worden ist.

Als in Kapital verwandeltes Geld (oder in den Worten von Marx: als »Wert im ursprünglichen Sinne«), das der Mehrwertproduktion zugrunde liegt, kann somit im Grunde nur das Geld bezeichnet werden, das in Produktionsmittel und Arbeitslohn erfolgreich investiert worden ist. Der darin produzierte Mehrwert (in Geld ausgedrückt) verteilt sich dank seiner Realisation in der Geldzirkulation dann auf die verschiedensten Geld- und Einkommensarten und erscheint dort

96 Man wird feststellen, dass in der Regel sich die Kosten für Produktionsmittel erhöht haben und die Arbeitszeit sich verringert hat. Man muss aber erneut betonen, dass hier empirisch-reale Größen, oder gar eine Rate für die Gesamtökonomie nicht ermittelt werden können. Dazu wäre es notwendig, jeder einzelnen Ware exakt den Anteil an Produktionsmitteln zuzurechnen, der nur auf sie (und nicht auch andere) entfällt. Das ist empirisch genauso wenig zu ermitteln wie der tatsächliche Anteil an den Gemeinkosten, der auf eine einzelne Ware entfällt.

97 Man stünde hier also vor dem gleichen Problem wie die Monetaristen, die eine von Inflation, dem Einfluss der Umlaufgeschwindigkeit des Geldes, kurz: die für ihre Geldmengensteuerung eine ›bereinigte Geldmenge‹ ermitteln wollen. (Herauszurechnen wäre bei uns aber auch, was wir als – auf absoluter Mehrwertproduktion beruhende – ›bloße‹ Expansion bezeichnet haben, was, siehe oben [Kapitel 2], empirisch ebenfalls unmöglich ist.)

98 Abzuziehen wären hier noch nicht einmal die reinen Handelsgewinne oder die aus Betrug, Raub etc., denn ihnen stünden ja entsprechende Verluste anderswo gegenüber. Berücksichtigt werden müssten aber, so schwer auch das einzulösen wäre, die Zinsgewinne, die mit der Ausweitung des Kreditvolumens bezahlt werden. (Zur Problematik siehe Kapitel 3 [Abschnitt: »Das Buchgeld«, S. 78]).

als Einkommen, das unmittelbar aus Geld erzielt worden ist, einerseits und als eines, das weder aus Geld noch aus bezahlter (konkreter) Arbeit resultiert, andererseits.[99]

Bisher sind wir von der Ware-Geld-Zirkulation ausgehend in die Produktionssphäre eingestiegen. Ab jetzt müssen wir den umgekehrten Weg gehen: In der Darstellung der produktiven Prozesse ist zu zeigen, *wie* unsere Kapitalbestimmung leistet, was sie leisten soll: den Mehrwert als sich selbst generierende Quelle für das reale Wachstum – für das Entstehen von Mehr-Geld aus Geld – nachzuweisen. Aber nicht nur das: die Kategorien der politischen Ökonomie, auf die jede Ideologiekritik sich, wie implizit bleibend auch immer, beziehen muss, um die Totalität des Kapitals gesellschaftlich zu erfassen, sind von uns jetzt – ob hinreichend oder nicht, muss sich natürlich erst noch erweisen – begrifflich entwickelt. Alles Weitere kann sich nur um die Frage drehen, ob die gesellschaftliche Realität des Kapitals diese Kategorien bestätigt oder dazu zwingt, sie zu korrigieren. Darauf zu hoffen, dass die Realität selbst sie obsolet macht, ist heutzutage wohl unbegründeter denn je.

---

99 Die Bezieher dieser beiden Arten des so genannten arbeitslosen Einkommens streiten erbittert um ihren jeweiligen Anteil am Mehrwert. Die Konsensfindung organisiert der Staat, der unter anderem auch für die Erledigung dieser Aufgabe mit einem Anteil am Mehrwert honoriert wird.

Kapitel 8 Die Kapitalreproduktion

Produktivität 223
Kapitaldynamik und Marktkonkurrenz 225
[Das Geldrätsel] 228
Die Lösung des Geldrätsels 230
Der Arbeitsfetisch 233
Die Durchschnittsprofitrate 235
Der tendenzielle Fall der Profitrate 237

Produktivität Um Geld in Kapital zu verwandeln, müssen Unternehmen Produktionsmittel und Arbeitskraft einsetzen und Waren herstellen, die auf den Warenmärkten zu Preisen verkauft werden, die hoch genug sind, damit sie aus dem Verkauf zumindest das Geld erlösen, das sie zuvor in der Produktion eingesetzt haben. Ansonsten gäbe das Unternehmen mehr aus als es einnimmt und das würde früher oder später (je nach ihrer Fähigkeit, dennoch Bonität zu akquirieren) sein Ende bedeuten. Natürlich, jedes Unternehmen will auch Gewinne machen; aber für sie gilt, im Unterschied zu Kaufleuten: nicht dieses Gewinnstreben – das gab es zu allen Zeiten –, nicht eine Gier nach Profit[1] – die gibt es auch und erst recht in einer einfachen Zirkulation – begründet die Dynamik des Kapitals,[2] sondern allein die kontinuierliche, in der Produktion hinter dem Rücken aller Beteiligten (also auch losgelöst von deren subjektiven Motiven, und somit auch unabhängig von den Gebrauchswerten, die sie bestimmten Waren beilegen), stattfindende Verwandlung von Geld in Kapital, indem jenes in ein prozessierendes Verhältnis zur Arbeit gesetzt wird. In dieser, von einem »automatischen Subjekt« angetriebenen »Verwertung des Werts«, wie Marx das nennt, generiert sich ein Prozess der sich ständig erweiternden Neubildung von Kapital.[3]

Doch die Notwendigkeit, damit Geld sich in Kapital überhaupt verwandeln kann, Geld in Bezug zur Arbeit (als solcher, in geldloser Form also) setzen zu müssen, damit überhaupt ökonomischer Wert entsteht und Mehrwert möglich wird, ist den Unternehmen grundsätzlich nicht präsent;[4] sie interessiert, und darin unterscheiden sie

1 Nach einem ›Mehr‹, Türcke! [Anspielung auf Christoph Türcke: Mehr! Philosophie des Geldes. München 2015.]
2 Möglichst billig einkaufen und möglichst teuer verkaufen ist das in jedem Tausch vorfindliche ökonomische Grundprinzip, kann also die spezifisch vom Kapital ausgehende Dynamik nicht erklären.
3 [Marx: Das Kapital, Erster Band, S. 167 f.]
4 Das war unter vorkapitalistischen Produktionsbedingungen noch anders: Jeder, der etwas herstellen wollte, was über den täglichen Bedarf hinausging, eine Kirche etwa, eine Burg oder befestigte Wege, wusste genau, dass er sich dieses Vorhaben

sich in gar nichts von (ja keinen Wert schöpfenden) Kaufleuten, letztlich allein der Geldausdruck.[5] Dennoch, allein die Arbeit *sans phrase*, die im Kapital in ein Verhältnis zum (ansonsten lediglich Tauschakte vermittelnden) Zirkulationsgeld gesetzt ist, indem sie in der Warenproduktion – dort eingegossen in die Form abstrakter Arbeit[6] – eine Synthesis mit Produktionsmitteln eingeht, schöpft den gesamten Wert, den die Unternehmen gesellschaftlich realisieren; man kann auch sagen: sie, die Arbeit in ihrer Identität mit sich selbst,[7] generiert das gesamte Bruttosozialprodukt (oder, in der anderen statistischen Fassung, das gesamte Nationaleinkommen) aller am Weltmarkt beteiligten Staaten, denn sie alle sind vom Weltmarkt abhängig und dieser wiederum ist abhängig davon, dass sich das Kapital immer produktiver reproduzieren lässt.[8]

Wie gesagt: Marx setzt zu Beginn des *Kapitals* den unmittelbaren Bezug aller Geldausdrücke auf den Arbeitswert, ungeachtet ihrer gesellschaftlichen Vermittlungen (die er erst später einholen will), voraus und ihn interessiert in der Bestimmung des Kapitalverhältnisses ausschließlich die operationalisierbare Form der Arbeit in der Produktion.[9] Deswegen sein intensives Eingehen auf die Einteilung des Arbeitstages in den Teil, der dem Wert der Reproduktionskosten der Arbeitskraft entspricht, und den, der den Mehrwert produziert. Diese Ausführungen sind keinesfalls obsolet,[10] doch sie differenzieren nur aus, was bis hier schon von uns als Kern des Kapitalverhältnisses auf den Begriff gebracht worden ist.[11] Sie können jedenfalls

abschminken kann, wenn es ihm nicht gelingt, mit welchen Mitteln auch immer, genügend Leute aufzutreiben, die die Arbeit machen.

5 Weil diese Unterscheidung zwischen Unternehmern und Händlern nicht empirisch erscheint, ja auch gar nicht erscheinen kann, denn die Realisierung des Mehrwerts kann ja allein in der Sphäre der Zirkulation stattfinden, werden im allgemeinen Bewusstsein, sobald jemand mit dem Einsatz von Geld Gewinne erlöst, Kapital und Geld synonym verwendet. Siehe dazu jedoch oben [Kapitel 7] die Bemerkungen zum Marx-Zitat.
6 Problematik des Substanzbegriffes. [Siehe dazu die Abhandlung »Marx als Fetisch« im Anhang des Buches.]
7 Also als Begriff, ohne jede Konkretion, also auch ohne Arbeiter!
8 Verweis auf den Krisenbegriff. [Siehe dazu das Kapitel »Finanzkrise und deutsche Kriegskasse«.]
9 Verständlich, weil er sich von der objektiven Werttheorie der Klassiker absetzen will.
10 Die Senkung dieser Reproduktionskosten als Quelle des Mehrwerts, [wie Frank] Engster zu betrachten, beweist, dass man den Kapitalbegriff nicht verstanden hat, siehe nächste Anmerkung.
11 Ähnliches gilt für die Unterscheidung von Marx in absolute und relative Mehrwertproduktion. Wir sprechen hier nur von der relativen: die absolute haben wir

Kapitaldynamik und Marktkonkurrenz Das Rätsel der wundersamen Geldvermehrung scheint jedenfalls, je tiefer wir in die Materie eindringen, statt sich zu lösen, eine Verschärfung zu erfahren: Wenn nur Arbeit Wert objektivieren kann, wie kann dann ein Prozess der Ersetzung von Arbeit den ständig wachsenden (Waren-) Reichtum kapitalistischer Gesellschaften produzieren, wie also kann sich in ihm aus Geld (Mehr-) Geld erzeugen?

keineswegs die Basis für eine Arbeitswerttheorie nach dem Muster des Arbeiterbewegungsmarxismus liefern.[12]

Es liegt nahe, sich exemplarisch ein einzelnes Unternehmen vorzunehmen, um an ihm zu demonstrieren, wie es sich reproduziert, um so eventuell hinter das Geheimnis zu kommen, wie aus weniger mehr wird. Und auf diese Weise wurde das bisher auch immer zu erklären versucht.[13] Aber das führt dazu, dass man instinktiv diesem

in den vorigen Kapiteln 6 und 7 schon behandelt und auf sie kommen wir erneut erst wieder dann zu sprechen, wenn wir die politischen Konsequenzen des Kapitalbegriffes in weiteren Beiträgen behandeln.

12 Für diesen ist die Mehrwertproduktion der Dreh- und Angelpunkt des gesamten *Kapitals* und der Mehrwert von daher eben nicht eine (wenn auch unbedingt notwendige) Konstruktion, um das Rätsel der wundersamen Geldvermehrung lösen zu können, sondern die Aneignung des Mehrwerts durch die Kapitalisten (die von diesen Marxisten in dieser Sache unweigerlich vorgenommene Personalisierung beweist im Grunde nichts anderes, als dass diese Marxisten mit dem Begriff des ›automatischen Subjekts‹ nichts anfangen können), die ›beweisen‹ soll, dass es sich beim Kapital um die private Aneignung gesellschaftlich produzierten Reichtums handelt. Werde dieser auch seiner Genesis entsprechend gesellschaftlich verteilt, so sei alles in bester Ordnung. Keinesfalls wollen wir bestreiten, dass die gesamte Kritik der politischen Ökonomie mit dem Begriff des Mehrwerts steht oder fällt: Infrage steht aber, auf wen dieser verteilt und wer über diese Verteilung entscheiden soll. (Darüber, dass man wohl kaum allen Mehrwert den Arbeitern zuschreiben kann, hat auch Marx einige Worte verloren.) Und mit dieser Frage befinden wir uns mitten drin in allen politischen Diskursen, die sich allesamt um diese Distributionsfrage drehen. Wenn die Antwort darauf lautet, und das allein wäre die logisch konsequente: Nur die körperlich Arbeitenden dürften die Verfügungsgewalt darüber haben, wie der von ihnen produzierte Mehrwert verteilt wird: Schön und gut. Doch dazu müssten sie geistige Arbeit aufbringen, denn ansonsten realisiert sich ihre Arbeit auf den Märkten nicht. Und wie wird die entlohnt? Dieses Problem überhaupt ausgiebig diskutieren zu wollen, läuft offensichtlich auf den reinen Unfug hinaus, den [Georg] Lukács mit seiner Theorie des Klassenbewusstseins [Geschichte und Klassenbewußtsein. Georg Lukács Werke, Bd. 2. Bielefeld 2013] hat beseitigen wollen, was ihm aber alles andere als gelungen ist.

13 Wobei schon von Beginn an die Schwierigkeit gar nicht berücksichtigt wird, dass es sich bei den Begriffen Wert, Mehrwert, Profit usw. per se um gesamtwirtschaftliche Größen handelt [siehe Kapitel 6], deren Anwendung auf ein

Unternehmen ein von ihm ausgehendes Motiv unterstellt, das es zur Ersetzung der Arbeit bewegt, dass also der Automatismus der Kapitalzirkulation (re-) personalisiert wird. Nicht hinreichend gewürdigt wird damit der von der Zirkulationssphäre ausgehende gesellschaftliche Druck,[14] der die Unternehmen in ihrer Gesamtheit – ob sie sich dessen bewusst sind oder nicht – dazu zwingt, zu tun, was sie tun, weil sie ansonsten schlichtweg die Einnahmen nicht mehr generieren, die notwendig sind, um ihre Ausgaben zu decken.[15] Die Unternehmen sind also, auch und gerade, was diesen Konkurrenzdruck anbelangt, wie ein einzelnes ökonomisches Subjekt aufzufassen.[16]

Natürlich weiß seit mehreren Jahrhunderten jedes einzelne Unternehmen, dass es Konkurrenten hat, denen es, wenn es nichts dagegen unternimmt, gelingt, die gleichen wie die von ihm produzierten Waren billiger als es auf dem Markt anzubieten. Und das Mittel, das diese Unternehmen einsetzen, um ihre Waren billiger produzieren zu können, kennt es auch: es gelingt ihnen, weil sie Geld in neue Produktionsmittel (beziehungsweise deren Neuorganisation) ›investieren‹. Genau das muss auch unser Unternehmen tun – ansonsten verschwindet es bald vom Markt. Die Gründe jedoch, warum diese Investitionen sein Unternehmen *produktiver* machen, können ihm herzlich gleichgültig sein, und sind es auch:[17] Dessen Manager denken allein in Kosten-Nutzen-Kategorien, für sie ist der Unterschied zwischen Rationalisierung und Produktivität so unerheblich wie der zwischen Geld und Kapital. Ansonsten hätten sie auch ihren Beruf verfehlt.[18]

einzelnes Unternehmen von daher schon höchstens eine begrenzte Erklärungskraft haben kann.
14 Und genau der wird als Antrieb der Dynamik des Kapitals von allen, die einen Primat der Produktions- über die Zirkulationssphäre behaupten, ausgeblendet, [wie etwa bei Moishe] Postone [Zeit, Arbeit und gesellschaftliche Herrschaft].
15 Natürlich hat es historisch Gebilde gegeben, die man als die ersten Unternehmen bezeichnen kann. Aber das ist empirisch nicht mehr zu rekonstruieren. Verweis auf diesen Druck bei den Individuen, der sie zwingt zu arbeiten.
16 Verweis auf Durchschnittsprofitrate. [Siehe dazu den Abschnitt »Die Durchschnittsprofitrate« dieses Kapitels.]
17 Die [Gründe] interessieren nur einige Ökonomen. Und auch für die gilt letztlich der Grundsatz: Es ist halt so, wie es ist. Ökonomen sind ›von Natur‹ aus Ontologen, keine Transzendentallogiker.
18 Verweis auf das Warenhandlungskapital bei Marx. [Siehe dazu das 16. Kapitel des dritten Bandes des *Kapitals*.] Nochmaliger auf die Notwendigkeit der Betonung der Trennung von Rationalisierung und Produktivität. [Siehe dazu den Abschnitt »Rationalismus und Rationalität« in Kapitel 12.]

Dabei sind diese Gründe alles andere als mysteriös: Jeder kann – und jetzt müssen auch wir Zuflucht zu einem Einzelfall nehmen – intuitiv (was heißt: wir haben die Produktionsweise des Kapitals längst verinnerlicht) nachvollziehen, dass mit einer Maschinerie, die fünf Arbeitskräfte zur täglichen Produktion von 1000 Spezialschrauben benötigt, dann, wenn es gelingt, diese Maschinerie so zu erweitern, dass mit denselben Arbeitskräften täglich 1500 dieser Schrauben hergestellt werden, einen Spielraum zur Senkung der Verkaufspreise gewinnt.[19] Wenn auch natürlich nur unter zwei wesentlichen Bedingungen: Die Kosten der Erweiterung der Maschinerie müssen trotz der Senkung der Preise ›eingespielt‹ werden und der Markt muss die Erhöhung dieser Menge auch aufnehmen können.[20]

Wie diese Preise auf den Märkten realisiert werden, haben wir in den *Mechanismen der Preisbildung* ausführlich dargestellt [Kapitel 2]. Mit der produktiven Reorganisation im Inneren der Betriebe gelingt jedenfalls das ›Wunder‹, dass die allermeisten Unternehmen – die wenigen, die pleitegehen, haben halt ›schlecht gewirtschaftet‹ –, so sehr sie auch, oder gerade weil sie in Konkurrenz zueinander stehen, sich nicht gegenseitig aus den Märkten verdrängen, sondern auf diesen allesamt irgendwo und irgendwie ihr Auskommen finden.[21] Und gleichgültig, ob der Gewinn in den einzelnen Unternehmen steigt, gleich bleibt oder fällt: jedes von ihnen macht zumindest über längere Zeit hinweg keinen Verlust, und vor allem: den Gewinnen aller Unternehmen in der Summe steht kein entsprechender Verlust anderer gegenüber.[22]

Weil es nahezu unwillkürlich immer wieder geschieht, ist wiederholt zu betonen, dass man so wenig wie Preis und Wert ebenso

---

19 Allein diesen Spielraum bezeichnen die Ökonomen im Übrigen als Produktivität. Um diesen Fall auf die Kapitalformel zu beziehen: gleichgültig, welche quantitativen Größen man zugrunde legt, qualitativ hat sich das Verhältnis von ›c‹ zu ›v‹ zugunsten von ›c‹ verschoben. Und an dieser Stelle sei noch der zentrale Fall angeführt, der deutlich macht, dass den Waren ihr Wert in allen denkbaren Fällen nicht den Produktionsmitteln, sondern nur der Arbeit verdankt: Gäbe es eine Fabrik, die Tag und Nacht beständig solche Schrauben produziert, ohne dass überhaupt menschliche Arbeit aufgebracht werden muss, wäre bald der Punkt erreicht, an dem sie nichts mehr kosten würden, wenn sie nicht künstlich, das heißt: ebenfalls durch Arbeit, wieder verknappt werden.
20 Dasselbe kann man statt über die Erhöhung der Mengen über eine Steigerung der Qualität durchspielen. Und es gibt eine Vielzahl möglicher Fallbeispiele, die in dieser Weise die Kapitalproduktivität evident machen.
21 Was von der Bedeutung der zweifellos vorhandenen Monopolisierungstendenz zu halten ist und wie sie in die Konkurrenzbedingungen der Märkte einzuordnen ist, haben wir [in Kapitel 5] erläutert.
22 [Siehe dazu den Abschnitt »Das Rätsel des Wachstums« in Kapitel 6.]

wenig Unternehmensgewinn mit Mehrwertproduktion gleichsetzen darf. Denn die in ihren Bilanzen ausgewiesenen Gewinne der Unternehmen beruhen teilweise auf reinen Handelsgewinnen, ganz abgesehen davon, dass der Ausweis ihrer Gewinne steuerrechtlichen und bilanztechnischen Vorgaben folgt, also ihre reale ökonomische Situation nur sehr vermittelt zum Ausdruck bringt. Eine empirisch verifizierbare, gesamtgesellschaftliche Gewinnsumme aller warenproduzierenden Unternehmen könnte man, wenn auch nur mit riesigem Aufwand, allein unserer Welt-GR entnehmen: Als Maßgröße dürften natürlich nicht die entsprechenden Warenpreise herangezogen werden, denn die verdanken sich dem Markt und nur vielfältig vermittelt der Warenproduktion.[23] Aber rechnet man die in der Spalte Arbeitszeit angegebene Größe in Geld um, kann die so gebildete Größe sogar unmittelbar mit dem Mehrwert gleichgesetzt werden.[24] Vom Prinzip her ließe sich mittels dieses Verfahrens natürlich auch der in einzelnen Unternehmen produzierte Mehrwert ermitteln – doch muss einem klar sein, dass dies noch weniger eine Aussage über den ökonomischen Erfolg dieses Unternehmens zulässt als der von ihm in der Bilanz ausgewiesene Gewinn. Dennoch: nur die im Mehrwert erfasste Produktivitätssteigerung kann dafür verantwortlich sein, dass normalerweise und über längere Zeiträume hinweg dauerhaft, mit stetig gesamtgesellschaftlich steigenden Investitionen in Produktionsmittel auch die Geldsumme der Unternehmensgewinne stetig steigt. Und dieser Befund ist empirisch unangreifbar; in ihm reproduziert sich die kapitalistische Praxis (manifestiert sich deren Überlegenheit über alle anderen Produktionsweisen). Doch woher stammt das Geld, das diese Steigerungen repräsentiert?

[Das Geldrätsel] An dieser herrschenden Praxis der Warenproduktion orientieren sich auch die Ökonomen – und verfehlen ihren Gegenstand gerade damit: denn sie kennen nur diese Praxis. Das Entscheidende, um das Geldrätsel lösen zu können, muss also noch ausgeführt werden. Fest steht: Aufgrund der Produktivitätssteigerung sammelt sich immer mehr Zirkulationsgeld in den Unternehmen an, und zwar ohne dabei – denn das ist ja das zu lösende Rätsel – auf Kosten anderer ökonomischer Subjekte zu gehen, denn wenn nicht deren Geldbesitz, so steigt doch deren Warenkonsum, in der statistischen Gesamtheit gesehen, ebenfalls stetig; das reale

---

23 [Siehe dazu Kapitel 2.]
24 Siehe das oben [Kapitel 1] zum prinzipiell Berechenbaren Gesagte.

[Das Geldrätsel]

Wachstum stellt nichts anderes dar als den Geldausdruck dieser Steigerung des Warenverbrauchs.[25] Doch wir unterstellen ja weiterhin Äquivalententausch und darin ist impliziert, dass die Geldmenge nicht erhöht worden ist. Doch empirisch haben weder die Konsumenten noch der Staat weniger Geld zur Verfügung: auch bei ihnen ist, wie bei den Unternehmen, weit eher das Gegenteil der Fall.

Wie den Ökonomen ist es uns angesichts der Komplexität der Vorgänge in der Welt-GR unmöglich, alle Prozesse, die diesem Befund zugrunde liegen, im Einzelnen nachzuvollziehen. Wir können in dieser Sache nur auf unsere Ausführungen zur Messung der Inflationsrate verweisen.[26] Wir erstellen deshalb in dem dort vorgetragenen Sinne einen Warenkorb mit ausgewählten, den Konsumenten zur Verfügung stehenden Endprodukten, die zum Zeitpunkt t_1 1000 Euro kosten, und können nun feststellen, dass ein jeder Konsument sich – aufgrund der Produktivitätssteigerung in den Unternehmen, ein anderer Grund ist nicht vorstellbar, und er wird von den Unternehmen als solcher auch vollkommen akzeptiert – zum Zeitpunkt t_2 für dasselbe Geld mehr (oder qualitativ bessere) Waren erwerben kann. Und was bei den Unternehmen bezogen auf deren Gewinn gilt, nämlich dass im Resultat eine Steigerung der Gesamtsumme ihrer Gewinne zu verzeichnen ist, zeigt sich auf der Konsumentenseite darin, dass sie in ihrer Gesamtheit an der Verbilligung der Waren partizipieren.[27]

Nimmt man nun an, die Konsumenten haben zum Zeitpunkt t_2 genau dieselben Waren erworben wie zum Zeitpunkt t_1, dann haben sie Geld ›gespart‹. Wenn wir nun behaupten, dass dieses ›überschüssige‹ Geld bei den Unternehmen – das ist natürlich nicht anders als durch die vielfältigsten Vermittlungen durch den Finanzsektor hindurch möglich – als Gewinn wieder auftaucht (allerdings, um es noch einmal zu betonen, alles immer nur auf die gesellschaftliche Gesamtheit, nicht auf einzelne Unternehmen oder Konsumenten bezogen), haben wir den Anfang zur Lösung unseres Problems in den Händen. (Auch wenn wir hier, zugegebenermaßen, die Feststellung von Keynes, dass die Sparquote gleich der Investitionsquote sei,[28] nur im Hinblick auf die von ihm ersehnten Multiplikatoreffekte

---

25 Verweis auf die »ungeheure Warensammlung« [aus dem ersten Satz des Marxschen *Kapitals*].
26 [Siehe dazu Kapitel 4, Abschnitt: »Die Maße für Wachstum und Inflation«.]
27 Selbstredend gibt es wie bei den Unternehmen Gegenbeispiele, aber es geht hier um das gesellschaftliche Gesamtresultat.
28 [Siehe dazu Anm. 14 im dritten Kapitel.]

umgeformt haben. Aber warum soll uns nicht gestattet sein, was man den Keynesianern zugesteht?)

Bei dieser Rechnung darf natürlich nicht verschwiegen werden, dass es sich hier, rein kreislauftheoretisch gedacht, um so etwas wie ein Scheinproblem zu handeln scheint: denn berücksichtigt man, dass die Unternehmen ihre Gewinne nur machen, wenn sie zwar billigere, aber dafür auch ein Mehr an Waren verkaufen müssen, scheint für die Umwandlung der Spar- in die Gewinnquote gar kein Raum vorhanden. Oder anders: wenn die Konsumenten sparen, dann geht das, so betrachtet, irgendwo auf Kosten des Warenabsatzes anderer Unternehmen und der Gewinn bleibt bei diesen aus. Das Gleichgewicht scheint wiederhergestellt; es bliebe also alles beim Alten, Einfachen: Gewinn macht man nur auf Kosten anderer. Doch hier müssen wir daran erinnern [siehe Kapitel 5], dass die in unserem Warenkorb enthaltenen Waren – und nicht nur die, sondern allesamt – ja nur unter dem Verdikt ihres Verschwindens aus der Ware-Geld-Zirkulation existieren. Man kann es auch so sagen: die Warenproduktion bildet ein offenes, die Geldzirkulation hingegen ein geschlossenes System. Und daraus folgt der Schluss, den jeder als auch von ihm gemachte Wahrnehmung nachvollziehen kann: Je schneller die Waren aus dem Ware-Geld-Kreislauf verschwinden, umso größer die Möglichkeit, mit der Produktion neuer, x-beliebiger Waren weiteres, aus dem geschlossenen Geldkreislauf stammendes Geld für sich zu generieren.

Die Lösung des Geldrätsels Allein auf die Geldzirkulation bezogen, stehen wir aber jetzt vor einem riesigen Problem, ein Problem, das Keynesianer durchweg verdrängen: Denn bei dem gesparten Geld der Konsumenten und dem gewonnenen der Unternehmer handelt es sich, folgt man unserer Darlegung, um ein- und dasselbe, es hat aber, und das ist hochgradig fatal, verschiedene Eigentümer. Und nimmt man den Staat hinzu, der sich ja einen Teil davon abzweigt [siehe Kapitel 5 und 6], wird die Sache erst recht vertrackt.

Lösen lässt sich dieses Problem einzig damit, dass, von woher und wie auch immer, mehr Geld in die Zirkulation eingespeist werden muss. Ansonsten muss der Geldkreislauf irgendwo stocken, was dann in der Sprache der Ökonomen heißt: die Konjunktur wird abgewürgt. Aber sie können sich auch unserer Sprechweise nicht verschließen, wenn wir diesen Fall so charakterisieren, dass hier trotz vorhandener Werte bei potentiellen Käufern (an anderen Stellen, besonders bei der Behandlung der Submärkte, haben wir diese Werte auch – in der Sprache der Juristen – Titel genannt) einzig das Geld fehlt, diese Werte auch zu realisieren.[29] In ihrer Not greifen diese Käufer auf den Ausweg zurück, der zur Lösung aller ökonomischen Probleme am nächsten liegt: Sie nehmen einen Kredit auf. Auf diese Weise weiten sie die ihnen zur Verfügung stehende Geldmenge aus, aber gesamtwirtschaftlich gesehen verlagert sich ihr Problem nur: denn Kredite haben, wir wiederholen uns, die unangenehme Eigenschaft, dass sie zurückgezahlt werden müssen. Was unseren Käufer betrifft: Dank des Krediteses ist er liquide und kann die Ware, die er ansonsten mit seinem eigenen Geld gekauft hätte, erwerben. Doch woher nimmt er nun das Geld, mit dem er den Kredit zurückzahlt?

Es ist natürlich ein Trugschluss, zu behaupten, für diesen Käufer habe sich der Preis der Ware, die er auf Kreditbasis erwirbt, verdoppelt. Doch er ist unbedingt darauf angewiesen, dass der Wert, auf den hin er den Kredit aufgenommen hat, sich spätestens in der Zeitspanne in Geld verwandelt, in der er den Kredit zurückzahlen muss. Wenn dies nicht geschieht, dann erweist der Wert sich als nicht realisierbar, als wertlos, und er muss tatsächlich den doppelten Preis zahlen.[30] Doch unterstellt, ihm gelingt die Realisation des Wertes: auch dieses Geld muss ja dem Geldkreislauf entnommen werden – und wir stehen wieder am Anfang des Problems, nur dass seine Geldklemme sich an einen anderen Ort verlagert hat, wenn sich die Geldmenge nicht erweitert hat, aus Gründen, die wir in den vorigen Kapiteln 3 bis 7 abgehandelt haben.

In den vorangegangenen Kapiteln haben wir auch schon darauf hingewiesen, dass die Bürger einen Erfindungsreichtum sondergleichen an den Tag legen, dieses in die Zirkulation zusätzlich einzuspeisende Geld irgendwie zu generieren. Gesondert erwähnt seien hier nur die Rolle, die eine Erhöhung der Umlaufgeschwindigkeit des Geldes dabei spielt,[31] sowie die schleichende Inflation – die also, die der Monetarismus seit Jahrzehnten ›erfolgreich‹ bekämpft. In ihr löst sich das aus der Produktivitätssteigerung des Kapitals entstehende Geldmengenproblem, nämlich dass es mehrere Eigentümer für dasselbe Geld gibt, auf dem Rücken der Gesamtheit aller

---

29 Die Ökonomen verwenden den Ausdruck Wert sowieso ständig, geben sich aber keine Rechenschaft von dessen Bedeutung, siehe [Hans-Georg] Backhaus: [Dialektik der Wertform].
30 Das wird ihm nicht allzu oft passieren dürfen. Verweis auf Griechenland. [Siehe den Aufsatz »Der Euro und sein Staat« von M. D. im Anhang des Buches.]
31 [Siehe zur Umlaufgeschwindigkeit den Abschnitt »Kapital und Zeit« in Kapitel 7.] – Wechselgeschäfte, [Christoph] Türcke: [Mehr!], [David] Graeber: Nationalbanken, [Felix] Martin: [Geld, die wahre Geschichte].

Geldeigentümer: Geld verliert in einer Inflation an Wert und mit diesem Wertverlust verliert auch das für die Kreditrückzahlung aufzubringende Geld an Wert und vermag so einen Teil der durch die Kapitaldynamik aufgerissenen Löcher im Geldkreislauf zumindest teilweise wieder aufzufüllen. Wobei der Witz gerade an dieser automatischen Lösung darin besteht, dass man ja dann, wenn man genau wüsste, wie viel Mehrwert das Kapital produziert, nur genau die ihm entsprechende Geldmenge an genau den Stellen in den Geldkreislauf neu einspeisen müsste, an denen das Liquiditätsproblem auftritt, und das Problem der doppelten Eigentümerschaft derselben Geldmenge träte gar nicht erst auf. Diese Geldvermehrung müsste auch jeden Stabilitätsfanatiker zum Verstummen bringen: denn sie wäre absolut inflationsneutral.

Denn durch sie ist ja das Grundprinzip aller Ökonomie: dass jedem Geldquantum eine ihm äquivalente Leistung gegenüberstehen muss, um ›gedeckt‹ zu sein,[32] nicht nur nicht durchbrochen, sondern verhilft ihm erst vollständig zur Geltung: der Sparquote der Konsumenten entspricht dann die produktive Leistung in den Unternehmen. Gelänge es, und das ist der Traum aller Ökonomen, Monetaristen wie Keynesianern gleichermaßen,[33] die den Konsumenten zur Verfügung stehende Geldmenge in derselben Höhe auszuweiten, die der Höhe der Produktivitätssteigerung in den Unternehmen äquivalent ist, dann steht dem krisenfreien Kapitalismus nichts mehr im Wege.

Für das, was den Monetaristen gar nicht erst gelingen kann, weil sie vom Wert keinen Begriff haben (und auch gar nicht haben wollen), können auch wir keine Praxisanleitung liefern: Die Auswirkungen der Kapitalakkumulation auf die Geldmenge sind mit denen vergleichbar, die die Submärkte[34] auf sie haben: Ob die auf diesen Märkten ausgewiesenen (was das Kapital betrifft: von ihm produzierten) Werte[35] sich in Geld verwandeln lassen, ist erst entschieden, wenn sie tatsächlich in einem Verkauf in Geld realisiert worden sind.

32 [Siehe zum ›gedeckten Geld‹ den Aufsatz »Deutsches Geld« im Anhang des Buches sowie Anm. 69 in Kapitel 5.]
33 Sie unterscheiden sich allein in den Mitteln, dies zu erreichen: die einen durch rigorose Spar- und Stabilitätspolitik, die anderen durch eine direkte Ausweitung der Geldmenge. [Siehe dazu auch die »Diskussion zu *Der Euro und sein Staat*« zwischen M. D. und Gerhard Scheit im Anhang des Buches.]
34 [Siehe dazu den letzten Abschnitt in Kapitel 3.]
35 Auch hier kommen die Ökonomen um diesen Begriff nicht herum, denn dass man etwa bei der Ermittlung des Wertes eines Aktiendepots anders vorgehen muss, als einfach die aktuellen Börsennotierungen zugrunde zu legen, ist ihnen

Ohne diese Realisation in der Zirkulation ist jede monetaristische Maßnahme, die die Geldmenge in Höhe der Produktivitätssteigerung ausweiten will, hochspekulativ; bleibt auf *trial and error* angewiesen. Keiner kann vorausberechnen, wer wie viel Mehrwert produziert, keiner vorhersehen, wo diese Mehrwertproduktion welche Löcher im Geldkreislauf aufreißt. All diese und viele weitere Informationen mehr bräuchte aber eine jede Geldmengenpolitik – und auch ein Marxist, der die Mehrwerthöhe exakt berechnen wollte.

Wir können nur festhalten: Alles, was wir zum Ware-Geld-Kreislauf ausgeführt haben, ist Voraussetzung dafür, dass Kapital existieren und zirkulieren kann; jede Handlung dort hat Auswirkungen auf die Existenzweise hier. Doch keiner kann anders als spekulativ im Voraus wissen, welche Handlungen welche Auswirkungen haben.[36] Und umgekehrt gilt dasselbe analog: Die Kapitalzirkulation ist Voraussetzung der Vorgänge in der Ware-Geld-Zirkulation. Jede Änderung hier hat Auswirkungen dort. Was das Kapital betrifft, kommt jedoch noch ein wichtiger Aspekt hinzu: Die Dynamik in der Zirkulationssphäre geht allein von der Kapitalzirkulation aus, so sehr diese auch allein von jener erzeugt wird. Von hier aus wären die vorangegangenen Kapitel neu zu lesen. Verändert werden brauchen sie nicht, denn sie wurden schließlich von hier aus geschrieben.

Der Arbeitsfetisch[37]   Nicht nur Ökonomen, sondern besonders Politiker haben im Einklang mit dem ›gesunden Menschenverstand‹ gegen unsere Ausführungen zur Ersetzung der Arbeit durch Geld einen äußerst gewichtigen Einwand zur Hand: Mag ja sein, so sagen sie, dass die Produktivitätssteigerung auf der Ersetzung der Arbeit durch Produktionsmittel beruht, doch diese Produktionsmittel müssen ja in anderen Unternehmen produziert werden und dort entstehen dadurch neue Arbeitsplätze. Es ist kaum zu glauben, wie viel geistige Energie seitens der Vertreter der öffentlichen Meinung darauf verwendet wird (vor allem, weil einem der Sinn dieser Erklärungen reichlich verborgen bleiben muss), einem zu erklären, dass

vollkommen klar. Bei diesen Werten handelt es sich natürlich nicht um Arbeitswerte, sondern um ideelle [siehe Kapitel 3 und 4].

36 Es sei denn, man greift politisch nicht nur distributiv in die Geld-Ware-Zirkulation ein, sondern so, dass der Druck auf die Unternehmen nachlässt, immer produktiver zu produzieren: Der reale Sozialismus als auch der Nationalsozialismus sind prototypische historische Beispiele dafür; die arabischen und islamischen Staaten aktuelle. Auf die [daraus resultierenden] Folgen werden wir unten noch [in Kapitel 9] eingehen.

37 »Praxisfetisch?«

die Produktivitätssteigerung in dem einen Betrieb nicht zu einem Verlust an Arbeitsplätzen, sondern in der Gesamtheit gar zu deren Vermehrung führt; dass es sich also auch bei der Produktivitätssteigerung in Bezug auf die Arbeit – schlimmstenfalls! – um ein Nullsummenspiel handelt. (Dass damit dann im Resultat die Möglichkeit bestritten wird, zu einem realen Wachstum überhaupt zu kommen, ist ihnen dabei gleichgültig.)

In seiner Möglichkeit prinzipiell bestreiten wollen wir diesen Befund keineswegs, auch wenn wir ihm äußerst skeptisch gegenüberstehen.[38] Wir wollen vielmehr fragen, warum in aller Welt so viel Wert darauf gelegt wird, die Ersetzung von Arbeit in der Steigerung der Produktivität mit dem (durchaus ja nicht von vornherein unberechtigten) Hinweis auf die Entstehung von Arbeitsplätzen andernorts überhaupt ausgleichen zu wollen.

Dazu muss man darauf verweisen, dass es nur drei Möglichkeiten für den Konsumenten gibt, der Zirkulationssphäre das Geld zu entziehen, das er für die Aufrechterhaltung seines Warenkonsums aufbringen kann (und dass er das – auf die Gesamtheit aller Konsumenten hin gesehen – in immer größeren Geldquanten kann, ist, wie gezeigt, Voraussetzung dafür, dass die Unternehmen Kapital überhaupt bilden können): Eine [Möglichkeit], und das ist die zentrale, ist die, dass er als Arbeitskraft in das Produktionsverhältnis eintritt, und das Geld, das ihm Unternehmen dafür zahlen, für seinen Konsum verwendet.[39] Die andere ist die, dass er Geld in Submärkten (Immobilien, Aktien, Sachwerten wie Antiquitäten, Kunstwerken oder Gold, Devisen, bis hin zum einfachen Sparbuch) angelegt hat, so dass er die ihm von dort zufließenden Zinsen, Dividenden und Wertsteigerungen für seinen Konsum verwenden kann. Und die dritte schließlich ist die, dass er seinen Konsum vom Staat bezahlt bekommt: sei es als dessen Angestellter, sei es als Sozialhilfeempfänger, sei es als Gefängnisinsasse. Diese Dreiteilung ist für die politischen Auseinandersetzungen um die Distribution der vorhandenen Geldmenge in einem jeden Staat zentral, wir werden sie unten näher behandeln; hier geht es darum, zu zeigen, dass unter kapitalistischen Bedingungen nur die eine Einkommensart, und zwar die erste, also die aus Arbeit, legitim ist. (Denn, wie gezeigt: jeder Geldeinnahme muss eine Leistung gegenüberstehen, sonst funktioniert die Äquivalentenökonomie nicht.) Die zweite, also die aus Geldbesitz

---

38 Beispiel des Schraubenfabrikanten, der zwar zwei Arbeitskräfte in der Produktion einspart, sie dann aber im Marketing beschäftigt.
39 Das ist das, was Marx in der Variablen ›v‹ erfasst.

erwachsende, wird dementsprechend darauf ›zurückgeführt‹, dass sie auf vergangene Arbeit zurückgeführt wird (wie bei Marx!), und die dritte, die vom Staat finanzierte, wird von den einen mehr, den anderen weniger, als Schmarotzertum angesehen. Jedenfalls gilt für alle Varianten, wir haben es schon festgestellt: ohne Leistung kein Geld; wer nicht arbeitet (oder je, und seien es auch nur die Vorfahren, gearbeitet hat), soll auch nicht konsumieren dürfen. Und so werden alle möglichen Arbeiten erfunden, die einen Anspruch auf Geld begründen sollen, ohne dass ihnen irgendwer, geschweige die Arbeitenden selbst, irgendeinen Sinn abgewinnen können.

Unter allen Umständen muss in dieser Gesellschaft die Vorstellung aufrechterhalten werden, ein jeder könne sich, so er denn willig ist, in ihr mit seiner Arbeit seine Reproduktion sichern.[40] Dass dies besonders vehement vor allem von denen behauptet wird, die ihr Geld aus Geldanlagen oder geistiger ›Arbeit‹ beziehen, also von Heuchlern, braucht hier nicht weiter zu interessieren, denn es geht darum, erklären zu können, wie aus einem an sich ja nur zu begrüßenden Umstand, nämlich dem, dass die Kapitalproduktivität Arbeit überflüssig macht, die Idiotie erwächst, dass nur der, der irgendeine Leistung für die ungehinderte Reproduktion von Kapital erbringt, auch essen und also leben darf.

Die Antwort auf die oben gestellte Frage:[41] Selbstverständlich werden in den ›Zulieferbetrieben‹ neue Arbeitsplätze geschaffen. Dass das aber nur kurzfristig, also in der Sprache der Ökonomen: nur konjunkturell gelingt, langfristig aber Arbeitskraft, insgesamt gesehen, immer überflüssiger wird, zeigt jeder Blick nicht nur in die Arbeitslosenstatistik, sondern vor allem auf die Verfahren, wie man mit diesen Überflüssigen (dem Lumpenproletariat) fertig zu werden versucht.

Die Messung des Reichtums ist eine einfache Sache: [mittels] Warenkorb (aus nichts als überlebenswichtigen Gütern)[. Aber] weltweit mit welcher körperlichen Arbeit?

Die Durchschnittsprofitrate   Das Rätsel des Kapitals ist gelöst. Aus Geld entsteht mehr Geld in dem Maß, in dem die Ersetzung von

---

40 Diese Verwechslung von Arbeit mit Leistung (die ist kapitalbedingt: nur mit ihr ist Geld gedeckt) ist historisch und religiös-traditionell bedingt.

41 [M. D. nimmt hier Bezug auf die eingangs in diesem Abschnitt erwähnte Feststellung: »Es ist kaum zu glauben, wie viel geistige Energie seitens der Vertreter der öffentlichen Meinung darauf verwendet wird (vor allem, weil einem der Sinn dieser Erklärungen reichlich verborgen bleiben muss), einem zu erklären, dass die Produktivitätssteigerung in dem einen Betrieb nicht zu einem Verlust an Arbeitsplätzen, sondern in der Gesamtheit gar zu deren Vermehrung führt.«]

Arbeit in der Produktion durch Produktionsmittel gelingt. Bei diesem Befund spielt es keine Rolle, wie man dieses Maß misst; ob in Preisen oder Arbeitswerten, zumal eine auch nur annähernd exakte Größenbestimmung dieses Maßes in beiden Fällen unmöglich ist. Der kapitalistisch produzierte (also allein dem Kapital, das dem Äquivalententausch entspringt, und somit keiner ihm immanenten Gewalt zu verdankende) Reichtum steigt – im ökonomischen Ganzen, also: weltwirtschaftlich und über längere Zeiträume hinweg – kontinuierlich; ob man die Verteilung dieses Reichtums auf die Bevölkerung in den Einzelstaaten oder weltweit für gerecht hält, ist eine ganz andere Frage, wie auch die, welche äußeren Gewalt- und Herrschaftsverhältnisse das Kapital für seine Vermehrung benötigt. Gegen diese empirische Tatsache ist ein jeder Einwand sinnlos. Der Unterschied zwischen der Maßeinheit der Ökonomen und der, die Marx vorschlägt, besteht im Kern allein darin, dass die Ökonomen die Realität nur beschreiben und die Voraussetzungen für deren rätselhafte Dynamik (was heißt: dass sie die Freiheit der Geldeigentümer, mit ihrem Geld tun und lassen zu können, was sie wollen) schicksalhaft hinnehmen, Marx aber darüber hinaus (nicht: dagegen!) den Mehrwert als den Grund analysiert, der diese Realität erst ermöglicht.

Die weltwirtschaftliche Gesamtheit derjenigen Unternehmen, die aufgrund der bestehenden Konkurrenzverhältnisse gezwungen sind, Gesamtaufwendungen für Produktionsmittel in ein Verhältnis zu setzen zur für deren Anwendung (körperlich) notwendig verausgabten, gesellschaftlichen Durchschnittsarbeitszeit, und zwar in der Weise, dass Geld Arbeit (erfolgreich) ersetzt, erzeugt einen gesamtwirtschaftlichen Mehrwert, der sich gesamtwirtschaftlich in einer Durchschnittsprofitrate zum Ausdruck bringt (die dann in dem von den Statistikern ermittelten realen Wachstum eine wiederum andere Ausdrucksweise findet). Spätestens jetzt wäre zu erwähnen, dass Marx, um die Kapitalakkumulation darzustellen, auch hier wieder der Einfachheit halber zunächst unterstellt, dass in den Unternehmen der in ihnen produzierte Mehrwert direkt zur Erhöhung von ›c‹ verwendet wird. So sehr Marx dann besonders im höchst fragmentarischen dritten Band des *Kapitals* auch um die Klarstellung bemüht ist, dass der Mehrwert nirgendwo anders als in der Zirkulationssphäre in eine Durchschnittsprofitrate aufgeht – die Marxisten lesen diese Vereinfachung so, als generiere sie – und nicht die Konkurrenz um eine über dem Durchschnitt liegende Profitrate (neben der um eine höhere Produktivität) – die Dynamik des Kapitals. Kein Mensch, keine Institution und also auch kein Staat kann diese Dynamik bewusst oder gar geplant kontrollieren: sie erzeugt allein sich selbst: als »Verwertung des Werts« in der Form eines »automatischen Subjekts«. Doch wir haben bis hier vom Mehrwert allein ökonomisch gesprochen, politisch ergibt sich aus der Mehrwertproduktion aber ein Spielraum des Politischen, der für den Kapitalismus charakteristisch ist und nahezu alle politischen Diskurse dominiert, da diese in der einen oder anderen Form auf ihn zurückzuführen sind. Denn der Staat zweigt ja dank seiner Steuererhebung einen Teil des Mehrwerts für sich ab.[42] Man kann es auch so sagen: Nicht der Staat selbst, *der* keineswegs [siehe Kapitel 5], aber alles Staatshandeln hängt in seiner Finanzierbarkeit am Tropf des Kapitals, das heißt vom ökonomischen Erfolg seiner Bürger ab. (Was nicht auch heißt, dass das Ökonomische einen Primat über das Politische innehätte.)

Alles arbeitslose Einkommen (die Revenue, wie Marx das nennt, als Teil des Profits, die Zinsen, Mieten/Pachten, Renten, einschließlich dessen, was einem der Staat bezahlt[43]), geht auf die in den Unternehmen sich ständig erneut generierende Steigerung der Produktivität, also die dort stattfindende Kapitalakkumulation, zurück. Auch das bestätigt unsere Auffassung, dass die von uns in der Welt-GR erfasste Geldzirkulation Voraussetzung der Kapitalzirkulation ist. Das Politische kann einzig die Verteilung dieses so produzierten Reichtums zu organisieren versuchen. Und darüber, wie das geschieht und einzig geschehen kann, ohne diese Dynamik zu zerstören, wird im Schlussteil zu reden sein.[44] Wir wollen zuvor an dieser Stelle unseren ökonomischen Befund bezüglich des Kapitals in seiner Validität bestätigen. Und diese Validierung hat Marx erst im dritten Band des *Kapitals* unternommen, sie gehört aber mit in die Bestimmung des Kapitals selbst hinein, denn es geht dabei um dessen Krise, die umso unausweichlicher ist, je erfolgreicher es sich reproduziert.

Der tendenzielle Fall der Profitrate Wir wollen umstandslos zugeben: alle Krisen, die die Ökonomen bisher als solche erkannt haben, können auf ein Fehlverhalten der ökonomischen Subjekte zurückgeführt werden, das einer reibungslosen Kapitalzirkulation Hindernisse in den Weg gelegt hat. (Sie reden natürlich nicht vom Kapital,

---

42 Verteilung des Kuchens: Vorteil, wenn der größer wird.
43 Trinitarische Formel.
44 Verweis aus Hegemonieartikel. [Siehe das Kapitel »Finanzkrise und deutsche Kriegskasse« im vorliegenden Band.]

sondern vom Funktionieren der Ökonomie, also von Konjunktur, Wachstum, Inflationsrate, Arbeitslosigkeit usw.) Natürlich herrscht unter ihnen alles andere als Einigkeit darüber, welches Verhalten zu welchen Fehlern geführt hat, doch dass ein anderes Verhalten die jeweils aktuelle Krise hätte vermeiden können, wollen wir umstandslos zugestehen. Aber so wenig es bisher auch nur einem einzigen Ökonomen gelungen ist, das reale Wachstum auf einen tragfähigen Grund zurückzuführen, so wenig ist je einem gelungen, obwohl unendlich viele das immer mal wieder behauptet haben, ein Verhalten auch nur einigermaßen präzise zu skizzieren, das garantieren könnte, dass es zu keinen Krisen in der Ökonomie mehr kommt. Historisch haben sich alle Theorien, die die Bedingungen einer krisenfreien Ökonomie formulierten, als utopische Träumerei erwiesen. Mit der Marxschen Kapitalformel lässt sich zeigen, dass das Kapital aus sich selbst heraus in seine Krise geraten muss und kein auch noch so kapitalkonformes Verhalten ihr entgehen kann.

Dazu muss man aus ihr durch mathematische Äquivalenzumformungen zwei Verhältnisbestimmungen ermitteln: zum einen die Durchschnittsprofitrate, zum anderen die Mehrwertrate. (Ebenso klar sollte sein, dass dies nur auf der Basis des Arbeitswerts möglich ist.) Die erste setzt ›C‹, also das gesellschaftliche Gesamtkapital, in ein Verhältnis zur neu eingeführten Variablen ›p‹, die dem gesellschaftlichen Gesamtgewinn entsprechen soll, den die Geldbesitzer als ›Kapitalertrag‹[45] – in einem Zeitraum t_1 – realisiert haben. Wir setzen nun, der Einfachheit halber und damit Marx folgend (analog der Gleichsetzung der Summe aller Werte mit der Summe aller Preise, siehe oben[46]), die Höhe des Mehrwerts ›m‹ mit der Höhe von ›p‹ gleich. Die zweite, also die Mehrwertrate, ergibt sich bei Marx daraus, dass sie in ein Verhältnis zu ›v‹, verstanden als die gesellschaftliche Summe aller Lohnkosten der Unternehmen, gesetzt werden. Die Bedeutung, die Marx diesem ›v‹ gibt, haben wir bisher zwar verschiedentlich relativiert;[47] hier, wo es um die Festlegung einer bloßen Rate (eben der des Mehrwerts) geht, ist dieser Bezug auf ›v‹ im Sinne von Marx

---

45 So heißen die Einnahmen aus Geldanlagen steuerrechtlich, wobei wir die Erlöse aus Verpachtungen und Vermietungen und andere diesen umstandslos zuordnen wollen, aber auf die Eindeutigkeit dieser Zuordnungen kommt es auch hier nicht an.

46 [Siehe dazu den Abschnitt »Wert, Mehrwert und Profit« in Kapitel 6.]

47 Für Marx ist die Mehrwertrate der Ausbeutungsrate äquivalent und er macht damit Zugeständnisse an die Arbeiterbewegungsmarxisten, die wir so nicht akzeptieren können.

problemlos. Denn inhaltlich geht es ja allein darum, die Arbeit, die als abstrakte in ›m‹ [›enthalten‹ ist], zu der (abstrakten) Arbeit in ein Verhältnis zu setzen, die in ›v‹ impliziert ist. Auf die empirisch-realen Größen kommt es auch hier nicht an, um Entwicklungen und Tendenzen zu eruieren, Hauptsache man hält sich an die vorab zu definierenden Definitionsmengen.

Wir unterstellen nun, wir haben alle für diese beiden Verhältnisbestimmungen notwendigen Größen messen können und wiederholen diese Messung für den (unmittelbar auf t_1 folgenden) Zeitraum t_2, wobei wir darin die Mehrwertrate als Konstante setzen.[48] Auch ohne ausführliches Rechenbeispiel[49] ist evident, dass die Profitrate im Zeitraum t_2 nichts an den hier unterstellten Voraussetzungen ändert und kleiner sein muss als zum Zeitpunkt t_1.

Was immer man geld-, arbeitsmarktpolitisch oder finanztechnisch auch unternimmt: gegen diese Logik, der gemäß die Profitrate fallen muss, je mehr Arbeit durch Geld ersetzt wird, gibt es kein Gegenmittel, sondern nur den Aufschub des manifesten Ausbruchs der Krise.[50] Man kann die Krise, die das Kapital von Grund auf *ist*, auch so ausdrücken: Um mit den, wo immer auch agierenden, aber weltweit vorhandenen Produktionskapazitäten einen real existierenden Warenkorb zu erstellen, der die überlebenswichtigen Grundbedürfnisse aller derzeit lebenden Menschen enthält (Lebensmittel, Kleidung, Wohnung, Gesundheit, Kommunikation, Reisen; alles auf einem Höchstmaß an Qualität und auf jeden Einzelnen, nicht auf Familien-, Verwandtschafts- oder sonstigen Gemeinschaftsstrukturen beruhend), bedarf es, rein

48 Dass es sich dabei, wie immer definiert, real um eine Konstante handelt, ist höchst unwahrscheinlich, aber für unsere Berechnung unerheblich. Denn man kann hier inhaltlich einfach unterstellen, dass ein jedes Unternehmen den Spielraum, den es hat, die Mehrwertrate (im Sinne von Marx) zu erhöhen, bis zu der Grenze ausgereizt hat, von der an die relative Mehrwertproduktion, also die, die einzig Kapital reproduzieren kann, in eine absolute umschlägt, also in die, die zwar Mehrwert, aber kein Kapital akkumuliert.
49 Siehe dazu Karl Marx: Das Kapital, Dritter Band, S. 221.
50 Jede historische Betrachtungsweise der bisherigen ›Wachstumskurven‹, einzelstaatlich oder global, und wie immer auf der Basis welchen empirischen Materials auch erstellt, bestätigt diesen von Marx entdeckten Fall der Profitrate. Dass es in diesen Kurven hier immer mal wieder ›urplötzliche‹ Ausschläge nach oben gibt, widerlegt diesen tendenziellen Fall nicht, sondern bestätigt ihn: Verweis auf lange Wellen der Konjunktur, IT, Klimawandel. Hier geht es um aktuelle Sachen: Sparpolitik, Schuldenproblem etc., die nicht abgehandelt werden müssen, sondern hier sollten nur die Begriffe zur Verfügung gestellt werden, die eine Einordnung in die Gesamtheit der Kapitaldynamik erlauben. Es geht um die materielle Basis der bürgerlichen Gesellschaft. [Siehe hierzu die Anm. 4 in Kapitel 6.]

theoretisch-empirisch betrachtet, kaum zusätzlicher körperlicher Arbeit, als sie global jetzt schon geleistet wird; wohl eher im Gegenteil. Zum Problem wird die Praxis der in dieser Gesellschaft geleisteten geistigen ›Arbeit‹: Dabei (und überhaupt) geht es nicht um die Distribution von Geld (würde man die Manager und sonstigen ›Großverdiener‹ geringer bezahlen, würde kein Hungernder mehr zu essen bekommen), sondern um die geistige Anstrengung, die politische Organisation des Verhältnisses zwischen Produktion und Zirkulation so zu ändern, dass die – in dieser Gesellschaft – vom Kapital erzeugte gesellschaftliche Produktivitätssteigerung jedem Individuum dieser Welt gleichermaßen zugutekommt.[51] Und diese Neuorganisation kann unmöglich darin bestehen, dass man, wie in allen bisherigen Vorschlägen, dazu tendiert, die vom Kapital ausgehende Dynamik zu denunzieren und zu destruieren beabsichtigt: sondern genau diese Dynamik müsste sich, dank der neuen Organisation, verstärken.[52] Die Linke mit ihrem völlig falschen Kapitalbegriff – ihrem Bezug auf Staat und Nation, die nicht abgeschafft, sondern von Kapitalisten- in Arbeiter- oder gar Volkshand übergehen sollen, und auf eine Arbeitsplatzschaffung und -sicherung um jeden Preis, kurz: mit ihrem Primat des Politischen – spielt eine absolute Vorreiterrolle darin, das Kapital nicht positiv, sondern negativ aufzuheben.

Auch wir werden im Rahmen dieser Klärung der ökonomischen Grundbegriffe über eine positive Aufhebung des Kapitals nicht weiter reden, denn uns ging es allein um die Klärung der Grundbegriffe, von denen aus darüber nachgedacht werden kann. Oder anders: Es ging uns darum, endlich einmal die »ökonomische Scheiße« (Marx) vom Tisch zu räumen, damit man den Kopf dafür frei bekommt, natürlich nur vor dem Hintergrund dieser Räumung, mit dem politischen (und sonstigen) Mist sich auseinanderzusetzen, soweit er nicht der bloß vermittelte Ausdruck dieser Ökonomie ist. Das ist wenig genug, aber das Einzige, worüber sich zu debattieren wirklich lohnt.

Die ökonomische, in der Weltgesamtrechnung erfasste materielle Basis [siehe Kapitel 1] der bürgerlichen Weltgesellschaft kann sich aber von ihrem historisch bestimmten Unterbau (in Staat, Recht, Moral, Ästhetik, Libido) nicht lösen. Und genau da hätte die Kritik,

---

51 Was auf der Basis einzelstaatlicher Souveränitätsansprüche unmöglich ist.
52 Alle Antikapitalisten haben in geistiger Hinsicht eines gemeinsam: sie verweigern die Reflexion darauf, wie – ohne Kapital und ohne Staat – die Dynamik der Ersetzung von Arbeit auch in einer nichtkapitalistischen Gesellschaft möglich sein kann.

so wenig auch sie sich von dieser Basis lösen kann (Adorno, Breuer, Pohrt), anzusetzen.[53]

53 Noch einbauen: Nicht die Ausländer, [nicht] die Flüchtlinge nehmen den Autochthonen die Arbeitsplätze weg, sondern die, die gar nicht mehr arbeiten müssten, und trotzdem arbeiten. [Siehe zum Kritikbegriff und ›Adorno, Pohrt und Breuer‹ den Aufsatz »Kritische Theorie am Ende? Über die Antinomien totaler Vergesellschaftung bei Stefan Breuer und Wolfgang Pohrt« von M. D. im Anhang des Buches *Das Rätsels der Macht*, Band 2 der Gesammelten Schriften.]

Kapitel 9   Der Staat des Kapitals

Identitätsdenken und Staat 245
Autarkieoption und Volksstaat 247
Gewalt und Autorität 250
[Entwurf einer »Zusammenfassung der Reflexion auf den
Begriffsbildungsprozess«] 250

Einbauen:[1]

Logik des Krieges
Der Staat, der wie ein Unternehmen (außenpolitisch) agiert, aber keines ist
Autarkieoption / Volksstaat
Hofstaat, Racket
MS-Biotop
Kommunistische Utopie
Messbarkeit / Verwaltung

Identitätsdenken und Staat Um die Bedeutung des Identitätsdenkens für die bürgerliche Gesellschaft erfassen zu können, ist noch auf dessen Bedeutung für den Staatsbegriff einzugehen. Zwar geht der Staat der universalisierten Ware-Geld-Zirkulation historisch voran, aber im Zuge der beginnenden Neuzeit wird gerade auch in ihn der Identitätsbegriff verschoben. Materiell geschieht dies zweifellos über die dargestellten Versuche der ökonomischen Subjekte (Unternehmen und Konsumenten), den Staat über die Kontrolle seiner Finanzen in ihre Abhängigkeit zu bringen. Zu reden wäre hier aber über die ideellen Auswirkungen, die die Verschiebung der Identität in den Staat hinein und die sich dann anschließende Identifikation mit ihm durch die Staatsbürger hat.

Das erste, was den Bürgern einfällt, wenn sie an den Staat denken, ist, dass er (vor allem aufgrund seiner Steuererhebung) die Schuld daran trägt, wenn sie von dem, was sie auf den Märkten, glauben erlösen zu können, nur einen Teil für sich realisieren. Daraus unmittelbar logisch folgend entsteht aber auch die positive Forderung an den Staat, dafür zu sorgen, dass ihnen künftig ein größerer Anteil zufließt. Die Identität des Staates stellt sich also dem Bürger als

---

[1] [Ab Kapitel 9 hat M. D. im Text immer wieder Listen mit Stichworten oder bloß Stichworte notiert, die festhalten sollen, was jeweils (noch) im Kapitel oder Abschnitt auszuführen wäre.]

eine negative und eine positive zugleich dar. Und in dieser Hinsicht dem Begriff der Nation (und der anderen Identitäten allein für sich selbst) vergleichbar, verlangt jeder Bürger von seinem Staat, endlich identisch zu werden, und – als souveränes Subjekt – für Gerechtigkeit zu sorgen.

Der Staat wird also nicht nur als ökonomisches Subjekt betrachtet, sondern zusätzlich mit ökonomiefremden Ideen aufgeladen, die er qua Rechtsetzungsbefugnis zu regeln habe. Auf die Ökonomie bezogen bleibt er dabei durchaus: aber nur in der Vorstellung, es bei ihm mit einer Identität für sich selbst zu tun zu haben. Und die Identifikationsmechanismen laufen genauso ab, wie die Aufladung der Waren mit subjektivem Wert. Ansonsten aber wird von den Ware-Geld-Vermittlungen abstrahiert. Da aber der Staat der Neuzeit alles andere ist als ein mit sich selbst identischer Begriff (zu dem Hegel den Staat erst noch machen wollte), sondern immer ein fragiles Konglomerat aus den verschiedensten Einflüssen und deren Logiken, liegen die Verschwörungstheorien quasi auf der Straße, die erklären sollen, warum der Staat nicht die Einheit ist, die man sich erträumt und aus der man unmittelbaren Lustgewinn für sich erzielen kann.[2]

Auch der liberalste Ökonom widersteht früher oder später der Versuchung nicht, die dem Äquivalententausch immanente allgemeine Gerechtigkeit zu relativieren und ökonomisch ›sachfremde‹ ethische Postulate ins Feld zu führen. Jeder Blick in eine x-beliebige Zeitung eines x-beliebigen Tages führt einem die schier endlos in vielen Schleifen sich wiederholenden Debatten vor, die ethische, ins Juristische zu übersetzende, auf jeden Fall aber: der ökonomischen Rationalität widerstrebende Vorschläge an den Staat herantragen, auf dass dieser endlich für das Allgemeinwohl sorge (wobei sich die Linken nur ganz besonders hervortun) – für das aber gar nicht er, sondern die Ökonomie (in der er lediglich als Distributor fungiert und nicht als Hüter des Wohlbefindens seiner Bürger) zuständig ist. All diesen Vorschlägen ist – neben ihrer Abstraktion von der ökonomischen und politischen Realität – eines gemeinsam: die Vorstellung, dass der Staat deshalb versagt, weil er nicht so handelt, wie es diejenigen tun würden, die dem Staat diese Vorschläge unterbreiten, und wenn diese die Staatsmacht in ihren Händen hielten.

---

2 Staatskritik ist hier nicht unser Thema, deswegen sei hier nur auf die Beiträge verwiesen, die andernorts darlegen, was an dieser Stelle seinen Platz zu finden hätte: der Souveränitätsbegriff zum einen und der Antisemitismus zum anderen, der sich in dieser Identifikation mit dem Staat generiert und im Nationalsozialismus auf den Begriff gebracht ist.

Ideologisch beziehungsweise psychoanalytisch gesehen geht es also bei den Forderungen an den Staat immer darum, das, was man in der ökonomisch-politischen Realität als Kontrollverlust erfahren hat (man hat auf den Märkten nicht erlöst, was man zu erlösen hoffte), so in den Staat zu verschieben, dass man von dort aus dann die Gesellschaft so gestalten kann, dass sich alles zum Guten wendet.[3]

Autarkieoption und Volksstaat[4] Diese Projektion als den allgemein vorherrschenden Wahn zu bezeichnen, der sie auch ist, wird der Sache nur insofern nicht gerecht, als der Staat ja, für sich betrachtet, demselben Wahn verfallen ist – [und das] aus sich selbst heraus. Und die Politiker überbieten sich, gleich welcher Partei angehörend, darin, dem Verlangen nach Unmittelbarkeit nachzugeben. Es ist also alles andere als verwunderlich, dass deren Verlautbarungen sich in nichts von der Werbung für ein Waschmittel unterscheiden. Der Staat ist selbstredend kein wirkliches Subjekt, aber eine juristische Person, ökonomisch also doch eine Identität für sich selbst wie jedes Unternehmen und jeder Konsument. Dieses Subjekt handelt aufgrund einer eigenen Logik, und die ist nicht, wie bei Unternehmen und Konsumenten, ökonomisch, sondern historisch bestimmt.

Am besten illustrieren lässt sich diese Logik am Fortbestehen der Diplomatie auch unter kapitalistischen Bedingungen. Die Rolle der Außenpolitik, im Grunde also: die Sicherung der Gebietshoheit, die die Ökonomie erst ermöglicht, ist den anderen Subjekten eine schiere Selbstverständlichkeit, für deren Eigenlogik sie keine Antenne besitzen. Dass der Wahrung der Gebietshoheit eine ganz andere Logik zugrunde liegt als ihren Aktivitäten, nämlich die Logik des Krieges und nicht die Logik rechtlich befriedeter Konkurrenz (Handelsabkommen, UNO, Völkerrecht), will nicht in ihre Köpfe – in den letzten Jahren gab es lediglich ein paar neokonservative Autoren, die auf diesen Unterschied bestanden haben. Und die Staaten selbst (wir reden hier nur von den so genannten westlichen, also liberal-pluralistisch, der kapitalistischen Ökonomie adäquat organisierten) werden in diese Logik fast durchweg immer erst gegen ihren ursprünglichen Willen hineingetrieben. Denn auch die Teile des Staatsapparates, die für die Außenpolitik zuständig sind, haben längst die rationale Form verinnerlicht, der gemäß es für alle Probleme eine auf dem Verhandlungsweg erzielbare Übereinkunft gäbe.

3 Die Personalisierung institutioneller Gebilde hat hier ihre Grundlage.
4 [Zum Begriff des Volksstaats wie zu allem in diesem Kapitel Ausgeführten siehe auch die Vorbemerkung im Kapitel »Finanzkrise und deutsche Kriegskasse«.]

Dieser Befund widerspricht allerdings eklatant den Charakterisierungen, die insbesondere seitens der linken Kritiker der westlichen Staaten verbreitet werden. Ihnen zufolge ist die imperialistische Kriegstreiberei, die Kolonisierung fremder Gebiete, die hegemoniale Machtausübung über andere Staaten (unmittelbar oder historisch vermittelt) ursächlich für alles Elend dieser Welt. Der Terminus Besatzungsmacht dürfte wohl das niederschmetterndste Urteil über einen Staat sein, das diese Kritiker in ihrem Arsenal führen.[5]

Bei diesen Kritikern findet eine ganz eigenartige Verschiebung des Ökonomischen ins Politische statt: In ihrem Selbstverständnis begreifen sie sich natürlich von Grund auf als Kapitalismuskritiker. Doch was diese Kritik am Kapital betrifft, folgen sie der Kapitalkritik der deutschen Sozialdemokratie aus dem 19. Jahrhundert, die 1914, als sie die Kriegskredite bewilligte, unübersehbar zum Ausdruck brachte, dass ihrer Kritik der Primat der Außenpolitik zugrunde liegt. Und dieser Primat setzte sich dann nahtlos bei den Bolschewiki und im Stalinismus fort und fand in den K-Gruppen der Nach-68er bis hin zu den heutigen Grünen und Linken und sonstigen sozialen Bewegungen seine glühendsten und bewusstlosesten Anhänger. Kapitalismuskritik wird so mit Antiimperialismus, Antikolonialismus, kurz: mit Antiglobalisierungskritik identisch.[6] Die Herrschafts- und Ausbeutungsbedingungen im Inneren der Staaten sind für sie ohne Relevanz. Das Postulat der Nichteinmischung in die inneren Angelegenheiten eines Staates ist für sie so etwas wie ein Kategorischer Imperativ. – Dass dieser sich schon angesichts des NS blamiert hat, wird verschämt unter dem Teppich gehalten. Und so sehr sie von der Existenz eines souveränen Weltstaates träumen,[7] den es unmöglich geben kann,[8] so sehr verachten sie die längst bestehende Existenz eines weltweiten Geldsystems, das sich staatlicher Kontrolle weitgehend, zumindest was das Finanzsystem betrifft, entzieht.

Und spätestens hier treffen sich diese linken Kritiker mit den Kritikern des Staates vom anderen Pol in der Politik: den Rechten.

---

5 Natürlich gibt es für sie nur zwei Staaten, auf die dieser Begriff in dieser moralischen Schärfe Anwendung finden kann: die USA und Israel. Wenn Russland oder sonst ein nicht-westlicher Staat seine Gebietshoheit erweitert, handelt es sich schlimmstenfalls um lässliche Sünden, meist aber nur um eine Verfolgung legitimer Sicherheitsinteressen.
6 Unter Globalisierung können sie auch nichts anderes als die US-amerikanische Hegemonie verstehen.
7 Wie sehr dies dem Postulat der Nichteinmischung widerspricht, kommt ihnen gar nicht erst in den Sinn.
8 Verweis auf Gerhard Scheit [Der Wahn vom Weltsouverän. Zur Kritik des Völkerrechts. Freiburg 2009].

Wobei bemerkenswert ist, dass diese keineswegs durchgängig ebenfalls in gleicher Weise dem Primat der Außenpolitik verpflichtet sind. Weite Teile dieser rechten Staatskritiker versprechen sich vielmehr von einem Ausstieg aus dem Weltmarkt eine Steigerung des innerstaatlichen Wohlstands. Man kann auch sagen: ihnen ist der Wohlstand in den anderen Staaten und die Beziehung zu ihnen schlicht egal. Sie spekulieren offen darauf, mit allen diplomatischen Tricks eine Wertübertragung aus den anderen Staaten in den eigenen zu verfolgen, also auf Betrug.

Keine Frage: Keinesfalls stellt der Weltmarkt so etwas wie die Geburt einer Weltgesellschaft dar.[9] Aber die Vorstellung, man könne, indem man sich ihm zu entziehen versucht, schon unter den jetzigen gesellschaftlichen Bedingungen irgendetwas zu einem Besseren wenden, ist nicht nur theoretisch absurd, sondern erzreaktionär und brandgefährlich. Jeder Schritt der Ablösung des Staates aus den Zwängen der weltweiten Ware-Geld-Zirkulation ist ein Schritt in Richtung Volksstaat. Und ein Volksstaat ist ein Staat, der bemüht ist, auf die wertförmige Vermitteltheit der Ökonomie zu verzichten und diese Ökonomie, was Produktion, Konsumtion, Distribution und Zirkulation von Ware und Geld betrifft, in eigene Regie zu nehmen, was heißt: Er bestimmt unmittelbar, was als Gebrauchswert zu gelten hat, das heißt: er legt fest, was, wie viel, von wem, in welcher Zeit, für wen produziert wird. Und in dem Maße, wie er sich von der Marktvermitteltheit der Ökonomie trennt, die er, in Verein mit den linken und rechten Kritikern ja als unnötigen Ballast empfindet, trennt er sich von der Vermitteltheit der politischen Willensbildung: er wird abseits repräsentativer Vermittlungsformen demokratisch, denn in ihm konzentriert sich ja das Identitätsbedürfnis seiner Bürger unmittelbar.

Jeder Volksstaat weiß, wie einfach und mit wenig Kosten verbunden sich dieses emotionale Bedürfnis bei einem Großteil befriedigen lässt. (Beispiele: Venezuela, Argentinien.) Massenpsychologie! Der Einzelne ist selbst der Staat: Der Wahn ist realisiert. Und auch materiell ist es kostengünstig zu befriedigen: Es gibt genug Posten in Armee, Polizei, Verwaltung, Partei, die mit den Anhängern des Volksstaates besetzt werden können. Und zur Not wendet man etwas Geld für die Wohlfahrt auf und macht die Empfänger damit von sich abhängig.

---

9 Diskussion der Begriffe: Imperialismus, Kolonialismus und Hegemonie in Bezug auf die Gebietshoheit.

Außenhandel schafft keinen Mehrwert. Exportüberschuss spekuliert auf den Betrug an anderen Staaten. [Man denke an die] Subvention der Produktionskapazitäten im eigenen Staat. Die Autarkie schneidet die Unternehmen im Binnenmarkt von der Verteilung des Mehrwerts ab. Schließlich findet die Verwandlung von Geld in Kapital nicht mehr statt: Der Staat kann das Kapital nicht ersetzen, wie der Realsoz[ialismus] gezeigt hat.

Die Verfechter einer marktvermittelten Politik geraten so unweigerlich in eine Minderheitenposition: Alles ist gebrauchswertorientiert organisiert und eine rationale Messung der Lebensbedingungen findet nicht statt. Wo Unzufriedenheit entsteht, wird sie mit Gewalt unterdrückt.

Gewalt und Autorität Dasselbe gilt für die Rolle der Gewalt, die der Staat auf sich vereinigt. Das Gewaltmonopol [...]

Kein Tausch kommt zustande, ohne dass ihm vielfältige Gewaltbeziehungen vorangehen. Jeder Tauschende muss den anderen übervorteilen wollen.

Hofstaat und Rackets; Unternehmen, die sich ihre eigene Armee und Polizei besorgen; Zerfall des Staates, Sehnsucht nach dem Souverän, der Volksgemeinschaft.

Trinität im Identitätsbegriff und Psychoanalyse der Ich-Identität als Schluss [...]

a = a
Ich
Als Gegenstand: Sohn
Als Über-Ich: Hl. Geist
Als Vater: Identifikation

Vater: Staat; Sohn: Ökonomie; Hl. Geist: Messung/Rationalität; Einheit: Kapital

[Entwurf einer »Zusammenfassung der Reflexion auf den Begriffsbildungsprozess«][10] Die Wahrnehmung der Zeichenkette ›Rose‹ ist dem Geist (der Reflexion) immer auch (vor allem anderen) mehr als diese Folge von Zeichen. Nicht, weil ihr – ohne jeden Zweifel – *Sein* zukommt, oder sie – ebenso zweifellos – gar als Seiendes existiert,

---

10 [Die folgenden Notizen waren von M. D. mit der Überschrift »In Anhang/Einleitung« versehen und sollten wohl, da es im Text weitere Arbeitsnotizen gab, dass gewisse Begriffe »unten« wieder aufgenommen werden, der Einleitung dienen.]

[Entwurf einer »Zusammenfassung der Reflexion auf den ...«]   251

und auch nicht, weil ihr eine – von wem auch immer konstituierte – Bedeutung zugeschrieben wird, sondern – vor allem anderem – dieses ›Mehr‹ resultiert aus der Bestimmtheit der Rose als eindeutig bestimmtes ›An und Für sich‹.¹¹ Selbst dem philosophisch und sprachanalytisch vorgebildeten Verstand mag es äußerste Schwierigkeiten bereiten, die Bestimmtheit der ›Rose an und für sich‹ oder des ›Tisches an und für sich‹ zu explizieren, jeder einzelne Mensch aber kennt (in sich, unreflektiert) die Bestimmung von Zeichen. Nicht [aber die von] Symbolen: bei ihnen handelt es sich um Doppelbestimmtheiten: Neben dem ›An und für sich Sein‹ existiert eine fiktionale Bestimmtheit und der Empfänger des Symbols hat sich für den Vorrang einer Bestimmung zu entscheiden. Becketts Diktum: »Weh' dem, der Symbole sieht«, bringt auf den begrifflichen Punkt, dass soziale Dominanz¹² (könnte man auch Macht nennen, wenn dieser Begriff nicht seitens der Postmoderne ins verkehrt Positive gewendet worden wäre) nach außen den Bedeutungsgehalt des Symbols fixiert (wer nicht dieselben Symbole nutzt wie wir, gehört nicht zu uns), nach innen und für sich aber den Freiraum zwischen fiktionalem und fixiertem Gehalt nutzt, um den Dominierten zu verunsichern.

Diese Bestimmung wird, in Anlehnung an Hegel und in strikter Abgrenzung zu Heidegger, von uns als Seinsbestimmung bezeichnet, die es im Verfahren der Begriffsbildung als Erstes aufzufinden gilt. Zum Zweiten wäre zur Wesensbestimmung überzugehen, die die Seinsbestimmung zunächst bezüglich der Ebene und dann der Relevanz in der Realität aller totalitätsrelevanten Bestimmungen. (Das mag sich dem modernen Verstande als vollkommen überzogenes Postulat darstellen: wir erinnern aber an das zur Totalitätsbezogenheit des Rationalismus Ausgeführte; zu verweisen ist auch auf den Begriff der Komplexitätsreduktion von Luhmann: Der Verstand schiebt diese Vorbehalte wohl eher deshalb vor sich her, weil er die Anstrengung des Begriffs scheut, die darin besteht, die Realität und die in ihr angelegten Vermittlungen möglichst einfach, aber eben nicht zum Zwecke der populären Anpassung an die Lebenswirklichkeit¹³ zum Ausdruck zu bringen (ästhetisch hier der Mathematik analog).

Zur Wesens- (und Totalitäts-)bestimmung hinzutreten muss dann noch der historische Bezug des Begriffs. (Dies ist bei uns erst

11 Siehe die Geldbestimmung in Kapitel 2 und 3; Semiotik bei [Umberto] Eco.
12 Siehe *Politik mit Begriffen*. [Siehe hierzu Manfred Dahlmann: Autonomie und Freiheit oder: Ästhetik wozu? In: sans phrase 1/2012.]
13 Siehe dazu unten, das MS-Biotop [in Kapitel 10].

beim Arbeitsbegriff vollständig erfolgt, ansonsten immer nur angedeutet worden.)¹⁴ Auf diese, zwar reichlich andere Weise als Hegel, aber im Ziel mit ihm völlig einig, erreichen wir die Ebene des Begriffs vom Begriff – der von uns, was die politische Ökonomie betrifft, als Kategorie (durchaus sowohl im kantischen als auch aristotelischen Sinne) bezeichnet wird.

---

14 Unten wird im Zusammenhang mit dem Übergang zum ideellen Unterbau der Gesellschaft auf diese historischen Bestimmungen reflektiert.

Kapitel 10 Sozialpsychologie des Kapitals

Hofstaatler und Mittellose 255
Das MS-Biotop 259
Die Öffentlichkeit 262

Hofstaatler und Mittellose In Wahrheit stellt natürlich das automatische Subjekt Kapital, auf der Basis universalisierter Geldzirkulation (kurz: dem Weltmarkt ¹), die gegebene gesellschaftliche Synthesis her. Wir haben in den vorigen Kapiteln schon dargestellt, welche Prozesse der Kapitalreproduktion selbst es sind, die verhindern, dass dieses Kapital als die Totalität, als Einheit des Ganzen – dessen Identität in der Ersetzung der Arbeit durch Technologie besteht –, von den leiblichen Individuen erkannt werden kann.² Folge davon ist, dass die Menschen sich in einer Lebenswirklichkeit bewegen, die in all ihren wahrnehmbaren Erscheinungsformen zwar durch und durch vom Kapital bestimmt ist, sie von diesem selbst aber keinen Begriff gewinnen.

Wir haben es auch schon festgestellt: Unter den Bedingungen kapitalistischer Verwertung des Werts spaltet sich das Ganze von seinen Teilen ab.³ Den Grund dafür können wir auf der Grundlage der bisher entfalteten Kategorien recht einfach erklären: Die Distribution der Mehrwertmasse erfolgt, von Unternehmen – und von Staaten erst recht – nicht beeinflussbar, auf dem Weltmarkt und dort auf der Basis des Geldes als solchem, also des Geldes, das weltweit zirkuliert (insoweit die Einzelwährungen auf den Devisen-Submärkten konvertierbar sind). Wem auch immer die dort erzeugte Mehrwertmasse zufließen mag, insgesamt gesehen, und ›normale‹ Verwertungsbedingungen vorausgesetzt, steigt das Wachstum, was heißt, dass der in Waren angesammelte Reichtum der Weltgesellschaft steigt.

---

1 Verweis auf Reinhard [Wolfgang Reinhard: Die Unterwerfung der Welt. Globalgeschichte der europäischen Expansion 1415–2015. München 2016].
2 Siehe insbesondere den Fetischbegriff, der dann in Wahn übergeht. (Siehe auch Stangneth! [Bettina Stangneth: Böses Denken.])
3 Auch etwa die Allgemeine Systemtheorie, beziehungsweise die Kybernetik, hat erkannt, dass in dieser Welt das (›große‹) Ganze anderes (und mehr) ist als die Summe seiner Teile. Das aber ist, wenn nicht gar ein Erbe der Religion, bestenfalls ein schwacher Reflex von Wissenschaftlern auf den grundsätzlichen Bruch, der vom Kapital als einem Ganzen zu dessen Teilen gesetzt ist.

In der Lebenswirklichkeit der leiblichen Individuen erscheint dieses Wachstum durchaus auch,[4] doch oft nur in der Form, dass sie von diesem stetig steigenden Welt-Reichtum zwar Kenntnis erlangen, er aber bei ihnen persönlich gar nicht tatsächlich ankommt, sondern im Gegenteil in bloßer Potentialität verbleibt: große Teile der Gesellschaft müssen sich als partikulare Verlierer dieser allgemeinen Reichtumsvermehrung im Ganzen begreifen (etwa weil der Weltmarkt ihnen ehemalige Privilegien individueller Reichtumsbildung genommen hat). Es gibt nun einmal, wie festgestellt, keine logisch eindeutige Beziehung zwischen dem Geld, das man der Zirkulationssphäre aufgrund seiner individuell erbrachten ›Leistung‹[5] für sich entnehmen kann, und dem Geld, das sich auf dem Weltmarkt als Mehrwert realisiert und von hier aus auf die ökonomischen Subjekte verteilt. Auf diesen Bruch zwischen Welt- und Arbeitsmarkt wird noch näher einzugehen sein, wenn es um die Verfasstheit der Staaten auf diesem Weltmarkt geht; an dieser Stelle ist zunächst näher zu untersuchen, wie die von der Kenntnis der Bedingungen der Kapitalverwertung unbeeinflusste Lebenswirklichkeit von den leiblichen Individuen erlebt wird. Und wir überspitzen keineswegs, wenn wir feststellen, dass allein diese Lebenswirklichkeit Gegenstand der Sozialwissenschaften ist, diese also denselben ideologischen Restriktionen des Kapitals folgt wie der ›Normalbürger‹ auch.

Diese Lebenswirklichkeit lässt sich soziologisch in drei, vielfach ineinander verflochtene, Schichten der Weltbevölkerung einteilen.[6] Da gibt es allüberall eine Anzahl von reichen Bürgern, die ein Vielfaches an Geld auf sich vereinen, als sie selbst (und ihre Familienangehörigen) zum Leben in dieser Gesellschaft benötigen. Ein Großteil dieser Personen (hier wären vor allem Pop- oder Sportstars zu nennen, aber auch die oberen Führungsschichten der Unternehmen oder die Despoten in den so genannten Entwicklungsstaaten) hat, so

---

4 Um es nochmals zu betonen: In der Welt des Kapitals geschieht empirisch gesehen nichts, was nicht auch von den leiblichen Individuen wahrgenommen oder initiiert wird. Und doch, das macht die Rätselhaftigkeit der Kapitalreproduktion ja aus, bildet diese eine komplette Welt für sich selbst aus, eine Welt, die aus sich selbst heraus funktioniert.

5 [Zum Begriff siehe insbesondere den Abschnitt »Das Maß für Leistung« in Kapitel 4.]

6 Dass diese Einteilung weltweit vorgenommen werden kann – wenn natürlich auch mit starken regionalen Unterschieden, was die quantitative Verbreitung in der betreffenden Bevölkerung betrifft –, und sie sich in dieser Form erst mit der Entfaltung des Kapitals darstellen lässt, zeigt an, dass es längst keine vom Kapital unabhängigen Weltgegenden mehr gibt.

kann man es der Kürze wegen ausdrücken, das Erbe der ehemaligen Hofstaaten angetreten: Sie verwenden ihr Geld – so sie es nicht über die Submärkte: vor allem den Finanzmarkt, wieder in den Geldkreislauf einspeisen –, um sich teure Immobilien, Jachten und Autos, Hobbies, eine Dienerschaft usw. zu leisten, bis hin dazu, sich einen Personenschutz zuzulegen, der sie vom staatlichen Schutz unabhängig macht. Ökonomisch ist gegen dieserart Reichtum, solange er der Geldzirkulation nicht grundsätzlich entzogen wird (solange der Reiche also nicht agiert wie Dagobert Duck), rein gar nichts einzuwenden. Diese vermögenden Bürger als Schmarotzer oder Ähnliches zu denunzieren, macht jedenfalls nur dann Sinn, wenn es einem darum geht, Arbeitsplätze abzuschaffen und der Bevölkerung ein Leben in Luxus vorzuenthalten.

Denn die Vorstellung, man brauche den Reichen nur ihren Reichtum zu nehmen und an die gesamte Bevölkerung zu verteilen und vermehre so deren Reichtum insgesamt, hat, wie immer, wenn nicht zwischen unmittelbarem und kapitalistisch vermitteltem Reichtum strikt unterschieden wird, wieder einmal die Rechnung ohne den Wirt gemacht: Und der Wirt hört hier nicht nur auf den Namen Kapital – das mit solch einer Maßnahme einen nicht unerheblichen Teil seiner Anlagemöglichkeiten verlöre, was zum – wenn auch nicht allzu sehr ins Gewicht fallenden – Verlust an Arbeitsplätzen führen muss und in der Folge dessen zur Verarmung eines, wenn auch kleinen Teils der Bevölkerung –, sondern heißt vor allem: der Staat. Bevor er das den Reichen abgenommene Geld (immer vorausgesetzt, diese Enteignung gelingt überhaupt, denn für jene gibt es immer Mittel und Wege, sich dieser zu entziehen) an die Mittellosen weiterleitet, dürfte er es weit eher erst einmal für sich behalten.

Mit Letzteren haben wir eine der beiden anderen Schichten einer jeden heutigen Gesellschaft benannt: Die Zugehörigkeit zu dieser Schicht der Mittellosen ergibt sich demnach ökonomisch daraus, im Gegensatz zu den Vermögenden über kein Geld oder sonstiges Vermögen zu verfügen, das den Bedarf für das tägliche Leben übersteigt. Übersehen wird dabei meist, dass sie mit jenen etwas Entscheidendes gemeinsam haben: Die Angehörigen beider Schichten überleben[7], ohne eine für die Kapitalreproduktion notwendige Arbeitsleistung zu erbringen. Ihre Tätigkeiten, welche immer das

---

7 Dass weltweit gesehen viele der Mittellosen aufgrund mangelnden Einkommens nicht überleben, widerspricht zwar jeder Vernunft, interessiert diese Gesellschaft aber höchstens moralisch; was heißt, gibt ihr keinen Anlass, ihre widervernünftige Verfasstheit zu reflektieren.

auch seien (vom Zurverfügungstellen von Geld für Investitionen in den Unternehmen bis hin zum Ausfüllen von Anträgen zum Erhalt von Sozialhilfe), gehen nicht ein in die für die Mehrwertproduktion notwendige Real-Abstraktion von der konkreten Arbeit. Da wir hier weder Soziologie betreiben, also nicht die Frage nach dem jeweiligen Status der Mitglieder dieser Schichten zu erörtern haben, noch Psychologie, also die Frage nach den Bedingungen eines erfüllten Lebens nicht verhandeln wollen, sondern politische Ökonomie unser Thema ist, ist bezüglich der ›Super-Reichen‹ und der Armen lediglich festzuhalten, dass die Existenz dieser Schichten, so sehr sie auch das Resultat der marktvermittelten Reichtumsdistribution sind, ökonomisch keineswegs notwendig ist, was heißt: diese Schichten sind in ihrer Ausgestaltung politisch beeinflussbar. Eine funktionierende Kapitalverwertung ist auch ohne sie vorstellbar, eventuell sogar effektiver.

Prinzipiell gesehen, ließe sich die Hofstaaterei wie die Mittellosigkeit in gleicher Weise überwinden wie die Sklaverei und die Kinderarbeit: Gelten für alle in Konkurrenz zueinander stehenden Unternehmen die gleichen Ausgangsbedingungen für den Zugang zu den (freien) Kapital- und (freien) Arbeitsmärkten, und wird der Grenznutzen[8] nicht aufgezehrt, sind diese politisch durchaus zu der Zustimmung bereit[9], dass die Politik die Höhe des individuell akkumulierbaren Reichtums deckelt und den Mittellosen einen Anteil an der Mehrwertmasse zugeteilt wird, der ihnen ein Leben ohne materielle Existenzsorgen erlaubt.

Das prinzipiell Mögliche wird in diesem Fall aber zur illusionären Utopie deshalb, weil hinter der Frage nach arm und reich sich sehr viel Grundsätzlicheres verbirgt, [nämlich] in welcher Größenordnung die Mehrwertmasse auf die Zinserträge der Geldbesitzer, die Sozialhilfe der Mittellosen[10] und nicht zuletzt den Staat verteilt werden soll.[11] Dass im Konkurrenzkampf um diesen Anteil die Mittellosen von vornherein auf verlorenem Posten stehen, ist allerdings

---

8 [Siehe Kapitel 2.]
9 Diese Zustimmung erfolgt natürlich nicht verbal oder vertraglich, sondern ökonomisch: indem diese Unternehmen investieren.
10 Problematik, sie als Überflüssige/Lumpenproletariat/Paria etc. zu bezeichnen: War früher schon unzutreffend/Abtreibung, Kanonenfutter: Es bleibt aber die menschenverachtende Haltung, sich für diejenigen, die nicht einem Eigenen (Nation, Religion, Region, Gemeinde, Familie) zugehören, nicht zuständig zu erklären. (Nichteinmischung in die inneren Angelegenheiten anderer.)
11 [Siehe zur Mehrwertmasse auch den Abschnitt »Aus [der] Erstfassung« in den »Gedankensplittern«.]

billig zu habende, revolutionsromantische Polemik.[12] Als sicher gelten kann hier allerdings, dass Zinsempfänger und Staat dafür Sorge tragen werden, dass der Mittellose nicht mehr bekommt, als für sein unmittelbares Überleben in der Öffentlichkeit für notwendig erachtet wird. Das ist die Grundlage der so genannten Verelendungstheorie von Marx, und die existiert, ganz anders als alle Welt gegen Marx ins Feld glaubt führen zu müssen, auch heute noch.

Sehr viel relevanter für die Kapitalreproduktion als diese beiden Schichten (und für deren Existenzbedingungen entscheidend) ist die dritte, der so genannte Mittelstand. Er ist zentraler Dreh- und Angelpunkt der Lebenswirklichkeit aller Bürger und die Einpassung in ihn ist das mehr oder weniger bewusst verfolgte Ziel des ökonomischen Subjekts, das die Konsumenten konstituieren, also von uns allen. Er sorgt also dafür, dass die produzierten Waren möglichst schnell wieder vom Markt verschwinden.[13]

Das MS-Biotop Auch die Zugehörigkeit zum Mittelstand definiert sich ökonomisch und lässt sich in Geldvermögen ausdrücken. Ihre soziologische Grundlage ist, aller historischen Veränderungen ungeachtet, die Familie.[14] Politisch ist festzuhalten, dass kein Staat dieser

12 Die Auseinandersetzungen zwischen Reformisten und Revolutionären, die heute zwar kaum noch stattfinden, aber im linken Biotop immer noch ihr Unwesen treiben, waren immer schon von Realitätsblindheit auf beiden Seiten geprägt. Der Begriff, den die selbsternannten Revolutionäre von der Revolution hatten, erwies sich praktisch immer als bloß verbal radikalisierte Reform, während die Reformisten nur dann praktisch zum Zuge kamen, wenn sie darauf verweisen konnten, dass ansonsten die ›Radikalen‹ die Oberhand gewinnen würden. Beide jedenfalls machten sich völlig falsche Vorstellungen davon, wie variabel das automatische Subjekt auf seine Infragestellung (wie auf seine Krisen) zur Sicherung seiner Existenz (die ja auch vom ›realen Sozialismus‹ noch nicht einmal angetastet worden ist) reagieren kann.
13 [Siehe Kapitel 5.]
14 Es ließe sich, für jeden Staat gesondert, recht leicht angeben, ab welch einem, meist ererbten Vermögen (repräsentiert in Immobilien, werthaltigen Gegenständen, Versicherungen und Rentenansprüchen, in Aktien oder Vergleichbarem angelegtes, Erträge ›erwirtschaftendes‹ Geld) ein Einzelner (und ab welchem eine Familie) sich das materielle Überleben sichern kann, ohne gezwungen zu sein, jeden x-beliebigen Job auf dem Arbeitsmarkt anzunehmen; er kann auf jeden Fall auf das bessere Angebot warten. Für diesen Mittelständler tritt das auf ›Leistung‹ (siehe den Abschnitt »Das Maß für Leistung« in Kapitel 4) beruhende Einkommen zu seiner materiellen Grundversorgtheit hinzu; er kann es nach Belieben zur Genusssteigerung oder zur Erhöhung seines Vermögens verwenden. Hinzu kommt, dass er Geld auch in seine Ausbildung (oder die seiner Kinder) investieren kann, was auf lange Sicht zu einem Arbeitseinkommen führen dürfte, das das Vermögen vermehrt. Das Problem ist der Aufstieg in diese Schicht: Einem disziplinierten,

Welt es sich leisten kann, auf die in diesem Mittelstand akkumulierten fachlichen Kompetenzen zu verzichten. (Er kann gegen Ränder durchaus vorgehen – mit Begründungen wie der, dass bestimmte Intellektuelle das Funktionieren des gesellschaftlichen Ganzen gefährden –, kann ihm gefährlich werdende Gruppen vernichten, muss aber dafür sorgen, dass ein Stamm an Mittelstands-Bürgern ihm loyal verpflichtet bleibt, weil ihm ansonsten die Bevölkerung als Gegenstand seiner Herrschaft entgleitet. Auch im Krieg muss er auf diese ›Zivilisten‹ besondere Rücksicht nehmen.) Und psychologisch ist festzustellen, dass die Angehörigen dieses Standes in ihrem Denken und Handeln, trotz (oder gerade wegen) ihrer totalen materiellen Abhängigkeit vom Realitätsprinzip des Kapitals (dessen Erfolg auf dem Weltmarkt stellt – wie staatlich oder ansonsten distributiv auch immer vermittelt – in letzter Instanz das Geld bereit, über das der Mittelständler verfügen kann), primär dem Lustprinzip folgen. Und damit bestimmt dieser Mittelstand entscheidend, welchen der in den Unternehmen potentiell herstellbaren Produkte ein Gebrauchswert zukommt, stellt also die (abstrakte) Voraussetzung für das Kapital bereit, aufgrund der es sich in Gang setzt, indem es diese Gebrauchswerte in Tauschwerte transponiert.

Die Existenzweise dieses Mittelstandes lässt sich im Bild eines Biotops fassen, das auf alle in dieser Welt Lebenden den gewaltigen Sog ausübt[15], in es aufgenommen zu werden. In ihm sind alle Bestandteile vorhanden, die dem Einzelnen die materielle Reproduktion wie die seelische Befriedigung versprechen. Im Biotop findet sich sowohl die Nahrung (in der Form von Waren) als auch die Energie (in der Form von Geld) vor, die, bei einigermaßen geschicktem Agieren, es erlauben, auch bei Umbrüchen in der Umwelt recht ungeschoren über die Runden zu kommen.

Zwar agieren die Bewohner in ihrem Biotop in den verschiedensten, sich eigentlich ausschließenden Rollen zugleich: als Staatsbürger, als Mitarbeiter eines Unternehmens (Verkäufer), als Konsument (Käufer), doch diese Gespaltenheit (Identität: Pomo/Gender) wird höchst erfolgreich verdrängt. Dass der einzelne Bewohner nicht nur dank dieser Verdrängung seinen Status als besonderer Einzelner verlieren muss, sondern erst recht deshalb, weil er ja von sich aus unbedingt in dessen

---

gut bezahlten Facharbeiter dürfte es (auch wenn er auf kein größeres Erbe zurückgreifen kann) durchaus gelingen, in seinem Arbeitsleben irgendwann den Grundstock angehäuft zu haben, der ihn und seine Familie in diesen Mittelstand erhebt, um von dort aus dann seinen Status auf seine Nachkommen zu vererben.
15 Anpassung bei [Jürgen] Habermas.

bruchlose, Sicherheit und Ordnung versprechende Allgemeinheit aufzugehen gewillt ist, gilt ihm diese Entindividualisierung nicht als Verlust, sondern, im Gegenteil, als Erfüllung seines Lebenstraums.[16]
Besonders charakteristisch für dieses Biotop ist es, sich von Grund auf als moralisch integer zu begreifen: In ihm sorgt jedes Eine für alles Andere[17], und jeder ist mit aller Macht bemüht, es von allen – äußeren wie inneren – Verunreinigungen frei zu halten. Mit aller Macht heißt hier: Willkommen ist alles, was die Reinhaltung und Aufrechterhaltung der Ordnung des Biotops verspricht, ausgeschieden wird alles, was dessen innere Sicherheit bedroht, und bekämpft, was von außen in es eindringen will. Und goutiert alles, was Sicherheit und Ordnung zu garantieren verspricht.[18]

Ausgerichtet ist alles Verhalten im MS-Biotop auf die darin allgemein als ›angemessen‹ akzeptierte Reaktion auf empfangene Reize (von innen oder außen ausgegangene): Diese Reaktion der Biotopsbewohner betrifft die Kommunikationsweise, die Ästhetik, die Ausrichtung der Libido, die Objektbesetzung usw. Auch wo Einzelne sich den Vereinfachungen und Banalitäten der vorgegebenen Reaktionsmuster distanziert gegenüberstellen, den harmonisierenden Tendenzen im Biotop entziehen auch sie sich nicht, sondern beanstanden – sie nennen das meist Kritik – nur die mangelnde Geborgenheit darin. Allseits geht es um eine positive Selbstdarstellung (die man nicht unbedingt generell als narzisstisch qualifizieren muss; auch dem Altruisten geht es um nichts anderes als diese), und eine das Reiz-Reaktionsschema durchbrechende Reflexion auf sie scheint strukturell so wenig geboten wie bei allen als positiv empfundenen unmittelbaren Reaktionsweisen.

Und das gilt auch und gerade dort, wo Teile des Biotops Rebellionen anzetteln wollen: Der Sog – das Biotop als harmonisches Ineinandergreifen all seiner Teile und deren Übergang in ein vollkommenes Gleichgewicht[19] – ist unhintergehbar,[20] wobei das Bild des

---

16 Manchen fällt irgendwann auf, dass ihnen in diesem Biotop ihr Leben vorenthalten wurde: Ihre Ideen, dieses zu verlassen, laufen allesamt jedoch nur darauf hinaus, das Leben darin spannender, kulturell wertvoller, bewusster zu gestalten: Womit sie nicht sich, sondern dem Biotop neuen ›Lebensraum‹ zuführen.
17 Vgl. Heideggers »Sorge um sich«. [Siehe dazu das sechste Kapitel in Martin Heideggers *Sein und Zeit*. Tübingen 1953.]
18 Siehe Leo Elser: Das exzessive und das ›anständige‹ Ressentiment. In: sans phrase 6/2015.
19 Philosophisch: Das MS-Biotop ist, natürlich ohne es zu wissen und darauf zu reflektieren, platonisch verfasst.
20 Was sich historisch schon darin zeigt, dass jede ›erfolgreiche Rebellion‹, nehmen wir als Beispiel nur die 68er, das Biotop zwar verändern kann (aber diese

Biotops schon erkennen lässt, dass es (anders als bei den modernen Hofstaaten und den Mittellosen, wenn Letztere sich in eine gesellschaftliche Institution eingliedern: Parteien, Gewerkschaften) kein Zentrum gibt, von dem aus sich die Vorgänge darin steuern ließen: So sehr das Biotop auch ein einheitliches Ganzes bildet, in ihm bilden sich (mehr oder weniger feste beziehungsweise verbindliche) Beziehungen aus (Beziehungen, die man heute Netzwerke nennt), die die Welt für den Einzelnen überschaubar machen, aber ineinander derart verflochten sind, dass sich deren Geflechte (die Netzwerke) im Konkreten nur sehr eingeschränkt voneinander trennen lassen. (Oder anders: ein biotopisch konstituiertes Netzwerk – auf die institutionellen wie Unternehmen, Staat, Kirchen, Gewerkschaften etc. kommen wir im Anschluss zu sprechen – gleicht dem anderen aufs Haar.)

Die Öffentlichkeit Tritt man dem Biotopbewohner als Einzelnem gegenüber, kommt man natürlich nicht umhin, ihn als ›normalen‹, der Reflexion fähigen, im kantischen Sinne mündigen Menschen zu beurteilen. Bei näherem Hinsehen stellt man aber fest, dass dieses Hinaustreten in die Reflexion nur den Übertritt in eine andere, intellektuell beschränkte Sphäre seiner Lebenswirklichkeit bedeutet, eine Sphäre, die sein Biotopverhalten also nicht überwindet, sondern nur auf eine andere Ebene hebt: die Ebene der Öffentlichkeit. Hier wird er zur Person, was heißt: Konnte er sich im Biotop (man könnte auch sagen: im Privaten, aber das trifft die Sache nicht recht, weil hier der Unterschied bezüglich der Reflexion verloren geht) noch ganz einer, wie immer auch nur eingebildeten, abgesicherten und wohlgeordneten Vermittlungslosigkeit hingeben, so sieht er sich in dieser Sphäre aufgefordert, sich, statt seine Träume vollkommener Harmonie zu verwirklichen, in die vom Kapital erforderten Verhaltensweisen einzupassen. Kurz: beim Verlassen des Biotops wird sein Verhalten öffentlich relevant.[21] Diese Öffentlichkeit ist der beobachtbare (und damit allerdings auch politisch kontrollierbare) Repräsentant des im

---

Änderungen finden sowieso ständig statt), aber seine platonische Basis nicht nur nicht angreift, sondern sich um deren Stärkung bemüht.

21 Und dass das mehr Segen als Fluch darstellt, zeigt sich darin, dass, ganz anders als früher, mittlerweile jedermann begriffen hat, dass man in dieser Öffentlichkeit durchweg eher als Anbietender auftreten muss denn als Nachfrager, auch wenn das nur für den Umgangston miteinander wirklich positive Folgen hat: Dass man bei seinen alltäglichen Besorgungen (und auch nicht alltäglichen Konfrontationen) nicht ständig auf Leute trifft, die einen als den geordneten Ablauf ihrer Tätigkeit störenden Bittsteller behandeln, sollte man zu würdigen wissen.

MS-Biotop unterschwellig existierenden Gefühlshaushalts der das Kapital reproduzierenden leiblichen Subjekte.

Historisch hat diese Öffentlichkeit, anders als der Mittelstand (und dessen Leben in einem Biotop[22]), keinen Vorläufer (und anders als die Arbeit, der Staat, die Naturwissenschaft), den das Kapital in seine Totalität überführt hat: sie ist eines der wenigen, wenn nicht gar das einzige originär kapitalistische Produkt von übergeordneter struktureller Relevanz. Von ihrem Selbstverständnis her stellt diese Öffentlichkeit sich denn auch dar als Hort der Durchsetzung allgemein-gesellschaftlicher Rationalität, vulgo: der Aufklärung. Hier soll sich ermitteln, was im Konzert der subjektiven Interessen, Vorlieben und Meinungen Objektivität [zu sein hat], was nichts anderes heißt, als: dass es gesellschaftliche Relevanz für sich in Anspruch nehmen kann.[23] Die alles entscheidende Vorgabe ist hier: Es gilt allseits, Konflikte zu vermeiden und Kompromisse zu finden, was darauf hinausläuft, unter allen Umständen zu verhindern, dass das MS-Biotop in seine Bestandteile zerfällt.

Als Grundpfeiler dieser Objektivität gelten neben der Wissenschaft vor allem die (früher einmal) so genannten ›seriösen‹ Medien, da diese sich prinzipiell als von irrationalen Motiven (emotionalen Wertungen, autoritativen Vorgaben etc.) unabhängige Institutionen (mit Vorbildfunktion für alle sonstigen öffentlichen Debatten) darstellen. Vom Grundsatz her folgen jedoch alle gesellschaftlichen Institutionen, egal, ob staatlich oder privat, von den Universitäten über die Kirchen bis hin zu den Unternehmen der Vorgabe, die Vorgänge in ihrem Inneren so in die rationale Form zu transformieren, dass sie allgemeine Anerkennung finden: Was diese hier nicht findet, hier nicht diskursiv erscheint, in ihr ausgegrenzt wird,[24] mag es zwar *geben*, so wie es das ›Ding an sich‹ Kants *gibt* (oder geben mag), existiert aber für das kapitalistisch synthetisierte Bewusstsein, für dessen Wirklichkeitserleben nicht.

Der Ausdruck dafür – nicht der Grund, der ist in den Kategorien der politischen Ökonomie gar nicht zu erfassen –, zeigt sich zweifellos darin, dass diese Öffentlichkeit das MS-Biotop in die Verwertung des Werts vermittelt. Mit Marx gesprochen, obwohl bei ihm von dieser Vermittlung gar keine Rede ist: Dank der Vorgänge in dieser Öffentlichkeit können die ökonomischen Subjekte (Staat,

---

22 Beides war früher im tatsächlichen Hofstaat vereinigt. Kulturbegriff!
23 Vorgabe dieser Relevanz durch Autorität/Vater früher.
24 [Axel] Honneth und Konsorten haben in der Nachfolge von [Jürgen] Habermas Recht.

Unternehmen, Konsumenten) ihr Verhalten auf den (Sub-)Märkten auf die je aktuellen Bedürfnisse der für die Existenz des Kapitals entscheidenden gesellschaftlichen Gruppen abstimmen. Man kann durchaus sagen, dass die Öffentlichkeit den abstrakt bleibenden Marktprozessen ein konkretes Gesicht verleiht.

Prototypisch für das Verhalten aller Personen in der Öffentlichkeit ist das der Politiker: Ihnen zu unterstellen, parteilich zu sein, das heißt nicht der allgemein geltenden Objektivität rationalistischen Argumentierens zu folgen, trägt Eulen nach Athen, denn sie vertreten vom Begriff her die partikularen Interessen ihrer Wähler, also einzelner Gruppen. Der Politiker aber, der diese Partikularität offensiv in die Öffentlichkeit hineinträgt und die Interessen, Meinungen, Haltungen seiner Klientel nicht in die universalistische, rationale Form gießt (sich – zu Kompromissen unfähig – nicht als Opportunist erweist), verschwindet aus ihr wieder recht bald. In diese Antinomie, den rational nicht erfassbaren Inhalten ihrer Bedürfnisse dennoch eine rationale Form geben zu müssen, ist jede Person in der Öffentlichkeit unhintergehbar eingebunden.

Das Partikulare in universalistischer Form erscheinen lassen zu können, ist, siehe das oben zu den Argumentationsmustern Ausgeführte, durchaus eine der Grundfähigkeiten aller Reflexion. In der vom Kapital konstituierten Öffentlichkeit, in der es ja darum geht, diese Reflexion auf die Beziehung zwischen Besonderem und Allgemeinem zu nutzen, um Irrationalität in Rationalität transformieren zu können, hängt aller Erfolg davon ab, ob es gelingt, das Einzelne so in ein Allgemeines aufgehen lassen zu können, dass ihm ein (quantitatives oder qualitatives) Maß zugeordnet werden kann. Indem alle in der Öffentlichkeit verhandelten Prozesse nicht im einzelnen, sondern als Ausdruck eines Durchschnitts durch sie hindurch aufgefasst werden, wird diese Bedingung als erfüllt betrachtet. Im Durchschnitt fällt, wie im Marxschen Begriff der abstrakten Arbeit, Form und Inhalt, Besonderes und Allgemeines in eins und wird zum messbaren, das heißt real existierenden Ding.[25]

Da in der Öffentlichkeit nur erscheint, was als (prinzipiell) messbares Ding darstellbar ist, und vor allem, weil in der Gesellschaft nur relevant ist, was auch in dieser Öffentlichkeit erscheint, verwundert es also nicht, dass die Bewohner des MS-Biotops, die darin wie ein ungeteiltes Ganzes erscheinen, hier nicht als leiblich Einzelne, sondern als Kollektivsubjekte identifiziert werden. Die Antinomie

---

25 Verweis auf Sartre-Buch: [Manfred Dahlmann: Freiheit und Souveränität.]

zwischen Partikularität und Universalität konkretisiert sich hier in der zwischen Person und Gruppe. Um dieser Antinomie zu entgehen, gibt es in einer Öffentlichkeit, die – wie ideologisch verbrämt auch immer – darauf setzt, das primäre Ziel all der in ihr geführten Diskurse darin zu sehen, die materiellen Bedürfnisse des leiblichen Individuums zu befriedigen (und die seelisch-ideellen zwar auch, aber dies erst in der Folge der Befriedigung der materiellen) nur eine Möglichkeit: alle kollektivistische, universalistische, abstrakte Dinglichkeit zu repersonifizieren und so zu suggerieren, er, der Einzelne, sei in seinen ureigenen Bedürfnissen Ausgangs- und Endpunkt der in der Öffentlichkeit verhandelten Maßgrößen.[26]

Für all das bisher Ausgeführte gilt, dass die Öffentlichkeit sich, dem Ineinandergreifen der abstrakten Pole gemäß, die sie vermittelt – das MS-Biotop und der Weltmarkt –, global konstituiert. Real differenziert sie sich allerdings, wie das Geld in Währungen, in nationale [Öffentlichkeiten] aus, die sich bestimmten Staaten zuordnen lassen, ebenso wie darin dann auch die konkrete Ausgestaltung der Lebenswirklichkeit des Mittelstandes, also die Art und Höhe des gesellschaftlichen Reichtums, der auf ihn entfällt, von Region zu Region differiert, was dann in den Öffentlichkeiten aller Länder als kulturelle Eigenart der in dieser Region lebenden Ethnien interpretiert wird. Wobei man natürlich auch auf gröbere Einheiten zurückgreifen kann, etwa: Hier der reiche Westen, dort der angeblich von diesem – statt von den in den Regionen jeweils Herrschenden – ausgebeutete Rest der Welt. Und ebenso muss, auch wenn dies hier noch nicht Thema ist, schon an dieser Stelle darauf hingewiesen werden, dass überall dort, wo ein Staat die Macht dazu hat, er diese Öffentlichkeit dominiert und seinen Bedürfnissen entsprechend gestaltet,

---

26 Die Alternative hierzu, [nämlich] die Person im Kollektiv aufgehen zu lassen, ist zwar eine oft gewählte Option einiger Intellektueller. Praktisch durchsetzbar ist diese nur, wenn die Öffentlichkeit sich dank ihrer politischen Auflösung in reine Propaganda verwandelt. Wobei hier zudem unbedingt hinzugefügt werden muss: Diese Personifikation abstrakter Prozesse ist bis hier nur logisch-strukturell erfasst. Zu klären wäre jedenfalls erst noch, was die Einzelnen historisch-praktisch dazu bringt, die abstrakt vermittelten Prozesse ihrer materiellen Reproduktion durchgehend zu personalisieren: Verweis auf das Problem des Antisemitismusbegriffs bei Postone. [Moishe Postone: Antisemitismus und Nationalsozialismus (1982). In: Antisemitismus und Gesellschaft. Hrsg. v. Michael Werz. Frankfurt am Main 1995. Siehe zur Kritik an Postone, auf die sich M. D. womöglich bezieht: Joachim Bruhn: Logik des Antisemitismus: Die ökonomische/soziologische Reduktion des Wertbegriffs und ihre Folgen. Vortrag, gehalten am 30. März 2002 auf dem ISF-Kongress »Antideutsche Wertarbeit«.]

sie hier also nicht weiterhin als originär gesamtgesellschaftlicher Ausdruck des Bewusstseins gelten kann, in dem die Bürger sich und ihre Welt wahrnehmen.

So sehr auch das wissenschaftlich-objektive Denken (wie die aus subjektiver Realität eruierte Objektivität)[27] Leitbild der Form aller öffentlichen Diskurse bleibt, hat sich deren Basis in den letzten Jahrzehnten stark verändert, und zwar beginnend mit dem Aufstieg der Kommunikations- und Medientheorien in den Gesellschaftswissenschaften. Im Nachhinein betrachtet, ist es auch alles andere als erstaunlich, dass deren kleinstes Element, auf dem ihr Denken aufbaut: die Information, auch die ökonomischen Wissenschaften erfasst, etwa in deren Behauptung, die Preise lieferten den Marktteilnehmern die Informationen, die sie für ihren Markterfolg benötigen und nutzen. Dass den Preisen solcherart Informationen immanent sein sollen, lässt sich recht einfach als Esoterik denunzieren, soll hier aber gar nicht geschehen, sondern es soll in diesem Zusammenhang darauf hingewiesen werden, dass der Ausgleich von Angebot und Nachfrage immer schon das Einholen und Verteilen von Informationen impliziert: Diese Tätigkeit der Unternehmen nennt man gemeinhin Werbung.

Sie nimmt bekanntlich im Konkurrenzkampf der Unternehmen einen besonderen und immer größeren Bereich ein. (Die meisten der reichsten Unternehmen heutzutage entstammen bekanntlich der IT-Branche und leben zu einem weit überwiegenden Anteil allein von der Werbung.) Zur Besonderheit der Werbung gehört, dass zum Leidwesen der Unternehmen ihr Erfolg einfach nicht messbar ist. Man weiß nur, dass es ohne Werbung (und die damit verbundenen Imagekampagnen aller Art) in der Öffentlichkeit nicht geht, kennt aber einfach die obere Grenze nicht, ab der ihre Kosten den Gewinn nicht mehr steigern oder zumindest garantieren, sondern aufzehren. (Orientierung bietet allein das Werbebudget des Konkurrenten.) Dieses betriebswirtschaftliche Problem ist aber nicht unseres, wir müssen nur festhalten, dass die Diskurse in der Öffentlichkeit durchweg den von der Werbung vorgegebenen strukturellen Vorgaben folgen, nicht nur was diese der Rationalität widersprechende Nicht-Berechenbarkeit betrifft. Als weitere zu nennen wäre, neben der schon für das MS-Biotop festgestellten Selbstdarstellung der Protagonisten – die im Grunde mit dem rationalen Objektivitätsanspruch gar nicht vereinbar ist –, das Absehen und Verschweigen

---

27 Dem kann sich auch die Postmoderne nicht entziehen.

aller Informationen, die beim potentiellen Kunden (oder Nachrichtenempfänger) negativ konnotiert sein könnten. Und ebenfalls der Vorgabe der Werbung entspricht, dass in ihr der Konkurrent und dessen Produkt nicht unmittelbar angesprochen und negativ bewertet werden dürfen, was in der Öffentlichkeit dazu führt, dass hier kaum mehr kontrovers diskutiert wird.[28] Natürlich, bewertet wird in der Öffentlichkeit ohne Unterlass, doch man wird kaum arg daneben liegen, wenn man ins Blaue hinein behauptet, dass weit über drei Viertel aller öffentlichen (womöglich auch der privaten) Diskurse sich in irgendeiner Form allein um Warenkunde drehen, das heißt um das Preis-/Leistungs-Verhältnis beziehungsweise die Vor- und Nachteile des Erwerbs bestimmter Waren. Dies betrifft nicht nur dingliche Waren, sondern erst recht auch die, die auf dem Arbeitsmarkt gehandelt werden. Für den Rest der Diskurse (das betrifft besonders die politischen, aber im Grunde alle Themen und Ereignisse, die ansonsten keine Aufmerksamkeit erlangen würden) kann als Besonderheit festgehalten werden, dass in ihnen sich eine jede Rationalität missachtende Negativität Ausdruck verschafft (heutzutage im so genannten *hate speech* gipfelnd), die in nur als apokalyptisch zu bezeichnender Weise[29] über die Positivität der objektiven Darstellung hereinbricht. Natürlich, in ästhetischer Hinsicht sind alle öffentlichen Verlautbarungen, trotz oder gerade wegen der Beibehaltung ihrer rationalen Form, nur als Aneinanderreihung hochnotpeinlicher Entgleisungen zu qualifizieren, aber ich gebe zu bedenken, wie trist es in den Großstädten aussehen würde, wenn hier die Werbung fehlt und stattdessen höchstens staatliche Propaganda die Straßen zupflastert.

Bedeutsamer als die werbewirksame personelle Anbiederei in der Öffentlichkeit ist, dass es in ihr – und auch das hat sie mit der Werbung strukturell gemeinsam – nicht nur eine Menge an wichtigen Ereignissen gibt, die die Öffentlichkeit gar nicht erst erreichen, sondern erst recht, dass es in ihr selbst keinerlei Kriterien für die Bewertung der Relevanz der verhandelten Sachverhalte gibt.[30] Ob

---

28 Eine Diskussion darum, ob dies eine Regression gegenüber früheren Zeiten darstellt, lohnt nicht, da kaum behauptet werden kann, dass die Diskussionen in der Öffentlichkeit damals praktisch folgenreicher gewesen wären als heute.
29 Besonders deutlich in popularisierten wissenschaftlichen Dokumentationen, die ansonsten auch nur der Werbung um Forschungsmittel dienen, was auch dieser Apokalyptik eine rationale Form gibt.
30 Auch hier sei darauf hingewiesen, dass man nicht vorschnell von einer Regression gegenüber früheren Zeiten sprechen sollte. Denn damals gab es zwar zweifellos eine – von heutigen Moralisten vehement eingeklagte – Hierarchie der Werte, aber die wurde von Autoritäten festgesetzt.

es um Panzer geht, das Verhungern aufgrund von Ernteausfällen oder die Heirat eines Schauspielers: Das Eine will genau dieselbe Aufmerksamkeit erlangen wie alles andere, was drauf hinausläuft, dass sich die Öffentlichkeit auf die Deckung des Gefühlsbedarfs der Bevölkerung konzentriert, was der Beobachtung entspricht, dass die Öffentlichkeit, statt Gebrauchswertbestimmungen und Tauschwert diskursiv zu vermitteln, immer mehr dazu übergeht, selbst für die Befriedigung emotionaler Bedürfnisse zu sorgen.[31] Hier allerdings kann man durchaus von einer Regression sprechen; um den Grund dafür angeben zu können, bedarf es noch der Entfaltung weiterer Kategorien.

Zusammengefasst: In dieser Öffentlichkeit findet Praxis nicht statt. Ihr Medium ist allein der Diskurs. Natürlich, an diesem Diskurs würde sich keiner erst beteiligen, wenn er davon ausginge, dass von dieser Öffentlichkeit keine Impulse für die gesellschaftliche Praxis ausgehen. Aber es gibt von ihr ausgehend keinen Impuls mit einem auch nur einigermaßen eindeutig vorhersehbaren Effekt: Die ökonomischen Subjekte handeln aus eigener Logik: der Politiker gilt oft als besonders qualifiziert, weil ›durchsetzungsstark‹, wenn er gegen die öffentliche Meinung entscheidet; der Unternehmer bastelt sich ein neues Image zurecht und verkauft dieselben Waren wie die zuvor in der Öffentlichkeit diskriminierten; und der Konsument kauft nicht die Ware, die ihm der Verstand als die beste ausgewiesen hat, sondern folgt seiner Libido. Am allerwenigsten führen die ethischen, moralisch-emotional aufgeladenen Debatten zu einer Praxis, deren Erfolg man kontrollieren könnte: Mag sein, dass sie in ein Gesetz münden, aber erst in der Praxis der Juristen erweist sich, was dieses Gesetz tatsächlich bewirkt, und die folgt eben auch einer eigenen, nur in seltenen Sonderfällen von der Öffentlichkeit beeinflussbaren Logik. Besonders für Letzteres, aber im Grunde für all diese Bezüge der Öffentlichkeit zur Praxis gilt, dass es ein fundamentaler Irrtum ist, davon auszugehen, dass die Einheit der Gesellschaft sich in der Öffentlichkeit überhaupt verhandeln ließe. Diese Einheit, also die gesellschaftliche Synthesis des Kapitals, entzieht sich der öffentlichen Diskussion von Grund auf. Bis hier haben wir ›nur‹ entfaltet,

---

31 Man kann hier feststellen, dass die Bild-Zeitung in den letzten Jahren in Deutschland die FAZ als Leitmedium für die Vorgabe sowohl der Themen als auch ihre Darstellung abgelöst hat. Ein gutes Beispiel für diese Entwicklung sind auch die Interviews von Sportlern unmittelbar nach ihren Wettkämpfen: Jeder Zentimeter Platz auf seiner Kleidung wie im Hintergrund des Interviewortes ist mit Werbung bedeckt und alle Fragen laufen immer einzig auf die hinaus, wie er sich aktuell fühlt.

dass mit dem Kapital eine ›Welt‹ existiert, die sich aus sich selbst reproduziert. Um darstellen zu können, wie es praktisch überhaupt möglich ist, dass eine Totalität existiert, die sich der Wahrnehmung ihrer Subjekte entzieht, ist ein Eingehen auf die Geschichte der Genesis des Kapitals und darauf, was unter dem Kapital mit der Religion geschieht, unausweichlich, was bedeutet: statt der materiellen Basis – und den in ihr angelegten Ideologien, vor allem dem Rationalismus – hat von nun an der ideelle Unterbau des Kapitals unser zentraler Gegenstand zu sein.

Kapitel II Das Massenbewusstsein

Zeit und Geschichte 273
Der Monotheismus 275
Rolle der Technik für das moderne
Massenbewusstsein / Benjamin 279

Zeit[1] *und Geschichte*   So viel von ihr auch die Rede ist: Geschichte hat in der Öffentlichkeit nie stattgefunden. Ihr ist jedes Ereignis zwar Ausdruck ›seiner Zeit‹, gemeint ist damit aber nicht mehr, als dass sein Zeitpunkt sich chronologisch einbettet in die jeweilige ›Zeitströmung‹ (was immer damit gemeint sein mag, und es dürfte nicht allzu sehr danebengegriffen sein, wenn man diesen Ausdruck mit Mode synonym setzt). Diese Zeit ist natürlich nicht nur als reine Gegenwärtigkeit zu verstehen, sondern hat eine Dauer: Wie lang diese reicht, ist allerdings äußerst willkürlich definiert: Äußerst beliebt ist hier die Generation, das Jahrzehnt oder Jahrhundert, dem eine von der ›Zeit‹ bestimmte Eigenart zugesprochen wird, die sich dann, man weiß nicht wie, auf die Ereignisse überträgt, sich in ihnen ausdrückt. Dies betrifft nun nicht nur den Common Sense, sondern die wissenschaftliche Denkform insgesamt, mit dem einzigen Unterschied, dass von ihr die jeweilige ›Zeit‹ in eine kontinuierlich über alle ›Zeiten‹ hinweg sich vollziehende Evolution eingebettet wird. Diese Einbettung wird entweder von vornherein in einem totalen Ganzen vorgenommen (in eine Kosmologie oder die Natur) oder abgestuft in kleineren Einheiten und Epochen (das Leben, die Klima- oder Bevölkerungsentwicklung, die Ausbeutung der natürlichen Ressourcen usw.). In dieser Hinsicht für uns besonders interessant ist, dass diese Evolution, vor allem was die technische Ausrüstung der Auseinandersetzung des Menschen mit der Natur betrifft, vorgestellt wird, als folge sie durchweg dem Schema der Problemlösung: Keiner wird bestreiten, dass Probleme dazu motivieren, nach einer Lösung zu suchen, und dass dies so etwas wie eine anthropologische Konstante darstellt. Die Aussagekraft dieser Konstante ist aber äußerst gering und sehr viel relevanter dürfte die Erkenntnis sein, dass dann, wenn diese Konstante denn historisch tatsächlich allzeitliche Geltung hätte, es nie zur Entstehung von Kapital gekommen wäre.

Diese Behauptung hört sich waghalsig an, ist aber alles andre als das, sondern erweist sich sofort als evident, wenn man die einfache

[1] Besser: Chronik?

Frage stellt, wann denn wem und wo sich ein Problem ergab, das sich hätte lösen lassen, indem Geld einen universalisierten Kreislauf ausbildet. Darauf, dass die Genesis des Kapitals sich keinem evolutionären (oder gar revolutionären, bewusst gestalteten) Prozess verdankt, brauchen wir hier nicht näher einzugehen, es reicht der Verweis darauf, dass es unter den Historikern, die die Epoche des Übergangs vom Hochmittelalter zur Neuzeit erforschen, mittlerweile breit akzeptierter Konsens ist, dass alle bisherigen Theorien zur Entstehung des Kapitals fehlgehen und man selbst einfach (noch) nicht weiß, wie es dazu hat kommen können.

Zur Verdeutlichung dieses Problems sei es noch einmal von der anderen Seite aufgezäumt: Wie wir gezeigt haben, ist der Rationalismus und mit ihm die wissenschaftliche Denkform ein originäres Produkt kapitalistischer Entwicklung.[2] Daraus folgt nicht nur, dass man sich hüten muss, die moderne Begrifflichkeit in die Vorgeschichte des Kapitals zu projizieren, sondern auch, dass es uns wohl unmöglich sein dürfte, uns gedanklich und emotional vollständig in eine nicht-kapitalistische Lebenswirklichkeit zu versetzen.[3] Aber diese Vorgeschichte gab es und wir benötigen sie, denn nur wenn wir zeigen können, wie das Kapital entstanden ist, kann dessen strukturelle Darstellung Geltung erlangen. Es bleibt uns somit nur, die Momente dieser Vorgeschichte hervorzuheben, aufgrund derer sich die historischen Umstände nachzeichnen lassen, die dann die Entstehung des Kapitals haben möglich werden lassen.

Wir müssen zuvor noch zugestehen, dass wir uns mit unserer Trennung von Struktur und Geschichte eine Schwierigkeit aufgehalst haben, die nicht nur der öffentliche Common Sense und der Rationalismus nicht haben, sondern auch Autoren wie Machiavelli, Hobbes oder Nietzsche nicht. Denn ihnen gelingt es, wenn auch auf verschiedensten Wegen, in vergleichsweise sehr viel einfacherer

---

2 Es sei an dieser Stelle nur angedeutet, dass erst mit der Entfaltung des Kapitals Naturgesetze entdeckt worden sind, und auch erst seitdem erkannt worden ist, wie mit reinen Zeichensystemen so operiert werden kann, dass sich neue Erkenntnisse gewinnen lassen, ohne dass dem eine Erfahrung vorangegangen ist. Zuvor war es weder Philosophen noch Praktikern denkbar, abstrakt-leere Denkfiguren (und das gilt auch für die Geometrie) von konkret-gegenständlichen Dingen zu trennen. In dieser Hinsicht kann man berechtigterweise sagen, dass alle technischen Neuerungen sich dem Trial-and-Error während der Versuche verdanken, Probleme zu lösen. (Es sei denn, man hat diese Lösungen einfach von anderen kopiert.)
3 Was wir allerdings sagen können, ist, dass alles Denken und Handeln dort gebrauchswertorientiert war. Woraus folgt: wer das Kapital aus der Perspektive einer solchen Orientierung kritisiert, argumentiert regressiv.

Weise als uns, die Einheit darzustellen, die wir erst noch zu entfalten hätten: die Einheit der auf den Tauschbeziehungen aufruhenden Rationalität mit der Gewalt. Über diese Gewalt haben wir im Grunde noch gar kein einziges Wort verloren, was allein schon äußerst erklärungsbedürftig ist (wobei unsere Verweise darauf, dass wir bewusst von ihr abstrahieren, für uns nicht sehr Wohlgesonnene wie billige Rechtfertigungen eines Versagens klingen dürften), und müssen zudem noch uneingeschränkt den Genannten darin Recht geben, dass Äquivalententausch und Gewalt immer zusammen auftreten. Wir wollen nun nicht untersuchen, warum wir nicht wie Machiavelli die Gewaltausübung der Herrschenden rational begründen, nicht wie Hobbes das (gewaltfreie) Vertragsrecht heranziehen, um die Notwendigkeit von Gewalt zu legitimieren, nicht wie Nietzsche die Friedens- und Harmoniesehnsucht der ›Gutmenschen‹ als perfide Strategie zur Steigerung einer alles andere als gewaltlosen Macht entlarven. Wir geben einfach zu: Ja, Tausch und Gewalt bilden im Kapital eine Einheit, aber eine, in der beides nur als getrennt existierend angemessen dargestellt werden kann.[4]

Der wesentliche Grund für diese zugegebenermaßen kryptisch erscheinende Ausdrucksweise ist ein historischer: Ohne die Abstraktion von Gewalt kann nicht erklärt werden, worin die historische Besonderheit des Kapitals besteht: nämlich darin, dass hier eine Reichtumsvermehrung stattfindet, ohne dass [an deren Quelle] irgendwo Gewalt ausgeübt wird. Die Gewalt, die immer auch zugleich mit dem Äquivalententausch verbunden ist – das betrifft vor allem die Notwendigkeit der Existenz einer Staatsgewalt –, damit er überhaupt erst stattfinden kann, ist aber nun einmal kein erst vom Kapital erzeugtes Phänomen, sondern so alt wie die Menschheit selber.

Der Monotheismus Wir müssen also, wie schon beim Arbeits- und Staatsbegriff, auch beim Gewaltbegriff, und in diesem Falle besonders tief, in die Vorgeschichte des Kapitals einzutauchen versuchen. Man muss sich jedenfalls von der Vorstellung lösen, die Gewalt dringe von außen in das leibliche Individuum ein oder es gäbe den friedfertigen Charakter hier und den gewaltsamen dort.[5]

---

4 [Im Vorwort des im Dezember 2017 erschienenen Buchs von Manfred Dahlmann *Das Rätsel der Macht. Michel Foucaults Machtbegriff und die Krise der Revolutionstheorie* (Band 2 der Gesammelten Schriften) wird der innere Zusammenhang von Tausch und Gewalt ausführlich erörtert.]

5 Wir müssen also in eine Zeit noch vor Kain und Abel zurück.

So wie die Notwendigkeit der Abgewinnung seines Lebensunterhalts aus den ihm äußeren Verhältnissen zur ersten Natur (der Triebnatur) eines jeden Einzelnen gehört, so die Gewalt. (Man kann es bildlich auch so ausdrücken: Jeder ist, seiner ersten Natur nach, Bauer und Krieger, Reichtumsproduzent und Reichtumsenteigner zugleich.) Wir müssen nun im Galopp durch die Weltgeschichte reiten (was, wenn die Abstraktionsebene stimmt, nicht auch auf deren Verkürzung hinauslaufen muss)[6]: Verschiedenste Stämme vereinigen sich unter einer Herrschaft, der es darum gehen muss, eine Ordnung herzustellen, in der – von äußerer Gewalt und innerer Verweigerung möglichst ungestört – die Mittel produziert werden, die sie zur Sicherung ihrer Existenz (zu deren Ausbau sowie Vertiefung) benötigt. Dazu muss sie einen Teil ihrer Bevölkerung von der Produktion entlasten und zu Kriegern machen, die diese Ordnung, wo nötig, gewaltsam sichern.[7] Beides, das Bauern- wie das Krieger-Dasein, erfordert von den ehemaligen Stammesmitgliedern eine von ihrer Tradition losgelöste Disziplinierung und die Ausrichtung auf die neue, äußere Einheit, die eine Priesterschaft entstehen lässt, welche Herrscher, Produzenten und Krieger so vermittelt, dass besonders Letzteren die Gewalt gegen die eigenen Produzenten möglichst überflüssig werden lässt.[8] Je überflüssiger diese wird und je reibungsloser also die Produktion funktioniert, umso mehr Krieger können für den Schutz vor den Kriegern bereitgestellt werden, die die Reichtumsproduktion im Innern einerseits bedrohen, und dafür, selbst sich den anderswo produzierten Reichtum andererseits anzueignen.

Man könnte fast sagen, wir hätten hier die Grundstruktur aller bisherigen Imperien erfasst, doch würden wir dann die historische Besonderheit verfehlen, die für die Entstehung des Kapitals zwar nicht hinreichend, aber unbedingt notwendig war. (Wir stehen also wieder vor dem Dilemma, das Kapital als Resultat historischer Entwicklung und zugleich als evolutionär nicht erklärlichen Sprung in der Geschichte darstellen zu müssen.) Für unser Vorhaben, also um die Besonderheit zu erfassen, die im Kapital Tausch und Gewalt synthetisiert, müssen wir uns der Priesterschaft zuwenden, so sie oben

---

6 Verweis auf das oben zur Verallgemeinerung Ausgeführte. [Siehe den Abschnitt »Die Öffentlichkeit« in Kapitel 10.]
7 Strukturell gesprochen: was im Einzelnen getrennt eine Einheit bildet: Streben nach Friedfertigkeit und Bereitschaft zur Gewalt, wird soziologisch aufgespalten.
8 Dass historisch nahezu gleichzeitig eine weitere Vermittlungsinstanz entstand – die Kaufleute –, sei nur der Vollständigkeit halber erwähnt, denn sie spielen in dem Zusammenhang, um den es hier geht, keine Rolle als soziologisch eigenständige Schicht.

als Vermittlungsinstanz vorgestellt wurde und so, wie sie im antiken Ägypten sich historisch realisiert hatte. Es ist unmittelbar nachvollziehbar, dass diese Priesterschaft soziologisch eine eigene Schicht bildete, die immer wieder in Konflikt mit der Herrschaft des Pharaos geraten musste. Die ideologischen Gründe sind evident und entsprechen strukturell bis zu einem gewissen Grade den Konflikten, die der Grundadel mehr als tausend Jahre später mit den monarchistischen Hofstaaten ausfocht: Die Priesterschaft beschränkte die Herrschaft des Pharaos. Sie schrieb ihm zwar Übermenschlichkeit zu (und übertrug die Natur all der vielen Götter, die im Volke anerkannt waren, auch auf ihn), tat alles, um ihn (den Göttern gleich) unsterblich zu machen, ließ es aber dennoch nicht zu, dass er souverän aus eigener Machtvollkommenheit über seine Untertanen (oder gar die Götter) gebieten konnte. Mit dieser ideologischen Komponente ist aber die Bedeutung der Priesterschaft nur unvollständig erfasst: Sie konnte sich auf Konflikte mit der Herrschaft nur einlassen, weil sie bei den Bauern wie den Kriegern, im Volk also, in den Seelen verankert war: Sie konnte die Herrscher gegen das Volk wie das Volk gegen die Herrscher ausspielen.[9] Dieser Grundkonflikt ›schwelte‹ einige hundert Jahre und so ist es zumindest naheliegend, dass Teile des altägyptischen Hofstaates immer mal wieder nach Lösungsmöglichkeiten für diesen Konflikt suchten. Die liefen natürlich alle auf die Entmachtung der Priester hinaus und die Frage nach dem Weg, wie dies erreicht werden könnte, lief auf zwei Antworten hinaus: Die naheliegendste, und historisch fast durchgängig gewählte, war: Wir sorgen dafür, dass der Pharao alle Macht auf sich vereinigt und den Priestern keine andere Aufgabe zufällt, als die, dessen Allmacht im Volk seelisch zu verankern.

Die andere Antwort war komplizierter, und der einzige ernsthafte Versuch, sie in Ägypten durchzusetzen, scheiterte denn auch sehr schnell an der Macht der Priester, erwies sich welthistorisch aber als höchst effektiv: Man erfand sich einen Gott in absoluter Vollkommenheit und ungeteilter Einheit, auf den hin sich alle – Volk, Priester, Herrscher – ausrichten sollten, und hätte praktisch die Verwaltung dieser Gotteinheit auf den Pharao übertragen. Damit war der Monotheismus als Idee geboren und diese verwirklichten dann die in

---

9 Dass Ägypten, was diese starke Stellung der Priesterschaft betrifft, historisch eine Sonderrolle spielt (so etwas wie einen Einzelfall, siehe oben, darstellt), ist hier ohne Relevanz, denn es geht uns genau um die dort eingeleitete Entwicklung (vergleichbar der besonderen Entwicklung ab dem Hochmittelalter im westlichen Abendland.

Ägypten lebenden Juden für sich. Die genaueren historischen Umstände für diese Verwirklichung brauchen wir nicht zu untersuchen und auch die spezifische Form dieses jüdischen Monotheismus so wenig wie dessen zahlreiche unterschiedliche (durchweg antijudaistisch ausgerichtete) historische Ausprägungen.[10] Uns geht es einzig um den Nachweis, dass im Kapital die reine Seinsbestimmung des Monotheismus weiterwirkt; zu ihr in dieser Hinsicht, anders als bei den Begriffen Arbeit, Staat und Geld, also keine Differenz- oder Wesensbestimmung hinzugetreten ist.

Den einen Bestandteil der Seinsbestimmung des Monotheismus haben wir schon benannt: Gott ist leer-abstraktes Zeichen (jüdisch: JHW) und die Fülle allen Seins zugleich: Er ist vollkommen, allmächtig, Schöpfer der Welt, mit sich selbst identisch, bruchlose Einheit allen Seins und was da an Ausdrücken allesamt auch gefunden werden kann, um die absolute Souveränität dieses Gottes zu kennzeichnen. Hinzu tritt aber auf der Seite derjenigen, die an ihn glauben, die unbedingte Verpflichtung, sich mit diesem Gott zu identifizieren. Das ist eine alles andere als einfache Angelegenheit: Der Einzelne weiß genau, dass er von der Vollkommenheit Gottes meilenweit entfernt ist. Aber die neue Priesterschaft – die nun keine eigene Schicht mehr darstellt, sondern nur noch Gottes Wort in die Welt trägt – nimmt die an sich selbst zweifelnden Gläubigen an die Hand und führt sie auf den Weg wahrer Gotterkenntnis. Das Entscheidende ist nun: Mit diesem Monotheismus tritt das Massenbewusstsein in die Geschichte ein. Je mehr die Ausrichtung auf den einen Gott bei den Einzelnen zur Identifikation mit diesem Gott führt, umso mehr vereinheitlichen sich die Seelen der Gläubigen. Man braucht gar nicht so weit zu gehen und zu sagen, dass in allen Einzelnen der Bezugspunkt ihrer Reflexion auf sich selbst nun Gott geworden sei (obwohl das bei vielen der Fall sein dürfte), es reicht zu erkennen, dass der Monotheismus dem Polytheismus darin, eine Angstbewältigungsstrategie bereitzustellen,[11] weit überlegen ist.

Die nähere Ausgestaltung dieses Massenbewusstseins obliegt dann natürlich wieder den besonderen historischen Umständen. Entscheidend bleibt, dass in ihm die Reflexion ausgeschaltet ist und an ihre Stelle fixierte Vorgaben treten, deren Geltung allein darin

---

10 Verweis auf Nirenberg [David Nirenberg: Anti-Judaismus. Eine andere Geschichte des westlichen Denkens. München 2015], meinen Wahrheitsartikel [Manfred Dahlmann: Was ist Wahrheit? Was materialistische Kritik? In: sans phrase 9/2016].

11 Es geht hier um die Angst vor dem Ausschluss aus der Gemeinschaft, die meist mit dem leiblichen Tod zusammenfällt.

ihren Grund hat, weil man davon ausgehen muss, dass sie für die Glaubensgemeinschaft allgemein als geltend anerkannt werden.[12] So gut wie nie wurde bisher ernsthaft untersucht, warum auch die modernen Gesellschaften, egal wie rechtlich verfasst, nicht darauf verzichten, sich, aus ihrer Mitte, ist man versucht zu sagen, eine Person zu erwählen, die für nichts anderes steht als dafür, bloß da zu sein.[13] Um es kurz zu machen: Er ist der Repräsentant der Ordnung, die vom MS-Biotop ausgehend auch die Öffentlichkeit auf abstraktester Ebene konstituiert. Auf eine nähere Bestimmung dieser Ordnung kommt es nicht nur nicht an, sondern die dafür notwendige Reflexion stellt von vornherein einen Angriff auf diese Ordnung dar. So wie der abstrakte Gott in dieser Welt seinen Willen nur durch Propheten und Priester hindurch zum Ausdruck bringen kann, so werden in der Öffentlichkeit alle abstrakt vermittelten Prozesse des Kapitals auf das Verhalten der Führungskräfte zurückgeführt.

Rolle der Technik für das moderne Massenbewusstsein / Benjamin Aber mehr noch: Mit dem Fortschreiten der Verrechtlichung des Kapitals kamen die Verfassungs- und Staatsrechtler in ihrem Bemühen, das Recht dem Kapital anzupassen, es also zu säkularisieren, auf die grandiose Idee, die in Gott angelegte Souveränität ins Volk zu verschieben. Seitdem gilt jede Kritik am Volkswillen als antidemokratische Blasphemie.

Zu fragen ist noch: was ist im Monotheismus mit der Gewalt geschehen? Wo ist sie geblieben? Im Innern der Glaubensgemeinschaft ist die Sache klar: Friedfertiger als hier geht es nirgendwo zu. Für jeden Konflikt kennt der Priester (heute sind es die Sozialarbeiter aller Couleur – das ist nicht denunziatorisch gemeint!) die Lösung. Und in einer Hinsicht ist die Erhebung des Volkes zum Souverän von der Wirklichkeit auch gedeckt: Alle Gewalt geht von diesem Volke aus (auch wenn dies aber immer schon der Fall war). Und realitätsblind argumentiert der, der nicht zugesteht, dass es der bürgerlichen Gesellschaft im Vergleich zu ihren Vorgängern (in den entwickelten Gesellschaften, aber allein über die sprechen wir hier sowieso) recht gut gelungen ist, die Ausübung körperlicher Gewalt durch die Volksgenossen gegeneinander stark einzudämmen, und das, obwohl doch der alltägliche Konkurrenzkampf eher das Gegenteil nahelegt. Also,

---

12 Verweis auf den Glauben, dass Geld Wert hat, durch Gold abgesichert sein muss, Ressentiment, Antisemitismus.
13 [In Diskussionen führte M. D. oftmals den Bundespräsidenten als Beispiel an.]

um den Kalauer zu bemühen: wohin geht die vom Volke ausgehende Gewalt? Die Antwort kann nur sein: in den Staat. Und damit verlassen wir die Allgemeingeschichte wieder, um uns nun der Besonderheit kapitalistischer Staatlichkeit zu widmen.

Kapitel 12   Die Mystik des Kapitals als Wahn

Rationalismus und Rationalität 283
Nominalität und Realität 286
Unzulässige Argumentationsmuster 289
Aktualität: Volksstaat und Krise 294
Krise des Kapitals 298

Rationalismus und Rationalität Die sprachliche, und in ihr verhaltensadäquate Form, in der die leiblichen Subjekte unter den Bedingungen universalisierter Warenform miteinander in Kontakt treten, ist von Grund auf rationalistisch.[1] Diese Sprech- und Verhaltensweise ist sowohl historisch als auch begriffslogisch abzugrenzen von dem, was der Begriff der Rationalität der Sache nach erfasst: Historisch ersetzt der Rationalismus die Kommunikationsform, die in Befehl und Gehorsam ihre Grundlage hat; auf diese Transformation wird, wie bisher durchweg bezüglich der historischen Verortungen der Kategorien der politischen Ökonomie,[2] noch weiter unten eingegangen. Logisch geht dem Rationalismus die ökonomisch-technische Rationalität voran und nicht, wie die Ideengeschichte suggeriert, umgekehrt: die ökonomische Rationalität ist kein in der Gesellschaft verallgemeinertes Resultat etwa der Philosophie der Aufklärung.[3] Begrifflich gemeinsam ist diesen beiden Bereichen allerdings, dass in ihnen die ökonomischen Subjekte sich Zwecke setzen, die sie mit möglichst effektiven Mitteln zu verwirklichen suchen.

Diese Bestimmung von Rationalität ist unmittelbar an die Existenz von Kapital gebunden, woraus folgt, dass die schier unendlichen Debatten über die Verbindungen, die innere Logik (um nicht zu sagen: die Dialektik) zwischen Mittel und Zweck sich als Scheingefechte enttarnen. (Weshalb man, wo es um die rationalistischen Formen des Kommunizierens geht, allein der sprachlichen Präzision zuliebe und nicht im Sinne einer Sprachregelung, andere Begriffe als Zwecke und Mittel gebrauchen sollte: etwa Ziele, Absichten, Strategien usw.) Es handelt sich um je grundverschiedene Begriffe, deren Differenz eindeutig bestimmt und in ihrem Bezug aufeinander dem Prozess der Kapitalverwertung (das heißt: der Ersetzung von Arbeitskraft durch Technologie) eingeschrieben ist. Man muss, dies

[1] Abgrenzung von Rationalisierung / Unterscheidung von technischer Rationalität! [Siehe Kapitel 6.]
[2] Siehe etwa den Arbeitsbegriff [Kapitel 7 und 8].
[3] Diskussion des Naturbegriffs in [Adornos / Horkheimers] *Dialektik der Aufklärung*.

sei hier noch einmal ausdrücklich betont – auch wenn es durch die Form meiner Darstellung längst verstanden worden sein sollte – gerade für das Folgende, soweit es darin um die Lebenswirklichkeit der leiblichen Subjekte geht, sich unbedingt vor Augen halten, dass die empirische Wahrnehmung dieser Ersetzung (so wenig wie die der Verausgabung konkreter Arbeit) keine unvermittelte – um nicht zu sagen: lediglich eine vollkommen vermittlungslose – Beziehung zum Prozessieren des Kapitals aufweist. Begrifflich stellt diese Ersetzung zwar die Identität der Totalität des Kapitals dar (wie konkrete Arbeit natürlich geleistet worden sein muss, um sich in abstrakte transsubstantiieren zu können), setzt aber, um diese Identität sein zu können, den Durchgang durch die (abstrakte) Weltmarktkonkurrenz voraus. Oder anders: die beobachtbare Ersetzung von Arbeit durch Technologie ist zunächst allein der (technischen) Rationalisierung zuzuschlagen, nicht der politisch-ökonomischen Rationalität. Die ist weder wahrnehm- noch beobachtbar, sondern nur, zur Lösung der wundersamen Reichtumsvermehrung im Kapital, spekulativ zu erschließen.

Empirisch wird von den Ökonomen ja auch immer wieder darauf hingewiesen, dass die Steigerung der Arbeitsproduktivität (so nennen sie die Ersetzung der Arbeit durch Technologie) ja historisch so gut wie nie (und nirgendwo) gesamtgesellschaftlich zur Verminderung der Arbeitsleistungen geführt hat, sondern, im Gegenteil, zu deren Vermehrung.[4] Dass die wundersame Geldvermehrung natürlich auch dazu führt, dass immer neue Zugänge/Berufe geschaffen werden, die es erlauben, sich Anteile am Gesamteinkommen zu erobern, wird von uns gar nicht bestritten: die Gesellschaft steigert ja, trotz (oder besser: wegen) ihrer Ersetzung produktiver Arbeit ihren Reichtum; das ist ja das Problem. Zumal ja die Frage, wie sinnvoll und vernunftgemäß diese neuen Zugänge zum Weltgeld zu qualifizieren sind, von Ökonomen grundsätzlich gar nicht erst gestellt wird.

Der grundlegende ‚begriffslogische‹ Unterschied zwischen Zwecken und Mitteln besteht darin, dass erstere von Grund auf von den ökonomischen Subjekten frei gesetzt werden – woran jeder Versuch der Ökonomen scheitern muss, die ökonomische Entwicklung mathematisch darstellen zu können –, woraufhin sich eine operationalisierbare Teilmenge aller (vorhandenen oder noch herzustellenden) Mittel ergibt, die geeignet sind, den gewählten Zweck zu erreichen. Im Unterschied zu den Zwecken sind die Mittel also

---

4 Beispiel: Schraubenfabrikant [in Kapitel 3]. Abgrenzung vom Krisenbegriff!

mathematisch-physikalischen Operationen zugänglich. Das Ökonomische wird bekanntlich oft geradezu definiert als Prozess, der darin besteht, mit dem Einsatz möglichst geringer Mittel einen höchstmöglichen Ertrag (das ist dann der verfolgte Zweck) zu erzielen. Der Rationalismus, so sehr seine Genesis sich auch der ökonomischen Rationalität verdankt, abstrahiert (dem Begriff der abstrakten Arbeit adäquat) von dieser Ökonomie und ist als eine Philosophie zu begreifen, die unterstellt, die Welt, gleichgültig in welche Teilbereiche, Trennungen und Beziehungen sie zerfällt, ließe sich in ihrer Ganzheit erfassen, sofern empirisch ermittelte Fakten formallogisch korrekt ineinander überführt werden können.[5] Die so ermittelten Einzelurteile können dann, so die durchweg implizit bleibende Unterstellung, umstandslos zu verallgemeinerten Urteilen zusammengefasst werden (denn aus Richtigem kann nichts Falsches folgen), bis dann die Welt als Ganzes in einem einzigen Urteil[6] aufgeht.[7]

Der Grund, warum begriffslogisch die Rationalität dem Rationalismus historisch und logisch vorausgeht – und nicht umgekehrt –, ergibt sich unmittelbar aufgrund des bisher zum *Geld und seiner Wissenschaft* Ausgeführten. Die gesamte Philosophiegeschichte der Neuzeit umstandslos dem Rationalismus zuzuschlagen, scheint äußerst gewagt, beziehungsweise, siehe unten (wo er vom Positivismus abgegrenzt wird), eine unzulässige Verallgemeinerung darzustellen. Selbstredend gibt es inhaltlich die verschiedensten, einander ausschließenden Philosophien, bekanntlich auch solche, die dem Rationalismus nicht nur kritisch gegenüber stehen, sondern sich zum Irrationalismus ausdrücklich bekennen.[8] Aber es geht um eine Denkform, die allseits akzeptiert wird, und der selbst diejenigen, um überhaupt Gehör zu finden, folgen müssen, die die menschlichen Beziehungen von Grund auf wieder auf Befehl und Gehorsam umstellen wollen: sie müssen ›argumentieren‹ (siehe neben den Diplomaten auch die Politiker). Konstitutiv für den Rationalismus der Aufklärung ist die Anwendung des Satzes der Identität auf eine jede Verstandes-Wahrnehmung; jedes wahrgenommene Ereignis gilt als ein An-und-für-sich, existiert als unveränderlich gedachtes Seiendes.

---

5 Verweis auf Diplomatie: Ziele statt Zwecke! [Siehe Kapitel 5.]
6 Kosmologie/Natur, im Grunde also: in ihrem Sein.
7 Verweis auf Teil/Ganzes-Antinomie unten? [Siehe dazu M. Ds. *Das Rätsel der Macht* (2. Band der Gesammelten Schriften), insbesondere das erste Kapitel der Arbeit, »Die Existenz der Macht: Foucaults Nominalismus« sowie den Abschnitt »Rose oder Nelke« im zweiten Teil des Gesprächs zwischen M. D. und Christian Thalmaier im Anhang dieses Buchs.])
8 Verweis auf Schopenhauer; Ontologie.

Im Unterschied zur Existentialontologie besteht der Rationalismus allerdings darauf, dass das Wahrgenommene nur dann der Wirklichkeit (und nicht einer Einbildung) zugerechnet werden kann, wenn es sich als (falsifizierbarer) Fakt ausweisen lässt – was nicht der Fall sein dürfte, wenn ich zum Beispiel behaupte, einen schwarzen Schwan gesehen zu haben.[9]

Dass der Rationalismus von den inneren Vorgängen im Subjekt, seiner Seele, im Interesse allgemeiner Berechenbarkeit abstrahiere (›Entfremdung‹), ist ein von existentialontologischer Seite geschürtes Missverständnis (das man auch Denunziation nennen kann). Denn Ökonomen und Politiker, Rationalisten generell, sind an kaum etwas Anderem mehr interessiert als daran, die Wünsche und Ängste der Konsumenten und Regierten ›ernst zu nehmen‹. Ihr Problem ist nur: Wenn diese Gefühle nicht – zumindest in der Form ihrer sprachlichen Äußerung – dem Satz der Identität folgen, sondern dem Lustprinzip unmittelbar, fehlt jede Basis, Gefühle als Tatsachen zu erfassen. Ist der Tatsachencharakter des Identifizierten gesichert,[10] geht der Rationalist entweder dazu über, dieses mit anderen Fakten logisch konsistent so zu verbinden, dass sich eine über den empirisch ermittelten Einzel- und Besonderheiten stehende Verallgemeinerung konstituieren lässt, deren Realitätsgehalt dem der Tatsachen exakt entspricht, oder aber er dringt in das Innere der Tatsache ein, das heißt er differenziert – man kann auch sagen: er analysiert –, um sie in realitätsadäquate Einzelmomente zu zerlegen, die er dann ebenfalls in Verallgemeinerungen überführt, deren Wahrheitsgehalt von keinem mehr vernünftig bestritten werden kann.

Nominalität und Realität Wenn wir uns bei der (notwendigerweise: spekulativen)[11] Entfaltung der Kategorien der politischen Ökonomie an wohl keiner einzigen Stelle affirmativ auf den Rationalismus bezogen haben, so weder aus dem Grund, dass wir uns mit ihm bei der Ermittlung von Tatsachen in Dissens befinden würden, noch die Geltung der Logik bestreiten. Der Grund für unsere Ablehnung, was die Ermittlung von Tatsachen betrifft, ist, dass der Rationalist sie nur

---

9 Wobei man den Trick der sprachanalytischen Positivisten, nicht den Inhalt der Behauptung, sondern sie als solche als Faktum zu betrachten, womit sie die Wahrheit immer auf ihrer Seite haben, als Übergang in die Existentialontologie, wenn auch nicht zu würdigen, aber doch zumindest erwähnen sollte.

10 Und um es gleich in aller Deutlichkeit festzuhalten: auch eine Rationalismuskritik kann auf diese Identifikation nicht verzichten. Soweit es ihr um das Realitätsprinzip geht.

11 [Siehe Anm. 27 in Kapitel 6.]

in Symbolen zu erfassen vermag, was heißt: der Rationalist definiert die Ausdrücke, die für ihn das Empirische repräsentieren, nominal.[12] Man ginge zwar in die Irre, wollte man behaupten, diese Definitionen erfolgten in völliger Beliebigkeit[13], aber sie sind nun einmal immer auf einen Zweck (beziehungsweise einen allgemeinen Sinn) bezogen – und der ist, wie gesagt, von den leiblichen Subjekten frei wählbar; beschränkt höchstens von rechtlichen und moralischen Vorgaben.[14] Ist dies der Fall, werden die ermittelten Verallgemeinerungen (also die gefällten wahren Urteile) zwar nicht ungültig, aber obsolet. Der entscheidende Unterschied zwischen dem szientistischen Verfahren der Definition und unserem der Begriffsbildung besteht also darin, dass Ersteres den Satz der Identität (in der Mathematik ja auch als Existenzaxiom formuliert) nicht zu seinem Gegenstand machen und deshalb auch nicht kritisieren kann, während wir darauf bestehen, der Kritischen Theorie folgend, Begriff und Sache, in ihrer unaufhebbaren Differenz, als Einheit zur Darstellung bringen zu müssen.[15]

Was die Geltung der rationalistischen Logik betrifft, wäre ähnlich umstandslos wie bezüglich der Rolle der Fakten zu konzedieren,

---

12 Es liegt in der Logik dieser Repräsentanz, dass die Differenz zwischen Symbol und Symbolisiertem, also im Grunde: Begriff und Sache, zur Aufhebung tendiert. Kein überzeugter Rationalist würde zwar dem (Post-)Strukturalismus so weit folgen wollen, den Zeichen abzusprechen, ein von ihnen losgelöstes, als An-und-für-sich existierendes Bezeichnetes zu repräsentieren; dies würde ihn von innen her auflösen. Aber indem er sich strikt weigert, Auskunft darüber zu geben, wie es um den Realitätsgehalt seiner Definitionen erkenntnistheoretisch bestellt ist, und diesen allein aus dem Umstand bezieht, ob sie die adäquaten Mittel bereitstellen, vorgegebene Zwecke zu realisieren, ist, wie sich nicht zuletzt an der Unfähigkeit zeigt, die Ökonomie zu erfassen, der Realitätsblindheit und -verweigerung Tür und Tor geöffnet. Siehe auch: [Bertrand] Russell: Die Frage ist nicht zu beantworten und interessiert schon deshalb nicht, zumal die Antwort für die Praxis unerheblich ist.
13 Die Beliebigkeit der Nominaldefinitionen, das heißt die ›Freiheit‹, einen Sachverhalt in verschiedenster Weise differenzieren, verallgemeinern und miteinander vergleichen zu können, hat nicht unwesentlich dazu beigetragen, dass ein Großteil der Wissenschaftler, soweit sie gesellschaftliche Prozesse untersuchen, von ihren Resultaten als ›bloße‹ Meinungsäußerung sprechen, und dabei ›übersehen‹, dass Wissenschaft sich selbst desavouiert, wenn es ihr nicht mehr um Urteilsbildung geht.
14 Auch für die fühlt der Rationalist sich natürlich zuständig: sie bilden aber je eigene Disziplinen.
15 Sprachlich zum Ausdruck gebracht dadurch, dass wir Begriffe *bestimmen*, nicht definieren. Womit wir auch hier keine Sprachregelung vor Augen haben, denn natürlich kann auch der, der davon spricht, seine Begriffe zu definieren, dasselbe meinen, wie wir. Klar sollte nur sein, dass alle kategorialen Begriffe der Realität zu entnehmen sind, und man die Nominalität in der Begriffsbildung getrost den erklärten Rationalisten überlassen sollte.

dass selbstredend auch für uns Mathematik und Naturgesetze in ihrer Geltung nicht infrage gestellt werden. Doch es handelt sich bei dieser Logik lediglich um einen absoluten Sonderfall der Begriffslogik, woraus allein schon folgt (also abgesehen davon, dass ihm die Zwecksetzungen der leiblichen Individuen unzugänglich bleiben müssen), dass der Rationalismus sein letztliches Ziel, die Welt in ihrer Ganzheit erfassen zu können, von vornherein verfehlen muss. Diese Totalität ist im Folgenden Thema dieses Kapitels, an dieser Stelle sei nur kurz expliziert, was in unserem ›Begriffsbildungsverfahren‹ immer impliziert war und vom Leser, hoffentlich, nicht überlesen werden konnte: So sehr auch alles davon abhängt, ob es gelingt, die Kategorien der politischen Ökonomie so aufeinander zu beziehen, dass unsere Gesellschaft in ihrer Ganzheit zur Darstellung kommt, so wenig kann es darum gehen, ein *Neues Organum* vorzulegen[16] oder gar die *Wissenschaft der Logik* den aktuellen Verhältnissen anzupassen. Allerdings kann keine Darstellung der Realität um die Hegelsche Erkenntnis herumkommen, dass jeder Begriff unweigerlich in eine ihm eigene – auf Totalität bezogene – Logik eingebettet ist, die es zu entfalten gilt. Diese Logik bleibt dem Rationalismus von Grund auf verschlossen.

Wer rationalistisch argumentiert, argumentiert also keinesfalls falsch: natürlich nur solange nicht, wie er sich an die eigenen Prämissen hält. In der Öffentlichkeit erschöpft sich der Rationalismus (neben der strukturellen Reduktion auf die Logik der Werbung)[17] aber immer mehr auf die Verlautbarung bestimmter Absichtserklärungen zu (oder Forderung nach) bestimmten Reformen, wobei darauf verzichtet wird, anzugeben, woran deren Erfolg gemessen werden soll – und genau die Messbarkeit des Erfolgs bestimmter Maßnahmen gehört zum originären Bestandteil aller Rationalität. So berechtigt der Vorwurf, dass der Rationalist ständig versucht ist, Qualität unzulässigerweise zu quantifizieren, auch ist: dort, wo er innerhalb seiner Formen verbleibt, ist gerade die Entwicklung von Messverfahren zur Bestätigung seiner Argumente auch vom Kritiker nicht zu beanstanden.[18]

Sich selbst ins Abseits stellt der Rationalismus auch dann, wenn festzustellen ist, dass ermittelte Teilwahrheiten, zusammen gesehen, sich widersprechen. Obwohl die Widerspruchsfreiheit das wohl

---

16 [Francis] Bacon gegen [Karl] Popper: rationalistische Totalität Vorlage der Hegelschen.
17 [Siehe den Abschnitt »Die Öffentlichkeit« in Kapitel 10.]
18 Heidegger; [Frank] Engster.

höchste Gebot des Rationalismus ist, hört jede Diskussion auf, wenn beide Seiten, etwa der Keynesianist und der Neomonetarist, darlegen können, dass sie die rationale Form nicht verletzen. Bei Politikern und Zeitungskommentatoren etwa findet sich diese Nebeneinanderexistenz sich ausschließender, dennoch für sich korrekter Analysen, oft genug in ein und derselben Person.[19]

Unzulässige Argumentationsmuster Über die Umstände, Gründe und Folgen dieser Selbstauflösung des Rationalismus wird noch ausführlich zu sprechen sein, an dieser Stelle ist auf in rationalistische Form eingekleidete, gängige Argumentationsmuster hinzuweisen, die aufgrund ihrer Realitätsblindheit von vornherein keine Argumente liefern können, die die Ideologiekritik dazu führen könnten, ihre Urteile zu überprüfen oder gar zu revidieren. Um dem Entwicklungsprozess des wissenschaftlichen Denkens der Neuzeit gerecht zu werden, ist hier voranzuschicken, dass diese Muster zwar allseits eingebettet werden in die allgemeingängige Form rationalistischen Argumentierens, in ihrem Kern aber mit der originär rationalistischen Erkenntnistheorie kaum noch etwas zu tun haben. Ganz anders stellt sich die Verbindung von Rationalismus und logischem Positivismus vor dem Hintergrund unserer Bestimmung der Identität des Kapitals dar: In den mehrwertproduzierenden Unternehmen trifft die ökonomische Rationalität (vorbestimmte Zwecke mit dem geringsten Einsatz an Mitteln zu erreichen) auf das Erfordernis, Arbeitskraft durch Maschinerie, das heißt letztlich: durch Technologie, zu ersetzen. Und die Entwicklung dieser Technologie erfolgt exakt gemäß den Vorgaben des formallogischen Positivismus. Dem Alltagsbewusstsein, auch dem wissenschaftlichen, ist jedoch nicht gegenwärtig, dass Rationalität und Formallogik eine Einheit bilden, die auf deren Trennung beruht.

So kann sowohl der Vorwurf, man verallgemeinere die zur Debatte stehenden Sachverhalte und unterschlage somit die in ihnen angelegten Differenzierungen, von Grund auf nicht als Widerlegung eines Gedanken akzeptiert werden, als auch das dazu gehörende Gegenstück, man hätte einen Sachverhalt nicht differenziert genug betrachtet. Und ebenso wenig können Urteile mit der Behauptung widerlegt werden, die unterstellt, man hätte Sachverhalte miteinander verglichen, die sich nicht vergleichen ließen.

---

19 Kein Nachvollzug der Debatten aus der Vergangenheit!

Der primäre Grund, warum alle drei Argumentmuster nicht zur Widerlegung (oder auch nur als kritischer Einwand) taugen, liegt darin, dass sie den ungeheuren ›Vorteil‹ haben, immer korrekt zu sein. Ihr Kennzeichen ist geradezu, dass ihnen logisch nie widersprochen werden kann.[20] Wer den Allgemeinbegriff von Birnen und Äpfeln ermittelt, kommt – mehr oder weniger – intuitiv auf den Allgemeinbegriff Obst und unterstellt, ebenso eher intuitiv, dass Birnen und Äpfeln etwas gemeinsam ist, das diese Verallgemeinerung erlaubt. Was aber wäre falsch daran, diese Besonderungen von Obst nicht als eben dieses Obst, sondern als von der Natur produzierte Gegenstände zu verallgemeinern? Und sind nicht Birnen (und Äpfel) selbst schon Verallgemeinerungen von ihnen immanenten (prinzipiell) unendlich vielen, weiteren Differenzierungen? Und was überhaupt soll das Identische in Apfel und Birne sein, aufgrund dessen festgestellt werden kann, dass es sich um Obst (zu dem ja noch viele andere Früchte zählen) handelt? Gilt hier nicht das allgemein bekannte Prinzip, dass Äpfel und Birnen nun einmal nicht addiert werden können, es sei denn, man ordnet ihnen ein Maß zu?[21] Dabei kann es sich allerdings nur um ein Maß handeln, das mit dem Gegenstand nichts mehr zu tun hat, also gar kein Identisches in Apfel und Birne ist, sondern ihnen hinzutritt.

Verlassen wir kurz die Formallogik und wenden uns einigen Beispielen der Wirklichkeit zu, um exemplarisch zu illustrieren, zu

20 Expliziert und zur Grundlage seiner Wissenschaftstheorie gemacht wurde diese Logik von der Analytischen Philosophie. Ihr geht es darum, die Voraussetzungen zu erklären, die Aussagen erlauben, bei denen es sich eindeutig um wahre und absolut notwendige Folgerungen handelt (Notwendigkeit im Sinne dieser Formallogik ist im Kern bestimmt als der Schluss: wenn a b und b c, dann ist a c; allgemein: wenn p, dann q): Natürlich weiß der Positivist, dass es im Denken meist fehlerhaft zugeht. Und derartig fehlerhaft ist diesem Positivismus ein Denken immer dann, wenn die Definitionsmenge für das Differenzierte wie für dessen Verallgemeinerung nicht identisch ist. Die Mengenlehre (und mit ihr die neuere Mathematik) lässt sich dementsprechend auf zwei Prämissen (nicht Axiome) reduzieren: Die eine lautet: Es existiert (mindestens) ein Element x, das Element der Menge A ist, die andere: Für alle Elemente der Menge A gilt …; worauf dann eine logisch operationalisierbare Gleichheitsbedingung folgt, die das Besondere als Moment eines Allgemeinen ausweist. Diese Logik muss natürlich auch von der Ideologiekritik als korrekt akzeptiert werden – infrage steht nur, was in ihr der Wirklichkeit adäquat ist.
21 Formallogisch betrachtet lässt sich hingegen alles mit allem vergleichen, weil allem Identischen auch ein Maß zugeteilt werden kann – hier gilt also genau das Gegenteil dessen, was materiell der Fall ist: In Wirklichkeit ist jeder Einzelfall ein Fall für sich, der sich mit anderen nicht vergleichen lässt, ohne seine Besonderheit zumindest teilweise zu verlieren.

welchen Fehlleistungen diese Logik aus innerer Notwendigkeit führt: Ist es denn wirklich notwendig, um einen Begriff vom Islam zu gewinnen, ihn vom Islamismus abzugrenzen? Kann man hier wirklich das islamophile Argument akzeptieren, dass es *den* Islam gar nicht gebe, sondern nur verschiedenste, untereinander meist zutiefst verfeindete Abspaltungen? (Abspaltungen von was eigentlich, wenn nicht von *dem* Islam? In aller Deutlichkeit: So wenig man Christ ist, wenn man nicht akzeptiert, dass Jesus Gottes Sohn war, so wenig ist man Moslem, egal welcher islamischer Besonderung, wenn man bestreitet, dass Mohammed das Sprachrohr Allahs war und im Namen dieses Gottes den Djihad verlangt. Absurd jedenfalls die Auseinandersetzungen darum, was genau mit dem Djihad – insbesondere im Hinblick auf die Frage nach der Anwendung von Gewalt – gemeint gewesen ist oder heutzutage darunter zu verstehen wäre: Dem, der seine imperialen oder sonstigen politischen Ambitionen als Ausführung des Willen Gottes darzustellen vermag, ist unbedingt Folge zu leisten, denn sonst versündigt man sich ja am Willen Gottes. Vom Prinzip her gilt das natürlich auch für den Christen, doch hier wären historische Differenzen zu berücksichtigen, die das andere Verhältnis der Christen als das der Moslems zur staatlichen Gewalt betreffen, worauf wir aber hier nicht eingehen können.) Und so auch in die andere Richtung: Wann eigentlich ist die Ebene hinreichender Differenzierung erreicht, so dass man sich eine, im Sinne der Orientalisten: adäquate Vorstellung von dem Gegenstand machen kann, den man ›Islam‹ nennt?[22]

All dem zugrunde gelegt ist dann die Unterstellung, dass man den ›normalen‹ Muslim nicht mit den Islamisten, den Sunniten nicht mit dem Schiiten etc., ›über einen Kamm scheren‹ könne.

---

22 Wenn man bedenkt, wie sehr die Religionsforscher den Koran oder die Bibel hin und her wenden, um die Einheit zu entdecken, die den Islam zum Islam, das Christentum zum Christentum und das Judentum zum Judentum machen, gewinnt man einen Eindruck, was diese Detailversessenheit bezweckt: die persönlich präferierte Religion zum Hort der Friedfertigkeit zu erklären und alles wortreich auszuschließen, was dem widerspricht. (Es spielt also gar keine Rolle, ob man klerikal oder säkular argumentiert: es geht um Selbstbestätigung.) Salopp: Vor lauter Bäumen sieht man den Wald nicht mehr. Was die Religion betrifft: sie hat die Individuen seelisch zu einer Einheit zu verschweißen, hat also die inneren Konflikte zu bändigen – um nach außen effektiv wirken zu können; ob zum Schutz vor Angreifern oder aus eigenen imperialen Motiven ist zunächst vollkommen gleichgültig. Oder anders, historisch: Wer im Sinne der Herstellung einer inneren Einheit der leiblichen Individuen argumentiert (gleichgültig, ob es sich um die Einheit der Religion, der Nation, einer Partei oder gar des Staates handelt), argumentiert religiös; ist für die Kritik verloren.

Richtig, keiner, der einigermaßen bei Verstand ist, wird das bestreiten. Nur: Was garantiert eine zulässige Verallgemeinerung, was weist eine Differenzierung als mangelhaft, was einen Vergleich als unzulässig aus? Um an dieser Stelle zur näheren Erläuterung konkret zu werden: Die deutsche Vernichtung der europäischen Juden ist mit anderen Genoziden und Massenmorden – unter anderem – deshalb nicht zu vergleichen, weil ansonsten unterschlagen wird, dass hier die Existenz des Kapitals eine entscheidende Voraussetzung für diese Vernichtung darstellt. Mehr noch: Dem, der diese Singularität (ob moralisch: Mord ist nun einmal Mord, ob organisatorisch: ein Lager ist nun einmal ein Lager usw.) relativiert, muss unterstellt werden, hinter seiner Logik das Motiv seiner Argumente zum Verschwinden bringen zu wollen. Und dieses Grundmotiv lautet: Alles Geschehen ordnet sich in die evolutionäre Entwicklung der Menschheit ein; es gibt darin keine Brüche (und letztlich wird dann auch das Kapital nicht als solch ein Bruch in der Geschichte gesehen), die es der Vernunft gebieten, Logik Logik sein zu lassen und alles zu tun, damit die Einzigartigkeit sich nicht wiederholt, sondern ein Licht wirft auf das verkehrte Ganze, das diese erst ermöglichte. Natürlich: alles Denken beruht auf Differenzierung und Verallgemeinerung des Differenten aufgrund der beidem identisch zugeordneter Beziehungen. Doch die eindeutig, das heißt allein dem Satz der Identität verpflichteten Definitionsmengen,[23] die der Positivismus unterstellen muss, um zu sinnvollen Aussagen überhaupt kommen zu können, reproduzieren die Wirklichkeit nicht im Denken, sondern passen die Realität solange in die vorgegebene Logik ein, bis von dieser Wirklichkeit kein Gehalt mehr übrig bleibt.

Im Resultat führt dies dazu, dass, je mehr man die Wirklichkeit der Logik unterwirft, von dieser Wirklichkeit umso weniger übrig bleibt. (So ergeht es im Übrigen schon dem Astrophysiker, der seine empirisch verifizierten Formeln mathematisch fortschreibt, um in einem Gebiet zu landen, das eine empirische Verifikation gar nicht mehr erlaubt.) Ein kurzer Blick auf den Begriff der Menge, genommen in ihrer Gesamtheit als Menge aller Mengen, und den des Elements, als dem Gegenstück dieser Menge, also als kleinstmögliche Entität, die (außer der Nullmenge!) Element einer Menge überhaupt werden kann, zeigt das Dilemma dieses logischen Positivismus auf: Zwischen der Identität der Menge aller Mengen (die also alle Elemente enthält) und der des einzelnen Elements, das allen Elementen

---

23 [Siehe Kapitel 6.]

die ihnen allen gemeinsame Bedingung vorgibt, zu einer Menge zusammengefasst werden zu können, existiert kein Unterschied – Hegelsch gesprochen: Die Totalität ist nur anderer Ausdruck des mit sich Identischen. (Deswegen: es gibt nur analytische, keine synthetischen Urteile.)

Ohne näher auf die Hegelsche Begriffslogik einzugehen: Um zu inhaltlichen Urteilen zu kommen, muss ich in jedem einzelnen Fall angeben, ob ich den Ausdruck Obst als Menge (als Verallgemeinerung der Besonderheiten von Äpfel und Birnen) oder als Element betrachte (dessen Verallgemeinertes man ja auch darin sehen könnte, ein Naturprodukt zu sein). Im Resultat läuft dies darauf hinaus, dass für jeden Einzelfall anzugeben ist, unter welche (wirklichkeitsadäquate) Verallgemeinerung er zu fassen ist und welche inneren Differenzierungen zu seiner Einordnung in diese Verallgemeinerung zu berücksichtigen wären.[24] Und diese Einordnung hat, wie schon oft genug betont, die Stellung zu berücksichtigen, die der Begriff in Bezug auf die Totalität, in Bezug also auf all die anderen Begriffe innehat, die ihm äußerlich sind.[25] Mit der bisherigen Entfaltung der Kategorien der politischen Ökonomie haben wir die Vorlage geliefert, wie dieses auf den ersten Blick unendlich erscheinende Erfordernis adäquater Begriffsbestimmungen einzulösen ist, ohne im analytischen Nirwana zu landen.[26]

Dabei folgt auch der Logische Positivismus, so viel sei ihm zugestanden, einer Vorgabe, die die Wirklichkeit (im Sinne eines Individuationsprinzips) ausdifferenziert, um so die Verallgemeinerungen zu ermitteln, die letztlich die All-Einheit der Welt, in unserer Begrifflichkeit: die gesellschaftliche Synthesis, aufzufinden, die den Teilaussagen erst Sinn verleihen kann. Diese Vorgabe ist ihm (wie vielen anderen allerdings auch) die Sprache.[27] Und auch der Rationalismus

---

24 Jede Wahrnehmung holt zunächst nichts als einen Einzelfall, ein einmalig Singuläres (von mir aus auch: ein Ereignis) ins Bewusstsein. Der Verstand setzt dann einen Begriffsbildungsprozess in Gang, indem er vergleicht, verallgemeinert oder differenziert. Diesen Prozess vor den »Richterstuhl der Vernunft« [Kant] zu bringen, ist das Ziel jeder materialistischen Kritik.
25 Verweis darauf, dass jeder Mensch in dieser Totalität denkt. Er braucht, im Unterschied zum Kritiker, diese Totalität aber nicht zu explizieren. Benjamin-Essay, Wahrheitsvortrag! [M. D.: Kritik als Politisierung der Kunst? Walter Benjamin und die Ästhetisierung der Politik. In: sans phrase 8/2016; Manfred Dahlmann: Was ist Wahrheit? Was materialistische Kritik? In: sans phrase 9/2016.]
26 Verweis auf Pomo/Existentialontologie: Das Nichts ist Alles!
27 Um zu zeigen, dass Sprache diese Synthesis nicht liefern kann, reicht es hin, zum einen darauf zu verweisen, dass Gedanken vorsprachlich entstehen, im Kopf erst noch in Sprache übersetzt werden müssen, und dass, zum anderen, nur ein kleiner

kennt solche Vorgaben, aber eben mehrere: Denn, wie gesagt, die – obwohl das Nächstliegende – Zwecksetzungen können diese Vorgabe nicht liefern, denn sie werden von den leiblichen Individuen willkürlich gesetzt, begründen deren ökonomische Freiheit, können jedenfalls nicht systematisiert werden. (Es sei denn, der Rationalist wird zum Anthropologen, wechselt zur Ontologie über: das heißt, er argumentiert allein der Form nach rational; hat deren Basis ›innerlich‹ aber verlassen.) Er greift, um sich die Einheit des Ganzen vorstellen zu können, deshalb auf den Staat, das Recht, die Moral oder die Ethik zurück. Auf diesen Gebieten entdeckt er dann die Erfordernisse, die dazu führen sollen, dass Gesellschaft nicht in Irrationalität (Krieg und Gewalt) versinkt, sondern vernunftgemäß gestaltet werden kann.

Aktualität: Volksstaat und Krise[28]   Wenn bisher die Rede vom Staat war, ging es immer um den Staat des Kapitals, nicht um den Staat, der, von seinem Selbstverständnis her, sich als ausführendes Organ des Souveräns begreift. Gegen die staatsrechtliche Begründung dafür, dass die Volksgewalt sich im Staate monopolisiert, können Vernunftgründe gar nicht ins Feld geführt werden: Ihr gemäß ist die Staatsgewalt quasi dialektisch konstituiert: Der Staat übt seine Gewalt mit dem einzigen Ziel aus, den Ausbruch von Gewalt zu unterbinden. Die Staatsrechtler (und mit ihnen all diejenigen, die glauben, der Souverän ließe sich in das Recht einfügen, statt es zu implementieren), machen ihre Rechnung jedoch ohne den Wirt (das heißt ohne die Einheit von Volk und Staat) und übertragen, ohne dies auch nur ansatzweise zu wissen oder gar zu wollen, die für die Mehrwertproduktion notwendige Gewaltfreiheit während der Verhandlungen zur Ermittlung der Äquivalenz von Ware und Geld in das Recht.

Und so wie die Staatsrechtler im Hinblick auf die Souveränitätsfrage rechtsfremd argumentieren, so politikfremd argumentieren alle, die der Außenpolitik der Staaten, der Diplomatie, vorgeben

---

Teil der Vorgänge in den leiblichen Individuen, so sehr sie auch sprachliche Form annehmen, gar nicht erst in die ihnen äußere Realität, als öffentlicher Diskurs etwa, eindringen. Der Versuch, über Sprachregelungen die Wirklichkeit beeinflussen zu wollen, mag zwar erfolgreich in dem Sinne sein, dass die inkriminierten Sachverhalte öffentlich nicht mehr geäußert werden, welchen Einfluss sie auf das Denken und das Verhalten haben, lässt sich im Grunde gar nicht ermitteln; zumindest gesellschaftlich nicht, sondern höchstens psychoanalytisch.

28 [Eine Notiz von M. D. zu dieser Überschrift (»nach oben«) legt nahe, dass er daran dachte, diesen Abschnitt und den nächsten Abschnitt (»Krise des Kapitals«) in ein früheres Kapitel zu integrieren; möglicherweise in Kapitel 9.]

wollen, ihre Verhandlungen mit anderen Staaten so zu führen, wie Unternehmen ihre Preise gestalten.²⁹ Mag ja sogar sein, dass viele Diplomaten selbst dieser Übertragung aufsitzen. Praktisch folgenlos bleibt das aber nur, wenn Staaten miteinander verhandeln, die von ihrer jeweiligen Abhängigkeit von der Weltökonomie wissen. Ganz anders verhält es sich, wenn ein Volksstaat an den Verhandlungen beteiligt ist, denn der bezieht seine Logik direkt aus der ihm vom Volke übertragenen Gewalt.

Das Massenbewusstsein, also das Volk, kann nichts begreifen, und so eben auch die Notwendigkeit nicht, um die Tatsache der Mehrwertproduktion darstellen zu können, in den Tauschbeziehungen der ökonomischen Subjekte von Gewalt abstrahieren zu müssen. Begreifen kann das nur ein zur Reflexion bereites Individuum.³⁰ Das Massenbewusstsein kann sich die Tatsache, dass jemand Gewinn macht, nur damit erklären, dass es beim Tausch nicht mit rechten Dingen, nicht gerecht zugegangen ist. Es fühlt sich ständig übervorteilt, nicht gerecht behandelt. Wer auf sich selbst reflektiert, stellt zwar fest, dass auch er oft etwas gewonnen hat, aber das gilt ihm nur als kleiner Ausgleich für all die Fälle, in denen er ›übers Ohr‹ gehauen wurde (er hat halt nur geschickt verhandelt), und so verlässt er die Ebene der Reflexion, um sich im Massenbewusstsein wieder ganz dem Lustprinzip hingeben zu können. Im Volksstaat nun wird dieses allgemeine Gefühl des ständigen Betrogen-worden-Seins verstaatlicht: Er sieht sich verpflichtet, für Gerechtigkeit zu sorgen, das heißt, Verluste nach außen abzuschieben.

Gewinne machen darf der Staat natürlich nicht, denn das ginge ja auf Kosten seiner Bürger, aber keiner hat etwas dagegen, wenn er in Bezug auf andere Staaten mehr einnimmt, als er ihnen zu überweisen hat. Er ist schließlich souverän und setzt das Recht: und das erlaubt ihm, mehr zu exportieren als zu importieren, also Gewinne auf Kosten anderer Staaten zu machen. (Keine Gewinne aus Mehrwertproduktion.)

29 Merkwürdigerweise gerieren sich diejenigen, die für alle außenpolitischen Konflikte auf Verhandlungslösungen bestehen, meist zugleich als radikale Kritiker des Kapitals. Sie zeigen damit, dass ihre Kapitalkritik nicht auf Reflexion beruht, sondern darauf, ein Moment modernen Massenbewusstseins, hier das Ressentiment gegenüber den bösen Abzockern in den Konzernen, zu bedienen.
30 Verweis auf den Geist bei Hegel.

Als Souverän ist es er auch jederzeit berechtigt, sich gar nicht erst auf einen Außenhandel einzulassen, sondern sich den Reichtum anderer Staaten direkt anzueignen. So irreal das klingt, aber es ist keine 200 Jahre her, seit die Staaten im Nachklang zu den napoleonischen Kriegen überhaupt erst begannen, untereinander die Absprache zu treffen, auf Gebietsansprüche und -eroberungen zu verzichten, um im Gegenzug zu garantieren, sich nicht in die inneren Angelegenheiten anderer Staaten einzumischen. Und Deutschland hat sich erst seit Kurzem damit abgefunden, auf Gebietsansprüche zu verzichten, während Russland diese völkerrechtlichen Regelungen seit Neuestem erst nicht mehr ernst nimmt. Wie selbstverständlich Souveränität und Imperialismus in eins gedacht werden, erweisen die Historiker, die wohl noch keine imperiale Eroberung der Weltgeschichte verurteilt haben, sondern als Erfolg des Herrschers abfeiern. Bis heute wird denn auch etwa das deutsche Streben nach einem ›Platz an der Sonne‹, das den Ersten Weltkrieg verursachte, von den Historikern durchweg zumindest als legitimes politisches Interesse bewertet. Der NS wird nur moralisch verurteilt, dabei hätte er spätestens nach der Machtübergabe auch militärisch verhindert werden müssen!

Der Volksstaat ist aber nur als Reaktion auf den Staat des Kapitals zu fassen; weniger noch als dieser hat jener Bestimmungen mit historischen Vorläufern gemeinsam (die vorkapitalistischen Staaten hätten sich für den Rat auch bedankt, das Volk zum Souverän zu erklären.) Die vom Weltmarkt bestimmte plurale Verfasstheit des Kapitalstaates, also seine Aufspaltung in einander bekämpfende Parteien, seine Teilung in drei einander kontrollierende Gewalten und nicht zuletzt seine Abhängigkeit von der Öffentlichkeit, der so genannten vierten Gewalt, lassen ihn für das Massenbewusstsein als Agentur der global und in einem abstrakten Raum agierenden Unternehmen (oder von Verschwörungen) erscheinen, die es bewusst darauf angelegt haben, die Volkseinheit zu untergraben. Auch die Wahlen können das Massenbewusstsein kaum dahingehend beruhigen, dass in ihnen doch das Volk seine Souveränität ausübe: Es ist zu offensichtlich, dass die Parteien nach den Wahlen ihr eigenes Süppchen kochen.[31]

Die Probe aufs Exempel macht jeder Staat, der sich in einen Volksstaat transformiert: Alles schart sich um eine Führungsfigur, deren

---

31 Unterschied zwischen Demokratie und Republik.

Partei lässt nur Hofschranzen in die Legislative, mit allen Mitteln der Propaganda und Einschüchterung werden die Oppositionsparteien klein gehalten, die Öffentlichkeit wird in gleicher Weise umgestaltet und auf die Regierung ausgerichtet, die Judikative wird ebenfalls mit Hofschranzen besetzt und in der Exekutive braucht kaum etwas zu geschehen, weil die sowieso darauf geeicht ist, den politischen Vorgaben, soweit sie in Gesetze gegossen sind, bedingungslos zu folgen.

Die Gestaltung der Außenpolitik behält sich die Führungsfigur vor, die sich alle Optionen offenhält, ad hoc zu entscheiden, mit welchen Staaten man wie eher zusammenarbeitet und mit welchen eher nicht, ob man sich an das Völkerrecht hält, wie man was moralisch legitimiert, ob man sich militärische Optionen offen hält usw. Ökonomisch gibt es eine klare Rangfolge der Verwendung der Steuergelder: Sie ist, in einem Wort: gebrauchswertorientiert. Konkret steht die Bedienung der eigenen Klientel an erster Stelle, es folgen Armee, Geheimdienste und Polizei, dann die Subventionierung all der Produktionsstätten, die für deren Ausrüstung relevant sind. Die Aufwendungen für die Propaganda sollten auch nicht unerwähnt bleiben. Und bevor Geld an die mittellose Bevölkerung fließt, wird eher überlegt, welche sympathisierenden Bewegungen in anderen Staaten unterstützt werden können.

Bei all dem geht es, zusammengefasst darum, sich von den Zumutungen des Weltmarktes zu lösen und eine autarke Wirtschaftspolitik zu betreiben. Das aber kann höchstens teilweise gelingen: die Wirtschaftspolitik der ehemalig realsozialistischen Staaten beweist dies im Großen, jeder sonstige Volksstaat im Kleinen. Ohne möglichst ungehinderten Waren- und Geldverkehr, ohne frei konvertible Währung, ohne freie Arbeitskraft, ohne Konkurrenz der Kapitalien wie der Arbeitskraft, ohne privates Finanzsystem[32] ist man von der Beteiligung am kapitalistisch erzeugten Reichtum ausgeschlossen. Die dennoch dringend benötigten Devisen (und seien es nur die für die Waffenkäufe) lassen sich nur über den unproduktiven Abverkauf der natürlichen Rohstoffe, ebenso unproduktive Marktnischen wie den Tourismus oder die Überlassung des Rohstoffs Arbeitskraft erzielen. Diese Volksstaaten bekommen jedenfalls keine global konkurrenzfähigen Unternehmen ins Land.

---

32 Verweis auf Flüchtlinge, Zivilisten aus Kriegsgebieten rausholen!

Dem Volk ist das alles vollkommen gleichgültig. Es will emotional befriedigt werden. Für das Materielle, Ökonomische müssen die Einzelnen selber sorgen. Was, wie gesagt, recht vielen, auch in den ärmeren Staaten, durchaus gelingt. Staat und Mittelstand lassen sich gerade in einem Volksstaat weitestgehend gegenseitig in Ruhe. (Hofstaaten sind hier selten: die verlagern ihn in die reichen Länder.) Er bekommt des Öfteren ein Problem mit den Mittellosen: Aber auch und gerade die haben nichts gegen einen Volksstaat: Sie erhoffen sich vom Auswechseln des alten Führungspersonals durch ein neues natürlich zunächst eine Linderung ihrer materiellen Not. Anfangs bemüht sich die neue Regierung oft auch darum. Stellt diese es geschickt an, begnügen sich diese Mittellosen mit der Zeit aber damit, als Teil des Volkes anerkannt, also emotional befriedigt zu werden.

Krise des Kapitals Die Bestrebung nach volksstaatlicher Autarkie existiert natürlich auch in der Bevölkerung der kapitalistisch entwickelten Staaten.

Finanzkrise und deutsche Kriegskasse
[Vorbemerkung und erstes Kapitel der ursprünglichen Konzeption]

Vorbemerkung 301
Weltsouverän Kapital 304
Zur Dynamik deutscher Außenhandelspolitik 308
Logik des Krieges 315

Vorbemerkung Die Kritik der politischen Ökonomie lebt, vernünftig betrieben, von der umfassenden Diskussion ihrer kategorialen und begrifflichen Voraussetzungen, um von ihren historischen gar nicht zu reden. Man kann nicht behaupten, diese Diskussion hätte bisher nicht stattgefunden, sie hat sogar zu durchaus festzuhaltenden Resultaten geführt. Zum Beispiel dürften alle ernsthaften Kritiker darin übereinstimmen, dass auch die aktuelle Krise ihre Ursachen nicht im Finanzsektor hat, sondern in der Warenproduktion, genauer: in der Überakkumulation von Kapital. Doch wenn es um die Darstellung der Besonderheiten geht, die diese Krise auszeichnet, erweist sich sehr schnell, wie höchst unzureichend es um die dafür notwendigen Begriffsbestimmungen bestellt ist. Da dies vor allem die zentralen Begriffe – als da sind: Geld, Kapital, Arbeit, Staat usw. – betrifft, erscheinen die bisherigen Diskussionen im Rückblick dann doch als nahezu vergeblich geführt. Festzustellen ist zudem, dass das Grunderfordernis vernünftiger Begriffsbestimmungen, nämlich in einem offenen, das heißt veränderlichen Bezug zur Realität stehen zu müssen, nirgendwo zu entdecken ist: Die einen halten starr an autoritativ vorgegebenen Definitionen fest, die anderen blasen jedes neue Phänomen zu einem Ereignis auf, das alle vormaligen Bestimmungen revidiere.

Die gegenwärtige Krisenentwicklung erst einmal außen vor zu lassen und statt ihrer die zentralen Begriffe ihrer Darstellung und Bewertung zu erörtern, erscheint wenig sinnvoll. Diesem Dilemma wird im Folgenden damit begegnet, dass, ungeachtet einer Reihe von erläuterungsbedürftigen Voraussetzungen, allein das Resultat der Beschäftigung mit dieser Krise vorgestellt wird. In den nächsten Ausgaben können dann, also quasi in der Umkehrung der an sich notwendigen Vorgehensweise, soweit die Diskussion das notwendig erscheinen lässt, die begrifflichen Voraussetzungen eingeholt werden.

Einige Erläuterungen sind jedoch unabdingbar. Zum Ersten: Ausgangspunkt ist eine besondere Betonung der Marxschen Trennung von Kapitalakkumulation – die entscheidend von der Steigerung der Produktivität[1] abhängig ist – einerseits und der Expansion der Warenproduktion andererseits, wobei ich diese unmittelbar ins Politische wende, indem ich den Volksstaat als kapitalentsprungenen Staat fasse, dem Ersteres, also eine gelingende Verwertung des Werts, weitgehend fehlt oder der, als totaler, sogar – bewusst oder notgedrungen – auf sie verzichtet. Ein Volksstaat[2] glaubt, auf der Basis absoluter Mehrwertproduktion in einer einfachen Warenzirkulation existieren zu können und, wie genügend historische Beispiele zeigen, kann das auch – zumindest für eine gewisse Zeit. Das Defizit, das der Volksstaat, als solcher betrachtet, hat, nämlich von der globalen Durchschnittsprofitrate, der sich an ihr orientierenden, staatlicherseits nicht zu steuernden Kapitalakkumulation und der sich auf diese Weise über alle Staaten hinweg erzeugenden Mehrwertmasse[3] abgeschnitten zu sein, erscheint dem Common Sense geradezu als seine Attraktivität: denn absoluter Mehrwert wird ja auch im Volksstaat produziert und ihn kann man sich, im Unterschied zum relativen, tatsächlich unmittelbar, auch und gerade vom Staat ausgehend, aneignen. Die Möglichkeit, sich auf diese volksstaatliche Organisation der Gesellschaft ›zurückzuziehen‹, ist in jedem Staat[4] naturgemäß angelegt und vor allem dann auch in den entwickelten Gesellschaften gefragt, wenn eine Krise der Kapitalakkumulation nicht mehr zu bewältigen zu sein scheint.

Zum Zweiten: Dass es sich bei dem im Finanzsektor zurzeit kursierenden Geld zum allergrößten Teil um ökonomisch überflüssiges handelt, scheint evident, ist aber alles andere als das. Warum es überflüssig ist und wie es dazu hat kommen können, welches ungeheure Krisenpotenzial darin steckt, das noch längst nicht zum Ausbruch gekommen ist, lässt sich ohne einen Gang durch alle zentralen Kategorien der politischen Ökonomie nicht darstellen – sie ›schießen‹ in

---

[1] Ich spreche bewusst nicht von der Produktivität der Arbeit: die Unklarheiten bezüglich des Arbeitsbegriffes sind unter Marxisten – in gewisser Hinsicht schon bei Marx selbst – bekanntlich Legion, sie zu beseitigen, ist hier nicht der Ort.

[2] Ulrich Enderwitz hat diesen Begriff geprägt, aber er verwendet ihn als eine historisch sich entwickelnde Bestimmung des kapitalistischen Staates als solchen. Er ebnet damit die Unterscheidung ein, die es erst ermöglicht, die Differenz zu erfassen, die, vom Souverän aus gesehen, zwischen dem Staat des Kapitals und dem Volksstaat besteht.

[3] Die sich auf der Basis von relativer Mehrwertproduktion in einer entwickelten Warenzirkulation erzeugt – also in der Ersetzung von variablem Kapital durch konstantes – und eine staatlich unkontrollierte Konkurrenz sowohl der Geldeigentümer als auch der Warenproduzenten unter- und gegeneinander zur Bedingung hat.

[4] Wir reden hier natürlich nur von modernen, also kapitalistischen Staaten.

diesem Phänomen zusammen. In kürzest möglicher Form sei hierzu nur angemerkt, dass gerade der Erfolg der Antiinflationspolitik der letzten Jahrzehnte die Besonderheit der aktuellen Krise entscheidend bestimmt, also dafür verantwortlich zeichnet, dass ein Inflations- und Zerstörungspotential existiert, wie es historisch ohne Beispiel ist.

Zum Dritten: Weder Geld noch Wert erscheinen irgendwo empirisch als das, was sie sind, sondern immer als ein von ihnen fundamental Verschiedenes: als Währung oder Preis oder anderes. Die Nationalökonomen, die hier aus wissenschaftsimmanenten Gründen nicht unterscheiden, können in ihren Daten und Modellen zwar Wirkliches darstellen, verfehlen aber den realen Reproduktionsprozess des Kapitals damit zwangsläufig. Zwischen den Wesensbestimmungen Geld, Wert, Kapital usw. und ihren Erscheinungsweisen und formen gibt es, und das wird von Marxisten fast immer übersehen (vor allem wenn sie umstandslos auf die von den Nationalökonomen gelieferten Daten zurückgreifen), keine quantifizierbaren und logisch eindeutigen Beziehungen. Diese Kapitalbestimmungen erfassen in der ihnen eigenen Logik Prozesse, die hinter dem Rücken der Akteure vonstatten gehen, solche, die in anderen Formen sich bewegen als denen, innerhalb der sie erscheinen, und beschreiben somit einen quasi-metaphysischen Raum.[5] Zu diesem berüchtigten Transformationsproblem hier nur noch so viel: Ein Urteil ist noch lange nicht schon deshalb falsch oder unzulässig, nur weil es empirisch nicht verifiziert werden kann – und das gilt gerade, und prinzipiell, für den Nachvollzug ›rein‹ ökonomischer Prozesse.

Und schließlich: Eingehender, als im Folgenden, geschehen, wäre darzulegen, dass im Finanzsektor Geld nur verwaltet und in Kreditgeld – was noch lange nicht heißt: auch in Kapital – verwandelt wird, dessen Eigentümer es deswegen zwar nicht mehr besitzen, das ihnen aber in der Form eines nahezu unveräußerlichen Anspruchs auf Geld umfassendst verbleibt. Diese Unterscheidung außer Acht zu lassen, zieht die unglaublichsten Kapriolen bei fast allen nach sich, die sich mit der Finanzkrise beschäftigen.[6] Da wird der Verwalter

---

5 ›Quasi‹, weil zwar empirisch konstituiert und erscheinend, aber auf einer Ebene sich bewegend, die nicht physisch ist, ohne damit zugleich in einem Jenseits von Erfahrung zu existieren.

6 Bezeichnend die allseits anzutreffende Rede davon, dass es sich bei den Rettungsschirmen und Bürgschaften, die die europäischen Staaten und Banken vor dem Bankrott bewahren sollen, um deutsche Steuergelder handele, also um ihnen als deutschen Staatsbürgern im Grunde ›gehörendes‹ Geld. Grundsätzlich falsch ist daran erstens, dass Steuern, da mögen diese noch so sehr als vom persönlichen

von Geld mit dessen Eigentümer verwechselt, da wird Geld umstandslos mit Kapital identifiziert, da werden vor allem die realen inneren Vermittlungen unterschlagen, die die Warenproduktion mit dem Kreditgeld (und natürlich dem Kapital) in einen immer prekär bleibenden Bezug setzen. Was dazu führt, dass dieser Finanzsektor verteufelt wird, wohingegen die ihn befeuernden und erst ermöglichenden Eigentümer des dort kursierenden Geldes – und das sind mittlerweile die große Mehrheit aller Staatsbürger[7] – von jeder Verantwortung für die Krise frei gesprochen werden.

Der folgende Text stellt, in einem Satz gesagt, dar, wie und warum Deutschland die Krise nutzt, um in dem Prozess, den man allgemein als Globalisierung zu bezeichnen beliebt, eine Lösung voranzutreiben, deren Kern, vor allem was die Währungsstabilität und den Außenhandel betrifft, weniger in der Missachtung als eher in der Fetischisierung einzelner Momente der ›reinen‹ Lehre der vorherrschenden Nationalökonomie besteht.

Weltsouverän Kapital Die in der Kapitalakkumulation sich generierende Souveränität ist unteilbar. Die globale Hegemonie der USA leitet sich aus ihr ab und beruht auf zwei Säulen: dem Dollar als Leitwährung einerseits und der Masse an Produktionskapazitäten – sowie deren technologischem Niveau –, über die der US-Staat potentiell, das heißt im Ausnahmezustand, verfügt, andererseits. Über den Souverän selbst, das Kapital als abstraktes, gesellschaftliches Verhältnis, verfügen selbstredend auch die USA nicht – denn dann wäre der Souverän nicht souverän; er lässt sich von niemandem

<small>Einkommen abgezogen sich darstellen, der gesellschaftlich produzierten Mehrwertmasse entstammen, deren Produktion keiner Person unmittelbar zugerechnet werden kann, und, zweitens, die diese Bankrotte verhindern sollenden Gelder gar nicht aus Steuern, sondern mit aus dem Finanzsektor entstammenden Krediten abgedeckt werden, und schließlich drittens, dass diese Kredite zwar auf Werte zurückgehen, die einer Privatperson ›gehören‹, diese aber unmöglich behaupten kann, es handele sich bei diesen Krediten, Bürgschaften etc. um ›sein‹ Geld – denn das besitzt er nicht. Er hat diese Werte den Banken zur (je nach Vertrag: mehr oder weniger) freien Verfügung überlassen in der Hoffnung, auf diese Weise Profit machen zu können. Zwei Seelen, ach, also schlagen in des Deutschen Brust: Als (angeblicher) Steuerzahler verflucht er, was er als (tatsächlicher) Schatzbildner nur begrüßen kann: die Rettung der Banken durch den Staat.

7 Um nicht, im Vorgriff auf das unten Ausgeführte, zu sagen: alle. Jeder Anspruch auf Geld, also auch der (über den erhaltenen Nettolohn hinausgehende) des Arbeitnehmers auf Rente, Kranken- und sonstige Versicherungen, aber vor allem auch der des Sozialhilfeempfängers, ist ökonomisch im Grunde von den Ansprüchen eines Eigentümers von Geld- oder sonstigem Vermögen nicht zu unterscheiden.</small>

instrumentalisieren. Theoretisch nicht von vornherein ausgeschlossen werden aber kann, dass der Souverän seinen Hegemon verschiebt, zum Beispiel nach Europa: Das ist das, wenn überhaupt, nur sehr durchsichtig verpackte Ziel der deutschen Europapolitik. Da Geld und Kapital sich politisch in Regie nicht nehmen lassen, bleibt nur eine Möglichkeit: in Europa zunächst die Säulen zu zimmern, auf denen der neue Hegemon ruhen könnte, wenn er sich denn nach Europa begeben sollte, das heißt: die deutsche (europäische) Währung in den Rang einer weltweit anerkannten Leitwährung zu erheben und die Produktionskapazitäten auf deutschem (europäischem) Staatsgebiet so auszubauen, dass sie mit den amerikanischen mithalten können.

Doch was theoretisch denkbar ist, ist praktisch nahezu ausgeschlossen; die USA werden kaum freiwillig auf ihre Hegemonie verzichten[8] und nachvollziehbare Gründe dafür, warum die Kapitalakkumulation besser funktionieren sollte, wenn gerade Deutschland (Europa) den Hegemon des Souveräns verkörpert, gibt es nicht – jede historische Erfahrung erfordert das genaue Gegenteil. Man kann es, auf die aktuelle Krise bezogen, auch so ausdrücken: Mit dem Euro den Dollar als Leitwährung abzulösen, hat sich als Träumerei erwiesen, was aber nicht bedeutet, dass dieser Traum, als Wahn, nicht weiterverfolgt wird. Um zeigen zu können, auf welcher Grundlage dies auch in Zukunft geschehen wird, ist auf die verfassungsrechtlich gesehen äußerst bemerkenswerte Fehlkonstruktion der EU zu verweisen,[9] die darin besteht, Währungshoheit und Wirtschaftspolitik in der Weise zu organisieren, dass erstere sich auf mehrere Staaten erstreckt, während für die Politik, welche die Bedingungen der Produktion, vor allem die Steuerhebung, regelt, die nationalen Parlamente dieser Staaten bestimmend bleiben.

In dieser Konstruktion sollen sich zwei Prinzipien auf einen Nenner bringen, die einander konträr gegenüber stehen: ökonomisch gilt es, die nationalstaatlichen Barrieren aus dem Weg zu räumen, die die Kapitalakkumulation behindern; politisch geht es darum, diejenigen Fraktionen in diese Einigung einzubetten, die, aus welchen Gründen auch immer, die nationalstaatliche Selbstbestimmung, was

---

8 Siehe dazu den Beitrag von Florian Markl [Gewählter Niedergang. Außenpolitik der Obama-Administration. In: sans phrase 1/2012], der zeigt, wie die USA unter Obama dabei sind, ihre Hegemonie zu unterminieren. Daraus folgt nicht ohne Weiteres auch, dass sie bereit wären, sie an andere Staaten abzutreten.
9 Näheres dazu siehe den Beitrag von Gerhard Scheit: [Die wirkliche Herrschaftsstruktur. In: sans phrase 1/2012].

immer sie auch darunter jeweils verstehen mögen, über alles stellen. Hierbei von einer bewussten politischen Strategie Deutschlands zur Unterwerfung Europas unter sein Diktat zu sprechen, geht, allein ökonomie-, politik- und verfassungstheoretisch gesehen, insofern an der Sache vorbei, als beide Prinzipien ja gerade in Deutschland hart aufeinandertreffen, wobei längst nicht ausgemacht werden kann, welches Lager das stärkere ist und sich durchsetzen wird. Dem widerspricht auch die Tatsache, dass dieses europäische Modell, ungeachtet seiner inneren Widersprüchlichkeit, in der Frage der Souveränität eine ungeheure Attraktivität auf vor allem die ›ärmeren‹ Staaten ausübt: allesamt wollen sie unter das Dach der EU und unterwerfen sich den dafür ihnen auferlegten Reformen aus freien Stücken. Natürlich locken die Subventionen und Kredite; doch diesen Lockungen liegt das Wissen, bei den meisten ist es auch nur die Intuition, zugrunde, dass anders als vermittelt über einen EU-Beitritt die Teilhabe an der weltweit sich akkumulierenden Mehrwertmasse kaum zu realisieren ist. Es ist diese eigenartige EU-Konstruktion, die diese Staaten in die globale Verwertung des Werts einbindet.[10] Dass Deutschland der Hauptakteur bei der Herstellung der dafür notwendigen Vermittlungen ist, kann kaum übersehen werden, wird aber in Kauf genommen,[11] zumal es doch gerade diese Konstruktion zu sein scheint, die das Überhandnehmen des deutschen Einflusses in der EU verhindert – eine Einschätzung, der Evidenz nicht abgesprochen werden kann. Währungs- und Wirtschaftspolitik in der Gesamt-EU sind dem unmittelbaren deutschen Einfluss tatsächlich entzogen – daran führt erst einmal kein Weg vorbei.[12] Wäre dem anders, dann hätte

10   IWF und Weltbank sind da weit weniger effektiv. Die UNO noch weniger.
11   Auch die ›radikalsten‹ linken Politiker in den aktuell von der Krise am schärfsten betroffenen Ländern wollen auf diese Vermittlerrolle Deutschlands nicht verzichten und warnen ihre Anhänger vor allzu antideutschen Ressentiments: sie konzentrieren sich ganz auf die Kritik der von der EU als ganzer eingeforderten Sparpolitik. Damit, dass sie Deutschland vor verkürzter Kritik schützen, ohne eine angemessene Kritik zu formulieren, hintertreiben sie aber eine Kritik deutschen Hegemoniestrebens. Doch das ist man von der Linken, seit es sie gibt, derart gewohnt, dass man es schon fast leid ist, ständig darauf hinweisen zu müssen: im Antiamerikanismus ist die weltweite Linke mit den Deutschen stets einer Meinung.
12   Aus der Perspektive funktionierender Kapitalakkumulation sind die Forderungen nach internationaler Wettbewerbsfähigkeit, auch wenn sie von Deutschen an die Unternehmen anderer Staaten gerichtet werden, nicht von vornherein, wie man auf den ersten Blick zu unterstellen geneigt ist, nur Heuchelei (was für ein Interesse sollten Deutsche haben, sich Konkurrenten andernorts heranzuziehen?), sondern rational. Denn, auf einen kurzen Nenner gebracht: je schärfer die Konkurrenz, umso höher die Chancen auf eine ungebrochene, sich potenzierende Fortsetzung der Kapitalakkumulation.

es kaum zu überhaupt einem Prozess der europäischen Einigung kommen können.

Der Unfähigkeit, die deutsche Hegemonie in Europa begrifflich präzise zu erfassen, liegt dasselbe Defizit zugrunde, das nahezu die gesamte bisherige Kritik des Kapitals auszeichnet: Alle tagespolitischen Fragen, alle wirtschaftspolitischen und ökonomietheoretischen Debatten bis hin zu den Diskussionen um verfassungsrechtliche Grundlagen erreichen den Souverän kapitalistischer Vergesellschaftung nicht. Nur von ihm aus ist zu erkennen, dass in Europa die Währung, die auf deutschem Staatsgebiet in Geltung gesetzt ist, Leitwährung all der Währungen in den anderen EU-Staaten ist: ob sie nun denselben Namen (zurzeit Euro) tragen oder nicht, spielt keine wirklich entscheidende Rolle – so wenig wie die Auslagerung der Währungshoheit aus dem Staat (ob national oder international) dem wirklichen Souverän etwas anhaben kann. Das Gleiche gilt für die Produktionskapazitäten, wie sie auf deutschem Territorium konzentriert sind: sie bilden für die anderen EU-Staaten das Maß aller Dinge.[13] Deutschland ist in Europa, in gleicher Weise wie die USA in globaler Hinsicht, Hegemon, aber eben nur einer sozusagen zweiter Klasse, weil ja die Hegemonie der USA – im Einklang mit dem Souverän – die Welt umfasst, die deutsche ›nur‹ Europa. Zweitklassig ist dieser europäische Hegemon besonders deshalb, weil er sich aus der ihm übergeordneten Hegemonie nicht einfach ausklinken kann,[14] würde das doch zumindest teilweise den Verlust der Partizipation an der Verteilung des nur global, meta-staatlich, zu produzierenden relativen Mehrwerts bedeuten. Was nicht ist, das aber kann noch werden – so funktioniert deutsche Ideologie seit je.

Wie jeder Wahn, so ist auch der deutsche doppelt bestimmt: er verfolgt Ziele, die irreal sind – die Kapitalsouveränität politisch in Regie nehmen zu wollen, ist ein solches –, und zugleich, indem er sich auslebt, gestaltet er Realität. Die (realen wie potentiellen) Produktionskapazitäten in Deutschland sind weltweit in jeder Hinsicht konkurrenzfähig, gerade was das von ihnen ausgehende (auch

---

13 Großbritannien muss hier ausgenommen werden. Dessen Rolle im Verhältnis Europas zu den USA wäre eine eigene Abhandlung wert.
14 Er kann sich somit auch von den Krisen der Kapitalakkumulation nicht abkoppeln, die in den USA meist ihren Ausgang nehmen und dort eine besondere Virulenz zeigen. Den Amerikanern aber die Verursachung dieser Krisen in die Schuhe zu schieben statt der Kapitalakkumulation selbst, das ist wieder typisch deutsche Ideologie, die Deutschland für die Rolle des ›wahren‹ Hegemons im Spiel halten will.

unmittelbar militärische) Zerstörungspotential[15] betrifft. Dafür, dass das auch so bleibt, sorgen unter anderem die Exportoffensiven, die das Streben nach einer ausgeglichenen Leistungsbilanz hinten anstellen. So tiefgreifend auch Deutschland von einer x-beliebigen Krise erfasst werden mag, den Neustart nach ihrem Durchstehen kann es mit guten Aussichten darauf in Angriff nehmen, danach besser dazustehen als zuvor. In Europa hat kaum ein anderer Staat das Potential, eine ökonomische Krise unbeschadeter zu überstehen und im Resultat in gestärkte Hegemonie umzumünzen. Den meisten anderen bleibt, wenn alle ›Rettungsschirme‹ versagen, kaum mehr als ein Bankrott, der auch das Tafelsilber schluckt, welches nach den vielen Sparmaßnahmen übrig geblieben ist.

Um sich eine Vorstellung machen zu können, um was es am logischen Ende dieser Entwicklung geht, sei angenommen, es fände keine relative Mehrwertproduktion mehr statt, die Kapitalakkumulation wäre also weltweit stillgestellt. Dann kommt, um Mehrwert weiterhin akkumulieren zu können, alles darauf an, welcher Staat den längeren Atem besitzt mit seinen Kapazitäten, die der anderen ohne Rücksicht auf eine ökonomisch begründbare Rationalität vom Markt verschwinden zu lassen oder gar mittels Erpressung auszuschalten beziehungsweise sich einzuverleiben. Der Weltmarkt, der hinter dem Rücken der Akteure regelt, welche Betriebe produktiv sind, und welche, aus der Sicht möglichst produktiver Verwertung, unnötige Kosten verursachen, fiele jedenfalls aus. Das Geld spielt in den Außenbeziehungen kaum noch eine Rolle, es ist, innen wie außen, der Politik untergeordnet. Die Welt ginge zur reinen Gebrauchswertproduktion über – und Waffen haben in einer solchen den allerhöchsten. Kurz: die Logik des Kapitals wird als Logik des Krieges praktiziert.

Zur Dynamik deutscher Außenhandelspolitik Die deutsche Politik unternimmt das Nächstliegende: sie greift nach den Strohhalmen, die den Ausbruch der anstehenden Entwertung des überflüssigen, das heißt nicht in Kapital verwandelbaren Geldes verzögern, um in der gewonnenen Zeit abzuwarten, ob sich nicht doch noch alles wie von selbst regelt. Sie setzt zunächst alle ihr zur Verfügung stehenden

---

15 Hier wäre an den ›Begriff‹ von der ›Zerstörung als Produktivkraft‹ zu erinnern, den man theoretisch – positiv gesetzt, als Voraussetzung von Kapitalakkumulation – auf Schumpeters »schöpferische Zerstörung« zurückführen mag, aber dabei nicht vergessen sollte, dass dieser, als Unbegriff der Vernichtung, in Deutschland unmittelbar praktisch aufgefasst wird.

Mittel ein, das Vertrauen der Geldanleger – das A und O einer jeden Politik – in seine Stabilitätspolitik zu rechtfertigen und zu stärken. Denn diese Geldanleger – je weniger Geld sie wo auch immer angelegt haben, umso mehr – sehen sich, nicht ohne Grund, vor einem Zerfall des Geldwertes stehen (in dem sich allerdings ›nur‹ empirisch realisieren würde, was real längst der Fall ist), in dessen Verlauf sie ihre mühsam angesammelten Ersparnisse, oder auch ›Reichtümer‹, zu verlieren drohen.

Die Basis, auf der Deutschland dieses Vertrauen akquiriert, ist, anders als in den USA, sein besonderer, zweifellos historisch bedingter Begriff von Einheit, wie er in seinen Institutionen verankert ist und von seiner Ideologie gedeckt wird. Philosophisch ist Einheit auf Deutsch als ›Mangel an Sein‹ bestimmt, was politisch heißt: die deutsche Souveränität ist immer als erst noch zu verwirklichende gedacht – ein Gedanke, auf den ein politisch bewusster Amerikaner (Brite oder Franzose) gar nicht erst kommen kann. Getragen wird dieser Einheitsgedanke von einer, natürlich von deutschem Gebiet ausgehenden, Kernbewegung (besonders die letzten Jahrzehnte ist das die Einigung Europas), um die sich eine Vielzahl kleinerer Einheiten schart, die gegeneinander konkurrieren und dabei um ihre politische Autonomie zutiefst besorgt sind, aber für sich weder die Mittel haben noch überhaupt die Absicht, dem von Deutschland ausgehenden Souveränitätsgedanken etwas entgegenzusetzen.[16]

Die von diesem Grundgedanken getragene Politik läuft darauf hinaus, allen Eigentümern zu versichern, dass ihre Ansprüche im Euro am besten aufgehoben sind, weil der deutsche Staat – der, und dessen kann man sich gewiss sein, nie in einen europäischen Zentralstaat aufzugehen bereit sein wird – die Geldwertstabilität um ihrer selbst willen zum höchsten Ziel seiner Politik erklärt hat und bedingungslos darauf besteht, dass Schulden stets vertragsgemäß zurückzuzahlen sind. Materiell untermauert wird dieses politische Programm, indem, koste es, was es wolle, so viel Produktionskapazitäten wie irgend möglich in Deutschland konzentriert werden (und bleiben), auch wenn dies das allseits geforderte Postulat freien

---

16 Zu verweisen wäre hier auf die ja durchaus vernünftige Kritik großer Teile der Linken an der deutschen Jugoslawienpolitik in den 1990er Jahren, an die sich mittlerweile aber kaum noch jemand von der heutigen Linken erinnert, wenn es um die Europapolitik Deutschlands geht. Oder an der Politik Deutschlands in der UNO und seine Stellung zum Völkerrecht, an der sich im Grunde seit mehr als hundert Jahren rein gar nichts geändert hat und die immer mit breitester Unterstützung seitens dieser Linken rechnen konnte.

internationalen Wettbewerbs unterläuft[17] und zudem eine neue Dynamik in Gang setzt: die in Deutschland produzierten Waren mit allen, also, zur Not, auch wettbewerbswidrigen Mitteln in alle Welt exportieren zu müssen.[18]

Die Staaten, in die Deutschland exportiert, müssen die Waren auch in Euro (oder sonst einer konvertiblen Währung) bezahlen können, was heißt: sie müssten ›eigentlich‹ mindestens ebenso viele Waren exportieren wie sie aus Deutschland importieren; Außenhandel ist nun einmal, wenn er funktioniert, ein Nullsummenspiel.[19] Die Varianten, mit denen die deutsche Außenpolitik dieses Spiel unterläuft, um sich seine Exportorientierung leisten zu können, sind zu zahlreich, als dass sie hier wiedergegeben werden können.[20] Anhand der Konstruktion der EU allerdings lässt sich demonstrieren, wie es Deutschland gelungen ist, eine Reihe dieser Varianten zu institutionalisieren. Die Lieferung von Panzern an Griechenland ist dafür das beste und bekannteste Beispiel: ökonomisch betrachtet, kosten diese Panzer Griechenland keinen Cent. Denn das, was der griechische Staat dafür bezahlt, hat er, auf welch verschlungenen Wegen auch immer, aber jedenfalls aus EU-Kassen, erhalten, das heißt entweder als Subvention geschenkt oder als Kredit bewilligt bekommen. Könnte man diese Geldtransfers empirisch zurückverfolgen, würde man sehen, dass Deutschland diese Panzer im Grunde aus seiner Staatskasse finanziert hat.[21]

17 Anders als in den USA, deren Binnenmarkt mit dem deutschen (trotz oder gerade wegen der EU) kaum zu vergleichen ist.
18 Bezug genommen wird hier auf die Faschismustheorie Alfred Sohn-Rethels, die auch unter Marxisten nur am Rande eine Rolle spielt, obwohl gerade er als einziger wohl gezeigt hat, worin der innere Zusammenhang von kapitalistischer Produktionsweise und Nationalsozialismus auch in einem engen ökonomischen Sinne besteht: Indem dieser glaubhaft versichern konnte, einzig in der Lage zu sein, den vorhandenen Produktionskapazitäten einen Gebrauchswert zu verschaffen, wurde ihm auch von dieser Seite (den ökonomischen ›Experten‹ würde man heute sagen) der Weg zur Macht geebnet. Dass damit das Pferd zum Reiter gemacht wurde, das wollen weder Ökonomen noch Marxisten verstehen.
19 Der Handel zwischen den Staaten der EU ist und bleibt ein Außenhandel – zumindest solange, bis es ein europäisches Parlament mit einer Steuerhoheit über alle EU-Länder gibt.
20 Die Entwicklungshilfe ist da nur ein kleines, auch von anderen Staaten im selben Sinne verwendetes, aber prägnantes Beispiel.
21 In aller Deutlichkeit: die Panzer selbst spielen überhaupt keine Rolle, damit können die Griechen anfangen, was immer sie wollen (wenn sie damit Krieg gegen die Türkei führen oder sie für die Aufstandsbekämpfung im Inneren einsetzen, gibt es zwar politischen Ärger, aber der hat nichts mit diesen ökonomischen Prozessen zu tun), es geht allein um die Aufrechterhaltung der Produktionskapazitäten für

Als besonderer Clou wäre hervorzuheben, dass dann, wenn ein Staat wie Griechenland seine Importe aus Deutschland (neben Waffen etwa auch von deutschen Firmen ausgeführte Investitionen in die Infrastruktur) mit Krediten[22] finanziert hat, letztlich die ökonomisch überflüssigen Produktionskapazitäten in Deutschland aus der Mehrwertmasse finanzieren musste,[23] die von den wenigen Unternehmen auf seinem Gebiet erwirtschaftet wurde, die auf dem Weltmarkt konkurrenzfähig sind.[24] Denn nur die wenigsten Staaten,

diese Panzer in Deutschland jenseits ökonomischer, über den Weltmarkt vermittelter Rationalität – denn diese Panzer könnten woanders höchstwahrscheinlich produktiver als in Deutschland produziert werden.

22 Von welcher Bank aus welchem Staat auch immer: Irgendwie und irgendwann steht diesen Schulden, wenn sie Waren betreffen, die in Deutschland produziert worden sind, der deutsche Staat als Gläubiger gegenüber. Deutschland kassiert auf diesem Wege natürlich nicht zwei Mal (einmal die Unternehmen für die von ihnen gelieferten Waren und ein anderes Mal der Staat als Empfänger der Kredittilgungen, wie man zu polemisieren versucht sein könnte), aber ökonomisch läuft dies darauf hinaus, dass sich der deutsche Staat auf diese Weise seine Produktionskapazitäten (nicht die Waren selbst natürlich) vom Ausland finanzieren lässt. Das machen die USA allerdings genauso; diese Möglichkeit zu haben, macht den entscheidenden Vorteil von Hegemonie aus. Aber wohlgemerkt: damit macht man keinerlei Zusatz-Profite, sondern schlägt aus diesen Operationen einen *politischen* Mehrwert heraus: allein um den geht es. Dasselbe gilt für die Währung, die als Leitwährung anerkannt ist, was die Möglichkeit betrifft, Schulden zu machen, analog.

23 Die Schulden, die Griechenland und die anderen europäischen ›Wackelkandidaten‹ jetzt nicht mehr zurückzahlen können, sind zu einem Großteil auf Geld zurückzuführen, mit dem Deutschland sich solcherart Kapazitäten hat finanzieren lassen. Eigentlich überflüssig zu erwähnen, dass die deutsche Politik dabei in den Gewerkschaften und in der Linken ihre verlässlichsten Bündnispartner hat.

24 So betrachtet findet tatsächlich so etwas wie ein, von mir aus: neokolonialistischer Mehrwerttransfer von armen Staaten in den reichen deutschen statt. Aber wie soll man den messen, geschweige moralisch bewerten? Wenn man diesen Transfer zum Ausgangspunkt seiner Kritik macht, heißt das nichts anderes, als dass alles in bester Ordnung wäre, wenn denn dieser nicht stattfinden würde, was offensichtlich nur als grober Unfug bezeichnet werden kann, mal ganz abgesehen davon, dass man damit die offenen Türen der Globalisierungsverfechter, also der Vertreter der reinen Lehre des Freihandels einrennt, will man nicht den Volksstaat propagieren. In dieser Aporie verfängt sich früher oder später jede Antiglobalisierungskritik, jede Kritik eines ›Neokolonialismus‹ wie jeder Antiimperialismus von vornherein. Vergleichen kann man diesen Mehrwerttransfer mit einem Kredit an einen Hartz-IV-Empfänger für eine Luxuskarosse. Kommt dieser Kredit nicht von einem ›Mafioso‹, sondern einer Bank, dann kann man sagen: die Bank ist selber schuld, wenn sie ihr Geld nicht zurückbekommt. Das Luxusauto, falls es sich noch im Besitz des Schuldners befindet, kann sie ja in Beschlag nehmen – und damit hat sich dann die Sache. Im Verhältnis zwischen Staaten ist das anders, zweifellos mafiotischer: Hier besteht der einzige Nutznießer des Kredits, der Kreditgeber, auf Rückzahlung aus marktwirtschaftlich korrekt ›verdientem‹

besonders wenn sie nicht in der EU sind, können in dem Maße wie Deutschland auf das eine Anlage suchende Geld im Finanzsektor zur Finanzierung ihrer Ausgaben zurückgreifen – dieses Geld wandert nur selten in die Kassen von Staaten mit einer nicht durchgehend konkurrenzfähigen Warenproduktion.

Die deutsche Praxis ist keinesfalls Resultat bewusster Strategie, sondern institutionell in deutscher Politik und Ideologie verankert und reizt ›nur‹ die gegebenen Möglichkeiten kapitalistischer Produktionsweise aus – weshalb sie sich weltweit als durchaus rational, als Verfolg legitimer Interessen, darstellen kann. Doch in der deutschen Außenhandelspolitik bilden das (in der globalisierten Welt von heute wahnhafte) Streben nach politischer und ökonomischer Autarkie, zu verstehen als Herstellung der Voraussetzungen für die Rolle eines Hegemons, bei gleichzeitig verfolgten Exportoffensiven weiterhin die zwei Seiten derselben volksstaatlichen Medaille.

Besonders den Geldeigentümern aus Staaten mit nachholender Entwicklung – von denen bekanntlich einige Einzelne (Personen wie Staaten) ungeheuer viel Geld akkumulieren, das sich in ihren Staaten allerdings nicht in Kapital verwandeln kann – und deren politischen Repräsentanten gegenüber lautet Deutschlands frohe Botschaft: Es lässt eine Entwertung ihres Geldes, sofern es in Euro angelegt ist, nicht zu.[25] An allen Fronten, an denen eine derartige Entwertung stattfinden könnte, steuert es gegen: an der Inflationsfront sowieso, aber auch an der Arbeitsfront: keine Produktionskapazität, keine Investition, kein Humankapital[26] wird entwertet, so sehr der Markt danach auch verlangt.[27] Besonders dramatisch geht

    Geld (also vergleichbar einem Arbeitnehmer, der aus seinem Lohn den Kredit für die Luxusjacht seines Arbeitgebers tilgt). Aber das liegt in der Logik des Kapitals, also einer Logik, gegen die gerade der Arbeitnehmer rein gar nichts einzuwenden hat, denn er lebt mit dem ihm verbleibenden Geld von ihr.

25 Diese Geldeigentümer wissen: auf die Deutschen ist Verlass. Sie haben schon einmal zwei Weltkriege geführt, schon einmal die europäischen Juden vernichtet, um zu beweisen, wie ernst es ihnen mit ihrer Stabilitätspolitik ist.

26 Dieser Begriff trifft den Sachverhalt, um den es geht, genau: er ist ein anderer Ausdruck für das, was Marx das ›variable Kapital‹ nannte.

27 Natürlich gibt es auch in Deutschland Pleiten. Unternehmen wie Schlecker zu retten, ist auch den deutschen Experten eine Absurdität. Sehr viel wichtiger sind die Unternehmen, in denen die Technologien und Kapazitäten generiert werden (zu denen natürlich auch Opel unbedingt zählt), auf die die deutsche Politik setzt. Und die werden unterstützt, meist schon lange bevor irgendjemand auch nur auf die Idee kommen könnte, sie wären auf dem Weltmarkt nicht mehr wettbewerbsfähig.

es zurzeit ja an der Schuldenfront zu: mit welchen Tricks auch immer, Schulden werden bezahlt und Banken gerettet, auf dass die Geldeigentümer weiterhin der Illusion anhängen können, die Banken könnten ihnen, bei Bedarf und je nach Vertrag, ihr Geld jederzeit zurück (oder aus-) zahlen, womit sie dann Waren zu den aktuell geltenden Preisen auch in Zukunft kaufen könnten. Und, besonders wichtig: Auch die vereinbarten Zinsen werden natürlich bezahlt – aus welcher Kasse auch immer.

Die Spatzen pfeifen es von den Dächern: die allseits berüchtigte deutsche Sparpolitik – die, wie es sich für einen Deutschen gehört, natürlich verrechtlicht und in Fiskalpakten fixiert zu werden gehört – ist kontraproduktiv. Aber die Propaganda für sie ist aus deutscher Sicht alternativlos, denn die Spielräume für die Verwertung von Kreditgeld, ansonsten das Mittel der Wahl zur Zementierung hegemonialer Überlegenheit, sind, wie jeder weiß, weitestgehend ausgeschöpft. Jede Abweichung vom Sparen um des Sparens willen droht, es sich mit den Anlegern zu verscherzen – die Radikalität in der Propagierung seiner Sparpolitik ist die entscheidende Trumpfkarte, die Deutschland gegenüber seinen Konkurrenten um Geldanlagen ins Spiel bringen kann. Dies nicht ohne innere Berechtigung: jeder Staat, vor die Wahl gestellt, entweder der Inflation freien Lauf zu lassen oder aber ›den Staatshaushalt zu konsolidieren‹, entscheidet sich, heutzutage,[28] für Letzteres. Die Kürzung der Ausgaben für Staatsbedienstete oder der Arbeitskosten insgesamt, wirkt bei den Lohnempfängern wie eine Inflation – sie bekommen für ihr Geld weniger Waren –, lässt aber die Geldeigentümer ungeschoren, was bei einer ›richtigen‹ Inflation naturgemäß nicht der Fall wäre. Dies befriedigt und beruhigt die Eigentümer, stärkt ihr Vertrauen und von ihm – so irrational das auch ist – sind diese Staaten weit abhängiger als von der Zufriedenheit der Arbeitnehmer in ihrem Land, zumal gerade diese erst recht auf dieses Vertrauen angewiesen sind.

Kein Geheimnis ist auch, dass das Sparen das Krisenpotential nicht abbaut, sondern das sowieso schon überflüssige Geld um das eingesparte vermehrt. Das Ideal jeder Sparpolitik, das Gesparte von unproduktiven Sektoren in produktive zu verschieben und auf die ersehnten, sogenannten Multiplikatoreffekte zu hoffen, hat sich

---

28 Das war früher etwas anders, und viele heute wollen auf dieses ›Früher‹ zurückgreifen. Da konnte man noch mit der Inflationierung von Geld Politik machen. Heute hätte auch nur der Anschein einer solchen Politik zur Folge, dass sofort jeder Zustrom von Geld in diesen Staat versiegen würde.

längst als Illusion, bestenfalls als Lotteriespiel erwiesen. Das kann anders auch nicht sein, denn es gibt überhaupt keinen vernünftigen Grund für die Annahme, warum der Staat besser wissen könne als die Verwalter der Privatvermögen, also die dafür bezahlten Experten im Finanzsektor, wo Geld wie am produktivsten angelegt werden kann. Zu allem Überfluss setzen dieselben Casinoplayer, die nicht müde werden, den Staat aufzufordern, seine Ausgaben zu kürzen, das gesparte Geld spekulativ gegen genau die ein, die diese Sparpolitik am rigidesten befolgen,[29] denn sie wissen am besten: ein Staat kann sich, angesichts der Masse des heute keine profitable Anlage findenden Geldes, nur noch kaputt sparen. Auch bei der jetzigen Spekulation gegen den Euro geht es, wie in jeder Spekulation, nur um eines: dafür zu sorgen, dass als Erstes das Geld der anderen, und vom eigenen möglichst wenig, den Bach runtergeht.[30]

So kommt es, wie es kommen muss: Die deutsche Stabilitätspolitik kann auf längere Sicht nur funktionieren, wenn ›zur Not‹ alle Grundsätze über Bord geworfen werden, aufgrund der sie betrieben worden ist. Diese Zweigleisigkeit, die zutiefst im deutschen Rechtsverständnis angelegt ist,[31] steht, ökonomisch transformiert, als Drohung über allen Finanzjongleuren, Spekulanten und sonstigen Casinobetreibern immer mit im Raum: wir drucken das für die Stabilitätssicherung (Schuldentilgung, Zinszahlungen usw.) notwendige Geld auch einfach nach, für wie viele Billionen man dafür auch Bürgschaften übernehmen muss – denn wir sind im Besitz

---

29 Zu ihnen gehört Deutschland nicht; wie die USA kann es sich leisten, Prinzipien als absolut geltende zu propagieren, in der eigenen Praxis aber zu relativieren.
30 Seltsam, dass in einer Gesellschaft, in der jede Form von Glücksspiel hoch im Kurs steht, es, wenn Banker es betreiben, so verteufelt wird. Auch unter ihnen wandert Spielgeld nur von einer Hand in andere. (Eigentümern, die das mit ›ihrem‹ Geld nicht machen lassen wollen, steht es jederzeit frei, sich daran nicht zu beteiligen.) Es ist sachlich falsch, um nicht zu sagen: Volksverdummung, zu behaupten, die Verselbständigung des Geldmarktes und die Gier der Spekulanten führe den Niedergang der Wirtschaft herbei. Das ›Geld‹, das hier unter den verschiedensten Finanzinstituten hin und her geschoben wird, dauernd die Besitzer wechselt, von dem einen verloren, um von einem anderen gewonnen zu werden, steckt nicht in der Krise und verursacht sie erst recht nicht. Im Gegenteil: So lange es Spielgeld bleibt, geht von ihm keine Gefahr aus. Nicht dessen Besitzer, sondern dessen Eigentümer sind das Problem.
31 In diesem geht es um die möglichst totale Verrechtlichung aller sozialen Beziehungen, um alle Ausnahmen auszuschließen einerseits, verbunden aber mit der Drohung an alle, die sich dieser Verrechtlichung widersetzen (oder von vornherein von ihr ausgeschlossen sind), genau diesen Ausnahmezustand ihnen gegenüber herzustellen, andererseits. Näheres ist beim Hausjuristen der Nazis, Carl Schmitt, nachzulesen.

der politischen Macht, jeden Krieg gegen die weltweite Spekulation übersteben zu können. Ob Deutschland dazu wirklich in der Lage ist, kann heute keiner wissen, ist aber zu befürchten. Bisher erfüllt diese Drohung jedenfalls ihren Zweck.³²

Logik des Krieges Der entscheidende Interessengegensatz in der Gesellschaft besteht somit nicht zwischen Kapitalisten und Arbeitern, diese Zeiten sind lange vorbei, wenn sie je existierten,³³ sondern zwischen Geldeigentümern, also den Staatsbürgern, und ihrem eigenen Staat, ein Gegensatz, der offen allerdings nur selten zum Austrag kommt – und aktuell bezeichnenderweise weder in der Politik noch den Medien auch nur angedeutet wird. Für die Eigentümer stellvertretend geführt wird ja dieser Kampf gegen den Staat vor allem von den Verwaltern ihrer Titel, also den verschiedensten Institutionen im Finanzsektor. Die Eigentumstitel selbst werden als Problem völlig ausgeblendet – kein Staat wagt es zurzeit, diese in Frage zu stellen –, sondern es geht allseits allein um deren in Geld transformierte Form: Und an den Orten, in denen diese Verwandlung geschieht, kann der Staat sehr wohl auch zu Ungunsten der Geldeigentümer politisch intervenieren und macht das durchaus. Doch damit zugleich übersetzt sich in diesen Orten dieser verdrängte Interessengegensatz – durch alle Fraktionen und Interessen hindurch – ins Ressentiment, in Freund-/Feind-Bestimmungen, in den Hass auf die Vermittler.

Entsprechend verhält es sich mit der anderen Seite des Geldes, also in der Warenproduktion. Hier ist das Eigentum an den Produktionsmitteln die entscheidende Größe. Dass diese sich in privaten Händen (oder in denen nicht-staatlicher Institutionen) befinden, entspricht dem Wesen des Geldeigentums wie, in ideeller Hinsicht,

---

32 Was die USA permanent praktizieren: das ständige ›Nachschießen‹ von Geld, also die Erhebung der Ausnahme zur Normalität, bleibt in Deutschland die Drohung mit dem Ausnahmezustand. Der letzte ›Gipfel 2012‹ der G20 in Mexiko lieferte ein Beispiel dafür, wie offen dieser Kampf um Hegemonie mittlerweile ausgetragen wird.

33 Zur Erinnerung: Auch Marx hat nie behauptet, dass der Klassenkampf zwischen Kapitalisten und Arbeitern das Kapital überwinde, denn das hieße ja, dass das variable Kapital zum fixen in Widerspruch stünde, wo doch in Wirklichkeit beide Kapitalien unauflöslich voneinander abhängig sind, besser: als Kapital dasselbe (in ihrer Nicht-Identität) sind. Sondern er ging davon aus, dass das Kapital, beziehungsweise die Kapitalisten und ihr Staat, das überflüssig gewordene Arbeitskraftpotential weder ernähren können noch wollen. Dieses Potential sei, und das bevor es ins Lumpenproletariat absinke, *gezwungen*, wenn es überleben will, die Produktion in seine Regie zu nehmen. Dieser Zwang ist beim Proletariat aber nie angekommen.

nur noch die Menschenrechte, weswegen gerade das Recht auf Eigentum an Produktionsmitteln als das wertvollste aller Menschenrechte gilt, von dem alle anderen ihren Ausgang nehmen.[34] Aber der Staat könnte, wenn er denn wollte,[35] sich die Produktionsmittel aneignen – daran hindern könnte ihn in diesem Fall nur der Verlust der politischen Legitimation im Inneren oder ein anderer, ihm militärisch überlegener Staat.

In einem Ausnahmezustand, der solche Praktiken ermöglicht, befinden wir uns aktuell in Deutschland nicht. Bis jetzt wird nichts anderes getan, als das überflüssige Geld permanent um ebenso überflüssiges zu vermehren, statt, obwohl ökonomisch unbedingt notwendig, es zu entwerten.[36] Es erscheint in der Summe, da in Europa mit Deutschland ein Staat die Werthaltigkeit dieses Geldes verbürgt, dem Krisen sein Gewaltmonopol kaum streitig machen können, weiterhin als wirkliches Geld – obwohl es sich zum Großteil eindeutig um politisches, was heißt: keiner Marktkontrolle unterliegendes handelt.[37] Was bleibt den Geldanlegern übrig? Dem deutschen ›Argument‹, jede Krise aussitzen zu können, kann letztlich kein Investmentfond, keine Bank mit noch so viel Spekulationsgeld

---

34 Die Verweigerung dieses Rechts galt zu Zeiten des Kalten Krieges im Westen als der zentrale und allseits akzeptierte Kriegsgrund. Seitdem muss sich bekanntlich die US-Regierung diese Gründe mühsam zurechtbasteln, wie gerechtfertigt die geführten Kriege (Afghanistan, Irak) in der Sache auch immer gewesen sind. Was aktuell den Iran betrifft, zeigt sich überdeutlich, wie wenig bei Geldeigentümern andere Gründe als die, ihnen die freie Verfügung über ihr Geld zu sichern und zu verschaffen, zählen.

35 Dafür braucht er natürlich auch wieder sehr ›gute‹ Gründe; ohne die Erklärung des Ausnahmezustandes, der die Geldeigentümer vor die Wahl stellt, alles zu verlieren oder zumindest einen Teil retten zu können, wird kein Staat diesen Willen tatsächlich aufbringen können.

36 Was aber nur dann wirklich etwas zur Problemlösung beiträgt, wenn zugleich die dahinter stehenden Titel mit entwertet werden – und das macht diese Entwertung zu einem politisch anders als mit kriegerischen Mitteln kaum lösbaren Problem. Um die Sache in Bezug auf den berühmten Selbstwiderspruch des Kapitals, wie er in der aktuellen Krise erscheint, auf den Punkt zu bringen: Er besteht darin, dass jeder, der Geld hat, es vermehren will und vermehren wollen muss, sonst funktioniert die Kapitalakkumulation nicht, und gleichzeitig dafür Sorge tragen müsste, es zu vermindern, weil er sonst bald ohne alles Geld dazustehen droht.

37 Dieses Geld kommt dem Finanzsektor durch einfache Überschreibung zu, es erscheint als ›gedecktes‹, obwohl ihm kein Austauschprozess (noch nicht einmal vergleichbar dem zwischen Geld und Geld – wie von den Banken untereinander praktiziert) zugrunde liegt, sondern im Gegenteil, allein politische Gewalt (auch wenn man diese Sparzwang nennt), die in einem (Markt-)Tausch (auf dem aber jede Theorie von ›gedecktem‹ Geld beruht) nichts zu suchen hat. Spätestens hier ist die Basis einer jeden Geldtheorie, egal ob richtig oder falsch, verlassen.

im Hintergrund auf Dauer wirklich etwas entgegensetzen.[38] Irgendwann sind genug von ihnen überzeugt und vertrauen dieser Politik, in der Hoffnung, dass sich der ins Unendliche wachsende Geldüberfluss irgendwohin verflüchtigt aber, nicht zuletzt dank der deutschen Politik, diese Verflüchtigung nur das Geld anderer trifft.

Was im Verlauf dieses Aussitzens der Krise aus der EU werden wird, kann Deutschland gleichgültig sein. Ob es zur Stärkung der politischen Einheit kommt oder zu ihrem Zerfall: es dürfte in beiden Fällen – wie in allen früheren Krisen ja auch schon – der Gewinner sein. Festzuhalten ist jedenfalls: die Logik des Kapitals gibt den Staaten zwar die Krise selbst, nicht aber die Politik zu ihrer Überwindung vor. Der Staat ist in der Wahl seiner Mittel unaufhebbar autonom und das Gefährlichste ist: er kann die Ökonomie in seine Regie nehmen,[39] nämlich immer dann, wenn – und dort, wo – die Kapitalakkumulation ihre Dynamik verliert und die darin sich generierende Souveränität zur Debatte steht. Gelingt es, diese auszuschalten und volksstaatlich zu substituieren, befindet sich die Gesellschaft in keiner Krise, sondern in der Katastrophe.

Wie Kapital und Staat, so sind die Logik des Kapitals und die Logik des Krieges die zwei Seiten einer Einheit, in der es um die Verteilung der weltweit produzierten Mehrwertmasse geht. Dieser ›Kuchen‹ wird gesellschaftlich produziert, das heißt, keine Person, wie – und ob überhaupt – sie an dessen Produktion in welcher Weise auch immer beteiligt war, kann vernünftig begründete Ansprüche auf Anteile an ihm anmelden. Aber genau das, einen persönlichen Anspruch auf Einkommen zu haben, für dessen Erzielung man – außerhalb rechtlich, also politisch begründeter Ansprüche – keine Leistung vorweisen kann und muss,[40] ist das unverzichtbare, aber auf ihrer Basis vernünftig nicht zu rechtfertigende Grundprinzip kapitalistischer Vergesellschaftung.[41] Daraus folgt: ein Unterschied zwischen Geldeigentümern und

---

38 Das könnte nur ein anderer Staat, der dasselbe vorhat: aber das bedeutete im Grunde Krieg.
39 Anders, autoritativ abgesichert: Das Kapital kann sich auf seiner eigenen Grundlage aufheben. Ohne sie zu verlassen, wie hinzugefügt werden sollte.
40 Auch dies begründet die besondere Liebe der Bürger zu ihrem Recht, siehe den Beitrag von Christan Thalmaier: [Actio libera in Causa oder die Liebe zum Recht. In: sans phrase 1/2012].
41 Die unter Marxisten üblichen Formulierungen von der ›privaten Aneignung gesellschaftlich produzierten Reichtums‹ oder ähnliche unterschlagen, dass es allein um die Verteilung der Mehrwertmasse geht, also um Politik und nicht um Resultate der Warenproduktion im allgemeinen. Und so wird eben auch ›übersehen‹,

Sozialhilfeempfängern existiert ökonomisch nicht. Beide werden – wie ansonsten nur noch der Staat (für den Schutz des Privateigentums vor gewaltsamer Aneignung) – aus der Mehrwertmasse bezahlt: der eine erhält aus ihr Geld für seine Titel, der andere für sein Überleben, aber dieser qualitative Unterschied (im ›Wofür‹) steht in der Ökonomie explizit nicht zur Debatte. Es ist der Staat, der das Verhältnis der Zinsen zum Sozialgeld vermittelt und die jeweilige Höhe beeinflusst, denn er ist es, der – im Gegensatz zu anderen Zeiten als der heutigen, in der diese seine Grundfunktion ihm aus dem Ruder gelaufen ist – in seiner Steuerpolitik den Anteil an produktiv gedecktem Geld festlegt, der für Zinszahlungen zur Verfügung steht.[42]

Was den gesellschaftlichen Status betrifft, gibt es natürlich einen gravierenden Unterschied zwischen demjenigen, der von Zinseinnahmen und dem, der von Sozialhilfe lebt. Dieser Status hat natürlich Einfluss auf das Selbstbewusstsein: vernünftige Gründe dafür, warum der ökonomisch Überflüssige einen weit geringeren Status genießt als der Eigentümer von Geld,[43] gibt es allerdings keinen einzigen, zumal ein selbstbewusstes Auftreten gegenüber dem Staat einerseits und den Zinsempfängern andererseits die Höhe des Sozialgeldes entscheidend zu seinen Gunsten beeinflussen dürfte. Beim Sozialgeld handelt es sich in dieser Gesellschaft um solches, das aus allen anderen als vernünftigen, aber für die Kapitalreproduktion unbedingt notwendigen Gründen von vornherein definiert ist[44] als dasjenige Geld, das die Zinsempfänger *nicht* bekommen.[45] Wie der

    dass die Verteilung der Mehrwertmasse nichts mit der Entlohnung von Arbeit zu tun hat – denn die hat in der Warenproduktion längst stattgefunden.

42 Die Politologen führen diese Diskussion unter dem Thema Wohlfahrtsstaat. In den USA geht es ja besonders seit dem Amtsantritt Obamas um die Frage, ob der Staat überhaupt berechtigt ist, Sozialgeld von der Mehrwertmasse abzuzweigen, und dafür nicht die Zinsempfänger *in personae* zuständig sind, indem sie einen Teil ihrer Einnahmen, nach ihrem Gutdünken, spenden. Wer hier recht hat oder bekommen sollte, ist eine müßige Frage; sie lässt sich nur entlang konkreter Einzelfälle pragmatisch beantworten. Aber eindeutig Partei für den Staat zu nehmen, statt ihn als bloßen Vermittler anzusehen, lässt erkennen, dass man die Gefahr nicht begriffen hat, die im Ausbau des Sozialstaates immer auch mit angelegt ist. Da haben die Republikaner einfach recht.

43 Zumal dieses heutzutage nur noch zu einem geringen Teil die ihm in dieser Gesellschaft zufallende Aufgabe zu erfüllen vermag, sich in Kapital zu verwandeln.

44 Diese ›Definition‹ ist weder rational noch erst recht nicht vernünftig begründbar und ihr Zustandekommen nur historisch und psychoanalytisch zu erschließen. Kurz, es geht hier um eine existenzielle Dimension, an die Politik und Ökonomie nicht heranreichen, sondern die ihnen vorgelagert ist.

45 Es sollte sich von selbst ergeben, sei aber dennoch explizit, um falsche Assoziationen gar nicht erst aufkommen zu lassen: Eine Politik, die Zinsverbote

Staat politisch mit diesem Geld verfährt, ist Resultat historisch bestimmter Machtverhältnisse, folgt somit der Logik des Krieges – und ohne Selbstbewusstsein ist auch dieser Kampf um einen möglichst hohen Anteil an der Mehrwertmasse kaum erfolgreich zu führen. Entscheidender ist noch: Dieser Kampf setzt eine funktionierende Verwertung des Werts unbedingt voraus, ohne sie ist er nichts als eine Bettelei um Almosen, bestenfalls.

Der Raum, den der Souverän der Logik des Krieges überlassen muss, wäre also, gerade wenn es um Sozialgeld geht, zugleich für einen Krieg gegen die Arbeit und gegen den Volksstaat zu nutzen. Deshalb gehen die Forderungen nach einem arbeitslosen Grundeinkommen oder einem ›Bürgergeld‹ in genau die falsche Richtung. Denn sie setzen zum einen voraus, dass die Kapitalakkumulation krisenfrei funktioniert, was an sich schon unmöglich ist, und schaffen somit weder den Arbeitszwang wirklich ab[46] noch vermindern sie das überflüssige Geld, zum anderen steigern sie die Macht des Volksstaates: er entscheidet, wer das Bürgergeld in welcher Höhe bekommt und vor allem: kein Staat wird sich das Recht nehmen lassen, das Bürgergeld dann zurückzufahren, wenn nur so sichergestellt werden kann, dass Arbeiten erledigt werden, die er für unbedingt notwendig erachtet.[47] Das Bürgergeld schürt zudem die Illusion, als sei die Kapitalakkumulation eine zumindest potentiell friedlich ablaufen könnende Veranstaltung, sei ein Prozess, den man auf rationale oder vernünftige (oder auch nur diskursive) Gründe stützen könne.

Nicht vernünftig nutzen lässt sich die Logik des Krieges gegen die Logik des Kapitals selbst. Ein anderes Resultat als den totalen Volksstaat kann ein ›erfolgreicher‹ Kampf gegen das automatische Subjekt nicht haben. Wer das überwinden will, muss sich Gedanken machen, wie dessen Akkumulationsdynamik – die Ersetzung von Arbeit durch Maschinerie – anders in Gang gehalten werden kann als mittels der Konkurrenz um die profitabelste Geldanlage, und ob eine Gesellschaft möglich ist, die Arbeit tendenziell abschafft, ohne für dieses höchst löbliche Unterfangen auf Geld und Staat zurückzugreifen.

---

auch nur erwägt, gibt zu erkennen, dass sie bewusst auf den totalen Volksstaat zielt.
46 So falsch die Gleichung ist, dass mehr Arbeit mehr Reichtum bedeute, als Ideologie lebt dieser Fehlschluss in jeder Form kapitalistischer Vergesellschaftung weiter fort und würde unaufhebbar auch die Konflikte in Staaten mit arbeitslosem Grundeinkommen ständig von Grund auf programmieren.
47 So wie er die Pflicht, für ihn als Soldat zu sterben, ja auch nur zeitweise aussetzt.

Gedankensplitter
[Aus den Jahren 2016 und 2017]

Die Mittellosen haben in den letzten Jahrzehnten die Perspektive verloren, in den Mittelstand aufsteigen zu können. In den 1950er bis 70er Jahren hatte ein Großteil der ehemals Überflüssigen diese Perspektive erhalten und nutzen können.

Dem Mittelständler reicht es nicht, zu wissen, dass die Ausweitung der Liberalität ihm rein gar nichts nimmt. Er will ohne den Feind leben, den er als solchen zuvor bestimmt hatte. (Carl Schmitt)

Politiker haben's schwer: Sie müssen so tun, als hätte ihr Handeln die beabsichtigten Folgen, anerkannt werden / gut sind sie aber nur, wenn sie kompromissfähig sind und der eigenen Klientel gegenüber den gefundenen Konsens durchsetzen können.

Trump ist (wie schon Hitler) der Dank der Konservativen an die Liberalen dafür, dass diese, um des lieben Friedens willen, ihre Religions- und Autoritätskritik im Laufe des 19. Jahrhunderts eingestellt (und die Linken nach Marx ganz auf sie verzichtet) haben. Diejenigen unter den Konservativen, die sich heute schon wieder von den Kindern, die sie nicht mehr kontrollieren können, nicht doch noch vereinnahmen lassen, hoffen, wie eben schon unter Hitler, dass sie, wenn sie stillhalten, irgendwie durchkommen. Das Schlimme: auch die Liberalen werden nun konservativ und die übrig gebliebene Linke läuft, verbreiteter noch als in den 1930er Jahren, offen zu ihrem schärfsten Feind über; sie packt das ihr immanente National-Völkische (von ihr kulturelle Identität genannt) noch offener aus als schon in den letzten Jahren (im Bündnis mit den Postmodernen).

Sehr viel wichtiger als eine Gemeinsamkeit bezüglich der Urteile und ihren Folgerungen für die Praxis ist die Begründung der Urteile: Differiert die, kann man selbst dann nicht mit denen zusammenarbeiten (sondern im Gegenteil: muss sie bekämpfen), deren Urteile im Resultat auf dieselben hinauslaufen wie die eigenen (Beispiel:

Islam-; Religions-, Konservatismus-, Kapitalismuskritik) – besonders dann nicht, wenn diese Urteile ganz ohne eine Begründung zustande gekommen sind. Ausnahme: der Kampf gegen die regressive Aufhebung des Kapitals (Bündnisse innerhalb einer Resistance).

Der Kampf gegen ›Besatzung‹ ist reaktionär, wenn der Besatzer ein Hegemon (Staat des Kapitals) und kein Imperialist ist. Und reine Imperialisten gibt es im Kapital gar nicht mehr, sondern nur noch solche, die, wie der NS, ihren Hegemonieanspruch mit imperialistischer Gebietserweiterung verbinden.

Positivismus – Rationalismus: Letzterer reflektiert auf die Negation auch inhaltlich, ersterer nur logisch-formal, nicht gesellschaftlich.

Der Positivismus verhindert Selbstkritik (Beispiel: wie Grüne heute auf ihre frühere Ablehnung von TTIP / militärische Interventionen reagieren).

Folgen von Brexit und Trump: Stärkung statt Schwächung deutscher Machtentfaltung!

Negativität als (logisch-inhaltliche: im Sinne von Klaus Heinrich![1]) Reaktion auf den Positivismus.

Unreflektiert: Abwehr (psychoanalytisch), Irrationalität (Fetisch, Wahn), Euphorisierung des Bösen (Stangneth[2]), antizyklisches Verhalten (nicht nur an der Börse!), die Versuche der Integration des Bösen (der aktuellen faschistischen Internationale) ins (inhaltlich) Rationale: im Gegensatz zur Linken lässt sich die Rechte nicht ins ›System‹ integrieren, sondern nur bekämpfen. Jeder Blick in die Geschichte beweist: Je später die liberal-demokratischen Verteidiger des Systems endlich zur Einsicht gelangen, dass diese sich jeder Reflexion verweigernden Autarkisten nicht zu integrieren sind, nicht weiterhin so hofiert werden dürfen, wie dies von ihnen seit je praktiziert wird, sondern nur bekämpft werden können, umso sicherer kommt es zu Kriegen und umso schlimmer werden die werden.

1 [Siehe Klaus Heinrich: tertium datur. Eine religionsphilosophische Einführung in die Logik. Basel; Frankfurt am Main 1981.]
2 [Bettina Stangneth: Böses Denken.]

Reflektiert: Gegenidentifikation (als Vorstufe der Kritik; meinen Vortrag[3] dazu kontrollieren!)

Die Unternehmen haben für Trump und den Brexit nur ein müdes Lächeln über: Sie sind und bleiben wie je für das Politische blind, sondern vertrauen fest auf die Durchsetzungskraft der Rationalität unternehmerischen Handelns. (Produzieren weiterhin die Waffen, die ihre Unternehmen dann zerstören.) Es steht also zu befürchten, dass sie noch später erwachen als die Politiker (auch und gerade das ist eine Parallele zu den 1920er und 30er Jahren). Die Ökonomie ist so wenig wie die Politik ein potentieller Bündnispartner der Kritik.

Was ist der Erfolg des jahrzehntelangen ›Kampfes‹ der Linken gegen Rassismus und Sexismus, Xeno-, Homo-, Islamophobie? Es zeigt sich: Sie hat gegen Worte, für Sprachregelungen gekämpft, statt gegen Inhalte.

Problem – Antinomie: Zwischen dem Ganzen und seinen Teilen bestehen politisch-technisch lösbare Konflikte. (Kritik zielt aufs Ganze; ist keine Konfliktlösungsstrategie.)

Die Ausrichtung der Politik auf Maßnahmen gegen die Klimaerwärmung ist als (nicht gewaltsame oder kriegerische) Krisenlösungsstrategie denen der staatlichen ›Investitionen‹ in die Weltraumfahrt in den 1950er bis 60er Jahren funktional äquivalent (so wie, betriebswirtschaftlich, der Übergang zur IT-Technologie funktional dem Taylorismus äquivalent war). (Unsinnigkeit des Arguments, dass die dafür ausgegebenen Gelder besser in die Verringerung der Weltarmut gesteckt werden sollten.)

Vor allem beim Begriff der abstrakten Arbeit zu betonen: Der Durchschnitt erhebt reale Dinge ins Nominale! Dieser Schritt vom Besonderen ins Allgemeine ist vollkommen korrekt, erlaubt aber die Umkehrung nicht! (Das Kommutativgesetz gilt hier nicht! Induktionsproblem!)

---

3 [Manfred Dahlmann: »Auf die Frage: Was ist antideutsch?« In: Bahamas 47–48/2005, gekürzt in Jungle World 46/2005 erschienen; sowie Ders.: »Antideutsche wissen es besser«. In: Jungle World 48/2005 und unter dem Titel »Was heißt antideutsch?« als Vorwort zur Zweitauflage von Joachim Bruhns *Was deutsch ist. Zur kritischen Theorie der Nation*. Freiburg; Wien 2019.]

Rationalisierung: Die in Teil IV[4] abgehandelte, ›psychoanalytische‹ (aufs Gesellschaftliche bezogene) verbindet unvermittelt (das heißt: unreflektiert) das Ganze des Kapitals mit dem Ganzen des Ichs in rationaler Form. Hier wird die gesellschaftliche Antinomie von Teil und Ganzem verdrängt, das Realitätsprinzip ins Lustprinzip aufgelöst, was im Wahn enden muss. Die Werbung wurde hier schon genannt als die reale Vermittlung. Die Inhalte dieser Form sind ab [Teil] VI[5] zu explizieren.

Der Staat wurde als Begriff schon entwickelt, seine Seins- und Wesensbestimmungen festgehalten: Ab [Teil] VI nun geht es darum, sie in die Lebenswirklichkeit hineinzuholen. (Staat des Kapitals – Volksstaat.)

Wir erstellen kein Lexikon der Grundbegriffe, sondern zeichnen die Logik nach, in der die Kategorien sich aufeinander beziehen, die insgesamt die Totalität des Kapitals erfassen: Verweis auf Register.[6]

Begrifflichkeit[en]:

Maß für Reichtum
Quantitativ = materielle Basis des Kapitals: In einem überempirischen Raum produzierte (relative) Mehrwertmasse, messbar nur in ›Geld als solchem‹ (also *nur* objektiv). Indikatoren: SP[7] (Nationaleinkommen)/Wachstum. Äquivalententausch; Logik der Ökonomie. Synthesis: Satz der Identität/Geld als solches. Existiert in vorkapitalistischen Gesellschaften nicht.
Qualitativ = ideelle Basis des Kapitals: In der Lebenswirklichkeit der leiblichen Individuen wahrnehmbare, materielle *und* ideelle Vergegenständlichungen, zwar auch messbar, aber nur in subjektiv bestimmten Werten (Preisen): Geld gilt allein als Wertaufbewahrungsmittel, muss (der Potenz/dem Glauben/dem Vertrauen nach) jederzeit in dinglichen Reichtum verwandelbar sein. In Geld ausdrückbarer Gewinn im Tausch gilt als Betrug; Logik des Krieges. Synthesis: Befehl und Gehorsam. Existiert in vorkapitalistischen Gesellschaften als einzige Form des Reichtums.

4 [Im vorliegenden Buch: Kapitel 6.]
5 [Im vorliegenden Buch: ab Kapitel 9.]
6 [M. D. plante, ein Begriffsregister beziehungsweise Glossar zu erstellen, siehe dazu das editorische Nachwort.]
7 [SP = Sozialprodukt; siehe auch Kapitel 2, S. 57 ff.]

Die zentrale Frage an die Geschichte lautet: wie kam der Wechsel in der gesellschaftlichen Synthesis zustande?

Statt SP Nationaleinkommen?

Begriff der Gallerte!

Traditioneller Marxismus oder Traditionsmarxismus?

Produktivität – Rationalität!

Konkurrenz: (Autarkie läuft logisch auf deren Abschaffung hinaus!) Verhalten gegenüber den Verlierern (Merkur!), Verhältnis zwischen Original und Kopie (Patente, Lizenzen). Der Bruch zwischen Teil und Ganzem tritt hier am deutlichsten hervor!

Das Massenbewusstsein ist bisher (außer vom NS) zum Großteil von den Kirchen/Religionen verwaltet worden!

Antinomien: Je mehr die Wissenschaft vom Menschen abstrahiert (Kosmologie, Neurowissenschaften, homo oeconomicus), umso apokalyptischer ihre Urteile, also umso absoluter ihr Bezug auf den Menschen. Ähnlich in der Öffentlichkeit/Politik: Je mehr diese sich auf das Innere der Subjekte hin ausrichtet, umso mehr empfindet das Massenbewusstsein sich in dieser nicht hinreichend berücksichtigt. (FAZ-/Bild-Zeitung)

Das Ganze des Kapitals, in der Vorstellung des Massenbewusstseins: Wie Transzendentalsubjekt ohne Kategorien a priori/kategorischen Imperativ; Geist ohne Selbstbewusstsein; Gott ohne Menschen.

Trump und Massenbewusstsein: Abschaffung der Politik auf der Basis von Politik. (Kritik der Politik heißt, sie abzuschaffen, indem sie obsolet wird.)

Aktuelle faschistische Internationale – Situation in den 1920er Jahren: Un-/Zulässigkeit von historischen Vergleichen. An der aktuellen bemerkenswert: Ihre Feindschaft richtet sich allein gegen den liberal-demokratischen Pluralismus, der Antisemitismus/Antizionismus scheint keine Rolle zu spielen. Den Antisemitismus nicht zu verbalisieren, ist eine politische Strategie der

Führungsfiguren, die wissen, dass der positive Bezug auf Auschwitz (das Dritte Reich) aktuell noch zum Ausschluss aus der Öffentlichkeit führt. Das wird sich ändern, sobald dieses Bewusstsein in eine Bewegung übergeht.

Unterscheidung: Rose, JHW, als semiotische Zeichenkette – als Rose, JHW als solche (Identität: ohne und mit Bestimmungen). (Auch das Zeichen Rose ist keine Nelke!)

Verweis auf den Unsinn, Bewusstsein aus der Produktionssphäre ableiten/ermitteln zu können. (So auch ASR [Alfred Sohn-Rethel] mit dem Taylorismus.) Es entwickelt sich im Verstand, um dort von der Erfahrung, wo auch immer gemacht, entfaltet und modifiziert zu werden. (Hier ist Kant recht zu geben; selbst Hegel sieht das genauso, drückt sich natürlich nur vollkommen anders aus.)

Nicht die Reichen/die Großkonzerne bekämpfen die staatliche Sozialpolitik (für sie ist Politik mit Lobbyarbeit im Interesse des Absatzes der in ihren Unternehmen produzierten Waren identisch), sondern der Mittelstand.

Betonen: Das Kapital setzt freien Geldverkehr voraus, aber eben zugleich auch die freie Lohnarbeit. Kapital reproduziert sich nur, was heißt: (relativer) Mehrwert entsteht nur, wo beide Bedingungen gleichermaßen erfüllt sind. Deswegen ist die Behinderung der freien Ortswahl der Arbeitskräfte (wie beim Geld: über alle staatlichen und kulturellen Grenzen hinweg) durch eine Einwanderungspolitik im Grunde kontraproduktiv für das Kapital. (Wobei dies natürlich nicht für die leiblichen Individuen gilt, die noch nicht einmal der »industriellen Reservearmee« zugeordnet werden können. Aber hier angemessen zu differenzieren ist äußerst diffizil, wie die aktuelle Behandlung der Flüchtlinge zeigt. Zudem hat der Staat zu allererst die Sicherheitsbedürfnisse seiner Bürger zu erfüllen; der Bedarf des Kapitals nach möglichst hochwertiger und dennoch billiger Arbeitskraft ist demgegenüber nachgeordnet.)

Staaten des Kapitals: Nordamerika, Japan, Südkorea; Australien/Neuseeland, Israel; EU (einschließlich GB: kann man auch als Bundesstaat der USA fassen/Schweiz/Norwegen; die Staaten des ehemaligen Ostblocks als ›Wackelkandidaten‹; Deutschland als Volksstaat im Wartestand, mit potentiellem Hinterhof aller Staaten im Osten bis

Russland); die hier existierenden volksstaatlichen Bewegungen als von mir so genannte faschistische Internationale.

›*Entwickelte*‹ *Volksstaaten*: Russland, China, Indien (im Übergang)

Reine Volksstaaten: Lateinamerika (Hinterhof der USA), Türkei, die Arabischen, Iran, Südostasien, Südafrika

Was einen Staat heutzutage zu einem macht (und für ihre an sich rätselhafte Gleichheit untereinander sorgt, vom Weltmarkt abgesehen; nach Relevanz geordnet):
Fahne
Nationalhymne
Mitgliedschaft in den weltweiten Sportverbänden (besonders im Fußball)
Staatsgebiet (auf das der Anspruch von anderen Staaten erfolgreich abgewehrt werden kann)
Darauf:
Verwaltungshoheit
Polizeihoheit
Ausformulierte Verfassung
Mitgliedschaft in der UNO
Nach Möglichkeit: Militärhoheit
Unerheblich: Verfassungswirklichkeit

Keine Frage: Langfristig setzt sich der globalisierte Weltmarkt gegen die Autarkiebestrebungen der Staaten durch (Irrtum von Agnoli: der Zeitpunkt ist längst nicht erreicht!). Schließlich hat er sich bis heute nicht nur seit sechs (wie [Wolfgang] Reinhard meint), sondern sogar schon zehn Jahrhunderten ständig weiter universalisiert, obwohl ihm von den Staaten alle nur möglichen Steine in den Weg gelegt worden sind. Die eine Frage ist nur, wie viele vollkommen unnötige Opfer dieser unaufhaltsame Prozess (über die millionenfachen bisherigen hinaus) noch fordert, die andere, ob es dem Kapital nicht doch noch gelingt, sich selbst, und mit ihm die Menschheit, auszulöschen.

Aus der Perspektive des MS-Biotops[8] stellt sich die Quasi-Metaphysik des Kapitals als Mystik dar!

---

8 [Siehe hierzu Kapitel 10.]

Einleitung: Keine Sekundärliteratur zu Marx (Hegel, Kant: Übernahme der Begrifflichkeit, Ablehnung: Wissenschaftstheorien, Existenzialontologie)

Diplomatie-Ranking der kritischen Einmischung in die ›inneren Angelegenheiten‹ eines Staates:
- Aus-/Ansprechen der Probleme
- Wirtschaftliche und politische Isolierung
- Militärische Intervention
- Krieg

Resonanzeffekt als Übergang vom Massenbewusstsein in eine Massenbewegung.

Betrug ist keine Gewalt! Vertrauen – Geld: = Schatzgeld – Zirkulationsgeld: Platons Perhorreszierung des »Dritten!«, das ausgeschlossen gehört: dagegen: Sokratische Methode. Heute: absolutes Ressentiment gegen das Dritte; absolutes Vertrauen in das Schatzgeld. [Christoph] Türcke: Vermittlung als Gott.[9]

Der Begriff des Interesses: sowohl politisch als auch ökonomisch: rechtfertigt den Betrug!

Die Korrelation zwischen Markt und Mehrwertmasse kann, so sehr auch Letztere jenen zur Voraussetzung hat, unmöglich empirisch nachvollzogen werden. Und so ist es sogar sehr fraglich, ob die Korrelation: Je reibungsloser der Markt funktioniert, umso höher fällt die Mehrwertmasse aus (dies ist besonders auf die Freihandelsverträge zu beziehen, aber auch auf die Normierungen in der EU oder aufgrund von TTIP und CETA), allgemein Geltung hat: Es ist alles andere als ausgeschlossen, dass auch und gerade Friktionen auf den Märkten, Behinderungen durch Autarkiebestrebungen des Staates (auch wenn man nie sagen kann, welche), den Effekt haben können, die Mehrwertmasse zu erhöhen. Die Denunziation der Versuche, die Funktionsfähigkeit des Marktes zu erhöhen, ist dennoch nichts als reaktionär, von Kritik des Marktes weit entfernt und läuft auf eine Verelendungstheorie hinaus.

---

9 [Christoph Türcke: Vermittlung als Gott. Metaphysische Grillen und theologische Mucken didaktisierter Wissenschaft. Lüneburg 1986.]

Es geht im Begriffsbildungsverfahren darum, die grundlegenden Differenzierungen in den zentralen Kategorien neu (und der Realität adäquater) zu erfassen: Alle (überempirischen) Wertungen, Urteile und der gesamte Problemhorizont ändern sich dann. Und diese Änderung ist dringendst notwendig!

Der Mittelständler, dem sein Reihenhaus zwangsversteigert wurde, empfindet das als Gewalt, wie der Angestellte, dem sein Arbeitsplatz gekündigt wurde. So ohnmächtig sie sich dem ihnen gegenüber ausgeübten Zwang auch gegenüber sehen: Mit diesem Begriff des Zwangs gibt es jedenfalls schon einen Begriff, der diese ökonomische Ohnmächtigkeit mit der in eins setzt, die auf den individuellen Leib ausgeübt wird. Es gibt keinen Grund (im Gegenteil), den Begriff auf die letztere Form von Zwangsausübung zu beschränken.

Rückgriff auf Sparideologie (Teil IV)[10]

Verkehrte Welt? Die SPD warnt vor Alleingängen der EU, die CDU vor nationalen Egoismen. Diese Darstellung in der Öffentlichkeit erlaubt es der SPD, praktisch die Stärkung der EU zu betreiben, der CDU die der nationalen Souveränität. (Wie bei den Wahlen: Die SPD baut den Sozialstaat ab, die CDU, wenn nicht auf (was sie auch schon gemacht hat), stabilisiert ihn zumindest. Mit dieser Strategie versuchen diese Parteien, die Anhängerschaft der anderen auf ihre Seite zu ziehen.)

Begriffe metaphysischer Raum, Universalisierung – Expansion besser aufnehmen!

Mehr betonen: Zwischen der Distribution im Ganzen und der in den Teilen gibt es keine erkennbare innere Verbindung (obwohl es die gibt/geben muss).

Die Welt-GR[11] öfter wieder ins Spiel bringen! Gäbe es sie, würde man recht schnell sehen, was die EU, TTIP, CETA wollen: Die Behinderungen zu beseitigen versuchen, die einer Realisation des Mehrwerts im Wege stehen. Ohne sie bricht die Welt in ihre Partikularismen auseinander.

10 [Im vorliegenden Band Kapitel 6.]
11 [Weltgesamtrechnung, siehe Kapitel 1.]

Israel hat nicht die Autarkieoption gezogen, sondern sich von Anfang an in den Weltmarkt integriert (macht dies bis heute, bis zur Selbstverleugnung).

Probleme werden gelöst, indem man sie nicht in die Öffentlichkeit gelangen lässt: Kriminalität, Gewalt.

Die moralische Denunziation (meist bildhaft, symbolisch) verdeckt die Unmoral derjenigen, gegen die die moralisch Verurteilten sich wehren: etwa die Gewalt bei einer Geiselnahme.

Nicht nur Umkehr von Täter/Opfer, sondern auch: Angreifer und Verteidiger!

Schuld ist immer, wem es nicht gelingt, Einheit/Kompromiss/Durchschnitt herzustellen (zum Beispiel EU). Keiner fragt, worin die Einheit bestehen soll und was das Motiv derjenigen ist, die diese Einheit ablehnen.

Das Kapital kann sich gar keinen angemessenen Gewaltbegriff erarbeiten: Es muss im Tausch von der Produktion abstrahieren – und die ist von (hobbesscher/staatlich äquivalenter) Gewalt konstituiert: Arbeitsvertrag als Körperverletzung. Übernahme des monotheistischen Gehorsamsgebots!

Gegen die ansonsten grassierende Personalisierung: geht es um die Benennung konkreter Verantwortlichkeit bestimmter Personen/Gruppen, flüchtet der Politiker, der Experte ins Abstrakte!

Als Souverän plustert sich ein jeder auf: Ihm bleibt es aber verwehrt, über den Ausnahmezustand zu entscheiden.

Deutschland muss exportieren, selbst wenn die EU zerfällt. Wohin ansonsten mit den Kapazitäten, die zurzeit im Ausland sich realisieren?

Rechtfertigung von materieller, körperlicher Gewalt als Reaktion auf kommunikative Angriffe.

Jede Person agiert in der Öffentlichkeit wie ein Souverän: Er sagt: »Ich meine, dass ...« und sagt: Wenn der Souverän dafür sorgt, dass das, was ich meine, gesellschaftlich durchgesetzt wird, dann lebten wir in Frieden und Glück, jedenfalls ohne Konflikte. (Abstraktion von Negation)

Begriff des Lebensstandards für das ökonomische Ganze

Wichtig ist jedenfalls immer eine Zusammenarbeit mit der Religion: Sexualpolitik/Gehorsam.

Personalisierung: sichert Einheit/Geniekult (Ahnung, dass die religiöse Synthesis zerfällt)

Politik/Öffentlichkeit: Reputation bei Normierung/Verwaltung

Jede Teilwahrheit tendiert dazu, zum zentralen Bestimmungsmoment des Ganzen zu werden.

Schluss vom Charakter einer Person auf deren politische Entscheidungen (Trump), die gesamte Hoffnung der Liberal-Demokraten (Begriff: Abgrenzung von Volks-Demokraten; dagegen Republikaner: Staat als (bloße) Repräsentation des Volkswillens) besteht (unter Berufung auf die Resistenzkraft des Rechts: Thalmaier/Scheit[12]) darin, dass er doch ›aus ihrem Holz geschnitzt‹ ist, ihm gelingt, was ihnen in den letzten Jahrzehnten entglitt: das Massenbewusstsein politisch für das Kapital zu instrumentalisieren. ([Donald] Trump also ist ein Volks-Demokrat wie etwa [Bernie] Sanders (konsequenter nur als [Justin] Trudeau, [Barack] Obama) auch. Aber ein republikanischer! Und das verwirrt.)

Bestrafung als Lust. Realisiert die in der Rache geweckte Lusterwartung. Todesstrafe als endgültige Befriedigung. Das Kapital verschiebt die Rache, wie die Religion, in den Souverän: das ist eines der irrsinnigen Resultate des historischen Kompromisses zwischen Kirche und Staat. (Der Tod als solcher jedenfalls kann gar keine Strafe sein: dies nur in der Zeitspanne zwischen Verurteilung und Hinrichtung. Geständnis und Reue als Strafverschärfung!) Einen Gesetzesbruch nicht zu begehen, weil eine Strafe droht (oder doch: weil man sich vor Entdeckung gefeit glaubt), setzt Reflexion voraus: Dieser Mensch

---

12 [Siehe Christian Thalmaier: Actio libera in Causa oder die Liebe zum Recht. In: sans phrase 1/2012; Gerhard Scheit: Die Frage der Hegemonie und die Resistenzkraft des Rechts. In: sans phrase 9/2016.]

kann aber durch Einsicht, ohne Strafandrohung, mindestens ebenso effektiv vom Gesetzesbruch abgehalten werden.

Schwache Regierung = Segen für die Bevölkerung (nach oben)

Volksstaat = Bereitschaft zur Unterordnung unter den Stärkeren! Kollaboration/Korruption! Anerkennung einer Führungsrolle! Deutschland: unter den Volksstaaten der stärkste zu werden/ Gegensouverän.

Freund-/Feindbestimmung dezisionistisch

Aktuelle faschistische Internationale: EU stellt sich nicht angemessen als Gegenhegemon zu den USA/Weltmarkt: Israel dar! (Innere Logik/bewusste Strategie)

Übergang in eine Massenbewegung: NS/Iran ???/Verweis auf [Hannah] Arendt/Zwangsarbeit

Rolle der Technologie: Volksstaat/NS: Rationalität (Dynamik, Konkurrenz) geht verloren; Rationalismus bleibt

Linker Volksstaat: Arbeitskraft als wertvollster Rohstoff

Rationalität/Weltmarkt = Selbsterhaltung – Rationalismus = Verwandlung des moralisch Gebotenen ins moralisch Verwerfliche und umgekehrt/[Bettina] Stangneth[13]

Der Realsoz[ialismus] hat, anders als der NS, noch an der Selbsterhaltung festgehalten.

Menschenrechte, bürgerliche Freiheiten – Weltmarkt – Selbstverständlichkeiten: außer zur Verhinderung von Gewalt darf keine Institution das Verhalten/Denken kontrollieren.

Wissen um Verwerflichkeit/Geheimhaltung – Schuldbegriff!

Imperialismus/Kolonialismus???

---

13 [Siehe Anm. 2. dieses Abschnitts.]

Der Souverän steckt irgendwo in der Zirkulationssphäre: müsste er nicht über die Produktion gebieten? Auf die aber kommt es nirgendwo an: Man kann arbeiten oder über materiellen Reichtum verfügen, so viel und wie man will.

Weltmarkt hat sich, obwohl ihn keiner wollte, in den letzten 600 Jahren durchgesetzt / Reinhard: Ziel ist der Weltsouverän: Gegenstand der Kritik. Dagegen: Autarkie / Gegensouverän: Gegenstand der Denunziation; antideutsche Polemik. Ziel: die Vernichtung des Weltmarkts als Vorgriff auf die Weltherrschaft, Selbstvernichtung.

Klimaschutz (wie Weltraumforschung in den 50/60ern) als Träger der Dynamik zur Erhöhung der Mehrwertmasse (Rationalität – Rationalismus)

Rationalismus → Vernunft

Der Austausch der Zwecke entspricht dem Wechsel zwischen Gewalt und friedfertiger Tätigkeit: Flüchtlingen helfen und gegen sie die Ordnung sichern, sind ein- und dasselbe: welche Variante sich aktuell-gesellschaftlich durchsetzt, hängt von den Umständen (= Äußerung des Massenbewusstseins) ab.

Das charakteristische Schwanken des Massenbewusstseins zwischen den Extremen, etwa: der rigiden Sparpolitik folgt die ungedeckte Erweiterung der Geldmenge (und umgekehrt). Siehe auch Flüchtlingspolitik: moralische Argumentation.

Profilierung, Instrumentalisierung, Quantifizierung: sind keine kritischen Argumente, da dies allem Verhalten unterstellt werden kann, auch dann, wenn der Eindruck vermieden werden soll.

Was Nietzsche mit Marx gemeinsam hat: weiteste Verbreitung, riesige Sekundärliteratur: hat den einzigen Zweck, die wahren Erkenntnisse (bei Nietzsche die Unmoral der Moral, bei Marx das Kapital als gesellschaftliches Verhältnis) von sich fernzuhalten.

Volksstaat: statt ökonomischer Expansion (Ausweitung der Geldmenge in der Höhe der Mehrwertmasse) staatlich-gewalttätige.

So irreligiös die Herrschenden islamisch geprägter Staaten auch immer waren und sind: sie benötigen die Einheit der Muslime, um ihre Kriege führen zu können. (Erdogan!)

Nur die Aussicht, den Gegensouverän zu unterstützen, bringt die Masse dazu, die aktuelle Herrschaft anzugreifen.

Im Volksstaat akkumuliert (ob von ihm gewollt oder nicht) das Gewaltpotential – umgekehrt proportional zum Reichtum.

Einheit von Bauer und Krieger (Arbeit und Gewalt: verallgemeinern!) kann erst die massiven Schuldgefühle im Einzelnen erzeugen: Erbsünde.

Die Zustimmung zur Gewalt (der Exzessiven: das sind die besonders Feigen: sie sind ohne diese Zustimmung nichts) ersetzt die Ausübung eigener! Es sei denn, der Vater erlaubt/goutiert diese Gewalt: Dann ist der Anständige nicht mehr zu halten (Strafbedürfnis, Lust, Lynchjustiz, Pogrom). Beides: Diese Lust mit der (technischen) Ratio auf Dauer ineinandergehen zu lassen: Das war der NS!

Der Staat des Kapitals ist noch nie vom Volk ausgehend implementiert worden!

Anhang: Richtung der Darstellung: Konstitutionsanalyse/Kant gegen Hegel (und Marx: Form der Darstellung führt zu Missverständnis, man folge Hegel.)

Kritik, die auf die Autarkieoption setzt, ist selbst dann, wenn es nicht zur Querfront kommen sollte, keine Kritik am Kapital mehr!

Es ist und bleibt als zutiefst verankerte moralische Verkommenheit zu bezeichnen, wenn denen, denen man mit einer Politik, die sich sogar gegen einen Mindestlohn wehrt, das Geld aus der Tasche gezogen hat, damit ihre Rente gering bleibt, nachzurufen: sie hätten privat Vorsorge zu treffen gehabt.

Eventuell bei unzulässigen Argumenten[14] verwerten:
DLF [Deutschlandfunk] 7.11.2016; 10.00 h: Diskussion über die von Trump ausgehende Gefahr.

---

14 [Siehe den Abschnitt »Unzulässige Argumentationsmuster« in Kapitel 12.]

Erstes, bedenkenswertes Argument: Trump ist, anders als Reagan und Bush senior, die ähnlichen Vorwürfen ausgesetzt waren, politisch ein vollkommen unbeschriebenes Blatt.

Zweites, bedenkenswertes Argument: Genau dies, dass er mit Politik nie etwas zu tun hatte, macht ihn für die Wähler so attraktiv.

Drittes, nun aber unzulässiges Argument: Man könne auch bei Trump wie bei Reagan und Bush damit rechnen, dass Legislative und Exekutive (das Militär; und wie ist es mit dem FBI?) auch den Trump ›auf Linie bringen‹, in die ›normale‹ Politik der USA einbinden. Man sollte Trump natürlich nicht mit Hitler vergleichen, deren Wähler nicht über einen Kamm scheren, und die amerikanische Bürokratie nicht mit ihrem deutschen Pendant, aber die Installation von Hitler als Reichskanzler hat bewiesen, dass diese Prognosen mit einer sicher zu erwartenden Einbindung in das bestehende politische Gefüge auch gewaltig schiefgehen können. Die Folgen einer Wahl Trumps sind jedenfalls weit offener, als dieses Argument unterstellt: In ihm ist eine Abwehrhaltung gegenüber historischen Vergleichen am Werk, die äußerst gefährlich und eher mit einem Pfeifen im Walde zu charakterisieren ist. (Warum kann Trump als Jongleur der Medien agieren, obwohl er redet und auftritt wie ein x-beliebiger, von keinem beachteter ›Spinner‹ in Hyde-Park-Corner? Weil auch diese Medien seinen Botschaften längst verfallen sind?)[15]

Besonders verwerflich: Argumente zu vertreten, die längst widerlegt worden sind.

Beim Rationalismus: Der Begriff der Wertfreiheit (Max Weber).

Dem Sog ins MS-Biotop[16] entspricht:
Die Tendenz zum Durchschnitt
Die Tendenz, das Originelle/die Persönlichkeit/das Besondere/das Individuelle einzuebnen in das Allgemeine, auf nur immer konkreterer Ebene zu Unterscheidende.

Teil-/Ganzes-Antinomie: darin geht der Gegensatz von Partikularismus und Universalismus auf!

---

15 [Siehe hierzu die Diskussion zwischen Manfred Dahlmann und Gerhard Scheit unter dem Titel »Autarkie ist Regression« im Anhang dieses Bands.]
16 [Siehe Kapitel 10.]

Autobiografisches: Seltsam, dass ich in meiner Diplomprüfung neben Foucault[17] drei andere Themen abzuhandeln hatte, die, wie Foucault, heute noch genauso aktuell sind wie damals:
   Club of Rome: Beginn der Umweltschutzdebatte
   Berufsverbote: Resistenzkraft des Rechts
   Afghanistan: Zur Rolle der militärischen Intervention gegen die *failed states*.

Rassismus: wissenschaftliche Denkform – Kolonialismus: Der Weltmarkt konterkariert den Rassismus. (Mit und gegen [Hannah] Arendt!)

Die Anhänger der faschistischen Internationale wissen um ihr moralisch verwerfliches Handeln! ([Bettina] Stangneth.) Ansonsten würden sie sich nicht als Moralisten idealistisch aufblähen (um nichts anders handelt es sich bei den ›Entgleisungen‹ von Trump: strategisch geschicktes, aber unreflektiertes Ausspucken unmittelbarer Negativität).

Der Irrtum der Liberal-Demokraten: Trump muss nicht ›liefern‹, keine Programmatik verwirklichen. Er kann sich auf die herrschenden Formen einlassen: Hauptsache für ihn und die faschistische Internationale ist, dass das Massenbewusstsein bei der Stange bleibt. Und dass die Schuldigen identifiziert werden, dass diese Programmatik (noch) nicht durchgesetzt werden kann. Am Schluss stehen dann als diese Schuldigen unweigerlich die Juden.

Wie sich im NS zeigte: Auch die exportorientierten Unternehmen entwickeln keine Resistenzkraft gegen den Volksstaat.

Der Staat des Kapitals kann nur existieren, wenn bei den Verlierern der Globalisierung keine Massenpanik ausbricht (weil ihnen neue Lebensperspektiven geboten werden). Vor allem der erfolgreiche Kampf gegen die Inflation – aber die *Reagonomics*, der Thatcherismus,

---

17 [Siehe hierzu die Diplomarbeit, die Manfred Dahlmann 1980 bei Johannes Agnoli und Gerhard Göhler am Otto-Suhr-Institut der FU Berlin eingereicht hatte und die 37 Jahre später unter dem Titel *Das Rätsel der Macht. Michel Foucaults Machtbegriff und die Krise der Revolutionstheorie* im ça ira-Verlag erschien (Band 2 der Gesammelten Schriften). »Statt eines Vorworts« findet sich in dieser Ausgabe ein ausführliches Gespräch des Autors mit David Hellbrück, das sich vor allem den Entstehungsbedingungen der Arbeit und der politischen Situation um 1980 widmet.]

die deutsche Sparpolitik, also tatsächlich der Neomonetarismus (mit dem ihn kennzeichnenden Lohndumping, der Prekarisierung) insgesamt – hat es sich mit seiner Wähler-Basis: dem Mittelstand, von Grund auf verdorben: Verantwortlich gemacht dafür wird aber nicht er (im Gegenteil: er soll ja erst noch verwirklicht werden: das ist das Programm aller Autarkisten), sondern genau die Politik, die ihn in den letzten Jahrzehnten politisch durchsetzte: Dass genau diese Politik als liberal verunglimpft wird, das macht den Wahn dieser Faschisten aus.

In einem können wir den Rechtspopulisten recht geben: Man sollte sich den Sprachregelungen der Öffentlichkeit nicht mehr unterwerfen und Faschisten endlich wieder als das bezeichnen, was sie sind. (Wenn dies begründet geschieht natürlich nur, und nicht moralisch-instrumentell.)

Man sollte auch unter Kritikern endlich begreifen, dass der NS von seiner gesellschaftlichen Genesis her zu verurteilen ist, nicht wegen seiner Praxis. (Deswegen ist die Heideggerkritik so notwendig.) Diese Praxis ist Illustration: liefert keine Begründung!

Mit Verweis auf [Hannah] Arendt: Das Massenbewusstsein trägt seinen Übergang in eine Massenbewegung (die logisch auf die Wiederholung der NS-Strukturen hinausläuft) als Keim unweigerlich in sich; nie und nimmer aber die Revolution.

Der Unterschied zwischen Altem und Neuem Testament: In jenem geht es noch um die wirklichkeitsadäquate Darstellung historischer Vorgänge (wie bei Homer!), in diesem kaum noch (Die Geschichte schnurrt auf drei Jahre im Leben Jesu zusammen) und im Koran gar nicht mehr (bis auf wenige Ausnahmen?). Er ist für eine Rekonstruktion von historisch relevanten Ereignissen so gut wie unbrauchbar, ist reduziert auf eine Biografie Mohammeds.

Deutscher Irrsinn: Deutschland hat – und das innerhalb der EU! – von Anfang an eine Autarkiepolitik betrieben, in der allerdings die volksstaatlichen Bezüge erfolgreich hinter der Europabegeisterung verdeckt werden konnten. (Hitler: Lasst uns nicht mehr von Deutschland sprechen, sondern von Europa.) Es ist dieser Erfolg, der dem Brexit und Trump die Vorlage liefert. Und das wiederum beflügelt nicht nur Deutschlands Großmachtwahn ungemein, sondern auch dessen Erfolg.

Gedankensplitter
Aus [der] Erstfassung[1]

Der in der aktuell manifesten, so genannten Schulden- beziehungsweise Währungskrise von den westlichen Staaten außerhalb Deutschlands (und Österreichs) erhobene gängige, wenn auch eher leise beziehungsweise arg verklausulierte Vorwurf, die Deutschen vernachlässigten in ihrer Stabilitätspolitik (im Sparen um des Sparens willen, in der Arbeitsplatzsicherung um jeden Preis, der Exportorientierung als Allheilmittel zur Lösung der Krise) eine effektive Wachstumsförderung und vor allem: stören das Erfordernis außenwirtschaftlichen Gleichgewichts, trifft den Nagel auf den Kopf. Aber wovon ist da die Rede? Der Kern, wie kann es anders sein, betrifft die Rolle des Staates, seine typisch deutsch-linke Fetischisierung.

Man kann getrost davon ausgehen, dass jedes einzelne Subjekt das Kapital als unpersönliches, sich selbst reproduzierendes Metasubjekt konstituiert.

Der mit dem Übergang zur ›subjektiven‹ Wertlehre, vor allem der Grenznutzentheorie, ab Mitte des 19. Jahrhunderts proklamierte ›Verzicht‹ auf die Bestimmung einer objektiven Maßeinheit des Geldes hatte zwar schwerwiegende, nicht zu übersehende Defizite für das Begreifen der ökonomischen Prozesse zur Folge, die bis heute andauern, aber so gut wie keine für die Praxisrelevanz der ökonomischen Wissenschaften. Im Gegenteil: wäre man Marx gefolgt, hätte man anerkennen müssen, dass es innerhalb der Kapitalformen eine krisenfreie Ökonomie logisch nicht geben kann, was ihr praktisches Ende als gesellschaftlich relevante akademische Disziplin bedeutet hätte.[2] So konnte man die Hoffnung hegen, mit der Zeit doch noch

---

1 [Unter diesem Titel kopierte M. D. in die Datei ›Gedankensplitter‹ offenbar Textstellen aus der »Erstfassung« seines Manuskripts zur Kritik der politischen Ökonomie, die er in der *sans phrase*-Reihe nicht verwendet hatte, aber vermutlich noch berücksichtigen wollte.]
2 Man ist Marx auch deshalb nicht gefolgt, weil das von ihm entfaltete Einheitsmaß: die zur Produktion einer getauschten Ware im gesellschaftlichen (also:

Gesetze zu entdecken, deren Anwendung der Gesellschaft die Wege zeigen, wie sich Krisen, wenn nicht vollkommen vermeiden, so doch in ihren Auswirkungen unter Kontrolle halten lassen.

Der Verweis auf Marktzwänge dient allein der Abwälzung der Verantwortung für eigenes Handeln.

Diese Konkurrenz der Geldbesitzer geht der Konkurrenz der Warenbesitzer immer voraus; ohne diese fände kapitalistische Produktion gar nicht erst statt, und die Missachtung dieses Zusammenhangs bedingt die Irrtümer der Monopolisierungstheorien (auch die der kritischen Theorie in der Nachfolge der Thesen [Friedrich] Pollocks). Mag ja sein, dass ein Monopol seine Preise willkürlich festlegen kann und einen unverhältnismäßig hohen Einfluss auf politische Entscheidungen hat. Aber beides, die Preishöhe wie der Einfluss auf die Politik, haben Grenzen, die sich aus dem Funktionieren der Konkurrenz im Finanzsektor ergeben.

Zweitens: So wenig gemessen werden kann, wie viel Geld sich in Kapital verwandelt hat, so wenig, wie viel Arbeit in der produzierten Mehrwertmasse steckt. Und somit erst recht nicht, wie viel Arbeit auf die Produktion von relativem und wie viel auf die von absolutem Mehrwert empirisch entfällt. So viel steht aber fest: die Erkenntnis, dass Zwangsarbeit unproduktiv ist, ist allein dem Kapital zu verdanken – ohne es ist Zwangsarbeit rationaler.[3] Ebenso die Einführung des Achtstundentags, von Mindestlöhnen und vielem anderen bis hin dazu, dass Sparen um des Sparens willen im Grunde (zur Sicherstellung der Kapitalakkumulation) kontraproduktiv ist:[4] alles

> weltweiten) Durchschnitt benötigte Arbeitszeit, abgesehen von all den politischen Implikationen, die mit ihr verbunden sind, gegenüber den wissenschaftlich definierten Maßeinheiten einen entscheidenden, aber von der Natur der Sache her unvermeidbaren Nachteil hat: Es handelt sich um eine Ex-post-Bestimmung. Das ist so, als ob das Urmeter ständigen Veränderungen unterläge und jeder Physiker, wenn er seine Berechnungen verifizieren will, nach Paris fahren muss, um dort das aktuell für das Meter geltende Maß zu nehmen. Oder anders: Das Einheitsmaß von Marx ist kritisch, nicht positiv.
> 3 Allein deswegen wurden Sklavenarbeit und Leibeigenschaft abgeschafft; keinesfalls aus ethischen Gründen.
> 4 Das ist unter Experten selbst in Deutschland Common Sense, nur deutsche Politiker und der deutsche Volksgenosse halten an diesem Unfug noch fest. Und die Linke dreht auch daraus dem Kapital einen Strick: Alles, was dem Kapital dient, ist ihr von Übel. Wo das Elend auf diese Weise gemindert wird, geschieht das nur, um das Kapital zu retten. Dabei braucht keiner, der die Minderung des Elends

Erkenntnisse, die ohne das Kapital nie hätten gewonnen, geschweige gesellschaftlich realisiert werden können.[5] Vor allem, dass das Kapital Arbeitsplätze überflüssig macht, ist nichts als banal; diese Banalität, die man auch eine Aufhebung in Hegelschem Sinne nennen kann, ist seine Bestimmung. Wie man auf die abstruse, und nicht nur in der Linken zum Dogma erhobene Idee verfallen kann, gerade dies dem Kapital zum Vorwurf zu machen, lässt sich nur erklären, wenn man annimmt, dass hier Leute am Werke waren und sind, die den volksstaatlich organisierten Zwang zur Arbeit in eine Naturbedingung menschlichen Lebens umlügen, um weiterhin (oder, was die linken Revolutionäre betrifft, zukünftig) von der Arbeit anderer leben zu können.

Drittens: Seit es den Staat des Kapitals gibt, und solange es ihn geben wird, ist es nicht der Staat, der als Souverän seinen Bürgern Grundrechte gewährt, sondern das Verhältnis hat sich gedreht: Es sind die Geldeigentümer, die dem Staat qua ihrer Souveränität die Pflicht auferlegen, ihre Freiheit, mit ihrem Geld tun und lassen zu können, was ihnen beliebt, und ihre Gleichheit untereinander auf der Grundlage des Gewaltmonopols zu sichern. Wie mit Warenform und Geldform, und der Kapitalform im Allgemeinen, so verhält es sich aber auch mit der Rechtsform: sie universalisiert sich, wenn kein Staat existiert, der dieser Universalisierung Steine in den Weg legt. Was etwa die bürgerlichen Freiheiten betrifft: ohne die Entfaltung der Kapitalakkumulation als ihrer materiellen Basis gäbe es nirgendwo auf der Welt auch nur ansatzweise ein Verfassungsrecht, in dem diese fixiert worden wären, um von der Freiheit, eine besser bezahlte Arbeitsstelle anzunehmen, ganz zu schweigen. Wer Souveränität im Staat verortet, argumentiert von der Basis des Volksstaates aus, das heißt: er will diese Souveränität an den Staat binden. Und was die Staaten mit nachholender kapitalistischer Entwicklung betrifft, wie

gutheißt, irgendjemandem dankbar zu sein: einem unpersönlichen Prozess gegenüber kann man das gar nicht sein.
5 Der bürgerliche Staat, als Staat des Kapitals betrachtet, hat die Aufgabe, die Einzelkapitalien in ihrer Gesamtheit zu repräsentieren; dazu dient ihm das positive Recht. In ihm soll sichergestellt sein, dass Gesetze alle Konkurrenten gleichermaßen binden, so dass kein Einzelkapital sich Vorteile aufgrund besonderer Rechtsverhältnisse verschaffen kann. Die berühmte Engelssche Formulierung vom Staat als ideellem Gesamtkapitalisten ist somit, so korrekt sie auf das Verhältnis von Einzelnem und Ganzem zielt, dennoch in zweifacher Hinsicht grundfalsch: es geht nicht um Personen, sondern abstrakte Verhältnisse, und die sind alles andere als ideell, sondern höchst real.

heute besonders gut in China zu studieren ist: Um diese bürgerlichen Freiheiten ist es umso schlechter bestellt, je größer die Macht des Staates ist, die Freiheit der Geldeigentümer zu kontrollieren. Ein Kritiker, der vom Staat diese Freiheiten einklagt, bewegt sich also auf äußerst dünnem Eis: Materialistischer wäre es jedenfalls, von der universalisierten Freiheit des Geldeigentums aus gegen den Staat zu argumentieren. Damit macht man sich keinesfalls ideologisch mit den Herrschenden gemein, denn für diese und alle anderen Universalisierungen, bis hin zur Entstehung des Kapitals überhaupt, gilt, dass sie sich nicht personalisieren lassen, sondern einer abstrakten, von den wenigsten wirklich gewollten Logik gehorchen.

Viertens: Die Universalisierung der Bedingungen der Kapitalakkumulation macht vor dem Bewusstsein derjenigen, die ihr die Arbeitskraft zur Verfügung stellen, natürlich nicht halt. Sie begreifen schlussendlich ihre Welt nicht anders, als die Geldeigentümer die ihre: als von Natur aus unveränderlich vorgegeben. Und den Arbeitszwang noch nicht einmal mehr als Schicksal: denn sie substituieren deren Liebe zum Geld ungebrochen durch ihre Liebe zur Arbeit, wie man allüberall feststellen kann.

Fünftens: Dem Vorigen widerspricht allein noch die Common-Sense-Ideologie, formuliert etwa in der Phrase vom ›Fördern und Fordern‹, womit sie dem älteren Grundsatz ›Wer nicht arbeitet, soll auch nicht essen‹ ein neues Kleid verpasst. Hier wird zwar der Wahrheit Ausdruck verliehen, dass der Arbeitszwang selbstredend auch dann noch existiert, wenn keiner mehr ihn als Zwang auch empfindet, aber natürlich in verdrehter Form: Denn hier wird der abstrakte Druck der Geldeigentümer untereinander um die beste Geldanlage zwar auch in die Arbeit universalisiert, aber kommt hier als personale Konkurrenz der einzelnen Arbeitskraftbesitzer gegeneinander im konkreten an und wird von der jeder Erfahrung Hohn sprechenden Vorstellung getragen, dass nur der gute Arbeit verrichtet, der dazu gezwungen worden ist. Wäre dem so, hieße das ja, all diejenigen, die von ihrem Geld leben könnten, würden dies auch tun, was aber nur bei den wenigsten der Fall sein dürfte. Und dass sie, wenn sie sich ökonomisch betätigen, schlechte Leistungen abliefern, hat wohl noch nie jemand zu behaupten gewagt. Beim Konkurrenzdruck auf dem Arbeitsmarkt geht es ja auch um etwas ganz anderes: die auszusieben, die, aus welchen Gründen auch immer, den Formen, die für das Funktionieren der

Kapitalakkumulation notwendig sind, nicht gewachsen sind oder sich ihnen nicht unterwerfen wollen.

Sechstens: Auf der Seite der Geldeigentümer gilt der Grundsatz, dass alles, was man mit seinem Geld anstellt, auch als Arbeit aufzufassen sei und der Zins nichts anderes darstelle als der Lohn für diese ›Leistung‹. Es lacht keiner, wenn ein Banker behauptet, man könne Geld arbeiten lassen. Diese Verkennung ist nur psychoanalytisch zu entschlüsseln: als Abwehr des Wissens darum, dass man keine Zinsen einstreichen könnte, wenn ihnen keine Arbeit zugrunde läge. Dabei bräuchten diese Leute dieses schlechte Gewissen, das sich nicht zuletzt aus der Furcht motiviert, der Linken ideologisch Recht zu geben, wenn sie sich an die Wirklichkeit halten, gar nicht zu haben: Die Wirklichkeitsblindheit der Linken steht ihrer in nichts nach, denn so wenig Geld arbeiten kann, so wenig kann Arbeit Geld und Zins herstellen, sondern nur Gegenstände. Der Zins ist das Resultat einer bestimmten Form der Verwertung von Arbeit und Geld, die in sich derart vermittelt ist, dass sie sich hinter dem Rücken von Geld- wie Arbeitskraftbesitzern gleichermaßen vollzieht. So unbegründet das schlechte, so das gute Gewissen des Arbeiterbewegungsmarxismus.

Siebtens: Um dem Gewaltmonopol gerecht werden zu können, braucht der Staat Politiker, Soldaten, Polizisten, Juristen, Bürokraten und Sozialarbeiter. Die müssen bezahlt werden. Die dafür notwendigen Steuern aber, anders als das Geld für das variable Kapital, gehen direkt zu Lasten der Zinsmasse. Wie sich das regelt, ist hier nicht von Interesse, aber dies erklärt, warum dem Staat auch die Verwaltung der überflüssigen Arbeit, der industriellen Reservearmee (Marx) obliegt. Diese Verwaltung ist die Basis dafür, dass jeder Staat wie gesagt auch Volksstaat ist: sie hat ihre eigene Rationalität, die sich von der Logik des Kapitals unterscheidet, so sehr sie auch im Inneren – aus historischen Gründen wohl in jedem Staat unterschiedlich – vermittelt sein mag.

Der Volksstaat ersetzt den Markt! Damit ist das Prinzip des Äquivalententauschs außer Kraft gesetzt, denn dieser unterstellt, dass jeder für seine Ware den höchstmöglichen Preis verlangt. Kreditgeld spielt in ihm so gut wie keine Rolle, denn der Volksstaat wird es sich nicht nehmen lassen, wenn er nicht gleich die Banken selbst ersetzt, deren Geschäfte mindestens ebenso zu kontrollieren und von sich abhängig zu machen wie die Unternehmen. Man kann auch umgekehrt sagen: Jeder Staat, der sich an die Stelle der Kapitalakkumulation setzen will, dürfte zunächst mit der Kontrolle der Banken beginnen, bevor er sich den Unternehmen zuwendet.

Die Gründung neuer Betriebe erfolgt zwar auf dem neuesten Stand der Technologie. Aber Produktionsmittel werden erst ersetzt, wenn sie nicht mehr zu gebrauchen sind – es sei denn, der Staat zwingt zur Einführung neuer Technologien, um seine Ziele zu erreichen und seine Kosten zu senken. Die Ersetzung vorhandener Produktionsmittel ist somit nicht allein davon abhängig, ob sich damit der Profit steigern lässt.

Zusammengefasst: Je mehr ein Staat die Ökonomie den hier aufgezählten Tendenzen unterwirft, umso mehr degeneriert diese zu einem Nullsummenspiel, in dem Wachstum nicht, wie unter den Bedingungen funktionierender Kapitalakkumulation, ein tatsächliches Mehr an Reichtum (ob an Waren oder gemessen in Geld) repräsentiert,[6] das sich einer Form verdankt – worin, ganz gegen allen gesunden Menschenverstand, nicht ein Mehr, sondern das Weniger an Arbeit die entscheidende Rolle spielt –, sondern das auf unmittelbarer Ausbeutung der Arbeit und politisch bewusst gewollter, aber verschleierter Inflation beruht.

Der Konkurrenzdruck wirkt sich nicht nur auf die Höhe der Preise aus, sondern erst recht, und für die Kapitalakkumulation noch weit relevanter, auf den Zwang zur Produktivitätssteigerung. (Genau die interessiert die Wirtschaftspolitik am wenigsten, denn sie widerspricht ihrer Prämisse, Arbeitsplätze erhalten zu müssen.)

Betonen: Kein ökonomisches Subjekt kann über Zirkulationsgeld verfügen.

Und auch: Bezogen auf die Mehrwertrate verfügen sie nicht über das Wissen und die Mittel, dieser ihre eigengesetzliche Entfaltung zu nehmen, was heißt: sie können sie nicht wie eine Technologie zur Erreichung ihrer Ziele anwenden – so sehr vor allem Politiker jeder Couleur auch das Gegenteil behaupten mögen. Denn sie erfahren, wenn überhaupt, immer erst *a post*, ob sich Investitionen wirklich gelohnt, also in Produktivitätssteigerung umgesetzt haben.

---

6 Womit keineswegs gesagt ist, dass es sich um wirklichen Reichtum handelt, denn Menschen spielen nur als Subjekte, also Eigentümer, eine Rolle; die Frage, was Menschen für sich als ihren Reichtum erachten, spielt nicht die geringste Rolle.

Spätestens hier wäre zu klären, was eigentlich die Inflation zu dem Schreckgespenst macht, als das sie allseits, besonders wiederum in Deutschland, gilt. Es geht dabei nicht um die ›galoppierende‹, die entsteht und sich eigengesetzlich potenziert, wenn Geldeigentümer in Panik geraten und ihre Titel alle auf einmal in Geld (und Waren) verwandeln wollen, sondern die sogenannte schleichende, die im westlichen Europa vor der Umstellung auf Stabilitätspolitik (zur Vorbereitung auf den Euro) bei etwa 10–15% pro Jahr gelegen haben dürfte. Diese Inflation, so heißt es meist, belaste das Einkommen vor allem der Geringverdiener – was aber getrost als bewusste Irreführung bezeichnet werden kann, denn das Realeinkommen, wie immer man es berechnet, stieg jedenfalls damals sehr viel schneller als die letzten vier Jahrzehnte mit erfolgreicher Stabilitätspolitik. Das Hauptproblem ist vielmehr die mit einer solchen Inflationsrate verursachte Entwertung des Geldvermögens, und damit auch der Schulden. Das heißt: sie verschafft den Schuldnern einen entscheidenden Vorteil vor den Gläubigern – sie zahlen weniger zurück, als sie sich geliehen hatten.[7] Der Kern der Sache: die Inflation vernichtet Ansprüche auf Geld (und Waren). Und das verärgert jeden Geldeigentümer: wenn sich ihr Geld, sobald sie es aus der Hand geben, vermindert statt vermehrt, und das oft genug trotz Zinsen, dann versuchen sie, mit ihrem Geld etwas anderes zu tun, als es im Finanzsektor oder in Staatspapieren anzulegen. Und die meisten dieser Alternativen liegen nicht im Interesse des Staates, auf dessen Gebiet dieses Geld erwirtschaftet wurde.

---

7 Und diese Entwicklung, dass der Schuldner gegenüber dem Gläubiger rechtlich gestärkt wird, markiert einen zivilisatorischen Fortschritt, den zu übersehen Leute wie [David] Graeber und die sogenannte Kapitalismuskritik angesichts der heutigen Krise zu einer höchst gefährlichen Angelegenheit macht: Gesellschaften ohne Staat, aber mit Markt, auf dem allerdings kein Buchgeld (oder Bargeld) mehr existieren soll, sondern nur noch die Bewertung von Schulden (was für ein ausgemachter Blödsinn!), deren Kernressource demnach das Vertrauen ist, müssen zu den alten Verhältnissen zurückkehren, in denen der Vertrauensbruch, also das Nichtzahlen der Schulden, kein objektives Maß hat: Zwangsarbeit, Sklaverei, Schuldturm und Leibeigenschaft werden in solchen Gesellschaften (und je schwächer der Staat, umso grausamer) wieder zu den Strafen, die den Vertrauensbuch heilen sollen. So unerträglich das Gejammere derjenigen auch ist darüber, dass sie in Kenntnis des Risikos ihr Geld in den Sand gesetzt haben, so sehr ist es dennoch als Fortschritt anzusehen, wenn Gerichte Schuldnern, die nicht zahlen können, insoweit entgegenkommen, indem sie danach fragen, welchen Anteil an Schuld der Gläubiger daran selber trägt: ob er genau genug überprüft hat, ob der Schuldner überhaupt zahlen kann.

Die Zeit, bevor zur neoliberalen Stabilitätspolitik übergegangen wurde, war von einem ›Hunger nach Kapital‹ gekennzeichnet. In dieser, von linken Ökonomen meist *fordistisch* genannten Epoche, war die Ausweitung der Warenproduktion auf der Basis von Krediten Leitlinie im Grunde aller Wirtschaftspolitik. Nur mit der Ausweitung des Kreditvolumens zum Zwecke der Steigerung der Produktivität konnte man im Konkurrenzkampf innerhalb der westlichen Welt bestehen. Aufgrund dieses ›Hungers‹ nach Kapital entsprach die Vorstellung, dass nahezu alles nicht für Konsumwaren verwendete Geld sich quasi von selbst in Kapital verwandelt und die Produktivität beziehungsweise das Wachstum befeuert – ein Wachstum, das, so die keynesianische Theorie, es erlaubt, die Kredite zurückzuzahlen, ohne die Nachfrage nach Waren damit wieder zu reduzieren –, der Wirklichkeit weitgehend.

Der Grundirrtum, dem linke Politiker besonders gerne aufsitzen, besteht darin, dass man zwar durch die verschiedensten ökonomischen und gesetzlichen Maßnahmen die Nachfrage erhöhen kann, aber die Grenzen damit nur verschiebt, die dieser Nachfrage von Natur aus gesetzt sind. Wenn oben die Rede davon war, dass man nicht mehr ausgeben kann, als man eingenommen hat, so stimmt diese Logik praktisch gesehen, also in einer Kreditgesellschaft, und einer kapitalistischen erst recht, durchaus nur bedingt. Ein Unternehmen oder eine Privatperson und der Staat erst recht können durchaus lange Zeit Verluste machen – wenn sie begründete Hoffnung haben können, diese Verluste in Zukunft ausgleichen zu können.[8] Im Grunde kann der Kapitalismus definiert werden als eine Ökonomie, in der die Einzelunternehmen[9] vom globalen Konkurrenzkampf gezwungen werden, den ihnen möglichen Kreditrahmen bis zur Neige auszuschöpfen – um produktiver sein zu können als der Konkurrent.

Die Frage, wann die Grenzen, von denen an auch Kredite das aktuelle Produktionspotential nicht mehr erweitern oder auch nur aufrecht erhalten können und somit unmittelbar inflationierend wirken, erreicht sind, lässt sich, wie fast alles ökonomisch Relevante,

---

8 Wie lange, hängt unter anderem auch vom Insolvenzrecht ab. Und natürlich davon, ob der Konkurrent irgendwann vor einem schlapp macht, dann kann man dessen Markt bedienen und ist aus dem Schneider.

9 Und in politischer Hinsicht gilt die auch für den Staat: denn er will ja die Bedingungen für die Wettbewerbsfähigkeit der Unternehmen auf seinem Staatsgebiet stärken, das kostet Geld.

nicht messen, ist von viel zu vielen in Staat, Unternehmen und Privaten gebildeten Variablen abhängig. Für einzelne Unternehmen kann nur angegeben werden, wann die Grenze überschritten worden ist: nämlich genau dann, wenn es nicht mehr zahlungsfähig ist – also wieder: nur *a post*. Und das gilt für den einzelnen Staat (und Privatpersonen natürlich) genauso. Ex ante gesehen sind diese Grenzen durch und durch politisch, also qualitativ definiert.[10] Zuallererst strafrechtlich: Wenn man seine drohende Zahlungsunfähigkeit verheimlicht, ist das Betrug. Doch Politik und Recht spiegeln Eindeutigkeit immer nur vor, so auch hier. Um dem Betrugsvorwurf zu entgehen, kann man mit Erwartungen argumentieren: Wie immer man künftige Einnahmen und den Wert hinterlegter Sicherheiten berechnet haben mag, um an Kreditgeld (wozu ja auch der Lieferantenkredit[11] zählt) zu kommen – wenn der Ernstfall eintritt, und diese Berechnungen sich als zu optimistisch erweisen, zeigen diese Berechnungen (auf der Grundlage des oben so genannten Kalkulationsgeldes), dass man nicht mit Vorsatz gehandelt hat.[12]

Entscheidend für die qualitativen Grenzen kapitalistischer Produktion ist aber etwas anderes: Die Produktionskapazität der Unternehmen ist für eine gewisse Zeit vorgegeben – so schnell und radikal sie sich auch manchmal von Grund auf ändert. Man kann nun einmal nicht unmittelbar von der Produktion von Autos zu der von Computern übergehen. Jede Nachfrage kann sich nur auf diese Kapazitäten beziehen, findet in ihnen ihre absolute Grenze (wenn man keine Inflation in Kauf nehmen will).[13] Hinzu kommt: Irgendwann ist in jedem Marktsegment ein Niveau erreicht, auf dem der Anteil der Arbeit am Kapital dermaßen niedrig ist, dass sich der Einsatz neuer Technologien nicht mehr lohnt.[14] Für die meisten Nationalökonomen wie

---

10 Jeder Insolvenz gegen politische Verhandlungen voran! Existenzangst und libidinöse Bindung.
11 Das ist bekanntlich die Urform des kapitalistischen Kreditgeldes, hat aber, wie die Wechsel, mit der Ausweitung des Finanzsektors seine Bedeutung zumindest für größere Unternehmen weitgehend eingebüßt. Lieferanten- und Bankkredit können jedenfalls wie eine einzige Kreditform behandelt werden.
12 Man kann dennoch sagen, dass jeder Manager, der seinen Beruf ernst nimmt, immer auch mit einem Bein im Knast steht. Siehe auch Korruption. Ansonsten siegt der Konkurrent, der diese Skrupel nicht hat.
13 Bild vom Kuchen: Beispiel Gesundheitspolitik.
14 Marx hat dieses Phänomen mathematisch aus seiner Kritik der politischen Ökonomie deduziert – als »tendenziellen Fall der Profitrate« –, aber das liegt außerhalb der Überlegungen der Nationalökonomen, denn die Marxsche Ableitung setzt die Bestimmung eines Einheitsmaßes voraus.

für das Alltagsbewusstsein steigert hingegen jede inflationsneutrale Ausweitung, jede Rationalisierung[15] das Wachstum – mit fatalen Folgen. Denn am logischen Ende dieser Ideologie, praktisch gesehen, dominiert die Politik die Ökonomie. Letztere bleibt zwar in allen Formen kapitalistisch konstituiert, aber die durch den Finanzsektor hindurch vermittelte Jagd nach einem möglichst hohen Anteil am Mehrwertkuchen ist ersetzt durch die Jagd nach unmittelbarer, auf Kredit und Zins nicht angewiesene Aneignung. Der Volksstaat stellt nun die Einheit von Geld und Staat her und ersetzt ihn beziehungsweise kontrolliert mit ihr die Finanzmärkte. Jedenfalls: aus der Perspektive einer Produktion, in der kein Kapital akkumuliert wird, also aus der des Volksstaates, wird die kapitalistische Produktionsweise irrational. Denn die darin anfallenden Vermittlungskosten[16] erachtet er für unnötig. Rational, da unmittelbar kostensparend, sind ihm hingegen Zwangsarbeit, Raub, Erpressung und schließlich Krieg, und sei es nur die Drohung mit ihm. So lassen sich Reichtümer viel einfacher aneignen als im Wege umständlicher und vollkommen unberechenbarer Kapitalakkumulation.[17]

Die Strategie des Staates, über seine Ausgabenpolitik, wie auch immer finanziert, Korrekturen an den Resultaten der Ökonomie vorzunehmen und gleichzeitig zu hoffen, damit nicht nur eine Ausweitung der Geldzirkulation und, bestenfalls, der Warenproduktion zu bewirken, sondern auch das Wachstum anzukurbeln, war schon immer reine Lotterie und ist es heute erst recht. Ob ordoliberal oder keynesianisch[18] begründet, so lässt sich zwar das Bruttoinlandsprodukt steigern, in Grenzen sogar das Pro-Kopf-Einkommen, aber die Staatsschulden steigen eben auch – zumindest dem verspielten Lotterieeinsatz proportional. Da jede Rückzahlung dieser Schulden diese Ausweitung wieder auf das alte Niveau reduzieren würde, muss der Staat, um das bestehende Niveau auch nur zu erhalten, denselben Anteil an getilgten Krediten sofort wieder auf den Markt werfen und neue Schulden machen, um weiter an der Lotterie teilnehmen zu können, bis schließlich eine fatale Grenze

---

15 Also das Sparen, und Kosten lassen sich immer reduzieren, aber, siehe oben, unter diesen Bedingungen nur auf Kosten der Einnahmen anderer, und auch die Anwendung vorhandener Technologien bringt nichts, wenn sie die Produktivität nicht erhöhen.
16 Man denke nur an das schlechte Image der Makler.
17 Um den Volksgenossen tatkräftig zu beweisen, wie ernst sie es mit der Vernichtung dieser Vermittlungen meinen, haben die Deutschen die Juden ermordet.
18 Mit den berühmten Multiplikatoreffekten.

überschritten ist: der Staat finanziert seine alten Schulden mit der Aufnahme neuer.

Messen, empirisch exakt bestimmen kann man auch das Erreichen des Zeitpunktes, ab dem die Mehrwertproduktion als das bestimmende Ziel allen Wirtschaftens verschwindet, selbstredend nicht, aber Anfang der 1970er Jahre war den Ökonomen klar, dass in vielen Sektoren die Grenzen erreicht waren, die der keynesianischen Wirtschaftspolitik gesetzt sind. Dies gilt bis heute, denn reduziert wurden diese Uraltkredite, wie es die keynesianische Theorie eigentlich verlangt, bestenfalls zeitweise: Mit dem Thatcherismus, den *Reagenomics* gelang das für gewisse Zeit, um aber sehr schnell wieder in nahezu ungeahnte Höhen zu schießen, denn mit diesen Politiken wurden nur die politischen Spielräume für Neuverschuldungen geschaffen.

Je länger die sogenannte neoliberale Wirtschaftspolitik andauerte, umso weniger konnte von einem Hunger nach Kapital die Rede sein. Das Kapital, das – auf der Basis der existierenden Produktionsbedingungen – zur Erzeugung der höchstmöglichen Mehrwertmasse noch notwendig ist, entspricht einem immer kleiner werdenden Bruchteil des Geldes, das sich im Finanzsektor bewegt und in Kapital verwandelt werden will.[19] Der Hauptgrund dafür ist zweifellos der Erfolg des Monetarismus bei der Inflationsbekämpfung. Die Geldeigentümer sammelten die letzten Jahrzehnte immer mehr Geld an, das sich, trotz aller Konjunkturkrisen, Börsencrashs und des Platzens von Finanzblasen, die es in dieser Zeit ja auch gab,[20] nicht in einer schleichenden Inflation entwertete (in einer galoppierenden sowieso nicht). Deswegen konnte sich der Finanzsektor immer überzeugender darstellen, als habe er sich vom Warenmarkt (der sogenannten Realwirtschaft, siehe oben) abgekoppelt und bilde nun ein eigenes System mit eigener ›Wertschöpfung‹ aus. Es löste sich dabei natürlich keineswegs von den Vermittlungen, die es mit der ›Realwirtschaft‹ verbinden, denn nur dort entstehen die Bedingungen, Zinsen erwirtschaften[21] und an die Geldeigentümer weiterleiten

19 Ökonomistisch gesprochen: Das Angebot übersteigt die Nachfrage bei weitem.
20 In diesen Krisen wurden, was ja auch die Hauptaufgabe aller Krisen ist, überflüssige Produktionskapazitäten zerstört, ohne aber, und das ist neu, den Finanzsektor gleichermaßen an dieser Marktbereinigung zu beteiligen.
21 Zinsen sind, so sieht es die Nationalökonomie völlig zu Recht, der Preis für die Ware Geld. Sie stellen aber auch, und das beachten die Ökonomen so gut wie gar nicht, einen Anteil an der gesamtwirtschaftlichen Wertschöpfung (so drücken sie sich aus, genauer müsste es heißen: an der Mehrwertmasse) dar, der, anders als der

zu können.²² Aber der Grundstock (im Fachterminus, grundfalsch: Grundkapital genannt) kreist weitestgehend in sich selbst und bildet tatsächlich so etwas wie ein riesiges Spielcasino aus. Mit diesem Casinogeld, also dem, das sich – auf der Basis des aktuellen Preisniveaus – nicht mehr in Waren umsetzen lassen kann, gibt es eine weitere Geldart, die von den anderen unterschieden werden muss.

Dieses Geld ist nichts als überflüssig, es wird einfach nicht mehr gebraucht und zirkuliert deswegen von Ort zu Ort, von Hand in Hand – natürlich auch in der allzu verständlichen Hoffnung, nicht zu denen zu gehören, die es am härtesten trifft, wenn das Kartenhaus zusammenfällt – und dies passiert einzig und erst dann, wenn die Eigentümer nicht mehr mitmachen. Es findet jedenfalls keine Verwendung mehr in der Realität der Warenproduktion – und kann sie schon deshalb auch nicht beeinflussen. Nicht umsonst existiert die Finanzkrise trotz einer Realwirtschaft, die traumhafte Gewinne schreibt.²³ Der einzige Vorwurf, dem man diesem Treiben machen kann, ist: Statt es zu entwerten, um sein Inflationspotential zu entschärfen, hält man in den Spielcasinos die Illusionen der Geldeigentümer²⁴ aufrecht, sie seien reich.²⁵ Die Finanzspekulationen, die Wetten, die Erfindung ständig neuer Anlageformen schieben die notwendig gewordene Entwertung des Geldvermögens auf. Ganz nach dem Motto: Sterben müssen wir sowieso. Aber warum schon heute und nicht erst morgen?

Jeder Euro oder Dollar, der sich nicht in Kapital verwandelt und im Finanzsystem ›geparkt‹ wird, statt sich zu entwerten,²⁶ befeuert, je mehr solcherart Geld sich ansammelt, also das Potential einer ›galoppierenden‹ sich verselbständigenden Inflation – die dann aber

> Unternehmensgewinn, von einer Sphäre, der Produktion, vermittelt über eine andere (die Zirkulation) in den Finanzsektor übertragen werden muss.
> 22 Zur Not finanzieren nicht nur der Staat, sondern auch die Banken die Zinsen aus neuen Krediten, solange die Sicherheiten das noch zulassen – die aber sinken rapide im Wert, wenn sie auf den Markt geworfen werden.
> 23 Die sogenannten Heuschrecken bilden da zwar eine Ausnahme; aber eine im Sinne des Kapitals positive: sie klopfen die Betriebe auf ihr Potential ab, Produktivitätsgewinne erzielen zu können, also die Mehrwertmasse erhöhen zu können.
> 24 Zur Erinnerung: bei diesen Eigentümern handelt es sich nicht nur um sogenannte Reiche, sondern alle Leute, die einen Anspruch auf Rückerstattung eines Geldvermögens haben, in welcher Höhe auch immer (Rentner, Versicherte, Kleinsparer etc.).
> 25 Sie können ihren Frust an den Bankern und Spekulanten auslassen.
> 26 Das heißt vom Eigentümer zu ›befreien‹ und die Zahl auszustreichen, also im Nichts verschwinden zu lassen.

kaum so zu kontrollieren sein wird, dass sie die ›Realwirtschaft‹ nicht doch noch erfasst.[27] In dieser hat der Kern, um den es im Finanzsektor geht, die Überflüssigkeit, seine genaue Entsprechung: auch die Arbeitskraft, die hier von einer Beschäftigungsmaßnahme in die andere, vom Arbeitsmarkt in den Produktionsprozess und dort zwischen irgendwelchen Parkplätzen und dem Dienst als variables Kapital hin und her geschoben wird, ist hochgradig überflüssig: anteilmäßig betrachtet wohl in derselben Größenordnung wie das Geld im Finanzsektor. Von seiner Natur her ist das hier akkumulierte Krisenpotential, wenn es sich realisiert und hier die ›Blase‹ platzt, noch weit explosiver als das beim Casinogeld schon der Fall ist, auch wenn die Initialzündung wohl von hier ausgehen dürfte. Dann rächt sich, dass man Arbeitsplätze, obwohl für die Produktion von Mehrwert nicht zu gebrauchen, weiterhin finanziert hat, dass man Produktionskapazitäten aufrechterhalten hat, obwohl deren Produkte keinerlei Gebrauchswert haben. Und da keiner die Grenzen kennt, und der Markt erst recht nicht, wird die Krise, so war es bisher immer, zunächst auch die ›profitablen‹ Bereiche der Produktion erfassen – als auch das Geld, das sich hat in Kapital verwandeln können.

[Die beiden Formen der] Stabilitätspolitik, verstanden als Sicherung der Geldwertstabilität und der Arbeitsplätze um jeden Preis, gehen Hand in Hand, schieben gemeinsam die Katastrophe vor sich her und vergrößern deren Zerstörungspotential. Die Rettung von Banken vor der Pleite wird ja auch, ganz im Sinne dieser volksstaatlichen Ideologie, damit begründet, hier zwei Fliegen mit einer Klappe zu schlagen: die Entwertung des Eigentums (nicht der Banken: sondern das ihrer Kunden) abzuwehren und zugleich Arbeitsplätze zu sichern.

Neben der Kontrolle der Inflationsrate ist die Distribution der erzielten Mehrwertmasse – resultierend aus der absoluten Mehrwertproduktion, also der einfachen Warenproduktion zuzüglich der aus den Produktivitätssteigerungen – auf den Staat (über das Steueraufkommen) beziehungsweise die Geldeigentümer (in der Form von Zinsen oder Mieteinnahmen)[28] das zentrale politische Problem innerhalb

---

27 Aber auch das wäre so schlimm auch nicht: Nach dieser Krise ginge es wieder aufwärts. Sie ist der Motor kapitalistischer Reproduktion, solange Deutschland dabei keine Finger im Spiel hat.
28 Der Profit, den Marx noch quasi als Heiligen Geist in der Trinität von Profit, Zinsen und Grundrente erfasste, hat sich zusammen mit dem klassischen Kapitalisten in Vater und Sohn verflüchtigt.

der Ökonomie.[29] Politisch und nicht ökonomisch ist dieses Problem, weil, so sehr die Ökonomen das auch behaupten, diese Distribution – und die Ordoliberalen wissen das genau – auch mit den ausgefeiltesten Berechnungen keinem ökonomischen Gesetz, keinem Optimum, keiner selbstreproduktiven Allokation unterworfen werden kann. Mit seinen Gesetzen – und zwar allen, also nicht nur die die Ökonomie im Allgemeinen und die Steuergesetzgebung betreffenden – greift der Staat in diese Distribution ein. Dennoch existiert hier ein allgemeines Gesetz, das jeder kennt: Je höher das Steueraufkommen, umso weniger bleibt für die Zinsen übrig. Oder anders: Es sind die Geldeigentümer, die, weil sie ihr Schatzgeld in Kreditgeld sich haben verwandeln lassen, auf einen Teil der ihnen dafür zustehenden ›Entschädigung‹ verzichten, um daraus die Staatstätigkeit zu bezahlen. Und sie sind dazu deshalb bereit, weil sie diesen Staat zum Schutz ihres Eigentums unbedingt brauchen. Sie haben ihm, indem sie auf die Ausübung von Gewalt bei der Vermehrung ihres Eigentums verzichten, das Gewaltmonopol übertragen; und mit dem Verzicht auf einen Anteil an den Zinsen für ihr Geld stellen sie ihm die Mittel zur Verfügung, dieses Monopol zu finanzieren.

Natürlich wissen die Geldeigentümer – früher, zu den Zeiten der Transformation des absoluten Staates in den modernen, noch sehr viel klarer als heute –, dass sie sich mit diesem Schritt auf ein Drahtseil begeben haben. Verfassungs- und Staatsrecht, die darin festgeschriebenen Vermittlungen und Repräsentationsformen haben allesamt nur ein Ziel: zu verhindern, dass der Staat – obwohl er es könnte – sein Gewaltmonopol nutzt, um es gegen die Geldeigentümer zu wenden.

Besonders bedrohlich für die Geldeigentümer wurde ab Mitte des 19. Jahrhunderts dann vor allem die Arbeiterbewegung. Ob diese Angst berechtigt war, ist zweitrangig, interessanter ist die Begründung, die von jener für ihre Politik vorgebracht wurde: sie behauptete, sich auf Marx berufend, Zinsen und Steuern seien von den Arbeitern produziert und deshalb ›eigentlich‹ ihr Eigentum, eines, das ihnen von der bürgerlichen Klasse enteignet worden sei. Sie, die

---

29 Deswegen kann aus den Unternehmensgewinnen auch nicht auf die Höhe der Mehrwertmasse zurückgeschlossen werden: Die Zinsen (bis auf die Dividenden für die Aktionäre) und die meisten Steuern (also nur die Steuern nicht, die direkt auf den Gewinn berechnet werden), sind längst in die Kassen der Geldbesitzer und des Staates geflossen.

Arbeiter, oder allgemeiner, und das gilt bis heute nahezu überall als gewiss, die Bürger (als Steuerzahler und Wähler), bezahlten die Steuern und die Zinsen. Und so behaupten die Deutschen etwa, das Geld, mit dem der deutsche Staat den Euro retten will, sei ihres.[30] Und die Schulden, die der Staat macht, seien somit auch ihre Schulden. Im Grunde schrieb die Arbeiterbewegung die Geschichte also einfach um: Der Staat sei nicht der Staat der Geldeigentümer, sondern derjenigen, die arbeiten, was schließlich dazu führte, das Volk zum Souverän zu erklären.

Die Geldeigentümer lernten sehr schnell, dass diese ideologische Verkehrung des tatsächlichen Verhältnisses ihnen keineswegs schadete. Schließlich ist seitdem das ganze Volk der unverbrüchlichen Meinung, dass Staatsschulden bezahlt, Geld stabil gehalten, Staatshaushalte ausgeglichen werden müssen und Eigentum nicht enteignet werden darf, kurz: ihre partikularistische Vorstellung von funktionierender Ökonomie von allen als unüberschreitbares Schicksal der Menschheit begriffen wird. Von nun an war die Gefahr einer Verkehrung (aus der Sicht der Geldeigentümer, verständlicherweise: eines Missbrauchs) staatlicher Gewalt gebannt. Und die Leninisten und Stalinisten, die den Staat gegen sie in Anschlag gebracht hatten, haben irgendwann auch eingesehen, dass eine Gesellschaft nur dann genügend Mehrwert zur Verteilung zur Verfügung stellt, wenn in ihr kapitalistisch, das heißt: auf der Basis von Freiheit und Gleichheit des Eigentums vor allem an Geld (und Kapital), produziert wird.

Polemisch, aber umso präziser ausgedrückt: Dieser Arbeiterbewegungsmarxismus betrachtet die politische Ökonomie allein vom Standpunkt der einfachen Warenproduktion aus, also in der Perspektive des Volksstaates, was sich eben darin zeigt, dass für ihn die Bewegung W – G – W alleiniger Gegenstand ist und Geld bloßes Medium, statt, wie bei Marx, die von G zu G'. Die Produktion von Waren verschwindet selbstredend nicht tatsächlich, ohne sie gäbe es kein G'; aber die Gesetze, die hier herrschen, vor allem das vom tendenziellen Fall der Profitrate, verschwinden aus dem Denken und Begreifen der Bewegung, und damit das Erkennen der Notwendigkeit von Krisen. Auch sie bringen sich nur hinter dem Rücken zur Geltung. Oder: das Kapital, zweifellos zunächst und im Einzelnen nichts als eine ökonomische, in Währungsgeld messbare und im Produktions- wie

---

30 »Griechenland soll mit unseren Steuern gerettet werden!«

Zirkulationsprozess beschreibbare reale Größe, mutiert, als Gesamtheit betrachtet, zu einem gesellschaftlichen Verhältnis, das sich in den Subjekten, und hinter ihrem Rücken gleichzeitig, realisiert, und das, krisenfrei gedacht, die Utopie von einem Paradies auf Erden annimmt.[31] Woraus folgt: eine Überwindung des Kapitals ist den linken Ökonomen wie der Linken insgesamt nur als rein verwirklichter Volksstaat denkbar.

So wenig es im Kapitalismus eine Weltregierung geben kann, so wenig eine weltweit einheitliche geltende Währung. In Bezug auf die Mehrwertproduktion besteht aber dasselbe globale Verhältnis wie zum Geld als Medium. Um sie zu messen, und nicht nur sie: sondern um alle grenzüberschreitenden ökonomischen Aktivitäten aufeinander zu beziehen, benötigte man eigentlich wiederum eine Maßeinheit, auf die sich alle Währungen beziehen und von der aus sie als Vielfaches davon bewertet werden können. Doch das Medium Geld liefert eine solche Maßeinheit, wie eingangs gezeigt, nicht. Die Ökonomen behelfen sich hier natürlich wiederum mit ihrem Allheilmittel: überall, wo es Geldbeziehungen gibt, dort gibt es auch Märkte, in denen die Ungleichgewichte auf einen Ausgleich drängen. Und es gibt ja auch tatsächlich den Devisenmarkt, der die einzelnen Währungen in ein allseits handhabbares – und meist fraglos akzeptiertes – Verhältnis zueinander setzt. Dies nun führt keineswegs dazu, dass überall dieselben Waren dasselbe kosten, aber das lässt sich normalerweise mit einer Reihe geografischer, politischer oder sonstiger Sonderfaktoren erklären. Und seit die Bindung des Dollars (als allgemein akzeptierter Leitwährung) an das Gold verabschiedet worden ist, stellt der Devisenmarkt zwar noch nicht einmal eine allgemeine Orientierung mehr zur Verfügung, aufgrund der irreale Extremausschläge auf den Devisenmärkten politisch korrigiert werden könnten.[32] Aber, und das ist mittlerweile das Wichtigste geworden,

---

31 Oder, noch einmal anders: Während dem Kapital die Realwirtschaft als bloße und selbstverständliche Voraussetzung gilt, um die man sich nicht weiter zu kümmern brauche (sie wird von ›gekauften‹ Managern erledigt), stellt im Arbeiterbewegungsmarxismus das Kapital das Übel dar, das die Harmonie der Realwirtschaft stört und die wahren Eigentümer enteignet.

32 Dass der Devisenmarkt in einer globalisierten Welt mit vielen Währungen eine zentrale Bedeutung besitzt, sollte unmittelbar klar sein. Wenn der nicht ›richtig‹ funktioniert, dann hat das für die Wettbewerbsfähigkeit der nationalen Unternehmen gravierende (für den einen positive, den anderen negative) Folgen. Außerdem hat jeder Staat, oder dessen Nationalbank, natürlich weiterhin das Recht, die Konvertibilität seiner Währung so zu steuern, dass sie den ›freien‹ Devisenmarkt

die Währungskurse geben genaue Auskunft darüber, wie hoch das Vertrauen der Geldeigentümer (und, dieses vermittelnd, auch das der Geldbesitzer) in die Wirtschaftskraft eines Staates ist.[33] Dieses Vertrauen ist die entscheidende Ressource aller wirtschaftlichen Aktivität – wie schon des Öfteren betont. Und nicht zuletzt aufgrund der neuen Technologien kann kein Staat der Welt mehr die Geldbewegungen zwischen den Staaten kontrollieren.[34] Die Geldeigentümer, denen es jederzeit möglich ist, ihr Geldvermögen von einer Währung in eine andere zu verschieben, sind in einem Höchstmaß daran interessiert, ihr Geld in der Währung anzulegen, die ihnen am besten garantiert, dass sich ihr Geld nicht (durch Inflation, Währungsreform etc.) entwertet und in der sie die meisten (oder qualitativ besten) Waren für den Fall erhalten, dass sie es, statt es zu sparen, verkonsumieren wollen.

Geld ist also mehr als genug da. Warum gibt man davon nicht etwas ab an diejenigen, die zu wenig davon haben? Was der linke Populismus nicht begreifen will, ist: Selbst wenn der Staat sich alles Geld aller Reichen aneignen würde, um es an die Armen zu verteilen, er hat eben nur Geld bekommen, keine Vermögenstitel, es sei denn, er enteignet deren Eigentümer, was aber die Selbstaufgabe des Staates als Staat des Kapitals bedeuten würde und in den totalen Volksstaat führt. Denn mit der Aneignung ›nur‹ des Geldes bekommt er zugleich genau dieselben Probleme, die jetzt die Geldeigentümer mit ihrem Geld haben: Überflüssiges Geld wird nicht weniger überflüssig, wenn es in andere Hände wandert. Keine Frage: mit mehr Geld kann man sich zunächst auch mehr kaufen, und das sei jedem gegönnt. Wie aber bisher noch jeder Versuch einer derartigen Umverteilung bewiesen hat: Der Jubel über das Mehr an Geld endet in kürzester Frist in allgemeiner Verarmung. Alles Geld in den Händen der Armen bezieht sich eben auch nur auf die Waren, mit denen diese Armen etwas anfangen können und auf deren unmittelbaren

---

aushebelt. Auf diese Möglichkeit spekulieren ja alle Griechen, Spanier und Italiener, die aus dem Euro aussteigen wollen. Aber man kann sich bei jeder Spekulation auch verspekulieren – und das war, was derartige Devisenmanipulationen betrifft, in der Vergangenheit so gut wie immer langfristig der Fall. Diese Staaten haben schließlich nicht ohne Grund ihre Währungen durch den Euro ersetzt.

33 Die Währungskurse spiegeln also nicht mehr, was einmal ihre einzige Aufgabe war, einzig das aktuelle durchschnittliche Produktionsniveau in einem Staat, das auch noch, aber dazu mittlerweile das, das für die Zukunft erwartet wird. Letzteres ist die, im Grunde also rationale, Funktion aller Devisenspekulationen.
34 Da hatten es die Nazis noch sehr viel einfacher.

Konsum. Die Struktur der Warenproduktion hat sich ja nicht verändert, woraus notwendig folgt, dass die Produktion der Luxuswaren und, noch verheerender, die der Produktionsmittel zum Erliegen kommt. Die verbleibende Produktion der Konsumwaren trifft dagegen auf eine Nachfrage, in der alles Geld versammelt ist: Eine Hyperinflation ist unausweichlich, die ›reichen‹ Armen haben mehr Geld, bekommen dafür aber weniger Waren. Der Staat muss, um das alles zu vermeiden, zum Volksstaat werden.[35]

Ohne Inflation und endgültige Löschung der Rechtstitel auf Eigentum verringert das Geld seine Überflüssigkeit nur, wenn es sich in Kapital verwandelt oder darauf zumindest provoziert – und das geschieht mit reiner Umverteilung so wenig wie in Spielkasinos oder Lotterien, also dann nicht, wenn es nur die Nachfrage erhöht, aber nicht zugleich zur Erhöhung der Produktivität zwingt. Daraus folgt mit Notwendigkeit: Der Staat muss seine Zahlungen an die Geldlosen auf Dauer stellen, wenn es sich bei diesen Umverteilungen nicht um einmalige Geschenke handeln soll, an denen der Beschenkte sich verschluckt. Doch woher dieses Geld nehmen? Die Reichen haben ja keins mehr. Man holt es sich von außen: Der Staat verschuldet sich im Ausland, oder, und das ist die weitaus mehr versprechende Variante: Man steckt alles Geld in den Aufbau einer Armee, baut also ein Bedrohungspotential auf, das dem immer noch ›reichen‹ Ausland anzeigt: Wenn ihr uns nicht an eurem ›Reichtum‹ teilhaben lasst, indem ihr uns unsere Geschenke an unsere Bevölkerung auf Dauer finanziert, dann setzen wir dieses Zerstörungspotential auch ein.[36]

Wenn der Staat seine Ausgaben nicht allein aus Einnahmen finanziert, die der laufenden Warenproduktion entstammen – wo die ›reine Lehre‹ der Nationalökonomen Recht hat, hat sie es halt[37] –,

---

35 Doch wie man bei der Übernahme der ehemaligen DDR in großem Maßstab sehen konnte, können die existierenden Unternehmen gestiegene Nachfragen von Geringverdienern mittlerweile bedienen, ohne ihre Produktionskapazitäten erhöhen zu müssen oder dem qualitativen Wachstum (so in etwa erfasst die Ökonomie das, was bei Marx Kapitalakkumulation heißt) Impulse zu geben.

36 Von den Ökonomen werden solche Geschenke Subventionen genannt. In den arabischen Staaten und besonders bei den Palästinensern kann man beobachten, was passiert, wenn die Bevölkerung eines Staates nahezu ausschließlich von solchen Subventionen lebt. Entwicklungshilfe, Nordkorea. Sonderfall: Iran.

37 Diese ›reine Lehre‹ gibt damit aber auch Marx Recht, dass nämlich Wert nur in der Transformation der Arbeit in Wert (der Transsubstantiation) sich darstellen

also auf Geld zurückgreift, das dem Ware-Geld-Kreislauf von den Geldeigentümern in längst abgelaufenen Perioden zum Zwecke der Schatzbildung entzogen worden ist, kann er kein einziges Problem lösen, sondern nur dessen Erscheinungsweisen beeinflussen.[38] Ökonomisch sehr viel sinnvoller als politische Umverteilung von Geld,[39] ist es tatsächlich, den Reichen Anreize zu geben, ihr Geld nicht den Banken anzuvertrauen, sondern beispielsweise in Luxusjachten direkt zu ›investieren‹.[40] Das weitet zwar auch meist die Produktion nur aus (oder erhält das alte Niveau), ist aber tendenziell inflationsneutral und vor allem: in deren Produktion steckt eventuell auch noch Produktivitätspotential.[41] Noch deutlicher wird die Kontraproduktivität solcher Umverteilung, wenn man die Staatsausgaben mit einbezieht: der Kauf von Panzern dürfte grundsätzlich für das Wachstum produktiver sein als die Gewährung höherer Sozialhilfe. Geld lässt sich in Kapital nur verwandeln, oder anders: Weizen wird nur dann produziert, wenn die Profitrate stimmt; ist sie beispielsweise in der Rüstungsproduktion höher, wandert das Kapital hier hin. Wer das anders sieht, hat immer noch nicht den Realzynismus begriffen, in dem das Kapital keine qualitativen Unterscheidungen bezüglich der Waren trifft, in denen es sich verwerten lässt.

Dass es den Menschen materiell in den entwickelten Staaten gerade aufgrund – und nicht trotz – dieses Zynismus meist besser ergeht als anderswo und früher erst recht, ist allerdings nicht, und das allein ist für die Kritik von Interesse, dem Kapital und seiner Logik zu danken, sondern aus seiner Perspektive nichts als ein Kollateralschaden: Es hat kein Gewissen, denn es ist ein abstraktes Verhältnis. Dafür, dass auch die Menschen keines, oder besser: allesamt nur ein Gutes haben, die mit ihm umgehen, und sein Verhältnis konstituieren

kann. Und die Politiker ratifizieren das, wenn sie von der Bevölkerung verlangen, sowohl den Gürtel enger zu schnallen als auch mehr zu arbeiten. Dies muss aber implizit insofern bleiben, als in der offiziellen Ideologie diese Transformationsprozesse unterschlagen werden müssen: hier muss das Kapital als Quelle des Werts erscheinen, sonst lässt sich diese Produktionsweise einfach nicht mehr legitimieren.

38 Das ist in Notzeiten, wenn Kriege finanziert werden müssen, natürlich etwas anderes.
39 … die sowieso in Spiegelfechterei enden muss: denn der Manager, der mehr Steuern zahlen muss, holt sich diesen Verlust bei der nächsten Gehaltsverhandlung wieder rein.
40 Oder in Fußballstadien.
41 Mal abgesehen davon, dass hier Arbeitsplätze bestehen, deren Verlust wohl kaum weniger schwer wiegt als der in einer Baufirma.

(heißen sie nun Arbeiter oder Kapitalisten, Arbeitslose oder Rentner),[42] kann es nichts.

So wahnwitzig eine Krisenlösungspolitik auch erscheint, die sich ständig im Kreis dreht, in der jeder Versuch einer Lösung bestenfalls zur Verschiebung des Basisproblems führt, was wäre denn deren Alternative – außer Staatsbankrott, Hinnahme einer galoppierenden Inflation oder eine Währungsreform? Als mit einiger Sicherheit innerhalb der Kapitalformen erfolgreich ist bei der aktuellen Krise nur eine einzige theoretisch vorstellbar: die Geldeigentümer verzichten freiwillig auf, schätzungsweise, 90 % ihres im Finanzsektor vagabundierenden Geldvermögens,[43] um zumindest die restlichen 10 % für alle gleichermaßen zu retten. Im Gegenzug kann der Staat dann die Finanzinstitute auffordern, diese 90 % aus ihren Büchern, in Missachtung ihrer gesetzlichen Verpflichtung zu doppelter Buchführung, einfach zu streichen (das heißt abzuschreiben).

Man muss an dieser Stelle noch einmal betonen: Geld im Finanzsystem zu entwerten, ist gar nicht so einfach, jedenfalls viel schwieriger, als alle anderen Waren, einschließlich der Arbeitskraft, im Nichts verschwinden zu lassen: Das Geld, das der Schuldner seinem Gläubiger nicht bezahlt, ist ja nicht verschwunden, es wurde ja für irgendetwas an jemanden bezahlt und der besitzt das Geld weiterhin als sein Eigentum; der Spekulant, der eine Wette verliert, mag noch so viele Eigentumstitel in den Sand gesetzt haben, aber das von ihm verlorene Geld ist in andere Taschen gewandert, wird dort weiterhin als Eigentum betrachtet, von wem auch immer, hat also dort den Ware-Geld-Kreislauf befeuert oder ist gehortet worden und droht somit weiterhin, die Inflation zu befördern. Abgeschrieben werden können, was das Geld betrifft, anders als in der Inflation, nur nicht mehr einzutreibende Schulden;[44] und wo es um Sachwerte geht,

---

42 Das ist ja der Trick allen Reformismus im Verein mit aller Mitleidsethik: man bläst die schiere Selbstverständlichkeit, dass dem, der Hunger leidet, sofort etwas zu essen gegeben werden muss, zum Politikum auf und schlägt zwei Fliegen mit einer Klappe: Man verpflichtet den Hilfeempfänger zur Dankbarkeit (das bringt zumindest Wählerstimmen) und kann mit seinem guten Gewissen, ›geholfen‹ zu haben, die schlaflosen Nächte überstehen, die einen plagen, weil man ja im Grunde weiß, dass diese Politisierung zu nichts anderem führt, als das Leid zu verewigen.
43 ... das womöglich einen Freibetrag für Kleinsparer übersteigt.
44 Zudem dauert es meist Jahre, bis auch der zugrundeliegende Titel als nicht mehr eintreibbar aus dem Markt verschwindet.

werden mit Abschreibungen lediglich sogenannte Wertberichtigungen vorgenommen.

Ohne Inflation oder direkte Abschreibung ist kein wo auch immer verspekuliertes oder verwettetes Geld tatsächlich entwertet und kann in die Ware-Geld-Zirkulation eindringen und dort nur Unheil anrichten: Irgendwo gibt es eine Buchhaltung, in der es als Einnahme auftaucht und in Waren umgesetzt werden will.[45] Eine vom Staat angeordnete Abschreibung von Geld im Finanzsektor ist und bleibt eine Zwangsenteignung, die von allen Geldbesitzern und -eigentümern als gegen sie gerichtete Kriegserklärung begriffen wird. Um die Sache mal in Bezug auf den berühmten Selbstwiderspruch des Kapitals, wie er in der aktuellen Krise erscheint, auf den Punkt zu bringen: Jener besteht darin, dass jeder, der Geld hat, es vermehren will, und vermehren wollen muss, sonst funktioniert die Kapitalakkumulation nicht, und gleichzeitig dafür Sorge tragen müsste, es zu vermindern, weil er sonst bald ohne alles Geld dazustehen droht. Kein Ökonom dieser Welt kann es sich leisten, diese einzig rationale Lösung der aktuellen Finanzkrise[46] auch nur eines einzigen Gedankens öffentlich für wert zu befinden. Kein Geldbesitzer also wird freiwillig sein Geld einer Entwertung überlassen und kein Ökonom in offiziellen Verlautbarungen eine Erhöhung der Inflationsrate oder das Verweigern von Schuldrückzahlungen empfehlen. Im Gegenteil: Die Folgen gelten als unberechenbar und sind es auch: Vertrauensverlust ist das Schlimmste, was einer Regierung, einer Bank, einem Unternehmen passieren kann, und wird denn auch in den schwärzesten Farben gemalt – als ob die Folgen des ständigen Vor-sich-Herschiebens der Krise nicht mindestens ebenso unberechenbar wären.

Was nun die deutsche Stabilitätspolitik den Euro betreffend so besonders fatal macht: Je höher das Vertrauen in sie,[47] umso mehr Staaten sehen sich gezwungen, Deutschlands Politik zu kopieren. Natürlich stochert auch die amerikanische Wirtschaftspolitik im Nebel,[48] aber ihr fehlt normalerweise der utopische Wahn des

---

45 All das hat das Finanzsystem mit einem Bankraub gemeinsam, aber auch nur das: die vom Prinzip her unmögliche Entwertbarkeit des Geldes als solches.
46 ... für die er auch bei kompliziertesten Berechnungen keine andere findet, wie alle Expertisen beweisen.
47 Letzter Beweis für den Erfolg der deutschen Strategie: Am 23.5.2012 gelang es Deutschland, Staatsanleihen mit 0% Zinsen unter die Leute zu bringen.
48 ... wie der neue französische Präsident Hollande ja sowieso mit seinen ›Alternativen‹ zur deutschen Stabilitätspolitik.

Alles-auf-eine-Karte-Setzens, der am logischen Ende auf die große Krise setzt, um daraus dann – wie es den Deutschen nach jeder Krise bisher gelungen ist – gestärkt hervorgehen zu können. Sie müssen also den Eindruck bei den Anlegern, die ihnen Kredite gewähren oder auf ihrem Staatsgebiet investieren, erzeugen, auch ihre Politik sichere die Geldwertstabilität zumindest ebenso strikt wie die deutsche, sonst droht ihnen das Geld davon zu schwimmen.

In diesen Wahn, zur Lösung der aktuellen auf die zukünftige Krise zu setzen, verfallen können glaubhaft allerdings nur Politiker in Staaten mit Währungen, die über die Macht verfügen, die Produktionskapazitäten auf ihrem Gebiet zur Not auch nach einem Staatsbankrott[49] politisch in Regie nehmen zu können – ob mit oder ohne offizielles Mandat seitens der Geldeigentümer (oder, was praktisch und ideologisch wohl dasselbe ist, der Wähler). Staaten, die dieses Potential haben und diese Lösungsstrategie aktuell erwägen, gibt es zugegebenermaßen noch keine und auch Deutschland bildet in dieser Hinsicht bis jetzt noch keine Ausnahme. Aber die Geschichte bisheriger Krisenlösungsstrategien kann nicht rückgängig gemacht werden, sie ist in Institutionen und Ideologien aufgehoben, entfaltet dort weiterhin ihre Logik und das beileibe nicht nur in Deutschland.[50] Jeder Ideologiekritiker wird ohne Mühen die Indikatoren finden, die nachweisen, dass die deutsche Ideologie nichts an Virulenz eingebüßt hat.

Die allermeisten Staaten hingegen würden einen Staatsbankrott mit dem Verlust ihrer produktivsten Unternehmen bezahlen müssen – zugunsten der Steigerung der Überlegenheit der auch vor der Krise ökonomisch schon über ein höheres Produktionsniveau verfügenden Unternehmen in den ›reichen‹ Staaten. Der innere ökonomische Grund für diese Überlegenheit hat, anders als die Linke das in ihrer absurd antiimperialistischen Ideologie ständig vor sich herbetet, nichts mit Außenpolitik, nichts mit Kolonialismus[51] oder

---

49 Ob er offiziell erklärt wird oder nicht, ist egal. Wie man das macht, haben die Nazis unmittelbar nach 1933 vorgemacht; ohne konvertibles Währungsgeld oder Unterstützung von außen.

50 Und diese Geschichte beweist auch, wie schnell und unerwartet manche Entwicklungen sich durchsetzen, mit denen keiner zuvor gerechnet hatte. Man nehme nur die Machübergabe an die Nazis 1933 und die Eingliederung der DDR in die BRD.

51 Ob Neo- oder nicht: die Kolonialstaaten haben mühsam begreifen müssen, dass der Kolonialismus ein kontraproduktives Mittel zur Steigerung des Binnenreichtums ist.

gar mit einer militärischen Aggression oder Bedrohung zu tun.[52] Wie das Geld, so haben auch die Unternehmen keine Nationalität. Der Außenhandel überhaupt, das zeigt jede Diskussion unter ernsthaften Nationalökonomen, trägt quantitativ, also in Geld ausdrückbar, im Grunde nichts zur Steigerung des binnenwirtschaftlichen Reichtums bei.

Die Geld- und Warentransfers zwischen den Staaten entsprechen insgesamt immer einem Nullsummenspiel, die Beschränkungen auf der einen Seite führen zu Steigerungen auf der anderen und umgekehrt, die Überschüsse des einen sind die Defizite des anderen, gleichgültig wie protektionistisch oder dem Freihandel verpflichtet sich wie viele Staaten auch betätigen. Das kann, mit Marx gesprochen, anders auch gar nicht sein, denn Handel erzeugt nun einmal keinen Wert, der entsteht allein in der Produktion,[53] in der Zirkulation verwirklicht er sich ›nur‹. So wie das Kapital in seinen Entstehungszeiten die vor ihm bestehenden Zunftordnungen zersetzte, so besteht der innere Grund der Globalisierung des Kapitals keineswegs in dessen Versuch, sich Staaten und Kulturen untertan zu machen oder auch nur zu hegemonisieren, sondern allein darin, den Konkurrenzdruck unter den Unternehmen weltweit zu steigern, um die Kapitalakkumulation sicherzustellen und die Mehrwertmasse zu steigern, wo immer sie auch produziert, wie auch immer diese verteilt wird. Der Weltmarkt ist der einzig adäquate Ort, an dem Geld sich als Geld realisieren und betätigen kann und für das Kapital gilt dasselbe; es lässt sich in absoluten Zahlen nicht messen und hat natürlich erst recht keine Nationalität. Es sorgt allein dafür, dass im quasi-metaphysischen Raum des Weltmarktes die allgemeine Durchschnittsprofitrate (im Unterschied zu ihrer trinitarischen Erscheinung als Unternehmensgewinn, Zins und Rente) überall dieselbe ist. Mit ihr bildet sich ein globales Maß

---

52 Natürlich geht es auch immer um die Rohstoffversorgung: aber mit kapitalistischen Mitteln. Die Armee wird erst eingesetzt, wo ein Staat seine Rohstoffe dem freien Markt entzieht. Rationalität der neuen Militärstrategie der USA: China und Russland werden als gefährlichere Konkurrenten eingeschätzt als Deutschland! Sie haben die Erfahrungen mit Japan verarbeitet. Zu hoffen ist nur, dass sie Deutschland (und dagegen, den Schutz von Israel) nicht aus den Augen verlieren. Scheitern des *nation building*. Was ist im Irak eigentlich zurzeit los?
53 Um daran zu erinnern: Man weiß, auch mit Marx, nur, dass der Wert dort stattfindet, nicht aber in welchen Unternehmen und in welcher Höhe, denn das stellt sich immer erst *a post* heraus und lange nachdem die Profitrate sich in einem hinter dem Rücken der Akteure stattfindenden Prozess auf einen Durchschnitt hin ausgerichtet hat.

der Produktivität aus, an das sich jedes Unternehmen dieser Welt halten muss, will es nicht vom Markt verdrängt werden – es sei denn, es wird vom Volksstaat vor ausländischen Konkurrenten geschützt.

Wie gesagt, eine derartige Autarkiepolitik ist ökonomisch, das heißt auf die Produktion des gesellschaftlichen Reichtums in einem Staat (oder der Weltgesellschaft erst recht) bezogen, kontraproduktiv, aber wie so oft: was irrational im Ganzen ist, stellt sich im Einzelnen betrachtet als rational dar.[54] Der Schutz vor ausländischer Konkurrenz sichert unbezweifelbar Arbeitsplätze und Kaufkraft. Ebenso wenig zu bezweifeln ist aber, dass dadurch andere, produktivere Arbeitsplätze anderswo gar nicht erst geschaffen werden, was zudem verhindert, dass eine Dynamik in Gang gesetzt wird, die die Kaufkraft anderswo nicht nur erhalten, sondern ausweiten kann, wovon, letztlich, auch die Bürger des Staates profitieren könnten, in dem, gegen alle Vernunft, Arbeitsplätze erhalten worden sind. Diese staatliche Arbeitsplatzsicherungspolitik verdient nur ein einziges Prädikat: sie ist rassistisch.[55] Dieser Rassismus entspringt logisch aus der Staatssouveränität: der Staat bestimmt, wer sein Bürger ist und wer nicht, wer für ihn sein Leben lassen muss (oder darf), wer wie viel Sozialgeld bekommt. Diese Logik konkretisiert sich dann in der nationalistischen Politik der Linken (und das weltweit)[56] und vor allem der Gewerkschaften, die darin besteht, koste es, was es wolle, den Zwang zur Arbeit in ein volksstaatlich garantiertes Recht auf sie umzulügen. Aufrechterhalten lässt sich dieser Rassismus jedenfalls nur, wenn die Waren, die auf dem Binnenmarkt nicht abgesetzt werden können, exportiert werden.[57]

Seltsam, oder besser: bezeichnend jedenfalls, wie die Politik des griechischen, portugiesischen, spanischen und italienischen Staates der

---

54 Und dieser Widerspruch sorgt dafür, dass die Diskussionen in den Medien nie zu einem Ende kommen.
55 Man kann auch ›ethnozentristisch‹ sagen.
56 Ihr sogenannter Antirassismus, den die Linke nicht müde wird zu betonen – trotz der nicht zu leugnenden Tatsache, dass es den von ihr bekämpften biologistischen und kulturellen Rassismus nur in marginalisierten Gruppen tatsächlich gibt –, folgt der altbekannten Strategie des ›Haltet den Dieb‹, wie schon ihr Internationalismus, der nicht nur die sogenannten unterdrückten Nationen, sondern vor allem die eigene ins positive Zentrum stellt, und Kulturalismus.
57 Und mit ihnen, wäre hinzuzufügen, die dieser Exportoffensive entsprechende Ideologie: am deutschen Wesen soll auch hier die Welt genesen. Alle Staaten sollen, so die deutsche Politik, zu Exportnationen werden. Wie das funktionieren soll, bleibt das Geheimnis der Deutschen.

letzten Jahrzehnte in der Linken (nicht nur dort in diesen Staaten, sondern überall) angesichts der aktuellen Krise urplötzlich zum Dienst am Volke umgebogen und die Politik der EU für die Miseren verantwortlich gemacht wird, in die natürlich – wer denn sonst? – diese Staaten die Bevölkerung hineinmanövriert haben (mit Unterstützung der gesamten Bevölkerung – ansonsten wäre diese Politik nicht möglich gewesen). Mag ja sein, dass diese Staaten keine Alternativen hatten (was Blödsinn ist: Schweiz, Norwegen) – aber was kümmert das die Kritik? Wer hier in der Linken nicht deren Staatsfetischismus entdeckt und denunziert, der ist für jede Kritik verloren.

Aber, wie im Binnenhandel ja auch, erst recht im Außenhandel wären die Geldtransfers von den Warenbewegungen strikt zu unterscheiden, sie gehen eben nicht nur gemeinsame, sondern auch getrennte Wege. Aus dieser Trennung ergibt sich der Grund, warum der Außenhandel für die einen nicht ökonomisch, aber politisch vorteilhafter ist als für die anderen. Ein Vorteil also, der sich nicht messen, nicht in Reichtum ausdrücken, sondern nur qualitativ darstellen lässt.

Zum einen, was die Geldtransfers zwischen den Staaten betrifft, liegt es in der Logik der Sache, dass sich eine Leitwährung herausbildet, denn ein allgemein akzeptiertes Einheitsmaß existiert ja seit der Aufgabe des Goldstandards nicht mehr.[58] Die ökonomischen

---

58 Wie die politischen Vorteile, die sich aus dem Außenhandel ziehen lassen, so wird auch die Erlangung des Status einer Leitwährung durchweg ökonomistisch begründet. Aber es handelt sich hier wie bei allen Bewertungen von Erwartungen um Rationalisierungen, für die die Bewegungen an den Aktienmärkten den Prototyp bilden: Diese Erwartungen drücken sich zwar in Geld aus, wie ja auch das Vertrauen in eine bestimmte Wirtschaftspolitik (die Ökonomen sprechen hier zu Recht von Informationen, die in Preisen aufgespeichert sind), und erscheinen somit als objektiv; ihnen fehlt aber die dafür notwendige, wie Marx sagen würde, gesellschaftliche, wertbildende Substanz, die die Objektivität der Ökonomie erst konstituiert.
   Generell wäre dem hinzuzufügen, dass der Begriff Status (also der, in dem alle Soziologie ihren *natus in re* hat, wie etwa auch die Kategorien Leistung und Qualifikation) natürlich eine feste innere Verbindung mit dem Ökonomischen eingeht, aber auf es unmöglich zurückgeführt werden kann, sondern sich in der Libido, also der Sexualität konstituiert. (Dies nicht gesehen zu haben, ist der Grund für das Scheitern aller Soziologien.) Auch hier also bildet das Geld (als Realabstraktion, als solches, als Medium) die Vorlage dafür, wie Nicht-Identische Begriffe (also Erwartungen, Vertrauen etc.) auf Identität reduziert werden, um sie rationalisieren zu können. Dies muss gesagt werden, um zu verhindern, das Geld als so etwas wie ein Subjekt dieser Rationalisierungsprozesse misszuverstehen.

Prozesse und Resultate in dem Staat, dessen Währung in die Rolle einer Leitwährung gedrängt worden ist, gelten als allgemeine Orientierung für den Stand der Entwicklung in allen anderen Staaten[59] – das eben nicht nur im Hinblick auf die Ökonomie, sondern vor allem politisch und ideologisch. Und schließlich drückt sich diese Leitfunktion, alles andere als überraschend, in einer sogenannten Führungsrolle aus, die in unzähligen Varianten in allen Medien der Welt hin- und hergewendet, hinterfragt oder bestätigt wird.[60]

Zum anderen: Der Kurzschluss, den es bedeutet, diese seit einem Jahrhundert zweifellos von den USA ausgehende Hegemonie[61] mit einem Imperialismus gleichzusetzen, wird noch deutlicher, wenn von den Geldtransfers zu den Produktionsbedingungen übergegangen wird. Denn als Leitwährung dauerhaft anerkannt bleibt nur die des Staates, der praktisch ständig erneut unter Beweis stellt, dass er über Produktionskapazitäten verfügt, die sich erstens auf den Weltmärkten behaupten und zweitens, das ist allerdings nur die logische Folge,[62] militärisch nutzen lassen, so dass kein anderer Staat es, wenn er rationale Politik betreibt, wagt, sich dieser Kapazitäten militärisch bemächtigen zu wollen. Oder anders: In diesem Staat, also den USA, wird die Kapitalakkumulation am wenigsten durch volksstaatliche Politik beeinträchtigt.

Wollen die USA ihre hegemoniale Rolle nicht verlieren, dann sind sie gezwungen, sich immer wieder auf die Grundlage ihrer Hegemonie zu besinnen: das Funktionieren der Kapitalakkumulation in möglichst reiner Form weltweit sicher zu stellen.[63] Das schließt eine imperialistische, auf unmittelbare Aneignung fremder Werte gerichtete Politik, aus.[64] Genau hier liegt der logisch und historisch bedingte Unterschied zwischen den USA und allen Staaten mit mehr oder weniger erfolgreicher nachholender ökonomischer Entwicklung, für die Deutschland das Modell abgibt (Japan, China, die Schwellenländer): ihnen bleibt im Grunde ja auch keine Wahl außer der, zu

---

59 ... auch was die Berechnungsverfahren der statistischen Daten betrifft, die Prinzipien der Buchführung etc.
60 Selbstzuschreibung und Fremdzuschreibung.
61 Zum Begriff?
62 Die Produktionskapazitäten müssen vor äußerer Gewalt geschützt werden.
63 Mit moralischer Überlegenheit, mit Moral überhaupt, hat diese Politik nicht das Geringste zu tun.
64 New Deal, Vietnam, Chile, dagegen: Irak, Afghanistan, Iran.

entscheiden, ob sie sich in die existierende Weltmarktordnung mit dem Dollar als Leitwährung möglichst nahtlos einordnen oder eine Politik betreiben wollen, die den ›Führungsanspruch‹ der USA in Frage stellt – was aber strategisch nur mit volksstaatlichen Mitteln (politisch bewusst) zu erreichen ist.

In Zeiten manifester Krisenentwicklungen der Kapitalakkumulation schießen all diese politischen Strategien in einer einzigen Gegebenheit zusammen: Ein hegemonialer Staat wie die USA gibt allen anderen vor allem auch die politischen Prinzipien erfolgreicher Kapitalakkumulation vor, braucht aber, und das ist das Entscheidende, sich selbst an die eigenen Prinzipien nicht zu halten. Er kann zum Beispiel Schulden machen, so viel es ihm auch immer beliebt: da er, aufgrund seiner Hegemonie (also politisch, nicht ökonomisch) jederzeit das Vertrauen der Geldeigentümer akquirieren kann, bezahlen sich diese Schulden ›in the long run‹ wie von selbst. Über eine derartige Souveränität zu verfügen, also der Welt seinen Willen vorgeben, sich aber selbst an diese Vorgaben nicht halten zu müssen – das bringt den deutschen Traum auf den Punkt.

Dies alles ist nicht Resultat bewusster Strategie, sondern institutionell in deutscher Politik und Ideologie verankert. In der deutschen Außenhandelspolitik bilden das (in der globalisierten Welt von heute wahnhafte) Streben nach politischer und ökonomischer Autarkie bei gleichzeitig verfolgten Exportoffensiven nur die zwei Seiten derselben volksstaatlichen Medaille. Russland und China führen diese Politik nachholender kapitalistischer Entwicklung in der Nachfolge Deutschlands und Japans fort. Diese asiatischen Staaten, und die Schwellenländer erst recht, sind vom Erfolg Deutschlands besonders nach dem Zweiten Weltkrieg jedoch noch weit entfernt. Denn das Wirtschaftswachstum hier beruht bisher allein auf der Expansion der einfachen Warenproduktion, das heißt: eine wirkliche Kapitalakkumulation findet noch längst nicht statt, wie es im Nachkriegsdeutschland dank umfassender amerikanischer Hilfe der Fall war. Diese Ausweitung findet auf der Basis der Anwendung von Technologien statt, die in den USA und, das macht die Besonderheit der Nachkriegszeit aus, in Deutschland entwickelt und von ihnen geliefert werden. Und diese Abhängigkeit von amerikanischen und deutschen (oder, allerdings mit Einschränkungen: europäischen) Technologien in der Produktion wird mindestens solange anhalten, wie in diesen Staaten Arbeitskräfte nicht knapp werden, also die Dynamik der Kapitalakkumulation nicht gegenüber der Politik autonom wird.[65]

Besonders für die Geldeigentümer aus diesen Staaten mit nachholender Entwicklung – die immer mehr Geld akkumulieren, das allerdings weit davon entfernt ist, sich in ihren Staaten in Kapital zu verwandeln – und deren Politiker lautet Deutschlands frohe Botschaft: Es lässt eine Entwertung dieses Geldes, ist es in Euros angelegt, nicht zu. An allen Fronten, an denen eine derartige Geldentwertung stattfinden könnte, steuert es gegen: an der Inflationsfront sowieso, aber auch an der Arbeitsfront: keine Produktionskapazität, keine Investition, kein Humankapital wird entwertet, so sehr der Markt danach auch verlangt. Besonders dramatisch geht es zurzeit ja an der Schuldenfront zu: mit welchen Tricks auch immer,[66] Schulden werden bezahlt und Banken gerettet, auf dass die Geldeigentümer weiterhin der Illusion anhängen können, die Banken könnten ihnen, bei Bedarf und je nach Vertrag, ihr Geld jederzeit auszahlen und sie könnten damit Waren kaufen. Und, besonders wichtig: Auch die vereinbarten Zinsen werden natürlich bezahlt.

---

[65] Israel als Hassobjekt, weil hier zum ersten Mal ein Staat mit funktionierender Kapitalakkumulation gegründet worden ist, statt nur ein Volksstaat, der verzweifelt hofft, irgendwann in die Liga der Staaten aufsteigen zu können, die sich an der globalen Kapitalakkumulation beteiligen.

[66] Rettungsfonds, Bürgschaften, Bad Banks, teilweisem Schuldenerlass, der keinem Geldeigentümer weh tut.

Anhang: Artikel und Gespräche

Marx als Fetisch [2011]

Das Marxsche *Kapital* wird seit seinem Erscheinen von allen, die es lesen, um sich ihres ›Linksseins‹ zu versichern, behandelt wie die Bibel. Doch was wäre die Bibel ohne Theologen? Ein reichlich langweiliges, sich in lauter Einzelheiten verzettelndes Buch. Erst die Theologen machen aus dessen Inhalt ein in sich geschlossenes Ganzes, das die Fragen der Gläubigen an Gott und die Welt zu beantworten vermag, und vor allem: ihnen Trost und Hoffnung in einer zerrissenen Welt spenden kann. Tatsächlich hat das *Kapital* mit der Bibel eines gemeinsam: Marx behandelt seinen Gegenstand, also das Kapital, nicht als einheitlichen Zusammenhang, dem eine einheitliche Logik zugrunde läge.

Um zu zeigen, was es mit der Marxschen Uneinheitlichkeit für eine Bewandtnis hat, sei eine Frage herausgegriffen, die sich jeder in dieser Gesellschaft dauernd stellt: Was ist eigentlich Geld? Wenn er sich diese Frage von Marx beantworten lassen will, wird er gleich auf den ersten Seiten im *Kapital* fündig. Er hätte sich diesen Blick in das Buch aber auch sparen können, denn einfachste, selbst angestellte Überlegungen können ihm zeigen, dass er am besten weiß, was Geld ist, und Marx ihm gar nichts Neues sagen kann.

Dazu nehme man sich eine Euromünze. Sieht, sie besteht aus einer Einheit, die zwei Momente erfasst: eine Zahl und einen Ausdruck, der eine bestimmte Währung repräsentiert: Euro. Seiner Form nach ist dieses Geldstück also genau so aufgebaut wie andere, wohlbekannte Einheiten auch: wie Meter, Sekunde usw. Damit stellt sich sofort die nächste Frage: Das Meter misst den Raum, die Sekunde die Zeit, und was misst das Geld? Die Antwort ist so zwingend wie einfach: Geld misst Wert.

Was aber ist der Wert? Er ist, in dieses Geld gefasst, eindeutig objektiv, so wie Zeit und Raum. Denn er ist für alle Subjekte ein und derselbe. Es ist unnötig, tiefe philosophische Spekulationen darüber anzustellen, was Zeit und Raum mit der Natur verbindet, klar ist sofort: Wert kommt (Zeit und Raum vergleichbar) so in der Natur nicht vor, Wert kann Naturdingen nur von Subjekten zugesprochen werden.

Aber wir haben doch oben von diesen Subjekten ausdrücklich abstrahiert und dennoch im Geld eine Einheit entdeckt, die genauso Objektives misst wie Zeit und Raum. Das Geld kann doch nicht Nichts messen. Wieder ist die Antwort so einfach wie zwangsläufig: Geld/Wert misst Arbeit. Arbeit ist das einzige ›Naturding‹, das diesen im Geldausdruck gemessenen Wert zu einer Raum und Zeit vergleichbaren objektiven Größe machen kann. An dieser Wahrheit gibt es nichts zu rütteln, sie ist so wahr wie die, dass Meter Raum und Sekunde Zeit misst.

Wendet man sich nun wieder dem *Kapital* zu, wird's etwas chaotisch. Da ist zwar auf den ersten Seiten auch von dieser Grundlage des Werts, von »Substanz«, die Rede, ansonsten aber vor allem von einem eigenartigen »Doppelcharakter der Arbeit«, dessen Entdeckung Marx sich als sein größtes Verdienst zurechnet. Dieser Doppelcharakter bestehe darin, dass Arbeit konkret und abstrakt zugleich sei. Nun schlägt die große Stunde der Theologen. Was hat die vom Geld gemessene Arbeit mit diesem Doppelcharakter zu tun? Mit der Unterscheidung von konkret und abstrakt?

Ein kleiner Hinweis muss dem Folgenden vorausgeschickt werden: *Substanz* ist ein ungemein vorbelasteter philosophischer Begriff, wenn nicht der Zentralbegriff aller Philosophie überhaupt. Marx wusste selbstredend von dieser Dimension, als er den Begriff verwendete. Wir können aber, philosophisch naiv bleibend, einfach fragen: Was hat es mit der im Geld gemessenen *Arbeit* (als dessen Substanz) auf sich? Nehmen wir den Tisch hier vor mir zu Hilfe – dessen Substanz ist Holz. Was habe ich mit dieser *Erkenntnis* gewonnen? Gar nichts – das ist vielleicht zu wenig gesagt, aber besonders viel nun wirklich nicht. Was für eine Beziehung besteht zwischen diesem Tisch und seiner Substanz? Man mag es kaum glauben, aber es gibt viele Marxisten, die tatsächlich behaupten, die *Arbeit* (das Holz) erzeuge den Wert (den Tisch).

Marx trieb solchen Unfug nicht, und so wusste er, dass die Wahrheit, dass Geld Arbeit misst, noch lange nichts darüber aussagt, wie das Kapital mit dieser Wahrheit umgeht. *Arbeit* als Substanz ist eine Allgemeinbestimmung, die zwar real ist (wie Holz, Atome usw., wie Materie und Natur überhaupt), kann aber – als solche, so wenig wie *Holz* – nirgendwo beobachtet werden. Empirisch existieren nur einzelne Subjekte, die ich dabei beobachten kann, wie sie Gegenstände herstellen. *Arbeit* ist in Wirklichkeit also in eine Unzahl von Tätigkeiten aufgesplittert – die nennt Marx zusammenfassend: »konkrete Arbeit«.

Das Kapital interessiert vor allem eine Eigenschaft dieser konkreten Arbeit: ihre Kraft. Deren Zusammenhang mit ihrer Substanz ist ihm völlig gleichgültig. Sie, diese Kraft, ist der Nenner, der die allgemeine, unbestimmte *Arbeit* in eine Form bringt, in der sie sich als Wert (für das Kapital) zur Geltung bringen kann. *Arbeit* wird somit vom Kapital genauso behandelt wie andere Rohstoffe auch: Am Erdöl interessiert nur den Chemiker dessen Substanz, das Kapital allein die Möglichkeit, es in Energie zu verwandeln.

Wir müssen nun noch einmal kurz philosophisch werden: Denn neben der Substanz ist der wohl nächstwichtige Begriff der des Subjekts. Wenn Philosophen und Theologen nach Substanz gefragt haben, ging es ihnen (anders als den Naturforschern) darum, die Substanz zu finden, die gleichzeitig das Subjekt dieser Welt ist. Dort, wo Subjekt und Substanz zusammenfallen, in dieser Einheit, ist der Schöpfer der Welt zu finden, dort ist Gott (oder Geist). Aus dieser Einheit lässt sich die Einheit der Welt, ihr Sinn – lässt sich Trost und Hoffnung erschließen.

Kehren wir zu Marx zurück. Die Arbeitskraft zum Subjekt der kapitalistischen Gesellschaft zu erklären, wäre offensichtlich so sinnig, wie das Erdöl zum Subjekt von Energie zu machen. *Das* Subjekt der wertbildenden *Arbeit* existiert einzig als einzelner, freier und gleicher Lohnarbeiter, der einen Vertrag geschlossen hat, des Inhaltes, dass Kapitalbesitzer berechtigt sind, seine (Arbeits-) Kraft zu nutzen.

Das heißt, Subjekt und Substanz (des objektiven Werts) fallen in einer nicht zu vereinheitlichenden Weise auseinander: Eine Vielzahl von Subjekten formiert das unbestimmt Allgemeine (die *Arbeit*) zu einem bestimmt Allgemeinen, die (Arbeits-) Kraft, und macht sie so zu einer erscheinenden Einheit – die nun, wie Raum, Zeit und Kraft in der Physik, messbar ist. Wenn wir die Zeit noch hinzunehmen, dann haben wir, vollkommen zwanglos, ohne dass irgendein Theoretiker uns in vielen Worten und Windungen irgendetwas erst erklären müsste, das ermittelt, was Marx »abstrakte Arbeit« nennt. Die Zeit stellt zudem das Maß bereit, das die Einheit Geld vollständig macht.

Nun fängt, dies sei zugegeben, die wirkliche gedankliche Arbeit an. Hier soll keinesfalls so getan werden, als sei die so nebenbei zu leisten. Denn es muss geklärt werden, wie das Kapital es schafft, die Zersplitterung in seiner Basis so zu überwinden, dass es den wirklichen Subjekten als von ihnen unabhängiges, einheitliches Subjekt gegenübertreten kann, als »automatisches Subjekt«, als Einheit von Subjekt und Substanz, als Souverän. So schwierig die dazu notwendige Gedankenarbeit auch sein mag: Was wir an dieser Stelle mit

Sicherheit schon wissen, ist, dass jeder Gedanke als falsch zurückzuweisen ist, wenn er den bis hier dargestellten uneinheitlichen Zusammenhang vernachlässigt oder uminterpretiert.

Womit wir zu den Theologen des Kapitals kommen: Ausnahmslos alle nehmen derartige Änderungen früher oder später vor und verlieren darüber jede kritische Potenz. Viele erklären den Bezug des (objektiven) Werts auf *Arbeit* für Spekulation, für Metaphysik. Dieser Schritt liegt durchaus nahe, denn *Arbeit* (als Substanz) hat auch bei Marx als solche nicht den geringsten Einfluss auf irgendeine ökonomische oder sonstige Aktivität – sondern nur in ihrer (in sich logisch unableitbaren) Fassung als Basis der Verdopplung in konkret und abstrakt. Diese Substanzbestimmung ist bei ihm rein negativ gefasst – ist Bedingung der Möglichkeit, die Existenz des (objektiven) Werts nicht als inexistent behaupten zu müssen. Wie jeder in jedem Lehrbuch der heutigen VWL nachlesen kann: Im Resultat der Verbannung dieser Substanz kann sich Ökonomie zwar als einheitlicher, komplett durchrationalisierter Zusammenhang darstellen, in der das Geld nicht mehr ist als ein substanzloses Medium – aber wenn sich in Krisen die Substanz dann offen zur Geltung bringt, fällt auch die schönste Theorie in sich zusammen.

Anders gehen die Arbeiterbewegungsmarxisten mit dieser Substanz und den sie verwertenden Subjekten um: Sie ziehen in der *Arbeit* Subjekt und Substanz zusammen, das heißt sie werden offen religiös. *Die Arbeit* ist ihnen der Gott, der den einzelnen (wirklichen) Subjekten von *Natur* aus entspringe. Diese Theologien der Arbeiterbewegung sind heute zum Glück seltener geworden. Theoretisch anspruchsvoller gehen hingegen die vor, die das Kapital als Einheit erfassen, der die Hegelsche Logik (durchgängig) zugrunde läge. Sie lassen Subjekt und Substanz im Kapital ineinander aufgehen, in ihm realisiere sich die Einheit der Gesellschaft in verkehrter Form. Aber in dieser (wenn auch noch so verkehrten) Einheit löst sich die praktische und theoretische Unmöglichkeit, Subjekt und Substanz auf eine Einheit überhaupt bringen zu können, in sich selbst auf.

Diese Theologie – vor der auch kritische Theorie nicht gefeit ist, sobald sie Adornos Warnung, das Kapital systematisch darzustellen, in den Wind schlägt – ist umso fataler, je mehr sie die Vorstellung nährt, eine nicht den Verkehrungen des Kapitals unterliegende Gesellschaft müsse sich auf eine (nun: wahre) Einheit von Subjekt und Substanz berufen. Doch das Subjekt existiert nur als einzelnes; sein Allgemeines, seine Substanz, ist von ihm zu trennen, ansonsten verliert es seine Besonderheit. Dass *Arbeit* jedenfalls eine vollkommen falsche Substanzbestimmung einer Gesellschaft freier Individuen wäre, sollte selbstverständlich sein.

Das Marxsche *Kapital* unterscheidet sich von der Bibel somit darin, dass es ohne Theologen auskommt und geradezu verlangt, deren Einheitssehnsucht, Trost- und Erlösungsversprechungen als Ideologie zu durchschauen und sich auf nichts anderes zu verlassen als seinen eigenen Kopf. Es gilt der vom *Kapital* ausgehenden Faszination zu widerstehen, dass hier, anders als in der VWL, den Sozialwissenschaften, den Literatur- und Kulturwissenschaften, in den Theorien des akademischen Betriebs allgemein, von objektiver Substanz überhaupt noch die Rede ist, und dieser Substanz dann, wie es die Marxexegeten tun, einen verallgemeinerten Subjektstatus zuzusprechen, über den sich Marx im Fetischkapitel so lustig macht: Ist es in der Gesellschaft die Warenform, die den Tisch aus sich heraus zum Tanzen zu bringen scheint, so ist es bei den Marxfetischisten, weit mysteriöser noch, dessen Holz.

Deutsches Geld [2012]

Um erfassen zu können, worauf die aktuelle Währungs- beziehungsweise Schuldenkrise beruht, wäre die Welt als einziger Binnenmarkt zu betrachten. Hier steht, so die Vorstellung der Ökonomen wie auch der Ausgangspunkt von Marx, ein innerhalb einer bestimmten Periode tatsächlich für den Tausch verwendetes Quantum Geld einer diesem äquivalenten (tatsächlich verkauften) Warenmenge gegenüber. Alles Geld, das in diesen Tauschakten den Eigentümer wechselt, gilt als ›gedecktes‹ oder, so sei es im Folgenden genannt: objektives Geld. Diese Äquivalenz von Ware und Geld – spätestens hier trennen sich die Wege von herrschender Nationalökonomie und Kritik der politischen Ökonomie – stellt sich, so glaubt jene, auf den Märkten von selbst her, es sei denn, ein Akteur wie der Staat tritt auf, der deren Selbstregulierung aushebelt: Dann komme es unter anderem zu so misslichen Erscheinungen wie etwa einer Inflation.

Seit nahezu drei Jahrzehnten nun haben die Ökonomen und die ihnen verpflichteten Politiker die inflationäre Geldentwertung ›im Griff‹; die Inflationsrate bewegt sich in den kapitalistisch entwickelten Ländern dauerhaft auf einem äußerst niedrigen Niveau – doch richtig stolz auf diesen Erfolg sind die Ökonomen nicht. Denn sie wissen: Macht man die Probe aufs Exempel, summiert also die Preise aller zum jetzigen Zeitpunkt verkaufbaren Waren und stellt ihnen die Summe des in Umlauf befindlichen Geldes gegenüber, kann von Äquivalenz keine Rede sein. Mit welchen Verfahren auch immer man dieses Verhältnis berechnet: Klar ist, die vorhandene Geldmenge übersteigt die Summe der aktuellen Preise der tauschbaren Waren um ein Vielfaches.

Um zur Sache, also zu den Möglichkeiten handfesten Protestes angesichts dieser Situation kommen zu können, seien die innerlogischen Gründe für dieses Missverhältnis außer Acht gelassen und sei unmittelbar auf den Staat eingegangen. So einleuchtend das Postulat einer – den Staat außen vor lassenden – Äquivalenz von Ware und Geld auch erscheint, empirisch gibt es das oben so genannte objektive Geld gar nicht; es existiert nur als Realabstraktion. Denn bezahlt werden Waren nicht in ›Geld an und für sich‹, sondern in einer bestimmten Währung. Auf einen Nenner gebracht: ohne Staat kein Geld. Die theoretischen Probleme, die das den Ökonomen bereitet, können uns gleichgültig sein, es genügt festzuhalten: Voraussetzung für ein weltweit inflationsfreies Wirtschaften wäre, dass auf einem jeden Staatsgebiet nur so viel Geld – in dessen Währung – im Umlauf ist, wie es dessen Anteil an objektivem Geld entspricht. Wie einfachste Überlegungen zeigen könnten, ist diese Bedingung unmöglich zu erfüllen, aber das interessiert die Ökonomen wenig. Braucht es auch nicht, denn sie wissen Rat: Gelingt es den einzelnen Staaten, ihre Inflationsrate auf, sagen wir, unter zwei Prozent zu begrenzen, kann man – so die herrschende Lehrmeinung – einfach davon ausgehen, dass es sich bei der Währung in diesem Staat um eine ›stabile‹ handelt.

Kommen wir zur sogenannten Euro-Zone und deren höchst eigenwilliger Konstruktion in der Beziehung zwischen Währungseinheit und Warenproduktion. Was staatsrechtlich wie eine gigantische Fehlkonstruktion aussieht, erweist sich praktisch als höchst effizienter Weg nicht zur Steigerung irgendwelcher Profite, sondern der politischen Macht Deutschlands. Die Quelle dieser Macht ist, dass es Deutschland, wie schon mehrfach in seiner Vergangenheit, gerade unter diesen EU-Bedingungen gelingt, das ansonsten als Krisenursache negativ bewertete Auseinanderfallen von empirischem Geld (also der Währung) und objektivem (also dessen Wert) für sich ins ›Positive‹ zu wenden. Kurz gesagt: Es füllt mit dieser Differenz seine Kriegskasse. Wie dies derzeit geschieht, kann am Beispiel Griechenlands illustriert werden.

Aufgrund der EU-Verträge verbleibt dem griechischen Staat neben dem Gewaltmonopol die für jeden Staat existentielle Steuerhoheit vollständig, er kann also die Produktionsbedingungen auf seinem Territorium ›frei‹ gestalten. Allein die Währungshoheit hat er nicht mehr, die ist in die EZB ausgelagert. Diese EZB als deutsche Institution zu bezeichnen, wäre selbstredend vollkommen verkehrt – denn deren Programm, die Sicherstellung der Stabilität des Euro, liegt im Interesse aller. Wie sehr, ist schnell gezeigt: Nehmen wir an, die Proteste der Griechen gegen die Sparpolitik ihres Staates hätten Erfolg. Dieser würde sich aber in eine grausame Niederlage verwandeln, wenn man auf einmal für dasselbe Geld nur noch halb so viele Lebensmittel kaufen könnte wie zuvor. Daraus folgt: Das vom Staat erkämpfte Geld darf nicht bloß auf dem Papier stehen, sondern muss objektivem Geld entsprechen.

Die EZB – nun allerdings mit deutschem Staatsgeld im Hintergrund – verspricht den Griechen: Wenn ihr Staat die Differenz beseitigt zwischen dem, was sich im griechischen Geldumlauf befindet, und dem, was ihre Wirtschaft an objektivem Geld produziert, dann sind die Banken bereit (was heißt, dass sie von Deutschland zur Bereitschaft ›ermuntert‹ werden), neues Geld – und zwar objektives – in die griechische Wirtschaft zu pumpen.

Das Problem: Bei dem Geld, das Griechenland versprochen wird, handelt es sich – wie schon bei dem Geld, das es sich in den vergangenen Jahren ›geliehen‹ oder als Subvention ›geschenkt‹ bekommen hat – keinesfalls um objektives Geld; um Kapital erst recht nicht. Sondern um mit Euro-Zeichen bedrucktes Papier, das, der Logik aller Ökonomen gemäß, im Umlauf ›eigentlich‹ nichts zu suchen hat. Dennoch: Kaum ein Grieche wird ernsthaft erwägen, allein deshalb das Angebot der EZB abzulehnen.

Der historisch bedingte Vorteil Deutschlands im Verhältnis der Staaten untereinander besteht darin, dass keine Macht dieser Welt groß genug ist, es zwingen zu können, seine Staatsfinanzen in derselben Weise ›auf Vordermann‹ zu bringen, wie dies etwa von der griechischen Regierung verlangt wird. Um die Gründe dafür zu verstehen, tauche man in die Vorstellungswelt einer Person ein, die, sagen wir mal, 100 000 Euro ihr Eigen nennt. Sie lebt in der Überzeugung, dafür auch in 20 Jahren noch Waren erwerben zu können, deren Preise ihrem heutigen Geldvermögen entsprechen, ahnt aber, dass dies illusionär ist. Jeder wird Verständnis dafür aufbringen, wenn diese Person (und jeder, der auf arbeitsloses Einkommen angewiesen ist, befindet sich prinzipiell in derselben Lage) Überlegungen anstellt, wie sie das Risiko minimiert, einen Großteil des Geldes (oder seine Sozialhilfe- beziehungsweise Rentenansprüche) demnächst in irgendeinem Crash (oder einer Währungsreform) zu verlieren.

Im Grunde haben Geldeigentümer (anders als Empfänger von Staatsknete) hier zwei Möglichkeiten: Sie verschieben ihr Geld in den ›Dollarraum‹, in der Hoffnung, dass die künftigen US-Regierungen, anders als vielfach zuvor, es nicht bei einem Achselzucken bewenden lassen, wenn dieses Geld in irgendeinem schwarzen Loch verschwindet. Oder sie bleiben beim Euro, im Vertrauen auf das nahezu täglich erneuerte Versprechen Deutschlands, mit allen, also auch der reinen Lehre widersprechenden Mitteln dafür zu sorgen, dass sich der Euro nicht entwertet. Und es bleibt ja nicht beim bloßen Versprechen: Tatkräftig wird dafür gesorgt, dass alle vorhandenen Euros sich ständig in Waren tauschen – auf diese Weise finanziert Deutschland unter anderem seine Exportoffensiven und, oh Wunder, dieses Geld taucht in Form von Schulden des Auslands an den deutschen Staat bei den Banken wieder auf. Das Ganze sieht zwar so aus, als finde hier eine gewaltige Umverteilung zugunsten Deutschlands statt, aber ökonomisch ist das alles komplett sinnfrei, auch wenn es deutsche Arbeitsplätze, was heißt: ›eigentlich‹ unrentable Produktionskapazitäten sichert: Dieses Geld erhöht die Mehrwertmasse nicht (mit Marx: es verwertet sich nicht, ist also kein Kapital), bläht die Geldmenge immer mehr auf und füllt so ›nur‹ die deutsche Kriegskasse.

Zurzeit führt Deutschland mit diesem Geld vor allem Krieg gegen die sogenannten Spekulanten. Mit jeder Einlage in irgendeinen Rettungsfonds, mit jeder Übernahme und Erhöhung irgendwelcher Bürgschaften sagt der deutsche Finanzminister ihnen: Nur zu, zieht euer Geld aus dem Euro ab und übertragt es in den Dollar oder sonst wo hin, wir halten mit. Irgendwann habt ihr euer Geld verschossen, der internationale Geldmarkt lässt es von der Bildfläche verschwinden. Wir hingegen drucken das Geld, das ihr uns entzieht, zur Not einfach nach – was der Androhung einer ›stillen‹ Enteignung des privaten Geldvermögens gleichkommt. Und: Es wäre ja nicht das erste Mal, dass wir, im Interesse der uns verbleibenden Investoren, einen Wechsel auf die Zukunft ziehen. Das endete bisher zwar immer in einer Niederlage – aber so, wie wir aus jeder Niederlage gestärkt hervorgegangen sind, könnte uns beim nächsten Mal ja der totale Triumph gelingen.

Gegen ›den‹ Kapitalismus zu demonstrieren, umgeht zwar den ansonsten üblichen, Staat und Kapital verdinglichenden Protestkult, ist aber so sinnig wie eine Demonstration gegen die Existenz Gottes. Ein politischer Kampf gegen die ›Abwälzung der Krisenfolgen‹ auf den Lebensstandard der Menschen, die nicht unmittelbar an der Wertverwertung beteiligt sind oder sein wollen, ist hingegen nicht von vornherein aussichtslos, denn aus der Logik des Kapitals betrachtet dürfte es so etwas wie ein arbeitsloses Einkommen (außer dem aus Geldeigentum) gar nicht geben – dessen Existenz erklärt sich allein aus in der Vergangenheit erfolgreichen Drohungen mit einer die Verwertungslogik behindernden Gewaltbereitschaft. Die zu solchem Protest Bereiten dürfen allerdings unter keinen Umständen in die Stabilitätsfalle tappen, was voraussetzt, den Staat des Kapitals – auch den deutschen – nicht als Souverän, sondern als Vermittler zwischen Kapital- und Kriegslogik zu begreifen; sie sollten also redlich sein und sich eingestehen, dass es ihrem Protest ›nur‹ um die

Übertragung von Anteilen am objektiven, kapitalistisch ›produzierten‹ Geld gehen kann, und vor allem: Sie müssen sich in einer Form artikulieren, die deutsche Krisenlösungsstrategien weltweit ächtet. Sonst droht ihr Protest erneut dorthin zu führen, wo bisher alle linke Praxis landete: in die Fänge deutscher Ideologie.

Der Euro und sein Staat [2015]

Keiner weiß warum und wie genau es dem Kapital gelingt, aus Geld mehr Geld zu erzeugen, aber über die Bedingungen, die vorliegen müssen, damit diese wundersame Geldvermehrung optimal gelingt, kann jeder Ökonom umfassend Auskunft erteilen. Eine davon lautet, dass der Staat alle Handelshemmnisse zu minimieren hat oder anders: Er hat dafür zu sorgen, dass das Handeln seiner Organe berechenbar ist und alle Konkurrenten weitgehend den gleichen Normierungen unterliegen, damit sie einheitliche Marktbedingungen vorfinden. Die Ökonomen verlangen von den Staaten somit genau die Politik, für die die EU-Bürokratie so arg geschmäht wird und wogegen die Linke all ihre Ressentiments, besonders auch gegen die TTIP-Verhandlungen aufbietet. Da können die Ökonomen noch so sehr darauf hinweisen, dass es hier nicht darum geht, festzulegen, an wen der Staat das gewonnene Mehr an Geld verteilt. Nichts haben sie gegen eine EU, die sich eine Umwelt- oder Sozialcharta gibt, ja vom Prinzip her dürften sie theoretisch noch nicht einmal gegen so etwas wie ein bedingungsloses Grundeinkommen für alle EU-Bürger Einwände erheben. Praktisch jedoch machen sie ihre Rechnungen ohne den Wirt, nämlich den Staat und vor allem dessen Bürger – und deren psychisch-ideologische Verfasstheit.

Man kann es auch so sagen: Zum Beruf des Politikers gehört es, gegen die ökonomische Rationalität zu verstoßen. Dieser Gegensatz zwischen Politik und Ökonomie, Gewalt und Äquivalententausch, ist in dieser Gesellschaft unaufhebbar. Der Politiker muss nach nationaler Souveränität, nach Vermehrung des Reichtums seines Staates (auch und gerade auf Kosten anderer) streben – sonst hat er seinen Beruf verfehlt und wird von seinen Wählern abgestraft. Der Ökonom dagegen – es sei denn, er hat sich einem Staat oder einer Nation verpflichtet, aber dann ist er Politiker – muss dieses Staatshandeln als Verfehlung gegen die ökonomische Rationalität zurückweisen. Im Resultat dieses steten Widerspruchs kommt es dann zu dem Kuddelmuddel, das die EU nicht erst seit heute aufführt.

Die dieses Chaos zusammenfassende Einheit lässt sich im Begriff des Vertrauens auffinden. Ökonomisch spielt Vertrauen im Kreditwesen die zentrale Rolle. Auf dieses greifen Politiker zwar zurück, aber nur, um dem Begriff einen erweiterten Inhalt zu geben: denn ihnen geht es naturgemäß zuallererst um das Vertrauen in den Staat. Um exemplarisch zeigen zu können, wie diese Bedeutungsverschiebung sich heutzutage in der EU auswirkt, sei einige Jahrzehnte zurückgeblickt. Damals hatte man, um der Inflationsgefahr Herr zu werden, beschlossen, die staatliche Gelddruckmaschine abzuschalten. Dass der gesellschaftlich erzeugte Mehrwert aber nicht realisiert werden kann, wenn nicht eine ihm entsprechende, frische Geldmenge in Umlauf gebracht wird, war auch allen klar. Die sich aus diesem Dilemma ergebenden Finessen sind hier unerheblich, entscheidend ist, dass die Monetaristen auf die grandiose Idee verfielen, das Gelddrucken in den Kreditumlauf zu integrieren. Im Euro-Raum hat das nun zur Folge, dass die Nationalbanken der EU nominal Kredite erhalten, real aber nichts anderes geschieht, als dass die EZB (wohlgemerkt: nicht Deutschland) frisches Geld an sie weiterleitet. Doch auf diese Weise wird dieses Geld, der doppelten Buchführung sei Dank, irgendwo als Forderung, das heißt als realer Wert verbucht, als eine Forderung also, die sich nur mit Anstrengung (und wenn: nur mit entsprechender Verlustbuchung) wieder aus den Bilanzen entfernen lässt. Jeder ›Schuldenschnitt‹ etwa droht deshalb, bei den Banken das ganze Konstrukt zum Einsturz zu bringen, mit dem sie bei den Vermögensbesitzern hausieren gegangen waren, um deren Geld zu akquirieren. So kommt es, dass das Gelddrucken zwar nicht mehr die Inflation befeuert, aber ständig die Gefahr präsent hält, dass Banken zusammenbrechen, und dabei auch das Geld derjenigen verbrennt, die es ihnen zur Vermehrung anvertraut haben.

Der, und hier kann man hinzufügen: besonders der deutsche Politiker und Bürger kann deshalb nicht mehr zwischen Kredit und gedrucktem Geld unterscheiden. Kredite müssen zurückgezahlt werden und damit basta. Sie wissen grundsätzlich nicht mehr, warum wann welche Regeln mal aufgestellt worden sind, sie wollen das auch gar nicht wissen. Regeln, und das sind in Deutschland ganz besonders die Stabilitätsgesetze, gibt es dazu, dass sie, vor dem Hintergrund staatlicher Gewalt, durchgesetzt werden. Das ist der Staat seinen Bürgern schuldig und das danken sie ihm denn auch. Das bis zur letzten Konsequenz zu treiben und dabei Kosten-Nutzen-Kalküle hintenanzustellen, ist der Trumpf, den Deutschland glaubt, in der Hand zu halten. Gegen alle ökonomische Rationalität – in der von

Gewalt abstrahiert wird – mit ganzem Einsatz auf die Einhaltung von Regeln zu pochen, das gefällt allen, denen die gesamtökonomischen Folgen ihres Handelns schnuppe sind – Hauptsache, sie können sich in der staatlich garantierten Sicherheit wiegen, das zu erhalten, von dem sie meinen, dass es ihnen zusteht.

Und so geht es dann weiter mit der Transformation des Ökonomischen ins Politische: Der Staat, der seine Kreditrückzahlungen, aus welchen Gründen auch immer, einstellt, wird von anderen (und das sind die hegemonialen) Staaten behandelt, als ob er einem Insolvenzverfahren unterworfen sei. Er wird wie ein Unternehmen oder gar wie eine Privatperson behandelt. Das heißt im Grunde: ihm wird seine Staatlichkeit abgesprochen und seine Gewalt geht auf den Insolvenzverwalter über. Natürlich, das ist humaner, als gegen ihn in den Krieg zu ziehen. Zudem, wie Wolfgang Schäuble im Falle Griechenlands nicht müde wird zu betonen, gehe es doch um nichts anderes – und hier taucht der Begriff in wiederum neuer Gestalt auf – als die Wiederherstellung des Vertrauens der Geldgeber in die Leistungsfähigkeit des Pleitestaates. Mag sogar sein, dass Schäuble so denkt. Aber er verschweigt das Wesentliche.

So knapp zusammengefasst wie nur irgend möglich läuft die Sache doch so ab: Das Vertrauen der Geldanleger in die Stabilitätspolitik eines Staates holt Geld ins Land, die Banken leiten es an die Unternehmen auf dessen Territorium weiter, die bauen Produktionskapazitäten auf, die auf dem Weltmarkt konkurrenzfähige Waren herstellen. Nach deren Verkauf fließt das Geld an die Banken zurück, die einen Teil davon (ununterscheidbar kombiniert mit neu gedrucktem Geld, wie zuvor gezeigt) an andere Staaten weiterleiten (als Kredit natürlich), auf dass die existierenden Produktionskapazitäten weiterhin auf kaufkräftige Nachfrage treffen.

Gelingt dies, kann man von einem hegemonialen Staat sprechen. Und gilt ein Staat erst einmal als Hegemon, strömt ihm weiteres Geld der Anleger zu. Hegemonie erzeugt Vertrauen und Vertrauen Hegemonie. Daraus folgt ein einfacher syllogistischer Schluss: Hegemonie reproduziert sich selbst; ist also etwas ganz anderes als Imperialismus. Dafür sind die USA das beste Beispiel. Die entscheidende Frage ist nun, was Staaten umtreibt, danach zu streben, sich neben den USA als weitere hegemoniale Macht etablieren zu wollen. Mit ökonomischer Rationalität hat das jedenfalls nichts zu tun, denn schließlich ist diesen USA – nicht immer und ungebrochen, aber historisch im Ganzen gesehen – nichts heiliger als die Bedingungen, die dem Kapital die bestmögliche Verwertung erlauben.

Für Deutschland ist das Agieren gegenüber Griechenland hingegen ein weiterer Schachzug in einer langfristigen Politikstrategie, dank der sich seine Hegemonialpolitik zum Sammelbecken all jener Bewegungen aufschwingen soll, die an die vom Kapital erzeugte, wundersame, auf Äquivalententausch beruhende Geldvermehrung nicht glauben, in den USA also den Schuldigen dafür sehen, dass ihnen eine gerechte Beteiligung am kapitalistisch erzeugten Reichtum vorenthalten wird. Dabei zeigt Griechenland allen Staaten der EU und denen, die noch beitreten wollen und die vom Zufluss von Geld aus der EU abhängig sind, was ihnen bevorsteht: Ob rein oder raus aus der EU, ob Euro oder eigene Währung, Euro oder D-Mark in Deutschland – alles Pochen auf nationale Würde oder Souveränität beschert nichts als hehre Gefühle. Von diesem psychischen Mehrwert aber können sich die Bürger nichts kaufen – doch wo es darum ginge, statt sie mit Gefühlen abzuspeisen, sie mit benötigten Waren zu versorgen, ziehen dann alle Staaten quasi von Natur aus, wie Griechenland erneut beweist, wieder am selben deutschen Strang: Kein Reichtum ohne Opfer- und Verzichtbereitschaft. Deutschland gewinnt jedenfalls immer; politisch und ökonomisch.

Die berüchtigte deutsche Sparpolitik, die natürlich in allen Staaten massenhaft ihre Anhänger hat, stellt dabei nur die Würze für den Cocktail bereit, in dem sich Recht und Gewalt mit sogenannter Hilfe zur Selbsthilfe verrührt. Deutschland ist zu jeder Finanzhilfe bereit – solange die Regeln beachtet werden. Deren Quintessenz lautet: der Politik gebührt der Primat über die Ökonomie. Dabei verwandelt die Notwendigkeit der Existenz des Staates, damit die Ökonomie überhaupt funktioniert, sowieso schon die Ideale des freien Marktes eher in den Vorhof der Hölle, statt dass sie als Vorschein eines Schlaraffenlandes angesehen werden könnten. Das noch Schlimmere ist: der Staat kann, zumindest zeitweise, auch ohne eine funktionierende Kapitalakkumulation auskommen – wer, und darauf läuft auch und gerade alle linke Politik hinaus, den Primat des Politischen propagiert, schafft die Bedingungen, unter denen der Leviathan zum Behemoth mutiert.

Manfred Dahlmann / Gerhard Scheit
Diskussion zu *Der Euro und sein Staat* [2015]

Gerhard Scheit Du schreibst in Deinem Artikel, dass es zum Beruf des Politikers gehöre, gegen die ökonomische Rationalität zu verstoßen. Dieser Gegensatz zwischen Politik und Ökonomie, Gewalt und Äquivalententausch, sei in dieser Gesellschaft unaufhebbar. Der Ökonom hingegen – es sei denn, er hat sich einem Staat oder einer Nation verpflichtet, aber dann ist er Politiker – müsse dieses Staatshandeln als Verfehlung gegen die ökonomische Rationalität zurückweisen. Nun frage ich mich, ob nicht jeder Ökonom, der eine gewisse Reputation erreicht, sich einem Staat oder einer Nation verpflichtet fühlt, wenn auch in dezenterer Weise. Anders gesagt: soweit er einer ökonomischen Rationalität jenseits des Staats folgt, wird sein Denken auf andere Weise irrational, eben darin, dass er vom Staat abstrahiert, davon dass der Staat nur die andere Seite des Kapitals ist, dass es also dieses Konkurrenzkampfs zwischen den Staaten um den Reichtum bedarf, damit die ökonomische Rationalität funktioniert. Vor dieser Irrationalität könnte er sich nur schützen, indem er sich stets darüber im Klaren ist, dass er vom Staat abstrahieren muss, um die ökonomische Rationalität zu erkennen.

Manfred Dahlmann Dieser Hinweis auf die nahezu durchgängig vorhandene Identifikation der Ökonomen, die sich auf die so genannte Makroebene beziehen, mit ihrer ›nationalen Identität‹ ist natürlich vollkommen korrekt und lässt sich auf ihren Gegenstand verallgemeinern: Schließlich ist er durchgängig nichts anderes als *die* Nationalökonomie. Und der Konjunktiv im letzten Satz der Frage ist ebenfalls allzu berechtigt: In Wirklichkeit ist sich wohl kaum ein einziger Ökonom darüber im Klaren, dass er vom Staat abstrahieren müsste, wenn er der Ökonomie gerecht werden wollte. Doch viele (ich würde sagen: ›gefühlt‹ so ungefähr die Hälfte) derjenigen, die sich mit dem Weltmarkt beschäftigen, werden von ihrem Gegenstand dahin getrieben, sich – zumindest was einzelne Produktionsbereiche betrifft – gegen nationale Autarkiebestrebungen (oder anders: für eine Globalisierung) auszusprechen; wie eingeschränkt und

›verdruckst‹ auch immer. Mir bleibt hier nur der Ausweg, darauf hinzuweisen, dass meine Bestimmungen ›des‹ Ökonomen, beziehungsweise ›des‹ Politikers, zunächst einmal idealtypisch zu verstehen sind. Befriedigend ist das nicht, aber anders kaum zu bewerkstelligen, da man meist den Platz nicht zur Verfügung hat, der nötig ist, um diese Bestimmungen als Momente der Totalität zu erfassen, in der sich ihr idealtypischer Charakter einzig auflösen ließe.

GS   Was nun die ökonomische Rationalität betrifft, heißt es bei Dir weiter, es sei entscheidend, dass die Monetaristen auf die grandiose Idee verfielen, das Gelddrucken in den Kreditumlauf zu integrieren. Im Euro-Raum habe das nun zur Folge, dass die Nationalbanken der EU nominal Kredite erhalten, real aber nichts anderes geschieht, als dass die EZB (wohlgemerkt: nicht Deutschland) frisches Geld an sie weiterleitet. Da möchte ich auf die Ironie zu sprechen kommen, die Du mit der Grandiosität jener Idee ausdrückst: War eben diese Maßnahme, die von den Monetaristen ausgesprochen und favorisiert wurde, nicht zugleich erzwungen worden durch die Krisendynamik selbst? Hätten die Keynesianer in dieser Situation mit einer anderen grandiosen Idee dagegenhalten können?

MD   Meine Antwort ist zunächst kurz und eindeutig: Nein. Bei diesen Auseinandersetzungen zwischen Keynesianern und Monetaristen handelt es sich um das charakteristische ›Spiegelspiel‹ der Politik (Joachim Bruhn), das ausblendet, wie sehr der eine Spieler auf den anderen angewiesen ist. Dieses ›Spiel‹ hat allerdings einen sachlichen Hintergrund: Wenn die Keynesianer frisch gedrucktes Geld in die Zirkulation einschleusen, um die Konjunktur zu beleben, laden sie sich ein riesiges Problem auf: sie müssen es, damit es nicht die Inflation befeuert, der Zirkulation auch wieder entziehen. Doch die Bauarbeiter der neuen Autobahn, deren Lohn mit diesem Geld bezahlt wurde, werden den Teufel tun und es aus ihrer Tasche wieder zurückgeben. Und was für diese gilt, gilt für diejenigen, an die die Autobahnbauer das Geld weitergeleitet haben (die Lebensmittelverkäufer, die Haushaltsgerätehersteller, die Kneipiers oder Bordellbesitzer) erst recht: Sie betrachten dieses Geld nicht wie der Gelddrucker als reines Zirkulations-, sondern als Wertaufbewahrungsmittel; also als ihr Eigentum. Der Staat (oder welche Instanz auch immer das gedruckte Geld in Umlauf gebracht hat), muss nun, um es dem Kreislauf wieder zu entziehen, in vorhandene Eigentumsverhältnisse eingreifen; eine andere Möglichkeit, dieses Ziel zu erreichen, als die Steuern zu erhöhen oder sonstige Zwangsabgaben einzurichten, bleibt ihm kaum. Das ist schon ›schlimm‹ genug, denn dem Bürger gefällt das ganz und gar nicht, aber selbst wenn sich diese Zwangsabgaben durchsetzen lassen: Welcher Staat war je so ›dumm‹, zu tun, was er nach der reinen keynesianischen Lehre mit den erhöhten Steuereinnahmen eigentlich tun müsste: sie nämlich im Ofen zu verbrennen? Und was würden die Bürger wohl dazu sagen?

Genau dieses Problem löst der Monetarismus, indem er, in aller zugespitzten Kürze gesagt, das Gelddrucken in ein ›Drehen an der Zinsschraube‹ überführt. Ein schlichtweg genialer Schachzug (dank dem das Zuschießen in die und das Entziehen von Geld aus der Zirkulation nur einen anderen Namen als den bekommt, den Keynesianer diesem Vorgang geben, der Sache nach aber dasselbe bleibt), auf den auch Keynes selbst schon hätte kommen können. Monetaristen und Keynesianer streiten sich also nur um den Namen, den sie ihrem gemeinsamen Kinde geben wollen; wobei die Keynesianer zwar einen Bonus dafür verdienen, dass sie ›aufrichtiger‹ sind, die Monetaristen aber dafür, dass ihre Idee sehr viel praktikabler ist. Dieses Überführen des Gelddruckens in den Kreditkreislauf ist zwar durchaus mitverantwortlich für die Schlamassel, vor dem die Ökonomen aktuell stehen, aber man sollte sich hüten, sie dafür verantwortlich zu machen. Den tendenziellen Fall der Profitrate kann schließlich keine noch so ausgefuchste Strategie aushebeln.

Eine Aussage in der Fragestellung möchte ich in diesem Sinne etwas relativieren: Ich würde den Übergang zu Beginn der 1970er Jahre in den Monetarismus nicht auf die von der Krisendynamik ausgehenden Zwänge zurückführen. Leugnen lassen sich diese Zwänge zwar nicht, aber die existieren ›von Natur aus‹ ständig. Ich habe für Verschwörungstheorien nicht das Geringste übrig, bin aber in dieser Sache überzeugt, dass sich, wenn man die Diskussionen jener Zeit um die ›richtige‹ Wirtschaftspolitik endlich einmal ideologiekritisch angemessen rekonstruiert, zeigt, dass die Entscheidung (so weltweit einhellig sie auch ausfiel; aber gerade auch deswegen) für eine strikte Antiinflationspolitik und gegen die Politik der Vollbeschäftigung (darum ging es damals im Kern) eben nicht einer Dynamik des Kapitals (der sind solche Entscheidungen vollkommen gleichgültig) geschuldet war, sondern ideologischen, politischen Vorgaben, die auch anders hätten ausfallen können. Ob eine andere Entscheidung besser oder schlechter gewesen wäre, kann natürlich nicht ermittelt werden: die Dynamik der Krisen der Kapitalakkumulation kann keine Politik aufheben, sondern bestenfalls ihren Ausbruch verzögern oder ihre Auswirkungen begrenzen.

GS Nun ist es ja so, dass überall, auch in den USA oder Japan, das Gelddrucken in den Kreditumlauf integriert wurde. Was das Spezielle in der Eurozone ausmacht, ist, dass sich durch die Konstruktion einer Währungsunion auch in diesem monetaristischen Fall das Verhältnis der Staaten zueinander ändert: Wenn die verschiedenen Nationalbanken nur von der EZB frisches Geld weitergeleitet bekommen, stellt sich die Frage, wie die Einflussnahme auf die EZB eigentlich erfolgt, da sie ja nicht als, wie stets vorgesehen, autonome Institution in einem Staat, sondern als eine solche zwischen den Staaten steht. Von der Nominierung ihres Personals bis zu den auf sie zentrierten Strebungen der Öffentlichkeit heißt das doch, dass es ständige Absprachen und Arrangements unter den Politikern und höheren Beamten der einzelnen Staaten geben muss, ein ständiges, merkwürdig persönlich bestimmtes Gerangel um Einflussnahme (man denke nur an die öffentlich so wirksame Polarität Schäuble versus Varoufakis), wobei die personalen Abhängigkeiten zwischen ihnen, also der Druck, den sie jeweils aufeinander ausüben können, nicht von Wahlen abhängen und von den Regeln einer parlamentarischen Demokratie, sondern einfach mit der ökonomischen Macht des jeweiligen Landes synchron gesetzt sind. Also spielt hier die Ökonomie doch die entscheidende Rolle bei der Durchsetzung des Primats der Politik über die Ökonomie …?

MD Die Frage danach, wie es sich mit dem Primat der Politik in Bezug auf die Ökonomie verhält (oder auch eventuell umgekehrt), versuche ich am Ende gesondert zu beantworten, da sie mein Vorgehen insgesamt betrifft. Das andere in dieser Frage angesprochene Problem, mit welcher Berechtigung die EZB überhaupt Einfluss auf das Staatshandeln nehmen kann und welche Rolle hier demokratisch nicht legitimierte Entscheidungen und Personalisierungen spielen, ist recht einfach zu beantworten: Selbstredend wollen auch die EU-Politiker in die Entscheidungen der EZB wie in den USA und Japan eingreifen; die einen im Namen der Stabilitätspolitik, die anderen im Namen der Ankurbelung der Konjunktur. Sie müssen es in der EU zwar in anderer Form, unter anderen Bedingungen bewerkstelligen als in jenen Staaten, aber auch dabei setzt sich nur das Spiegelspiel der Ökonomen in das der Politiker fort (und bekommt dadurch erst, was nicht ganz nebensächlich ist, einen für die Medien verwertbaren Charakter von Nachrichten).

Was nun die tatsächliche Geschäftstätigkeit der EZB (und das ist ihr mit der der Nationalbanken in allen Staaten, die am Weltmarkt teilnehmen wollen, gemeinsam) betrifft, so sollte man davon ausgehen, dass deren ›Entscheidungsträger‹ selbstredend das allüberall aufzufindende »Gerangel um Einflussnahme« zwar aufmerksam verfolgen, selbst aber sich stark genug fühlen, nur der Sache (das heißt: den Implikationen der theoretischen Modelle in den ökonomischen Wissenschaften folgend), nicht aber politischen Einflüssen gemäß zu entscheiden. (Was heißt: einmal unterstellt, die Ökonomie folgt, anders als offensichtlich aktuell, tatsächlich den Vorgaben der ökonomischen Modelle, lässt sich ziemlich genau und überprüfbar berechnen, wie viel Geld zu welchen Bedingungen einer EU-Nationalbank zufließen kann. Dass hier, wie auf vielen anderen Gebieten auch, siehe aktuell die Behandlung der Flüchtlinge, die ›Fehlkonstruktion‹ der EU in Bezug auf die Souveränitätsfrage für zusätzliche, theoretisch eigentlich ›überflüssige‹ Probleme sorgt, ist evident, diese sind aber für die EZB, kann sie wirklich unabhängig agieren, nicht unüberwindlich.) Man kann die Einordnung der EZB in das Gesamtgefüge der EU mit dem Verhältnis der Exekutive zur Legislative in den Einzelstaaten (oder zur Presse als sogenannter vierter Gewalt) oder der Judikative zur Exekutive vergleichen; zumal die Übergabe der Währungshoheit in eine von der Exekutive ›unabhängige‹ Institution historisch nahezu zeitgleich mit der Gewaltenteilung erfolgte. Jedenfalls sollte man die Unabhängigkeit der einzelnen Gewalten voneinander nicht zu einem bloßen Schein erklären: So stark die Abhängigkeiten untereinander strukturell und personell auch sein mögen: man macht sich blind für die Realität, wenn man nicht konzediert, dass diese Unabhängigkeit der Gewalten zwar nicht unbedingt eine Bedingung der Möglichkeit für Kapitalakkumulation überhaupt ist, sich aber historisch herausgestellt hat, dass sie auf dieser Grundlage reibungsloser funktioniert. (Vergleichbar ist dies mit der gesetzlichen Durchsetzung des Verbots der Sklaverei, der Kinderarbeit, der Beschränkung der Arbeitszeit, des Mindestlohns etc.)

GS   Es ist im Gang Deiner Argumentation also nur folgerichtig, dass Du schließlich zum Problem der deutschen Hegemonie kommst und ebenso, dass Du dabei die Hegemonie der USA mit der Deutschlands kontrastierst. Du stellst die Frage, was Staaten umtreibt, danach zu streben, sich neben den USA als weitere hegemoniale

Macht etablieren zu wollen. Mit ökonomischer Rationalität habe das eben nichts zu tun, denn schließlich ist diesen USA – nicht immer und ungebrochen, aber historisch im Ganzen gesehen – nichts heiliger als die Bedingungen, die dem Kapital die bestmögliche Verwertung erlauben. Könnte man sagen: Vordergründig – es sind eben auch Staaten wie alle anderen, wie die USA selbst – geht es ihnen darum, nach Vermehrung des Reichtums, auch und gerade auf Kosten anderer Staaten zu streben, dieser Konkurrenzkampf wird jedoch an dem Punkt ökonomisch-rational betrachtet unsinnig, an dem sie die USA als beste Hüterin der Verwertungsbedingungen des Kapitals angreifen? Du schreibst aber dann: Deutschland gewinne immer: politisch und ökonomisch. Hier würde ich ergänzen wollen: Deutschland kann nur politisch gewinnen, soweit es ökonomisch immer nur phasenweise gewinnt: so wie etwa das Wirtschaftswunder im Deutschland der 1930er Jahre eine Phase war und dann wiederum das Wirtschaftswunder seit den 1950er Jahren.

MD Hier muss ich etwas weiter ausholen, da in dieser Frage das für mich für den Hegemoniebegriff Entscheidende unberücksichtigt ist; was wohl darauf zurückzuführen ist, dass ich das in dem hier diskutierten Artikel nicht deutlich genug gemacht habe. Zuvörderst geht es mir darum, hegemoniale Politik von imperialer strikt zu trennen. Um es kurz zu machen: der Prototyp eines Imperialismus ist das Römische Reich (wer will, und wem das zu eurozentristisch erscheint, kann auch das Osmanische nehmen). Originär der Kapitalakkumulation verpflichtete Staaten haben demgegenüber ›gelernt‹ (ein ›Lernprozess‹, der mit dem Kolonialismus – der schon kein originärer Imperialismus mehr war – begann und der zugegebenermaßen immer noch nicht als abgeschlossen gelten kann), dass ein derartig verfolgter Imperialismus für sie kontraproduktiv ist. (Ganz so, wie es im Resultat kontraproduktiv ist, in der Produktion nicht auf freie Lohnarbeit, sondern auf Zwangsarbeit zurückzugreifen.) Ein Hegemon richtet seine Macht nicht darauf hin aus, eine möglichst umfassende Kontrolle über die Innenpolitik der Staaten in seinem Einflussbereich zu erlangen, sondern es geht ihm darum, dafür zu sorgen, dass sich dort Marktstrukturen etablieren, die es erlauben, dass sich die Unternehmen in seinem unmittelbaren Einflussbereich, also auf seinem ›originären‹ Staatsgebiet, auf diesen Märkten genauso bewegen können wie ›zuhause‹, also dass in den Staaten, über die er seine Hegemonie ausübt, keine Bedingungen herrschen, die deren Akkumulation behindern.

Um welche Bedingungen es sich dabei handelt, ist nicht in wenigen Sätzen darzulegen. Es ist ja heute zum Beispiel nicht mehr entscheidend, ob der Hegemon in seinem Gebiet auf industrielle Produktionskapazitäten zurückgreifen kann; entscheidender ist, dass er – und sei es nur potentiell – über die Technologie und das Kapital verfügt, das ihm, etwa in einer Ausnahmesituation, erlaubt, quasi ›aus dem Stand‹ eine militärische Gewalt ›aus dem Boden zu stampfen‹, gegen die andere Staaten chancenlos sind. Ein Gegenhegemon kann sich nur wirklich entfalten, wenn er mit dem Hegemon, was die Bedingungen erfolgreicher Kapitalakkumulation betrifft, gleichziehen kann. Eine imperialistische Politik, so viel Unheil sie auch anrichten kann, ist hier von vornherein genauso chancenlos wie ein Unternehmen auf dem Weltmarkt, das auf Zwangsarbeit statt auf freie Lohnarbeit setzt.

Das nicht zu begreifen, ist nicht nur das Vorrecht von Reaktionären, auch die Ökonomen begreifen im Grunde nicht, warum Zwangsarbeit nicht produktiver sein soll als freie Lohnarbeit, und die Linke erst recht nicht. Für diese ist der Verzicht auf Sklaverei und Zwangsarbeit, ebenso wie die Gewaltenteilung und die Gewährung von Menschenrechten nicht eine sich hinter dem Rücken des Kapitals ergebende Folge eben dieses Kapitals selbst, sondern der Ausdruck erkämpfter Rechte: also des Klassenkampfs oder gar, idealistisch gefasst, des Rechts als solchen. Wobei zuzugestehen ist, dass sich diese Folge nicht wie von selbst einstellt, und also dort nicht, wo die Bürger das Engagement nicht aufbringen, die Möglichkeiten zu nutzen, die das Kapital bietet, um tradierte Autoritätsstrukturen aufzubrechen. Auch hier versagt die Linke, der jede auf was auch immer sich berufende Autorität willkommen ist, solange sie sich als gegen den ›Westen‹ gerichtet darstellen kann, auf ganzer Linie.

Dass ein Gegenhegemon wie Deutschland (Russland und China sind weitere Kandidaten) nur phasenweise gewinnen kann, ist zwar richtig, kann aber leider nicht beruhigen.

GS   Nun freilich beruft sich Deutschland darauf, dass sein Aufstieg eben nicht auf Krieg und Vernichtung beruht, sondern im Gegenteil auf Frieden und europäischer Einigung. Es erweckt den friedlichen Eindruck, als würde es (zusammen mit Vasallen wie Österreich, das sich an diese hegemoniale Position anheftet) Hegemon in Europa werden eben durch den Euro, so wie die USA Hegemon sind in der Welt durch den Dollar. Aber neben den USA und dem Dollar behalten die anderen Staaten ihre Souveränität dank deren eigener Währung, während in der Eurozone wesentliche Elemente der Souveränität eines Staats fallweise oder systematisch an die Institutionen in Brüssel abgegeben werden müssen, und zwar prinzipiell von allen Staaten dieser Zone. Aber Staaten wie Deutschland oder Österreich können jeden Verlust an Souveränität durch den Ausbau einer hegemonialen Politik ausgleichen, der sich wesentlich in jenen Absprachen und Arrangements wie mit entsprechendem Druck seitens der Öffentlichkeit der jeweiligen Länder vollzieht. Nicht nur im Fall der EZB, sondern jetzt auch in dem der Flüchtlingspolitik.

MD Auch Deutschland ist spätestens seit der Niederlage im Ersten Weltkrieg kein imperialistischer Staat mehr – sondern versucht sich (im Grunde schon seit seiner Reichsgründung) als Gegenhegemon (gegen Großbritannien und die USA) zu profilieren. (Die Schwierigkeiten der Historiker, die Politik des Deutschen Reichs bis zum Ersten Weltkrieg auf den Begriff zu bringen, resultieren daraus, dass sie immer noch historisch längst überholte imperiale Momente mit ›modernen‹ hegemonialen kombinieren.) Es gehört zur Politik auch dieses Gegenhegemons (und das Dritte Reich tanzt hier keineswegs aus der Reihe), nicht den Eindruck zu vermitteln, auf Krieg und Vernichtung zu setzen. Die Sache ist nur die, dass die Deutschen damals genau wussten, dass ihr Wahn, sich zum Weltsouverän zu erheben, sich ohne dieses Setzen auf Krieg und Vernichtung gar nicht verwirklichen ließ. Mag ja sein, dass es heute mehr Deutsche als Anfang der 1930er Jahre gibt, denen es mit dem Verzicht auf eine hegemoniale Rolle in der Welt ernst ist; ich habe da so meine Zweifel (die recht genau denen entsprechen, die in Deiner letzten Frage zum Ausdruck kommen).

Analog zu meiner Antwort auf die zweite Frage möchte ich die in dieser getroffene Aussage allerdings relativieren, dass die nationale (oder staatliche, oder sonst wie institutionalisierte) Verfügungsgewalt über eine eigene Währung tatsächlich Souveränität indiziert. Ökonomisch, und das beweist nicht nur der reale Sozialismus, ist nicht diese Verfügungsgewalt über eine Währung entscheidend, sondern deren Konvertibilität auf dem Weltmarkt. Mit Carl Schmitt möchte ich an dieser Stelle zu bedenken geben, dass man im ›normalen‹ Politik- und Ökonomiebetrieb gar nicht eruieren kann, wer hier Souveränität eigentlich ausübt und wo der Souverän seinen Sitz denn hat. (Wie sich angesichts der Behandlung der Flüchtlinge in den Gebieten des ehemaligen Ostblocks zeigt, scheint er dort immer noch im Volk zu hausen – dies ist ein weiteres Indiz dafür, was für

Verheerungen der Stalinismus in den Köpfen dieser Volksgenossen angerichtet hat.) Erst im Ausnahmezustand erweist sich, wer tatsächlich souverän ist. Wo Carl Schmitt recht hat, hat er es halt.

GS Ich würde da aber noch etwas hinzufügen wollen: Es ist völlig richtig, dass man außerhalb des Ausnahmezustands nicht eindeutig eruieren kann, wer Souveränität ausübt und wo der Souverän seinen Sitz eigentlich hat, und doch ist es diese Frage, die man sich stellen muss im ›normalen‹ Ökonomie- und Politikbetrieb, das fordert bereits der kategorische Imperativ nach Auschwitz. Andernfalls würde man hier auch eine absolute Trennung zwischen Ausnahmezustand und Normalzustand behaupten wollen, die ebenfalls verfehlt, was den Souverän ausmacht – aber durchaus im Interesse Carl Schmitts lag: Der hatte zweifellos recht mit dem Satz: Souverän ist, wer über den Ausnahmezustand entscheidet, nur dass er zugleich die Bedingungen systematisch zu verdrängen wusste, unter denen die Möglichkeit erst hervorgebracht wird, dass es jeweils einen Ort gibt, von dem aus über den Ausnahmezustand entschieden werden kann: ich meine damit nicht nur das Kapitalverhältnis, sondern natürlich auch das Verhältnis der Staaten zueinander, in dem eben keinerlei Trennung zwischen Ausnahmezustand und Normalzustand zu setzen ist. Da liegt der Abgrund bereits in der *Politischen Theologie* und in seinen Schriften zum Völkerbund aus den 1920er Jahren. Dass man sich im ›Normalzustand‹, der die Elemente des Ausnahmezustands stets schon in sich trägt, die Frage stellen muss, wer *vermutlich* Souveränität ausübt und wo der Souverän seinen Sitz jeweils haben *könnte*, auch wenn sie sich hier nicht wirklich und verlässlich beantworten lässt, ergibt sich schon aus dem potentiell kriegerischen Verhältnis der Staaten zueinander, man denke an die Vorbereitung der beiden Weltkriege und an den ›kommenden‹ dritten, aber auch nur an die Unterschiede zwischen den USA und der EU, die ja festgehalten werden müssen, um die Eigenart der EU zu verstehen. Was längerfristig natürlich nicht ausschließt, dass die USA selber zu einer zweiten EU werden können …

Ich möchte aber wieder zurück zu der Frage des Primats: Es wäre also im Sinne Deines Artikels deutsche Politik als Politik *katexochen* zu begreifen, geht es ihr doch letztlich darum, den Primat über die Ökonomie vollständig durchzusetzen? Könnte man sagen, dass diese Durchsetzung aber im Unterschied zum nationalsozialistischen und zum islamischen Unstaat selbst – einstweilen – noch in ökonomischen Formen vonstattengeht? Wobei eben die Formen einfach etwas verrückt im doppelten Wortsinn werden, wie die EZB als Nationalbank, die zwischen den Staaten statt in einem Staat steht. Die wirkliche Durchsetzung aber ermöglicht man sozusagen nebenher Regimen wie der Islamischen Republik Iran, wenn in den Beziehungen zu ihr gerade kein Primat der Politik gilt, der hier natürlich einer der Außenpolitik wäre.

MD Ich gebe zu, in meiner Antwort zum Verhältnis von Souverän und Ausnahme war wohl ein Wunsch der Vater des Gedankens, nämlich der, dass neben den Ökonomen und Politikern auch die Kritiker sich endlich davon lösen sollten, davon auszugehen, dass die Währungshoheit ein probates Mittel sein könnte, die ökonomische Realität positiv steuern zu können. In dieser Realität geht der Schuss, sich per Währungsmanipulationen vom Weltmarkt unabhängiger machen zu wollen, immer nach hinten los. Politisch stellt sich die Sache allerdings ganz anders dar, nämlich so wie von Dir dargestellt. Und in Verbindung gebracht mit dem Souverän würde ich sogar noch einen Schritt weiter gehen: Es könnte ja sogar sein, oder dazu kommen, dass – ob in einer Ausnahmesituation oder nicht – der Souverän seinen Sitz in die Institution verlagert, die die Währungshoheit innehat. Und dann werden, das folgt aus dem Begriff des Souveräns, alle meine Aussagen zur politischen Unabhängigkeit dieser Institution zur Makulatur: der Souverän wäre keiner, würde er sich seine Entscheidungen von der ökonomischen Rationalität vorgeben lassen. Um noch mal auf den Vater meines Gedankens zurückzukommen: in dieser Gesellschaft, in der jeder, egal ob Individuum, Institution oder Staat, mit aller Macht danach strebt, endlich ›souverän‹ zu werden, und – mit der wohl einzigen Ausnahme Israels – deshalb eine Idiotie die nächste jagt, reagiere ich spontan auf jede Abgabe von Souveränität mit ›klammheimlicher‹ Freude; auch wenn sich die Sache bei näherem Hinsehen nicht wirklich als Fortschritt erweisen lässt.

Vom Prinzip her kann ich den letzten Teil Deiner Frage nur mit einem einfachen, uneingeschränkten ›Ja‹ beantworten. Um nicht den Eindruck zu erwecken, ich wolle mich damit um eine klare Antwort drücken, möchte ich die Antwort in einen kleinen Exkurs über den Begriff des Primats in der Beziehung zwischen Politik und Ökonomie (oder anders: zwischen Gewalt und Rationalität) kleiden, dies auch deshalb, weil ich hoffe, damit auch das ansonsten bisher noch offen Gebliebene, so gut es in der Kürze irgend geht, zu beantworten.

Vorab sei festgehalten, dass es mir nur um den von der Ökonomie ausgehenden Einfluss auf die Politik geht; dass der Staat einer eigenen Logik folgt, an der das Ökonomische an seine Grenzen stößt, und das gilt ganz besonders für das Verhältnis der Staaten untereinander, also was das Diplomatische (nicht in seiner Form: die folgt heutzutage sogar weitgehend den von der Ökonomie ausgehenden Rationalisierungen, sondern deren Inhalt) betrifft. Meine obigen Bemerkungen zum Unterschied zwischen hegemonialer und imperialistischer Politik betreffen denn auch die Auseinandersetzungen zwischen verschiedenen Fraktionen innerhalb aller Staaten, wie Außenpolitik zu betreiben sei, nicht die Logik, aus der heraus sich dann das Verhältnis der Staaten untereinander tatsächlich gestaltet.

Insofern der Staat des Kapitals und das bürgerliche Recht (zusammengefasst: das Politische) die unverzichtbare Voraussetzung funktionierender Kapitalakkumulation sind, bleibt logisch zur Kennzeichnung der Beziehung zwischen Ökonomie und Politik sowieso im Grunde gar nichts anderes übrig, als von einem Primat der Politik zu sprechen. Zu bedenken dabei ist nur, dass der Begriff des Primats das Denken dazu verführt, das logisch erste auch für das gegenüber seinem anderen (hier der Ökonomie) Wichtigere und Entscheidende zu bestimmen. Der Form nach reproduziert sich in diesem Begriff dieselbe ›Logik‹, die die Marxisten etwa dazu brachte, die Produktionssphäre als von der Oberfläche, also der Zirkulationssphäre, verdeckte Basis zu erachten, von wo aus der (im Alltagsbewusstsein durchgängig vollzogene) Schritt, die Erscheinung als ›bloßen Schein‹, also für unwesentlich, als etwas nicht weiter Beachtenswertes, zu deklarieren, nahezu zwangsläufig erfolgt. (Zumal es sich meist bei diesen Marxisten höchstens deklamatorisch um Hegelianer handelt.)

Deswegen möchte ich, wo es analytisch darum geht, solch grundlegende Beziehungen wie die zwischen Politik und Ökonomie, Produktion und Zirkulation (analog der zwischen Wesen und Erscheinung, und das gilt eben auch für die Entgegensetzungen zwischen Subjekt und Objekt, Zufall und Notwendigkeit usw.) zu erfassen, gerne um den Begriff des Primats herumkommen; auch wenn, wie Hegels Logik beweist, von absoluter Gleichrangigkeit (doch hier geht es um etwas ganz anderes als Relevanz) in diesen Relationen nicht gesprochen werden kann, da es für deren Begreifen entscheidend ist, korrekt zu bestimmen, welcher Begriff den ihm entgegenstehenden zur Voraussetzung hat (banal gesagt: mit welchem der Anfang zu machen ist). Zumal, was die Beziehung zwischen Politik und Ökonomie betrifft, noch eine weitere ideologische, also die

Wirklichkeit verkehrende Denkform zutage tritt, auf die auch die Frage zielt: Alle Welt argumentiert rational, also der Form nach auf der Basis eines Primats des Ökonomischen, das heißt des Äquivalententausches, zu dessen Vollzug in Verhandlungen ein Kompromiss – beziehungsweise Konsens – ermittelt wird, der sich im Politischen natürlich nicht als Preis, sondern in der Form Gewalt ausschließender Verträge ausdrückt. Eine ideologiekritische Untersuchung der vorgebrachten Argumente (sei es zur Preis-, sei es zur Kompromissfindung) kann schnell aufweisen, dass in diesen Verhandlungen, vor allem also der Staaten untereinander, nicht die Vorstellung vom Primat des Ökonomischen, sondern das des Politischen (auch hier kann man getrost Carl Schmitt folgen) die Logik liefert, an der sich Denken und Handeln der Kontrahenten tatsächlich ausrichtet. Nur ganz besonders eklatant zeigt sich diese Verkehrung dann im Arbeiterbewegungsmarxismus, der ja nicht müde wird, den Primat des Ökonomischen (beziehungsweise den des Materiellen über das Ideelle, was aber das gleiche meint) zu betonen, sich zugleich aber nicht zu schade ist, offen auszusprechen, dass für ihn (wie immer auch verstanden: zumindest letztlich) der Klassenkampf, also das Politische die Formen und Inhalte der bürgerlichen Gesellschaft – und das Verhältnis der Staaten untereinander – bestimme, und eben auch bestimmen sollte.

Wobei ich hier noch einmal betonen will, dass selbstredend auch Preisverhandlungen nur der Form nach rational geführt werden. In ihnen ist die Logik des Politischen mit der des Ökonomischen in nur analytisch aufzulösender Weise ineinander verschränkt. Der Leitfaden zur Unterscheidung dieser beiden Logiken ist zum einen der Gegenstand dieser Verhandlungen: In der Politik geht es um Macht (und Souveränität), in der Ökonomie um Waren (deren Produktion und Verteilung); zum anderen das Ziel: Der Politik geht es um Befriedung (die Anhäufung von Macht gilt als Mittel, sie zu erreichen), der Ökonomie um die Festsetzung von Preisen, die, je entfernter sie vom Politischen stattfindet, umso funktionaler für die Kapitalakkumulation ist.

So sehr der Primat des Politischen also gar nicht bestritten werden kann, so sehr möchte ich doch darauf hinweisen, dass in dieser Sache der Begriff des Primats nur negativ verwendet werden sollte: als Polemik gegen diejenigen, die den tatsächlichen Primat des Politischen in dieser Gesellschaft nicht als abzuschaffende Gegebenheit begreifen (deren Abschaffung für nichts anderes zu sorgen hätte, als dass kein Mensch aus anderen als naturgegebenen Gründen sein

Leben nicht mehr leben kann), sondern ins Positive verkehren (womit sie sich, hier komme ich auf die letzte Frage zurück, als Anhänger deutscher Politik ›outen‹): als Anleitung zu einer bestimmten Praxis etwa, oder als Politik mit Begriffen.

GS   Da stimme ich vollkommen zu: die Frage ist nur, wie eine solche negative Verwendung des Begriffs des Primats zu bestimmen ist. Und ich denke: ein *Primat der Außenpolitik* – wie er sich aus der kritischen Lektüre der Hobbes-Deutung von Leo Strauss erschließen lässt – wäre ein solcher negativ gewendeter Primat des Politischen, weil er stets dagegen gerichtet ist, über die Gewaltverhältnisse, auch wenn sie ›innenpolitisch‹ suspendiert werden können, sich Illusionen zu machen, wie es die politisch Engagierten automatisch tun. Wenn es also eine Praxis jenseits des politischen Engagements und der Politik mit Begriffen geben kann, dann folgt sie der Bestimmung, die ich als praktischen Imperativ im Zeitalter des Antizionismus bezeichnen möchte: Die Durchsetzung und Verteidigung jeder einzelnen Vermittlungsform (»Rechtsstaatlichkeit«), wie sie zwangsläufig dem Kapitalverhältnis Rechnung tragen, ist niemals nur als Zweck zu begreifen, der das Schlimmere des barbarischen, vorkapitalistischen Zwangs verhindere, sondern zugleich als Mittel, die Juden gegen die Antisemiten, den Staat der Juden gegen dessen Feinde zu unterstützen.

MD   Kein vernünftiger Mensch hat etwas gegen Praxis: ihr muss aber eine die Realität erfassende Differenzierung der sie bestimmenden Kategorien vorangehen – doch die rückt in immer weitere Ferne. Einer der Indikatoren dafür ist, dass kein Linker mittlerweile mehr behaupten kann, er wüsste nichts von der tiefen inneren Verstrickung der von ihm in seinem Denken und seiner Praxis in Anspruch genommenen Kategorien in den Antisemitismus, und doch agiert er antizionistischer denn je. Mitverantwortlich dafür ist nicht zuletzt ein Kulturbegriff, der sich sowohl ökonomisch als auch politisch vollkommen in die ideologischen Verkehrungen des Kapitals verheddert hat: Wer für die Gleichberechtigung der Kulturen plädiert, argumentiert strikt im Sinne ökonomischer Rationalität und missachtet, dass die Differenzierung in verschiedene Kulturen, so wie sie heutzutage allseits betrieben wird, von Grund auf rassistisch ist. Auf die Idee, diesen Rassismus als Antirassismus zu verkaufen, kann nur eine bis ins Mark verkommene Linke kommen, die aus dem Scheitern ihres Primats des Politischen (vom Klassenkampf über die

Unterstützung nationaler Befreiungsbewegungen und allen, denen Israel als Feindbild gilt, bis hin heute zum Bündnis mit allem, das man zu Marxens – und sogar den 68er – Zeiten noch umstandslos den Reaktionären zugerechnet hätte: mit den Heimat-, Familien- und Naturschützern, den Feinden jeder Großtechnologie, mit Esoterikern, militanten Tierschützern und Veganern) seit der Mitte des 19. Jahrhunderts nicht das Geringste gelernt hat. Bleibt abzuwarten, wann man sich – und davor ist auch das heutige Deutschland alles andere als gefeit – auf den Juden (der sich heutzutage bekanntlich in Israel konzentriert) als den Feind einigt, der den Zusammenschluss all dieser Reaktionäre zum (sei es imperialistischen, sei es hegemonialen) Gegensouverän hintertreibt.

Manfred Dahlmann / Gerhard Scheit
Autarkie ist Regression [2017]

Manfred Dahlmann Wenn in den Diskussionen, auch in dem vorliegenden Heft [sans phrase 10/2017], auf die Unterschiede zwischen der Politik unter Trump und faschistischer Politik insistiert wird, so geschieht es mit historischen Begründungen, und das hat auch seine Richtigkeit. Logisch verstanden, ist die Gemeinsamkeit jedoch durchaus da und darauf ist ebenso zu insistieren: das ist die Autarkiebestrebung. Um diese Differenz geht es mir.

Man muss eben die Gegenwart und die Entwicklungen immer unter zwei Aspekten betrachten, die man strikt trennen muss: unter logischen und unter historischen. Historisch ist, was auf Erfahrung zurückgeht. Aber mit dem Kapital ist eben auch eine Logik in die Welt gesetzt, die auf Grund von Realabstraktionen funktioniert; hinter dem Rücken von Erfahrung und Geschichte. So sehr das also stimmen mag: dass eben das, was in den USA derzeit abläuft, historisch etwas vom Faschismus Unterschiedenes darstellt, ist die Autarkiebestrebung, logisch betrachtet, eine Gemeinsamkeit, die ebenso bestimmend und ebenso gefährlich ist, weil diese Option für die Reproduktion von Kapital eine Bedrohung darstellt, dem Kapitalbegriff zuinnerst widerspricht. Die Leute, die ihr folgen, widersprechen der Basis, auf der sie allein der Universalisierung des Kapitals widersprechen können.

Das bringt mich zu dem zweiten Punkt, der mir wichtig ist: dass man gegen diese ganzen Autarkiebestrebungen, die derzeit überall in Europa herumgeistern, im Sinne der *Dialektik der Aufklärung* argumentieren müsste, was heißen würde, dass die liberal-demokratische Form, so wie sie aktuell sich realisiert, aus sich selbst heraus diese Bewegungen freisetzt. Ansonsten ist nicht nachvollziehbar, wie der Konflikt zwischen Politik und Ökonomie, der Logik des Politischen und der Logik des Ökonomischen, des Historischen und des Strukturellen aktuell ausgetragen wird; dass das zwei völlig verschiedene Dinge sind, die in der Wirklichkeit zwar immer ineinander übergehen, aber getrennt betrachtet werden müssen. Das heißt natürlich nicht, dass die Logik dieser ›Einheit in der Trennung‹ nicht überschreitbar ist, dass sie als das Subjekt agiert, als das sie sich ausgibt, dem ich mich nur anpassen könnte. Das eben gerade nicht. Denn diese Logik kann ich, anders als die wissenschaftliche, rein formale, vielmehr überhaupt nur erfassen, wenn ich von der Erfahrung, vom Historischen aus denke. Der Einzelne hat auch hier der Ausgangspunkt zu sein, die leibliche Erfahrung des Einzelnen, doch die ist heillos in diese Widersprüchlichkeit von Logik und Geschichte verstrickt.

Beispiel Obama: Was war eigentlich so schlimm an Obama, logisch gesehen? Dass er, anders als die Konservativen, nicht zwischen der Logik des Politischen und der Logik des Ökonomischen unterscheiden kann, wie die gesamte Linke ebenso wenig, die dann eben in ihrer Äquivalenzlogik glaubt, mit Staaten wie der Islamischen Republik Iran könnte man in gleicher Weise verhandeln, wie zwischen Unternehmen um Preise verhandelt wird. Dass aber die Autarkieoption, auf die das iranische Regime von Anfang an gesetzt hat, einer ganz anderen Logik folgt, das verstanden und verstehen diese Linksdemokraten einfach nicht. Sie glauben, wenn man nur lange genug diskutiert, wird sich der ewige Frieden schon noch einstellen.

Gerhard Scheit Die Frage ist nun, ob die Autarkiebestrebungen, soweit sie Trump formuliert und zu seinem Programm gemacht hat, bei einer hegemonialen Macht wie den USA sich überhaupt durchsetzen und wie sie sich durchsetzen können. Bei der Islamischen Republik Iran, um das extreme Gegenbeispiel zu nehmen, ist aber von vornherein klar gewesen, dass sie – die hier natürlich auf dem Gegenteil von Autarkie beruhen: nämlich dem Verkauf von Erdöl – sich durchsetzen und einer inneren Logik folgend umschlagen in eine gegen die Hegemonie der USA und die Existenz Israels gerichtete politische Welteroberungsstrategie.

MD Ich muss ein wenig weiter ausholen: Der Slogan ›America first‹ beruht ja zunächst auf einem bestimmten, von Grund auf ahistorischen Reichtumsbegriff. Wie aber erzeugt sich der für die kapitalistische Welt spezifische Reichtum tatsächlich, also praktisch? Dieser wird ja in einer »ungeheuren Warensammlung« (Karl Marx) repräsentiert, der alle bisherigen historischen Formen von Reichtumsbildung weit übersteigt; quantitativ wie qualitativ. Der Slogan zielt, wie jede Autarkiebestrebung, natürlich darauf, genau diesen, spezifisch kapitalistisch erzeugten Reichtum im eigenen Land zu halten beziehungsweise nur hier neu zu schaffen. Jeder Autarkist behauptet ja, logisch mal mehr, mal weniger implizit, dass die Weltmarktkonkurrenz für die Krisen im eigenen Staat letztlich verantwortlich sei und die Kapitalakkumulation erfolgreicher gestaltet werden könne, je souveräner der Staat den anderen gegenüber auch ökonomisch agiere.

Trump verspricht, dass man sich von der Weltmarktkonkurrenz lösen könne und propagiert dazu ein Programm, dem gemäß man die Staatseinnahmen senken und zugleich die Staatsausgaben erhöhen muss, um den USA zu neuem Reichtum zu verhelfen. Logisch betrachtet ist das Blödsinn, dennoch ist ein Erfolg nicht von vornherein ausgeschlossen – hat das Kapital historisch doch schon oft genug bewiesen, dass es von Grund auf alles andere als eine rationale Veranstaltung ist, sondern, unter bestimmten historischen Bedingungen, auch und gerade eine jeder Ratio Hohn sprechende Praxis seine Akkumulation erweitert.

Zu bedenken ist hier zudem, dass Trump politisch und ökonomisch ja richtig liegt, wenn er kritisiert, dass die Europäer sich zum Beispiel bei den Beitragszahlungen für die NATO vornehm zurückhalten. Wie er das korrigieren kann, also so etwas wie den ›gerechten Preis‹ dabei ermitteln will, ist wieder eine andere Sache. Der Autarkist ist jedenfalls davon überzeugt, dass die Reichtumsverteilung in der Welt keine Folge abstrakter, verselbständigter Marktbeziehungen ist, sondern auf dem konkreten Handeln einzelner Nationalstaaten beruhe.

Und dann tritt bei der Frage der anderen Ausgangsposition der USA gegenüber den europäischen Autarkisten noch die Sache mit der Handelsbilanz hinzu, die etwa mit der Deutschlands nicht zu vergleichen ist: Wenn ich im Besitz der Leitwährung bin, dann sind meine Defizite aus dem Außenhandel qualitativ völlig anders zu beurteilen als die Defizite der Staaten, die ihre Währung erst noch in diese Leitwährung konvertieren müssen, um am Welthandel überhaupt erst teilnehmen zu können. Die, vor allem auch politischen Möglichkeiten, diese Defizite ›auszugleichen‹, ohne dass dies die Reichtumsakkumulation belastet, sind für die USA offensichtlich unvergleichlich andere als etwa für Griechenland und die allermeisten anderen Staaten. Zur Not gleicht man die dann eben aus, indem man einfach frisches Geld in Umlauf bringt. In diesem Zusammenhang hat Trump intuitiv ebenfalls korrekt wahrgenommen, dass die EU natürlich ein Konkurrenzprodukt zur USA ist, nicht nur was den Kampf um die Leitwährung betrifft. Fällt diese EU nun dank der Autarkiebestrebungen ihrer Mitglieder auseinander, werden die

Karten neu gemischt und das dürfte sich für die Zentralisation des weltweit produzierten Reichtums in den USA vorteilhaft auswirken.

Trotzdem bleibt die Auffassung, man könne den Weltmarkt politisch aushebeln und auf diese Weise reich werden, auch für den Welthegemon ein Wahn. Historisch läuft der Versuch, sich den kapitalistisch erzeugten Reichtum anzueignen, ohne seine logisch-abstrakten Voraussetzungen (also den Weltmarkt mit dessen Tendenz, über Geld und Arbeitskraft frei von staatlicher Autorität zu verfügen) nicht nur zu missachten, sondern geradezu zu zerstören, darauf hinaus, sich Reichtum, wie in der kapitalistischen Vorzeit, wieder allein unmittelbar, das heißt gewaltförmig und nur auf den Gebrauchswert bezogen, anzueignen.

Deine Frage, ob sich die Autarkiebestrebung unter Trump in den USA überhaupt durchsetzen lässt, würde ich dahingehend beantworten, dass die historische Ausgangslage hier, anders als in Europa, die Logik wohl dominieren dürfte. Es fallen mir zum Vergleich die *Studien zum autoritären Charakter* ein: Die Entwicklungstendenzen der politischen Bewegungen selbst existieren natürlich auch (und gerade) in den USA; lassen sich hier sogar besonders klar analysieren. Ihre schließliche Durchsetzung obliegt dann den Europäern; genauer: Deutschland.

GS Zu fragen wäre sogar, ob die – vorübergehend angenommene – Autarkieoption, so wahnhaft sie an sich auch ist, im Fall der USA, also unter den Voraussetzungen, dass die hegemoniale Politik prinzipiell nicht aufgegeben werden wird, dazu führt, im Gegenteil die hegemoniale Position der USA zu stärken. Wie ja auch in der Geschichte der USA immer wieder die Option für Isolationismus vorübergehend sich behaupten konnte.

MD Hier liegt natürlich der Vergleich mit den 1920er und 1930er Jahren nahe. Damals aber war der US-Binnenmarkt noch groß genug, das durchzuziehen und darauf so etwas wie eine vorübergehende Autarkie zu gründen. Nach der Entwicklung der letzten 50 bis 60 Jahre würde ich aber eher der Auffassung zuneigen, dass dies selbst für die USA gar nicht mehr möglich ist.

Logisch läuft diese Politik natürlich zunächst auf einen Handelskrieg hinaus: Wenn der eine die Importzölle erhöht, macht der andere dasselbe. Schließlich sollte man sich daran erinnern, dass die Herstellung des europäischen Binnenmarktes auf einer Politik beruhte, die, wie bewusst auch immer, darauf zielte, die historischen

Ursachen der innereuropäischen Kriege zu beseitigen: Innerhalb der EU ist eben dank des Binnenmarktes die Gefahr eines Handelskriegs, abgesehen davon, was da sonst an Quatsch passiert, praktisch beseitigt und die militärische Karte nicht mehr wirklich zu spielen. Wenn Großbritannien nun austritt, wäre es diplomatisch gar nicht so ungeschickt zu sagen: ›Wir Briten stellen uns in dem Handelskrieg, sobald der zwischen den USA und der EU ausbricht, als Vermittler zur Verfügung.‹ Aber das ändert natürlich nichts an der Logik selbst: In jedem Handelskrieg eröffnet sich prinzipiell auch die militärische Option.

GS Allerdings finden die militärischen Konfrontationen heute von vornherein woanders statt und die Konflikte, die aus einem Handelskrieg resultieren, werden nicht unmittelbar zwischen diesen führenden Nationen des Handelskriegs ausgetragen, sondern sozusagen ›über Bande‹, über den Nahen und Mittleren Osten.

MD Aber logisch ist der Handelskrieg die Vorstufe. Wie und wo das dann militärisch ausgetragen wird, ist eine andere Frage, das kommt dann auf die jeweiligen Bündnisse an. Und diese, das zeigt jeder Blick in die Geschichte, bilden sich nur sehr bedingt aufgrund der Logik gemeinsamer ökonomischer, imperialer oder sonstiger Interessen; entscheidend bleibt hier die dezisionistische Freund-/Feind-Bestimmung, wie sie von Carl Schmitt offengelegt wurde. Jedenfalls zeugt die Vorstellung, der Zerfall der EU bedeute eine Schwächung der deutschen Hegemonie in Europa, von kruder Geschichtsblindheit: Zweifellos dominiert in der EU die deutsche Ideologie: allerdings ›nur‹ ökonomisch; mir ist absolut schleierhaft, wie man glauben kann, Deutschland ginge im Falle einer erneut losgelassenen Rivalität der europäischen Kleinstaaterei (besonders in Südosteuropa) politisch und ökonomisch nicht als Sieger vom Platz.

Die Frage ist immer: Inwiefern beschränkt die Logik die historischen Möglichkeiten oder eröffnet neue. Es geht dabei um die Logik, die, wie gesagt, auf Realabstraktionen beruht. Die Reflexion auf sie fehlt fast überall in den Überlegungen zur aktuellen Situation. Zumal ja auch die Ermittlung der historischen Zusammenhänge selbst wieder erkenntnistheoretische, oder anders: kapitallogische Voraussetzungen hat, die ungefragt unterstellt werden: also ohne zu fragen, ob die eigenen Urteile wahr sind, ob die gedankliche Rekonstruktion der Geschichte auf Begriffen beruht oder es sich dabei nur um Phantasieprodukte handelt. Stattdessen wird so getan, als ob Logik immer nur die nominale, absolute wäre, wie wir sie als rationale kennen; das ist sie eben nicht. Mit der Vorstellung einzelstaatlicher Autarkie ist eine Logik gesetzt im Denken, die Optionen neu eröffnet und das gilt dann auch für die militärische Option. Wie immer etwa auch dann, wenn dem Staat die Aufgabe zugeschustert wird, anstelle des Marktes für die Akkumulation von Kapital zu sorgen, führt auch diese im Autarkiebegriff angelegte Erweiterung staatlicher Kompetenzen (statt sie, im Sinne bürgerlichen Engagements, zu beschränken) nur zum Schlechteren. Die Frage nach dem Ort und dem Inhaber der Souveränität, was heißt: die Frage über Tod und Leben der Staatsbürger, wird auf diese Weise völlig anders, zweifellos reaktionärer, angegangen als dort, wo es vordringlich um die Durchsetzung liberaler Weltmarkt- oder Globalisierungsverhältnisse geht.

GS   Diese Setzung ist jedoch selbst wieder unter dem Gesichtspunkt der *Dialektik der Aufklärung* zu betrachten: Die Politik Obamas, die scheinbar nicht von Autarkiebestrebungen geleitet war, was jedenfalls den Weltmarkt betraf, aber schon den Weg zum politischen Isolationismus gebahnt hat, brachte die Autarkieoption hervor. Im Grunde aber lautet die alles entscheidende Frage: Wo und woran scheitert diese Option?

MD   An etwas ganz Banalem, und an dem, woran sie in den letzten 500 Jahren immer wieder gescheitert ist: am ›Volkswillen‹. Wenn die Waren wegen der Zölle das Doppelte kosten oder gar nicht erst importiert werden, dann richtet sich dieser Volkswille, obwohl er doch auf die Autarkiepolitik ansonsten so dermaßen fixiert ist, dass seine Träger für sie zu sterben bereit sind, gegen die Autarkie. Der Weltmarkt, den keiner ja je wirklich gewollt hat und für dessen Entstehung es nie eine politische Bewegung gegeben hat, sondern der sich hinter dem Rücken der Einzelstaaten durchsetzte, entstand in diesem Zwiespalt der Bürger, den sich im Weltmarkt ausbildenden Reichtum sich aneignen zu wollen, dabei aber auf den Staat setzen zu müssen, der aber nun einmal der größte Feind des Weltmarktes ist; ihn tendenziell zerstört. Man kann es auch so sagen: Das Volk ist ein Souverän, der sich immer wieder selbst an seinen größten Feind verrät und zu ihm überläuft.

GS   Das wünschenswerte Banale kann für die USA in Aussicht gestellt werden, aber nicht für Länder, in denen sich die Autarkie schon einmal in Form von Katastrophenpolitik durchgesetzt hat.

Eine politische Bewegung im Sinne eines Massenrackets, das Trump ja durchaus vermissen lässt, kann sich nur behaupten, wenn diese Frage des Warenkonsums als eine sekundäre, nachrangige von den Individuen immer auch für deren eigenes Leben eingestuft wird, die politische Bewegung und das Volk dagegen als das Primäre.

MD   Oder aber gesagt wird, wir brauchen noch zehn Jahre, wie im ›Sozialismus in einem Land‹, dann haben wir den Westen überholt. Es wird von der Autarkiebewegung, wie vorhin gesagt, und wie logisch implizit bleibend auch immer, ja behauptet, dass einzig ihre Politik den nationalen Reichtum steigern könne, wohingegen die Globalisierung der letzten fünf Jahrhunderte für alle Übel dieser Welt verantwortlich gemacht wird.

GS   Diese Behauptung kann wiederum nur in Form einer politischen Bewegung oder von Massenrackets glaubhaft erscheinen. Anders gesagt: Man kann über Autarkie tatsächlich immer nur sprechen, indem man zugleich über die Projektion des totalen Feinds, über Antiamerikanismus und Antisemitismus spricht. Deshalb kann eben die Islamische Republik Iran Autarkie in ihrer Weise praktizieren, also diese Autarkie, was in deren innerer Logik liegt, in eine fortschreitende Ausdehnung ihrer Macht auf den Nahen Osten umwenden, mit dem Ziel, den totalen Feind Israel zu vernichten. Bei Trump fehlen von vornherein die Voraussetzungen, der inneren Logik der Autarkie in dieser Weise zu folgen, umgekehrt könnte aber der Wahn der Autarkie ihn dazu bringen, dass er nichts gegen diesen Vernichtungswahn unternimmt oder ihm durch Bündnispolitik womöglich freie Bahn schafft.

MD   So liegt auch das Problem, über Trump selbst zu reden, eigentlich darin, dass alles, was man über ihn sagen kann, immer noch zu rational ist, selbst wenn man sagt: der ist verrückt. Vermeiden sollte man allerdings, nun dem Trump doch noch irgendetwas Positives abzugewinnen. Was mir bei der *Bahamas* letztens auffiel (ich habe nur ein oder zwei Artikel der letzten Nummer gelesen), ist in dieser Hinsicht, dass hier dem blinden Trump-Bashing mit der Begründung entgegengetreten wird, er führe doch den Volkswillen aus; und das wurde Trump zugutegehalten. Das tut er ja auch tatsächlich, aber das ist reines Geblubber; wie immer, wo der Volkswille, der Urgrund allen Übels, sich ausspricht. Trump ist ein ästhetisches Problem, kein moralisches.

GS Geblubber ist der Volkswille ohne Volk, ohne Bewegung, ohne Massenracket. Im Vergleich zur Katastrophenpolitik ist das noch ein Glück.

MD Was man sagen kann, ist, dass aus der Autarkieoption Regression resultiert, aber man kann nicht sagen, dass aus der anderen Option etwas Besseres folgt. Der Autarkiegedanke liegt unterhalb der Kritik, den kann ich nur denunzieren. Das andere kann ich zumindest begrifflich aufschließen. (Das unterscheidet dann letztlich auch Trump von Macron.) Die Ablehnung des Autarkiegedankens – das erinnert an die internationalistische Kritik der Trotzkisten am Sozialismus in einem Land – ist die Voraussetzung, dass es wenigstens so weitergeht und es noch eine Chance gibt einer wirklichen Änderung zum Besseren. Es fällt ja auf, wie die linken Globalisierungsgegner nun zu Trump schweigen.

GS Bei Trump zielt die Denunziation also auf ein eher ästhetisches Problem. Dort aber, wo sich eine politische Bewegung des Autarkiegedankens annimmt, die ihre Einheit aus der Projektion eines totalen Feinds gewinnt, der vernichtet werden soll, trifft die Denunziation auf etwas anderes. Es scheint sogar, dass die Globalisierungsgegner durchaus spüren, dass ihre Ziele in Trumps Mund etwas anderes bedeuten als das, was sie eigentlich wollen, sie vermissen hier eben jenen totalen Feind, auf dem letztlich auch ihre Bewegung gründet.

MD Für die Autarkisten ist der Hauptfeind der vom Weltmarkt ausgehende (im Juden personifizierte) Liberalismus. Und statt in der ökonomischen Konkurrenz den Erfolg zu suchen, betreibt man politisch-militärische Eroberung, mit diesem Feindbild vor Augen. Darüber hinaus muss man von dem Praxisfetisch endlich ganz wegkommen: Also zu urteilen, bevor man noch reflektiert hat auf diese ökonomischen, logischen Voraussetzungen, und schon Partei zu ergreifen, eine Analyse zu erwarten, die mir sagt: ich muss *die* Autarkisten bekämpfen oder *den* Westen verteidigen.

GS Ohne sich zu fragen, was der Westen denn ist.

MD Ich brauche zunächst einmal Begriffe, mit Hegel gesprochen: Seins- und Wesenslogik, Rechtsstaat, Krieg … Was heißt das alles, heutzutage? Dies in dem Wissen, dass ich immer nur vom Einzelnen ausgehen kann und dass ich von hier aus, und ›nur‹ von hier aus, auf die Totalität reflektieren muss. Der allerorten grassierende Praxisfetisch verhindert diese Reflexion. Wobei das Parteiergreifen natürlich alles andere als verkehrt ist, sondern, von historischer Erfahrung und bestimmten Situationen bedingt, immer auch geboten ist. Aber als Resultat begründeter Urteile; nicht als Identifikation mit politischen Bewegungen.

Vor allem sollte man endlich damit brechen, die Abtretung einzelstaatlicher Befugnisse an übernationale Institutionen wie die EU als Souveränitäts- oder sonstigen Verlust zu denunzieren und zu beklagen, dass sie sich den Sorgen und Ängsten der Bürger nicht ausreichend öffneten, ihnen die Identifikation mit ihrer Politik verweigerten: Wer von der Politik verlangt, sie habe Bedürfnisse zu befriedigen, statt dies der Ökonomie (also der Warenproduktion) zu überlassen und für nichts weiter als eine funktionierende Verwaltung zu sorgen, betreibt das Geschäft des deutschen Idealismus, das in den Autarkiebestrebungen seine Grundlage hat (deren Resultate sind aktuell in besonders reiner Form in Nordkorea zu besichtigen). Vor allem sollte er sich über ihr Entstehen nicht verwundert die Augen reiben: hat er sie doch selbst erzeugt.

Manfred Dahlmann / Christian Thalmaier
Anmerkungen zur Logik und Geschichte des Kapitals. Ein Gespräch. 1. Teil [2017]

Abstraktion vom Gebrauchswert 411
Arbeit und Wert 417
Theorie und Kritik 419
Das reale Verschwinden des Gebrauchswerts 424
Abstraktion und Konkretion 425
Anschauung und Logik 428
Anschauung und Geschichte 430
Arbeitsproduktivität und Krise 432
Leistungszwang und Konkurrenz 434
Ausbeutung und Herrschaft 436
Kritik als Verwerfung 439

[Das Gespräch fand am 15. Mai 2017 in Freiburg statt. Zufälliger Anlass war ein Artikel von Thomas Maul in der Jungle World vom 6.4.2017 über die *Aktualität von Marx' ›Kapital‹*: »Ricardos Hüte leben«. Darin behauptet dieser Autor einen minimalistischen Kanon von Marxschen Texten, auf die sich die Rezeption im Abschied von der Neuen Marx-Lektüre beschränken könne. Das Lebenswerk von Marx lasse sich »abzüglich von Redundanzen« auf etwa 100 Seiten konzentrieren. Im Zentrum des Artikels steht die Skandalisierung der Lohnform, die »als solche himmelschreiendes gesellschaftliches Unrecht« sei. Marx liege insoweit mit seiner Werttheorie falsch und mit seiner Wertkritik richtig, weil letztere »beweise«, dass die bürgerliche Realität der Warenproduktion »wesenhaft aporetisch« sei. Denn diese müsse »auch juristisch implizit – zugleich die Identität und die Nichtidentität von Arbeiter (Verkäufer) und Arbeitskraftvermögen (Ware) unterstellen, um sich praktisch zu vollziehen«.]

Abstraktion vom Gebrauchswert

Manfred Dahlmann Thomas Maul sieht das Grundübel des Kapitalismus also in der Lohnform. Er schreibt damit denselben Fehler fort wie der Arbeiterbewegungsmarxismus seligen Angedenkens, einen Fehler, der auch von Marxinterpreten nicht aufgedeckt wird, die die erkenntniskritischen Implikationen im *Kapital* nachzuvollziehen in der Lage sind. Zu nennen wäre hier aus neuerer Zeit besonders Frank Engster,[1] der diese falsche Interpretation quasi auf die Spitze treibt, indem er die von Marx dargelegten Schemata aus dem ersten Band des *Kapitals* bezüglich der Aufteilung des Arbeitstages in (von Natur aus) notwendige und (gesellschaftlich bedingte) Arbeitszeit ausdrücklich würdigt als das zentrale Resultat des Marxschen Versuchs, das Kapital auf den Begriff zu bringen. Demgemäß glaubt er zu wissen (und tritt damit in die Fußstapfen der Interpreten, die das *Kapital*

---

[1] Das Geld als Maß, Mittel und Methode.

als Anleitung zum Klassenkampf missverstehen): Der Mehrwert entsteht daraus, dass der Arbeiter seine Arbeitskraft eine Zeit lang für seine leibliche Reproduktion verausgabt, den Rest des Arbeitstages aber für die Erzeugung eines Mehrprodukts, das in der Wertgleichung dann als der den (Tausch-)Wert der Arbeitskraft übersteigende Mehrwert erscheint. Für Engster etwa folgt aus diesem Schema, dass mit der durch den technischen Fortschritt möglich werdenden Senkung der Reproduktionskosten der (konkret verausgabten) Arbeit zugleich sich die Profitrate des Kapitals erhöht. Der Grundfehler ist, dass er einem Zirkelschluss aufsitzt: Richtig ist, dass Marx die Entstehung des Mehrwerts darauf gründet, dass in der Warenproduktion (gemeint ist hier aber beileibe nicht nur die Produktion der für den Erhalt der Arbeitskraft notwendigen Waren, sondern selbstredend die aller Waren) die Ware Arbeitskraft durch Maschinerie (auf heute bezogen wäre der Ausdruck Technologie adäquater) ersetzt wird. In jenem so verstandenen Verhältnis der für die leibliche Reproduktion des Arbeiters notwendigen zu der darüber hinausgehenden Arbeitszeit ist diese Ersetzung (die Volkswirtschaftslehre spricht diesbezüglich von Arbeitsproduktivität) so gesetzt, als ob sie, wie ein Naturgesetz, von außen (von den Unternehmern) in die Warenproduktion hineingetragen würde. Es ist, als ob das Grundgesetz kapitalistischer Produktionsweise lautete: Je weiter die Reproduktionskosten der Arbeitskraft sinken, umso größer der Profit der Kapitalisten. Womit Engster (und mit ihm Marxologen wie Maul) das zu Erklärende (nämlich: wie es möglich ist, dass Arbeit zwar die Quelle allen Werts sein soll, er aber sich vermehrt, obwohl zur Herstellung derselben Waren tatsächlich weniger gearbeitet wird) mit eben diesem erst noch zu Erklärenden erklärt.

Christian Thalmaier Würde Engster das sogenannte Gesetz vom tendenziellen Fall der Profitrate leugnen?

MD Nein, das kann man im Grunde gar nicht. Keiner, selbstredend auch Marx nicht, kann der Logik entgehen, dass dann, wenn denn die Arbeit einzige Quelle (objektiven) Werts ist, absolut gilt: Je weniger gearbeitet wird (beziehungsweise mehr; wie auch immer Arbeit gemessen wird: ob bezogen auf die Zeit oder ihre Intensität), umso geringer (beziehungsweise größer) der Warenwert. Doch die kapitalistische Realität sieht, das weiß jeder, ja ganz anders aus. Hier gilt eine vollkommen andere Korrelation zwischen Arbeit und Wert, nämlich: Der in den Waren angehäufte Wert steigt, je weniger Arbeit zu ihrer Herstellung aufgebracht worden ist. Um es kurz zu machen: Für Engster ist also gar nicht die Arbeit, sondern der technische Fortschritt (und das auch nur eingeschränkt auf die Kosten der Ware Arbeitskraft) die wahre Quelle des (Mehr-)Werts. Das hat nicht nur nichts mit der Marxschen Auflösung des Mysteriums kapitalistischer Reichtumsakkumulation zu tun, sondern ist auch sachlich schlichtweg falsch; da mögen die Ökonomen noch so sehr derselben Auffassung sein wie Engster.

Ich möchte jetzt aber erst einmal von Maul und Engster weg und ausführen: Marx beginnt seine Analyse der Ware mit einer radikalen Abstraktion. Er abstrahiert vom Gebrauchswert, von der Gewalt, von der Psyche mit ihrer libidinösen Besetzung der Dinge, die als Waren getauscht werden. Alles, was irgendwie subjektiv ist, soll außen vor bleiben. Dann aber, wenn die Analyse bei den Reproduktionskosten der Ware Arbeitskraft angekommen ist, spricht er auf einmal vom Doppelcharakter der Ware Arbeitskraft im Hinblick auf ihren Gebrauchswert (für das Kapital). Und nun ist der Wert quasi zweimal da. Jetzt spielt er als Gebrauchswert eine zentrale Rolle, er soll die ausbeuterische Aufteilung des Arbeitstages in den einen Teil zur Deckung der Reproduktionskosten und den anderen zur Generierung von Mehrwert plausibel machen.

CT Obwohl doch der Gebrauchswert als eine Kategorie der Sinnlichkeit, von der abstrahiert werden sollte, nur als selbstverständliche, aber für den Fortgang der Analyse unwesentliche bloße Voraussetzung des Tauschaktes seine Stelle hat.

MD Ja, was er vorher ausschließen wollte, baut Marx dann doch als Argument an zentraler Stelle wieder ein. Und so kann es kaum verwundern, dass alle Welt sich nun auf diesen Gebrauchswert stürzt, obwohl von ihm doch bewusst abstrahiert werden sollte.

CT Der Gebrauchswert befindet sich im Modus permanenten Verschwindens und bleibt doch Voraussetzung.

MD Ja, aber was heißt nun Voraussetzung? Ich würde dieses Wieder-Einholen des Gebrauchswerts bei Marx auch nicht unbedingt als klassischen ›Fehler‹ bezeichnen, er hatte seine Gründe. Aber der Leser muss das wie Thomas Maul missverstehen, wenn Marx, was an der Lohnform schlecht und skandalös ist (was ja gar nicht zu bestreiten ist), darauf gründet, dass nun auf einmal doch vom Gebrauchswert die Rede ist. Dem Leser erscheint dies als Berechtigung, schon an dieser Stelle moralische Urteile (bei Maul geradezu in der Form eines Existentialurteils) zu fällen, die eine weitere Lektüre des *Kapitals* dann tatsächlich überflüssig machen. Doch diese Moralisierung trägt zur Erkenntnis der Weise, wie im Kapitalismus Wert verwertet und dabei Gewinn erzeugt wird, der nicht auf unmittelbarer Aneignung, also Gewalt, Raub oder Betrug beruht von Grund auf nicht nur nichts bei, sondern verhindert sie geradezu.

Um das von nahezu allen Marxinterpreten verfehlte und nicht zuletzt von Marx selbst in der Form seiner Darstellung auch wieder verdeckte Mysterium aller politischen Ökonomie des Kapitals deutlich werden zu lassen, fange ich am besten nochmal ganz von vorne an:

Der erste Satz des *Kapitals* lautet, etwas umformuliert: Die historische Spezifik des Kapitals besteht darin, dass der Reichtum in der Form einer ungeheuren Warensammlung erscheint. Dieses Phänomen existiert erstmals und einzig im Kapitalismus. Die Gründe für das Entstehen dieser Spezifik zu erklären, ist die allseits verkannte Hauptaufgabe aller politischen Ökonomie. (Diese Verkennung gab es in den marxistischen Debatten der 1970er Jahre allerdings so wie heutzutage noch nicht; da war die Abgrenzung der kapitalistischen Vergesellschaftung von allen anderen zentrales Thema.)

Die Lohnform, und die in ihr angelegte Möglichkeit, sich so wie Marx den Prozess der Mehrwertproduktion zu veranschaulichen, kann zu dieser Erklärung nichts beitragen, denn die gab es nach Auffassung der meisten Archäologen schon beim Bau der Pyramiden im ägyptischen Altertum. Erst recht im alten Rom gab es schon die freie, nach Zeitaufwand bezahlte Arbeitskraft; wohl jede sogenannte Hochkultur dürfte in einem mehr oder weniger großen Ausmaß auf die Arbeitskraft von Untergebenen zurückgegriffen haben, deren Verausgabung nicht auf unmittelbar ausgeübtem Zwang (Sklaverei, Zwangsarbeit) beruht.

Diese Tatsache der historischen Spezifik kapitalistischer Reichtumsproduktion ergibt sich allein schon auf der Ebene der Anschauung. In vorkapitalistischen Gesellschaften bestand der Reichtum in Tierherden, Tempelbauten, Kanalisationssystemen und – was weiß ich alles. Dieser neue Begriff von Reichtum hat zur Folge, dass es betriebswirtschaftlich (ich bleibe auf der Ebene der Anschauung) zu Gewinnen kommt, die, volks- und weltwirtschaftlich zusammengenommen, die Summe aller Verluste der keinen Gewinn erwirtschaftenden Unternehmen weit übersteigt – was für den ›gesunden‹ Menschenverstand ein Ding der Unmöglichkeit ist. Also muss es eine allein dem Kapital eigene Dynamik geben, die dieses produktive Missverhältnis verursacht; die also Gewinne zu erzielen erlaubt, die nicht auf Verlusten Anderer beruhen.

CT   … was Marx ausdrücklich gezeigt hat. Alle durch Kaufmannslist, Tricks und Schnäppchen erhandelten Gewinne entsprechen spätestens in einer »Weltgesamtrechnung« exakt den Verlusten der Vertragspartner der Kaufleute, Trickbetrüger und Schnäppchenjäger. Da kommt niemals ein ›Mehr‹ heraus.

MD   Ja, es lässt sich dagegen, wiederum allein schon durch Anschauung, feststellen, dass betriebswirtschaftlich und volkswirtschaftlich weltweit reales Wachstum generiert wird.

CT   Lass uns an dieser Stelle langsam sein und nochmals zum Anfang zurückgehen. Dieser erste Satz, wonach der Reichtum im Kapitalismus als ungeheure Warensammlung erscheint, impliziert doch, dass es einen überhistorischen Begriff des Reichtums gebe, dass es also innerhalb der Geschichte mindestens zwei unterscheidbare Formen des Reichtums geben muss. Wie ist das zu denken?

MD   Darauf will ich auch hinaus, aber nicht ganz so schnell; im Grunde kann erst am Ende angegeben werden, welche Formen der Begriff vom Reichtum (als Reichtum überhaupt) unter welchen historischen Bedingungen annehmen kann. Das Kapital erzeugt nun einmal eine Form, die andere Gesellschaften nicht kennen. Es muss also vor allem anderen gezeigt werden, wie dieser spezifische Reichtum, auf den sich ja übrigens seit dessen Genesis alle Welt kapriziert, um an ihm partizipieren zu können, sich erzeugt. Dazu kann ich nun einmal nicht auf Phänomene zurückgreifen, die es schon vor dieser Genesis gab. Mit anderen Worten: Ich muss einen allein dem Kapital immanenten Prozess angeben können, der als sein Resultat diese Spezifik seines Erscheinens erklärt.

CT   Ein Mehrprodukt gab es doch fast schon immer, jedenfalls seit es Herrschaft gab.

MD   Ja, auch das ist überhistorisch, wie der Reichtum *sans phrase*. Deshalb kann man wie Ulrich Enderwitz in seiner monumentalen Studie über *Reichtum und Religion* zeigen, wie dieses Mehrprodukt – in Tempelbauten, Herrschaftsresidenzen oder Edelmetallen verdinglicht ›angelegt‹ und fixiert – der Warenzirkulation entzogen wurde, um es zu bändigen. Diese Kämpfe gibt es schließlich auch heute noch, aber sie sind eben nicht bestimmend für die spezifisch kapitalistische Reichtumsform.

Marx geht so vor, dass er wie gesagt zunächst einmal von Sinnlichkeit und jeglicher Gewalt abstrahiert, auch natürlich von der Sexualität, also von allen libidinösen Bindungen und Besetzungen. Des Weiteren geht er davon aus, dass einzig Äquivalente getauscht werden, dass also immer dem (objektiven) Wert nach in jedem Tauschakt Ware A = Ware B ist. Und trotzdem kommen wir, wenn wir Marx folgen, zum Resultat, dass die Wertsumme der Gewinne der einen nicht der Wertsumme der Verluste der anderen entspricht, sondern sich ein Plus, also ein Mehrwert ergibt, der sich in der »ungeheuren Warensammlung« als Mehrprodukt darstellt.

CT   Würde man aber auf der Ebene der Anschauung, die du mit Marx im Anfang als für die Analyse tauglich hältst, nicht sagen, dass die Voraussetzung, dass überall äquivalent getauscht wird, noch gar nicht eingeholt ist, sondern Voraussetzung bleibt, reine These?

MD   Ja und nein. Ja, wenn Marx sagt: Ich erkläre euch, wie trotz unterstelltem Äquivalententausch durchgängig und unter (der in der Tat vollkommen wirklichkeitsfremden) Abstraktion von jeder Gebrauchswertbestimmung Wachstum entsteht, Reichtum erzeugt wird, per volkswirtschaftlichem Saldo Gewinne gemacht werden und die ungeheure Warensammlung nicht nur ständig erneuert, sondern immer höher aufgetürmt wird. Nein, wenn unterstellt wird, der Äquivalententausch fände real gar nicht statt, wäre das nur so etwas wie eine Utopie. Dass diese Realität nur gegeben ist, wenn die naturgemäß ungleichen Waren in ein Drittes (das Geld) übersetzt werden, um als äquivalent überhaupt nur gedacht werden zu können, ist deshalb eine weitere, notwendige Bedingung, der Marx sich ja im *Kapital* in seiner Wertformanalyse ausführlichst widmet, und die deshalb alles andere als zufällig den (wie von mir behauptet: von Marx illustrativ konzipierten) Analysen des Arbeitstages vorangeht.

CT   Hilf mir dabei, der Sogwirkung Ricardos für alle Zeiten standzuhalten und beantworte die Frage: Ist denn die Voraussetzung richtig, gibt es denn überall und gibt es vor allem im Arbeitsvertrag den Äquivalententausch? Ich bekenne, dass mir die Gleichsetzung des

Lohns mit den Reproduktionskosten der Arbeitskraft immer auch wie ein Taschenspielertrick nach Art des 12. Kamels vorkam.

MD Wenn wir tauschen, und wo immer getauscht wird, wenn ich also eine gewisse Menge Leinwand gegen eine gewisse Menge Rock (oder Bier gegen Schnaps) tausche, dann gehe ich davon aus, dass Äquivalente den Besitzer wechseln (betrügen will ich ja nicht, und im Übrigen würden sich, wie von dir schon ausgeführt, auch alle Betrugstaten zusammengenommen zu einer Nullsumme ausgleichen). Ich tausche zu einem Preis, den ich genauso für gerecht halte wie mein Tauschpartner. Ob sich diese Gerechtigkeit, auf weitere, andere Tauschpartner bezogen, wirklich einstellt, spielt keine Rolle. Die Tauschenden haben im Tauschakt das Äquivalentsein gegeneinander völlig verschiedener Waren in Geltung gesetzt (so wie sie damit ja auch Recht gesetzt haben). Da entsteht deshalb ein Drittes, eine Gleichung, ein Gleichheitszeichen, und dieses (dessen Repräsentant der Preis ist) ist das alles Entscheidende. Auf der Basis dieser Identität (an und für sich selbst) gestalten sich unsere sozialen Beziehungen in spezifisch kapitalistischer Form. Dieser Begriff von Identität ist die wahre Grundlage des gesellschaftlichen Verhältnisses, das das Kapital ist. Davon ist im Aufbau einer jeden Darstellung der politischen Ökonomie auszugehen; und die Kritik an ihr natürlich auch. Und bei der Bestimmung dieser Identität hat weder ein Gebrauchswert noch eine sonstige subjektive Wertschätzung irgendetwas zu suchen.

Marx fühlte sich dennoch bemüßigt, den Gebrauchswert der Ware Arbeitskraft in die Darstellung hereinzuholen, um die Entstehung des Mehrwerts zu illustrieren. Doch so richtig es natürlich ist, dass die Arbeitskraft einen, im Vergleich zu allen anderen für die Warenproduktion notwendigen Waren, besonderen Gebrauchswert hat (jede Ware aber hat gegenüber jeder anderen solch einen spezifischen Gebrauchswert), auf den hinzuweisen natürlich berechtigt ist: zur Erklärung dieser Entstehung trägt der Verweis auf ihn nichts bei.

Arbeit und Wert

CT Wir haben es hier nun mit einer weiteren Voraussetzung zu tun, dass nämlich nur Arbeit (objektiven) Wert erzeugt.

MD Eines weiß ich mit aller Bestimmtheit, und auch dies allein schon aus Anschauung, nämlich dass einzig Arbeit die Quelle von Wert sein kann. Zur Erläuterung kann ich mich auf den einfachen

Befund beschränken, dass etwa der zum Atmen notwendige Sauerstoff normalerweise, wenn er also nicht künstlich verknappt worden ist, nichts kostet. Oder darauf, dass, je mehr Autos produziert und verkauft werden und je weniger Arbeitskraft sie zu ihrer Herstellung benötigen, sie umso günstiger (»wohlfeiler« sagt Marx) werden. Kein Ökonom bestreitet dies; was er leugnet, ist die Behauptung, dass allein Arbeit die Quelle des (objektiven) Werts ist. Die Gründe dieser Leugnung sind Gegenstand der Ideologiekritik, die wir uns an dieser Stelle sparen können.

Diese Bestimmung von Wert (als allein von Arbeit generiert) in aller Deutlichkeit zu betonen, ist äußerst wichtig. Dies nicht nur, weil die Gesellschaftskritik, um sich vom Arbeiterbewegungsmarxismus abzugrenzen, auch dann, wenn sie sich nicht von der Kritik der politischen Ökonomie von vornherein verbschiedet hat, dazu tendiert, ›das Kind mit dem Bade auszuschütten‹, was heißt, sie den Bezug des Werts auf Arbeit höchst unzureichend reflektiert. Unbegriffen bleibt dann, dass es nicht die konkrete, empirisch ermittelbare Arbeit ist, die den Wert konstituiert (also genau nicht die Arbeit, auf die Marx in seinen Darstellungen des Arbeitstages aus Gründen der Anschaulichkeit rekurriert), sondern der sich auf den Märkten im Konkurrenzkampf der Einzelkapitalien untereinander herausstellende Durchschnitt der für die Produktion einer Ware notwendigen Arbeitszeit. Es geht hier um den Begriff von Arbeit, die Marx »abstrakte« nennt; es geht um die spezifisch kapitalistische *Form*, in der Arbeit Wert konstituiert (und das ist keinesfalls die Lohnform), es geht also nicht um eine Arbeit, die als so etwas wie der Inhalt des Werts verstanden werden könnte. Aber sie ist und bleibt dessen einzige Quelle, eine Quelle, deren Fluss, unter den Bedingungen universalisierter Märkte, von der sich im Durchgang durch die Warenmärkte herausbildenden abstrakten Arbeit erst geformt wird.

Die Reflexion auf die den Wert konstituierende Arbeit ist darüber hinaus auch deshalb unverzichtbar, weil sie im Wert ja tatsächlich nicht erscheint. Dieser Wert gewinnt eine Eigendynamik, die ihn vom Arbeits- beziehungsweise Produktionsprozess vollkommen trennt. Es handelt sich um eine Trennung, in der das, von dem getrennt wird, zwar sinnlich, aber in der Realität, wenn sie begriffslogisch aufgeschlossen wird, eben gerade nicht verschwindet. In der Hegelschen Logik würde man sagen: Die Negation der Position (der konkreten Arbeit durch den subjektiven Wert) führt zu einer Synthese beider (den objektiven Wert), in der beides, ohne in ihr analytisch überhaupt noch auffindbar zu sein, dennoch aufgehoben ist und in der sinnlich wahrnehmbaren Realität vollkommen voneinander getrennt existiert; in ihr führt beides, die konkrete Arbeit wie die subjektiven Wertschätzungen, je ein Eigenleben weiterhin. (Und wird so auch von den Ökonomen dargestellt.)

Wenn es im Tausch um die Fixierung des Preises geht, und das Gleiche gilt für die Bewertung von Reichtum, spielt der in den Tauschobjekten enthaltene tatsächliche Arbeitsaufwand nicht mehr die geringste Rolle. (Oder anders: dank der abstrakten Arbeit wird von konkreter Arbeit abstrahiert, was, wie Sohn-Rethel zeigt, eine ganz eigenartige, historisch besondere Form von Abstraktion darstellt. So hätte Marx sich ausdrücken müssen, hätte er antizipiert, was für einen geistigen Unfug die ihm nachfolgenden Marxisten in diesen Begriff der abstrakten Arbeit alles hineinlegen.) Im Tausch wird der Wert der Tauschobjekte von den tauschenden Subjekten (in einem geistig-objektiven Akt, der aber auf einer empirisch-materialen Handlung beruht) identisch gesetzt und diese Identität materialisiert sich als in Geld ausgedrückter Preis; was immer auch sonst über die Umstände und Natur der Tauschobjekte gesagt werden kann.

Darum geht es in der Korrelation von Arbeit und Wert: Ich muss diesen merkwürdigen, von mir aus auch: paradoxen Umstand begrifflich rekonstruieren, dass die Arbeit einzige Quelle von Wert ist, aber zugleich die Ersetzung von Arbeit durch Technologie die Wert- und Warenmasse ausweitet und damit den spezifisch kapitalistischen Reichtum ständig erhöht.

Theorie und Kritik

CT   In der Volkswirtschaftslehre ist, glaube ich, immer noch die trinitarische Formel herrschend, nach der die sogenannten ›Produktionsfaktoren‹, also Kapital, Boden und Arbeit wertbildend sind. Marx hat das im 3. Band gründlich kritisiert. Was unterscheidet den Kritiker vom Wirtschaftswissenschaftler?

MD   Mit diesem Verweis auf das Wissen der Ökonomen angesprochen ist in der Tat der Unterschied zwischen Theorie und Kritik. Wenn wir auf ihn kurz eingehen, lässt sich zudem zumindest plausibilisieren, welchen Stellenwert die Analysen des Arbeitstages im Hinblick auf die Produktion von Mehrwert in der Darstellung von Marx haben. Denn, um das Resultat vorwegzunehmen: Marx war nicht nur Kritiker, sondern auch Theoretiker.

Sowohl die empirischen Daten als auch das, was ich hier auf Anschauung zurückführe, sind für Theoretiker wie Kritiker natürlich dieselben. Dem ersten geht es darum, diese Daten in eine Ordnung zu bringen, die formallogisch konsistent ist, auf möglichst einfachen Grundannahmen beruht und Maßeinheiten kennt, die eine Operationalisierung erlauben, welche in Formeln komprimiert werden kann. Sein vorrangiges Ziel ist nicht, Realität geistig zu reproduzieren, sondern anschauliche Modelle zu entwickeln, deren Realitätsbezug darin besteht, mit ihrer Hilfe die optimalen Mittel zu eruieren, die (naturgemäß: subjektiv) vorgegebene Zwecke realisieren können. Der Kritiker fragt hingegen nach der Geltung (man kann auch sagen: Wahrheit beziehungsweise Vernunft) sowohl der Datenerfassung selbst als auch der diese ordnenden Definitionen, Kategorien oder Begriffe.

Der Marx des *Kapitals* ist zweifellos beides. Theoretiker ist er an vielen Stellen, aber besonders in der Darstellung der zwei umstrittensten Blöcke: Der Analyse des Arbeitstages im ersten und dem Versuch im dritten Band, das Gesetz vom tendenziellen Fall der Profitrate formallogisch zu beweisen. Kritiker ist er vor allem dort, wo er den vorherrschenden Arbeits- und Wertbegriff und, darin einbegriffen, das Wesen des Geldes begrifflich der gesellschaftlichen Realität einpasst und dabei, anders als der auf Praxis geeichte Theoretiker, auf subjektive Vorgaben an Form und Inhalt, an Nutzen oder Zwecke verzichtet.

Kritik heißt für Marx im Anschluss an Kant und Hegel, die Kategorien und Begriffe, in denen die Wirklichkeit traditionell erfasst wird, verwerfen zu müssen, weil diese ihren Gegenstand nicht auf den Begriff bringen. Er fühlte sich aber auch immer bemüßigt, das, was er begriffslogisch entwickelt hatte, auch theoretisch operationalisiert darstellen zu können, allerdings im Nachhinein, also nachdem begriffslogisch geklärt ist, wie es zu diesen beiden Mysterien kommt, dass es ein Wachstum trotz Äquivalententausch und Reichtumsakkumulation, trotz der Ersetzung von Arbeit als der einzigen Quelle des Werts durch Technologie gibt.

Etwas überspitzt gesagt: Hätte Marx jene beiden Blöcke als Anhang veröffentlicht, wäre deren theoretischer, illustrativer Charakter deutlich geworden und seinen Interpreten, allen voran den Marxisten, hätte jede Berechtigung für ihre Verfehlung seiner Begriffslogik gefehlt. Marx hätte dann aber wohl kaum als Übervater einer praxisversessenen, klassenkämpferischen Linken getaugt, der das Denken Magd einer Praxis zu sein hat, die alles goutiert, was erlaubt, den allgemeinen, von allen politischen Akteuren verfolgten Konkurrenzkampf um die Verteilung des kapitalistisch produzierten Reichtums als Kritik zu verkaufen.

CT Ich habe eine Anmerkung und eine Kritik nachzutragen. Die Anmerkung lautet: Es scheint sich dann nach deinen Ausführungen so zu verhalten, als hätte sich Marx in einem Anflug von pädagogischem Opportunismus zu etwas entschlossen, was unter dem Niveau seiner begrifflichen Anstrengung liegt, so als hätte er sich selbst nicht getraut; das wäre die Anmerkung. Und die Kritik richtet sich gegen deinen Gebrauch des Begriffs der »Verwerfung«. Du sagst: In der Traditionslinie der Kritik – Kant, Hegel, Marx – haben alle erkannt, dass es so mit den Begriffen nicht weitergehen könne und sich also entschlossen: Wir ›verwerfen‹ dieselben und suchen neue. Das scheint mir dem Begriff der Kritik bei Kant und Hegel nicht gemäß zu sein. Die bleiben ja im Universum der im Rationalismus und Empirismus vorgefundenen Begriffe und wollen diese gewissermaßen durch immanente Intensivierung »zum Tanzen« bringen. Ich würde den Begriff hier auch deswegen nicht verwenden, weil *die Verwerfung* schon psychoanalytisch von Freud (und Lacan) und in Hegels frühem Aufsatz über das Wesen der philosophischen Kritik besetzt und daher gewissermaßen verbraucht ist.

MD So weit, zu behaupten, dass Marx mit seinen theoretischen Ausführungen sein sonstiges Niveau der Begriffsbildung unterschreitet, würde ich keinesfalls gehen. Zu bedenken ist, dass die Vehemenz, mit der wir gegen die Theoretiker polemisieren, reichlich neueren Datums ist: Sie ist Resultat der Erfahrung, wie nach 68 jede Kritik im Keim erstickt worden ist, sobald Marxisten mit einer ›neuen‹ Theorie aufwarteten. Nicht zu übersehen ist da ja wohl auch der Umstand, dass wir uns auf eine Tradition der Kritik beziehen, die den Namen Kritische *Theorie* trägt. Als etwas von vornherein Auszuschließendes das Theoretisieren zu denunzieren, sollten wir also nicht.

Nun, was die Verwerfung betrifft: Auch der Begriff der Anschauung, auf den ich zunächst rekurriere, um dann zu klären, inwiefern die Kritik auf sie anders reflektiert als die Theoretiker, ist arg vorbelastet, aber mir fällt einfach kein besserer ein. Was den Kritikbegriff bei Kant betrifft (Hegel umstandslos mit einzubeziehen, dürfte problematisch sein; aber hier können wir das so stehen lassen), geht es diesem ja in der Tat nicht darum, den, sagen wir einmal so: Rationalismus umzustürzen, sondern die Begriffe und Kategorien, in denen diese historisch neue Denkform Realität zu erfassen versucht, als unzureichend – auch hier fällt mir nichts Besseres ein: zu verwerfen. (Zumal gerade Kant sich noch intensiv mit der vorrationalistischen, platonistischen beziehungsweise aristotelischen Form der Begriffsbildung auseinandersetzen musste.)

Natürlich ist der Marxsche Kritikbegriff (und der der Kritischen Theorie) der gegebenen Realität gegenüber vollkommen anders verfasst; worauf es aber ankommt, wenn es um die Nachzeichnung der Traditionslinie dieses Begriffs geht, ist nun einmal weniger die Intention, sich in ihm negativ auch gegenüber der Realität zu wenden, das ist eine Banalität, sondern das im Kantischen (und hier besonders: auch Hegelschen) Kritikbegriff implizierte Verhältnis von Position, Negation und deren Synthese (besonders bei Kant) in einem Urteil. Der Begriff der Verwerfung scheint mir gut geeignet, die spezifische Differenz zu benennen, in der der Kritiker anders als der Theoretiker seine Begriffe konzipiert. Dass es also gerade nicht darum geht, hergebrachte Begriffe durch neue zu ersetzen, sondern das zu Verwerfende zu negieren, ohne es im neu Konzipierten auszulöschen. (Damit, dass dieser Begriff bei Freud eine weitere Dimension annimmt, kann ich gut leben.)

CT Mir ging es weniger um Freud und Lacans Theorie der Psychose, für die der Begriff der Verwerfung zentral ist, als um die Merkwürdigkeit, dass Hegel seine frühe These nie revidiert hatte. Da er glaubte, Vernunft in der Geschichte aufgefunden zu haben, war sie ihm allerdings bedeutungslos geworden. Aber welche Rolle spielt bei dir die Anschauung, die das zu Verwerfende jedenfalls in Form der Unmittelbarkeit in sich enthalten muss?

MD Sie steht an allem Anfang. Der Theoretiker übersetzt sie in eine konsistente Ordnung, die Kritik bemüht sich um realitätsadäquate Begriffe, die ihre (die Empirie übersteigenden) logischen und historischen Voraussetzungen in sich aufnehmen. Äußerst wichtig ist nun, in jedem einzelnen Schritt der Begriffsbildung wieder zur Anschauung zurückzukehren. Denn sonst droht der Deduktionismus einer *prima philosophia*, der dem berühmt-berüchtigten Motto folgt: Wenn die Wirklichkeit nicht meinem Begriff von ihr folgt, umso schlimmer für sie. Wenn Marx ausführt, die Form der Darstellung folge dem Fortgang vom Abstrakten zum Konkreten, dann wäre das dahingehend zumindest zu modifizieren, dass im Verlauf der Darstellung immer wieder deutlich werden muss, dass das Abstrakte, also Einfache, Unzusammengesetzte, nicht den Bestimmungsgrund einer kausalen Ableitung des Konkreten, komplex Zusammengesetzten liefert; Letzteres, das ist Folge ihrer Versessenheit auf Praxis, ist das Hauptgeschäft der Theoretiker.

Den Zugang zu diesen logischen und historischen Voraussetzungen habe ich mit den beiden Anschauungen eröffnet, dass Arbeit die einzige Quelle des Reichtums ist, doch dieser sich trotz der Ersetzung von Arbeit durch Technologie ständig erhöht. Der Kritik, angetreten, dieses Mysterium aufzulösen, ist es verwehrt, sich im dafür notwendigen Rückgriff auf Logik und Geschichte auf nominal konstruierte Modelle zu stützen, sie muss auch das über die unmittelbare Anschauung Hinausgehende als dem Begriff äußere Realität darstellen können.

Um ein Beispiel zu geben: Angebot und Nachfrage, Konkurrenz, Preisbildung, alles, was in der Anschauung das Ökonomische kennzeichnet, unterliegt in Bezug auf seine logischen und historischen Voraussetzungen der Kritik. Wenn in deren Resultat nun, und das war bisher nahezu durchgängig bei allen Marxisten der Fall, das in der Anschauung Gegebene als für die kapitalistische Reichtumsbildung irrelevant, die ›wirklichen‹ Prozesse ›verschleiernde‹ Phänomene erklärt werden, ist der Boden der Kritik verlassen und der Raum für Theorien eröffnet, die den Kapitalismus für eine Veranstaltung finsterer Mächte halten oder, was auch nicht besser ist, ihn zum ewigen Prinzip ontologisieren.

An dieser Stelle noch ein Nachtrag zu dem, was wir oben zur Abstraktion vom Gebrauchswert besprochen haben: Es sollte außer Frage stehen, dass im Fortgang der Kritik dasjenige, von dem abstrahiert worden ist, wieder eingeholt werden muss. Die libidinösen Bindungen der Tauschenden, deren (Un-)Moral und Missachtung des Prinzips der Gewaltfreiheit, die von Recht und Staat legitimierten Herrschaftsverhältnisse usw. müssen in die Begriffsbildung der politischen Ökonomie Eingang finden spätestens von dem Zeitpunkt an, an dem deren Mysterium aufgelöst worden ist.

Marx ist dazu nicht mehr gekommen; das ist daher unsere Aufgabe, in die unbedingt miteinzubeziehen ist, die Form zu reflektieren, in der unsere Kritik sich auf Realität bezieht.

CT   … wie wir sie uns denken.

MD   Danke für den Hinweis; unsere Kritik fängt ja nicht bei null an, sie hat Vorläufer, an deren Urteilen über die Möglichkeit, einen

Standpunkt einzunehmen, von dem aus sich ein von der Tauschwertökonomie unbeeinflusstes Denken dieser Realität entgegenstellen könnte, nicht vorbeikommt. Und zum Grundbestand kritischer Theorie gehört nun einmal die Erkenntnis, dass auch (und gerade) der Kritik ein solcher Standpunkt verwehrt ist. Die Hoffnung, nach dem Wiedereinbezug des Gebrauchswerts in die Kritik auf etwas zu stoßen, das außerhalb der Totalität des Kapitals stünde, sollte also gar nicht erst aufkeimen.

Das reale Verschwinden des Gebrauchswerts

CT   Wir hatten den Hegelschen Begriff des Verschwindens als Verlaufsform des Gebrauchswerts in der politischen Ökonomie verwendet. Das wird vielfach missverstanden. Da erscheint der Gebrauchswert als gutes Tier, das im Käfig des Tauschwerts festgehalten und auf Befreier aus der Tierschutzszene warten würde, wenn es denn reflektieren könnte. Aber man sieht gar nichts in diesem Käfig, man sieht vielleicht durch ihn hindurch. Es kommt also auf den Gebrauchswert nur als Voraussetzung des prozessierenden Werts im Modus seines permanenten Verschwindens an.

MD   Und er soll möglichst schnell verschwinden, und mit ihm die an ihn gebundene Ware. Der Grund dafür ist die dem Kapital, der Verwertung des Werts also, immanente Tendenz, seine Umlaufgeschwindigkeit gegen null gehen zu lassen. Wie Joachim Bruhn als ein von Marx erkanntes, von dessen Interpreten aber missachtetes Prinzip ermittelt hat: Die optimale Zeit des Kapitals ist die Nullzeit, eine Zeit, in der die Warenproduktion auf den Gebrauchswert keine Rücksicht mehr zu nehmen braucht.

CT   … weil die Produktion unmittelbar mit Distribution und Konsumtion zusammenfiele. In diesem schwarzen Loch des Kapitals gäbe es dann freilich überhaupt keinen Wert mehr.

MD   In der Tat. So weit sind wir aber, zu unserem Glück, noch nicht wirklich. (Auch wenn zuzugestehen ist, dass wir nur dank des Siegs der Alliierten über Deutschland einen Aufschub bekommen haben, bevor wir endgültig in diesem Loch verschwinden.) Zurzeit gibt es ja einen neuen Versuch, die Ökonomie derart umzugestalten, dass ein von Grund auf neuer Produktionszyklus in Gang gesetzt wird, der die gegebenen Gebrauchswerte veralten lässt, indem sie durch neue, wieder effektive ersetzt werden. Dabei geht es um die Verlangsamung des von uns verursachten Klimawandels, was die Notwendigkeit impliziert, die Produktionsstrukturen derart umfassend umzugestalten, auf dass (vergleichbar der Digitalisierung ab den 1980er Jahren) sich ein Kosmos eröffnet, der eine riesige Menge neu geschaffener, gebrauchswerthaltiger Waren aufnehmen kann.

Ich bin, und mit mir wohl kaum ein vernunftbegabter Mensch, absolut nicht gegen die Verringerung des CO_2-Ausstoßes in die Atmosphäre, aber man muss sehen, dass man es hier mit mehr oder weniger vorbewussten Anstrengungen zu tun hat, die Ersetzung von Arbeit durch Technologie auf eine neue Stufe zu heben und die politische Ökonomie durch Erneuerung der libidinösen Objektbesetzungen der Konsumenten am Laufen zu halten. Als eine der wichtigsten Fragen wäre an diese, von der Anschauung aus gesehen ja wünschenswerte Entwicklung, die zu stellen, wie in ihr die herrschaftliche Gewalt (des Kapitals) weiterhin präsent und wirksam bleibt.

CT ... aber im Normalzustand nicht mehr als knallende Peitsche oder öffentliche Vierteilung des Königs- und Vatermörders.

MD ... sondern in ganz anderer Form; so wie es auch immer Reichtum gab, der aber vor der Genesis des Kapitals nicht mit der Nötigung verbunden war, ihn zu vermehren, indem man ihn der Zirkulation überlässt, um dann als ungeheure Warensammlung in den Geschäften zu erscheinen.

Abstraktion und Konkretion

CT Lass uns an dieser Stelle pausieren und auf deine Kritik am Artikel von Thomas Maul in der Jungle World zurückkommen. Mein Anfangsverdacht nach der ersten Lektüre lautete ja, dass er gerade dadurch, dass er gegen die Neue Marx-Lektüre polemisiert und der Verdoppelung kapitalen Denkens in Wissenschaft und Theorie ganz schnell entkommen will, einer sekundären Rationalisierung anheimfällt. Wer anthropologisierend auf den Tisch haut, was ich ja gelegentlich sympathisch finde, entkommt der Theorie nicht, sondern setzt nur den autoritären Gestus im moralischen Gewande oben drauf. Außerdem findet sich in dem Artikel so gut wie nichts von dem, was du 150 Jahre nach dem *Kapital* als unsere Aufgabe bezeichnest, nämlich insbesondere Staat und Recht, die Gewalt, die

Ästhetik und die Psychoanalyse in die Kritik der negativen Totalität hereinzuholen. Aber du sagst auch, die bisherigen Marx-Kondensate erfüllten schon für die Ökonomie nicht den Anspruch, die wesentliche Arbeit von Marx zusammenzufassen.

MD   Ich wäre der Letzte, der gegen ein derartiges Kondensat, wenn es denn unserem Anspruch an Kritik genügen würde, etwas einzuwenden hätte. Mauls zentraler Fehler, und da spielt es überhaupt keine Rolle, wie ausführlich eine Zusammenfassung ausfällt, besteht darin, dass er nicht begreift, was die Trennung von Tauschwert und Gebrauchswert bedeutet. Dass also nur aufgrund dieser Differenz dieses automatische Subjekt Kapital sich eine eigene Logik schafft, die rein tauschwertorientiert ist, die rein quantitativ in operationalisierbaren Kategorien prozessiert. In dem derart prozessierenden Wert ist kein Atom Gebrauchswert auffindbar. Dieser ist, man kann es nicht oft genug wiederholen, die abstrakte, besser: die im Erkenntnisprozess methodisch ausgeschiedene Voraussetzung des selbstbezüglichen Verwertungsprozesses; genau so, wie auch der Staat die (bloß) abstrakte Voraussetzung der Stabilität des Geldwerts (und des Gottvertrauens in letzteren) ist.

CT   Oder so wie die Psychoanalyse die systematische Unaufrichtigkeit nicht nur des seelenkranken Individuums in der Reflexion auf die Formen der Abwehr und des Symptoms als der abstrakten Voraussetzung der Arbeitsfähigkeit aufhellt, indem sie zeigt, was ein Mensch alles leisten und lernen, ertragen und abwehren muss, um zum realitätstüchtigen Rechtssubjekt zu werden, das den Arbeitsvertrag geschäftsfähig unterschreiben, erfüllen und möglichst auch noch Bindungen zu Frau und Kind beziehungsweise Mann und Kind eingehen kann.

MD   Ja, ich muss allerdings immer wissen, dass diese Abstraktion nicht bedeutet, dass all das, wovon ich erst einmal abstrahieren muss, in der Wirklichkeit überflüssig und kein eminent wichtiger Gegenstand der Kritik mehr sei. So ist es ganz und gar nicht. Und in jedem Tausch kommt natürlich die Übervorteilung zumindest als Versuch auch vor. Wenn du mir diese Brille tatsächlich für nur 5 Euro überlassen würdest, würde ich dich, dem allgemeinen Bewusstsein entsprechend, ja auch tatsächlich übervorteilen.

CT   Nein, das ist eine Lesebrille vom DM-Markt.

MD Egal, wir gehen, mit Marx, trotzdem davon aus, dass wir auch in diesem Fall äquivalent tauschen.

CT Und es geht eben auch der Arbeiter, womöglich nach einem maßvoll erfolgreichen Tarifabschluss seiner Gewerkschaft oder nach Einstellung durch einen ›rein menschlich‹ halbwegs anständigen Arbeitgeber, davon aus, dass sein Lohn in Ansehung der täglich zu bewältigenden Kaufanreize zwar immer zu gering, aber doch irgendwie auch nicht ganz ungerecht sei.

MD Auf die Gefahr hin, mich wiederholt zu wiederholen: Wenn es um die Höhe des Lohns geht, brauche ich den Doppelcharakter der Arbeit nicht und muss erst einmal nichts vom Gebrauchswert der Arbeitskraft für das Unternehmen wissen. Das Schema der Aufteilung des Arbeitstages ist zwar von Marx schlüssig entwickelt (das ist ja geradezu das Dumme, dass das so einleuchtend ist). Das ist wirklich didaktisch gut aufbereitete Theorie nach dem Prinzip, wie auch Physiker Modelle entwickeln, zum Beispiel derart beginnend: Nehmen wir einmal an, dass der Arbeiter 3 Stunden für den Mehrwert und 5 Stunden für seine Reproduktion arbeitet. Dann folgt daraus: Und so weiter. Aber das hat keinerlei Bedeutung für die Logik der Sache und den Aufbau des *Kapitals*. Mit dieser Verschränkung von Begriffslogik und Empirie hängen die ganzen Begriffsverwirrungen um das Verhältnis von Abstraktion und Konkretion zusammen. Es herrscht ein riesiges Durcheinander entlang der Frage, wo Marx wissenschaftlich korrekt nominal definiert und wo er, wissenschaftstheoretisch problematisch, über Realabstraktionen (ein Begriff, den die Wissenschaftslogik gar nicht kennt; sie spricht eventuell von Realdefinitionen, hält die aber für wenig hilfreich) Begriffe bestimmt. Was Marx unter der abstrakt menschlichen, gesellschaftlich durchschnittlich notwendigen Arbeit (in der Zeit) verstand, ist deshalb allseits weiterhin völlig unklar (obwohl er doch gerade diese als die »Entdeckung« feierte, mit der er über Ricardo hinausgegangen sei).

Versuchen wir es einmal so: Schwer zu verstehen ist, dass es bei dem Begriff der abstrakten Arbeit darum geht, hierin *von* der konkreten Arbeit vollständig, ohne jeden Rest zu abstrahieren. Es geht also bei der als abstrakt bestimmten Arbeit nicht um einen Oberbegriff wie *den* Tisch für alle Schreib- und Beistelltische, so wie wir im Alltag ständig abstrahieren, sondern es handelt sich um eine eigenständige Form von *Verallgemeinerung*, eine, die das Besondere nicht impliziert, sondern, im Gegenteil, es ausschließt, präziser:

die konkrete, empirisch beobacht- und messbare Arbeit aus dem Wert verbannt.

Das macht es der Form der Darstellung so schwer, und da hat es sich Marx zu leicht gemacht; hier hat er zu wenig über Pädagogik nachgedacht. Und so kommt es zur Wiederkehr des Gebrauchswerts.

Der Abstraktion von der Konkretheit der Arbeit entspricht im Übrigen die Abstraktion im Geld von der Konkretheit der Ware. (Also dem, woraus Alfred Sohn-Rethel die Genesis der Philosophie zurückführt.) Auf die Analogien und Unterschiede in den Verfahren der Abstraktion werden wir immer mal wieder zurückkommen müssen.

Anschauung und Logik

CT Ich verstehe, dass die Elementarformel für Ausbeutung – Aneignung des Mehrwerts durch das einzelne Rechtssubjekt Arbeitgeber – zwar nicht ganz falsch ist, aber weder den Begriff der Ausbeutung noch den des Werts erreicht. Ausbeutung ist viel mehr als der Einschluss der Genussmöglichkeiten in die Knappheit bezahlbarer Konsumtion. Mir scheint ein Ausdruck von Jochen Bruhn ganz treffend, der einmal die Zerstörung der geschichtsbildenden Kraft der Gattung als wesentliches Moment von Ausbeutung gefasst hat. Und der Wert, der hat ja nun gar keinen Ort im Individuellen, in der Fabrik oder auf der Lohnabrechnung des Einzelnen, so wenig, wie man das Kantische Transzendentalsubjekt als individuell ›ereignet‹ fassen kann. So gesehen gibt es den Wert als Namen für negative Totalität, universale Synthesis, ja gar nicht empirisch, sondern nur im Ganzen, als Gesamtkapital auf dem Weltmarkt; und in der scheinbaren Nähe zur Empirie halt nur in Gestalt von Durchschnittsgrößen, Raten und Tendenzen. So ungefähr müsste man wohl dem überall lauernden Linksricardianismus antworten, oder?

MD Auszugehen wäre dabei aber vom Grundfehler des Ricardianismus und dem der klassischen, objektiven Wertlehre überhaupt – die Ricardo ja bestenfalls modifiziert, und jedenfalls nicht, wie eben Marx mit der abstrakten Arbeit, begrifflich neu bestimmt hat (ohne dabei zu einer subjektiven Wertlehre Zuflucht zu suchen). Dieser besteht darin, dass die Zeit, in der konkret gearbeitet wird, naht- und bruchlos übertragen wird auf die Zeit, die das Wertquantum bestimmt. Und genau diesen Grundfehler zu begehen, provoziert ja auch die Darstellung des Arbeitstages bei Marx.

Zu erkennen, dass bei dieser Übertragung überhaupt ein Problem vorliegt, ist zweifellos das Verdienst von Engster. Er hat dieses Problem aber völlig falsch gelöst; nämlich indem er auf den Zeitbegriff Heideggers rekurriert. Doch sollten wir das noch außen vor lassen, denn ich möchte das Problem selbst noch deutlicher hervortreten lassen. Und dabei kann uns, glaube ich, der eingangs schon angesprochene Zirkelschluss Engsters weiterhelfen.

Auch er weiß: Gewinne entstehen in der Form G–G', ohne dass jemand ›übers Ohr gehauen‹ wird. Dass diese logische Grundformel des Kapitals historisch möglich geworden ist (wir befinden uns jetzt also in der historischen Zeit, nicht in der gerade angesprochenen logischen), führt er auf die Produktivitätssteigerungen vor allem in der Landwirtschaft zurück. (Ideengeschichtlich gesehen schließt Engster sich hier also den Physiokraten an, wie die modernen Klimaforscher ja auch; aber das nur am Rande.) Wir bekommen nun aber offensichtlich ein Problem mit unserer Bestimmung der historischen Spezifik kapitalistischer Produktionsweise: Haben Engster, und mit ihm die Physiokraten recht, dann ist unausweichlich, diese Produktivitätssteigerung in den Rang eines überhistorischen Prinzips zu erheben, dem auch (und gerade) der Kapitalismus unterliegt. Und dann kann die Ersetzung von Arbeitskraft durch Maschinerie nicht mehr die Spezifik kapitalistischer Reichtumsproduktion erfassen und in dessen Folge auch nicht mehr die Herkunft von G' als Ausdruck der Mehrwertproduktion. Hat Engster recht, kann man Marx genauso den Hasen geben wie dann, wenn Maul mit seiner Kondensation der Marxschen Kritik auf die Lohnform richtigliegt.

CT Habe ich richtig gehört: Engster spricht von der Landwirtschaft? Das habe ich überlesen, vergessen oder gar verdrängt.

MD Ja, seitenlang. Aber egal, es geht jedenfalls um die alles entscheidende Frage, ob die Genesis des Kapitals sich entwicklungsgeschichtlich beziehungsweise evolutionstheoretisch erklären lässt oder wie ein Unfall; oder gar: wie der Urknall geschichtlich einen Anfang hat. Und diese Frage muss man logisch beantworten; wobei dabei das Problem nicht ist, dass das historisch Vorgefundene logisch möglich gewesen sein muss, das ist schiere Selbstverständlichkeit, sondern es muss um die Rekonstruktion dieser Logik in der Geschichte gehen. (Und die ist ja in unserem Fall besonders dringlich, wo wir doch wissen, dass das Kapital mit der Logik bricht, dass nur ein Mehr an Arbeit ein Mehr an Wert erzeugen kann. Welche Logik kann Unlogik zur Folge haben? Der Formallogiker steigt spätestens hier aus.) Es geht im Grunde um das Problem, das Marx sich auch im Kapitel über die ursprüngliche Akkumulation eingehandelt, aber eben auch hier nicht gelöst hat, weil er über die Anschaulichkeit nicht hinausgegangen ist: Er hat illustrativ nachgezeichnet, wie es historisch zur ursprünglichen Akkumulation wohl gekommen sein dürfte. Aber aufgrund welcher Logik aus der unmittelbaren Gebrauchswertproduktion eine von ihr losgelöste, sich verselbständigende Tauschwertproduktion historisch erwachsen konnte, hat er nicht erklärt. Dabei ist das doch eine äußerst spannende Frage: Schließlich ist keine andere Gesellschaft als die im westlichen Abendland des ausgehenden Mittelalters auf diese Idee einer in sich widersinnigen Konstruktion einer reinen Tauschwertproduktion gekommen.

CT Was heißt, dass es nicht logisch ist? Es kam etwas so und nicht anders und das kann man nicht erklären, nachvollziehen, ableiten.

MD Na ja, nur dann kam es so, wenn man der Geschichte ein die Begriffslogik überschreitendes Sein zuspricht (wie üblicherweise der Logik einen überhistorischen Status). Das hat sie aber, und das ist doch der Clou der Kritischen Theorie, gerade nicht: Logik und Geschichte bedingen sich gegenseitig, und das nicht in der Zeit, nicht in einem Nacheinander, sondern in einem Zugleich. Oder anders: im Begriff.

Anschauung und Geschichte

MD Wir können hier jetzt nicht all die Theorien durchforsten, die die Entstehung des Kapitals erklären wollen. Zumal vorher erst noch zu klären wäre, was von diesen Theoretikern unter Kapital überhaupt verstanden wird. Wenn wir den Vorteil nutzen, zu wissen, was das Kapital ist (wir haben das ja bis hier schon mehrfach geklärt), besteht unsere Aufgabe nun darin, die logischen und historischen Bedingungen angeben zu müssen, die dazu geführt haben, dass die Logik des Kapitals sich, ausgehend vom westlichen Abendland[2], weltweit hat durchsetzen können. (Und dazu ist die Selbstverständlichkeit zu betonen, dass es bei diesen Bedingungen nicht

---

2 Wir sprechen hier von einem Gebiet, das, nach dem Schisma mit Byzanz und der Reconquista, von Norditalien über die iberische Halbinsel und Frankreich bis nach England reicht. Mitteleuropa, also das Gebiet, was man heute gerne Deutschland zurechnet, spielte damals schon eine Sonderrolle.

um Epochen innerhalb der Geschichte des Kapitals geht, wie die Industrialisierung, sondern um sehr viel Grundsätzlicheres: um völlig neuartige Denkformen, ohne die ein kapitaladäquates Handeln gar nicht erst in die Welt hat kommen können.) Was wir auch wissen: Es ist nicht deshalb hier entstanden, weil sich im westlichen Abendland besonders viel Reichtum angehäuft hätte, der dann in Kapital hätte transformiert werden können. Dann hätte es sehr viel eher woanders entstehen können (oder gar müssen); etwa im byzantinischen, osmanischen, chinesischen Reich und weiteren. (Zumal sehr in Frage steht, ob man im damaligen Westeuropa von einem Reich überhaupt sprechen kann.) Und dasselbe gilt, das sagt einem jeder Historiker, für das hier akkumulierte historisch völlig neuartige Wissen (nämlich das von der Existenz von Naturgesetzen).

CT Wir sind also wieder zum Reichtum und dessen spezifisch kapitalistischer Form zurückgekehrt. Geld gibt es allerding schon sehr lange.

MD Auch die vorkapitalistische Form des Reichtums bestand manchmal, wenn auch eher selten, das gilt selbst für Kaufleute, in akkumuliertem Geld; Geld allerdings, das sich möglichst rasch in anschaulicheren Reichtum zu verwandeln hatte: Edelmetalle, Residenz-, Pracht- oder Tempelbauten und all der Kram. Die naheliegendste und einfachste Möglichkeit, ihn zu erlangen, bestand darin, ihn zu stehlen, zu rauben, ihn als Kriegsbeute sich anzueignen. Und wenn ich Arbeiter brauchte, dann überfiel ich ein Gebiet und machte mir dessen Bevölkerung zu Sklaven. Zur Not, etwa weil ich halt einigen Leuten die Bürgerrechte nicht nehmen konnte, greife ich auch auf Tagelöhner zurück. Im Grunde gab es alles, was es heute gibt, auch damals schon: Neben der Lohnform: Staat, Verwaltung und Recht; Wissenschaft und Technik usw. Aber eben in ganz anderer, nämlich auf den Gebrauchswert zielender Form. (Neues Kriegsgerät stellte man her, weil sich die Notwendigkeit dazu in einer Schlacht ergeben hatte; nicht weil einem die Idee dazu kommt, die man dann am Schreibtisch in der Form von Skizzen und Formeln realisiert, und die sich dann auch noch gut verkaufen lässt.) Mit dem Kapital ändert sich alles. Sagen wir es metaphorisch, etwas überspitzt: Von nun an schaut der Verstand aus den Fenstern einer durch und durch geistigen Welt auf die Erde hinab, und indem er sie von hier aus gestaltet, kehrt sich der Primat von Reichtum und Geld um: Ab nun *bin* ich umso reicher, je mehr Geld ich habe.

Aber das ist ja noch nicht einmal das Entscheidende: Noch unverständlicher gewesen wäre für die, die in vorkapitalistischen Zuständen lebten: Je mehr Geld ich wieder ausgebe, indem ich es in Kapital verwandle, umso mehr strömt zu mir zurück. Und das, man staune: ohne dass ich je an irgendeiner Stelle irgendjemandem irgendetwas mit Gewalt oder Täuschung entwenden müsste. Dass dieses Mysterium etwas mit der Entdeckung der Naturgesetze zu tun haben muss, scheint doch offensichtlich: Denn so wie das Kapital sind diese Gesetze eben auch zuerst und allein in diesem Gebiet entdeckt worden. Aber die zur gleichen Zeit wie das Kapital (beziehungsweise dessen Vorformen) entstandene historisch völlig neuartige Wissenschaft ist für diese Offensichtlichkeit vollkommen blind: Für sie liegen die eigenen Entstehungsbedingungen ebenso im Dunkeln wie die des Kapitals.

CT   Du bist schon wieder so schnell. Wir müssten aber unbedingt noch, notfalls ohne einen guten Übergang, über die wissenschaftliche Denkform, also über Sohn-Rethel sprechen.

Arbeitsproduktivität und Krise

CT   Ich beginne mal und komme auf das Wunder der Reichtumsvermehrung und Wertakkumulation zurück und halte fest: Der Reichtum, der im Kapitalismus als ungeheure Warensammlung zu erscheinen gezwungen ist, wird vergrößert durch die Ersetzung von Arbeit durch Technologie. Ich verstand vorhin diesen Satz nicht ganz im Verhältnis zu der Bestimmung des Begriffs der Produktivität. Ist das schon die Produktivität?

MD   In gewisser Weise schon, aber auf diesen Begriff kann man (vielleicht auch: sollte man lieber) ganz verzichten. Denn im gängigen Gebrauch ist er von der Theorie der Produktionsfaktoren (Boden, Kapital, Bildung, Kultur und Arbeit und was weiß ich noch allem) nicht abzulösen. Also von all dem nicht, was die Ökonomen als ebenso wertbildend behaupten wie die Arbeit. Außerdem ist er, als Arbeitsproduktivität, viel zu konkretistisch gefasst; was heißt: auf die konkrete Arbeit bezogen, nicht die abstrakte. Und deshalb ist es sehr wichtig, von der Ersetzung der Arbeits*kraft* statt der Arbeit im allgemeinen (*sans phrase*) zu sprechen. Die Mehrwertproduktion setzt also immer schon die (reale) Abstraktion vom Arbeiter (als Person oder was auch immer) voraus, in ihr werden die Kräfte der leiblich Einzelnen so gebündelt, dass sie wie ein der unbelebten Natur entnommener Rohstoff verarbeitet werden können.

Und des Weiteren möchte ich dafür plädieren, diese Rede von der Ersetzung durch Technologie (auf die man nicht verzichten kann) mit aller nur gebotenen Vorsicht (in nahezu nur rein polemischer Absicht, vielleicht) zu verwenden. Denn die Denkfaulheit, die man keinem absprechen kann, verführt uns allzu leicht dazu, diese Kurzformel als den Stein der Weisen anzusehen, der uns den Schlüssel zum Aufschließen des Kapitals liefere (wie die Lohnform bei Maul, die Arbeitsproduktivität in der Landwirtschaft bei Engster). Richtig ist diese Formel nur, wenn klar ist, dass sie ohne den Durchgang durch alle Sphären der wirklichen Welt (Weltmarkt, Staat, Recht, Wissenschaft usw.) in der Luft hängen bleibt und die Ökonomen – auch die unter uns –, nur allzu leicht dazu verführt, sie berechnen zu wollen.

CT   Aber in der gründet das Wachstum, die ständige Vergrößerung der Warensammlung, die man im Bruttosozialprodukt misst?

MD   Ja, da braucht man nicht viel zu diskutieren. Auch wenn es recht mühsam ist, dies einigermaßen verständlich darzustellen. Denn die einzige Alternative zu diesem Resultat wäre, irgendwelchen Dingen (außerhalb der Arbeit) die Fähigkeit zuzusprechen, Wert schöpfen zu können, oder gar, Dingen oder sonstigen objektiven Gegebenheiten (Edelmetallen, Rohstoffen, Wissen) Wert als eine ihrer Eigenschaften anzuheften. Was eine religiöse Spinnerei ist, die das Fetischdenken noch übertrifft.

CT   Und das Wunder – logisch: die Aporie – besteht wesentlich darin, dass diese Quelle des Reichtums permanent ausgetrocknet wird und dadurch noch mehr Reichtum entsteht. Jetzt musst du mir helfen, weil ich während unseres Gesprächs immer wieder leicht zwanghaft an den tendenziellen Fall der Profitrate denken muss. Der lässt sich qualitativ, wenn man diese Rechenspiele von Marx einmal weglässt, so begründen: Das Kapital untergräbt unaufhörlich die Quelle des Reichtums, um Reichtum zu mehren. Weil aber die relative Mehrwertproduktion bei tendenziell schrankenlos wachsender organischer Zusammensetzung des Kapitals nicht unermesslich gesteigert werden kann, kommt es zum Fall. Das Kapital sägt am Ast, auf dem es sitzt.

MD Die Waren werden auf ihr Verschwinden hin produziert, nicht in dem Sinne, wie sich das der linke Verbraucherschützer so zurechtlegt: dass die Konzerne absichtlich Schrott produzieren würden, sondern es geht darum, dass sie aus der Zirkulationssphäre verschwinden (indem sie in den Konsum eingehen). Nur so wird das bei den Konsumenten gehortete Geld wieder in die Zirkulation eingespeist und kann dort in Mehrwert verwandelt werden, der dann dem Kapital zu seiner Akkumulation – auf immer höherer Stufenleiter – zugeführt werden kann. (Und bei der Bildung der Durchschnittsprofitrate, die sich der abstrakten Arbeit analog generiert, in Beziehung gesetzt zur produzierbaren Mehrwertmasse, muss es zu einem Sinken kommen. Aber das brauchen wir hier nicht vertiefen.)

Leistungszwang und Konkurrenz

MD Im Resultat, um diesen Fall aufzuhalten, muss man natürlich immer wieder (scheinbar oder echte) neue Waren erfinden, damit man sie wieder verschwinden lassen kann. Und dieser Prozess hat, sonst funktioniert das Ganze nicht, ein notwendiges Korrelat: Die Konsumenten müssen der Zirkulation ja, bevor sie Waren kaufen können, Geld entzogen haben. Das Prinzip des Äquivalententauschs verlangt, dass auch dies gewaltfrei, ohne Lug und Betrug geschieht (also in Form eines Tauschaktes: etwa den von Arbeit gegen Lohn; aber da gibt es unendlich viele weitere Möglichkeiten). Um also an der »ungeheuren Warensammlung« partizipieren (und für deren Verschwinden sorgen) zu können, musst du eine Leistung erbracht haben, was heißt, eine Ware zu Markte getragen haben, die einen Käufer gefunden hat. Dem Erfindungsreichtum, was als solch eine Leistung gelten kann, sind dabei ebenso wenig Grenzen gesetzt wie dem der Unternehmen, neue Waren auf den Markt zu werfen.

CT Und beides zusammen, eine Leistung zu erbringen, um konsumieren zu können, wird veranstaltet, damit Kapital sich akkumulieren kann. Jetzt nochmals und zum dritten Mal zurück: Also wie erklärt Marx jetzt das, dass obwohl die Arbeit die Quelle des Reichtums ist – und zwar die einzige –, der Reichtum ständig größer wird, obwohl die Arbeit relativ zur Maschinerie ständig abnimmt?

MD Da muss man wieder auf den Begriff der abstrakten Arbeit zu sprechen kommen, so wie bei Marx geschehen. Und auf dessen Grundlage nachzeichnen, wie das mit dem Geld ist: Mit dem

Gelddrucken, mit der Geldmenge, mit der Universalisierung der Warenform und der Expansion des Weltgeldes, mit der Inflation und mit der Konkurrenz. Besonders Letzteres möchte ich ganz besonders betonen; gilt doch immer noch bis in unsere Kreise hinein der Konkurrenzkapitalismus als überholte, vom Monopolkapitalismus abgelöste Epoche. Diese Auffassung ist wieder viel zu konkretistisch; bleibt dem Industrialismus des 19./20. Jahrhunderts verhaftet.

Steigen wir also wieder ein in die Geschichte und halten fest, was Marx, völlig korrekt, als die zentrale Voraussetzung von Kapitalreproduktion überhaupt erkannt hat: Auf der einen Seite die Freiheit der Leistungserbringer, sich den Ort, an dem sie ihre Leistung erbringen, frei zu wählen und deren Gestaltung einvernehmlich vertraglich zu regeln. Und dasselbe gilt natürlich erst recht für die Geldbesitzer auf der anderen Seite: Sie müssen über ihr Geld frei verfügen können. Zusammengefasst ist das in der juristischen Figur der Gewerbefreiheit. Die sich aus ihr ergebende Konkurrenz des Jeder gegen Jeden gilt allseits als Übel, das vor allem staatlicherseits zu bekämpfen oder zumindest zu kontrollieren ist (siehe die ›Flüchtlingskrise‹, den global um sich greifenden Protektionismus und Autarkismus). Ohne diese Freiheiten aber, und vor diesem Dilemma steht jeder Staatsbürger, gibt es keine kapitalistische Reichtumsproduktion, sondern nur die Regression in vorkapitalistische Zustände. (Mir fällt da immer sofort Moishe Postone ein, der sich über 400 Seiten abmüht, die historische Dynamik des Kapitals zu erklären, aber auf den naheliegenden Gedanken, dass die aus den mit der Gewerbefreiheit gesetzten Konkurrenzverhältnissen erwächst, kommt er nicht.)

Die Frage wird nun ja äußerst wichtig, wie die Leute es aushalten, sich täglich in dieses Maulwurfrad zu begeben, warum machen die das? Meine provokant einfache Antwort lautet: Wenn die Verwertung des Werts funktioniert, bleibt auch den Verlierern in der Konkurrenz noch ein ›Mehr‹, das sie ohne sie nicht erlangen würden. Und frühestens jetzt kann ich dazu übergehen, die Auflösung des Mysteriums der Steigerung des Reichtums durch Ersetzung von Arbeit in Angriff zu nehmen. Ich verweise darauf, was ich oben schon zur Gefahr des Deduktionismus ausgeführt habe.

CT Da wirst du den Begriff der Totalität brauchen.

MD Ja, das Kapital ist ein totalisierender Prozess, dem man nicht einzelne Momente extrahieren (oder kondensieren) kann, um sich daraus dann so etwas wie eine neue Kritik der gesamten Weltordnung zurechtbasteln zu wollen. Ich muss allem Einzelnen seinen Gesamtreproduktionsprozess als vorgängig immer voraussetzen; seine logischen, historischen Voraussetzungen müssen gegeben sein: Deswegen ja auch kann man etwa in Sierra Leone nicht einfach hingehen und sagen: hier habt ihr Geld und jetzt nehmt bitte am Kapitalismus teil (und ihr werdet so reich wie wir hier im Westen). Und was ich noch gar nicht erwähnt habe, im Grunde aber der Knackpunkt der ganzen Sache ist: Ohne die globalisierte Gewerbefreiheit und die daraus erwachsende Konkurrenz ist es um die, sagen wir es salopp: Verdurchschnittlichung der konkreten zur abstrakten Arbeit (der Mehrwertmasse in Profit) schlecht bestellt. Man kann ruhig sagen: Ohne sie findet Mehrwertproduktion gar nicht erst statt.

Ausbeutung und Herrschaft

CT Ich frage mich immer noch: Was ist der kategoriale Ort des Begriffs der Ausbeutung? Das hat mir nie ganz eingeleuchtet. Also in einer Welt des Äquivalententauschs gibt es so etwas ja gar nicht. Der Wert kennt keine Ausbeutung. Indem sich ein Mysterium ereignet, dass die Quelle des Reichtums abgeschafft wird und der Warenhaufen doch immer größer wird …

MD Sagen wir mal so. Wenn Marx denn mit dem *Kapital* fertig geworden wäre und dessen letzten Satz geschrieben hätte, hätte der folgende lauten müssen: So! Und jetzt fangen wir mal an mit der Antwort auf die Frage: was eigentlich ist Ausbeutung? Und die Form der Darstellung hätte dann nicht darin bestehen können, ein ganz neues Werk zu verfassen, sondern nur darin, den Reflexionsprozess auf die historischen und logischen Voraussetzungen des Kapitals über die ökonomischen weiter hinauszutreiben. Auf diese Weise hätte er jetzt zum Staat, zur Gewalt, zum Recht und was weiß ich alles kommen müssen. Er hätte nachzuzeichnen gehabt, inwiefern der Äquivalententausch einer ist als auch zugleich nicht ist. (Man kann dazu sagen: logisch ist er es, historisch-praktisch ist er es nicht nur nicht, sondern im Grunde ein Ding der Unmöglichkeit.)

CT Wir tun ja immer so, als wäre uns vollkommen klar, was Ausbeutung und Herrschaft sei. Ich erinnere an die These, die ich schon formuliert habe: Ausbeutung heißt jetzt nicht oder nicht nur, dass das Mehrprodukt eingestrichen wird, sondern das heißt, dass die Menschen um die Möglichkeit gebracht werden und sich täglich bringen, sich als Gattung überhaupt geschichtsbildend zu konstituieren.

MD Schön gesagt. Und vollkommen korrekt insofern, als damit, neben der Frage nach der Gewalt, auch die erkenntniskritische Dimension der Kritik der politischen Ökonomie erreicht wird. Aber Vorsicht: Mit dem Begriff der Gattung (eine originär aristotelische Kategorie übrigens) droht des Teufels Küche. Was die Gewaltfrage betrifft, so ist unbedingt auch auf Gerhard Scheit zu verweisen, der die Abstraktion von der Gewalt in der politischen Ökonomie ja schon oft und ausführlich denunziert hat.

CT … diese Abstraktion war ja wohl die übelste Unterlassung in der Geschichte der Neuen Marx-Lektüre, die sich in weiten Teilen von Anfang an zum Strukturalismus hingezogen fühlte, der sich als flächendeckende Methode zur Verdrängung der Gewalt in der Postmoderne behaupten konnte.

MD Und das hat etwas mit dem zu tun, was ich des Teufels Küche genannt habe. Die hätte eigentlich mitten in die politische Ökonomie hineingemusst (das Fetischkapitel reicht da nicht aus). Vorzuwerfen wäre Marx also, dass er (zwar weitaus mehr, als das die Klassenkämpfer wahrhaben wollen, aber doch noch) zu wenig Philosoph war, zu wenig darauf reflektiert hat, was Gewalt und Tausch synthetisiert.

CT Dass bei ihm die Kritik der Denkform zwar mitschwingt, aber nicht thematisch wird.
Was sagst du dazu, wenn Thomas Maul an einer Stelle sagt: Bevor die Münze, das Geld Platz gegriffen hat, mussten sich ja die Leute etwas gedacht haben, wenn sie also gesagt haben: »Du bekommst das Bier und ich die Brille«, dann ist das nicht trivial. Also ohne den denkenden Tauschenden gibt es keinen Tausch. Und es ist nicht die Ware, in der das Geld haust, die hier reflexiv wird, sondern es sind die Tauschenden.

MD Ja, natürlich. Und so sind wir mitten drin in der Küche. Was heißt denn eigentlich Reflexion? Der Tauschende reflektiert auf die Gleichheit der Waren, die den Eigentümer wechseln – bezogen auf deren gemeinsamen Wert; auf das sie gleich*machende* Dritte: das Geld. Die Reflexion aber etwa auf den Begriff der Gattung erfolgt da in doch ganz anderer Weise: Sie gilt ihr als Einheit von Vielen (möglichst in einem Verhältnis ohne Zwang, kann man von mir aus hinzufügen). Und es gibt noch eine weitere, ganz besondere und für die Produktion von Mehrwert unverzichtbare Reflexion: Die, der Alfred Sohn-Rethel auf der Spur war, und im formallogischen Satz der Identität ihren, für die Naturwissenschaften entscheidenden Ausdruck gefunden hat. Und dann noch die schon angesprochene Reflexion der Theoretiker auf das, was sie Nominal- beziehungsweise Realdefinitionen nennen.

Was wir Sohn-Rethel als bleibendes Verdienst zusprechen müssen, selbst wenn er ansonsten in keinem anderen Punkt recht gehabt haben sollte: All diese Reflexionen müssen als historisch bestimmte ausgewiesen werden können, sonst ist die Abdankung des Marxismus eine Frage der Zeit. Oder anders: er regrediert dann zu einer Ontologie.

Um etwas Ordnung in diese Formen zu bringen: Nicht trivial bei Maul also ist, dass die Reflexion Bier und Brille im Tausch gleichsetzt. Um das überhaupt machen zu können, muss ich aber zuvor wissen, was Gleichheit ist. (Hol' ich mir die aus dem platonischen Ideenhimmel oder folge ich Aristoteles, der das, was Verschiedenem gemeinsam ist, Gleichheit nennt? Und was für einen Status in der Realität hat die Gleichheit nun? Den gleichen wie den, den das Verschiedene hat? Ich hoffe, man sieht: Wir sind beim Teufel zu Gast.)

Im Sinne dieser Ordnung nun noch eine Bemerkung: Den Begriff der Gleichheit (oder den der Entsprechung oder auch Analogie), als Idee oder Kategorie gefasst, kann sich jeder zur Reflexion fähige Mensch erschließen. Den einer an und für sich selbst existierenden Identität zwar auch, aber warum sollte er? Auf die Idee dazu muss er erst einmal kommen. Diese ›Idee‹ findet jedoch im Tausch eine materielle Basis. Mit und dank ihrer operieren die Philosophen, wenn sie Abstraktionen wie Gleichheit, oder Subjekt, Substanz usw. in ihrem Sosein als solches begreifen und fixieren können.

CT Ich denke, wir sollten das jetzt in einem Exkurs diskutieren. Ich möchte das Thema als Frage vertiefen. Du sagst: Im Tausch setzen die Tauschenden radikal das, was sie tauschen, gleich. Zugleich wissen sie aber dunkel, dass da gar nichts gleich ist.

MD … das dürfen sie ja auch gar nicht deutlich wissen, sonst käme es nicht zum Tausch …

CT   … sonst würden sie sich zumindest sehr wundern. Nun sagst du, wenn ich dich richtig verstanden habe, auch in deinem Artikel über die Wahrheit [sans phrase 9/2016], dass damit die spekulative Figur der Identität von Identität und Nicht-Identität bereits gesetzt war, und zwar bevor sie philosophisch von Hegel entfaltet worden ist.

MD   Dass wir überhaupt Zeichen als mit sich selbst identisch Seiendes erfassen können, hat seine Vorlage im Tausch. Die Zeichenkette R – O – S – E aber ist ja mit einer bestimmten Bedeutung aufgeladen. Wie geschieht diese Aufladung? Was passiert da in meinem Kopf, wenn ich das mache? Das kann ich nur, indem ich (zumindest) weiß, dass die Rose keine Nelke ist. (Und ganz viel anderes auch *nicht*.) Auf diese Weise also kommt Hegel ›ins Spiel‹, der mit dieser Negation ja ›nur‹ ins Bewusstsein holt, was im Vorbewussten der Reflexion immer schon da ist, und der damit ja auch den Alleinvertretungsanspruch der Wissenschaft darauf, mit der positivistischen Absolutsetzung des Satzes der Identität zu wahren Urteilen zu kommen, von Grund auf relativiert.

In dieser Hinsicht verkennt Sohn-Rethel die Leistung Hegels. Und überhaupt die Bedeutung der Nicht-Identität in der Begriffslogik.

Kritik als Verwerfung

CT   Also unser Gespräch ist nicht so recht systematisch. Und daher würde ich gerne nochmals auf den Begriff der Kritik zurückkommen. Ich glaube nicht, dass das nur ein Streit um Worte ist und ich will begründen warum. Thomas Maul schwankt ja ersichtlich zwischen dem Gebot der immanenten Kritik und der gewissermaßen narzisstischen Leidenschaft, dem Gegner von oben herab mit großer Geste den Garaus zu machen und wird darüber zum autoritären Anthropologen.

Ich habe unter Kritik in der Tradition von Kant und Hegel verstanden, dass die vorgefundenen Kategorien, also eben bei Kant im Rationalismus und im Empirismus und bei Hegel wiederum in den Kantischen Kritiken, dass diese Kategorien als logisch und beim alles wollenden Hegel homolog auch als historisch voraussetzungsvoll erkannt werden. Und damit wird gesagt: Es muss möglich sein, diese Kategorien aus ihnen selbst zu begründen oder besser, es muss möglich sein, ihren Grund zu entwickeln, was bei Hegel in diesem Mammutprojekt der sich selbst begründenden Kategorien mündet. Triebhaft gewordener, dynamisierter Platonismus und dialektisierter

Spinozismus. Das ist aber genau nicht Verwerfung, sondern es gibt eben diese vorhin schon zitierte Schrift über das Wesen der philosophischen Kritik. Da hatte der junge und also noch nicht so schrecklich erwachsene und durchödipalisierte Hegel den wunderbaren Einfall, zu sagen: Wenn es – später war er der Meinung, es gäbe viel Vernunft in der Geschichte – wenn es keine Vernunft im Gegenstand gäbe, dann würde uns nur noch, wenn wir Philosophen bleiben wollen, der gleichsam souverän-exterritoriale Gestus der Verwerfung helfen. Der Kritiker aber, jetzt in dem traditionell deutsch-idealistischen Sinn verstanden, ist ein ordentlicher Mensch, der trumpft nicht auf wie Maul, das ist ein wahrer Fleißapostel. Während der zur Psychose, aber zu keinem vernünftigen Text mehr fähige große Verwerfende noch nicht einmal zum Vatermord taugt und schlimmer als ein Vatermörder nicht mehr in der Lage ist, sich diese ganze Realität mit ihrer merkwürdigen Verfallsform Vernunft halbwegs lebenstüchtig durch Identifikation mit dem Vater anzueignen. Sondern in einem, nennen wir es: in einem für den Psychotiker nicht mehr auflösbaren Konflikt verwirft er, kaum ist sie ihm begegnet, die Vaterimago. Jedenfalls erreicht er sie nicht. Und diese Vorstellung hat mir als philosophische, wenn ich also vom unbeschreibbaren Leiden des Psychotikers abstrahiere, immer gut gefallen, obgleich es nicht funktioniert.

Das hat mir auch in der Tradition der Initiative Sozialistisches Forum (ISF) immer gut gefallen, diese fast kanonisch gewordene Erinnerung an den frühen Hegel, bevor er seine Jugend verraten hat und den Hölderlin zurückließ und gegen den Schelling pöbelte. Erst einmal auf der Ebene des Gestus: Wir machen da schon unsere bestimmten Arbeiten, die müssen gemacht werden, aber ein Gedanke muss alle Arbeit begleiten können, dass das im Grunde so nicht geht, dass wir uns in unmöglichen Zuständen herumtreiben und jeder Text weit unter dem Niveau der objektiven Verzweiflung bleibt.

Zudem bekenne ich aber auch den Verdacht, einen Anfangsverdacht würde man strafrechtlich sagen, dass dieser ständige Aufschub, der allenfalls mit narzisstischen Tröstungen bei der Textproduktion einhergeht, im Innersten verkehrt ist: »Jetzt machen wir erstmal Ökonomie und abstrahieren von allem. Wir haben zwar bestimmte depressive Verstimmungen und auch Ideen, und, weil wir mal jung waren und keinesfalls alt werden wollen, erinnern wir uns natürlich unserer moralischen Empörung in jüngeren Jahren, revozieren diese bei sich bietender Gelegenheit, aber wir lassen das jetzt ...« Wenn du in der Bibliothek des britischen Museums hockst und unendlich viel liest und exzerpierst und doch nie fertig wirst. Und wenn wir dann fertig sind, dann sterben wir, danach aber kommt (»die Enkel fechten's besser aus«) die Kritische Theorie und entdeckt die Ästhetik und die Psychoanalyse. Mir missfallen die schreckliche Ungleichzeitigkeit, die nervtötende Arbeitsteilung und die Nötigung zur negativen Enzyklopädie, gegen die mir freilich auch nichts Gescheites einfällt.

Dagegen würde vielleicht eine andere Denkart helfen, welche die Zügel der Arbeitsteilung (in der Tradition von Nietzsche bis Adorno) im einzelnen Text selber lockert und nicht nur in der Gesamtheit aller Texte. Es ist eine Art von Schwebe, die mir vorschwebt, das stammt von Adorno, aber ich weiß nicht von wo.

MD   Also ganz banal: Ich möchte meine Urteile begründet wissen und begründen können. (Wobei ich gleich wiederhole: Begründung hat nichts mit Ableitung zu tun, sondern zunächst erst einmal lediglich mit so etwas wie Folgerichtigkeit. Und dann vor allem mit ›auf den Grund gehen‹.) Ich möchte jedenfalls nicht erscheinen oder irgendwo so auftauchen oder auftreten, als ob die Urteile, die ich fälle, alles Existenzialurteile wären. Unter denen kann es sowieso nur ein einziges geben: »Das Ganze ist das Unwahre«. Dagegen, einzelne Teile dieses Ganzen zu skandalisieren und in deinem Sinne zu verwerfen, hab' ich prinzipiell rein gar nichts, auch wenn ich mit solcherart Teiltotalitäten durchweg schlechte Erfahrungen gemacht habe. Denn das läuft dann doch immer auf dasselbe hinaus wie beim Maul: Ja, in der Lohnform fließt doch der ganze Mist des Kapitals ein, sagt er völlig zu recht. Schaffen wir also die Lohnform ab! Und jetzt, wie weiter? Was ist mit Kapital, Staat und Geld? Das ist dann auch erledigt? Diese Art der Skandalisierung läuft für mich auf nichts weiter als eine Selbstbestätigung hinaus: die, dass man virtuos über all die Argumente der anderen hinwegsehen darf, weil man ja immer schon von vornherein weiß, wohin der Hase läuft.

Und jetzt zu deiner Unterstellung, man betreibe zuerst Ökonomie, um dann den Rest zu erledigen. Demgegenüber könne man doch, wie der junge Hegel, sich die »Fleißarbeit« sparen, seinen Leidenschaften frönen und den Rest quasi zum Anfang erheben. Vielleicht habe ich dich falsch verstanden, aber eines sollte doch klar sein: Weder Gott, der Geist noch das Transzendentalsubjekt, weder der Kosmos noch *der* Mensch geben der Totalität unserer Welt den richtigen Namen, sondern das Kapital. Und damit ist der Anfang des Versuchs, diese Totalität auf den Begriff zu bringen, nicht mehr beliebig. Was allerdings keinesfalls behauptet werden darf, und da gebe ich dir völlig recht: Der Anfang ist keineswegs wichtiger als das Ende. Eher im Gegenteil.

Ich möchte mich jedenfalls dagegen verwahren, die Gewalt, Ausbeutung und Herrschaft des Kapitals damit, dass ich die Bedingung der Möglichkeit zur Mehrwertproduktion zuerst abhandele und erst von hier aus dann auf sie zu sprechen komme, für weniger bedeutsam erachte als das, was zum Äquivalententausch zu sagen ist. Das Nacheinander in der Darstellung bedeutet keine Rangfolge. (Und was Marx betrifft: Dass seine Kritik der politischen Ökonomie so derart missverstanden werden konnte, hat doch wohl viel eher damit zu tun, dass er sich als Klassenkämpfer, der er auch war, im *Kapital* nicht genügend hat zurückhalten können, als dass er sich zu sehr der »Fleißarbeit« gewidmet hätte, die Klassiker der politischen Ökonomie Punkt für Punkt zu widerlegen.) Und noch etwas zur Verwerfung, ich habe es oben schon einmal versucht auszuführen: Irgendwie muss ich mir, bevor ich verwerfe, das, was ich verwerfe, gedanklich angeeignet haben. Und schon bin ich mitten drin in der Frage nach dem, was denn unsere Totalität bestimmt und wo bei dessen gedanklicher Rekonstruktion der Anfang zu machen wäre.

CT   Es ist klar, dass ich mich dagegen nicht aussprechen will, aber es ist verlockend. Es ist verlockend und es ist befremdend, dass uns das Kapital, das ganz wesentlich aus lauter Technologie und aus nur vorübergehend latent bleibender Gewalt besteht, auch eine Grundbedingung der Technologie aufzwingt, nämlich die Arbeitsteilung. Dass mich das nervt, möchte ich zumindest angemerkt haben. Wohlgemerkt: ich habe nicht gesagt: »Das wird man doch mal sagen dürfen ...«

Aber du wirst mir zustimmen, dass es äußerst befremdlich ist, dass Gerhard Scheit kommen musste, um das Thema *Leib, Gewalt, Souveränität* in die politische Ökonomie einzubringen. Das ist schon komisch, und jetzt könnte man mal die Frage stellen: Wie kommt es, dass hunderte von Marx-Kennern 30 Jahre lang Marx rekonstruiert haben, bis er dann ein völlig neues und doch eminent wichtiges Thema wenigstens in kleinste Kreise einführen konnte? Da könnte man einmal drüber nachdenken, wie das sein kann. Stattdessen wurden 10 000 Dissertationen über die kunstgewerblichen und leidenschaftslosen Gegenstände der Postmoderne abgeliefert und – angenommen.

MD   Gerhard hat eben genau das gemacht, wo du die Gefahr siehst, dass man das als Nacheinander sieht, obwohl das als Gleichzeitigkeit zu denken ist. (In der Trinität folgt der Sohn auch nicht auf den Vater: sie sind gleichzeitig je ein und derselbe Gott.) Und ich kann doch nicht, wenn ich über die Kritik der politischen Ökonomie schreibe, in jedem zweiten Absatz schreiben, »aber, liebe Leute, bitte denkt dran, über die Gewalt (die Ausbeutung, die Psychoanalyse) werden wir noch zu reden haben«.³

CT   Ich gebe ein Beispiel. Also 130 Jahre nach Marx kann ich locker reden, aber es wäre doch immer schon möglich gewesen, einmal wenigstens eine Fußnote zu machen. Also wenn wir jetzt Marx wären, einmal eine Fußnote auf Seite X, egal wo, in der stünde drin: Was für ein objektiver Wahnsinn, dass man, um irgendwas zu verstehen, von allem abstrahieren muss. Also viel mehr zu sagen, als das, was in der Rede von den verrückten Formen und vom automatischen Subjekt immer noch so *ex cathedra* nüchtern tönt. Diese lückenphobische Hochbegabung bei völliger Unfähigkeit zur Psychose, die eigentlich nur Nietzsche durchbrochen hat, der sich meines Wissens aber wiederum weigerte, auch nur eine Zeile Marx zu lesen. Die Frage wäre, ob das jetzt nur eine ästhetische Maske wäre oder Gerechtigkeit zur Sache.

Es wundert mich immer mal wieder, wie man des trockenen Tons nicht satt sein kann, wenn man doch nach und in jedem Kapitel schreiben könnte: die Katastrophe fand längst statt und wir schreiben doch weiter. Dies ›doch‹, dem wir doch nicht entkommen können, hat etwas Schamloses.

---

3   Im Vorwort von Manfred Dahlmanns *Das Rätsel der Macht* wird der innere Zusammenhang von Tausch und Gewalt ausführlich erörtert.

Manfred Dahlmann / Christian Thalmaier
Anmerkungen zur Logik und Geschichte des Kapitals. Ein Gespräch. 2. Teil [2017]

[Scheiß Arbeit und abstrakte Arbeit] 447
[Ausbeutung und Äquivalententausch] 449
[Rechnen statt *trial and error*] 450
[Der Imperialist und der Hegemon] 451
[Aschenbecher und Flasche beziehungsweise Gott,
Gottsohn und Heiliger Geist] 454
[Rose oder Nelke] 457
[Abaelard oder Althusser] 459

[Die im Folgenden dokumentierte Fortsetzung des Gesprächs, die bisher nicht veröffentlicht wurde, fand ebenfalls am 15. Mai 2017 in Freiburg statt. Im weiteren Verlauf nahmen daran auch andere Personen teil. Manfred Dahlmann, der am 24.12.2017 verstarb, konnte seine Ausführungen in diesem zweiten Teil nicht mehr wie geplant für eine Publikation in der sans phrase überarbeiten. Die Herausgeber haben in Übereinstimmung mit Christian Thalmaier die folgenden Auszüge nur bearbeitet, sofern sie es für das bessere Verständnis als notwendig erachteten. Sie sind sich darüber im Klaren, wie problematisch Manfred Dahlmann das hier publizierte Resultat erschienen wäre und dass er es in solcher Form niemals aus der Hand gegeben hätte. Dennoch sagt er gerade in diesem Gespräch unvermittelt, er erkläre »am liebsten in diesen einfachen Worten«, worum es ihm gehe.]

[Scheiß Arbeit und abstrakte Arbeit]

Manfred Dahlmann   Also was die Volkswirtschaftler machen, ist reine Strukturierung von Anschauung.... Die Anschauung reicht nicht, die reicht hinten und vorne nicht, die macht nur was rational, was gar nicht rational ist. Wenn man nämlich auf die Voraussetzungen eingeht, dann wird das Ganze zu ... einer ziemlich vernunftwidrigen Veranstaltung, die aber, das sollte man nicht vergessen – Stichwort Humanismus und Barbarei und dergleichen – das braucht man gar nicht zu verstecken, eben die Technologie als einzige Möglichkeit hervorgebracht hat, die es erlaubt, die Arbeit zu reduzieren. Und das müsste man dann dazusagen, wenn man sagt: »Scheiß Arbeit!« ... »Scheiß Arbeit« unterschreibe ich, aber dann muss man sagen, wir brauchen eine Technologie, die mich nicht verhungern lässt, obwohl ich keine Leistung erbringe.... Das wäre, wenn man so will, die historische Leistung des Kapitals, aber das sollte man bitte nicht in Humanismus verwandeln oder so. Ist ein rein abstraktes Ding, das haben wir, das haben wir.

A Das ist ja gerade das Spezifische, soweit ich das verstanden habe, am Kapitalismus, dass es keine Technik geben kann, die nicht verhindert, dass man trotz ihrer verhungert. Weil die Technik an einer Stelle die Arbeit wegstreicht, um sie halt an anderer Stelle wieder auferstehen zu lassen…

MD … und das wäre die Aufgabe des Kommunismus, dafür zu sorgen, dass das Überleben auch ohne Arbeit möglich ist, nur dann mit Technologie.

Christian Thalmaier Wie erklärt Marx, dass, obwohl die Arbeit eine der beiden Quellen des Reichtums ist (die andere ist die Natur), der Reichtum ständig größer wird, obwohl die Arbeit relativ zur Maschinerie ständig abnimmt?

MD Da muss man auf den Begriff der abstrakten Arbeit eingehen. Man muss erklären, wie das mit dem Geld ist. Mit dem Gelddrucken, mit der Geldmenge, mit der Universalisierung der Warenformen und mit der breiten Expansion, der Inflation, mit der Konkurrenz.… Mit dieser Sache, dass Arbeitskraft durch Technologie ersetzt wird, aber eine *prima philosophia* zu beginnen, das geht nicht, denn es ist immer ein bloßes Resultat. Das Resultat eines Prozesses, den ich immer voraussetzen muss, der immer vorgängig ist. Die logischen, historischen Voraussetzungen müssen alle gegeben sein, deswegen kann man in Sierra Leone nicht einfach hingehen und sagen, hier habt ihr Geld und jetzt nehmt ihr am Kapitalismus teil! Oder die Waren, wir können ja alles hinschmeißen, sie nehmen am Kapitalismus nicht teil, weil diese genannten gesamten Voraussetzungen, die erst diesen Widerspruch ermöglichen, nicht gegeben sind. Weil sie nicht tatsächlich am Weltmarkt teilnehmen … Weil überhaupt keine Produktionsstätten da sind, die die Mehrwertmasse dahinbringen. Und dann die *Verdurchschnittlichung*, mit der der Marx, … das macht er sogar richtig, also mit dem durchschnittlichen Arbeitswert, aber man muss erkennen, was das für eine logisch-philosophische Ebene ist: abstrakte Arbeit, Konkurrenz …

CT Ja, aber du hast jetzt meine Frage nicht zurückgewiesen, also die Frage, die zugegeben nach Bescheidwisserei klingt, die da lautet: erklär mir doch mal das Mysterium! Ich bin froh, dass du nicht gesagt hast (oder sagst du's noch?): Also, wenn du das jetzt nicht verstanden hast, dann weiß ich auch nicht mehr weiter.

[Ausbeutung und Äquivalententausch]

MD Also, ich will's auch nicht erklärt haben, erklären wollen müssen, ich will's auch nicht erklären können. Am liebsten noch in diesen einfachen Worten, in denen ich das jetzt mache. Deswegen bin ich in meinem Sartre-Buch [erst auf Seite 376] zu diesem Ding gekommen.[1] Damit klar wird, man darf unmöglich jetzt eine neu philosophische *prima philosophia* behaupten oder das *Kapital* als *prima philosophia* lesen. Natürlich wusste Marx das als Autor. ... Aber der Leser kommt da so nicht mit, das ist schon ein pädagogisches Problem. Er meint dann, der Marx, er erklärt uns endlich die Ausbeutung, dabei sagt er, ja, die findet ›bei mir‹ gar nicht statt.

CT Bei Marx?

MD Ja, im *Kapital*. ... Es gibt da gar keine Ausbeutung, es gibt nur Äquivalententausch.

CT Also Herrschaft gibt es nicht im Kapital, aber Ausbeutung doch schon?

MD Ne!

CT Nicht?

MD In dem Sinne nicht: Natürlich, der Marx ist nun mal Klassenkämpfer, ja da bringt er dauernd irgendwelche Sachen. Aber die Ausbeutung, das ist ja Gebrauchswert, das ist ja ...

CT Ja, das hat mich allerdings auch immer gewundert: Was ist der kategoriale Ort des Begriffs der Ausbeutung, das hat mir nie ganz eingeleuchtet. Also in einer Welt des Äquivalententauschs gibt es so etwas ja eigentlich gar nicht. Der Wert kennt keine Ausbeutung. Indem sich ein Mysterium ereignet, dass die Quelle des Reichtums abgeschafft wird und der Warenhaufen doch immer größer wird ...

MD ... Erst wenn Marx den letzten Satz der Kritik der politischen Ökonomie geschrieben hätte, hätte er gesagt: »So! Und jetzt fangen wir mal an, was ist Ausbeutung?« Dann hätte er wieder zum Staat,

---

[1] [Manfred Dahlmann: Freiheit und Souveränität.]

zur Gewalt, zum Recht und was weiß ich kommen müssen. Um das erst einzuholen, dass ja der Äquivalententausch nicht wirklich ein Äquivalententausch ist.

CT   Wir tun ja immer so, als wäre uns vollkommen klar, was Ausbeutung und Herrschaft sei. ...Du sagst: Im Tausch setzten die Tauschenden radikal das, was sie tauschen, gleich. Zugleich wissen sie aber dunkel, dass da gar nichts gleich ist, und damit ist lange bevor Hegel ...

MD   ... das dürfen sie ja auch gar nicht deutlich wissen, sonst käme es nicht zum Tausch ...

CT   ... sonst würden sie stutzen. Nun sagst du, wenn ich dich richtig verstanden habe, auch in deinem Vortrag über die Wahrheit[2], dass damit die spekulative Figur der Identität der Identität und der Nicht-Identität bereits gesetzt und zwar bevor sie philosophisch von Hegel entfaltet worden ist.

[Rechnen statt trial and error]

MD   Was Sohn-Rethel dann nicht gelungen ist, ist das mit dem Kapital, ... wo [es um die Frage geht]: Wann wird Geld zu Kapital? Wie kann Geld zu Kapital überhaupt werden? Und welche Bedingungen müssen da dann historisch [existieren]. Das ist bei Marx mit der ursprünglichen Akkumulation [bezeichnet]. ... Man muss sich mal in so einen Römer versetzen, wo ein heutiger Kapitalist dem Römer erklärt, wie er zu Geld kommt. Der kuckt den dann groß [an]: ›Was soll der Quatsch?‹ würde er sagen. Das ging ja noch gar nicht, weil die ganzen Voraussetzungen mit Konkurrenz, Geldentwicklung – haben wir alles noch nicht, die sind alle nicht da. Es gibt zwar ›Welthandel‹, aber in diesem Welthandel, dieser Geldentwicklung bricht [es] dann immer irgendwann ab. Erst später in England, wenn sich auf einem größeren Gebiet so eine universalisierte Geld-, Warenwirtschaft durchsetzt, die dann auch die Produktion setzt ... dann auf einmal, ab einem bestimmten Punkt ... ist eine Logik in Gang gesetzt, die nicht mehr aufzuhalten ist. ...

Die Historiker streiten sich ja auch über die Besonderheiten dieser kapitalistischen Entwicklung. Die Römer konnten ihr Reich

---

2 [Manfred Dahlmann: Was ist Wahrheit? Was materialistische Kritik? In: sans phrase 9/2016.]

aufbauen, weil sie eine Technologie entwickelt hatten, also auf dem militärischen Gebiet [wussten,] wie man Festungen schleift, Katapulte baut ... Aber [bei jener kapitalistischen Entwicklung ist] das Grundphänomen, was zu erklären ist, dass hier nicht Erfahrung und *trial and error* bei der Technologie die Grundlage bilden, sondern ein Schreibtisch mit [ein] paar Gleichungen. Dann baust du Apparate, die [den alten] in *Nullkommanix* überlegen sind. Denn du hast einen Begriff von Kraft, wenn du Naturgesetze kennst, und da kannst du am Schreibtisch dir Dinge zurechtbasteln, die auf dem Wege des ›trial and error‹ nie erfunden worden wären – warum auch?

CT   ... zu viele Möglichkeiten, da wirst du nie fertig.

MD   Also man kann durchaus ganz hohe technologische Standards entwickeln, aber niemals aus mathematischen Gleichungen heraus eine Maschinerie entwickeln, die dann natürlich diesen ganzen Sachen weit überlegen ist.

B   Der Grundgedanke ist ja auch erstmal absurd, so habe ich mir das zumindest übersetzt. Der Grundgedanke kapitalistischer Produktion ist: ich stecke mein Geld nicht einfach in eine extensive Ausweitung meiner Produktion, indem ich mehr Arbeiter oder sonst was beschäftige, sondern ich stecke sie planmäßig in die Erfindung von Gegenständen, was natürlich Naturwissenschaft oder Gesetzmäßigkeit voraussetzt. Dass ich also weiß, dass am Ende tatsächlich, und das wird ja in die Berechnung vorher mit einbezogen, dass ich berechnen kann, dass, wenn ich investiere, dann eine Revolutionierung meiner eigenen Produktionstätigkeit stattfindet, dass das dann auch tatsächlich der Fall sein wird.

MD   Und auf diesen Gedanken muss erst mal jemand kommen, und nicht ein Einzelner ...

B   Das ist erst mal vollkommen absurd, dass ich, um etwas, das mir zunächst einmal überhaupt nichts bringt, zu steigern, gerade da meinen kompletten Gewinn, oder so viel Gewinn wie möglich reinstecke.

[*Der Imperialist und der Hegemon*]

CT   Marx beschreibt mit der ursprünglichen Akkumulation nur eine historische Voraussetzung, es erklärt das aber nicht. Die ursprüngliche Akkumulation hätte ja gewaltsame Reichtumsaneignung bleiben können, eine besondere Form des Raubs in einer bestimmten historischen Situation.

MD   Das hat es ja immer schon gegeben: die Räuber, die Banditen, die da die Leute überfallen. Das erklärt noch überhaupt nicht, wie es zu Kapital kommt. [Es käme darauf an, dass man] diesen Unterschied zwischen hegemonialer und imperialer Macht endlich richtig definiert.[3] Die USA sind keine imperiale Macht. Also da wird kein Land überfallen, um den Reichtum sich einzuholen oder Sklaven oder sonst etwas, also um unmittelbaren Gebrauchswert sich anzueignen.

CT   Na ja, wenn ich jetzt als Anwalt ausnahmsweise ein ganz kleines Plädoyer für Antiimps halten würde, dann würde ich sagen: Es kann schon mal sein, dass die Hegemonialmacht sich imperialistisch aufführt und neben die Behauptung des Weltmarktes und die kriegerische Stabilisierung des Status Quo der Raubzug tritt. Das kann es schon geben, oder?

MD   Da kennen wir ja so einen Staat, der das auch, der das verwechselt – mindestens einen!

CT   … mindestens einen kennen wir. Aber da ich, wie man sagt, vor vielen, vielen Jahren ›politisiert‹ wurde in der Anti-Vietnam-Bewegung, möchte ich doch sagen: Das war nicht einfach nur ein Krieg zur Herstellung einer Ordnung, innerhalb deren sich bei gleichbleibenden Machtverhältnissen zwischen den Blöcken und Staaten der Weltmarkt sollte besser entfalten können.

MD   Doch schon. Und der eben eine Gegend, die dem Weltmarkt verloren zu gehen droht, wieder in den Weltmarkt einzubeziehen sucht, genau deswegen haben sie ja auch etwas gegen den Realsozialismus gehabt. Da konnte das Kapital, also das Geld, sich nicht frei entfalten, Beschränkung von Möglichkeiten der Kapitalakkumulation. Und genau so ist das jetzt auch mit den Flüchtlingen. Eine der Sachen, die klar sind auf der Anschauungsebene, ist eben,

---

3   [Siehe hierzu die Diskussion über »Der Euro und sein Staat« zwischen Manfred Dahlmann und Gerhard Scheit in diesem Buch sowie die Diskussion zwischen den beiden, die hier unter dem Titel »Autarkie ist Regression« abgedruckt ist.]

dass mit der Konkurrenz gesetzt ist, dass Arbeitskraft und Geld sich völlig frei entfalten, also zu dem gehen müssen, der am besten, meisten bezahlt. Es ist an sich eine ›Kapital-kontraproduktive‹ Sache, die Flüchtlinge draußen zu halten. Eigentlich ist der Arbeiter genauso frei wie das Geld. Geld muss sich überall anlegen lassen in freier Konkurrenz, wie eben auch der, der in Sierra Leone geboren ist, da er [dort] seine Arbeitskraft nicht verkaufen kann, eben nach Deutschland muss.

CT   Ich glaube, das ist jetzt eine Polemik, das ist keine Empfehlung. Aber die Polemik ist ja die höchste Form der Sachlichkeit.

MD   Das ist keine Empfehlung. Wenn ich ›wirklich‹ Kapitalist wäre, müsste ich das so sehen, müsste ich die Nationalstaaten in den Orkus schicken. Dann kommt eben wieder Gerhard Scheit und sagt: ›Es kann nur einzelne Staaten geben, den Weltsouverän gibt es nicht, den der Kapitalist am liebsten hätte.‹

CT   Das Kapital hätte den gern und verstößt gegen die eigenen Prämissen. Immer wieder will es den Welthandel und dann will es – unter dem Gesichtspunkt der organisierten Zwangsgewalt betrachtet – wieder die Grenzen zumachen.

MD   Wie Macron gestern gesagt hat: »Wir wollen Frankreich wieder groß machen.« Der bringt das in einem Satz und es fällt keinem auf, dass sich das widerspricht wie nur sonst etwas. Wir wollen jetzt wieder souverän werden und wollen Europa Souveränität geben. Also das sagt der in einem Satz.

CT   Der kann das besser als Trump, finde ich. Ein charmanter Affe, der in den Antinomien umherhüpft und sich nicht aufregt, wenn eines zum andern nicht passt. Also der bringt gewisse psychische Voraussetzungen mit, die weit über diesen Adenauer-Satz »Was interessiert mich mein Geschwätz von grad eben« hinausgehen. Es muss einem wirklich alles egal sein, um so spielerisch mal das und mal jenes zu wollen; es ist großartig.

MD   Und man muss eben ein bisschen Machiavelli und Hegel studiert haben, dann klappt das alles.

CT   Ja, das hat der auch noch!

[Aschenbecher und Flasche beziehungsweise Gott, Gottsohn und Heiliger Geist]

MD   Also ganz banal: ich möchte meine Urteile begründet wissen und begründen können. Ich möchte nicht erscheinen oder irgendwo so auftauchen oder auftreten, als ob die Urteile, die ich fälle, nur reine Existenzialurteile wären. Obwohl ich natürlich das Existenzialurteil »Das Ganze ist das Unwahre« sofort unterschreiben würde, aber ich gehe jetzt nicht in den Hyde-Park und [stelle mich] damit auf 'ne Kiste und schreie also: »Das Ganze ist das Unwahre«, also was soll der Quatsch? ... Was ich unbedingt noch loswerden will, ist eben die ungeheure Relevanz der logisch-historischen Voraussetzungen. Und das muss eigentlich eben in die politische Ökonomie hinein, das würd' ich Marx vorwerfen, dass er da zu wenig Philosoph war, dass eben diese historische Spezifik auch in der Logik nicht genügend vorkommt, das ist auch der Vorwurf von Sohn-Rethel ...

CT   ... dass die Denkform zwar mitschwingt, aber nicht thematisch wird.

MD   ... aber nicht thematisch wird. Wenn er das bedacht hätte, dann wäre das ... Wenn er dies mehr, vielmehr betont hätte, wäre es möglicherweise zu diesen ganzen Missverständnissen mit der abstrakten Arbeit weniger gekommen. ... Also jetzt mal ganz schnell gesprungen: ohne Trinitätsdogma komme ich nicht weiter. ... Also diese hochvoraussetzungsvollen, logischen und historischen Sachen, die in der Kritik der politischen Ökonomie immer mitschwingen, sagen wir mal: mitschweben, die sind eigentlich hervorzuarbeiten. Das geschieht einfach nicht, das wird einfach wieder weggelegt. In den 1970er Jahren hat man durchaus, also mit Lukács, einmal angefangen, die wirklich einzuholen. Aber mit Foucault war es dann vorbei, er hat das alles abgewürgt und sie ja eigentlich nicht bemerkt.[4]

A   Manfred, warum interessierst du dich eigentlich für dieses Trinitätsdogma, muss ich jetzt mal fragen, ich hoffe, das Ding [Aufnahmegerät] ist abgeschaltet, aber ich find das wirklich, also wir hatten eben gefragt, wie du das überhaupt in dem Verhältnis im Kapitalismus siehst, es ist ja keine notwendige Voraussetzung, es war aber eine Voraussetzung, es ist aber auch quasi kein Ableitungsminimalismus,

---

4 [Manfred Dahlmann: Das Rätsel der Macht.]

den du jetzt machst, dass man sagt: ›Logisch, dass aus der Dreifaltigkeit die Dreifelderwirtschaft kommt‹. Das ist ja auch völliger Quatsch. Wieso interessierst du dich überhaupt dafür?

MD   Es geht um die logischen Voraussetzungen, die Frage ist: Was ist Denken? Denken ist, Einheit und Differenz zugleich denken zu müssen und zu denken. Das ist, der Denkprozess selbst, ist also nicht verständlich zu machen, also stelle die Differenz zwischen dieser Flasche und dem Aschenbecher fest und wenn ich das jetzt zusammensehe, sage ich, das sind Gegenstände des täglichen Bedarfs. Eine Allgemeinheit zwischen zwei verschiedenen Dingen. Man muss jetzt auch über Platon, ›Aristoplatonismus‹ und Aristotelismus reden.

A   Ja, aber ... das interessiert einen aber nicht unbedingt als kommunistischen Kritiker, das hast du doch in jeder Gesellschaft, was du da beschreibst.

MD   Nein, das Trinitätsdogma ist das einzige, das verlangt, Einheit und Differenz in Eins zu denken. Also Gottvater, Gottsohn und die Vermittlung als Eines zu denken.

A   Aber ich meine, wenn du jetzt einem Hindu oder einem Moslem den Aschenbecher und die Bierflasche ...

MD   ... das habe ich ja als das vortrinitarische Denken bezeichnet ...

CT   Ich glaube, es geht um die Frage, inwiefern auch außerhalb der kapitalen Denkform Gegenstände wahrgenommen und identifiziert werden konnten.

MD   Aber es bleibt die Frage: Was passiert, wenn ich Gegenstände wahrnehme? Bei Platon ist es so, das ist das, was ich differenziere, Flasche und Aschenbecher, indem ich auf eine, indem ich auf übergeordnete Ideen zurückgreife, die mir diese Differenz vorgeben. In der Wahrnehmung selbst liegt das eben nicht. ...

CT   Platon sagt, ich mache so gut wie nichts, außer dieses: Ich richte meinen Blick aus im Schein der Sonne und ich erinnere mich. Dann weiß ich, dass das jetzt so ein Fläschchen ist, aber ich empfange dieses Wissen von weit, weit her. In der Vorsokratik war das noch radikaler, da ist die Wahrheit etwas, das man buchstäblich geschenkt bekommen kann, keine Rede vom Subjekt. Im Lehrgedicht von Parmenides, da bekommst du sie als Geschenk von einer Göttin: das ruhige Herz der wohlgerundeten Wahrheit. Da musst du gar nichts machen, da musst du allenfalls sagen, ich bin bereit, beschenkt zu werden, das erinnert an eine bestimmte Art von theologischer Erkenntnistheorie. Bei Platon ist das nicht radikal anders, sondern nur differenziert über die Ausrichtung des Blicks und das anamnestische Verfahren.

A   Gut, ist ja gar nicht so wenig, das zu sagen.

CT ... aber es ist eben etwas ganz anderes, als zu sagen: Das Subjekt ist konstitutiv an der Produktion von Wahrheit und im deutschen Idealismus seit Kant an der Konstitution von Gegenständlichkeit überhaupt beteiligt. Die Bedingung der Möglichkeit der Erkenntnis von Gegenständen wird zugleich die Bedingung der Möglichkeit der Gegenstände selbst. Also, das ist etwas radikal anderes, obwohl es von der vorsokratischen Vorstellung der Identität von Denken und Sein nun so weit auch nicht wieder entfernt ist. Das Subjekt ist bei Platon nur in der Weise beteiligt, dass es sich halt erinnern soll, es soll schauen und – würde man autoritär sagen – sich richtig hinstellen (»Stell dich mal richtig hin!«). Aber das ist was ganz anderes, als es für möglich zu halten, dass das Subjekt selbst produktiv sein muss. Dafür steht erstmals Descartes.

MD Die Differenzen, die sind hier vorgegeben. Wonach ich differenziere, ist dann völlig egal, es ist vorgegeben. Es ist eine vorgegebene Wahrheit.

CT Ich kann Glück haben und bin an ihr beteiligt, oder ich bleibe in der Höhle.

MD Und Aristoteles nimmt dann aus den Ideen etwas zurück und sagt: es ist eine Frage der Systematik, also nehmen wir hier die Flaschen, die sehen zwar alle anders aus, haben aber irgendwie etwas gemeinsam, nämlich, dass man etwas einfüllen kann.

CT Das Gemeinsame haust in ihnen irgendwie.

MD Ja, irgendwie ist das Gemeinsame drin, also das kommt nicht irgendwie von einem Ideenhimmel in die Flasche, bei Platon hab' ich die Idee ›Flasche‹, dass man da was einfüllen kann, unmittelbar entnehme ich sie aus der Erinnerung und deswegen kann ich das alles als Flaschen bezeichnen. Und für eine Fliege oder ein anderes Tier ist das nicht wichtig, dass da was völlig anderes ist als das, das weiß ja gar nicht, dass das etwas Gemeinsames hat.

CT   Und das, was wir Instinkt nennen, produziert eine Unterscheidung, die verwechselt werden könnte mit Wahrnehmung, denn in der Wahrnehmung wird der Begriff wahr ...

MD   ... aber eben in der Wahrnehmung selbst muss diese Differenzierung irgendwie angelegt sein. Denken heißt nichts anderes, als darauf zu reflektieren, was ist das Allgemeine und welche Einzelheiten und Besonderheiten umfasst dieses Allgemeine. Das ist Denken überhaupt, über alle Sachen hinweg, so würde ich das jetzt philosophisch betrachten, um zum Trinitätsdogma zu kommen. Die Besonderheit des Trinitätsdogmas besteht nun mal darin, dass die Differenzen, die im Denken existieren, und die Einheit, die die Differenzen zu einem Allgemeinen machen, dass das in sich selber immer gegenseitig auf sich verweist. Also ich habe drei Personen: Gottvater, Gottsohn und Heiliger Geist, und die sind Eines. Die sind unterschieden und nicht unterschieden zugleich.

[Rose oder Nelke]

A   Wofür brauche ich als Kommunist den Heiligen Geist?

MD   Es geht ja jetzt um das Denken, das Denken, dass eben Allgemeines und Besonderes nicht zeitlich unterscheidbar sind und nicht in idealistischer Weise, wie bei Platon, oder in aristotelischer Weise zu denken sind, sondern Differenz und Einheit immer als Eines zu denken sind. Und zwar so als Eines, dass A bezieht sich auf B zusammen eben Eins ist. Das Denken denkt immer ein Ganzes – Totalität – und muss dazu gebracht worden sein, in dieser Totalität auch Differenzen einzufügen. Zum Beispiel Rose, R–O–S–E, das ist eine Zeichenfolge, das ist 'ne Semiotik, die eigentlich nichts weiter als 'ne Zeichenfolge ist, es ist aber mehr. Egal in welcher Sprache ich das sage, es ist einerseits R–O–S–E, ist eine Sache ganz für sich selbst, in sich selbst, an sich selbst, ist identisch für sich selbst. Und von dieser Rose weiß ich aber, von dieser Zeichenfolge weiß ich aber, dass sie mehr ist als ein bloßes Zeichen und das weiß ich, weil ich für die Nelke N–E–L–K–E brauche. Also hab' ich Nelke und Rose, wieder 'ne Differenz aufgemacht, die wieder eine Einheit braucht und dann nenn' ich das Blume.

CT   Wobei die Strukturalisten von Saussure bis Lacan jetzt dazwischenreden und dir widersprechen und sagen würden: es gibt keine Bedeutung, sondern jegliche mögliche Bedeutung ist immer schon von einer Signifikantenkette aufgezehrt. Also wenn er jetzt Worte in den Diskurs hineingibt und über die ROSE redet, ordnet und differenziert, bekommt er wieder nur Worte heraus. Denn er redet ja immer weiter, das heißt ein Signifikant verweist auf den nächsten. Und das ist die negative Wahrheit des Strukturalismus, dass der prozessierende Signifikant aus gutem Grund an den prozessierenden Wert erinnert. Davon will der Strukturalist aber nichts wissen.

MD   Ja, der Wert ist so ein ähnliches Ding, darauf wär' ich dann gekommen: also Subjekt und Objekt getrennt, als Einheit und trotzdem getrennt und was weiß ich. Aber ich brauche eine Vermittlung da drin, zwischen Subjekt und Objekt, das soll – laut Lukács – *die Arbeit* sein. Das ist sie aber nicht und das ist das Problem. ... Ich habe jetzt den Fehler gemacht, auf die Semiotik zu verweisen ..., ich wollte es nur nochmal in ganz reiner Form [ausdrücken], weil R–O–S–E erst mal ein Zeichen ist und ein Zeichen an und für sich. Das sagt noch rein gar nichts, aber trotzdem weiß ich irgendwo, dass es doch eine Bedeutung hat, aber die erschließt sich dem Denken nur, wenn das Denken weiß, es gibt neben R–O–S–E auch noch N–E–L–K–E, als Negation.

CT   Ja, und es gibt neben R–O–S–E auch noch tatsächlich eine Rose, da brauchst du auch noch gar kein Pflanzenkundler sein, um das zu wissen.

MD   Ja, ja, das ist die nächste Abstraktionsstufe. Es reicht eigentlich der Satz der Identität, um sich das klar zu machen. Das Gleichheitszeichen widerspricht sich, denn wenn ich sage: eine Rose ist eine Rose ist eine Rose usw. – dass das ein bisschen blöd ist, sieht man sofort. Also muss dieses Gleichheitszeichen aufgeladen sein mit einem Widerspruch, es muss sinnvoll sein, zu sagen A=A, weil wenn A an und in sich gleich A wäre, dann wäre dieser Satz A=A Blödsinn. Also es muss irgendetwas an diesem A sein, das es nötig macht, dass es zweimal da ist. Also eines auf der linken Seite steht und eines auf der rechten Seite der Gleichung steht.

[Abaelard oder Althusser]

CT   Die Frage nach dem »vortrinitarischen Denken« ist ja auch: ›Wie gelingt etwas, lange bevor das Gelingen reflexiv eingeholt werden konnte‹. Das hat mir nie eingeleuchtet. Man unterscheidet ständig.

MD   Also, das ist für mich der Übergang vom Tier zum Mensch – irgendwo muss da etwas angefangen haben. Gut, da kann ich jetzt mit den Höhlenmalereien kommen, wo Tiere abstrakt gezeichnet werden, es ist ein Abstraktionsprozess. Tiere können nicht abstrahieren. Aber abstrahieren heißt eben: etwas Allgemeines im Besonderen oder am Besonderen oder vor dem Besonderen oder nach dem Besonderen …

CT   … allein diese Unterscheidung ist ungeheuerlich …

MD   … ja, eben, die überhaupt treffen zu können, das kann nur ein Mensch, also das kann nur die Reflexion … und die ersten Philosophen können durch so Begriffe wie Substanz oder Identität oder Sein festhalten, verschriftlichen und [dies] also [als] Substantiv irgendwie aufladen, als tatsächliche Realität fassen, dass es das Sein gibt. Im Neolithikum kann ja auch jeder Jäger das irgendwann mal gesagt haben, aber es geht weg, es wird nicht gesellschaftlich …

CT   Das hat etwas historisch Dementes …

MD   … Das Trinitätsdogma [ermöglicht], das nochmal aufzudröseln: Also, das Allgemeine setzt sich eben nicht nur in Beziehung zu einem Besonderen, sondern diese Besonderheit selbst ist nochmal, ist eine Differenz zwischen A und Nicht-A oder zwischen Flasche und Aschenbecher … Ich habe ein ›Eines‹, das sich differenziert, aber wenn ich sage: Differenz, dann hab' ich sofort gesagt: in dem Einen, also in dem Wort Blume oder in dem Begriff Blume kommt Rose und Nelke vor. Das ist alles eins, sofort. Ich kann das dann auseinanderklamüsern, aber so wird gedacht, das ist Denken und [darum] hat Hegel … sich beim Katholizismus bedankt dafür.

CT   Die Frage von Abaelard war, wie ich von dir höre, die Frage nach der Einheit. Die Möglichkeit von Einheit, aber nicht die Möglichkeit, wie Gegenstände uns überhaupt gegeben sein können.

Und die find' ich philosophisch deswegen wichtig, weil die Vernichtung von Gegenständlichkeit wiederum mit der Tendenzzeit des Kapitals, welche die Nullzeit ist, Wesentliches zu tun hat. Weil, würde die Nullzeit erreicht sein, wäre zugleich ein gewissermaßen mineralischer, verwüsteter, menschenleerer Zustand erreicht, in dem mit der Gegenständlichkeit die Menschen als Menschen verschwunden wären. Dann hätte der Strukturalismus gesiegt. Der Strukturalismus kennt keine Gegenstände, er kennt den Abstand nicht, nicht die historische Zeit, nicht die volle Sprache und nicht die Freiheit, er kennt nur Signifikantenketten: depravierter Nominalismus im Zustand der Verblödung. Indem er keine Bedeutungen mehr kennt, kennt er überhaupt nichts mehr, was aus ihm draußen wäre, der Leib als Wunschmaschine, und darauf reflektiert er nicht und damit ist er in gewisser Weise schlimmer als Heidegger. Weil Heidegger war eben noch ein bisschen Phänomenologe und hat gelegentlich an der Grenze zwischen Kitsch und Poesie Lesenswertes aufgeschrieben und gelegentlich, soweit ich sehe, gute Seminare hinbekommen.

MD   Aber das halten die ja nicht durch.

CT   Ja, aber das ist eine andere Frage.

MD   Also Althusser und Levi-Strauss haben beide am Ende ihres Lebens gesagt: ›Das ist Scheiße, was ich mache.‹

CT   Was haben sie gesagt?

MD   Scheiße!

CT   Das hat was Redliches.

MD   Levi-Strauss kommt dann auf die Verwandtschaft als Bedeutung.

CT   Aber nochmals: Es gilt uns Nachfahren des Deutschen Idealismus alle Philosophie vor der Scholastik als restlos überholt. Schon im Begriff Vorsokratik klingt an: die konnten das noch nicht so richtig mit der Philosophie. Aber diese Idee, dass zwischen uns und der Wahrheit, ich komme auf deinen Artikel in der vorletzten *sans phrase*,[5]

---

5   [Siehe Anmerkung 2 in diesem Gespräch.]

eine unüberwindbare Kluft klafft, die nur durch den Akt eines Geschenkes überbrückt werden kann, warum ist die so selbstverständlich und restlos verkehrt? Und warum kann man der nicht nachdenken? Das macht Benjamin, denke ich, unterirdisch und das ist das theologische Hintergrundrauschen materialistischer Kritik.

MD Geschenk? Ich weiß nicht, wer mir da was schenkt.

CT Na, lass es fürs Erste die Göttin und nicht gleich den Messias sein, sieht gut aus, wohlgerundetes Herz, das ist doch eine sympathische Idee.

Literaturverzeichnis

Adorno, Theodor W./Horkheimer, Max: Dialektik der Aufklärung. Philosophische Fragmente. In: Theodor W. Adorno: Gesammelte Schriften, Band 3. Hrsg. v. Rolf Tiedemann. Frankfurt am Main 2003.
Althusser, Louis: Das Kapital lesen. Hamburg 1972.
Backhaus, Hans-Georg: Dialektik der Wertform. Untersuchungen zur Marxschen Ökonomiekritik. Freiburg 1997.
Backhaus, Hans-Georg: Georg Simmels *Philosophie des Geldes*. In: sans phrase 7/2015.
Baecker, Dirk: Was ist noch mal Wirklichkeit? In: Merkur. Deutsche Zeitschrift für europäisches Denken. Nr. 820. 71. Jg. Sep. 2017.
Boltanski, Luc: Rätsel und Komplotte – Kriminalliteratur, Paranoia, moderne Gesellschaft bei Sozialwissenschaftlern und Journalisten. Frankfurt am Main 2013.
Bröckling, Ulrich: Das unternehmerische Selbst. Soziologie einer Subjektivierungsform. Frankfurt am Main 2007.
Bruhn, Joachim: Echtzeit des Kapitals, Gewalt des Souveräns. Deutschlands Zukunft in der Krise. Online abrufbar unter www.ca-ira.net/verein/positionen-und-texte/bruhn-echtzeit-gewalt.
Bruhn, Joachim: Logik des Antisemitismus: Die ökonomische/soziologische Reduktion des Wertbegriffs und ihre Folgen. Vortrag, gehalten am 30. März 2002 auf dem Kongress »Antideutsche Wertarbeit« in Freiburg i. Br.
Burgmer, Christoph: Das negative Potential. Gespräche mit Johannes Agnoli. Freiburg 2002.
Dahlmann, Manfred: »Antideutsche wissen es besser«. In: Jungle World Nr. 48/2005.
Dahlmann, Manfred: Auf die Frage: Was ist antideutsch? In zwei Teilen in: Bahamas 47–48/2005, sowie gekürzt in: Jungle World Nr. 46/2005 und überarbeitet als Vorwort zur Zweitauflage von Joachim Bruhns *Was deutsch ist. Zur kritischen Theorie der Nation*. Freiburg; Wien 2019.

Dahlmann, Manfred: Autonomie und Freiheit oder: Ästhetik wozu? In: sans phrase 1/2012.
Dahlmann, Manfred: Das Rätsel der Macht. Michel Foucaults Machtbegriff und die Krise der Revolutionstheorie. Freiburg; Wien 2018.
Dahlmann, Manfred: Freiheit und Souveränität. Kritik der Existenzphilosophie Jean-Paul Sartres. Freiburg 2013.
Dahlmann, Manfred: Geschichte und Struktur. Diskussion zu Rosdolsky, Schmidt und Puder. In: sans phrase 8/2016.
Dahlmann, Manfred: Kritik als Politisierung der Kunst? Walter Benjamin und die Ästhetisierung der Politik. In: sans phrase 8/2016.
Dahlmann, Manfred: Was ist Wahrheit? Was materialistische Kritik? In: sans phrase 9/2016.
Elser, Leo: Das exzessive und das ›anständige‹ Ressentiment. In: sans phrase 6/2015.
Engels, Friedrich: Wie man Marx nicht übersetzen soll. In: Karl Marx; Friedrich Engels: Werke. MEW. Berlin 1956 ff. Bd. 21.
Engster, Frank: Das Geld als Maß, Mittel und Methode. Das Rechnen mit der Identität der Zeit. Berlin 2014.
Finkenberger, Jörg: Staat oder Revolution. Kritik des Staates anhand der Rechtslehre Carl Schmitts. Freiburg 2015.
Gouguenheim, Sylvain: Aristoteles auf dem Mont Saint-Michel. Die griechischen Wurzeln des christlichen Abendlandes. Aus dem Französischen von Jochen Grube. Darmstadt 2011.
Heidegger, Martin: Sein und Zeit. Tübingen 1953.
Heinrich, Klaus: tertium datur. Eine religionsphilosophische Einführung in die Logik. Basel; Frankfurt am Main 1981.
Le Goff, Jacques: Wucherzins und Höllenqualen. Ökonomie und Religion im Mittelalter. Aus dem Französischen von Matthias Rüb. Stuttgart 1988.
Luhmann, Niklas: Die Wirtschaft der Gesellschaft. Frankfurt am Main 1994.
Markl, Florian: Gewählter Niedergang: Außenpolitik der Obama-Administration. In: sans phrase 1/2012.
Marx, Karl: Das Kapital. Erster Band. In: Karl Marx; Friedrich Engels: Werke. MEW. Berlin 1956 ff. Bd. 23.
Marx, Karl: Das Kapital. Zweiter Band. In: Karl Marx; Friedrich Engels: Werke. MEW. Berlin 1956 ff. Bd. 24.
Marx, Karl: Das Kapital. Dritter Band. In: Karl Marx; Friedrich Engels: Werke. MEW. Berlin 1956 ff. Bd. 25.

Marx, Karl: Zur Judenfrage. In: Karl Marx; Friedrich Engels: Werke. MEW. Berlin 1956 ff. Bd. 1.
Martin, Felix: Geld, die wahre Geschichte. Über den blinden Fleck des Kapitalismus. Stuttgart 2014.
Mattick, Paul: Marx und Keynes. Die Grenzen des »gemischten Wirtschaftssystems«. Frankfurt am Main 1971.
Müller, Adam H.: Versuche einer neuen Theorie des Geldes mit besonderer Rücksicht auf Großbritannien. Jena 1922.
Müller, Rudolf Wolfgang: Geld und Geist. Zur Entstehungsgeschichte von Identitätsbewußtsein und Rationalität seit der Antike. Frankfurt am Main; New York 1977.
Nirenberg, David: Anti-Judaismus. Eine andere Geschichte des westlichen Denkens. München 2015.
Lukács, Georg: Geschichte und Klassenbewußtsein. Georg Lukács Werke, Bd. 2. Bielefeld 2013.
Postone, Moishe: Antisemitismus und Nationalsozialismus (1982). In: Antisemitismus und Gesellschaft. Hrsg. v. Michael Werz. Frankfurt am Main 1995.
Postone, Moishe: Zeit, Arbeit und gesellschaftliche Herrschaft. Eine neue Interpretation der kritischen Theorie von Marx. 2. Auflage. Freiburg 2010.
Reinhard, Wolfgang: Die Unterwerfung der Welt. Globalgeschichte der europäischen Expansion 1415–2015. München 2016.
Scheit, Gerhard: Der blinde Fleck der Kritischen Theorie und der Primat der Außenpolitik. In: sans phrase 7/2015.
Scheit, Gerhard: Der Wahn vom Weltsouverän. Zur Kritik des Völkerrechts. Freiburg 2009.
Scheit, Gerhard: Die Frage der Hegemonie und die Resistenzkraft des Rechts. In: sans phrase 9/2016.
Scheit, Gerhard: Die Meister der Krise. Über den Zusammenhang von Menschenvernichtung und Volkswohlstand. Freiburg 2001.
Scheit, Gerhard: Die Substanz und der Leib. Über die Realabstraktion namens Arbeitskraft. In: sans phrase 4/2014.
Scheit, Gerhard: Die wirkliche Herrschaftsstruktur in Europa und der Rechts-Linkspopulismus. In: sans phrase 1/2012.
Scheit, Gerhard: Kritik des politischen Engagements. Freiburg; Wien 2016.
Scheit, Gerhard: Verdrängung der Gewalt, Engagement gegen den Tod. Teil I in sans phrase 1/2012; Teil II in sans phrase 3/2013.
Scheit, Gerhard: Wertgesetz, Weltmarkt und Judenhass. Über einige

Voraussetzungen, den Wahn der Autarkie zu kritisieren.
In: sans phrase 14/2019.
Schumpeter, Joseph A.: Capitalism, Socialism and Democracy.
Harper, New York; London 1942.
Sohn-Rethel, Alfred: Geistige und körperliche Arbeit.
Theoretische Schriften. 1947–1990. Hrsg. v. Carl Freytag,
Oliver Schlaudt, Françoise Willmann. Freiburg; Wien 2018.
Sohn-Rethel, Alfred: Von der Analytik des Wirtschaftens
zur Theorie der Volkswirtschaft. Frühe Schriften.
Hrsg. v. Carl Freytag und Oliver Schlaudt. Freiburg 2012.
Stangneth, Bettina: Böses Denken. Reinbek 2016.
Thalmaier, Christian: Actio libera in Causa oder die Liebe
zum Recht. In: sans phrase 1/2012.
Türcke, Christoph: Mehr! Philosophie des Geldes. München 2015.
Weber, Max: Die ›Objektivität‹ sozialwissenschaftlicher und
sozialpolitischer Erkenntnis. Gesammelte Aufsätze
zur Wissenschaftslehre. Hrsg. v. Johannes Winckelmann.
Tübingen 1988.

Editorische Nachbemerkung

Der Titel des Buchs *Das Rätsel des Kapitals* stammt von den Herausgebern und soll auf den Zusammenhang zwischen dem »Geldrätsel« (Marx) und dem »Rätsel der Macht« (Dahlmann) hinweisen. Der erste Text, den der Autor für diese, von ihm schließlich als »Ökonomie-Reihe« bezeichnete Schrift verfasste, trug die Überschrift *Finanzkrise und deutsche Kriegskasse* und erschien 2012 in der ersten Nummer der von ihm mitbegründeten Zeitschrift *sans phrase*. Zu diesem Zeitpunkt dachte er bereits an eine größere Publikation, für die er zunächst diesen Aufsatz als erstes Kapitel vorsah, wobei der erste Abschnitt dem gesamten Buch als »Vorbemerkung« vorangestellt werden sollte. Diesen Gedanken verwarf er wenig später, nicht zuletzt offenbar, weil er sich entschieden hatte, den gesamten Aufsatz über *Finanzkrise und deutsche Kriegskasse* erst in einem der späteren Teile, vermutlich am Ende seines Buchs einzubauen, worin er sich dem »Staat des Kapitals« widmen wollte (siehe hierzu seine Notizen am Beginn von Kapitel 9). Da den Herausgebern unklar blieb, an welcher Stelle er den Aufsatz schließlich einfügen wollte, und auch, was mit der ursprünglichen Vorbemerkung geschehen sollte, entschieden sie sich dazu, ihn samt der Vorbemerkung ans Ende der 12 Kapitel zu stellen, aber noch vor den »Gedankensplittern«, die den Abschluss des Buchs bilden. – Unter diesem von ihm selbstgewählten Titel hatte Manfred Dahlmann noch bis kurz vor seinem Tod an Notizen für die weitere Ausarbeitung seiner Reihe gearbeitet.

Die ersten sieben Kapitel sind allesamt in *sans phrase* erschienen und wurden von Manfred Dahlmann im Anschluss geringfügig überarbeitet. Insbesondere die Tilgung von Wortwiederholungen, kleine Einschübe, Quellen- und Querverweise und vereinzelte Präzisierungen wurden dabei vom Autor selbst vorgenommen. Die Herausgeber haben alle seine Änderungen für die vorliegende Publikation berücksichtigt, aber die Änderungen selbst nicht noch einmal eigens dokumentiert. Des Weiteren hat sich Manfred Dahlmann in den ersten sieben Kapiteln Arbeitsnotizen in Kommentaren sowie Hinweise auf noch nachzutragende Literaturhinweise notiert, die wohl zur weiteren Überarbeitung dienen sollten. Sofern es die Herausgeber für notwendig erachteten, haben sie diese Kommentare und Hinweise in Fußnoten dokumentiert. Er plante darüber hinaus, einen Index mit Begriffen (beispielsweise ›Wissenschaft‹, ›abstrakte Arbeit‹, ›Abstraktion‹, ›substantieller Begriff‹ usw.), den er ans Ende seiner Arbeit gestellt sehen wollte, legte ihn aber ausschließlich für die ersten 14 Seiten an. Die Herausgeber sahen sich angesichts der Bruchstücke der letzten Kapitel außer Stande, den Index zu vervollständigen. Bei den Kapiteln 8 bis 12 handelt es sich um die noch nicht publizierten Teile, die der Autor als Fortsetzung seiner Reihe in der *sans phrase* veröffentlichen wollte, um sie danach in sein Buch aufzunehmen.[1] Ab Kapitel 9 (Der Staat des Kapitals) tritt dabei das Fragmentarische immer stärker hervor. In besonderer Weise gilt das für die bereits erwähnten »Gedankensplitter«.[2] Der Anhang enthält darüber hinaus verschiedene Artikel und Gespräche des Autors, die in engem Zusammenhang mit der Ausarbeitung der Ökonomie-Reihe zu sehen sind und von den Herausgebern kompiliert wurden.[3]

Alle Einfügungen der Herausgeber sind durch eckige Klammern gekennzeichnet. In den Kapiteln 8 bis 12 fanden sich dann allerlei Notizen von Manfred Dahlmann auch in eckigen Klammern direkt in den Fließtext eingefügt; sie wurden für die vorliegende Ausgabe entweder durch runde Klammern ersetzt oder in Fußnoten umgewandelt (Letzteres, soweit zu erkennen war, dass sie – in der für den Autor charakteristischen Form einer nach allen Seiten hin gleichzeitig fortzuführenden Erörterung – auch als Fußnoten angedacht waren). Rechtschreibfehler wurden stillschweigend korrigiert, sinnstörende Wortstellungen vorsichtig geändert, unklare Querverweise des Autors wurden durch exakte Verweise auf Textstellen konkretisiert.

David Hellbrück / Gerhard Scheit

[1] Die Kapitel 1, 2, 5, 6 und 7 sind unter denselben Titeln in *sans phrase* erschienen; Kapitel 3 und 4 wurden gemeinsam mit dem zweiten Kapitel unter dem Titel *Die Mechanismen der Preisbildung* in *sans phrase* 4/2014 veröffentlicht. Der vorliegende Band orientiert sich am Plan des Autors, diesen umfangreichen zweiten Artikel der Reihe für die Buchpublikation wieder in drei kompaktere einzelne Kapitel zu unterteilen.

[2] Auszüge aus den Gedankensplittern wurden 2018 im Heft 12 der *sans phrase* aus dem Nachlass veröffentlicht.

[3] Die bereits erschienenen Gespräche wurden lediglich in eine einheitliche Form überführt. Der zweite Teil des Gesprächs zwischen Manfred Dahlmann, Christian Thalmaier und anderen wird hier erstmals in geringfügig überarbeiteter Form abgedruckt. Den ersten Teil konnte der Autor noch für die Publikation in *sans phrase* 11/2017 überarbeiten.

Drucknachweise

Kapitel 1: Das Geld und seine Wissenschaft:
   Zuerst in *sans phrase* 3/2013.
Kapitel 2: Die Mechanismen der Preisbildung:
   Zuerst in *sans phrase* 4/2014.
Kapitel 3: Geld als Ware: Zuerst als Teil von
   Die Mechanismen der Preisbildung in *sans phrase* 4/2014.
Kapitel 4: Der Preis als Maß: Zuerst als Teil von
   Die Mechanismen der Preisbildung in *sans phrase* 4/2014.
Kapitel 5: Die Subjekte der politischen Ökonomie:
   Zuerst in *sans phrase* 5/2015.
Kapitel 6: Der Markt und seine Ideologie:
   Zuerst in *sans phrase* 6/2015.
Kapitel 7: Kapital, Geld und Wert: Zuerst in *sans phrase* 7/2015.
Kapitel 8 bis 12: Nachlass Manfred Dahlmann.
Finanzkrise und deutsche Kriegskasse: Zuerst in *sans phrase* 1/2012.
Gedankensplitter. [Aus den Jahren 2016 und 2017]: Nachlass
   Manfred Dahlmann. Auszüge daraus in *sans phrase* 12/2018.
Gedankensplitter. Aus [der] Erstfassung: Nachlass
   Manfred Dahlmann.
Marx als Fetisch: Zuerst in *Jungle World* 21/2011.
Deutsches Geld: Zuerst in *Jungle World* 13/2012.
Der Euro und sein Staat: Zuerst in *Jungle World* 30/2015,
   dann in *sans phrase* 7/2015.
Diskussion zu *Der Euro und sein Staat*: Zuerst in *sans phrase* 7/2015.
Autarkie ist Regression: Zuerst in *sans phrase* 10/2017.
Anmerkungen zur Logik und Geschichte des Kapitals.
   Ein Gespräch, 1. Teil: Zuerst in *sans phrase* 11/2017.
Anmerkungen zur Logik und Geschichte des Kapitals.
   Ein Gespräch, 2. Teil: Nachlass Manfred Dahlmann.

Impressum

© ça ira-Verlag, Freiburg/Wien 2020
Günterstalstr. 37   www.ca-ira.net
79102 Freiburg   info@ca-ira.net

Umschlag und Gestaltung: Till Gathmann, Berlin
Satz: David Hellbrück, Wien
Druck: TZ-Verlag, Roßdorf

ISBN 978-3-86259-138-1

Die Deutsche Bibliothek verzeichnet diese Publikation in der Deutschen Nationalbibliografie; detaillierte bibliografische Daten sind im Internet über www.dnb.d-nb.de abrufbar.

Dank   Für Druckkostenzuschüsse wollen wir uns bei der Fakultätsvertretung Geisteswissenschaften an der Universität Wien bedanken.

Mitgliedschaft   Das Institut für Sozialkritik Freiburg (ISF) e.V. ist der Verein der Initiative Sozialistisches Forum, dessen Zweck darin besteht, die materialistische Aufklärung zu unterstützen, insbesondere die Veranstaltungen des seit 1983 im Semester stattfindenden jour fixe sowie die Veröffentlichungen des ça ira-Verlags. Die Mitgliedschaft beinhaltet den kostenlosen Bezug aller Neuerscheinungen des ça ira-Verlags (einschließlich der Zeitschriften Pólemos und sans phrase), darüber hinaus den Erhalt aller lieferbaren Programmtitel über 50% Rabatt. Weitere Informationen unter: www.ca-ira.net.

sans phrase
Zeitschrift für Ideologiekritik

Gegründet von Manfred Dahlmann
und Gerhard Scheit
Erscheinungsweise: halbjährlich; ISSN 2194-8860

Die Zeitschrift *sans phrase* verfolgt kein ›Programm‹, weder ein theoretisches noch ein politisches: Ihr einziges Interesse besteht in Ideologiekritik – darin, dem kollektiv wirksamen Wahn zu widersprechen in dem Wissen, dass er dem Innersten der Gesellschaft entspringt, dort, wo das Subjekt die Krise ›bewältigt‹, die das Kapitalverhältnis seinem Wesen nach ist. Der so gefasste Vorrang des Objekts erfordert allerdings einen Subjektbegriff, der in dem der Charaktermaske nicht aufgeht: Das notwendig falsche Bewusstsein in seiner Notwendigkeit zu durchschauen, setzt Freiheit voraus, wie jeder kategorische Imperativ sie beinhaltet – erst recht der von Marx, »alle Verhältnisse umzuwerfen, in denen der Mensch ein erniedrigtes, ein geknechtetes, ein verlassenes, ein verächtliches Wesen ist«.

Ideologiekritik bedeutet damit nichts anderes, als das Existentialurteil zu entfalten, dessen Abbreviatur nach Adorno lautet: »Das Ganze ist das Unwahre«. Doch wie das Unwahre selbst bestimmt, d.h. negiert wird, kann per se niemals unabhängig von geschichtlicher Erfahrung sein und ist damit unabdingbar angewiesen auf den neuen kategorischen Imperativ: noch im Stande der Unfreiheit die Freiheit zu behaupten, »Denken und Handeln so einzurichten, dass Auschwitz nicht sich wiederhole«.

Solche Dialektik ist negativ, das heißt: sie gibt das Antinomische in keinem ihrer Begriffe preis. Aufzulösen wäre es nur, wenn jener Marxsche Imperativ in die Tat umgesetzt würde. Ein Verständnis hingegen, das Wirklichkeit nicht in Begriffen erschließt, die sich selbst kritisieren können, herrscht dieser Wirklichkeit das im Geld repräsentierte Mit-sich-selbst-identisch-Sein als eine ihr angeblich von Natur aus zukommende Eigenschaft auf. Anders, mit Freud gesagt: wer sich die Welt nur als Ansammlung von Zeichen denkt, macht sich unfähig, reale, von ihm getrennte Objekte libidinös zu besetzen.

Essayistisches Schreiben, das es allein rechtfertigt, eine Zeitschrift zu gründen, führt darum auch nicht Idiosynkrasien narzisstisch vor – und weiß dennoch, was es ihnen verdankt: Von ihnen zehrt der Gedanke, der über die Begriffslogik hinausgeht; sie sind die einzig mögliche – unmittelbare – Anwesenheit des Leibs im Denken. Aber auf sie sich einzuschränken und auf Begriffsbestimmung zu verzichten, wäre wiederum Regression des Denkens. Diese Gratwanderung hat die Begrifflichkeit des Essays mit dem Formsinn der Kunstwerke gemein. Nur fehlt ihr deren Evokationskraft, und schon deshalb kann sie sich selbst ohne Reflexion aufs ästhetische im engeren Sinn nicht wirklich entwickeln.

Die Zeitschrift ist dabei wie in allen anderen Fragen der Kritik keineswegs pluralistisch. Sie hat nicht zuletzt das Ziel, den Konsens, auf den der Pluralist sich berufen muss, als der Form Kapital äquivalent bloßzulegen. Aber sie verteidigt mit größtem Engagement noch den Pluralismus gegen autoritäres Potential wie antiautoritäre Gewaltphantasie, die ihm selbst entspringen und beide – von attac bis occupy und Kommendem Aufstand – so auffällig die antikapitalistische Regression der Gegenwart kennzeichnen, terminierend in den schlimmsten Formen des Politischen: deutscher Ideologie und deren djihadistischer Fortsetzung. Die totale Vermittlung, die durchs Unwesen Kapital gesetzt ist, und das auf Totalität zielende Ungeheuer, das sie beseitigt, sind von der Kritik als Einheit zu begreifen, und dennoch dürfen sie ihr nicht eins sein, will sie ein Bewusstsein ihrer eigenen Voraussetzungen haben.

Wissenschaftliche Abhandlungen zu veröffentlichen, überlässt die Zeitschrift den dafür zuständigen Institutionen. In ihr werden keine Diskurse oder Narrative beschworen oder analysiert, denn dies ist die Selbstzerstörung des Pluralismus: Sie rufen in ihrer bewusst im Unverbindlichen gehaltenen Form und ihrem den Wahrheitsbegriff leugnenden Inhalt letztlich jenen Gegensouverän auf den Plan, der die Gesellschaft nicht nur auflöst in diffuse barbarische Vielheit. Anders als der Souverän, der die Form als Ausbeutungsform objektiviert, das heißt als ewig und allgemein verbindlich mittels Todesdrohung zu garantieren vorgibt, polt sie sein in der Krise notwendig auftauchender Kontrahent inhaltlich gezielt auf Vernichtung um der Vernichtung willen.

Am Hass, der Israel entgegenschlägt, weiß diese Zeitschrift darum sans phrase die heute gefährlichste Konsequenz solchen Wahns zu erkennen und zu denunzieren.